Manual de Terapias
COGNITIVO-COMPORTAMENTAIS

M294 Manual de terapias cognitivo-comportamentais / Keith S.
       Dobson ... [et al.]. ; tradução Ronaldo Cataldo Costa. –
       2. ed. – Porto Alegre : Artmed, 2006.
       340 p. ; 25 cm.

       ISBN 978-85-363-0718-3

       1. Psicologia – Terapia cognitivo-comportamental.
       I. Dobson, Keith S. II. Costa, Ronaldo Cataldo.

                                                    CDU 615.851

Catalogação na publicação: Julia Angst Coelho – CRB 10/1712

Manual de Terapias
COGNITIVO-COMPORTAMENTAIS
2ª Edição

KEITH S. DOBSON
E COLABORADORES

Tradução:
Ronaldo Cataldo Costa

Consultoria, supervisão e revisão técnica desta edição:
Cristiano Nabuco de Abreu

*Psicólogo Clínico. Doutor em Psicologia Clínica pela Universidade do Minho (Portugal).
Mestre em Psicologia pela PUC/SP e SEI/IACT pela Universidade de York (Canadá).
Coordenador e Pesquisador da Equipe de Psicologia do
Ambulatório de Bulimia e Transtornos Alimentares (AMBULIM)
do Instituto de Psiquiatria da Faculdade de Medicina da USP.*

2006

Obra originalmente publicada sob o título
Handbook of cognitive-behavioral therapies – Second Edition

ISBN 1-57230-863-X

© 2001 Guilford Press
A Division of Guilford Publication, Inc.

Capa
Gustavo Macri

Preparação do original
Jô Santucci

Leitura final
Carla Rosa Araújo

Supervisão editorial
Mônica Ballejo Canto

Projeto e editoração
Armazém Digital Editoração Eletrônica – Roberto Vieira

Reservados todos os direitos de publicação, em língua portuguesa, à
ARTMED® EDITORA S.A.
Av. Jerônimo de Ornelas, 670 - Santana
90040-340 Porto Alegre RS
Fone (51) 3027-7000 Fax (51) 3027-7070

É proibida a duplicação ou reprodução deste volume, no todo ou em parte, sob quaisquer formas ou por quaisquer meios (eletrônico, mecânico, gravação, fotocópia, distribuição na Web e outros), sem permissão expressa da Editora.

SÃO PAULO
Av. Angélica, 1091 - Higienópolis
01227-100 São Paulo SP
Fone (11) 3665-1100 Fax (11) 3667-1333

SAC 0800 703-3444

IMPRESSO NO BRASIL
PRINTED IN BRAZIL
Impresso sob demanda na Meta Brasil a pedido de Grupo A Educação.

AUTORES

Keith S. Dobson (org.), Ph.D., é professor titular e diretor de Psicologia Clínica no Departamento de Psicologia da Universidade de Calgary, em Alberta, Canadá. Realiza pesquisas no campo da saúde mental e nas duas importantes áreas da depressão clínica e psicoterapia. Tem mais de 120 publicações, 7 livros e inúmeras participações em conferências e *workshops* clínicos, e também recebe recursos da Alberta Heritage Foundation for Medical Research e do National Institute of Mental Health. Além de seus interesses como pesquisador, o Dr. Dobson envolve-se ativamente na psicologia organizacional e tem atuado em organizações locais e nacionais de ciências sociais, saúde e psicologia, incluindo a presidência da Associação Psicológica Canadense.

Aaron T. Beck, MD, Departamento de Psiquiatria, Universidade da Pensilvânia, Filadélfia, Pensilvânia, EUA

Larry E. Beutler, Ph.D., Graduate School of Education, Universidade da Califórnia, Santa Bárbara, Califórnia, EUA

Kirk R. Blankstein, Ph.D., Departamento de Psicologia, Universidade de Toronto, Mississauga, Ontário, Canadá

Lauren Braswell, Ph.D., Departamento de Psicologia, Universidade de St. Thomas, St. Paul, Minnesota, EUA

Roslyn Caldwell, Ph.D., Escola de Pós-Graduação em Educação, Universidade da Califórnia Santa Bárbara, Califórnia, EUA

Joan Davidson, Ph.D., Centro de Terapia Cognitiva de São Francisco Bay Area and Department of Psychology, Universidade da Califórnia, Berkeley, Califórnia, EUA

Robert J. DeRubeis, Ph.D., Departamento de Psicologia, Universidade da Pensilvânia, Filadélfia, Pensilvânia, EUA

David J. A. Dozois, Ph.D., Departamento de Psicologia, Universidade de Western Ontario, London, Ontário, Canadá

Windy Dryden, Ph.D., PACE, Goldsmiths' College, Universidade de Londres, New Cross, Inglaterra

Thomas J. D'Zurilla, Ph.D., Departamento de Psicologia, Universidade do Estado de Nova York, Stony Brook, Nova York, EUA

Albert Ellis, Ph.D., Instuto Albert Ellis de Terapia Comportamental Racional-Emocional, Nova York, EUA

T. Mark Harwood, Ph.D., Escola de Pós-Graduação em Educação, Universidade da Califórnia em Santa Bárbara, Califórnia, EUA

Rick E. Ingram, Ph.D., Departamento de Psicologia, Southern Methodist University, Dallas, Texas, EUA

Philip C. Kendall, Ph.D., ABPP, Departamento de Psicologia, Temple University, Filadélfia, Pensilvânia, EUA

Robert A. Neimeyer, Ph.D., Departamento de Psicologia, Universidade de Memphis, Tennessee, EUA

Arthur M. Nezu, Ph.D., Departamento de Psicologia Clínica e da Saúde, MCP Hahnemann University, Filadélfia, Pensilvânia, EUA

Jacqueline B. Persons, Ph.D., Centro de Terapia Cognitiva de San Francisco Bay Area e Departamento de Psiquiatria, Universidade da Califórnia em São Francisco, Califórnia, EUA

Jonathan D. Raskin, Ph.D., Departamento de Psicologia, Universidade do Estado de Nova York em New Paltz, Nova York, EUA

Lynn P. Rehm, Ph.D., Departamento de Psicologia, Universidade de Houston, Texas, EUA

Paul D. Rokke, Ph.D., Departamento de Psicologia, Universidade do Estado de Dakota do Norte, Fargo, Dakota do Norte, EUA

Zindel V. Segal, Ph.D., Center for Addiction and Mental Health-Clarke Division, Departamentos de Psiquiatria e Psicologia, Universidade de Toronto, Ontário, Canadá

Greg J. Siegle, Ph.D., Departamento de Psiquiatria, Western Psychiatric Institute, Escola de Medicina da Universidade de Pittsburgh, Pensilvânia, EUA

Tony Z. Tang, Ph.D., Departamento de Psicologia, Northwestern University, Evanston, Illinois, EUA

AGRADECIMENTOS

Um grande número de indivíduos contribuiu para o desenvolvimento do campo das terapias cognitivo-comportamentais. Tive a oportunidade de conversar e trabalhar com muitos deles pelas quase duas décadas em que exerci a função de pesquisador e clínico. Meu mentor original nesse empreendimento foi Brian Shaw, com quem ainda me encontro de vez em quando, e cuja perspectiva sempre aprecio. Outras figuras fundamentais em meu desenvolvimento, e a quem mantenho uma grande dívida de gratidão, são o falecido Neil Jacobson, Steve Hollon, Tim Beck, Jack Rachman, Jeff Young e Leslie Sokol. Estive envolvido no campo das terapias cognitivo-comportamentais desde o seu nascimento e ascensão à sua atual posição, que talvez seja a posição dominante no campo da psicoterapia. Tive a felicidade de testemunhar o crescimento da riqueza clínica do campo, assim como os incríveis avanços na avaliação da eficácia desses modelos. Atualmente, este campo chegou a um ponto em que é quase impossível manter-se a par do desenvolvimento, manualização e avaliação das terapias cognitivo-comportamentais. Àqueles que participaram desse empreendimento em geral, e com quem tive a oportunidade de conversar, dedico meu agradecimento.

Quando a primeira edição deste livro foi publicada em 1988, observei que o ímpeto fundamental para o livro foi um seminário de pós-graduação em psicoterapia que eu estava lecionando. Ao longo dos anos, desde a publicação original, sinto-me gratificado cada vez que alguém que respeito diz ter usado o livro em suas próprias universidades. Um dos aspectos mais prazerosos de minha carreira é a oportunidade de trabalhar com estudantes de pós-graduação – o inteligente e entusiástico grupo de pessoas que se tornará a próxima geração de psicoterapeutas e pesquisadores. Aprecio profundamente as minhas interações com esses indivíduos, e sua energia foi parte da razão para a segunda edição desta obra.

Um segundo fator claro por trás do desenvolvimento desta segunda edição foi o apoio e o entusiasmo contínuos de Seymour Weingarten, como editor-chefe da The Guilford Press. Sua mão firme foi um fator importante para levar este livro ao leitor. Também quero agradecer à sua assistente editorial Carolyn Graham, à Marie Sprayberry e à Jeannie Tang, todas da The Guilford Press. Os autores desta obra obviamente também merecem uma salva de palmas por suas contribuições extremamente criteriosas e positivas para o livro. Edna Haatainen e Karen McClure fizeram o trabalho burocrático para o livro.

Finalmente, quero agradecer aqui ao apoio emocional e estímulo contínuos que recebi de minha família: minha esposa Debbie, meu filho Chris e minha filha Beth. Meus filhos cresceram principalmente no período entre a publicação da primeira edição e da atual, e foi um grande prazer assistir à sua passagem de crianças para jovens adultos. Embora ainda tenha alguns anos antes de chegar a pensar em me aposentar, espero envelhecer feliz vendo meus filhos e o campo da terapia cognitivo-comportamental desenvolverem-se até a idade adulta plena.

PREFÁCIO

Este livro, como qualquer segunda edição, reflete uma crença contínua na importância do tema. Talvez o inusitado sobre esta segunda edição seja o fato de que, nos muitos anos que passaram desde a publicação da primeira edição, houve uma verdadeira explosão de inovações no campo das terapias cognitivo-comportamentais. Dessa forma, o livro é uma iniciativa de refletir esse crescimento, mantendo-se sensível ao fato de que ainda resta muito a fazer. Como observei no prefácio à primeira edição, naquela época, não havia um livro abrangente, escrito pelos melhores especialistas do campo, que cobrisse o amplo domínio da terapia cognitivo-comportamental. Desde então, diversos livros escritos e organizados dedicaram-se a essa tarefa, com diferentes graus de sucesso. A conclusão deste livro obviamente reflete a crença do editor, e minha também, de que ele ocupa um lugar importante entre os livros sobre o tema.

Neste volume, buscou-se abordar as terapias cognitivo-comportamentais a partir de uma perspectiva teórica. Os temas dos capítulos foram especificamente escolhidos para representar as diferentes abordagens de terapia cognitivo-comportamental, em vez de apresentar um texto tecnológico ou voltado para a prática. O público visado é aquele que está aprendendo sobre o campo da psicoterapia e deseja explorar o crescimento dos vários modelos cognitivo-comportamentais. Diversas questões surgiram ao adotarmos essa abordagem ao nosso campo, que merecem ser discutidas aqui.

Muitos dos trabalhos que tratam da terapia cognitivo-comportamental usam diversos transtornos ou problemas clínicos como arcabouço organizador para a exposição do tratamento. Esse enfoque é particularmente valioso para os leitores que desejam aprender a lidar com várias síndromes clínicas. Em princípio, pode até ser possível derivar o substrato teórico dessas intervenções apenas lendo-as em detalhe. Minhas crenças (baseadas em minha formação clínica, além de minha hoje considerável experiência com a formação de outras pessoas) me levam a um ponto de partida um tanto diferente, segundo o qual aquilo que os terapeutas iniciantes mais precisam é um arcabouço conceitual para ajudá-los a entender o que estão fazendo. Parto do pressuposto de que a aquisição desse arcabouço tornará os aspectos mais técnicos da escolha e aplicação de intervenções específicas a clientes individuais tarefas *relativamente* mais simples. (Não quero ser mal-entendido nessa questão; não acredito que seja fácil aprender a conduzir psicoterapia de forma competente. Mesmo que se saiba ou se aprenda exatamente o que fazer, ainda é necessário ter uma quantidade considerável de formação e supervisão para fazer esse trabalho bem.)

Uma das questões básicas levantadas na primeira edição deste volume foi o que constitui uma "terapia cognitivo-comportamental". Essa questão ainda é válida hoje em dia, e quando falo com outras pessoas, não é incomum alguém perguntar sobre as diferenças entre a terapia comportamental, terapia cognitiva e terapia cognitivo-comportamental. De fato, com o desenvolvimento de abordagens como a terapia cognitiva focada em esquemas e a terapia construtivista, continuo a me questionar sobre os limites conceituais do campo. Falando de forma ampla, minha percepção é de que, para que um tratamento seja rotulado corretamente como terapia cognitivo-comportamental, ele deve basear-se no modelo mediacional. Presume-se que um terapeuta que use esse modelo pressuponha que uma mudança cognitiva deva mediar ou levar a uma mudança de comportamento. Além disso, a terapia cognitivo-comportamental baseia-se em uma preocupação pragmática por parte do terapeuta com relação ao funcionamento adaptativo (i.e., comportamental) do cliente. Dessa forma, os terapeutas cognitivo-comportamentais usam métodos de tratamento para efetuar mudanças cognitivas a serviço da mudança comportamental e, para avaliar seus resultados, faz-se necessária uma avaliação cognitiva e comportamental (e, na maioria dos casos, emocional).

Conforme observei no prefácio à primeira edição, pode-se fazer uma importante distinção entre aquelas terapias cognitivo-comportamentais que se concentram no processo de terapia e aquelas que se concentram no conteúdo cognitivo ou em uma suposta estrutura de cognições. Assim, algumas das abordagens têm uma natureza geral, e podem ser aplicadas a diversas áreas de conteúdo. Nesse sentido, a terapia que visa a resolução de problemas é um excelente exemplo: ela se concentra explicitamente no processo de lidar com problemas do mundo real, mas se concentra consideravelmente menos no conteúdo desses problemas. Em comparação, abordagens como a terapia comportamental racional-emotiva ou a terapia cognitiva fazem suposições teóricas sobre o conteúdo das cognições dos clientes e, portanto, buscam mudanças no conteúdo (e talvez até na estrutura) dessas cognições como objetivos terapêuticos. Todavia, ainda falta entender quais são as características críticas das terapias cognitivo-comportamentais, sejam mudanças em processo, mudanças em conteúdo, ou ambas.

Recentemente, surgiu um fenômeno que trará conseqüências importantes para a psicoterapia. Refiro-me ao movimento por tratamentos com base empírica. Essa abordagem deu o arrojado passo de especificar os critérios pelos quais se pode julgar se um tratamento acumulou evidências empíricas suficientes para justificar que está estabelecido ou provavelmente seja eficaz, e começou a identificar tratamentos que preenchem tais critérios. Embora a psicologia clínica defenda a perspectiva de que a ciência deveria informar a prática, e a prática informar a ciência, há uma resistência considerável à implementação de diretrizes ou padrões práticos baseados em evidências empíricas sobre quais tratamentos realmente tiveram resultados positivos documentados. Assim, o estabelecimento de critérios para tratamentos com base empírica tem o potencial de promover essa iniciativa consideravelmente. Embora o campo deva ser sensível para a qualidade da base de evidências, bem como as limitações conceituais e práticas do acúmulo de evidências, creio cada vez mais que o campo da psicoterapia deve avançar tão logo quanto possível para um conjunto de práticas transparentes, sensatas e baseadas em evidências, de maneira a cumprir a missão de proporcionar um serviço humano digno do investimento público de credibilidade, confiança, tempo, energia e dinheiro. Nesse sentido, apóio o movimento em favor de tratamentos com base empírica, e também fico satisfeito pela ampla representação das terapias cognitivo-comportamentais entre as terapias que são reconhecidas como tendo base empírica. Uma de minhas mais ferventes esperanças é que o campo da terapia cognitivo-comportamental mantenha sua forte tradição de reunir indicadores de resultados relacionados com a eficácia do tratamento.

Um último tema que quero mencionar brevemente é o dos mecanismos de ação nas terapias cognitivo-comportamentais. Como os leitores deste livro sabem, a grande maioria das terapias cognitivo-comportamentais envolve diversos componentes, que muitas vezes estão arranjados em um conjunto seqüencial de experiências de aprendizagem. Além disso, os manuais de tratamento para muitas das terapias cognitivo-comportamentais baseiam-se no pressuposto de que uma aliança de trabalho sólida, ou um par colaborativo entre um terapeuta e um cliente é um importante pré-requisito para que o tratamento seja efetivo ao máximo. Por enquanto, existem poucas evidências para a questão de quais são os elementos necessários e suficientes na terapia cognitivo-comportamental. À medida que o campo se desenvolve, creio que uma questão importante é se a pesquisa conseguirá isolar os aspectos desses tratamentos que explicam a maior parte dos benefícios associados a eles. Se isso acontecer, será possível então desenvolver modelos mais puros ou mais híbridos, de maneira a maximizar os benefícios para os pacientes. Também será possível analisar, de um modo que não se pode atualmente, quais aspectos do tratamento interagem melhor com determinadas características dos clientes para otimizar o resultado do tratamento.

Embora o campo das terapias cognitivo-comportamentais tenha percorrido uma grande distância no período entre a primeira edição deste livro e a atual, ainda resta muito a fazer. Existem questões quanto às idéias subjacentes aos tratamentos, suas relações conceituais, os mecanismos de ação, quais tratamentos são eficazes, quais tratamentos são mais eficazes, quais tratamentos são mais eficazes para quais grupos de clientes, a aceitabilidade desses tratamentos para os pacientes, as melhores maneiras de treinar e disseminar esses tratamentos, a especificidade etária desses tratamentos, a transportabilidade desses tratamentos entre grupos culturais e lingüísticos diversos, e muitas outras questões. Tenho pouca dúvida de que a próxima década assistirá a pelo menos tantas inovações quantas viu a que passou. Espero estar participando desse processo.

Keith S. Dobson, Ph.D.
Calgary, Alberta, Canadá

SUMÁRIO

Parte I
Questões conceituais

1. Fundamentos históricos e filosóficos das terapias cognitivo-comportamentais 17
Keith S. Dobson e David J. A. Dozois

2. Avaliação cognitiva: processos e métodos 45
Kirk R. Blankstein e Zindel V. Segal

3. A formulação de caso cognitivo-comportamental 77
Jacqueline B. Persons e Joan Davidson

4. Cognição e ciência clínica: da revolução à evolução 97
Rick E. Ingram e Greg J. Siegle

5. A integração entre a terapia cognitivo-comportamental e a psicoterapia 117
Larry E. Beutler, T. Mark Harwood e Roslyn Caldwell

Parte II
As terapias

6. Terapias de autocontrole 143
Paul D. Rokke e Lynn P. Rehm

7. Terapias de resolução de problemas 169
Thomas J. D'Zurilla e Arthur M. Nezu

8. Terapia cognitivo-comportamental para jovens 195
Lauren Braswell e Philip C. Kendall

9. A terapia comportamental racional-emotiva 229
Windy Dryden e Albert Ellis

10. Terapia cognitiva 269
Robert J. DeRubeis, Tony Z. Tang e Aaron T. Beck

11. Variedades de construtivismo em psicoterapia 301
Robert A. Neimeyer e Jonathan D. Raskin

Índice 329

parte I
Questões conceituais

FUNDAMENTOS HISTÓRICOS E FILOSÓFICOS DAS TERAPIAS COGNITIVO-COMPORTAMENTAIS

Keith S. Dobson
David J. A. Dozois

Uma das dificuldades que persistiu ao longo do desenvolvimento das terapias cognitivo-comportamentais foi a definição de seu alcance. Embora as primeiras terapias cognitivo-comportamentais tenham surgido no começo da década de 1960 (Ellis, 1962), foi apenas na década de 1970 que surgiram os primeiros textos importantes sobre a "modificação cognitivo-comportamental" (Kendall e Hollon, 1979; Mahoney, 1974; Meichenbaum, 1977). O período intermediário apresentou um interesse considerável na cognição e na aplicação da teoria cognitiva à mudança do comportamento. Mahoney (1977), por exemplo, observou que, enquanto a psicologia em geral havia passado por uma "revolução cognitiva", o mesmo foco teórico estava sendo aplicado à psicologia clínica. Ao criar uma revolução teórica na psicologia clínica, diferentes teóricos e profissionais introduziram seus próprios interesses e perspectivas sobre os problemas em questão. Como resultado, foi proposto um grande número de modelos de mudança cognitiva e comportamental, e um verdadeiro armamentário de técnicas clínicas foi acrescentado ao repertório do clínico.

Este capítulo revisa os principais avanços na história das terapias cognitivo-comportamentais, com um foco no período entre o começo da década de 1960 e meados da de 1970. Após definir brevemente o alcance atual das terapias cognitivo-comportamentais e a natureza essencial do modelo geral de terapia cognitivo-comportamental, revisamos as bases históricas dessa terapia, propondo e discutindo seis razões principais para o desenvolvimento da terapia cognitivo-comportamental. A seguir, o capítulo apresenta uma cronologia formal das principais abordagens de terapia cognitivo-comportamental e sintetiza seus principais fundamentos filosóficos. A última parte do capítulo sintetiza os princípios que todas essas terapias compartilham e aqueles que variam em cada abordagem.

DEFINIÇÃO DE TERAPIA COGNITIVO-COMPORTAMENTAL

Em sua essência, todas as terapias cognitivo-comportamentais compartilham três premissas fundamentais:

1. A cognição afeta o comportamento.
2. A cognição pode ser monitorada e alterada.
3. A mudança comportamental desejada pode ser efetuada por meio da mudança cognitiva.

Ainda que usando um título um pouco diferente, Kazdin (1978, p. 337) defendeu um conjunto semelhante de premissas em sua definição da modificação de comportamento e de cognições: "o termo 'comportamento e de cognições' abrange tratamentos que visam mudar o comportamento alterando pensamentos, interpretações, pressupostos e estratégias de resposta". A modificação cognitivo-comportamental e a terapia cognitivo-comportamental podem então ser consideradas quase idênticas em seus pressupostos básicos, e bastante similares em seus métodos de tratamento. Talvez a única área em que as duas identifiquem terapias divergentes seja com relação aos resultados do tratamento. Enquanto a modificação de comportamento e de cognições visa a mudança comportamental como resultado final (Kazdin, 1978; Mahoney, 1974), algumas formas contemporâneas de terapia cognitivo-comportamental concentram os efeitos de seu tratamento nas próprias cognições, com a crença de que a mudança comportamental virá a seguir. As tentativas de Ellis (1962, 1979a; Dryden e Ellis, Capítulo 9 deste livro) de mudar crenças, por exemplo, constituem um tipo de terapia que a definição de Kazdin (1978) não incorporaria como uma forma de modificação de comportamento e de cognições. Dessa forma, o termo "terapia cognitivo-comportamental" é mais amplo do que a expressão "modificação cognitivo-comportamental", abrangendo em si a modificação de comportamento e de cognições (ver também Dobson, Backs-Dermott e Dozois, 2000).

A primeira das três premissas fundamentais da terapia cognitivo-comportamental, que reza que a terapia cognitiva afeta o comportamento, é uma reafirmação do modelo mediacional básico (Mahoney, 1974). Embora os primeiros teóricos das abordagens cognitivo-comportamentais tivessem que documentar a legitimidade teórica e empírica dessa premissa (p. ex., Mahoney, 1974), hoje existem amplas evidências de que as avaliações cognitivas de eventos podem afetar a resposta a eles e que existe valor clínico em se modificar o conteúdo dessas avaliações (p. ex., Dobson et al., 2000; Granvold, 1994; Hollon e Beck, 1994). Enquanto persiste o debate em torno do grau e da natureza exata das avaliações que um indivíduo faz em diferentes contextos (Coyne, 1999; Held, 1995), o fato da mediação já não é mais tão contestado.

A segunda premissa fundamental da terapia cognitivo-comportamental é que a atividade cognitiva pode ser monitorada e alterada. Existem diversos corolários implícitos nessa afirmação. Por exemplo, pressupõe-se que podemos ter acesso à atividade cognitiva. Dessa forma, as cognições podem ser conhecidas e acessadas. Contudo, existe razão para crer que o acesso à cognição não é perfeito, e que as pessoas podem relatar suas cognições com base em sua *probabilidade* de ocorrência, em vez de sua ocorrência *real* (Nisbett e Wilson, 1977). Porém, a maioria dos pesquisadores da área da avaliação cognitiva continua a tentar documentar estratégias de avaliação cognitiva que sejam válidas e confiáveis, geralmente com o comportamento como fonte de dados de validação (Merluzzi, Glass e Genest, 1981; Segal e Shaw, 1988; Blankstein e Segal, Capítulo 2 deste livro). Essa área ainda é a que necessita de novas pesquisas (Clark, 1997).

Outro corolário que parte da segunda premissa é que a avaliação da cognição é um prelúdio para a sua alteração. Entretanto, essa visão deve ser considerada especulativa. Embora tenha sentido conceitual pensar que, uma vez que possamos mensurar um constructo, podemos começar a manipulá-lo, um não é *necessariamente* função do outro. No campo da mudança humana, a mensuração da cognição pode não auxiliar necessariamente as iniciativas de mudança. Conforme já foi escrito (Mischel, 1981; Shaw e Dobson, 1981; Segal e Cloitre, 1993), a maior parte das estratégias de avaliação cognitiva enfatiza o conteúdo das cognições e a avaliação de resultados cognitivos, em vez de processos cognitivos. Por outro lado, examinar o processo da cognição, bem como a interdependência entre sistemas cognitivos, comportamentais e afetivos, provavelmente aumentará a nossa compreensão da mudança. Essa forma de monitoramento cognitivo permanece em um estágio bastante rudimentar de desenvolvimento.

A terceira premissa fundamental da terapia cognitivo-comportamental é resultado direto da adoção do modelo mediacional, e reza que a mudança de comportamento desejada pode ser efetuada por meio da mudança cognitiva. Assim, enquanto os teóricos cognitivo-comportamentais aceitam que contingências de reforço explícito podem alterar o comportamento, eles provavelmente enfatizariam que existem métodos alternativos para mudar o comportamento, particularmente a mudança cognitiva.

Como conseqüência da visão de que a mudança cognitiva pode influenciar o comportamento, muitas das iniciativas de pesquisadores cognitivo-comportamentais eram tentativas de documentar uma influência mediacional. Em uma das primeiras demonstrações desse tipo, Nomikos, Opton, Averill e Lazarus (1968) demonstraram que um mesmo ruído criava graus diferentes de perturbação fisiológica, com base nas expectativas que os participantes da pesquisa tinham para com o ruído. Na mesma linha, Bandura (1977) empregou o constructo da auto-eficácia para documentar que o grau de percepção que um sujeito tem de ser capaz de abordar um objeto temido é um forte indicador do comportamento real. Muitos estudos documentaram o papel dos processos de avaliação cognitiva em uma variedade de cenários clínicos e de laboratório (Bandura, 1997).

Embora a inferência da atividade cognitiva seja aceita em geral, ainda é extremamente difícil documentar o pressuposto de que mudanças na cognição possam mediar mudanças no comportamento. Para tal, a avaliação da mudança cognitiva deve ocorrer de maneira independente do comportamento. Por exemplo, se uma pessoa fóbica chega a 30 metros de um objeto que teme, é tratada com uma forma padronizada de dessensibilização sistemática (incluindo uma aproximação gradual) e depois consegue prever e apresentar maior aproximação ao objeto temido, é difícil, na melhor das hipóteses, e desnecessário, na pior, inferir que houve uma mediação cognitiva da mudança de comportamento. Por outro lado, se a mesma pessoa fóbica for tratada com alguma forma de intervenção cognitiva (p. ex., somente imaginar o objeto temido), e depois apresentar a mesma mudança comportamental, uma mediação cognitiva daquela mudança comportamental é muito mais plausível. Além disso, se a mesma pessoa fóbica demonstrar mudanças em seu comportamento para com objetos que antes temia, mas não for tratada especificamente, a mediação cognitiva daquela mudança comportamental é essencial, no sentido de que deve haver algum grau de "combinação" entre o objeto tratado e o outro objeto de generalização.

O QUE CONSTITUI UMA TERAPIA COGNITIVO-COMPORTAMENTAL?

Diversas abordagens terapêuticas atuais estão dentro do âmbito da terapia cognitivo-comportamental definida anteriormente. Todas essas abordagens compartilham uma perspectiva teórica, que pressupõe a ocorrência de processos internos encobertos, chamados "pensamentos" ou "cognições", e que os eventos cognitivos possam mediar a mudança cognitiva. Além disso, essas abordagens pressupõem que a mudança comportamental não precisa envolver mecanismos cognitivos elaborados. Em determinadas formas de terapia cognitivo-comportamental, as intervenções podem ter pouco a ver com avaliações cognitivas, mas depender muito da ação e mudança de comportamento por parte do cliente. De fato, muitos teóricos cognitivo-comportamentais dizem explicitamente que, por causa da hipótese mediacional, a cognição não apenas *pode*, como *deve* alterar o comportamento, de maneira que uma mudança comportamental pode ser usada como um índice indireto de uma mudança cognitiva. Os resultados verdadeiros da terapia cognitivo-comportamental naturalmente variam de cliente para cliente, mas, de modo geral, os dois principais índices usados para a mudança são a cognição e o comportamento. Até certo ponto, mudanças emocionais e fisiológicas também são utilizadas como indicadores, particularmente quando a perturbação emocional ou fisiológica é uma manifestação importante do problema enfocado na terapia (p. ex., transtornos da ansiedade, transtornos psicofisiológicos).

Existem três classes principais de terapias cognitivo-comportamentais, cada uma com uma classe levemente diferente de objetivos de mudança (Mahoney e Arnkoff, 1978). As três classes de terapia são terapias que trabalhem com as habilidades de enfrentamento, com as de resolução de problemas e com os métodos de reestruturação cognitiva. Como uma seção posterior deste capítulo irá detalhar as terapias específicas de cada uma dessas categorias de terapias cognitivo-comportamentais, o tema não será revisado aqui. Todavia, é importante observar que as diferentes classes de terapia são voltadas para diferentes graus de mudança cognitiva, e não comportamental. Por exemplo, as terapias que desenvolvem a estratégias de enfrentamento são as mais usadas para lidar com problemas em que a pessoa esteja reagindo amplamente a eventos externos a si mesma. Nesse caso, a terapia concentra-se em identificar e alterar as maneiras em que a pessoa possa exacerbar a influência dos eventos negativos (p. ex., envolvendo-se em pensamentos e imagens que provoquem ansiedade) ou empregar estratégias para aplacar o impacto dos eventos negativos. Assim, os principais indicadores de sucesso nessa forma de terapia envolvem reduções nas conseqüências dos eventos negativos (p. ex., demonstração menor de ansiedade) e sinais comportamentais de melhoras manifestas nas novas habilidades de enfrentamento. No caso das técnicas de reestruturação cognitiva, porém, a mudança desejada resulta mais da perturbação criada dentro do sistema de interpretação pessoal do paciente.

Embora a terapia cognitivo-comportamental vise a cognição e o comportamento como as principais áreas de mudança, certos tipos de mudança desejada estariam claramente fora do domínio da terapia cognitivo-comportamental. Por exemplo, um terapeuta que adote os princípios do condicionamento clássico no tratamento de comportamentos autodestrutivos de uma criança autista não estará empregando um modelo cognitivo-comportamental. De fato, qualquer regime terapêutico que adote um modelo estímulo-resposta não será uma terapia cognitivo-comportamental. Somente em casos em que se possa demonstrar uma mediação cognitiva, e nos quais a mediação cognitiva seja um componente importante do plano de tratamento, pode-se aplicar o rótulo "cognitivo-comportamental.

Assim como as terapias estritamente comportamentais não são cognitivo-comportamentais, as terapias estritamente cognitivas também não são cognitivo-comportamentais. Por exemplo, um modelo terapêutico que afirme que as memórias de um evento traumático que ocorreu em um passado distante causam perturbações atualmente, e que, conseqüentemente, busque mudar essas memórias, não será uma terapia cognitivo-comportamental. Deve-se observar que esse exemplo traz a cláusula de que não pode haver nenhuma associação entre a perturbação atual e o trauma passado. Em um caso em que haja um trauma passado, mas também tenha havido um evento recente muito semelhante ao evento passado, e o cliente esteja experimentando perturbação em função do trauma passado e do evento atual, a existência da mediação cognitiva é muito mais provável e a terapia deve ter um caráter cognitivo-comportamental.

Finalmente, aquelas terapias que baseiam suas teorias somente na expressão de emoções excessivas, como se pode ver em modelos catárticos de terapia (Janov, 1970), não são cognitivo-comportamentais. Assim, embora essas terapias possam postular que as emoções derivam de processos mediacionais extremos ou negativos, a falta de um modelo mediacional de mudança claro as coloca fora do campo da terapia cognitivo-comportamental.

FUNDAMENTOS HISTÓRICOS DA TERAPIA COGNITIVO-COMPORTAMENTAL

Conforme sabem os estudantes da história psicológica moderna, as terapias cognitivo-comportamentais surgiram a partir da terapia comportamental tradicional, que, por sua vez, foi uma inovação das abordagens comportamentais radicais aos problemas humanos. A principal distinção entre as terapias cognitivo-comportamentais e as terapias comportamentais, como já mencionada, é a incorporação da perspectiva mediacional nas abordagens cognitivo-comportamentais aos problemas. Esse fenômeno de incorporação ocorreu em diferentes momentos com diferentes abordagens cognitivo-comportamentais, mas principalmente durante o final da década de 1960 e na primeira parte da de 1970 (Kazdin, 1978). Diversos fatores específicos atuaram na época para possibilitar o desenvolvimento da teoria cognitivo-comportamental e para tornar a terapia cognitivo-comportamental uma necessidade lógica:

1. Embora a perspectiva comportamental tenha sido a força dominante por um certo tempo, no final da década de 1960, estava ficando claro que uma abordagem não-mediacional não seria suficientemente ampla para explicar todo o comportamento humano (Breger e McGaugh, 1965; Mahoney, 1974). As explicações de Bandura (1965, 1971) sobre a aprendizagem vicária desafiavam a explicação comportamental tradicional, assim como o trabalho de Mischel sobre o atraso de gratificação (Mischel, Ebbesen e Zeiss, 1972). De maneira semelhante, as crianças aprendiam regras gramaticais pela capacidade de a maioria dos pais e educadores aplicar reforços discriminadores (Vygotsky, 1962), e os modelos comportamentais de aprendizagem da linguagem estavam sofrendo sérios ataques. Outro sinal de insatisfação com os modelos comportamentais foi a tentativa de ampliar esses modelos para incorporar comportamentos "encobertos" (i.e., o pensamento; Homme, 1965). Embora essa abordagem tenha sido recebida com pouco otimismo, as críticas do meio comportamental deixaram claro que esse tipo de extensão não condizia com a ênfase comportamental em fenômenos explícitos.
2. Assim como havia uma crescente insatisfação com o modelo não-mediacional absoluto do comportamento, baseado no modelo estímulo-resposta, continuava a haver uma rejeição da perspectiva alternativa mais forte, o modelo psicodinâmico de personalidade e terapia. Os primeiros textos na área da terapia cognitivo-comportamental (p. ex., Beck, 1967, p. 7-9; Ellis, 1973; Ellis, 1979a, p. 2) traziam afirmações que rejeitavam sumariamente a ênfase psicanalítica nos processos inconscientes, em material histórico e na necessidade de uma terapia de longa duração baseada no desenvolvimento de *insight* sobre a relação de transferência e contratransferência. Além de desacordos filosóficos com alguns dos pilares básicos dos modelos psicodinâmicos, as revisões de resultados de pesquisas sugerem que a eficácia da psicoterapia tradicional não era particularmente notável (Eysenck, 1969; Luborsky, Singer e Luborsky, 1975; Rachman e Wilson, 1971, 1980). Talvez o comentário avaliativo mais explícito sobre a eficácia demonstrada das terapias psicodinâmicas tenha vindo de Rachman e Wilson (1980, p. 76), que afirmaram que "ainda não existem evidências aceitáveis para sustentar a visão de que a psicanálise seja um tratamento efetivo".
3. Um terceiro fator que facilitou o desenvolvimento da terapia cognitivo-comportamental foi o de que a própria natureza de alguns problemas, como o pensamento obsessivo, tornava as intervenções não-cognitivas irrelevantes. Como seria de esperar, a terapia comportamental era aplicada a transtornos que fossem demarcados principalmente por seus correlatos comportamentais. Além disso, quando os transtornos eram multifacetados, os terapeutas comportamentais buscavam mudar os sintomas comportamentais (p. ex., Ferster, 1974). Esse foco no compor-

tamento proporcionou um aumento significativo no potencial terapêutico em comparação a iniciativas passadas, mas não era inteiramente satisfatório para terapeutas que reconheciam que os problemas globais ou componentes importantes dos problemas não estavam sendo tratados. O desenvolvimento de intervenções de tratamento cognitivo-comportamentais ajudou a preencher um vazio nas técnicas de tratamento dos clínicos.

4. Alguns conceitos mediacionais estavam sendo desenvolvidos, pesquisados e estabelecidos na psicologia experimental (Neisser, 1967; Paivio, 1971). Esses modelos, cujo exemplo mais influente talvez tenha sido o entendimento do funcionamento da cognição segundo o processamento de informações, eram explicitamente mediacionais e receberam considerável apoio dos laboratórios da cognição. Um dos avanços que talvez tenha sido natural foi a ampliação dos modelos do processamento de informações a constructos clínicos (p. ex., Hamilton, 1979, 1980; Ingram e Kendall, 1986; Neufeld e Mothersill, 1980).

Além do desenvolvimento de modelos cognitivos gerais, nas décadas de 1960 e 1970, diversos pesquisadores realizaram pesquisas básicas sobre a mediação cognitiva de constructos de relevância clínica. Lazarus e seus colegas, por exemplo, desenvolveram diversos estudos durante esse período, nos quais documentaram que a ansiedade envolve a mediação cognitiva (Lazarus, 1966; Lazarus e Alfert, 1964; Lazarus e Averill, 1972; Lazarus, Opton, Nomikos e Rankin, 1965; Lazarus e Folkman, 1984; Monat, Averill e Lazarus, 1972; Nomikos et al., 1968). Vistas em conjunto, as duas áreas de pesquisa da psicologia cognitiva geral e aquela que pode ser denominada "psicologia cognitiva aplicada" desafiaram os teóricos comportamentais a explicar os dados acumulados. Em essência, o desafio significava a necessidade de que os modelos comportamentais redefinissem seus limites e incorporassem fenômenos cognitivos nos modelos de mecanismos comportamentais. Talvez um dos primeiros sinais dessa tentativa de incorporação possa ser visto na literatura da auto-regulação e do autocontrole, desenvolvida na primeira parte da década de 1970 (Cautela, 1969; Goldfried e Merbaum, 1973; Mahoney e Thoresen, 1974; Rachlin, 1974; Stuart, 1972). Todas essas tentativas de delinear perspectivas de autocontrole sobre a modificação do comportamento compartilhavam a idéia de que o indivíduo tem capacidade de monitorar o seu comportamento, de definir objetivos internos para o comportamento, e de orquestrar as variáveis ambientais e pessoais para alcançar alguma forma de regulação do comportamento de interesse. Para desenvolver esses modelos de autocontrole, foi preciso postular diversos processos cognitivos, incluindo tentativas de definir estratégias de autocontrole em termos de componentes "cibernéticos" internos do funcionamento (p. ex., Jeffrey e Berger, 1982).

5. Outro aspecto do início da formação das terapias cognitivo-comportamentais foi o desenvolvimento e a identificação de diversos teóricos e terapeutas que se identificavam como de orientação cognitivo-comportamental. Algumas das pessoas que começaram esse processo explicitamente foram Beck (1967, 1970), Cautela, (1967, 1969), Ellis, (1962, 1970), Mahoney (1974), Mahoney e Thoresen (1974) e Meichenbaum (1973, 1977). O estabelecimento de

uma perspectiva cognitivo-comportamental por diversos proponentes importantes teve o efeito claro de criar um *zeitgeist* que chamou a atenção de outros no campo. Além disso, a criação de um jornal projetado especificamente para o emergente campo cognitivo-comportamental ajudou a promover essa tendência. Assim, a publicação do periódico *Cognitive Therapy and Research* em 1977, com Michael Mahoney como editor, representou um fórum "para estimular e comunicar pesquisas e teorias sobre o papel dos processos cognitivos na adaptação e ajuste humanos" (da capa da publicação). A existência de um periódico regular na área cognitivo-comportamental e da modificação de comportamento e de cognições permitiu que pesquisadores e terapeutas apresentassem resultados de pesquisas e idéias instigantes para um público amplo.

6. Um último fator histórico importante que contribuiu para o interesse continuado na perspectiva cognitivo-comportamental foi a publicação de estudos que consideraram os tratamentos cognitivo-comportamentais tão ou mais efetivos que as abordagens estritamente comportamentais. Em uma das primeiras revisões críticas sobre a modificação do comportamento e de cognições, Ledgewidge (1987) revisou 13 estudos, compararando a modificação do comportamento e de cognições com terapias comportamentais, e não encontrou superioridade demonstrada em nenhuma das duas. O autor observou que os estudos que revisou baseavam-se em populações análogas, e que seriam necessários testes clínicos para uma avaliação mais conclusiva. Bastante crítica, essa revisão produziu uma resposta rejeitando os comentários de Ledgewidge como sendo "prematuros" (Mahoney e Kazdin, 1979). Desde essa controvérsia inicial sobre a eficácia das terapias cognitivo-comportamentais, diversas revisões demonstraram claramente que as terapias cognitivo-comportamentais têm um impacto clínico positivo (Berman, Miller e Massman, 1985; Dobson e Craig, 1996; Dush, Hirt e Schroeder, 1983; Miller e Berman, 1983; Shapiro e Shapiro, 1982). De fato, as terapias cognitivo-comportamentais são notáveis por sua presença entre a lista de terapias que possuem base empírica (Chambless et al., 1996; Chambless e Hollon, 1998). Todavia, é importante observar que certas metanálises da efetividade terapêutica questionam o grau em que os tratamentos cognitivo-comportamentais são superiores a tratamentos estritamente comportamentais (Berman et al., 1985; Glogcuen, Cottraux, Cucherat e Blackburn, 1998; Miller e Berman, 1983). À medida que o banco de dados aumentar, será possível fazer constatações mais definitivas sobre a efetividade dessas formas de terapia. De maneira ideal, o que emergirá das pesquisas não serão conclusões específicas sobre a eficácia geral das terapias cognitivo-comportamentais, mas afirmações específicas sobre a eficácia relativa de diferentes tipos de terapia cognitivo-comportamental para tipos específicos de problemas clínicos.

A partir desta revisão, parece que existiram e continuarão a existir diversas razões convincentes para o desenvolvimento de modelos cognitivo-comportamentais de disfunção e terapia. Entre elas, estão a insatisfação com modelos anteriores de terapia, problemas clínicos que enfatizam a necessidade de uma perspectiva cognitivo-comportamental, pesquisas sobre os aspectos cognitivos do funcionamento humano, o fenômeno do *zeitgeist*, que levou a um grupo identificado de teóricos e terapeutas cognitivo-comportamentais, e o crescente *corpus* de pesquisa que sustenta a eficácia clínica das intervenções cognitivo-comportamentais. Com essa tendência geral em mente, a partir de agora, o capítulo apresenta uma síntese mais aprofundada dos acontecimentos históricos por trás do grande número de terapias cognitivo-comportamentais específicas que evoluíram nos últimos 35 anos.

TERAPIAS COGNITIVO-COMPORTAMENTAIS: CRONOLOGIA

As terapias cognitivo-comportamentais são híbridos de estratégias comportamentais e processos cognitivos, com o objetivo de levar à mudança comportamental e cognitiva. Todavia, mesmo uma visão geral breve dos principais procedimentos terapêuticos classificados sob a égide da terapia cognitivo-comportamental já revela uma diversidade de princípios e procedimentos. A diversificação no desenvolvimento e na implementação da abordagem cognitivo-comportamental pode ser explicada, em parte, pelas diferentes orientações teóricas daqueles que geraram estratégias de intervenção baseadas nessa perspectiva. Por exemplo, Ellis e Beck, fundadores da terapia comportamental racional-emotiva e da terapia cognitiva, respectivamente, vieram de origens psicanalíticas. Em comparação, Goldfried, Meichenbaum e Mahoney tiveram formação originalmente nos princípios da modificação do comportamento.

Mahoney e Arnkoff (1978) organizaram as terapias cognitivo-comportamentais em três divisões principais: (1) reestruturação cognitiva; (2) treino em habilidades de enfrentamento e (3) treino em resolução de problemas. As terapias incluídas na categoria da reestruturação cognitiva pressupõem que a perturbação emocional seja conseqüência de pensamentos mal-adaptativos. Assim, o objetivo dessas intervenções clínicas é estabelecer padrões de pensamento mais adaptativos. Em comparação, as terapias de habilidades de enfrentamento concentram-se no desenvolvimento de um repertório de habilidades projetadas para auxiliar o cliente a enfrentar várias situações estressantes. As terapias de resolução de problemas podem ser caracterizadas como uma combinação de técnicas de reestruturação cognitiva e procedimentos de treinamento em habilidades de enfrentamento. As terapias de resolução de problemas enfatizam o desenvolvimento de estratégias gerais para lidar com uma ampla variedade de problemas pessoais, e ressaltam a importância de uma cooperação ativa entre o cliente e o terapeuta no planejamento do programa de tratamento.

Nas subseções a seguir, descrevemos a evolução das principais terapias associadas à tradição cognitivo-comportamental. Esta revisão não pretende ser definitiva, e exclui diversas terapias que não estimularam uma quantidade significativa de pesquisas ou aplicações clínicas.

Terapia comportamental racional-emotiva

Muitos consideram a terapia comportamental racional-emotiva (TCRE; anteriormente chamada terapia racional-emotiva, ou TRE) como um dos principais exemplos da abordagem cognitivo-comportamental. A teoria e prática básicas da TCRE foram formuladas por Albert Ellis há mais de 40 anos. Após adquirir ampla formação e experiência em psicanálise, Ellis começou a questionar a eficácia e a eficiência do método analítico clássico. Ele observou que os pacientes tendiam a permanecer em terapia por períodos consideráveis e freqüentemente resistiam a técnicas psicanalíticas, como a associação livre e a análise dos sonhos. Além disso, Ellis (1962, p. 9) questionou se o *insight* pessoal que, segundo a teoria psicanalítica, se supunha levar à mudança terapêutica resultaria em mudanças duráveis no comportamento.

> Mesmo assim, eu não estava satisfeito com os resultados que estava obtendo, pois, mais uma vez, muitos pacientes melhoravam consideravelmente em um período bastante curto, e sentiam-se muito melhor após chegarem a certos *insights* aparentemente cruciais. Porém, pou-

cos deles se curavam realmente, no sentido de serem minimamente perturbados pela ansiedade ou hostilidade. E, como antes, um por um, os pacientes me diziam: "sim, eu vejo exatamente o que me incomoda agora e por que eu me incomodo com isso, mas, ainda assim, sinto-me incomodado. E o que eu posso fazer a respeito disso?".

Desencorajado pelas limitações do método analítico, Ellis começou a experimentar com técnicas de tratamento mais ativas e diretivas. Por meio de um processo clínico de tentativa e erro, ele gradualmente formulou uma teoria da perturbação emocional e um conjunto de métodos de tratamento que enfatizavam uma abordagem prática para lidar com os problemas da vida. Embora os defensores da teoria analítica considerassem os métodos de Ellis heréticos, o advento da terapia comportamental na década de 1960 e a crescente aceitação do papel das cognições na compreensão do comportamento humano acabaram promovendo a aceitação da TCRE como uma alternativa potencialmente válida aos modelos de psicoterapia mais tradicionais.

No cerne da TCRE, está o pressuposto de que o pensamento e a emoção no ser humano estão significativamente inter-relacionados. Segundo o modelo de Ellis, os sintomas ou conseqüências neuróticas são determinados pelo sistema de crenças da pessoa, relacionadas com determinadas experiências ou eventos ativadores. O objetivo da terapia é identificar e desafiar as crenças irracionais que estão na raiz da perturbação emocional. A TCRE pressupõe que os indivíduos possuem tendências inatas e adquiridas de pensar e se comportar de forma irracional. Assim, para manterem um estado de saúde emocional, os indivíduos devem monitorar e desafiar seus sistemas de crenças básicas constantemente.

Ellis (1970) identificou 12 crenças irracionais básicas que assumem a forma geral de expectativas irreais ou absolutistas. A TCRE pressupõe que, quando o indivíduo substitui suas exigências irreais e excessivamente generalizadas por desejos, preferências ou vontades realistas, pode ter grandes mudanças em suas emoções e comportamentos. Todavia, como os indivíduos tendem a preservar seus padrões de pensamento irracionais, são necessários métodos forçosos de intervenção para que haja mudanças significativas e duráveis.

A TCRE emprega uma abordagem multidimensional que incorpora técnicas cognitivas, emotivas e comportamentais. Entretanto, a principal ferramenta terapêutica permanece sendo um "método lógico-empírico de questionamento, desafio e debate científico" (Ellis, 1979a, p. 20) projetado para auxiliar os indivíduos a abrir mão de suas crenças irracionais. Além do debate, os terapeutas da TCRE podem empregar seletivamente uma ampla variedade de técnicas, inclusive o automonitoramento de pensamentos, biblioterapia, *role playing* (dramatização), modelagem, imaginação racional-emotiva, exercícios de combate à vergonha, métodos de relaxamento, condicionamento operante e treinamento de habilidades (Ellis, 1979b). A teoria e a prática da TCRE não tiveram grandes reformulações desde sua introdução, fazendo com que a conceituação da TRE, conforme apresentada em seu livro *Reason and emotion in psychotherapy* (1962), permanecesse sendo uma referência fundamental para essa abordagem. A mudança de nome de TRE para TCRE não representou tanto uma mudança em filosofia ou ênfase quanto refletiu o desejo de Ellis de refletir os interesses dos terapeutas da TCRE de maneira mais precisa.

Uma das principais diferenças entre a TCRE e outras abordagens cognitivo-comportamentais está em sua ênfase filosófica. A perspectiva distintamente filosófica de Ellis (1980) reflete-se naquilo que ele identifica como os principais objetivos da TCRE: interesse pessoal, interesse social, direcionamento, tolerância para consigo mesmo e outras pessoas, flexibilidade, aceitação da incerteza, comprometimento com interesses vitais, aceitação pessoal, pensamento científico e uma perspectiva não-utópica da vida. A TCRE pressupõe que os indivíduos que adotam esse tipo de filosofia racional sentem o mínimo de perturbação emocional.

A TCRE gerou um grande *corpus* bibliográfico (ver Dryden e Ellis, 1988, e o Capítulo 9 deste livro). Infelizmente, a maioria dos artigos publicados foi escrita por defensores da TCRE, em vez de pesquisadores preocupados em coletar dados objetivos relacionados à sua validade e utilidade (Mahoney, 1979). Entretanto, algumas publicações sugerem que a TCRE está começando a ter o escrutínio empírico objetivo que era notavelmente ausente no passado (Haaga e Davison, 1993; Kendall e Bemis, 1983).

Terapia cognitiva

Aaron Beck, o principal fundador da terapia cognitiva, teve formação original em psicanálise. Assim como Ellis, Beck começou a questionar as formulações psicanalíticas das neuroses, particularmente com relação à depressão. Em um artigo publicado em 1963, Beck observou que os fatores cognitivos associados à depressão eram amplamente ignorados, em favor da ênfase psicanalítica em conceituações motivacionais e afetivas. Todavia, com base em uma investigação do conteúdo temático das cognições de pacientes psiquiátricos, Beck conseguiu distinguir diferenças comuns no conteúdo das idéias associado aos transtornos neuróticos, inclusive a depressão. Ele também verificou que os pacientes apresentavam distorções sistemáticas em seus padrões de pensamento. Conseqüentemente, gerou uma tipologia de distorções cognitivas para descrever esses erros sistemáticos, que incluíam os conceitos, hoje conhecidos, da inferência arbitrária, abstração seletiva, supergeneralização, magnificação e minimização.

Os resultados de um projeto de pesquisa de cinco anos realizado na Universidade da Pensilvânia culminaram na publicação de *Depression: causes and treatment*, em 1967. Nesse livro, Beck apresentou seu modelo cognitivo e sua terapia para a depressão e outras neuroses. Um segundo livro, *Cognitive therapy and the emotional disorders* (Beck, 1976), apresentou as distorções cognitivas específicas associadas a cada uma das neuroses, descrevendo também os princípios da terapia cognitiva, com especial referência à depressão. Em 1979, Beck escreveu, juntamente com outros autores, um manual abrangente de tratamento para a depressão, apresentando intervenções cognitivas que haviam sido desenvolvidas ao longo da década anterior de trabalho clínico e pesquisa (Beck, Rush, Shaw e Emery, 1979).

A partir da ênfase inicial na depressão unipolar, o modelo de Beck (Beck, 1970) foi ampliado para outros transtornos e dificuldades, incluindo a ansiedade (Beck, Emery e Greenberg, 1985), o transtorno bipolar (Basco e Rush, 1996), problemas conjugais (Beck, 1988), transtornos da personalidade (Beck, Freeman e Associates, 1990; Layden, Newman, Freeman e Morse, 1993; Linehan, 1993), problemas com uso de substâncias (Beck, Wright, Newman e Liese, 1993), manejo de crises (Dattilio e Freeman, 1994) e raiva (Beck, 1999). Ao longo desses avanços, o modelo cognitivo manteve uma ênfase na maneira em que o pensamento distorcido e avaliações cognitivas irreais de eventos podem afetar os sentimentos e o comportamento do indivíduo de forma negativa. Portanto, supõe-se que a maneira em que um indivíduo estrutura a realidade determine o seu estado afetivo. Além disso, o modelo cognitivo propõe que existe uma relação recíproca entre o afeto e a cognição, de maneira que um tende a reforçar o outro, resultando em uma possível escalada da limitação emocional e cognitiva (Beck, 1971).

Os "esquemas", definidos como estruturas cognitivas que organizam e processam as informações que chegam ao indivíduo, são propostos como representações dos padrões de pensamento adquiridos no início do desenvolvimento do indivíduo. Ao passo que os esquemas de indivíduos adaptados permitem a avaliação mais realista dos eventos da vida, os esquemas de indivíduos desajustados resultam na distorção da realidade e facilitam a ocorrência de transtornos psicológicos (Beck, 1976). Assim, os processos esquemáticos de indivíduos depressivos podem ser caracterizados como uma tríade cognitiva negativa, na qual as visões do *self*, do mundo e do futuro são perturbadas (Hollon e Beck, 1979).

Congruente com o modelo cognitivo, o objetivo da terapia cognitiva é substituir a suposta avaliação distorcida que o cliente faz dos eventos por avaliações mais realistas e adaptativas. O tratamento baseia-se em uma abordagem psicoeducacional e cooperativa, que envolve projetar determinadas experiências de aprendizagem para ensinar os clientes a (1) monitorar pensamentos automáticos; (2) reconhecer as relações entre a cognição, o afeto e o comportamento; (3) testar a validade de pensamentos automáticos; (4) substituir pensamentos distorcidos por cognições mais realistas e (5) identificar e alterar crenças subjacentes, pressupostos ou esquemas que predisponham os indivíduos a ter padrões de pensamento deficientes (Kendall e Bemis, 1983).

Ao contrário da TCRE, a teoria cognitiva de Beck para a psicopatologia e as técnicas cognitivas foi submetida a um grau substancial de escrutínio empírico (Clark, Beck e Alford, 1999; Ingram, Miranda e Segal, 1998). A terapia cognitiva da depressão hoje é considerada uma alternativa viável a intervenções comportamentais e bioquímicas (DeRubeis, Tang e Beck, Capítulo 10 deste livro; Hollon e Beck, 1979; Hollon, DeRubeis e Evans, 1996). De fato, a terapia cognitiva para transtornos da ansiedade mostrou ter eficácia superior à da farmacoterapia. A capacidade de generalização do modelo e terapia de Beck, e a eficácia do tratamento com relação a outros transtornos mentais, ainda exige mais pesquisas (Clark et al., 1999). Todavia, as contribuições de Beck e seus colaboradores tiveram um impacto significativo em muitos pesquisadores e clínicos, e provavelmente continuarão a estimular pesquisas por muitos anos (Dobson e Khatri, no prelo).

Treinamento de auto-instrução

Os interesses clínicos de Donald Meichenbaum desenvolveram-se durante um período em que a tecnologia da terapia comportamental estava florescendo e as idéias então radicais de Ellis (1962), Beck (1963) e outros defensores das abordagens cognitivas de tratamento começavam a atrair a atenção de uma nova geração de clínicos. No meio desse clima, Meichenbaum (1969) realizou um programa de pesquisa doutoral que investigou os efeitos de um procedimento de tratamento operante para pacientes esquizofrênicos hospitalizados, que eram treinados para emitir "falas saudáveis". Ele observou que os pacientes que tinham auto-instrução espontânea para "falar de forma saudável" eram menos distraídos e demonstravam desempenho superior em diversas medidas. Esse achado fortuito tornou-se o ímpeto para um programa de pesquisas de longa duração, concentrado no papel de fatores cognitivos na modificação do comportamento (Meichenbaum, 1973, 1977).

O rumo das pesquisas de Meichenbaum foi bastante influenciado por dois psicólogos soviéticos, Luria (1961) e Vygotsky (1962), que estudaram a relação evolutiva entre a linguagem, o pensamento e o comportamento. Eles sugeriram que o desenvolvimento do controle voluntário sobre o comportamento do indivíduo envolve uma progressão gradual da regulação externa por pessoas significativas (p. ex., instrução parental) para a auto-regulação, como resultado da internalização de comandos verbais. Conseqüentemente, a relação entre a auto-instrução verbal e o comportamento tornou-se o principal foco da pesquisa de Meichenbaum, que propôs que os comportamentos ocultos operam segundo os mesmos princípios que os comportamentos explícitos, e que os comportamentos ocultos estão sujeitos a modificação pelas mesmas estratégias comportamentais empregadas para modificar os comportamentos explícitos (Meichenbaum, 1973).

As primeiras tentativas de Meichenbaum de explorar a validade dessa proposta envolveram o desenvolvimento de um programa de treinamento auto-instrucional, projetado para tratar as deficiências mediacionais de crianças impulsivas (Meichenbaum e Goodman, 1971). O programa de tratamento tinha quatro objetivos: (1) treinar crianças impulsivas a produzir autocomandos verbais e responder adequadamente a eles; (2) fortalecer as propriedades mediacionais do discurso interior das crianças, para manter seu comportamento sob o seu próprio controle verbal; (3) superar qualquer deficiência de compreensão, produção ou mediação e (4) estimular as crianças a auto-regularem o seu comportamento de maneira adequada. Os procedimentos específicos empregados eram projetados para replicar a seqüência evolutiva proposta por Luria (1961) e Vygotsky (1962): (1) atuando como modelo, uma pessoa executava uma tarefa, falando em voz alta, enquanto a criança observava; (2) a criança executava a tarefa enquanto o modelo dava instruções verbais; (3) a criança executava a mesma tarefa enquanto dava instruções a si mesma em voz alta; (4) a criança executava a tarefa enquanto sussurrava as instruções e (5) a criança executava a tarefa de forma oculta. As auto-instruções empregadas no programa incluíam (1) questões sobre a natureza e as exigências da tarefa, (2) respostas a essas questões na forma de ensaio cognitivo, (3) auto-instruções na forma de auto-orientação enquanto executa a tarefa e (4) auto-reforço. Meichenbaum e Goodman verificaram que seu programa de treinamento auto-instrucional melhorava significativamente o desempenho de crianças impulsivas nas tarefas, conforme várias medidas em relação a grupos de controle e atenção.

Estimulados pelos resultados de seus primeiros estudos, Meichenbaum e colaboradores procuraram ampliar e refinar o treinamento auto-instrucional. Outras investigações foram designadas para examinar a capacidade de se generalizar o treinamento de auto-instrução para o tratamento de uma variedade de transtornos psicológicos, incluindo a esquizofrenia, ansiedade com a fala, ansiedade com testes e fobias (Mahoney, 1974).

A origem comportamental de Meichenbaum fica evidente na ênfase metodológica que o treinamento de auto-instrução coloca em tarefas graduais, modelagem cognitiva, treinamento mediacional direcionado e auto-reforço. O treinamento auto-instrucional proporciona um paradigma básico de tratamento, que pode ser modificado para se adequar às exigências específicas de determinada população clínica. De um modo geral, os clientes são treinados em seis habilidades globais relacionadas com a auto-instrução: (1) definição do problema, (2) abordagem do problema, (3) foco da atenção, (4) afirmações voltadas para o enfrentamento, (5) opções para corrigir erros, e (6) auto-reforço (Kendall e Bemis, 1983). A flexibilidade do treinamento de auto-instrução talvez seja uma de suas características mais atraentes e, como não é de surpreender, uma grande bibliografia já se acumula sobre a utilidade do treinamento para uma variedade de transtornos psicológicos. Uma observação interessante é que, recentemente, os interesses clínicos de Meichenbaum mudaram um pouco. Ele desenvolveu uma abordagem construtivista e narrativa de psicoterapia para o problema do transtorno de estresse pós-traumático (Meichenbaum, 1994), na qual os métodos mais tradicionais de treinamento auto-instrucional não aparecem muito. Será importante ver até que ponto o interesse no treinamento auto-instrucional diminuirá, devido às forças conflitantes da aparente perda dessa figura fundamental do campo e da sólida base de dados para substanciar a utilidade clínica do treinamento de auto-instrução.

Reestruturação racional sistemática

Marvin Goldfried estava entre o crescente número de clínicos que, no começo da década de 1970, desafiou a adequação da teoria da aprendizagem e defendeu a incorporação de processos cognitivos em conceituações do comportamento humano. Assim como outros pesquisadores de orientação comportamental da época, ele defendeu uma mudança em ênfase, de respostas discretas específicas à situação e procedimentos específicos ao problema para um foco em habilidades de enfrentamento que pudessem ser aplicadas em diferentes modalidades de resposta, situações e problemas (Mahoney, 1974). Em um artigo de 1971, Goldfried propôs que a dessensibilização sistemática poderia ser conceituada como um modelo mediacional geral, contrário ao modelo de contracondicionamento de Wolpe (1958). Goldfried interpretou a dessensibilização sistemática como uma forma de ensinar uma habilidade de auto-relaxamento geral aos clientes. Em sua tentativa de transformar a dessensibilização em um programa mais abrangente de treinamento em habilidades de enfrentamento, enfatizou quatro componentes: (1) a descrição da fundamentação terapêutica em termos do treinamento de habilidades; (2) o uso do relaxamento como uma estratégia de enfrentamento de propósitos múltiplos ou generalizada; (3) o uso de hierarquias de temas múltiplos e (4) o treinamento de "relaxamento progressivo" da ansiedade induzido pela imaginação, em oposição ao método tradicional de abandonar a cena imaginária ao primeiro sinal de perturbação subjetiva (Goldfried, 1973, 1979).

A orientação de Goldfried para habilidades de enfrentamento finalmente levou ao desenvolvimento de uma técnica chamada reestruturação racional sistemática – RRS, Goldfried, Decenteceo e Weinberg, 1974). Baseado no trabalho de Dollard e Miller (1950) sobre o desenvolvimento de processos de pensamento simbólicos, Goldfried (Goldfried e Sobocinski, 1975) sugeriu que as primeiras experiências de aprendizagem social ensinam os indivíduos a rotular as situações de maneiras diferentes. Ele argumentou que as reações emocionais podem ser compreendidas como uma resposta à maneira em que o indivíduo rotula as situações, ao contrário de uma resposta à situação em si. O nível em que os indivíduos distinguem inadequadamente as pistas situacionais como pessoalmente ameaçadoras determina as respostas emocionais e comportamentais mal-adaptativas que terão subseqüentemente. Goldfried acreditava que os indivíduos poderiam adquirir repertórios mais efetivos aprendendo a modificar os modelos cognitivos mal-adaptativos que usam automaticamente quando enfrentam situações que provoquem ansiedade. Assim, o objetivo da RRS é treinar os clientes a perceber as pistas situacionais de maneira mais precisa. Dessa forma, a implementação da RRS divide-se em cinco estágios discretos: (1) exposição a situações que provoquem ansiedade, usando representação imaginária ou *role play* (dramatização); (2) auto-avaliação do nível subjetivo de ansiedade; (3) monitoramento de cognições que provoquem ansiedade; (4) reavaliação racional dessas cognições mal-adaptativas e (5) observação do próprio nível subjetivo de ansiedade após a reavaliação racional. As técnicas utilizadas na terapia incluem métodos de relaxamento, ensaio comportamental, tarefas *in vivo*, modelagem e biblioterapia (Goldfried e Davison, 1976). Como abordagem de habilidades de enfrentamento, o principal objetivo da RRS é proporcionar os recursos pessoais para que os clientes possam enfrentar de forma independente as situações futuras de estresse em suas vidas.

A RRS foi introduzida durante um período em que os pesquisadores comportamentais estavam projetando e testando uma variedade de abordagens de treinamento em habilidades de enfrentamento. Alguns desses pacotes de tratamento de componentes múltiplos tiveram mais atenção da pesquisa do que outros, e muitos são semelhantes em termos de sua teoria subjacente e estratégias terapêuticas. Infelizmente, mesmo no período entre a primeira edição deste livro e a edição atual, a RRS não foi investigada de forma tão ampla quanto outros programas de treinamento em habilidades de enfrentamento. Entretanto, ela representa uma das primeiras tentativas de operacionalizar um modelo de tratamento de autocontrole para promover a generalização do tratamento pelo uso de um treinamento em habilidades de enfrentamento gerais aplicáveis a uma variedade de situações que provocam ansiedade.

Treinamento de manejo da ansiedade

O programa de treinamento de manejo da ansiedade (TMA), de Suinn e Richardson (1971), foi introduzido na mesma época em que Goldfried (1971) propôs uma nova conceituação da dessensibilização sistemática. Em seu artigo original, Suinn e Richardson discutiram três limitações dos procedimentos de dessensibilização: (1) o caráter demorado da construção de hierarquias de ansiedade para cada problema que os clientes em tratamento apresentam; (2) a duração relativamente longa do tratamento e (3) a ausência de estratégias de enfrentamento generalizadas para preparar os clientes para lidar efetivamente com seus problemas futuros. Essas supostas limitações das técnicas convencionais de dessensibilização sistemática levaram ao desenvolvimento de uma abordagem não-específica para o controle da ansiedade, que foi projetada para proporcionar aos clientes um programa curto de treinamento em habilidades de enfrentamento que fosse aplicável a uma ampla variedade de áreas de problemas.

A teoria por trás do TMA pressupõe que a ansiedade seja um impulso adquirido, que tem propriedades de generalização de estímulos. As respostas autônomas associadas a ela atuam como pistas que facilitam e mantêm o comportamento esquivo. Os clientes podem ser condicionados a responder a essas pistas discriminatórias com respostas que eliminem a ansiedade pelo processo de inibição recíproca. Assim, o objetivo do TMA é ensinar os clientes a usar habilidades de relaxamento e competência para controlar seus sentimentos de ansiedade.

O treinamento para manejo da ansiedade enfatiza a eliminação da ansiedade sem atenção específica a determinado estímulo que provoque ansiedade. No primeiro estágio do tratamento, os clientes fazem treinamento em relaxamento muscular profundo. Depois disso, recebem instrução sobre como visualizar cenas que causem ansiedade e praticam suas habilidades de relaxamento e/ou imaginam responder aos estímulos de maneira competente (Suinn, 1972). Incorpora-se uma variedade de cenas que causam ansiedade e que podem não estar relacionadas com os problemas dos clientes específicos ao programa de tratamento.

Lentamente, surgem dados empíricos a respeito do treinamento para manejo da ansiedade. Um dos primeiros estudos examinou a eficácia dessa estratégia de enfrentamento (Richardson e Suinn, 1973). Infelizmente, o modelo não contava com um grupo correspondente para controle, dificultando a interpretação dos dados. Ainda assim, um estudo mais recente mostrou que o TMA foi superior a um grupo de controle em um teste clínico randomizado (Suinn, 1995). Devido à falta de pesquisas, o TMA ainda é uma abordagem cognitivo-comportamental menos desenvolvida do que poderia ser.

Treinamento de inoculação do estresse

Assim como muitos de seus contemporâneos na década de 1970, Meichenbaum desenvolveu um interesse na abordagem de habilidades múltiplas de enfrentamento como uma estratégia terapêutica potencialmente efetiva. Com base em uma revisão da bibliografia sobre o estresse, Meichenbaum, Turk e Burstein (1975) sugeriram diversas diretrizes para o desenvolvimento de um programa de tratamento em habilidades de enfrentamento, que foram incorporadas posteriormente ao livro de Meichenbaum em 1977:

1. Os dispositivos de enfrentamento são complexos e devem ser flexíveis.... Qualquer abordagem de treinamento em habilidades de enfrentamento deve ser suficientemente flexível para incorporar uma variedade de estratégias cognitivas e comportamentais que possam ser empregadas de maneira diferencial.
2. É necessário que a técnica de treinamento seja sensível a diferenças individuais, diferenças culturais e diferenças situacionais.
3. O treinamento de habilidades deve estimular o uso das informações disponíveis e a incorporação de eventos potencialmente ameaçadores nos planos cognitivos. Para que sejam efetivas, as informações devem estimular o ensaio mental... que pode causar um "curto-circuito" na experiência do estresse ou reduzir seus efeitos subseqüentes.
4. A exposição real a eventos menos ameaçadores durante o treinamento tem um efeito benéfico (Meichenbaum, 1977, p. 148-149).

Em particular, Meichenbaum enfatizou a aquisição sistemática de habilidades de enfrentamento, ressaltando a importância de se aprender a enfrentar quantidades pequenas e administráveis de estresse como um meio de facilitar a manutenção e a generalização do tratamento. O treinamento de inoculação do estresse é o análogo comportamental do modelo da imunização de Orne (1965), e incorpora as diretrizes que Meichenbaum e seus colegas enxergaram a partir da revisão da literatura do estresse. A base racional subjacente à essa abordagem é que os clientes que aprendem maneiras de enfrentar níveis leves de estresse são "inoculados" contra níveis incontroláveis de estresse.

Meichenbaum e Cameron (1973) operacionalizaram o treinamento de inoculação do estresse em três estágios. O primeiro é educacional, e envolve a instrução didática sobre a natureza das reações de estresse. O segundo estágio envolve a apresentação de diversas habilidades de enfrentamento comportamentais e cognitivas, incluindo exercícios de relaxamento, auto-afirmações de enfrentamento e auto-reforço. No estágio final do treinamento aplicado, o cliente é exposto a uma variedade de estressores para ensaiar suas habilidades de enfrentamento recém-adquiridas.

Desde a introdução do treinamento de inoculação do estresse em 1973, os pesquisadores têm aplicado essa abordagem a diversos problemas, incluindo ansiedade, raiva e dor (Meichenbaum e Deffenbacher, 1988; Meichenbaum e Jaremko, 1983; Meichenbaum e Turk, 1976). Esses estudos levaram à criação de um manual clínico detalhado (Meichenbaum, 1985) e um grande *corpus* de estudos (para uma revisão, ver Meichenbaum, 1993). Entretanto, conforme Jaremko (1979) observou, as investigações sobre o treinamento de inoculação do estresse introduziram um grau considerável de variação metodológica. Nesse sentido, Jaremko propôs um modelo metodológico revisado, que visa adicionar maior uniformidade à pesquisa, assim como aumentar a "usabilidade" dessa abordagem como procedimento terapêutico. Como no caso de outros programas de tratamento com componentes múltiplos, permanece a necessidade de investigações empíricas mais aprofundadas para demonstrar a utilidade dos componentes individuais do tratamento empregados no treinamento de inoculação do estresse. Além disso, a validade da fundamentação subjacente necessita de mais pesquisas. Entretanto, muitos consideram o treinamento de inoculação do estresse uma abordagem terapêutica valiosa para o desenvolvimento de habilidades de enfrentamento generalizadas.

Terapia de resolução de problemas

Em 1971, D'Zurilla e Goldfried publicaram um artigo que propunha a aplicação da teoria e pesquisa sobre a resolução de problemas à modificação do comportamento. Com o objetivo de facilitar a mudança de comportamento "generalizada", conceituaram a terapia de resolução de problemas como uma forma de treinamento em autocontrole, enfatizando a importância de se treinar o cliente para funcionar como seu próprio terapeuta. D'Zurilla e Goldfried (1971, p. 109) sintetizaram a fundamentação subjacente a essa abordagem da seguinte maneira:

> A falta de efetividade para enfrentar situações problemáticas, bem como suas conseqüências pessoais e sociais, costuma ser condição necessária e suficiente para que um transtorno emocional ou comportamental exija tratamento psicológico;... a efetividade geral pode ser facilitada de maneira mais eficiente treinando-se os indivíduos em procedimentos ou habilidades gerais que lhes permitam lidar de forma independente com as situações problemáticas críticas que confrontam na vida cotidiana.

Segundo D'Zurilla e Goldfried, a "resolução de problemas" refere-se a um processo explícito ou cognitivo que disponibiliza uma variedade de alternativas de respostas efetivas para enfrentar uma situação problemática e aumenta a probabilidade de selecionar a resposta mais efetiva disponível (1971, p. 108). Com base em um grande *corpus* de pesquisas relacionadas com as operações fundamentais envolvidas na resolução de problemas efetiva, D'Zurilla e Goldfried identificaram cinco estágios sobrepostos como sendo representativos do processo de resolução de problemas: (1) orientação ou "modelo" geral; (2) definição e formulação de problemas; (3) geração de alternativas; (4) tomada de decisões e (5) verificação. O treinamento para a resolução de problemas envolve ensinar essas habilidades básicas aos clientes e orientar a sua aplicação em situações problemáticas reais.

Spivack e Shure (1974) deram início à investigação sistemática da eficácia de uma abordagem de tratamento de resolução de problemas. O modelo de resolução cognitiva de problemas interpessoais que os pesquisadores propuseram envolve essencialmente as mesmas habilidades que aqueles apresentados por D'Zurilla e Goldfried (1971). Segundo Spivack, Platt e Shure (1976), a resolução cognitiva de problemas interpessoais envolve: (1) a capacidade de reconhecer a variedade de situações problemáticas possíveis no ambiente social; (2) a capacidade de encontrar soluções alternativas variadas para os problemas interpessoais; (3) a capacidade de planejar uma série de etapas necessárias para alcançar determinado objetivo; (4) a capacidade de prever as conseqüências em curto e longo prazos de uma dada alternativa e (5) a capacidade de identificar os elementos motivacionais relacionados com as próprias ações e as de outras pessoas. O treinamento em resolução cognitiva de problemas interpessoais tem sido mais usado com crianças pré-escolares e crianças com perturbações emocionais. De um modo geral, os programas de treinamento em resolução cognitiva de problemas interpessoais incluem discussão e atividades estruturadas que envolvem situações problemáticas interpessoais hipotéticas e reais, projetadas para ensinar habilidades de resolução de problemas. Apesar de seus numerosos problemas metodológicos, o trabalho de Spivack e colaboradores resultou no desenvolvimento do interesse no potencial das terapias de resolução de problemas.

D'Zurilla e Nezu (1982) revisaram as aplicações do modelo original de resolução de problemas de D'Zurilla e Goldfried (1971) em populações clínicas adultas. Como Spivack e Shure (1974), eles concluíram que os dados disponíveis à época sustentavam a existência de uma relação entre as habilidades de resolução de problemas e a psicopatologia. Porém, as evidências da importância de componentes individuais de resolução de problemas não eram tão claras. Todavia, a ampliação dos objetivos de intervenção clínica, conforme recomendada por D'Zurilla e Goldfried (1971), estimulou o desenvolvimento de diversas terapias de resolução de problemas (Mahoney e Arnkoff, 1978). Atualmente, já foram desenvolvidas terapias de resolução de problemas em diversas áreas (para uma revisão, ver D'Zurilla e Nezu, Capítulo 7 deste livro), incluindo manejo e prevenção do estresse (D'Zurilla, 1990), depressão (Nezu, 1986), manejo da raiva (Crick e Dodge, 1994) e enfrentamento do câncer (Nezu, Nezu, Friedman, Faddis e Houts, 1998). Além disso, uma excelente adição recente à lista de publicações clínicas disponíveis é a segunda edição de um livro que descreve a abordagem geral de resolução de problemas (D'Zurilla e Nezu, 1999). É provável que a flexibilidade e o pragmatismo dessas abordagens continuem a atrair a atenção de clínicos em busca de programas de tratamento abrangentes.

Terapia de autocontrole

A tendência ao desenvolvimento de modelos de tratamento que promovam a filosofia do autocontrole influenciou Rehm (1977) a desenvolver um modelo de autocontrole para a depressão. O trabalho de Rehm foi orientado até certo ponto pelo modelo geral da auto-regulação proposto por Kanfer (1970, 1971), que explica a persistência de certos comportamentos na ausência de reforço, conforme um ciclo fechado de autocontrole adaptativo. Kanfer sugere que existem três processos interconectados envolvidos na auto-regulação: automonitoramento, auto-avaliação e auto-reforço. Rehm adaptou esse modelo para explicar a natureza multivariada da sintomatologia depressiva. Assim, os sintomas da depressão são conceituados como reflexões ou conseqüências de um déficit ou uma combinação de déficits no comportamento de autocontrole. Na fase de automonitoramento, os déficits potenciais incluem o monitoramento seletivo de eventos negativos e o monitoramento seletivo de conseqüências imediatas do comportamento, em vez de conseqüências posteriores. Os déficits em auto-avaliação consistem em critérios auto-avaliativos rígidos e atribuições de responsabilidade imprecisas. Na terceira fase, a fase de auto-reforço, déficits envolvendo recompensas pessoais insuficientes e autopunições excessivas podem ser observados em indivíduos depressivos. Segundo Rehm (1981), o perfil variado de sintomas na depressão clínica é função de diferentes subconjuntos desses déficits. Além disso, esses déficits podem existir em graus variados em diferentes indivíduos, e podem ser observados antes dos episódios depressivos. Postula-se que a ocorrência de um episódio depressivo é função do grau de estresse experimentado e das habilidades de autocontrole disponíveis para o indivíduo enfrentar a situação estressante.

Fuchs e Rehm (1977) desenvolveram o pacote de tratamento original baseado no modelo da depressão de Rehm (1977). A terapia de autocontrole envolve a aplicação seqüencial dos três processos auto-regulatórios de Kanfer (1970, 1971), adaptados por Rehm. "Pressupõe-se que cada um deles pode ser conceituado como um módulo de terapia, que a auto-avaliação baseia-se no automonitoramento, e que o auto-reforço baseia-se na auto-avaliação" (O'Hara e Rehm, 1983, p. 69). Cada um dos seis déficits em autocontrole é descrito ao longo do tratamento, com ênfase no quanto cada déficit específico está relacionado com a depressão e o que pode ser feito para remediar o déficit. Emprega-se uma variedade de estratégias clínicas para ensinar habilidades de autocontrole aos clientes, incluindo discussão em grupo orientada pelo terapeuta, reforço explícito e implícito, tarefas comportamentais, automonitoramento e modelagem.

O apelo do modelo de autocontrole de Rehm (1977) está em sua integração de diversas variáveis cognitivas e comportamentais, nas quais outros modelos da depressão se concentram exclusivamente. Além disso, o modelo de Rehm proporciona uma análise lógica da maneira em que cada um dos vários sintomas da depressão está associado a um determinado aspecto do autocontrole. Em uma perspectiva mais ampla, esse modelo de autocontrole parece ter potencial como um modelo geral de psicopatologia. Infelizmente, a possibilidade de generalizar a abordagem teórica de Rehm para outros transtornos clínicos não foi pesquisada (ver Rokke e Rehm, Capítulo 6 deste livro). Contudo, qualquer tentativa de se desenvolver uma terapia de autocontrole abrangente seria um empreendimento louvável.

Psicoterapia estrutural e construtivista

Em um livro intitulado *Cognitive processes and emotional disorders*, Guidano e Liotti (1983) introduziram uma abordagem de psicoterapia estrutural. Esse livro representou o ápice de 10 anos de pesquisas e experiências clínicas, que começaram com a observação de uma discrepância significativa entre a eficácia demonstrada de técnicas comportamentais e o potencial explicativo limitado da teoria da aprendizagem. Após um amplo estudo da bibliografia, incluindo terapia comportamental, teoria da aprendizagem social, epistemologia evolucionista, psicologia cognitiva, teoria psicodinâmica e terapia cognitiva, Guidano e Liotti (1983, p. 34) concluíram que, para se entender a complexidade dos transtornos emocionais e subseqüentemente desenvolver um modelo adequado de psicoterapia, é crítico que se tenha um entendimento do desenvolvimento e do papel ativo do conhecimento do indivíduo sobre si mesmo e sobre o mundo: "somente uma consideração da estrutura em que se colocam os elementos singulares do conhecimento do indivíduo nos permitirá compreender como esses elementos guiam e coordenam as emoções e ações desse indivíduo".

O modelo estrutural da disfunção cognitiva de Guidano e Liotti baseia-se amplamente na teoria do apego de Bowlby (1977). Eles sugerem que as relações com outras pessoas significativas (i.e., pais ou figuras parentais) determinam o desenvolvimento da auto-imagem da criança e proporcionam confirmação e reforço contínuos dessa auto-imagem. Acredita-se que a definição do *self* coordene e integre o crescimento cognitivo e a diferenciação emocional. Se o autoconceito é distorcido ou rígido, o indivíduo não consegue assimilar as experiências da vida de maneira efetiva. Isso então leva a desajuste e subseqüente perturbação emocional, cujo produto final é a disfunção cognitiva. Pressupõe-se que padrões anormais de apego correspondam a diferentes síndromes clínicas.

A formulação original de Guidano e Liotti foi ampliada em textos posteriores de Guidano (1987, 1991), que ampliaram a idéia de que os comportamentos problemáticos são conseqüências da organização cognitiva do indivíduo (i.e., as teorias causais, pressupostos básicos e regras tácitas de inferência que determinam o conteúdo do pensamento). Considera-se que o paciente está lutando para manter determinada organização cognitiva disfuncional diante de um ambiente continuamente desafiador. Assim, o objetivo fundamental da psicoterapia de Guidano e Liotti é modificar essas estruturas cognitivas. Para que a terapia seja efetiva, o terapeuta começa identificando e modificando estruturas cognitivas superficiais, e passa à identificação e modificação de estruturas cognitivas mais profundas (i.e., as teorias causais implícitas que o paciente carrega). Essa estratégia terapêutica assemelha-se bastante à terapia cognitiva de Beck (Beck et al., 1979), que começa com a avaliação dos pensamentos automáticos do paciente e leva subseqüentemente à especificação dos pressupostos básicos subjacentes a esses pensamentos. Contudo, uma importante diferença entre os criadores da psicoterapia estrutural e Beck é a ênfase desses teóricos em uma filosofia pós-racionalista. Enquanto Beck e outros autores mantêm o pressuposto filosófico de que existe um mundo externo que pode ser percebido de maneira precisa, ou mesmo distorcida, os últimos escritos de Guidano deixam claro que ele estava cada vez menos interessado no "valor de verdade" das estruturas cognitivas do que no "valor de validade" ou coerência dessas estruturas:

> A adaptação, portanto, é a capacidade de transformar a perturbação que surge da interação com o mundo em informações significativas para a própria ordem experimental. Manter uma adequação adaptativa significa preservar o próprio sentido de *self*, transformando continuamente o mundo percebido, em vez de simplesmente corresponder a ele. Isso explica por que a noção de *viabilidade* dos processos de conhecimento se tornou muito mais importante na epistemologia evolucionista recente do que a sua *validade*. (Guidano, 1991, p. 9; itálico no original).

Ao discutir a psicoterapia como processo estratégico, os terapeutas estruturais referem-se à analogia entre a abordagem empírica de resolução de problemas do cientista e a do paciente. "Os terapeutas devem propiciar que os pacientes se desembaracem de certas crenças e julgamentos arraigados, e considerem-nos como hipóteses e teorias, sujeitas a contestação, confirmação e desafio lógico" (Guidano e Liotti, 1983, p. 144). Essa analogia assemelha-se à feita por Mahoney (1977) em sua abordagem da ciência pessoal. Diversos experimentos comportamentais e técnicas cognitivas compõem o arsenal terapêutico do qual o terapeuta seleciona uma variedade de táticas adequadas para cada cliente. Elas incluem técnicas como inundação, dessensibilização sistemática, treinamento da assertividade, treinamento em habilidades de enfrentamento, procedimentos de resolução de problemas e reestruturação racional. O estágio final do processo terapêutico é conceituado em termos de uma "revolução pessoal" (Mahoney, 1980; Guidano, 1991), durante a qual o paciente, tendo rejeitado sua antiga visão de si e do mundo, está em um estado de transformação, estabelecendo um sistema de crenças novo e mais adaptativo.

Aqueles que são familiarizados com o trabalho de Beck e colaboradores (1979), Ellis (1962), Mahoney (1977) e outros defensores da perspectiva cognitivo-comportamental reconhecerão os muitos paralelos entre suas obras e a abordagem estrutural de terapia. Todavia, a distinção entre as abordagens racionais e pós-racionais é importante, e foi aumentada no trabalho de indivíduos que se referem ao seu trabalho como "psicoterapia construtivista" (Mahoney, 1995; Neimeyer, 1993, 1995; Neimeyer e Raskin, Capítulo 11 deste livro). A terapia construtivista adota a visão do indivíduo como um cientista pessoal imperfeito, que usa constructos cognitivos para tirar sentido das experiências e para fazer escolhas no mundo. Com base nessa perspectiva, aspectos fundamentais do tratamento incluem identificar preferências de comportamento e entender como o significado é ligado à experiência. Existe menos foco no conteúdo daquilo que se está pensando (ao contrário, por exemplo, do trabalho de Beck, no qual uma tipologia de cognições é associada a diferentes estados emocionais; Beck, 1976), e mais foco no processo de encontrar sentido e conexões entre as experiências. Conseqüentemente, a terapia se envolve menos em exercícios corretivos sobre o que se está pensando, e mais em exercícios facilitadores que enfatizam o processo de pensamento, bem como a produção de significado ao nível das emoções.

É importante observar a íntima afinidade da terapia construtivista com as escolas filosóficas da hermenêutica e com as abordagens narrativas e discursivas de psicologia. Entretanto, existem abordagens mais ou menos "radicais" dentro do construtivismo (ver Neimeyer e Raskin, Capítulo 11 deste livro). Na perspectiva extrema da terapia construtivista, que foi chamada de "crítica discursiva", a posição epistemológica é de que a realidade existe *somente* na mente do indivíduo, e que o único critério de saúde mental é a coerência desse modelo mental. Os indivíduos são considerados contextuais, assumindo uma posição temporal, cultural, sexual, além de outras posturas com relação às outras pessoas. Dessa forma, conceitos predeterminados de saúde e doença (como a nomenclatura diagnóstica que é associada tradicionalmente aos transtornos mentais) perdem seu significado, e o tratamento não é mais um processo de ajudar as pessoas a se recuperarem de seus diagnósticos. Nesse extremo, a relação entre as terapias construtivistas e outras terapias cognitivo-comportamentais começa a se desvanecer. Alguns até questionam o nível em que as terapias construtivistas são sequer compatíveis com as terapias cognitivo-comportamentais, do ponto de vista conceitual: "... suspeitamos que a integração total entre os modelos cognitivo e construtivista radical defendida por certos autores... encontrará obstáculos conceituais"

(Neimeyer e Raskin, Capítulo 11). Outros autores (p. ex., Held, 1995) criticaram o movimento por escolas de pensamento construtivistas radicais na psicoterapia e sugeriram que as terapias precisam "voltar à realidade".

De maneira clara, o capítulo final sobre as abordagens construtivistas de psicoterapia ainda está por ser escrito. Sabemos que muitos antigos defensores das terapias cognitivo-comportamentais e cognitivas mais tradicionais defendem hoje, totalmente ou em parte, o uso de tratamentos baseados em princípios construtivistas (Mahoney, 1991; Meichenbaum, 1994; Young, 1994). Ainda está para ser visto o nível em que essas terapias continuarão a ser consideradas parte do movimento cognitivo-comportamental ou se tornarão abordagens antitéticas e alternativas.

SIMILARIDADE E DIVERSIDADE NAS TERAPIAS COGNITIVO-COMPORTAMENTAIS

Conforme sugere nossa cronologia de modelos cognitivo-comportamentais de psicopatologia e terapia, um grande número de abordagens pode ser identificado como de natureza cognitivo-comportamental. Em suas bases, todas essas abordagens compartilham os três pressupostos fundamentais discutidos anteriormente neste capítulo e relacionados com a posição mediacional. Em síntese, a posição mediacional diz que a atividade cognitiva influencia as respostas do indivíduo ao seu ambiente e, até certo ponto, prescreve o grau de adaptação ou desajuste do indivíduo. Como resultado direto do pressuposto mediacional, as terapias cognitivo-comportamentais compartilham a crença de que a mudança terapêutica pode ser efetuada por meio da alteração de modos de pensamento idiossincráticos e disfuncionais. Além disso, devido ao legado comportamental, muitos dos métodos cognitivo-comportamentais baseiam-se em princípios e técnicas comportamentais na condução da terapia, e muitos dos modelos cognitivo-comportamentais baseiam-se até certo ponto na avaliação comportamental da mudança para documentar o progresso terapêutico.

Além desses pressupostos centrais com relação à natureza mediada da mudança terapêutica, existem diversos pontos em comum entre grupos limitados de terapias cognitivo-comportamentais. Kendall e Kriss (1983), por exemplo, sugerem que podem ser empregadas cinco dimensões para caracterizar as terapias cognitivo-comportamentais: a orientação teórica da abordagem terapêutica e o alvo teórico de mudança; diversos aspectos do relacionamento entre o cliente e o terapeuta; o alvo cognitivo de mudança; o tipo de evidências usadas para a avaliação cognitiva e o grau de ênfase no autocontrole por parte do cliente. O esquema que propuseram é útil para a identificação de semelhanças e diferenças entre as diversas terapias cognitivo-comportamentais. Independentemente da cobertura do tema por Kendall e Kriss (1983), também parece que podem ser identificados outros pontos em comum entre abordagens que não são teoricamente centrais. Por exemplo, um atributo comum entre as diversas terapias cognitivo-comportamentais é a sua natureza de tempo limitado. Em uma clara distinção da terapia psicanalítica, que tem maior duração, as terapias cognitivo-comportamentais visam produzir mudanças rápidas, e geralmente com períodos específicos e predeterminados de contato terapêutico. Muitos dos manuais de tratamento escritos para terapias cognitivo-comportamentais recomendam tratamentos de 12 a 16 sessões (Chambless et al., 1996).

Relacionado com o caráter de tempo limitado da terapia cognitivo-comportamental, há o fato de que quase todas as aplicações dessa abordagem terapêutica geral são para problemas específicos. Embora essa similaridade não seja uma crítica às terapias cognitivo-comportamentais, a especificidade das intervenções cognitivo-comportamentais para certos problemas explica em parte os limites de tempo que geralmente são definidos nessas abordagens terapêuticas. De fato, o uso dessas terapias para determinados transtornos e problemas é um legado direto da ênfase da terapia comportamental na coleta de dados de resultados, e seu foco na remediação de problemas específicos e predefinidos. Assim, em vez de ser uma limitação das terapias cognitivo-comportamentais, a aplicação dessas terapias a problemas específicos serve como uma demonstração maior do desejo continuado pela documentação completa dos efeitos terapêuticos. Além disso, o foco em problemas específicos permite a determinação experimental dos limites terapêuticos dessas abordagens variadas e, potencialmente, da capacidade futura dos terapeutas selecionarem a terapia mais eficaz para os problemas de seus pacientes.

Um terceiro ponto em comum entre as várias abordagens cognitivo-comportamentais é a crença de que os clientes são os arquitetos de seu próprio infortúnio, e que, por isso, têm controle sobre seus pensamentos e atos. Essa premissa aparece claramente nos tipos de problema de pacientes que foram identificados para intervenções cognitivo-comportamentais. Os problemas apropriados citados com mais freqüência incluem as condições "neuróticas" (p. ex., ansiedade, depressão e problemas com raiva), problemas com o autocontrole (p. ex., hiperfagia, dificuldades de manejo comportamental, disfunções infantis) e habilidades gerais de resolução de problemas. Esses tipos de problemas tornam o pressuposto do controle do paciente convincente. Mesmo nas abordagens mais gerais de tratamento, como os modelos construtivistas, a ênfase em indivíduos como agentes ativos de suas próprias vidas é o foco predominante.

Relacionado com o pressuposto do controle do paciente, há outro elemento compartilhado por diversas terapias cognitivo-comportamentais. Esse atributo comum tem a ver com o fato de que muitas das terapias cognitivo-comportamentais, por natureza, são explicitamente ou implicitamente educativas. Muitas das abordagens terapêuticas envolvem o terapeuta ensinar o modelo terapêutico ao paciente, e muitas também envolvem a explicação da base racional para as intervenções utilizadas. Esse tipo de interação educativa entre o terapeuta e o paciente é uma faceta que as diversas terapias cognitivo-comportamentais compartilham, e que também as separa de outras escolas de terapia. Compare isso com a terapia psicanalítica tradicional, na qual o terapeuta oferece interpretações para o cliente (Blanck, 1976; Kohut, 1971), ou a terapia familiar, na qual o objetivo terapêutico pode até ditar que o cliente faça o oposto do objetivo terapêutico, em uma intervenção "paradoxal" (Haley, 1976; Minuchin e Fishman, 1981).

Diretamente relacionado com o processo educativo visto muitas vezes em terapias cognitivo-comportamentais, há um objetivo implícito que muitos terapeutas cognitivo-comportamentais estabelecem, de que os pacientes não apenas superem os problemas que os levaram ao tratamento no decorrer da terapia, mas que também aprendam algo sobre o processo de terapia. No caso do paciente sofrer uma recorrência de seus problemas, ele assim terá certas habilidades terapêuticas para lidar com os problemas por conta própria. Em algumas terapias cognitivo-comportamentais, o desejo de que os pacientes aprendam sobre o processo de terapia é levado à sua conclusão lógica, dedicando-se tempo na terapia para revisar as habilidades e os conceitos terapêuticos que os pacientes aprenderam ao longo do tratamento, e que podem empregar posteriormente como manutenção ou de maneira preventiva (Beck et al., 1979; DeRubeis et al., Capítulo 10 deste livro; D'Zurilla e Goldfried, 1971; Mahoney, 1977).

Até este ponto da revisão, pode parecer que as terapias cognitivo-comportamentais têm tantos pontos em comum que as distinções entre elas são mais ilusórias do que reais. Contudo, Kendall e Kriss (1983) proporcionaram um excelente modelo para a identificação de diferenças entre as abordagens específicas. Além disso, mesmo a breve visão geral das várias terapias cognitivo-comportamentais apresentada neste capítulo demonstra a diversidade real de modelos e técnicas que foram desenvolvidos pelos terapeutas cognitivo-comportamentais. Assim, não é mais adequado dizer que existe uma única abordagem cognitivo-comportamental real do que seria dizer que existe uma terapia psicanalítica monolítica. Conforme demonstram os capítulos deste livro, muitas facetas diferentes de processos cognitivo-comportamentais podem ser observadas, identificadas e alteradas dentro da definição global da abordagem cognitivo-comportamental. A diversidade das terapias cognitivo-comportamentais, apesar de inegavelmente presente, necessita de mais discussão técnica e definição entre os proponentes das várias abordagens. Existem pelo menos duas áreas em que são necessárias mais teorias e pesquisas para ajudar a diferenciar terapias que sejam rotuladas como "cognitivo-comportamentais". Essas áreas são os alvos de mudança terapêutica e de especificidade das modalidades de técnicas de intervenção.

Embora as terapias cognitivo-comportamentais compartilhem a abordagem mediacional e, portanto, visem mudar as "cognições", a variedade de diferentes descrições e rótulos específicos de cognições vistas na bibliografia cognitivo-comportamental é realmente avassaladora. Uma lista parcial dos diversos termos que foram aplicados a constructos e processos cognitivos inclui "cognições", "pensamentos", "crenças", "atitudes", "idéias", "suposições", "atribuições", "regras para viver", "auto-afirmações", "distorções cognitivas", "expectativas", "noções", "fluxo de consciência", "roteiros", "narrativas", "ideação", "significados privados", "ilusões", "previsões de auto-eficácia", "protótipos cognitivos" e "esquemas". Para aumentar ainda mais a confusão, vários desses constructos foram desenvolvidos em um contexto puramente clínico (p. ex., "previsões de auto-eficácia") e, portanto, têm definições relativamente claras, ao passo que muitos outros são termos que também são empregados em outras áreas da psicologia. Quando os termos são compartilhados por diferentes subdisciplinas da psicologia, a aplicação pode não ser idêntica, e pode haver confusão semântica. O uso da noção de "esquema", por exemplo, tem dificuldades potenciais, já que o conceito foi desenvolvido na psicologia cognitiva (Neisser, 1967), foi aplicado posteriormente à cognição social (Markus, 1977) e agora é utilizado em problemas clínicos (Clark et al., 1999; Dobson, 1986; Goldfried e Robins, 1983; Ingram et al., 1998; Turk e Speers, 1983). Mesmo uma leitura rápida das diversas aplicações do termo revela que, enquanto a essência do conceito de esquema está intacta em seus vários usos, diversos autores sugeriram aplicações idiossincráticas. Assim, enquanto a elaboração de diversos processos e constructos cognitivos específicos é útil, é importante que os teóricos definam os constructos precisamente, e que outras pessoas no campo adotem essas definições. Esse aumento em precisão ajudaria a esclarecer o terreno da teoria cognitivo-comportamental, e também poderia contribuir para as iniciativas de pesquisadores cujo interesse seja a avaliação cognitiva (Meichenbaum e Cameron, 1981). Nesse sentido, está claro que a avaliação cognitiva é gravemente limitada pela falta de definições claras de fenômenos cognitivos (p. ex., Genest e Turk, 1981; Glass e Merluzzi, 1981; Shaw e Dobson, 1981). Também está claro que são necessárias outras iniciativas na área da avaliação cognitiva, proporcionando que os clínicos documentem inteiramente a natureza e o processo de mudança durante a terapia cognitivo-comportamental (Blankstein e Segal, Capítulo 2 deste livro; Clark, 1977; Kendall e Bemis, 1983; Segal e Shaw, 1988; Sutton-Simon, 1981).

Uma segunda área em que uma delineação maior de abordagens diferentes de terapia cognitivo-comportamental pode ser possível é com relação às técnicas específicas de cada modalidade. Os terapeutas cognitivo-comportamentais têm sido extremamente inovadores no desenvolvimento de técnicas e, portanto, têm contribuído de inúmeras maneiras para o armamentário clínico. Todavia, o tipo de técnica que está sendo desenvolvida nem sempre está claro (i.e., se uma técnica genérica e não-específica, ou um método específico da modalidade em questão). Embora se possa argumentar razoavelmente que essas distinções não são importantes no nível prático, em uma perspectiva teórica, é importante saber os limites que os diferentes teóricos colocam em seus modelos de terapia. A pesquisa sobre o processo, que registra e analisa as intervenções terapêuticas adotadas por vários modelos terapêuticos, é sugerida com freqüência (DeRubeis, Hollon, Evans e Bemis, 1982; Mahoney e Arnkoff, 1978; Prochaska, 2000), mas ainda não está bem desenvolvida. Esse tipo de pesquisa tem o potencial de contribuir para o nosso conhecimento do nível em que diferentes descrições de terapias se traduzem para diversas práticas clínicas.

Finalmente, outra área de pesquisa que pode ser ampliada de maneira proveitosa é aquela que investiga as aplicações de diversos modelos de terapia cognitivo-comportamental a diferentes problemas (Beutler, Harwood e Caldwell, Capítulo 5 deste livro). Quando se comparam diferentes abordagens no contexto de problemas distintos, pode ser possível começar a sugerir métodos de tratamento indicados para problemas específicos dos pacientes. Essa combinação de problemas com terapias não representaria uma vantagem prática sobre a atual prática clínica, mas proporcionaria uma compreensão maior dos mecanismos de mudança dentro de cada tipo de intervenção, e em diferentes tipos de problemas de pacientes.

De maneira clara, o campo da terapia cognitivo-comportamental desenvolveu-se de forma dramática desde seu começo nas décadas de 1960 e 1970. Hoje há diversos métodos identificáveis de caráter cognitivo-comportamental, e a eficácia demonstrada desses métodos costuma ser forte (Chambless et al., 1996; Dobson et al., 2000). A ênfase continuada no desenvolvimento de uma base de dados adequada propiciou que os teóricos e terapeutas cognitivo-comportamentais fizessem um progresso constante na pesquisa e na prática, e pode-se esperar que isso leve a mais avanços no futuro. Entre as áreas que exigem conceituação e pesquisas mais aprofundadas, estão a definição de fenômenos cognitivos (nos níveis de constructo e de processo) e a sobreposição metodológica entre as diversas terapias cognitivo-comportamentais que existem atualmente. É provável que a próxima década assista a avanços consideráveis nesse campo.

REFERÊNCIAS

Bandura, A. (1965). Vicarious processes: A case of no-trial learning. In L. Berkowitz (Ed.), *Advances in experimental social psychology* (Vol. 2, pp. 3-57). New York: Academic Press.

Bandura, A. (1971). Vicarious and self-reinforcement processes. In R. Glaser (Ed.), *The nature of reinforcement* (pp. 51-130). New York: Academic Press.

Bandura, A. (1977). Self-efficacy: Toward a unifying theory of behavioral change. *Psychological Review, 84,* 191-215.

Bandura, A. (1997). *Self-efficacy: The exercise of control.* New York: Freeman.

Basco, M. R., & Rush, A. J. (1996). *Cognitive-behavioral therapy for bipolar disorder.* New York: Guilford Press.

Beck, A. T. (1963). Thinking and depression: 1. Idiosyncratic content and cognitive distortions. *Archives of General Psychiatry, 9,* 36-46.

Beck, A. T. (1967). *Depression: Causes and treatment.* Philadelphia: University of Pennsylvania Press.

Beck, A. T. (1970). Cognitive therapy: Nature and relation to behavior therapy. *Behavior Therapy, 1,* 184-200.

Beck, A. T. (1971). Cognition, affect, and psychopathology. *Archives of General Psychiatry, 24,* 495-500.

Beck, A. T. (1976). *Cognitive therapy and the emotional disorders.* New York: International Universities Press.

Beck, A. T. (1988). *Love is never enough.* New York: Harper & Row.

Beck, A. T. (1999). *Prisoners of hate: The cognitive bases of anger, hostility and violence.* New York: HarperCollins.

Beck, A. T., Emery, G., & Greenberg, R. L. (1985). *Anxiety disorders and phobias: A cognitive perspective.* New York: Basic Books.

Beck, A. T., Freeman, A., & Associates. (1990). *Cognitive therapy of personality disorders.* New York: Guilford Press.

Beck, A. T., Rush, A. J., Shaw, B. F., & Emery, G. (1979). *Cognitive therapy of depression.* New York: Guilford Press.

Beck, A. T., Wright, F. D., Newman, C. F., & Liese, B. S. (1993). *Cognitive therapy of substance abuse.* New York: Guilford Press.

Berman, J. S., Miller, R. C., & Massman, P. J. (1985). Cognitive therapy versus systematic desensitization: Is one treatment superior? *Psychological Bulletin, 97,* 451-461.

Blanck, G. (1976). Psychoanalytic technique. In B. J. Wolman (Ed.), *The therapist's handbook* (pp. 61-86). New York: Van Nostrand Reinhold.

Bowlby, J. (1977). The making and breaking of affectional bonds: 1. Etiology and psychopathology in the tight of attachment theory. *British Journal of Psychiatry, 130,* 201-210.

Breger, L., & McGaugh, J. L. (1965). Critique and reformulation of "learning-theory" approaches to psychotherapy and neurosis. *Psychological Bulletin, 63,* 338-358.

Cautela, J. R. (1967). Covert sensitization. *Psychological Reports, 20,* 459-468.

Cautela, J. R. (1969). Behavior therapy and self-control: Techniques and implications. In C. M. Franks (Ed.), *Behavior therapy: Appraisal and status* (pp. 323-340). New York: McGraw-Hill.

Chambless, D., & Hollon, S. D. (1998). Defining empirically supported therapies. *Journal of Consulting and Clinical Psychology, 66,* 7-18.

Chambless, D., Sanderson, W. C., Shoham, V., Bennett-Johnson, S., Pope, K. S., Crits-Cristoph, P., Baker, M., Johnson, B., Woody, S. R., Sue, S., Beuder, L., Williams, D. A., & McCurry, S., (1996). An update on empirically validated therapies. *Clinical Psychologist, 49,* 5-18.

Clark, D. A. (1997). Twenty years of cognitive assessment: Current status and future directions. *Journal of Consulting and Clinical Psychology, 65,* 996-1000.

Clark, D. A., Beck, A. T., & Alford, B. A. (1999). *Scientific foundations of cognitive theory and therapy of depression.* New York: Wiley.

Coyne, J. C. (1999). Thinking interactionally about depression: A radical restatement. In T. Joiner & J. C. Coyne (Eds.), *The interactional nature of depression* (pp. 365-392). Washington, DC: American Psychological Association.

Crick, N. R., & Dodge, K. A. (1994). A review and reformulation of social information-processing mechanisms in children's social adjustment. *Psychological Bulletin, 115,* 73-101.

Dattilio, F. M., & Freeman, A. (Eds.). (1994). *Cognitive-behavioral strategies in crisis intervention.* New York: Guilford Press.

DeRubeis, R., Hollon, S. D., Evans, M., & Bemis, K. (1982). Can psychotherapies be discriminated?: A systematic investigation of cognitive therapy and interpersonal therapy. *Journal of Consulting and Clinical Psychology, 50,* 744-756.

Dobson, K. S. (1986). The self-schema in depression. In L. M. Hartman & K. R. Blankstein (Eds.), *Perception of self in emotional disorders and psychotherapy* (pp. 187-217). New York: Plenum Press.

Dobson, K. S., Backs-Dermott, B. J., & Dozois, D. (2000). Cognitive and cognitivebehavioral therapies. In C. R. Snyder & R. E. Ingram (Eds.), *Handbook of psychological change: Psychotherapy processes and practices for the 21st century* (pp. 409-428). New York: Wiley.

Dobson, K. S., & Craig, K. S.. (Eds.). (1996). *Advances in cognitive-behavioral therapy.* Thousand Oaks, CA: Sage.

Dobson, K. S., & Khatri, N. (in press). Cognitive therapy: Looking forward, looking back. *Clinical Psychology: Science and Practice.*

Dollard, J., & Miller, N. E. (1950). *Personality and psychotherapy.* New York: McGraw-Hill.

Dryden, W., & Ellis, A. (1988). Rational-emotive therapy. In K. S. Dobson (Ed.), *Handbook of cognitive-behavioral therapies* (pp. 214-272). New York: Guilford Press.

Dush, D. M., Hirt, M. L., & Schroeder, H. (1983). Self-statement modification with adults: A meta-analysis. *Psychological Bulletin, 94,* 408-422.

D'Zurilla, T. J. (1990). Problem-solving training for effective stress management and prevention. *Journal of Cognitive Psychotherapy: An International Quarterly, 4,* 327-355.

D'Zurilla, T. J., & Goldfried, M. R. (1971). Problem-solving and behavior modification. *Journal of Abnormal Psychology, 78,* 107-126.

D'Zurilla, T. J., & Nezu, A. (1982). Social problem solving in adults. In P. C. Kendall (Ed.), *Advances in cognitive-behavioral research and therapy* (Vol. 1, pp. 254-281). New York: Academic Press.

D'Zurilla, T. J., & Nezu, A. (1999). *Problem-solving therapy: A social competence approach to clinical intervention* (2nd ed.). New York: Springer.

Ellis, A. (1962). *Reason and emotion in psychotherapy*. New York: Stuart.

Ellis, A. (1970). *The essence of rational psychotherapy: A comprehensive approach to treatment*. New York: Institute for Rational Living.

Ellis, A. (1973). *Humanistic psychotherapy*. New York: McGraw-Hill.

Ellis, A. (1979a). The basic clinical theory of rational-emotive therapy. In A. Ellis & J. M. Whiteley (Eds.), *Theoretical and empirical foundations of rational-emotive therapy* (pp. 33-60). Monterey, CA: Brooks/Cole.

Ellis, A. (1979b). The practice of rational-emotive therapy. In A. Ellis & J. M. Whiteley (Eds.), *Theoretical and empirical foundations of rational-emotive therapy* (pp. 61-100). Monterey, CA: Brooks/Cole.

Ellis, A. (1980). Rational-emotive therapy and cognitive-behavior therapy: Similarities and differences. *Cognitive Research and Therapy, 4*, 325-340.

Eysenck, H. (1969). *The effects of psychotherapy*. New York: Science House.

Ferster, C. G. (1974). Behavior approaches to depression. In R. J. Friedman & M. M. Katz (Eds.), *The psychology of depression: Contemporary theory and research* (pp. 29-54). New York: Wiley.

Fuchs, C. Z., & Rehm, L. P. (1977). A self-control behavior therapy program for depression. *Journal of Consulting and Clinical Psychology, 45*, 206-215.

Genest, M., & Turk, D. C. (1981). Think-aloud approaches to cognitive assessment. In T. Merluzzi, C. R. Glass, & M. Genest (Eds.), *Cognitive assessment* (pp. 233-269). New York: Guilford Press.

Glass, C., & Merluzzi, T. (1981). Cognitive assessment of social-evaluative anxiety. In T. Merluzzi, C. R. Glass, & M. Genest (Eds.), *Cognitive assessment* (pp. 388-438). New York: Guilford Press.

Glogcuen, V., Cottraux, J., Cucherat, M., & Blackburn, I. (1998). A meta-analysis of the effects of cognitive therapy in major depression. *Journal of Affective Disorders, 49*, 59-72.

Goldfried, M. R. (1971). Systematic desensitization as training in self-control. *Journal of Consulting and Clinical Psychology, 37*, 228-234.

Goldfried, M. R. (1973). Reduction of generalized anxiety through a variant of systematic desensitization. In M. R. Goldfried & M. Merbaum (Eds.), *Behavior change through self-control* (pp. 297-304). New York: Holt, Rinehart & Winston.

Goldfried, M. R. (1979). Anxiety reduction through cognitive-behavioral intervention. In P. C. Kendall & S. D. Hollon (Eds.), *Cognitive-behavioral interventions: Theory, research, and procedures* (pp. 117-152). New York: Academic Press.

Goldfried, M. R., & Davison, G. C. (1976). *Clinical behavior therapy*. New York: Holt, Rinehart & Winston.

Goldfried, M. R., Decenteceo, E. T., & Weinberg, L. (1974). Systematic rational restructuring as a self-control technique. *Behavior Therapy, 5*, 247-254.

Goldfried, M. R., & Merbaum, M. (Eds.). (1973). *Behavior change through self-control*. New York: Holt, Rinehart & Winston.

Goldfried, M. R., & Robins, C. (1983). Self-schema, cognitive bias, and the processing of therapeutic experiences. In P. C. Kendall (Ed.), *Advances in cognitive-behavioral research and therapy* (Vol. 2, pp. 330-380). New York: Academic Press.

Goldfried, M. R., & Sobocinski, D. (1975). Effect of irrational beliefs on emotional arousal. *Journal of Consulting and Clinical Psychology, 43*, 504-510.

Granvold, D. K. (Ed.). (1994). *Cognitive and behavioral treatment: Methods and applications*. Belmont, CA: Wadsworth.

Guidano, V. E. (1987). *Complexity of the self*. New York: Guilford Press.

Guidano, V. E. (1991). *The self in process*. New York: Guilford Press.

Guidano, V. E., & Liotti, G. (1983). *Cognitive processes and emotional disorders: A structural approach to psychotherapy*. New York: Guilford Press.

Haaga, D. A. F., & Davison, G. C. (1993). An appraisal of rational-emotive therapy. *Journal of Consulting and Clinical Psychology, 61*, 215-220.

Haley, J. (1976). *Problem solving therapy*. San Francisco: Jossey-Bass.

Hamilton, V. (1979). An information processing approach to neurotic anxiety and the schizophrenias. In V. Hamilton & D. M. Warburton (Eds.), *Human stress and cognition: An information processing approach* (pp. 383-430). Chichester, England: Wiley.

Hamilton, V. (1980). An information processing analysis of environmental stress and life crises. In I. G. Sarason & C. D. Spielberger (Eds.), *Stress and anxiety* (Vol. 7, pp. 13-30). Washington, DC: Hemisphere.

Held, B. S. (1995). *Back to reality: A critique of postmodern theory in psychotherapy*. New York: Norton.

Hollon, S. D., & Beck, A. T. (1979). Cognitive therapy of depression. In P. C. Kendall & S. D. Hollon (Eds.), *Cognitive-behavioral interventions* (pp. 153-204). New York: Academic Press.

Hollon, S. D., & Beck, A. T. (1994). Cognitive and cognitive-behavioral therapies. In A. E. Bergin & S. L. Garfield (Eds.), *Handbook of psychotherapy and behavior change* (4th ed., pp. 428-466). New York: Wiley.

Hollon, S. D., DeRubeis, R. J., & Evans, M. D. (1996). Cognitive therapy in the treatment and prevention of depression. In P. M. Salkovskis (Ed.), *Frontiers of cognitive therapy* (pp. 293-317). New York: Guilford Press.

Homme, L. E. (1965). Perspectives in psychology: XXIV Control of coverants, the operants of the mind. *Psychological Reports, 15*, 501-511.

Ingram, R. E., & Kendall, P. C. (1986). Cognitive clinical psychology: Implications of an information processing perspective. In R. E. Ingram (Ed.), *Information processing approaches to clinical psychology* (pp. 3-21). London: Academic Press.

Ingram, R. E., Miranda, J., & Segal, Z. V (1998). *Cognitive vulnerability to depression.* New York: Guilford Press.

Janov, A. (1970). *The primal scream.* New York: Dell Books.

Jaremko, M. E. (1979). A component analysis of stress inoculation: Review and prospectus. *Cognitive Therapy and Research, 3,* 35-48.

Jeffrey, D. B., & Berger, L. H. (1982). A self-environmental systems model and its implications for behavior change. In K. R. Blankstein & J. Polivy (Eds.), *Self-control and self-modification of emotional behavior* (pp. 29-70). New York: Plenum Press.

Kanfer, F. H. (1970). Self-regulation: Research issues and speculations. In C. Neuringer & L. L. Michael (Eds.), *Behavior modification in clinical psychology* (pp. 178-220). New York: Appleton-Century-Crofts.

Kanfer, F. H. (1971). The maintenance of behavior by self-generated stimuli and reinforcement. In A. Jacobs & L. B. Sachs (Eds.), *The psychology of private events: Perspectives on covert response systems* (pp. 39-61). New York: Academic Press.

Kazdin, A. E. (1978). *History of behavior modification: Experimental foundations of contemporary research.* Baltimore: University Park Press.

Kendall, P. C., & Bemis, K. M. (1983). Thought and action in psychotherapy: The cognitive-behavioral approaches. In M. Hersen, A. E. Kazdin, & A. S. Bellack (Eds.), *The clinical psychology handbook* (pp. 565-592). New York: Pergamon Press.

Kendall, P. C., & Hollon, S. D. (Eds.). (1979). *Cognitive-behavioral interventions.* New York: Academic Press.

Kendall, P. C., & Kriss, M. R. (1983). Cognitive-behavioral interventions. In C. E. Walker (Ed.), *The handbook of clinical psychology: Theory, research, and practice* (pp. 770-819). Homewood, IL: Dow Jones-Irwin.

Kohut, H. (1971). *The analysis of the self.* New York: International Universities Press.

Layden, M., Newman, C. F., Freeman, A., & Morse, S. (1993). *Cognitive therapy of borderline personality disorder.* Needham Heights, MA: Allyn & Bacon.

Lazarus, R. S. (1966). *Psychological stress and the coping process.* New York: McGraw-Hill.

Lazarus, R. S., & Alfert, E. (1964). Short-circuiting of threat by experimentally altering cognitive appraisal. *Journal of Abnormal and Social Psychology, 69,* 195-205.

Lazarus, R. S., & Averill, J. R. (1972). Emotion and cognition: With special reference to anxiety. In C. D. Spielberger (Ed.), *Anxiety: Current trends in theory and research* (Vol. 2, pp. 242-284). New York: Academic Press.

Lazarus, R. S., & Folkman, C. (1984). *Stress, appraisal and coping.* New York: Springer.

Lazarus, R. S., Opton, E. M., Jr., Nomikos, M. S., & Rankin, N. O. (1965). The principle of short-circuitry of threat: Further evidence. *Journal of Personality, 33,* 622-635.

Ledgewidge, B. (1978). Cognitive behavior modification: A step in the wrong direction? *Psychological Bulletin, 85,* 353-375.

Linehan, M. M. (1993). *Cognitive-behavioral treatment of borderline personality disorder.* New York: Guilford Press.

Luborsky, L., Singer, G., & Luborsky, L. (1975). Comparative studies of psychotherapies: Is it true that everyone has won and that all must have prizes? *Archives of General Psychiatry, 32,* 995-1008.

Luria, A. R. (1961). *The role of speech in the regulation of normal and abnormal behavior.* New York: Liveright.

Mahoney, M. J. (1974). *Cognition and behavior modification.* Cambridge, MA: Ballinger.

Mahoney, M. J. (1977). Personal science: A cognitive learning therapy. In A. Ellis & R. Grieger (Eds.), *Handbook of rational psychotherapy* (pp. 352-368). New York: Springer.

Mahoney, M. J. (1979). A critical analysis of rational-emotive theory and therapy. In A. Ellis & J. M. Whiteley (Eds.), *Theoretical and empirical foundations of rational-emotive therapy* (pp. 167-180). Monterey, CA: Brooks/Cole.

Mahoney, M. J. (1980). Psychotherapy and the structure of personal revolution. In M. J. Mahoney (Ed.), *Psychotherapy process* (pp. 157-180). New York: Plenum Press.

Mahoney, M. J. (1991). *Human change processes.* New York: Basic Books.

Mahoney, M. J. (1995). The continuing evolution of the cognitive sciences and psychotherapies. In R. A. Neimeyer & M. J. Mahoney (Eds.), *Constructivism in psychotherapy* (pp. 39-65). Washington, DC: American Psychological Association.

Mahoney, M. J., & Arnkoff, D. B. (1978). Cognitive and self-control therapies. In S. L. Garfield & A. E. Bergin (Eds.), *Handbook of psychotherapy and behavior change: An empirical analysis* (2nd ed., pp. 689-722). New York: Wiley.

Mahoney, M. J., & Kazdin, A. E. (1979). Cognitive-behavior modification: Misconceptions and premature evacuation. *Psychological Bulletin, 86,* 1044-1049.

Mahoney, M. J., & Thoresen, C. E. (1974). *Self-control: Power to the person.* Monterey, CA: Brooks/Cole.

Markus, H. (1977). Self-schemata and processing information about the self. *Journal of Personality and Social Psychology, 35,* 63-78.

Meichenbaum, D. H. (1969). The effects of instructions and reinforcement on thinking and language behaviours of schizophrenics. *Behaviour Research and Therapy, 7,* 101-114.

Meichenbaum, D. H. (1973). Cognitive factors in behavior modification: Modifying what clients say to themselves. In C. M. Franks & G. T. Wilson (Eds.), *Annual review of behavior therapy: Theory, and practice* (pp. 416-432). New York: Brunner/Mazel.

Meichenbaum, D. H. (1977). *Cognitive-behavior modification.* New York: Plenum Press.

Meichenbaum, D. H. (1985). *Stress inoculation training: A clinical guidebook.* New York: Pergamon Press.

Meichenbaum, D. H. (1993). Stress inoculation training: A twenty-year update. In R. L. Woolfolk & P. M. Lehrer (Eds.), *Principles and practice of stress management* (2nd ed., pp. 152-174). New York: Guilford Press.

Meichenbaum, D. H. (1994). *A clinical handbook/practical therapist manual for assessing and treating adults with posttraumatic stress disorder.* Waterloo, Ontario, Canada: Institute Press.

Meichenbaum, D. H., & Cameron, R. (1973). Training schizophrenics to talk to themselves. *Behavior Therapy, 4,* 515-535.

Meichenbaum, D. H., & Cameron, R. (1981). Issues in cognitive assessment: An overview. In T. Merluzzi, C. R. Glass, & M. Genest (Eds.), *Cognitive assessment* (pp. 3-15). New York: Guilford Press.

Meichenbaum, D. H., & Deffenbacher, J. L. (1988). Stress inoculation training. *Counseling Psychologist, 16,* 69-90.

Meichenbaum, D. H., & Goodman, J. (1971). Training impulsive children to talk to themselves. *Journal of Abnormal Psychology, 77,* 127-132.

Meichenbaum, D. H., & Jaremko, M. (Eds.). (1983). *Stress management and prevention: A cognitive-behavioral perspective.* New York: Plenum Press.

Meichenbaum, D. H., & Turk, D. (1976). The cognitive-behavioral management of anxiety, anger, and pain. In P. O. Davidson (Ed.), *The behavioral management of anxiety, depression, and pain* (pp. 1-34). New York: Brunner/Mazel.

Meichenbaum, D. H., Turk, D., & Burstein, S. (1975). The nature of coping with stress. In I. G. Sarason & C. D. Spielberger (Eds.), *Stress and anxiety* (Vol. 2, pp. 337-360). New York: Wiley.

Merluzzi, Z, Glass, C., & Genest, M. (Eds.). (1981). *Cognitive assessment.* New York: Guilford Press.

Miller, R. C., & Berman, J. S. (1983). The efficacy of cognitive behavior therapists: A quantitative review of the research evidence. *Psychological Bulletin, 94,* 39-53.

Minuchin, S., & Fishman, H. C. (1981). *Family therapy techniques.* Cambridge, MA: Harvard University Press.

Mischel, W. (1981). A cognitive-social learning approach to assessment. In T. Merluzzi, C. Glass, & M. Genest (Eds.), *Cognitive assessment.* New York: Guilford Press.

Mischel, W., Ebbesen, E. B., & Zeiss, A. (1972). Cognitive and attentional mechanisms in delay of gratification. *Journal of Personality and Social Psychology, 21,* 204-218.

Monat, A., Averill, J. R., & Lazarus, R. S. (1972). Anticipating stress and coping reactions under various conditions of uncertainty. *Journal of Personality and Social Psychology, 24,* 237-253.

Neimeyer, R. A. (1993). Constructivism and the problem of psychotherapy integration. *Journal of Psychotherapy Integration, 3,* 133-157.

Neimeyer, R. A. (1995). Constructivist psychotherapies: Features, foundations and future directions. In R. A. Neimeyer & M. J. Mahoney (Eds.), *Constructivism in psychotherapy* (pp. 231-246). Washington, DC: American Psychological Association.

Neisser, U. (1967). *Cognitive psychology.* New York: Appleton-Century-Crofts.

Neufeld, R. W J., & Mothersill, K. J. (1980). Stress as an irritant of psychopathology. In I. G. Sarason & C. D. Spielberger (Eds.), *Stress and anxiety* (Vol. 7, pp. 31-56). Washington, DC: Hemisphere.

Nezu, A. M. (1986). Efficacy of a social problem solving therapy approach for unipolar depression. *Journal of Consulting and Clinical Psychology, 54,* 196-202.

Nezu, A. M., Nezu, C. M., Friedman, S. H., Faddis, S., & Houts, P S. (1998). *Helping cancer patients cope: A problem-solving approach.* Washington, DC: American Psychological Association.

Nisbett, R. E., & Wilson, T. D. (1977). Telling more than we can know: Verbal reports on mental processes. *Psychological Review, 84,* 231-259.

Nomikos, M. S., Opton, E. M., Jr., Averill, J. R., & Lazarus, R. S. (1968). Surprise versus suspense in the production of stress reaction. *Journal of Personality and Social Psychology, 8,* 204-208.

O'Hara, M. W, & Rehm, L. P. (1983). *Self-control group therapy of depression.* New York: Plenum Press.

Orne, M. (1965). Psychological factors maximizing resistance to stress with special reference to hypnosis. In S. Klausner (Ed.), *The quest for self-control* (pp. 286-328). New York: Free Press.

Paivio, A. (1971). *Imagery and verbal processes.* New York: Holt, Rinehart & Winston.

Prochaska, J. O. (2000). Change at differing stages. In C. R. Snyder & R. E. Ingram (Eds.), *Handbook of psychological change: Psychotherapy processes and practices for the 21st century* (pp. 109-127). New York: Wiley.

Rachlin, H. (1974). Self-control. *Behaviorism, 2,* 94-107.

Rachman, S. J., & Wilson, G. T. (1971). *The effects of psychological therapy.* Oxford: Pergamon Press.

Rachman, S. J., & Wilson, G. T. (1980). *The effects of psychological therapy* (2nd ed.). Oxford: Pergamon Press.

Rehm, L. (1977). A self-control model of depression. *Behavior Therapy, 8*, 787-804.

Rehm, L. (1981). A self-control therapy program for treatment of depression. In J. F. Clarkin & H. Glazer (Eds.), *Depression: Behavioral and directive intervention strategies* (pp. 68-110). New York: Garland Press.

Richardson, F. C., & Suinn, R. M. (1973). A comparison of traditional systematic desensitization, accelerated massed desensitization, and anxiety management training in the treatment of mathematics anxiety. *Behavior Therapy, 4*, 212-218.

Segal, Z. V., & Cloitre, M. (1993). Methodologies for studying cognitive features of emotional disorder. In K. S. Dobson & P. C. Kendall (Eds.), *Psychopathology and cognition* (pp. 19-50). San Diego, CA: Academic Press.

Segal, Z. V, & Shaw, B. F. (1988). Cognitive assessment: Issues and methods. In K. S. Dobson (Ed.), *Handbook of cognitive-behavioral therapies* (pp. 39-84). New York: Guilford Press.

Shapiro, D. A., & Shapiro, D. (1982). Meta-analysis of comparative therapy outcome studies: A replication and refinement. *Psychological Bulletin, 92*, 581-604.

Shaw, B. F., & Dobson, K. S. (1981). Cognitive assessment of depression. In T. Merluzzi, C. Glass, & M. Genest (Eds.), *Cognitive assessment* (pp. 361-387). New York: Guilford Press.

Spivack, G., Platt, J. J., & Shure, M. B. (1976). *The problem-solving approach to adjustment*. San Francisco: Jossey-Bass.

Spivack, G., & Shure, M. B. (1974). *Social adjustment of young children*. San Francisco: Jossey-Bass.

Stuart, R. B. (1972). Situational versus self-control. In R. D. Rubin, H. Fensterheim, J. D. Henderson, & L. P. Ullmann (Eds.), *Advances in behavior therapy* (pp. 67-91). New York: Academic Press.

Suinn, R. M. (1972). Removing emotional obstacles to learning and performance by visuomotor behavior rehearsal. *Behavior Therapy, 3*, 308-310.

Suinn, R. M. (1995). Anxiety management training. In K. D. Craig & K. S. Dobson (Eds.), *Anxiety and depression in adults and children* (pp. 159-179). Thousand Oaks, CA: Sage.

Suinn, R. M., & Richardson, F. (1971). Anxiety management training: A nonspecific behavior therapy program for anxiety control. *Behavior Therapy, 2*, 498-510.

Sutton-Simon, K. (1981). Assessing belief systems: Concepts and strategies. In P. C. Kendall & S. D. Hollon (Eds.), *Assessment strategies for cognitive-behavioral interventions* (pp. 59-84). New York: Academic Press.

Turk, D. C., & Speers, M. A. (1983). Cognitive schemata and cognitive processes in cognitive behavioral interventions: Going beyond the information given. In P. C. Kendall (Ed.), *Advances in cognitive-behavioral research and therapy* (Vol. 2, pp. 112-140). New York: Academic Press.

Vygotsky, L. S. (1962). *Thought and language*. Cambridge, MA: MIT Press.

Wolpe, J. (1958). *Psychotherapy by reciprocal inhibition*. Stanford, CA: Stanford University Press.

Young, J. (1994). *Cognitive therapy for personality disorders: A schema-focused approach*. Sarasota, FL: Professional Resource Press.

2

AVALIAÇÃO COGNITIVA
Processos e métodos

Kirk R. Blankstein
Zindel V. Segal

> Milhares de pensamentos habitam o interior de um homem, os quais desconhece até pegar uma caneta para escrever.
>
> William Makepeace Thackeray,
> *Henry Esmond*

A AVALIAÇÃO VISTA A PARTIR DA PERSPECTIVA COGNITIVA

Este capítulo aborda diversas questões conceituais e metodológicas relevantes para a prática da avaliação cognitiva. Operamos segundo o pressuposto de que o funcionamento cognitivo humano pode ser descrito em termos do processamento de informações, e que essa perspectiva pode informar as práticas de avaliação clínica (Ingram e Kendall, 1986; Williams, Watts, MacLeod e Mathews, 1998). Dentro desse modelo, os seres humanos são representados como seres que buscam, selecionam e utilizam informações (internas e externas) ativamente no processo de construir a visão da mente sobre a realidade (Gardner, 1985). Essa atividade é uma característica essencial do sistema cognitivo e acredita-se produzir conteúdos variados em diferentes níveis de operação. Embora se conceba a passagem de informações pelo sistema como um processo sintético e recíproco (Neisser, 1976), a maior parte da atenção na literatura parece estar voltada para três níveis distintos de análise. Diversos autores (Hollon e Kriss, 1984; Segal e Swallow, 1994; Turk e Salovey, 1985) identificaram estruturas cognitivas (supostos esquemas inacessíveis que orientam o processamento de informações), processos (meios de transformar estímulos ambientais e de inferir significados deles) e produtos ou conteúdos (pensamentos e imagens conscientes), representando respectivamente os princípios ou o arcabouço pelo qual se organiza o conhecimento sobre o mundo, a maneira como esse arcabouço orienta o processamento e os produtos mais acessíveis desse processamento.

PROCESSO E MÉTODOS DE AVALIAÇÃO COGNITIVA

A escolha de um determinado método ou técnica de avaliação cognitiva é mais bem concebida como um processo orientado pela teoria. O tipo de cognição a ser estudado e sua relação com o comportamento devem estar intimamente relacionados com a conceituação cognitiva do transtorno que o clínico usa. Diversos sistemas de classificação já foram propostos para os inúmeros métodos de avaliar pensamentos (Glass e Arnkoff, 1982; Kendall e Hollon, 1981). Em seu trabalho mais recente, Glass e Arnkoff (1997) organizaram os métodos de avaliação cognitiva segundo quatro dimensões: temporalidade ou momento (retrospectiva, simultânea ou sobre eventos futuros), grau de estrutura (validação *versus* produção), modo de resposta (escrito ou oral), e a natureza do estímulo (pensamentos em geral, situação imaginada, situação assistida em videoteipe, *role play* ou situação *in vivo*). À essa classificação, propomos acrescentar uma quinta dimensão: a fonte de avaliação do pensamento (avaliador respondente ou independente; Blankstein e Flett, 1990).

O esquema resultante produz um *continuum* de procedimentos de avaliação que variam de avaliações simultâneas a avaliações retrospectivas. Em alguns casos, solicita-se que os participantes exponham seus pensamentos sobre a probabilidade de eventos (positivos e negativos) ocorrerem em algum momento futuro. A Figura 2.1 ilustra a posição de algumas dessas medidas nesse *continuum*. Os procedimentos de avaliação cognitiva também podem ser organizados com base nessa estrutura. O nível em que a avaliação impõe seus próprios limites ou formato sobre o indivíduo determina a sua posição nessa dimensão. Embora costumem ser usadas medidas de validação de declarações pessoais bastante estruturadas, os pesquisadores desenvolveram diversas estratégias de produção para complementar o uso de questionários ou inventários. As medidas de produção exigem que os participantes exponham ou recordem seus pensamentos. Com essa classificação em mente, apresentaremos vários métodos para avaliar os pensamentos dos participantes ou clientes.

Diversos estudos empregaram gravações de fala espontânea para avaliar o discurso privado dos participantes ou clientes. Essas gravações podem ser feitas de maneira não-obstrutiva ou conforme instruções específicas. Elas representam o comportamento verbal e podem ser transcritas e codificadas em categorias (Kendall e Hollon, 1981). Esse formato é um dos métodos mais simultâneos para avaliar o discurso privado, mas o investigador se limita às verbalizações do sujeito e nunca pode estar totalmente certo de que silêncios sejam sinônimos de falta de processamento cognitivo. O método da associação livre, como se usa na psicanálise, também satisfaz o critério de simultaneidade, já que os pacientes devem verbalizar seus pensamentos à medida que os experimentam ao longo da sessão de terapia (Bowers e Meichenbaum, 1984).

Os procedimentos que envolvem pensar em voz alta são usados com mais freqüência e exigem que os sujeitos mantenham um monólogo contínuo de seus pensamentos durante a execução de determinada tarefa ou em uma situação específica. A formulação exata das instruções de como pensar em voz alta pode influenciar o conteúdo do protocolo (Ericsson e Simon, 1984), mas a maioria das instruções capta o espírito da seguinte solicitação de Duncker (1926) a seus sujeitos:

Técnicas específicas

1. Gravação de discurso privado espontâneo
   Associação livre
   Pensamento em voz alta
2. Amostragem aleatória de pensamentos
   Procedimentos de automonitoramento
3. Reconstrução do pensamento por videoteipe
   Inventários de declarações pessoais
   Lista de pensamentos
4. Entrevista clínica

Simultânea ↕ Retrospectiva

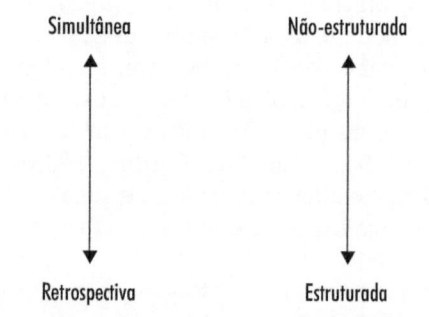

Não-estruturada ↕ Estruturada

FIGURA 2.1 *Continuum* de dimensões temporais e estruturais da avaliação cognitiva. Adaptado de Glass e Arnkoff (1982). Copyright 1982 by Academic Press. Adaptado sob permissão.

Não estou muito interessado em sua solução final, menos ainda em seu tempo de reação, mas na maneira como vocês pensam, em suas iniciativas, em qualquer coisa que lhes venha à mente, não importa se for uma dúvida ou idéia boa, ou nem tão boa assim. Tenham audácia. Não contabilizo seus erros, então, podem contá-los.

Davison e colaboradores (Davison, Robins e Johnston, 1983; Davison, Vogel e Coffman, 1997) pesquisaram um paradigma a que se referem como "pensamentos articulados em situações simuladas". Como na reconstrução por videoteipe e lista de pensamentos (ver a seguir), ele proporciona que o pesquisador ou clínico tenha controle sobre as situações-estímulo, que geralmente são apresentadas em áudio (p. ex., uma gravação de críticas sociais projetada para evocar pensamentos associados à ansiedade social). Os participantes imaginam estar em uma situação e pensam em voz alta após cada segmento de 10 a 15 segundos do estímulo, que dura de 2 a 3 minutos. Essa abordagem, como a maioria das abordagens de produção cognitiva, necessita de observadores ou avaliadores treinados para fazer inferências sobre o significado dos diálogos internos dos participantes (geralmente à luz das categorias de interesse especificadas por determinada teoria cognitiva).

No próximo nível do *continuum*, encontramos métodos como a amostragem aleatória do pensamento no ambiente natural e técnicas de automonitoramento. Hurlburt (1997) recentemente revisou três métodos de amostragem aleatória do pensamento nos ambientes naturais dos participantes. Dois desses métodos visam a quantificar o pensamento, à medida que ocorre enquanto as pessoas estão em seu ambiente natural: a amostragem de pensamento e o método de amostragem da experiência. Os procedimentos buscam proporcionar uma estimativa imparcial da atividade cognitiva (e às vezes do afeto e de atividades explícitas), solicitando que as pessoas registrem seus pensamentos quando indicado pessoalmente ou, de maneira mais comum, por meio de um dispositivo mecânico portátil (um *beeper*) em intervalos aleatórios ou semi-aleatórios. Ao ouvirem o sinal, os participantes imediatamente registram seus pensamentos (e outros aspectos de sua experiência e comportamento), preenchendo questionários quantitativos e/ou escrevendo descrições narrativas. Esse procedimento possibilita coletar dados ao longo de períodos relativamente longos no próprio meio do sujeito, em intervalos que não dependem da ocorrência de eventos ambientais específicos. Em uma das primeiras aplicações desse método, Newton e Barbaree (1987) utilizaram a amostragem aleatória *in vivo* para avaliar pensamentos relacionados com a dor de indivíduos com dores de cabeça crônicas. Os autores observaram uma mudança significativa em processos de avaliação e estratégias de enfrentamento após um programa de tratamento cognitivo.

Com os procedimentos de automonitoramento, o indivíduo deve registrar a ocorrência de pensamentos específicos em determinada situação-estímulo ou em determinado momento. A utilidade desses procedimentos está no fato de que eles maximizam a probabilidade de reunir informações com relevância clínica relacionadas com situações importantes, mas possivelmente infreqüentes. Por exemplo, Westling e Ost (1993) estudaram prospectivamente a natureza e a relação entre cognições perturbadoras e sintomas durante ataques de pânico, por meio de automonitoramento. Seus 36 pacientes com transtorno de pânico registraram um total de 285 ataques de pânico ao longo do período de monitoramento de duas semanas. Mais de 90% dos ataques de pânico continham cognições catastróficas, e os sintomas específicos de pânico pareciam estar associados a essas cognições catastróficas. Entretanto, existem diversos problemas inerentes aos procedimentos de automonitoramento em geral, refletindo preocupações com a reatividade, a atratividade social e a apreensão de avaliações.

A reconstrução de pensamentos por videoteipe é uma estratégia de pesquisa relativamente pouco usada, a qual permite que o sujeito reconstrua a sua linha de pensamento atual da maneira mais precisa possível, assistindo a um videoteipe de uma situação problemática real ou dramatizada. Os sujeitos devem pensar em voz alta enquanto assistem a si mesmos ou, de maneira alternativa, registrar a ocorrência de eventos cognitivos específicos (Genest e Turk, 1981; Meichenbaun e Butler, 1980). Com relação à temporalidade, esses procedimentos de produção são classificados como mais retrospectivos do que as técnicas discutidas anteriormente, pois sua finalidade é facilitar que o sujeito "reviva" e relate uma experiência anterior (em vez de relatar a experiência original enquanto ela ocorre).

Uma metodologia relacionada à reconstrução de pensamentos por videoteipe é a lista de pensamentos, na qual solicita-se que o sujeito registre tudo o que estiver relacionado com aquilo que está (ou estava) pensando. Esse procedimento de produção pode ser mais limitado do que os métodos de pensar em voz alta, já que a avaliação geralmente ocorre quando o sujeito já se encontra fora da situação. O método pode ser comparado a uma reconstrução de pensamento por videoteipe, mas sem o videoteipe. Contudo, embora as listas de pensamentos muitas vezes sejam coletadas de forma retrospectiva (p. ex., listar o que se estava pensando durante um exame imediatamente após o exame), elas também podem ser obtidas antecipadamente a uma tarefa ou situação (p. ex., registrar os pensamentos em diferentes pontos durante o exame). A técnica de registrar pensamentos é uma estratégia de resposta aberta usada para adquirir e categorizar os produtos dos processos cognitivos das pessoas que possam ser relatados, como pensamentos, expectativas, avaliações, imagens e sentimentos (Cacioppo, von Hippel e Ernst, 1997). Uma discussão detalhada dos procedimentos e instruções para administrar o procedimento de registro de pensamentos e para codificar os dados pode ser encontrada em Blankstein, Toner e Flett (1989). Uma constatação comum que surgiu em vários estudos de registro de pensamentos conduzidos por Blankstein e colaboradores (Blankstein e Flett, 1990) é que estudantes que sentem ansiedade em testes relatam preponderância de pensamentos negativos sobre si mesmos e uma relativa ausência de pensamentos positivos sobre si mesmos.

Os métodos de validação, como inventários ou questionários de auto-avaliação projetados para avaliar verbalizações pessoais ou pensamentos conscientes, contêm um conjunto predeterminado de pensamentos, que os participantes devem avaliar indicando se experimentaram cada pensamento, os quais recebem valência positiva ou negativa, bem como sua freqüência de ocorrência na situação avaliada (Glass e Arnkoff, 1997; Kendall e Hollon, 1981). As medidas de auto-avaliação também são usadas para avaliar as visões retrospectivas dos estudantes sobre seus pensamentos, sentimentos, atitudes disfuncionais, atribuições e atividade cognitiva relacionada durante um longo período de tempo. Embora haja um certo ceticismo para com o valor dessas medidas de cognição por questionário (Segal e Dobson, 1992), elas constituem, sem dúvida, o método de avaliação cognitiva formal mais utilizado na prática clínica (Haaga, 1997). Foram desenvolvidos instrumentos para avaliar os conteúdos cognitivos em um grande número de domínios, como a depressão (Hollon e Kendall, 1980), assertividade (Schwartz e Gottman, 1976), ansiedade social (Glass, Merluzzi, Biever e Larsen, 1982), ansiedade em testes (Blankstein, Flett, Boase e Toner, 1990), ataques de pânico (Clum, Broyles, Borden e Watkins, 1990), pensamentos obsessivos (Purdon e Clark, 1994), dores de cabeça crônicas (Newton e Barbaree, 1987), dores nas costas (Lefebvre, 1981), problemas somáticos (Moss-Morris e Petrie, 1997), excitação noturna (Fichten et al., 1998) e até pedofilia (Abel, Becker, Cunningham-Ratner, Rouleau e Kaplan, 1984). Diversas medidas de validação foram desenvolvidas especificamente para crianças (p. ex., Ronan, Kendall e Rowe, 1994). Em sua recente revisão de métodos com questionários, Glass e Arnkoff (1997) fizeram uma descrição e análise psicométrica de 28 inventários de auto-avaliação, que foram empregados individualmente em pelo menos três estudos publicados.

A entrevista clínica também pode ser usada como uma ferramenta de avaliação cognitiva retrospectiva, em cujo caso o terapeuta pede que o cliente recorde uma situação perturbadora recente e conte o que estava pensando e sentindo no momento (Glass e Arnkoff, 1982).

Várias outras abordagens para avaliar produtos cognitivos foram propostas e revisadas recentemente (ver Lee e Peterson, 1997; Schwartz, 1997; Wegner e Smart, 1997). Finalmente, embora nosso foco principal até aqui tenha se concentrado em abordagens que visam avaliar a cognição de maneira relativamente direta, por meio de auto-avaliações de pensamentos e verbalizações, os pesquisadores clínicos têm usado diversas outras abordagens baseadas em auto-avaliação e comportamento para inferir processos cognitivos e estruturas cognitivas "profundas", como os esquemas pessoais negativos (Segal, Gemar, Truchon, Gurguis e Hurowitz, 1995) ou a complexidade do *self* (Linville, 1987; Gara et al., 1993). Segal e Cloitre (1993) revisaram muitas das metodologias disponíveis para o estudo das características cognitivas de transtornos emocionais, como a atenção, a interpretação de estímulos ambíguos, os julgamentos e os processos de memória. Algumas dessas medidas experimentais são descritas em maior detalhe em nossa discussão da avaliação cognitiva específica para a ansiedade e a depressão. Todavia, deve-se observar que a maioria dessas medidas tem sido usada principalmente na pesquisa cognitiva clínica e provavelmente não será empregada na prática clínica.

VANTAGENS E LIMITAÇÕES DE DIFERENTES MÉTODOS DE AUTO-AVALIAÇÃO

As avaliações estruturadas, como as abordagens de validação para a avaliação do pensamento, oferecem vários benefícios: economia, facilidade de contagem e administração, um maior potencial de uso na prática clínica, padronização em estudos diferentes, bem como a obtenção de dados normativos e informações psicométricas (Schwartz, 1997). Todavia, a limitação diz respeito à perda de uma fonte de dados potencialmente mais rica e da capacidade de o investigador de encontrar informações inesperadas sobre relações imprevistas (Davison et al., 1997). Para decidir a respeito do grau de estrutura em uma avaliação, muitas vezes é necessário especificar o nível em que a atividade cognitiva constante do indivíduo pode ser "amostrada", proporcionando ainda um quadro preciso de seu fluxo. Essa preocupação foi introduzida por Glass e Arnkoff (1982), que afirmam que à medida que se acrescenta estrutura, as exigências da avaliação também aumentam. Além disso, as medidas estruturadas geralmente fornecem apenas uma síntese de alguns escores (Glass e Arnkoff, 1997).

Os métodos de production, como o paradigma de pensamentos articulados em situações simuladas, são interessantes por apresentarem o fluxo inalterado dos pensamentos dos sujeitos (Davison et al., 1997). As limitações desse paradigma se impõem posteriormente, pelas estratégias usadas para analisar o conteúdo, de acordo com o interesse do experimentador, e um número praticamente ilimitado de esquemas de codificação diferentes pode ser usado com o mesmo conjunto de dados. De maneira clara, as instruções para que os sujeitos "pensem em voz alta" trazem conseqüências e podem resultar no relato de conteúdos variados. A fundamentação da reconstrução do pensamento com videoteipe é que fornecer um registro do próprio desempenho aos sujeitos propicia uma descrição mais rica daquilo que a pessoa estava pensando no momento, por potencializar as funções da memória (Genest e Turk, 1981). Ainda assim, também é possível que os sujeitos relatem o que acreditam que poderiam ter pensado naquela situação, em vez de fazerem um relato baseado em uma nova experiência do evento, com apoio visual e auditivo (Nisbett e Wilson, 1977). Em resposta a preocupações como essas, existe um consenso no campo, de que a melhor abordagem seria uma abordagem de operações convergentes (Webb, Campbell, Schwartz e Sechrest, 1966), que minimiza as limitações de se contar com apenas um formato e, quando medidas desiguais produzem resultados semelhantes, aumenta a validade de constructo. Como nossa discussão começa a avançar para a área da psicometria, voltamos nosso foco para questões envolvendo ameaças à validade do processo de avaliação.

AMEAÇAS À VALIDAÇÃO DA AVALIAÇÃO COGNITIVA

Em seu influente livro, Ericsson e Simon (1984) sugerem três critérios que os relatos verbais devem cumprir para ter validade ao se inferirem processos cognitivos subjacentes. O critério da relevância diz que a verbalização deve ser relevante para a tarefa ou ação em questão. Para que sejam consideradas pertinentes, as verbalizações devem ter congruência lógica com as que as antecedem, e o critério da memória diz que algumas das informações obtidas durante a situação serão lembradas. Ericsson e Simon (p. 172) ilustram a maneira como esses critérios podem ser usados como testes de validade em protocolos verbais:

> Primeiramente, quando uma verbalização descreve uma situação que o sujeito percebe diretamente, sua correspondência com o estímulo pode ser verificada. Em segundo lugar, sua relevância para a tarefa e para etapas plausíveis para uma solução (determinadas por uma análise da tarefa) pode ser avaliada. Em terceiro lugar, é possível verificar sua congruência com informações recém-verbalizadas, que se presumem estar na memória de curta duração. Finalmente, sempre que houver razão para crer que a informação verbalizada será confiada à memória, sua presença na memória pode ser testada por demandas subseqüentes de recordação ou reconhecimento.

Questões relacionadas com a validade de constructo da avaliação cognitiva não se concentram na previsão de um critério ou na combinação entre o conteúdo de um teste e um domínio específico, mas na capacidade do próprio teste de mensurar os processos cognitivos de interesse (Ghiselli, Campbell e Zedeck, 1981). Essa questão se aplica particularmente a formatos de questionário ou auto-avaliação que apresentam determinado conteúdo ao sujeito, que deve fornecer avaliações em dimensões como presença ou ausência, freqüência, ou o grau de crença nas cognições. O melhor exemplo desse formato é o inventário de declarações pessoais, que, como já observamos, ainda é um dos mais populares para avaliar o discurso pessoal. Não se deve confundir a questão da validade de conteúdo com preocupações relacionadas com a validade de constructo, pois, embora possamos estabelecer que as declarações pessoais que compõem o inventário sejam uma amostra representativa daquilo que as pessoas geralmente pensam na situação de avaliação, não temos tanta certeza do significado do indivíduo validar uma dessas declarações. Além disso, raramente se fazem verificações ou análises do significado em conjunto com a administração de inventários de declarações pessoais (Arnkoff e Glass, 1982; Kendall, 1982), deixando-nos com o pressuposto de que as declarações pessoais têm os mesmos significados para todos os indivíduos envolvidos. Um passo para uma solução pode ser encontrado nos níveis do "grau de crença" que alguns inventários exigem, além das contagens de freqüência normais (p. ex., o Automatic Thoughts Questionnaire; Hollon e Kendall, 1980).

Glass e Arnkoff (1982, 1997) fazem uma crítica irrefutável da existência de uma relação isomórfica entre a cognição e sua representação em inventários de declarações pessoais. Os autores listam quatro possibilidades que refletem diferentes processos subjacentes na validação das respostas. Uma possibilidade é que os sujeitos que relatam ter um certo pensamento com "muita freqüência" podem estar indicando o impacto ou a importância do pensamento para eles, e não necessariamente a sua freqüência. Essa preocupação é problemática para a maioria dos inventários de declarações pessoais, pois os escores geralmente refletem uma simples contagem de itens validados. A segunda possibilidade é que esteja havendo um processo de tradução por parte dos participantes, no qual os pensamentos idiossincráticos ou fragmentados que os sujeitos experimentam na situação se traduzem em sentenças gramaticalmente corretas à medida que aparecem no inventário. De maneira alternativa, a decisão de validar com um pensamento pode refletir a noção de que o pensamento corresponde à visão que o indivíduo tem de si mesmo, e não a experiência real daquele pensamento específico. Por exemplo, uma mulher que se considera incapaz de resolver problemas matemáticos pode validar um item como: "não sou boa em matemática, por que tentar então?" em um questionário sobre ansiedade em exames, pois ele corresponde à sua auto-imagem, e não porque ela necessariamente tenha tido aquele pensamento. Uma última possibilidade é que a validação pode refletir a tradução de experiências afetivas em um formato baseado na linguagem. Embora um sujeito que esteja em um estado de muita excitação possa estar ciente ou não de sua atividade cognitiva, os inventários de declarações pessoais proporcionam a oportunidade de converter essa experiência em uma representação lingüística do evento. Nesse sentido, o sujeito pode validar um pensamento como: "estou realmente evoluindo nessa área", sem ter realmente pensado isso naquele momento (Glass e Arnkoff, 1982).

Apesar da preocupação com aquilo que as medidas de validação realmente estão medindo e o significado das respostas, muitos desses questionários (ver exemplos a seguir e na revisão de 1997 de Glass e Arnkoff) têm validade de critério e preditiva estabelecida e se mostraram proveitosos para pesquisadores que estudam teorias cognitivas de resultados adaptativos. Além disso, como conseguem identificar os efeitos do tratamento, eles são bastante usados por pesquisadores clínicos como medidas de resultados (Haaga, 1997). Glass e Arnkoff (1997) sugerem que a interpretação de escores de freqüência pode ser facilitada avaliando-se aspectos adicionais de cada pensamento (p. ex., intensidade, proeminência, credibilidade, controlabilidade, importância, etc.), e acreditam que a expansão das dimensões avaliadas deve permitir que as medidas de validação abordem a flexibilidade dos métodos de produção. Eles sugerem ainda que os clínicos questionem seus clientes quanto ao significado subjetivo dos pensamentos que indicam ter nos questionários.

Está claro que os avaliadores devem ter atenção para as pistas contextuais associadas às diferentes abordagens de avaliação. Em determinados casos, as cognições visadas podem não estar disponíveis no contexto da avaliação, a menos que sejam "ativadas", geralmente pela indução de estados de humor (Segal e Ingram, 1994). Examinamos essa questão em maior detalhe a seguir, no contexto de nossa discussão sobre a vulnerabilidade cognitiva à depressão. Embora o uso de ativação pareça ser particularmente importante na avaliação de estruturas cognitivas ou esquemas, essa ativação também pode ser necessária na avaliação de produtos cognitivos conscientes e "superficiais". O procedimento de pensamentos articulados em situações simuladas (Davison et al., 1997) é uma estratégia que emprega ativação para evocar a atividade cognitiva em resposta a cenários ativadores hipotéticos. Essa função de ativação provavelmente facilite a produção de cognições fidedignas e válidas, e contribua para a validade concorrente e preditiva do procedimento. Embora os itens de questionários usados em abordagens de validação para avaliar pensamentos possam servir como ativadores semânticos, Segal e Ingram (1994) afirmam que se deve ter cautela no uso de questionários como ativadores. Clark (1997, p. 997) sugere que a precisão dos questionários cognitivos pode ser ampliada adicionando-se manipulações ativadoras "externas", como solicitar que os indivíduos preencham o questionário em uma situação ou contexto conhecido, de modo a evocar as cognições relevantes, ou induzindo um estado de humor que seja congruente com as cognições visadas.

Em suma, embora as técnicas de avaliação cognitiva tenham sido usadas no passado com pouca atenção a questões psicométricas (Clark, 1988), um importante avanço da última década foi o aumento na atenção às propriedades psicométricas das medidas de avaliação cognitiva (Clark, 1997). O *status* psicométrico dos métodos de validação mais usados está mais bem estabelecido do que o dos métodos de produção. Todavia, na última década, houve maior ênfase na avaliação psicométrica de abordagens de avaliação cognitiva baseadas em listas de pensamentos, pensar em voz alta e amostragem de pensamentos. Além de questões de fidedignidade, validade de conteúdo, validade de critério e validade de constructo, é importante abordar a questão da utilidade clínica. O fato de que uma quantidade tão pequena dessas medidas é usada na rotina da prática clínica põe a sua validade externa em questionamento.

AVALIAÇÃO COGNITIVA DA ANSIEDADE

À luz do reconhecimento de que a fenomenologia da ansiedade é predominantemente cognitiva, diversos teóricos postulam que as cognições mal-adaptativas têm um papel significativo no desenvolvimento e na manutenção de transtornos da ansiedade (Beck, Emery e Greenberg, 1985; Mathews e MacLeod, 1994). A avaliação cognitiva, portanto, é especialmente adequada para esse campo, mas não pode ser considerada uma descrição suficiente até que seja integrada à avaliação dos outros modos de resposta (comportamental, fisiológica) característicos da ansiedade (Nelson, Hayes, Felton e Jarrett, 1985). De fato, a sincronia ou a falta da mesma entre os vários modos de resposta é uma questão em si (Rachman e Hodgson, 1974).

Produtos cognitivos

Questionários para mensurar algumas das características cognitivas gerais da ansiedade já são usados há algum tempo. Ainda que o uso rotineiro de baterias de testes padronizadas traga a vantagem da compatibilidade com pesquisas publicadas com a mesma medida, sua relativa falta de especificidade e seu formato enfadonho (p. ex., questionários de verdadeiro-falso) muitas vezes exigem a administração de outras medidas para atingir um conteúdo cognitivo mais diferenciado. A escala de medo de avaliação negativa (Fear of Negative Evaluation – FNE) (Watson e Friend, 1969) é um questionário com 30 itens do tipo verdadeiro-falso, projetados para mensurar o grau de apreensão do indivíduo quanto a receber desaprovação em situações sociais, enquanto a escala de evitação social e angústia (Social Avoidance and Distress – SAD) (Watson e Friend, 1969) usa um formato semelhante com 28 itens, para mensurar a experiência de perturbação e desconforto em situações sociais. Ambas apresentam boa consistência interna, com índice de confiabilidade de Kuder-Richardson de 0,94 para a FNE e a SAD, cujas fidedignidades de teste e re-teste são, respectivamente, de 0,78 e 0,68 ao longo de um intervalo de um mês.

Existem outros questionários disponíveis para o pesquisador clínico avaliar certas características cognitivas relacionadas com a ansiedade. Por exemplo, segundo a teoria da expectativa de Reiss (1991), a sensibilidade à ansiedade é uma variável cognitiva de diferença individual, que atua como um fator de risco específico no desenvolvimento de transtornos da ansiedade, especialmente o transtorno do pânico. A sensibilidade à ansiedade é o medo de ter sensações corporais relacionadas com a ansiedade, com base em crenças de que as sensações indicam conseqüências somáticas, sociais ou psicológicas catastróficas, e costuma ser avaliada com o índice de sensibilidade à ansiedade (Anxiety Sensitivity Index – ASI), de 16 itens (Peterson e Reiss, 1992). Itens como "Quando fico nervoso, temo que possa ter uma doença mental" são validados em uma escala de 5 pontos. O ASI mostrou ter excelentes propriedades psicométricas em amostras clínicas e não-clínicas (Peterson e Reiss, 1992). Pessoas com níveis elevados de sensibilidade à ansiedade apresentam uma tendência explícita de recordar informações ameaçadoras (McCabe, 1999). Os escores do ASI prevêem quem responderá com ansiedade a testes de indução de pânico, e quem terá ataques e transtorno de pânico (Taylor, 1999). Um número crescente de estudos mostra que a sensibilidade à ansiedade consiste de diversas dimensões, estruturadas de maneira hierárquica (Taylor e Cox, 1998). Embora diversos estudos tenham relatado que a sensibilidade à ansiedade também está relacionada com a depressão, em um estudo recente, Schmidt, Lerew e Joinier (1998) usaram uma estratégia analítica de co-variância e verificaram que a sensibilidade à ansiedade possui especificidade de sintomas com relação à ansiedade, mas não prevê a ocorrência de depressão ao se analisarem mudanças nos sintomas da ansiedade. Glass e Arnkoff (1997) recomendaram que o diálogo interno seja avaliado juntamente com "traços" cognitivos, como a sensibilidade à ansiedade (e atitudes disfuncionais), para se adquirir um maior entendimento das relações entre eles.

Passando para a avaliação de alguns dos aspectos mais gerais da ansiedade, verificamos que diversas medidas de auto-avaliação foram desenvolvidas para mensurar aspectos de preocupações, pensamento obsessivo e crenças metacognitivas que são indicativos ou estão relacionados com o transtorno de ansiedade generalizada e o transtorno obsessivo-compulsivo.* Por exemplo, o questionário Penn State Worry Questionnaire (PSWQ) (Meyer, Miller, Metzger e Borkovec, 1990) é uma medida de 16 itens que avalia a tendência de um indivíduo se preocupar de um modo geral. Os itens refletem a tendência de se preocupar excessivamente e cronicamente (p. ex., "Quando começo a me preocupar, não consigo parar"). O PSWQ proporciona uma medida fidedigna e válida da preocupação (Brown, Antony e Barlow, 1992). Chorpita, Tracey, Brown, Collica e Barlow (1997) relataram excelente confiabilidade e boa validade convergente e discriminante em amostras clínicas de uma adaptação do PSWQ para crianças e adolescentes. Recentemente, Stober e Bittencourt (1998) adaptaram o PSWQ para monitorar mudanças durante o tratamento (PSWQ – Past Week). O inventário de pensamentos ansiosos (Anxious Thoughts Inventory) (Wells, 1994) é uma medida de conteúdo e processo com 22 itens, que avalia a propensão às dimensões de saúde, sociais e metacognitivas da preocupação.

O inventário de Padua – Revisão da Universidade Estadual de Washington (Padua Inventory – Washington State University Revision) (Burns, Keortge, Formea e Sternberger, 1996) é uma medida de 39 itens de obsessões e compulsões, que foi produzida para reduzir a sobreposição do Padua Inventory original com a preocupação. Recentemente, Cartwright-Hatton e Wells (1997) desenvolveram o questionário de metacognição (Meta-Cognitions Questionnaire – MCQ), um questionário de 65 itens que avalia diferenças individuais em crenças sobre preocupações, pensamentos intrusivos e funcionamento cognitivo, e no monitoramento de processos de pensamento. Crenças relacionadas com os próprios pensamentos do indivíduo, ou crenças metacognitivas, foram relacionadas com o transtorno de ansiedade generalizada e o transtorno obsessivo-compulsivo. Por exemplo, Wells (1995) propõe um modelo cognitivo do transtorno de ansiedade generalizada, segundo o qual crenças positivas e negativas relacionadas com a preocupação são centrais à manutenção dos problemas. Clark e Purdon (1995) sugerem que as pessoas obsessivas têm crenças disfuncionais relacionadas com a necessidade de controlar seus pensamentos. O MCQ avalia cinco subescalas de crenças metacognitivas: crenças de preocupações positivas; crenças negativas sobre a falta de controle dos pensamentos e perigo; falta de confiança cognitiva; crenças negativas de pensamentos de modo geral (que envolve temas de superstição, punição e responsabilidade); e autoconsciência cognitiva. Embora a MCQ seja uma medida nova, os resultados iniciais sobre suas propriedades psicométricas são bastante positivos, e ela deve se mostrar proveitosa em pesquisas futuras. Em um estudo recente, Wells e Papageorgiou (1998) demonstraram que determinados conjuntos de crenças metacognitivas são associados à propensão a preocupações e sintomas obsessivo-compulsivos.

Uma avaliação diferenciada de pensamentos conscientes atuais (ou recentes) pode ser obtida com inventários de declarações pessoais que amostram o conteúdo específico de certas áreas de problemas, e que são construídos para refletir os pensamentos típicos que os sujeitos podem ter na situação de interesse. A ansiedade social heterossexual é o foco do teste de auto-afirmação da interação social (Social Interaction Self-Statement Test – SISST) (Glass et al., 1982), no qual os sujeitos devem avaliar 15 pensamentos positivos e 15 pensamentos negativos (variando de 1 = "quase nunca tenho o pensamento" a 5 = "tenho o pensamento com bastante freqüência") após participarem de uma interação social. A confiabilidade

---

*N. de R.T. Crenças metacognitivas são aquelas que dizem respeito à avaliação secundária que uma pessoa faz de suas crenças, p. ex., preocupar-se por ter uma preocupação excessiva com algo ou alguém.

(*split-half*) do SISST, baseada em itens ímpares em vez de pares, é de 0,73 para a escala positiva e de 0,86 para a escala negativa. A validade concorrente, evidenciada por correlações com outras medidas de ansiedade social, é mais forte para as declarações pessoais negativas do que para as positivas (escala negativa com a SAD = 0,74, e com a FNE = –0,58; escala positiva com a SAD = –0,57, e com a FNE = –0,32), usando-se um formato escrito de apresentação de estímulos (Zweig e Brown, 1985).

O papel das declarações pessoais na assertividade é relevante para esta discussão, pois níveis elevados de ansiedade estão entre os constructos explicativos que foram propostos para explicar comportamentos de pouca assertividade (Goldfried e Davison, 1994). Schwartz e Gottman (1976) desenvolveram o teste de auto-afirmação assertiva (Assertive Self-Statement Test – ASST), no qual os sujeitos devem avaliar, em uma escala de cinco pontos, a freqüência de ocorrência de 16 respostas assertivas positivas e 16 negativas. Acredita-se que as declarações pessoais representem pensamentos que facilitam ou inibem a recusa de um pedido irracional e, dessa forma, representam uma elaboração mais detalhada do conteúdo cognitivo associado a determinado comportamento. Fiedler e Beach (1978) adotaram uma perspectiva diferente, no sentido de que seu interesse está em mensurar os tipos de conseqüência que os sujeitos acreditam estar associados ao comportamento de recusa, em vez de declarações pessoais positivas ou negativas. O seu inventário de probabilidade de conseqüências (Subjective Probability of Consequences Inventory – SPCI) lista conseqüências positivas e negativas que poderiam resultar do cumprimento ou recusa de um pedido irracional. O SPCI foi construído com itens baseados na validação consensual de conseqüências representativas por especialistas clínicos. Bruch, Haase e Purcell (1984) relatam que tanto o ASST quanto o SPCI apresentam fidedignidade interna adequada, e que a estrutura fatorial do ASST é mais complexa do que se pensava inicialmente, ao passo que a estrutura fatorial do SPCI corresponde melhor às dimensões propostas originalmente por Fiedler e Beach (1978).

A avaliação cognitiva da agorafobia e o medo de sua ocorrência é o foco de um inventário de declarações pessoais desenvolvido por Chambless, Caputo, Bright e Gallagher (1984). Essa medida consiste de pensamentos relacionados com as conseqüências negativas da ansiedade, e seus 14 itens foram produzidos por meio de entrevistas com clientes que tiveram agorafobia e durante sessões de exposição a imagens e ao vivo. Cada item de seu questionário de cognições agorafóbicas (Agoraphobic Cognitions Questionnaire – ACQ) é avaliado em uma escala de cinco pontos, que varia de 1 ("pensamento nunca ocorre") a 5 ("pensamento sempre ocorre"), e os clientes devem avaliar a freqüência dos pensamentos quando estão em um estado de ansiedade. Os dados de confiabilidade apresentam boa estabilidade de teste e re-teste ($r = 0,86$), mas pouca consistência interna (alfa de Cronbach = 0,48). Análises de sua validade mostraram que essa escala é sensível a mudanças induzidas pelo tratamento, além de conseguir discriminar os escores de uma amostra com agorafobia de uma amostra normal de controle. Juntamente com a escala que o acompanha, o questionário de sensações corporais (Body Sensations Questionnaire – BSQ [Chambless et al., 1984]), que mede sensações físicas associadas à excitação autônoma, o ACQ representa o primeiro passo para uma avaliação cognitiva abrangente para transtorno do pânico com agorafobia. Considerando-se as cognições e sensações, as avaliações são mais afinadas com conceituações cognitivas de transtorno de pânico com e sem agorafobia (Clark, 1986; Goldstein e Chambless, 1978; Khawaja e Oei, 1998), enfatizando o fato de que o pensamento catastrófico relacionado com a ansiedade em pacientes com transtorno do pânico costuma ser precipitado por uma interpretação errônea de pistas internas influenciadas pela excitação.

Cox (1996) revisou a bibliografia disponível e argumenta que existe espaço para melhora na avaliação de variáveis cognitivas relacionadas com ataques de pânico/transtorno do pânico. Duas medidas mais novas parecem ter sido adições valiosas ao repertório de instrumentos disponíveis. Khawaja e Oei (1998) observam que o ACQ e o BSQ não refletem cognições com temas de perigo com precisão. Khawaja e Oei (1992) desenvolveram o questionário de cognições catastróficas (Catastrophic Cognitions Questionnaire – CCQ) com amostras de estudantes para refletir esquemas com conteúdo de perigo. Subseqüentemente, Khawaja, Oei e Baglioni (1994) modificaram a escala e validaram-na com amostras de pacientes e estudantes com transtornos de ansiedade. O CCQ-M de 21 itens consiste de três fatores que refletem as dimensões de cognições catastróficas: catástrofes emocionais, físicas e mentais. Pesquisas futuras podem determinar que o CCQ-M é um instrumento útil para a avaliação do transtorno de pânico, mas, por enquanto, ainda não foi muito usado.

O inventário de avaliação do pânico (Panic Appraisal Inventory – PAI) (Telch, Brouillard, Telch, Agras e Taylor, 1987) também pode ser uma adição valiosa, especialmente se seus avanços futuros seguirem as diretrizes sugeridas recentemente por Feske e De Beurs (1997), em sua avaliação psicométrica de uma versão de 45 itens do PAI. O PAI consiste de três escalas que avaliam a probabilidade percebida de um ataque de pânico em situações agorafóbicas (pânico previsto), preocupação com possíveis conseqüências catastróficas (conseqüências do pânico) e confiança na capacidade de enfrentar ataques de pânico futuros (enfrentamento do pânico). Feske e De Beurs (1997) concluem que o PAI apresenta excelente consistência interna e sensibilidade ao tratamento, e boa validade convergente e divergente. Entretanto, ainda devem ser realizados testes da validade fatorial, estabilidade ao longo do tempo e validade de critério do instrumento. Embora concluam que a escala conseqüências do pânico seja redundante e não deva substituir o ACQ, os autores observam que as escalas pânico previsto e enfrentamento do pânico avaliam aspectos importantes que outros instrumentos não captam, e recomendam a inclusão dessas escalas na avaliação para o transtorno de pânico.

Diversas medidas de declarações pessoais foram desenvolvidas para avaliar pensamentos obsessivos e intrusivos. A lista de verificação de pensamentos obsessivo-compulsivo (Obsessive Compulsive Thoughts Checklist – OCTC) de 28 itens (Bouvard, Mollard, Cottraux e Guerin, 1989) foi criada para proporcionar uma medida de pensamentos (da última semana) relatados por clientes obsessivo-compulsivos. Recentemente, Bouvard e colaboradores (1997) apresentaram novos resultados sobre a validade e a estrutura fatorial, bem como sua tradução da OCTC para o inglês. Freeston e Ladouceur (1993) desenvolveram o questionário de intrusões cognitivas (Cognitive Intrusions Questionnaire – CIQ) para avaliar pensamentos, imagens ou impulsos intrusivos (do último mês) em seis temas propostos (saúde, situações embaraçosas, comportamento sexual inaceitável, etc.). Os indivíduos avaliados escolhem a intrusão mais freqüente e avaliam esse pensamento conforme 13 itens diferentes, respondendo a 10 questões sobre as estratégias que usaram quando o pensamento ocorreu.

Embora o CIQ atualmente seja a medida usada com mais freqüência nessa área, Glass e Arnkoff (1997) sugerem que o inventário revisado de intrusões obsessivas (Revised Obsessional Intrusions Inventory – ROII), de Purdon e Clark (1994), talvez tenha maior potencial como medida da freqüência de pensamentos obsessivos intrusivos. A medida revisada avalia a freqüência de pensamentos, imagens e impulsos do tipo obsessivo, e determina a avaliação e as estratégias de controle do pensamento dos participantes para o pensamento mais perturbador em 10 dimensões. O ROII tem boas propriedades psicométricas, mas sua sensibilidade aos efeitos do tratamento não foi estudada.

Outras medidas de declarações pessoais ansiosas merecem ser mencionadas. O questionário de auto-afirmações ansiosas (Anxious Self-Statement Questionnaire) (Kendall e Hollon, 1989) é uma medida de 32 itens da freqüência de pensamentos ansiosos, que tem excelente fidedignidade, validade concorrente e capacidade de discriminar grupos conhecidos, embora Glass e Arnkoff (1997) questionem a sua validade discriminante com relação à depressão. McDermut e Haaga (1994) desenvolveram uma versão com pensamentos não-ansiosos para avaliar o balanço de pensamentos positivos e negativos. A Cognition Checklist (CCL) desenvolvida por Beck e colaboradores (Beck, Brown, Steer, Eidelson e Riskind, 1987) pode mostrar-se valiosa na discriminação entre a ansiedade e a depressão. Essa medida avalia a freqüência de 12 cognições relacionadas com o perigo e supostamente características de transtornos da ansiedade (CCL – Ansiedade) e 12 pensamentos centrados em perdas e fracassos, característicos da depressão (CCL – Depressão). O questionário de autoafirmação de afeto negativo (Negative Affect Self-Statement Questionnaire) (Ronan et al., 1994) também traz subescalas específicas para a ansiedade e a depressão para crianças de diferentes idades. O investigador ou profissional interessado em empregar medidas de validação de pensamentos com crianças deve consultar a discussão de Glass e Arnkoff (1997) sobre essa questão.

Processos cognitivos

Deixando os inventários de declarações pessoais, encontramos diversas outras medidas estruturadas de pensamentos que são empregadas na avaliação cognitiva da ansiedade. Alguns desses instrumentos são simples escalas que foram projetadas para mensurar constructos sugeridos pelo modelo cognitivo da ansiedade (Beck, Emery e Greenberg, 1985), enquanto outras foram produzidas em outros domínios. De maneira compatível com os modelos cognitivos da ansiedade, diversos autores avaliaram que os constructos da percepção de perigo e da superestimação de riscos pessoais são os processos cognitivos preponderantes na ansiedade.

Butler e Mathews (1983) solicitaram que seus sujeitos preenchessem questionários com interpretações de cenários ambíguos. Os sujeitos avaliaram 20 itens ameaçadores em termos de seu custo subjetivo (p. ex., "O quanto seria ruim para você?"), e avaliaram diversos itens positivos e negativos em termos de sua probabilidade subjetiva de ocorrência. Os sujeitos ansiosos interpretaram o material ambíguo como sendo mais ameaçador e avaliaram o custo subjetivo dos eventos ameaçadores como sendo mais elevado do que um grupo de sujeitos não-ansiosos usado como controle. Os sujeitos ansiosos também tendiam a considerar a ocorrência de eventos futuros negativos, especialmente ameaças graves à saúde, mais provável para eles do que para outras pessoas. Embora seja difícil atribuir um grau elevado de especificidade a esses resultados, pois um grupo-controle de pacientes depressivos apresentou escores semelhantes em duas dessas escalas, o grupo ansioso foi caracterizado por estimativas exageradas de ameaça e risco pessoal. Butler e Mathews interpretaram seus resultados como indicativos de uma interação entre a ansiedade e a existência de "esquemas de perigo". De maneira semelhante, Williams (1985) descreveu uma medida de "perigo percebido" (definido como a percepção do sujeito da probabilidade de um evento negativo ocorrer, devido a determinado comportamento). Essa medida é quantificada como uma probabilidade, variando de 0% ("creio que não é possível") a 100% ("creio que é certo"). Williams relatou que as avaliações de perigo percebido não apresentaram correlação com o desempenho em um teste de comportamento realizado antes do tratamento ($r = 0,07$), mas apresentaram correlação significativa após o tratamento ($r = 0,56$).

Nos anos que passaram desde esse importante trabalho, uma série de estudos examinou as relações entre a ansiedade e/ou depressão, interpretação de informações ambíguas e geração ou estimativas da probabilidade de situações específicas ou uma variedade de eventos positivos e negativos futuros e a lembrança de situações passadas (Chen e Craske, 1998; MacLeod, Tata, Kentish, Carroll e Hunter, 1997). MacLeod e colaboradores (1997) relatam que o transtorno de pânico estava associado à geração de mais experiências negativas, mas menos experiências positivas, ao passo que a depressão estava associada à geração de menos experiências positivas, mas não mais experiências negativas do que para os controles. De um modo geral, parece que tanto a ansiedade quanto a depressão estão relacionadas com avaliações de mais acontecimentos negativos futuros e menos acontecimentos positivos futuros. Esse trabalho sustenta a noção de que as cognições são diferentes na ansiedade e na depressão, sugerindo também que, quando questionados, os participantes ansiosos podem pensar de maneira negativa sobre o passado, embora seus pensamentos negativos costumem ser centrados de maneira mais espontânea no futuro. Esses estudos sugerem ainda que as medidas de cognições retrospectivas e prospectivas são proveitosas na pesquisa cognitiva clínica e têm valor potencial para a prática clínica.

Os formatos menos estruturados para a avaliação cognitiva da ansiedade variam de tentativas de amostrar o pensamento durante situações reais (Last, Barlow e O'Brien, 1985) ou simuladas (Davison et al., 1983) que produzam ansiedade, à amostragem aleatória de pensamentos de indivíduos ansiosos (Hurlburt e Spirelle, 1978). Diversos estudos usam listas de pensamentos, com o objetivo de registrar os pensamentos dos sujeitos imediatamente após o comportamento real. Last e colaboradores (1985), por exemplo, solicitaram que indivíduos com agorafobia relatassem o que lhes estava passando pela cabeça durante uma sessão de exposição realizada em um *shopping center*, enquanto Segal e Marshall (1985) solicitaram que estupradores recordassem seus pensamentos durante uma interação recente com uma mulher atraente.

Williams e Rappoport (1983) utilizaram amostragem de pensamentos em suas pesquisas, comparando tratamentos cognitivos e baseados em exposição para agorafobia. Cada sujeito recebia um *beeper* que era ativado periodicamente, indicando ao indivíduo para registrar o que estivesse pensando em um gravador. As avaliações tinham validade ecológica elevada, pois foram obtidas durante testes comportamentais da capacidade de dirigir. Sewitch e Kirsch (1984) usaram uma abordagem relacionada, fornecendo pequenos cadernos onde os sujeitos deveriam registrar os pensamentos ou sentimentos que tivessem sempre que se sentissem ansiosos ou "tensos" em um intervalo específico de 24 horas.

Quando aplicados a problemas relacionados com a ansiedade, os procedimentos de pensar em voz alta podem ser especialmente informativos quando os conteúdos exatos do diálogo interno parecerem obscuros. A preocupação é um exemplo importante, especialmente por sua ligação com o transtorno de ansiedade generalizada (American Psychiatric Association, 1994). Borkevec e colaboradores (Molina, Borkovec, Peasley e Person, 1998) realizaram uma análise minuciosa do conteúdo da atividade cognitiva com relatos de fluxo de consciência obtidos em períodos "neutros" e "preocupados". Além de proporcionar um maior entendimento dos efeitos temporais, afetivos e cognitivos da preocupação (p. ex., uso mais freqüente de palavras que refletissem afeto negativo elevado e palavras que refletissem distorções cognitivas potenciais), foram encontradas diferenças entre participantes ansiosos, disfóricos e controles. Assim, os participantes que satisfizeram os critérios da quarta edição do *Manual Diagnóstico e Estatístico de Transtornos Mentais* (DSM-IV), para o transtorno de ansiedade generalizada apresentaram uma freqüência relativa mais alta de declarações implicando interpretações catastróficas de eventos, declarações implicando um estilo interpretativo rígido e preso a regras, e palavras refletindo ansiedade somática. É interessante observar que os sujeitos disfóricos usaram derivados da palavra "preocupação" com maior freqüência.

Estruturas/organizações cognitivas

Embora a maior parte do material coberto nesta seção descreva tentativas de mensurar aqueles aspectos cognitivos da ansiedade que estão na consciência do indivíduo, também foram feitas tentativas de avaliar as representações "profundas" de indivíduos ansiosos – processos que são inferidos a partir do comportamento (Landau, 1980; Rudy, Merluzzi e Henahan, 1982). Em vez de se concentrarem no conteúdo cognitivo real que os sujeitos conseguem relatar na situação de avaliação, esses estudos buscam um nível de análise que descreve a operação de certas estruturas ou processos cognitivos que parecem desempenhar um papel fundamental na experiência da ansiedade (Goldfried e Robins, 1983).

Diversos pesquisadores usaram escalonamento multidimensional na tentativa de mapear a estrutura semântica da ansiedade social (p. ex., Goldfried, Padawer e Robins, 1984). Nessa abordagem, os dados provêm de avaliações de similaridade em uma determinada dimensão para um conjunto de objetos, produzindo escores de proximidade. O resultado produzido é uma representação espacial que reflete a estrutura de dados, de maneira que quanto mais desiguais são as avaliações dos sujeitos, mais distantes elas estarão representadas no mapa espacial. Dessa forma, acredita-se que as avaliações de similaridade representadas pela distância geométrica reflitam o espaço psicológico, fornecendo uma visão da estrutura "profunda" de determinada base de dados (Merluzzi e Rudi, 1982). Goldfried e colaboradores (1984) usaram ordenamento multidimensional com uma amostra de estudantes universitários do sexo masculino que eram socialmente ansiosos, e verificaram que eles consideravam a dimensão "chance de ser avaliado" como a mais alta com relação à probabilidade de gerar ansiedade, atribuindo pesos baixos a dimensões como "intimidade" ou "relevância acadêmica". Os homens não-ansiosos, por outro lado, atribuíram o dobro do peso da "chance de ser avaliado" à "intimidade", sugerindo uma possível diferença nos aspectos que se sobressaem nesses dois grupos, quando confrontam uma oportunidade de interação heterossexual.

Finalmente, diversos paradigmas de atenção confirmaram que pessoas com transtornos da ansiedade apresentam um maior processamento seletivo de pistas de ameaças (Mathews e MacLeod, 1994; McNally, 1998). Por exemplo, Mathews e seus colegas (Butler e Mathews, 1983; MacLeod, Mathews e Tata, 1986; Mathews e MacLeod, 1985) propõem que a ativação de esquemas com uma tendência para o processamento de informações relacionadas com perigo pessoal ou outros estímulos ameaçadores é característica dos estados de ansiedade. Mathews e MacLeod (1985), por exemplo, usaram o teste de nomeação de cores de Stroop (Stroop Color-Naming Task) e verificaram que os sujeitos ansiosos demoravam mais do que os controles para dizer a cor de palavras com conteúdo ameaçador ("doença", "caixão"), em oposição a palavras com conteúdo neutro ("bem-vindo", "férias"). Estudos que utilizaram outras medidas derivadas da ciência cognitiva, como o grau de captura visual associado a determinado estímulo (MacLeod et al., 1986), relataram resultados na mesma direção – ou seja, que os sujeitos ansiosos prestam mais atenção ou são mais distraídos por estímulos relacionados com ameaças do que os controles normais. Os autores interpretam esses resultados como uma confirmação da existência de "esquemas de perigo" cognitivos, que, quando ativados, orientam o processamento de informações em um nível de pré-atenção. Independentemente de essa tendência envolver a percepção ou a atenção, acredita-se que ela desempenhe um papel importante na manutenção dos transtornos de ansiedade, pois influencia as interpretações que os indivíduos fazem em um ponto posterior no fluxo do processamento de informações.

Outras questões

Antes de deixarmos esta seção e avançarmos para a avaliação cognitiva da depressão, é importante considerar alguns aspectos que mantêm uma interface com ambos os domínios. Embora as iniciativas de avaliação cognitiva da ansiedade sejam mais recentes do que as da depressão, está correto caracterizar ambas em sua infância. Dessa forma, são necessários mais trabalhos para refinar e avaliar as medidas que existem nessas áreas já ricas em métodos (Clark, 1997). Por exemplo, os critérios de pontuação para protocolos envolvendo listas de pensamento ou pensar em voz alta constituem um bom exemplo de uma área onde a dose de um certo grau de regularidade nas dimensões ou atributos avaliados auxiliaria as comparações entre as investigações. De maneira semelhante, a maior atenção voltada às estruturas cognitivas ou níveis "mais profundos" de processamento beneficiar-se-ia com um foco na resolução de questões de definição envolvendo a operação desses constructos.

Os leitores também devem ter em mente a relação íntima entre os sintomas da ansiedade e da depressão (Clark e Watson, 1991; Watson e Kendall, 1989). Até 90% dos pacientes relatam ter sintomas de ansiedade e depressão (Breir, Charney e Heninger, 1984; Dobson, 1985; Swinson e Kirby, 1987). A maioria dos pesquisadores diferencia as várias síndromes de ansiedade e depressão usando sistemas diagnósticos ou inventários de sintomas. Apenas recentemente, os pesquisadores começaram a fazer tentativas de documentar a contribuição relativa de cognições relacionadas com a ansiedade e com a depressão dentro de um indivíduo diagnosticado com um transtorno de ansiedade e/ou depressivo (Beck et al., 1987). Ainda é necessário muito trabalho para esclarecer o valor da cognição e dos processos cognitivos para a diferenciação desses transtornos. Reconhecendo que a sua resolução, sem dúvida, será um processo gradual, consideramos agora a avaliação cognitiva da depressão.

AVALIAÇÃO COGNITIVA DA DEPRESSÃO

A maioria das medidas de avaliação cognitiva da depressão é formada por instrumentos escritos, projetados para captar o conteúdo do pensamento dos pacientes ou suas atitudes ou crenças subjacentes. Outras iniciativas importantes abordam a maneira em que os pacientes depressivos processam informações, particularmente de descrições auto-referentes ou o *feedback* do seu desempenho em testes. Poucos pesquisadores se interessam por procedimentos de registro de pensamentos ou de pensar em voz alta, embora a recordação (reconstrução) de pensamentos automáticos ou declarações pessoais em situações específicas seja amplamente empregada no formato de entrevista clínica (Beck, Rush, Shaw e Emery, 1979).

Produtos cognitivos

O questinário de pensamentos automáticos (Automatic Thoughts Questionnaire – ATQ) (Hollon e Kendall, 1980) mensura a freqüência com a qual cada um entre 30 pensamentos automáticos negativos "surgiu" na cabeça dos sujeitos na última semana (i.e., de 1 = "nunca" a 5 = "o tempo todo"). Além disso, o nível em que os sujeitos tendem a acreditar em cada um desses pensamentos é classificado em uma escala de 5 pontos (de "nem um pouco" a "totalmente"). Os 30 pensamentos que constituem o ATQ foram derivados empiricamente, com base em sua capacidade de discriminar sujeitos depressivos e não-depressivos. Entre os itens, estão "Acho que não posso prosseguir", "Ninguém me entende" e "Não vale a pena". As propriedades psicométricas do ATQ foram avaliadas em diversos estudos. As estimativas de consistência interna (i.e., *split-half* e coeficiente alfa) mostraram-se elevadas (na faixa de 0,96-0,97) para uma variedade de sujeitos (Dobson e Breiter, 1983). Em termos de validade de constructo, o ATQ diferenciou sujeitos depressivos e não-depressivos (Hollon e Kendall, 1980) e apresentou forte correlação (i.e., por volta de 0,63) com a gravidade dos sintomas depressivos (Dobson e Breiter, 1983). Uma análise fatorial do ATQ feita por Hollon e Kendall (1980) identificou quatro fatores: (1) desajuste pessoal e desejo de mudança; (2) expectativas e conceitos pessoais negativos; (3) baixa auto-estima e (4) desamparo e desistência. De maneira importante, esses fatores condizem com a teoria da depressão de Beck (1967, 1976).

Mais recentemente, pesquisadores enfatizaram a importância de avaliar padrões de pensamento positivos na depressão, além dos negativos (p. ex., Schwartz e Garamoni, 1989). Respondendo a essa sugestão, Ingram e Wisnicki (1988) desenvolveram o questionário de pensamentos automáticos positivos (Positive Automatic Thoughts Questionnaire – ATQ-P), que avalia a freqüência de pensamentos automáticos positivos. Em um estudo de validação do ATQ-P, Ingram, Slater, Atkinson e Scott (1990) verificaram que os pacientes depressivos relatavam ter significativamente menos pensamentos automáticos positivos do que os controles não-depressivos. Além disso, esse estudo proporcionou evidências de que ter menos pensamentos positivos pode ser uma característica cognitiva específica de indivíduos que estejam sofrendo perturbações emocionais. Assim, o ATQ-P pode representar um correlato valioso para o ATQ e proporcionar um quadro mais abrangente dos padrões de pensamentos automáticos na depressão.

Recentemente, Flett, Hewitt, Blankstein e Gray (1998) desenvolveram uma nova medida de pensamentos automáticos, semelhante em formato ao ATQ. Todavia, ela difere do ATQ por causa de seu foco específico em pensamentos automáticos envolvendo o perfeccionismo. Em uma série de cinco estudos com o inventário de cognições perfeccionistas (Perfectionism Cognitions Inventory – PCI), de 25 itens, Flett e colaboradores (1998) estabeleceram que o PCI tem níveis adequados de confiabilidade e validade, e que os indivíduos que apresentam escores elevados no PCI tendem a relatar pensamentos perfeccionistas espontaneamente em cenários naturalísticos. Pesquisas adicionais confirmaram que a experiência de pensamentos perfeccionistas freqüentes está associada à disforia e ansiedade, além e acima da variância prevista por medidas alternativas de pensamentos automáticos negativos e medidas existentes do traço perfeccionismo.

Desenvolvido conforme o modelo reformulado do desamparo aprendido para a depressão (Abramson, Seligman e Teasdale, 1979), o questionário de estilo atributivo (Attributional Style Questionnaire – ASQ) (Peterson et al, 1982), provavelmente seja a medida mais citada de atribuições depressivas. Ele apresenta 12 cenários hipotéticos aos sujeitos, envolvendo temas relacionados com realizações ou afiliação. Seis dos cenários têm resultados positivos, enquanto os outros seis têm resultados negativos. Os sujeitos devem se imaginar em cada situação e identificar a principal causa do evento. A seguir, os sujeitos avaliam o nível em que acreditam que: (1) o resultado se deve a eles mesmos ou a outras pessoas ou circunstâncias (i.e., fatores internos ou externos); (2) a mesma causa atuaria no futuro, sob circunstâncias semelhantes (i.e., fatores estáveis ou instáveis) e (3) a mesma causa pode influenciar uma variedade de situações da vida (i.e., fatores globais ou específicos).

Ao avaliar a pontuação no ASQ, Peterson e colaboradores (1982) recomendaram mesclar os dados da distinção entre realização e afiliação, pois as avaliações de atribuições para esses dois tipos de evento apresentaram correlação significativa. Dessa forma, calculam-se escores de internalidade, estabilidade e globalidade separadamente para resultados positivos e negativos (i.e., seis subescalas baseadas em seis itens cada). Contudo, a consistência interna dessas escalas é fraca, com alfas variando de 0,44 a 0,58 para resultados positivos e de 0,46 a 0,69 para resultados negativos. De maneira alternativa, podem ser calculados dois escores compostos de "estilo atributivo", um para eventos positivos e outro para negativos (com alfas de 0,75 e 0,72, respectivamente). Esse ajuste, é claro, atenua a relevância teórica do ASQ.

O ASQ tem pelo menos dois outros problemas psicométricos sérios. Existe uma grande dificuldade relacionada com as intercorrelações entre as três dimensões de atributos. Para eventos positivos, o ASQ é completamente incapaz de distinguir essas dimensões (Peterson et al., 1982), e o faz apenas marginalmente melhor para eventos negativos. De fato, um estudo de análise fatorial (Bagby, Atkinson, Dickens e Gavin, 1990) verificou que a estrutura fatorial do ASQ era mais bem representada por uma solução de dois fatores, correspondendo à distinção entre resultados positivos e negativos. Isso sugere que a valência dos resultados tem uma influência muito maior sobre o pensamento causal do que as diferenças individuais em estilo atributivo. Outro problema, mais relevante para a questão da validade, é que as diferenças relacionadas com a depressão nas subescalas do ASQ somente aparecem de forma fidedigna em atribuições para resultados negativos (Seligman, Abramson, Semmel e von Baeyer, 1979). Mesmo nesse caso, a relação entre os escores do ASQ e o humor deprimido é relativamente modesta (r médio = 0,21; ver, Brewin e Furnham, 1986).

Em resposta a esses problemas (particularmente aqueles relacionados com a fidedignidade), foi desenvolvida uma versão expandida do ASQ, o EASQ (Metalsky, Halberstadt e Abramson, 1987). O EASQ assemelha-se em formato ao ASQ original, mas seus 12 cenários descrevem apenas eventos negativos. Além disso, as escalas de estabilidade e globalidade são ponderadas para criar uma escala de "generalidade". De fato, as estimativas de fidedignidade para essa subescala são mais respeitáveis do que as relatadas para o ASQ – os alfas para resultados envolvendo realizações e interpessoais negativos são respectivamente 0,79 e 0,77 (Metalsky et al., 1987), mostrando-se promissora para prever sintomas depressivos em estudantes universitários (Metalsky e Joiner, 1992). Entretanto, como no caso do ASQ, sua relevância como medida da cognição em indivíduos com depressão mais grave ainda deve ser testada (Bagby et al., 1990).

Uma abordagem alternativa para mensurar atribuições na depressão envolve examinar as atribuições dos indivíduos para eventos negativos ou perturbadores que realmente aconteceram em suas vidas. Como os estudos do ASQ, os trabalhos que empregam essa estratégia não encontraram suporte para a ortogonalidade das três dimensões de atribuições (Gong-Guy e Hammen, 1980; Hammen e Cochran, 1981). Todavia, as correlações entre a depressão e atribuições sobre eventos da vida real talvez sejam um pouco mais fortes (i.e., r médio = 0,29) do que aquelas que envolvem cenários hipotéticos (Brewin e Furnham, 1986).

As expectativas negativas e os pensamentos de desesperança representam outro tema central no pensamento dos indivíduos depressivos (Beck, 1976). Nesse caso, apresentamos duas abordagens para avaliar cognições desesperadas. A escala de desesperança (Hopelessness Scale – HS) é uma escala de auto-avaliação de 20 itens, projetada para mensurar o nível em que os indivíduos mantêm esse tipo de perspectiva pessimista sobre o futuro (Beck, Weissman, Lester e Trexler, 1974). Entre os itens, estão "Eu devia desistir, pois não consigo melhorar as coisas para mim" e "O futuro me parece desanimador". Os indivíduos respondem em um formato de verdadeiro-falso. Aproximadamente a metade dos itens é apresentada de forma invertida para controlar a aquiescência. Beck e colaboradores (1974) relataram boa consistência interna para a HS (alfa = 0,93). Em termos de validade, a HS apresenta correlação elevada com índices de gravidade como o inventário de depressão de Beck (Beck Depression Inventory – BDI) (r na faixa de 0,68 a 0,84) e com avaliações clínicas de desesperança, com r na faixa de 0,60 a 0,74 (Minkoff, Berhman, Beck, A. e Beck, 1973). Os escores na HS diferenciaram indivíduos deprimidos de não-deprimidos ou de pessoas que tiveram depressão (Wilkinson e Blackburn, 1981) e, de maneira mais importante, previram o suicídio de pacientes com ideação suicida (Beck, Steer, Kovacs e Garrison, 1985). Embora alguns pesquisadores tenham advertido que a HS pode ser mais sensível a um conjunto de respostas socialmente indesejáveis do que ao potencial suicida (Mendonça, Holden, Mazmanian e Dolan, 1983), ela pode ser empregada como instrumento de triagem, com escores elevados (i.e, acima de 9), para alertar os clínicos sobre o perigo de comportamentos autodestrutivos.

Uma abordagem emergente e menos direta para avaliar cognições de desesperança envolve os sujeitos avaliarem a probabilidade de resultados positivos ou negativos em uma variedade de cenários (reais ou hipotéticos). Em um estudo que empregou esse procedimento, Alloy e Ahrens (1987) solicitaram que estudantes deprimidos e não-deprimidos avaliassem a probabilidade de sucesso ou fracasso em determinado domínio (p. ex., acadêmico) para si mesmos e outras pessoas. Os resultados sugerem que os indivíduos deprimidos foram mais pessimistas com relação aos resultados (para si mesmos e outras pessoas) do que os não-deprimidos (i.e., consideraram que o sucesso era menos provável e o fracasso era mais provável). Resultados semelhantes foram relatados por Pyszczynski, Holt e Greenberg (1987). Essa abordagem pode representar uma estratégia um pouco menos transparente do que a HS para avaliar o pessimismo depressivo, particularmente em indivíduos que apresentam níveis muito leves de depressão. Embora seu uso se limite por enquanto ao laboratório, uma padronização adequada pode tornar a previsão de resultados uma alternativa valiosa às medidas de auto-avaliação da desesperança.

A maioria das explicações cognitivas enfatiza o papel de auto-avaliações negativas ou depreciativas na fenomenologia depressiva. Os indivíduos deprimidos geralmente mantêm uma visão global de si mesmos como inferiores, inúteis e inadequados. As abordagens tradicionais para avaliação do auto-respeito global foram revisadas e avaliadas por outros autores (ver Demo, 1986). Neste texto, enfocamos um elemento que é particularmente proeminente na avaliação cognitiva da depressão.

O teste de autoconceito de Beck (Beck Self-Concept Test – BST (Beck, Steer, Epstein e Brown, 1990) é uma medida de auto-avaliação projetada para avaliar a visão negativa de si mesmo, que Beck (1967, 1976) descreveu como um aspecto central da depressão. No BST, os sujeitos devem se avaliar (em relação a outras pessoas que conhecem) em 25 dimensões, representando personalidade (p. ex., "boa paz", "egoísta"), capacidades (p. ex., "conhecimento", "bem-sucedido"), aptidões ("inteligente", "atlético"), virtudes (p. ex., "bondoso", "asseado") ou vícios (p. ex., "preguiçoso", "avarento"). As avaliações são feitas segundo uma escala Likert de 5 pontos (1 = "pior do que quase todos que conheço"; 3 = "como a maioria das pessoas"; e 5 = "melhor do que quase todos que conheço"), recebendo pesos de modo que as avaliações mais elevadas sempre indiquem uma visão mais positiva de si mesmo. Assim, o BST produz um único escore composto que reflete o auto-respeito global.

Beck e colaboradores (1990) relataram consistência interna satisfatória (coeficiente alfa = 0,82) em uma amostra de 550 pacientes que satisfaziam os critérios do DSM-III-R para transtornos primários de humor e transtornos de ansiedade. A fidedignidade de teste e re-teste de uma semana foi de 0,88 em uma amostra de 50 pacientes. O BST apresentou correlação elevada (0,51) com a conhecida escala de auto-estima de Rosemberg (Rosenberg Self-Esteem Scale) (Rosenberg, 1965) e foram relatadas correlações negativas significativas entre o BST e uma variedade de medidas de psicopatologia (i.e., medidas de depressão, desesperança, ideação suicida, atitudes depressogênicas, etc.). De maneira interessante, o BST não apresentou nenhuma relação com uma medida de ansiedade (o inventário de ansiedade de Beck), indicando assim um grau de especificidade para a depressão.

Um tema central na formulação da teoria da depressão de Beck (1967, 1976) é que a sintomatologia depressiva é influenciada por padrões deficientes e irracionais de pensamento. Para ilustrar essa questão, os indivíduos deprimidos podem generalizar um evento único para uma ampla variedade de eventos (supergeneralização), exagerar o impacto negativo de resultados indesejáveis (magnificação, catastrofização), ou precipitar-se em conclusões negativas na ausência de evidências que as corroborem (inferência arbitrária). Descreveremos duas medidas de pensamento irracional.

O questionário de viés cognitivo (Cognitive Bias Questionnaire – CBQ) é um instrumento projetado para avaliar o grau em que os indivíduos apresentam esses tipos de erro lógico, e consiste de seis vinhetas de situações problemáticas envolvendo temas interpessoais ou ligados a realizações (Hammen e Krantz, 1976; Krantz e Hammen, 1979). Para cada vinheta, os sujeitos devem imaginar da forma mais vívida possível o que os protagonistas podem estar pensando e sentindo a respeito da situação, e selecionar, entre quatro alternativas de resposta, aquela que mais se aplica. As opções de resposta foram construídas para refletir duas dimensões dicótomas e cruzadas: (1) respostas depressivas ou não-depressivas e (2) distorcidas (i.e., irracionais) ou não-distorcidas. Um exemplo de resposta depressiva e não-distorcida para uma situação envolvendo "estar só em uma noite de sexta-feira" seria "me incomoda e faz eu me sentir só". Uma resposta depressiva e distorcida (supergeneralização) seria "me incomoda e me faz imaginar dias e noites intermináveis sozinho" (Hammen e Krantz, 1976, p. 580). Os escores no CBQ simplesmente refletem a freqüência de uso de cada uma das quatro categorias de resposta. Particularmente interessante do ponto de vista da teoria e prática, é a freqüência de respostas depressivas e distorcidas.

Krantz e Hammen (1979) relataram estimativas relativamente modestas de consistência interna em duas amostras de estudantes (alfas = 0,62 e 0,69), possivelmente refletindo a heterogeneidade do constructo da distorção cognitiva (Hammen e Krantz, 1985). Além disso, os autores relatam fidedignidades de teste e re-teste razoáveis para quatro e oito semanas (r = 0,48 e 0,60, respectivamente). Em termos de validade de constructo, diversos estudos diferenciaram indivíduos deprimidos e não-deprimidos com base nos escores depressivos e distorcidos no CBQ (Krantz e Hammen, 1979; Norman, Miller e Klee, 1983). Existem resultados variados com relação à validade discriminante do CBQ, com trabalhos indicando correlações significativas entre escores depressivos e distorcidos do CBQ e a ansiedade (Krantz e Hammen, 1979) e a hostilidade (Frost e MacInnis, 1983).

Em comparação com o CBQ, o teste de reação cognitiva (Cognitive Response Test – CRT) é uma medida um pouco menos estruturada da distorção cognitiva na depressão (Watkins e Rush, 1983). Seus 36 itens são apresentados em um formato de completar sentenças abertas. Os sujeitos devem responder com a primeira idéia que lhes vier à cabeça. Exemplos de itens são: "Meu patrão disse que vai fazer grandes mudanças na equipe. Imediatamente penso que: _____"; e "Quando penso em me casar, meu primeiro pensamento é: _____". Embora esse formato aberto tenha a vantagem de explicitar os "problemas de transparência" dos testes de escolha fixa (Rush, 1984), ele também leva mais tempo para se avaliar. Com base em regras estabelecidas em um manual padronizado para o teste, as respostas são classificadas como racionais, irracionais e impossíveis de avaliar. As respostas irracionais são classificadas ainda como irracional-depressiva (i.e., incorporando uma visão negativa de si mesmo, do passado e do futuro) ou irracional-outra.

Watkins e Rush (1983) relataram uma correlação média entre observadores de 0,84 para diferentes sujeitos e tipos de resposta. Em termos de validade discriminante, os autores relataram que a subescala irracional-depressiva distinguiu indivíduos depressivos de uma variedade de controles não-depressivos (p. ex., psiquiátricos, médicos, normais). Outras evidências para a validade discriminante derivam de pesquisas que indicam que os escores no CRT estavam relacionados com a gravidade da depressão, mas não com a neurose (Wilkinson e Blackburn, 1981).

Processos cognitivos

Diversos mecanismos auto-regulatórios foram implicados no desenvolvimento e na manutenção da fenomenologia depressiva. Infelizmente, a tecnologia necessária para avaliar esses mecanismos muitas vezes não acompanha a teoria. Com base no trabalho da psicologia social, diversos teóricos sugeriram que um excesso de atenção voltada para si mesmo, ou ruminação, pode estar relacionado com déficits na auto-regulação afetiva (Carver e Scheier, 1982; Pyszczynski et al., 1987). Uma importante medida da atenção voltada para o *self* é a conclusão de sentença autofocada (Self-Focus Sentence Completion – SFSC) (Exner, 1973). A SFSC é uma escala de 30 itens, em que os sujeitos devem completar fragmentos de sentenças (p. ex., "Eu queria..." ou "Quando olho no espelho...") da maneira que desejarem. No sistema de contagem de pontos detalhado por Exner (1973), as respostas que refletem uma preocupação única consigo mesmo são classificadas como respostas voltadas para o *self*. Também são descritas respostas de foco externo, ambivalentes e neutras. Além disso, as respostas são classificadas como de conteúdo positivo, negativo e neutro. Assim, a SFSC produz 10 escores: Autofoco Total (S); foco extremo positivo, Negativo e neutro; foco extremo (E); foco extremo positivo, negativo e neutro; Totalmente Ambivalente (A); e Totalmente Neutro (N). Exner (1973) obteve contagens de fidedignidades para as subescalas da SFSC variando de 0,89 a 0,94 para observadores experientes, e de 0,68 a 0,90 para novatos (nota: as fidedignidades para os escores S sempre foram as mais altas). Exner (1973) revisou diversos estudos que apresentam evidências da validade da SFSC. De maneira importante, vários estudos mais recentes indicaram que indivíduos com depressão leve e clínica produzem mais respostas voltadas para o *self* e menos respostas com foco externo do que os indivíduos não-depressivos (Ingram e Smith, 1984; Ingram, Lumry, Cruet e Sieber, 1987).

Outra medida empregada com freqüência para avaliar a atenção voltada para o *self* é a Escala de autoconsciência – SCS) (Self-Consciousness Scale) (Fenigstein, Scheier e Buss, 1975). A SCS consiste de três subescalas derivadas por análise fatorial: Autoconsciência privada (Private Self-Consciousness) (10 itens), Autoconsciência pública (Public Self-Consciousness) (7 itens) e Ansiedade Social (Social Anxiety) (6 itens). A subescala de A autoconsciência privada é considerada o equivalente disposicional do estado de atenção voltada para o *self*. Os itens são classificados em uma escala de 5 pontos (0 = "extremamente não-característico" a 4 = "extremamente característico"). Exemplos de itens da subescala Autoconsciência privada são: "Estou sempre tentando me entender" e "Reflito muito sobre mim mesmo". A confiabilidade e a validade dessa subescala foram demonstradas em diversos estudos (p. ex., Carver e Scheier, 1983; Fenigstein et al., 1975), e ela também apresentou correlação significativa com a depressão em diversos estudos (Ingram e Smith, 1984).

O questionário de estilo de resposta (Response Styles Questionnaire – RSQ) (Nolen-Hoeksema e Morrow, 1991) foi projetado para mensurar respostas disposicionais ao humor depressivo, perguntando aos sujeitos o que eles costumam fazer quando estão deprimidos. O RSQ consiste de duas subescalas: a escala de resposta de ruminação (Rumination Response Scale – RRS), composta de 21 itens, e a escala de resposta de distração (Distraction Response Scale – DRS), composta de 11 itens. Os itens são avaliados em uma escala Likert de 4 pontos, variando de 1 ("quase nunca") a 4 ("quase sempre"). Os sujeitos devem indicar o que fazem quando se sentem deprimidos. Exemplos de itens da RRS incluem: "Penso sobre o quanto me sinto só", "Isolo-me e penso por que me sinto assim" e "Penso sobre todas as minhas limitações". Exemplos de itens da DRS incluem: "Penso que esses sentimentos não vão durar muito", "Vou a um lugar que gosto para tirar esses sentimentos da cabeça" e "Penso em me concentrar em outra coisa além do modo como me sinto".

A RSQ foi empregada em diversos estudos, embora com conjuntos de itens levemente diferentes (p. ex., Nolen-Hoeksema, Morrow e Fredrickson, 1993). A RSQ demonstrou ter boa confiabilidade interna (Just e Alloy, 1997) e validade para prever a depressão (p. ex., Nolen-Hoeksema, Larson e Grayson, 1999; Nolen-Hoeksema e Morrow, 1991). A RRS e a DRS também mostraram ser independentes ($r = 0,14$, n.s; Just e Alloy, 1997) e representar estilos, ou disposições estáveis.

Nesse estudo, a consistência interna da RRS (alfa = 0,88) e da DRS (alfa = 0,80) também foi boa. Uma subamostra de pacientes ($n = 34$) preencheu o RSQ em duas ocasiões diferentes, com intervalos variando de 14 a 24 semanas (intervalo médio = 19,7 semanas, $DP = 5,24$). O coeficiente de confiabilidade de teste e re-teste foi 0,59 ($p < 0,01$) para a RRS e 0,75 ($p < 0,01$) para a DRS, sustentando a noção de que estilos de resposta são disposições estáveis. A correlação entre a RRS e a DRS não foi significativa no Tempo 1 ($r = 0,08$) e no Tempo 2 ($r = -0,25$), replicando resultados anteriores (Just e Alloy, 1997).

A observação de que as pessoas depressivas tendem a se enxergar como inadequadas e inferiores levou os pesquisadores a considerar a possibilidade de que certos padrões disfuncionais de comparação social podem mediar as auto-avaliações depressivas (Swallow e Kuiper, 1988). Entre as medidas mais inovadoras de comparações sociais, estão aquelas que utilizam amostragem de pensamentos e registro pessoal para estudar o conteúdo das comparações naturalísticas que os pacientes fazem. O registro de comparação social de Rochester (Rochester Social Comparison Record – RSCR) traz informações sobre as circunstâncias de cada comparação (interação social, visual, etc.), o tipo de relação com o alvo da comparação (amigo íntimo, familiar, etc.) e o gênero do alvo (Wheeler e Miyake, 1992). Além disso, o RSCR examina o afeto antes e depois da comparação, e questiona os sujeitos sobre sua motivação para fazer cada comparação social. Os sujeitos preenchem um registro de cada comparação que fizerem ao longo de um período de duas semanas. Wheeler e Miyake (1992) relatam fidedignidade de teste e re-teste de 0,74 para o RSCR, baseada na correlação entre o número de comparações feitas durante a primeira e segunda semanas de coleta de dados.

Embora o RSCR não seja especialmente projetado para amostras deprimidas, Wheeler e Miyake (1992) utilizaram-no para identificar diferenças em comparação social que surgiram em função da auto-estima e do afeto negativo. Além disso, seu estudo demonstrou as conseqüências afetivas negativas de comparações sociais desfavoráveis. Dessa forma, de um modo geral, a metodologia de registro pessoal é uma promessa considerável como forma de identificar e avaliar diferenças relacionadas com a depressão no processo de auto-avaliação de comparações sociais.

Estruturas/organizações cognitivas

Beck (1967; Beck et al., 1979) propôs que, na depressão, são ativados esquemas de informações auto-referentes negativas (i.e., esquemas pessoais negativos), resultando na tendência de o indivíduo se enxergar de maneira desfavorável e interpretar a própria experiência (passada, atual e futura) de maneira predominantemente negativa. Além disso, esses esquemas pessoais negativos ativados podem facilitar a recuperação de informações congruentes com os esquemas. Segundo a formulação de Beck, os esquemas pessoais negativos constituem uma rede bastante organizada de informações pessoais armazenadas – principalmente desfavoráveis – juntamente com regras para avaliar o próprio conceito ou valor como pessoa. A mensuração de esquemas pessoais, no nível de conteúdo e organização, representa um desafio contínuo para aqueles que pesquisam a depressão. Nesse contexto, apresentamos diversos paradigmas importantes.

A escala de atitudes disfuncionais (Dysfunctional Attitude Scale – DAS) foi projetada por Weissman e Beck (Weissman, 1979; Weissman e Beck, 1978) para identificar um conjunto relativamente estável de posturas associadas a transtornos depressivos. Hoje está claro que essas posturas são relevantes para diversas condições psicopatológicas, embora o escore exato na DAS diferencie vários grupos (Dobson e Shaw, 1986; Hollon, Kendall e Lumry, 1986). Como se acredita que as atitudes disfuncionais reflitam os esquemas pessoais predominantes, a DAS foi proposta como medida da vulnerabilidade cognitiva ao transtorno depressivo maior (Ingram, Miranda e Segal, 1998). A DAS é um inventário de auto-avaliação, disponível em três formas. O inventário original de 100 itens (DAS-T) é usado apenas ocasionalmente em estudos de pesquisa. A partir da DAS-T, foram derivadas duas formas paralelas de 40 itens (DAS-A e DAS-B), sendo a primeira mais utilizada. Os pacientes indicam o grau em que concordam ou discordam das posturas propostas em uma escala de 7 pontos. Os escores na DAS-T variam de 100 a 700, enquanto os da DAS-A e DAS-B ficam na faixa de 40 a 280.

Os itens da DAS são propostos como contingências relacionadas com a aprovação de outras pessoas, pré-requisitos para a felicidade ou padrões perfeccionistas – por exemplo: "É difícil ser feliz se não se for bonito, inteligente, rico e criativo", "As pessoas provavelmente me considerarão pior se eu cometer um erro" e "Se alguém discorda de mim, isso provavelmente indica que essa pessoa não gosta de mim". Weissman (1979) desenvolveu a DAS com uma amostra de estudantes universitários. Posteriormente, Oliver e Baumgart (1985) avaliaram as três formas com uma amostra de funcionários de hospitais e seus cônjuges. Um estudo psicométrico com uma amostra normativa não-selecionada ainda está por ser concluído. A DAS foi amplamente pesquisada com pacientes depressivos e controles psiquiátricos. No estudo de Oliver e Baumgart (1985), o escore médio na DAS-T foi 296 ($DP = 75$), enquanto, segundo Weissman (1979), o escore médio total para estudantes que usaram a DAS-A ou a DAS-B foi de 117,7 ($DP = 26,8$). Geralmente, os pacientes depressivos recebem escores de 150 ($DP = 40$). Ambas as formas curtas da DAS têm boa consistência interna e estabilidade ao longo do tempo, com coeficientes alfa variando de 0,89 a 0,92 e correlação de teste e re-teste de 0,84 ao longo de um período de oito semanas (Weissman, 1979). Oliver e Baumgart (1985) relataram coeficientes alfa de 0,90, 0,85 e 0,81 para a DAS-T, DAS-A e DAS-B, respectivamente. Sua fidedignidade de teste e re-teste em seis semanas para a DAS-T foi de 0,73 ($n = 43$).

Uma área de controvérsia na pesquisa diz respeito à estabilidade dos escores da DAS em amostras de pacientes depressivos. Alguns pesquisadores relatam um padrão relativamente estável de escores, enquanto outros encontraram uma variação notável. A validade concorrente da DAS foi testada em diversos estudos, mas houve poucas avaliações da validade de constructo. Seria de esperar que a DAS tivesse correlações moderadas com medidas de gravidade depressiva e com medidas de pensamentos automáticos negativos, ou distorções cognitivas. Por exemplo, em três estudos (Dobson e Shaw, 1986; Hamilton e Abramson, 1983; O'Hara, Rehm e Campbell, 1982) as correlações da DAS com o BDI ficaram na faixa moderada (i.e., 0,40-0,65). Riskind, Beck e Smucker (1983) verificaram que a DAS permanecia significativamente correlacionada com a HS ($r = 0,22$) e o BST ($r = -0,15$), excluindo-se os efeitos da gravidade da depressão. A DAS apresentou correlação de 0,52 com o CBQ e o ATQ, que são medidas de cognições depressivas que dependem do estado do indivíduo (Hollon et al., 1986). Embora a DAS discrimine grupos de pacientes depressivos e controles psiquiátricos, ela não apresenta uma associação específica com o transtorno depressivo maior. Pacientes com transtorno de ansiedade generalizada, anorexia nervosa, transtorno de pânico ou distimia podem manifestar escores anormais na DAS (Dobson e Shaw, 1986). Além disso, é notável que aproximadamente 15% dos pacientes depressivos não apresentem escores elevados anormais (i.e., pelo menos um desvio-padrão acima da média; (Hamilton e Abramson, 1983).

A DAS tem sido usada para avaliar posturas que supostamente mudariam em função de uma terapia cognitiva ou outros tratamentos para depressão. Diversos estudos verificaram que a DAS é uma medida sensível da melhora clínica. Keller (1983) verificou que os escores da DAS são úteis para prever o resultado da terapia cognitiva. Simons, Garfield e Murphy (1984) relataram que os escores da DAS mostraram-se reduzidos após terapia cognitiva ou farmacoterapia para depressão. Silverman, Silverman e Eardley (1984) também observaram uma redução significativa em escores na DAS após o uso de farmacoterapia.

A questão de se as atitudes disfuncionais representam um componente do esquema pessoal ou, de maneira alternativa, outra manifestação cognitiva (i.e., um produto) da depressão tem gerado grande controvérsia na literatura cognitiva. A segunda posição tem amparo em estudos que mostram que as atitudes disfuncionais têm correlação com a depressão (Dobson e Shaw, 1986), mas não faz distinção entre indivíduos que virão a ter depressão e os que não terão (Lewinsohn, Steinmetz, Larson e Franklin, 1981) ou entre pessoas que se recuperaram de uma depressão e pessoas sem depressão (Hamilton e Abramson, 1983). Entretanto, trabalhos posteriores (Miranda e Persons, 1988; Miranda, Persons e Byers, 1990) indicam que os indivíduos propensos a desenvolver sintomas depressivos obtêm escores mais altos na DAS, mas somente na presença de humor negativo. Esses resultados sugerem que estados transitórios de humor negativo podem servir para ativar esquemas pessoais negativos, aumentando assim o acesso a atitudes disfuncionais.

Implícita nesse trabalho está uma comparação de duas abordagens de avaliação cognitiva de pacientes em remissão. A primeira sugere que indicadores de risco futuro podem ser detectados como resíduos do episódio depressivo, indicando que o paciente ainda está em risco. A segunda abordagem sugere que esses resíduos podem existir, mas que eles são menos prováveis de ser detectados na remissão, a menos que se empreguem procedimentos específicos de ativação antes da avaliação (Teasdale, 1997). Segal e Ingram (1994) revisaram mais de 40 estudos que empregaram os dois paradigmas. Somente 20% dos estudos que avaliaram esse procedimento sem utilizar ativação encontraram resultados positivos do processamento cognitivo depressivo, enquanto mais de 80% dos estudos que empregaram ativação relataram detecção de cognições do tipo depressivo. Além disso, a ausência de diferenças entre sujeitos vulneráveis e não-vulneráveis nas diversas condições de controle (humor normal) desses estudos reproduz os resultados de pesquisas anteriores que não encontraram evidências de processamento cognitivo depressivo após a depressão passar (Lewinsohn et al., 1981). Ou seja, sob condições normais, os processos cognitivos depressivos não podem ser detectados quando os indivíduos não estão mais deprimidos.

De maneira interessante, essas diferenças em variáveis cognitivas perpassam diferentes níveis de análise cognitiva (Ingram, 1990). Por exemplo, na presença de humor negativo, as cognições disfuncionais de indivíduos em risco são evidentes em seu conteúdo cognitivo (i.e., os escores na DAS; Miranda e Persons, 1988; Miranda et al., 1990), codificação e recuperação de informações (recordação de adjetivos; Teasdale e Dent, 1987; Dent e Teasdale,

1988; Williams, 1988) e atenção (erros de acompanhamento em um teste de escuta dicótica; Gata et al., 1993). Isso sugere que uma estrutura/esquema cognitivo mal-adaptativo, ativado como conseqüência da manipulação ativadora, pode ser o constructo organizador ligado a cada um desses efeitos cognitivos mais específicos. Nesses estudos, o humor triste pode servir como um análogo para fatores desencadeadores do ambiente, pois parece contribuir para a ativação de estruturas cognitivas que, até esse ponto, estavam pouco envolvidas no processamento imediato de informações.

Uma questão importante diz respeito ao uso de questionários para ativação. Se os inventários de auto-avaliação tiverem a mesma capacidade de ativar as representações mentais dos sujeitos que outros tipos de ativação, eles devem conferir vantagens distintas em termos de conveniência, padronização e eficiência de tempo, em comparação com os métodos usados atualmente. Existem diversas razões pelas quais que essa afirmação pode ser infundada. Em primeiro lugar, se os itens do questionário servirem como ativadores, a soma matemática dos ativadores no escore total da escala provavelmente seja zero. Por exemplo, no caso do ASQ (Peterson e Villanova, 1988), os efeitos líquidos de o sujeito ser ativado refletindo sobre os eventos positivos e negativos na escala se cancelariam. Em segundo lugar, se o ASQ fosse usado para induzir um estilo atributivo depressogênico, uma medida que envolvesse uma verificação da manipulação provavelmente seria semelhante demais ao próprio ASQ, e isso funcionaria contra a capacidade de se estabelecer o efeito de forma independente.

Em terceiro lugar, a especificidade da ativação variaria muito entre os inventários, produzindo níveis irregulares de ativação de constructos. Por exemplo, se compararmos o ASQ, o ATQ (Hollon e Kendall, 1980) e o CBQ (Krantz e Hammen, 1979), encontraremos diversas diferenças que podem mediar o grau de ativação alcançado. Existem diferenças em (1) o tipo de resposta solicitada dos sujeitos (fazer uma atribuição causal, circular o item mais descritivo, e escolher a resposta correta de múltipla escolha, respectivamente), (2) a quantidade de estímulo visual necessária para responder ao item (o ASQ pede que os sujeitos escolham a melhor resposta para uma história sobre outra pessoa e o ATQ pergunta sobre pensamentos ao longo da semana passada) e (3) o nível de cognição avaliado (o ASQ e o CBQ mensuram aspectos de processos cognitivos, enquanto o ATQ avalia apenas os produtos cognitivos). Por essas razões, o uso de questionários como ativadores deve ser abordado com cautela.

A tarefa de codificação auto-referente (Self-Referent Encoding Task – SRET) (Kuiper e Olinger, 1986) é uma adaptação de um paradigma de laboratório desenvolvido originalmente por psicólogos cognitivos (Craik e Tulving, 1975) para testar o modelo da memória como "níveis de processamento" proposto por Craik e Lockhart (1972). No SRET, apresenta-se uma série de adjetivos pessoais (positivos e negativos) aos sujeitos, que devem decidir, de maneira categórica (i.e., "sim" ou "não"), se cada adjetivo os descreve. Após todos os adjetivos serem avaliados, administra-se um teste de recordação incidental.

O SRET produz diversas medidas relacionadas com os esquemas. Em primeiro lugar, o número de palavras positivas e negativas avaliadas como descritivas do indivíduo pode proporcionar um índice da proporção relativa de informações negativas e positivas armazenada no esquema do indivíduo. De maneira congruente com os modelos da depressão baseados em esquemas, trabalhos empíricos sugerem que os sujeitos deprimidos indicam ter mais adjetivos negativos do que os controles não-deprimidos, que tendem a avaliar adjetivos positivos como descrições suas (MacDonald e Kuiper, 1984).

Um segundo e certamente índice menos transparente de processamento esquemático envolve o tempo necessário para os sujeitos optarem entre "sim" e "não". Do ponto de vista teórico, acredita-se que os esquemas facilitem o processamento de informações congruentes com os esquemas do indivíduo. Dessa forma, indivíduos com esquemas que envolvam informações predominantemente negativas devem apresentar um processamento mais primoroso de adjetivos negativos. Essa noção é corroborada em estudos do SRET que demonstram tempos menores de avaliação de adjetivos positivos por sujeitos não-deprimidos (Kuiper e MacDonald, 1983) e de adjetivos negativos por sujeitos deprimidos (MacDonald e Kuiper, 1984). A terceira medida dos esquemas produzida pelo SRET está relacionada com a recordação incidental. Especificamente, as informações congruentes com os esquemas devem ser processadas em um nível relativamente profundo, e, segundo o modelo dos níveis de processamento, sua recordação deve ser melhor. Compatível com essa noção, sujeitos deprimidos recordaram mais adjetivos negativos após o SRET, ao passo que os sujeitos não-deprimidos recordaram mais adjetivos positivos (Kuiper e MacDonald, 1983).

Vistos em conjunto, os resultados de estudos que empregam o SRET proporcionam evidências da operação de um esquema pessoal negativo na depressão, e também sugerem que o SRET pode representar uma estratégia proveitosa para mapear os parâmetros dessa estrutura cognitiva. Todavia, a validade do SRET como medida do conteúdo e funcionamento de esquemas pessoais foi questionada (ver Segal, 1988, para uma revisão). Uma das preocupações mais sérias, por exemplo, diz respeito à possibilidade de as diferenças relacionadas com a depressão expostas anteriormente poderem refletir efeitos da congruência com o humor, em vez de diferenças em organização cognitiva. Entretanto, apesar de suas limitações, o SRET é um bom exemplo de como paradigmas da psicologia cognitiva podem ser adaptados para a avaliação cognitiva de alguns dos aspectos mais inferidos da depressão.

Outra medida que tem sido empregada com freqüência para avaliar o processamento cognitivo na depressão é o teste de nomeação de cores de Stroop (Stroop Color-Naming Task), especialmente uma modificação desse teste que permite o uso de estímulos com carga emocional. Nesse teste, pacientes deprimidos geralmente demoram mais para dizer a cor em que se apresentam palavras negativas do que palavras positivas ou neutras (Gotlib e McCann, 1984; Williams e Nulty, 1986), ao passo que controles não-deprimidos não apresentam diferenças na velocidade em que identificam as cores em função da valência da palavra. Acredita-se que a interferência que os pacientes deprimidos apresentam com relação ao material negativo resulte do processamento mais prolongado do conteúdo semântico do estímulo, talvez porque esse material seja mais representativo para o sujeito, e, portanto, mais difícil de suprimir para identificar a sua cor de forma rápida (Williams et al., 1998).

Embora o paradigma emocional de Stroop possa indicar o nível de processamento semântico do material positivo ou negativo, essa metodologia não consegue investigar a questão mais complexa da organização do material. Para averiguar essa questão, pode-se usar alguma forma de metodologia de ativação, examinando o efeito da apresentação anterior do material sobre o processamento de itens apresentados posteriormente. Segal e colaboradores (1995) modificaram o paradigma emocional de Stroop, incorporando um modelo de ativação em que a identificação da cor de uma palavra relevante para a visão pessoal do indivíduo era precedida por uma palavra ativadora que se acreditava estar ou não relacionada com o autoconceito do sujeito. Quando um elemento do sistema cognitivo depressivo é ativado previamente, outros elementos interconectados e relacionados da organização também podem ser ativados, influenciando assim o desempenho desses elementos relacionados. Dessa forma, pode-se estudar o grau de interconexão entre os elementos da auto-representação. Em um paradigma de Stroop ativado, se um ativador estiver relacionado com um item apresentado em cor, a influência do ativador será demonstrada por um aumento no tempo que o indivíduo leva para identificar a cor da palavra, pois o conteúdo semântico (ativado pelo ativador) deve causar interferência.

Utilizando essa abordagem, Segal e colaboradores (1995) verificaram que os pacientes deprimidos apresentaram maior interferência de material auto-referente negativo quando esse material foi ativado por informações negativas congruentes do que quando foi ativado por informações negativas que não descreviam o indivíduo. Esses resultados indicam que as atribuições pessoais negativas são organizadas em um nível superior no autoconceito de pacientes deprimidos do que atribuições que sejam negativas, mas que não descrevam particularmente o indivíduo.

Essas constatações condizem com visões da depressão que enfatizam a importância da organização cognitiva na manutenção do transtorno. Como se acredita que a terapia cognitivo-comportamental altere a natureza negativa dessas organizações (Beck, 1967), para ter sucesso, um tratamento desse tipo deve reduzir as fortes associações entre elementos negativos no sistema cognitivo do indivíduo e, assim, afetar a quantidade de interferências observadas em testes, como o teste de Stroop ativado. Segal e Gemar (1997) verificaram que pacientes menos deprimidos no pós-tratamento depois de uma terapia cognitivo-comportamental apresentavam menos interferência ao identificar cores para informações negativas que representavam descrições deles. Esse resultado sustenta a visão de que as informações negativas sobre o *self* estão altamente interconectadas no sistema cognitivo de pacientes deprimidos, e sugere que um tratamento bem-sucedido para a depressão pode causar mudanças nessa organização.

Outras questões

Em síntese, a pesquisa sobre a depressão tem resultado em uma variedade de medidas que abordam conteúdos, processos e estruturas "profundas" da cognição. Ainda se deve determinar se as variáveis cognitivas são indicadores importantes da vulnerabilidade à depressão. O clínico tem muitas maneiras de avaliar as mudanças cognitivas durante um episódio depressivo. Dependendo de suas preocupações teóricas específicas, medidas de cognições podem ser coletadas antes, durante e depois do tratamento. A maioria das medidas discutidas neste capítulo é boa indicadora de melhora. Por outro lado, não é fácil determinar as mudanças cognitivas que são influenciadas de maneira específica pela terapia cognitivo-comportamental. Por enquanto, parece que qualquer tratamento (ou mesmo o tempo) que sirva para alterar o estado de depressão também resultará em mudanças cognitivas substanciais.

RUMOS FUTUROS

O campo da avaliação cognitiva tem hoje pouco mais de 20 anos, datando do trabalho seminal de Kendall e Korgeski (1979) e outros. Está claro que, nas duas últimas décadas, houve muitos avanços significativos, metodológicos e conceituais. Entretanto, a promessa ainda não foi cumprida. Clark (1997) recentemente apresentou diversos desafios que ainda confrontam os pesquisadores e profissionais na área da avaliação cognitiva, especialmente com relação à avaliação de produtos cognitivos. Fica evidente que existe uma forte tendência de diversificação, que é um avanço saudável dentro da avaliação cognitiva. Em vez de ficarem estagnados atrás de conceituações rígidas e limitadas sobre aqueles que constituem modos "aceitáveis" de avaliação, os pesquisadores clínicos cognitivos proporcionam um armamentário mais enriquecido e vital de instrumentos de avaliação para se estudar a relação entre a cognição, a emoção e o comportamento.

Concordamos com Clark (1997) e também com aqueles que recomendam a integração dentro da avaliação cognitiva e a integração com outras abordagens. Por exemplo, Glass e Arnkoff (1997) lamentam o fato de que poucas pesquisas tenham examinado as relações entre as medidas de estruturas, processos e produtos cognitivos. Além disso, as relações entre medidas tradicionais (como questionários de auto-avaliação como a DAS) e abordagens emprestadas da psicologia cognitiva, que geralmente empregam uma metodologia de ativação (como o teste de nomeação de cores de Stroop (Stroop Color-Naming Task), devem ser examinadas com mais cuidado, para que a validade convergente dos diversos métodos de avaliação cognitiva possa ser mais bem avaliada (Segal et al., 1995). De maneira clara, não é suficiente basear-se em metodologias de auto-avaliação, especialmente quando se deseja examinar processos cognitivos e esquemas relativamente automáticos, que são difíceis de articular verbalmente. Contudo, Glass e Arnkoff (1997) e Amsel e Fichten (1998) propuseram prescrições para o aperfeiçoamento e o desenvolvimento de inventários de declarações pessoais, e ainda há muito a se aprender sobre os produtos e processos da cognição com o uso criterioso de métodos de produção, como as abordagens de listagem de pensamentos e de pensar em voz alta. A amostragem de pensamentos é uma estratégia proveitosa, especialmente por sua elevada validade ecológica. Diversos revisores (Glass e Arnkoff, 1997; Segal e Dobson, 1992) apontaram para os benefícios da padronização de instrumentos. Constructos como pensamentos automáticos, esquemas e crenças disfuncionais têm sido notoriamente difíceis de mensurar, e a padronização garantiria, no mínimo, que o acúmulo de dados de estudos diferentes ajudaria na avaliação de construtos específicos.

Com relação à depressão, Segal e Dobson (1992) apontaram para o valor de se desenvolver uma tipologia de cognições relacionadas com o estresse – particularmente nos domínios interpessoais e de realizações, devido às pesquisas sobre a congruência entre realizações ou estresse interpessoal e o início da depressão e indicadores de recaídas (Segal, Shaw, Vella e Katz, 1992). Também será importante examinar as ligações entre diversos constructos da personalidade que foram propostos como fatores de vulnerabilidade a transtornos emocionais, especialmente quando são congruentes com eventos relacionados na vida do indivíduo, e as diversas estruturas, processos e produtos cognitivos que parecem contribuir para o início, manutenção e recaída de transtornos psicológicos, como a ansiedade e a depressão. Por exemplo, com relação à depressão, Beck (1983) propôs dois estilos ou modos de personalidade como indicadores de vulnerabilidade à depressão, que chamou de "sociotropia" e "autonomia". Indivíduos sociotrópicos têm um investimento excessivo em relacionamentos interpessoais, ao passo que indivíduos autônomos dedicam-se excessivamente à autonomia e suas realizações.

Gotlib e Hammen (1992) fazem um apelo para que os pesquisadores da área da depressão comecem a integrar aspectos cognitivos e interpessoais. Segal e Dobson (1992) recomendam ampliar a avaliação de representações cognitivas sobre relacionamentos sociais. Gotlib, Kurtzman e Blehar (1997) propõem que os pesquisadores examinem as intersecções das abordagens biológicas ao estudo da depressão, e McNally (1998) recentemente pesquisou os pontos de contato entre as perspectivas cognitiva e neurobiológica com relação aos transtornos da ansiedade. Essas propostas devem influenciar e enriquecer o campo da avaliação cognitiva.

REFERÊNCIAS

Abel, G. G., Becker, J. V., Cunningham-Ratner, J., Rouleau, J. L., & Kaplan, M. (1984). *The treatment of child molesters*. Manual de tratamento não-publicado, Emory University.

Abramson, K. Y., Seligman, M. E. P., & Teasdale, J. D. (1978). Learned helplessness in humans: Critique and reformulation. *Journal of Abnormal Psychology, 87*, 102-109.

Alloy, L. B., & Ahrens, A. H. (1987). Depression and pessimism for the future: Biased use of statistically relevant information in predictions for self versus others. *Journal of Personality and Social Psychology, 52*, 366-378.

American Psychiatric Association. (1994). *Diagnostic and statistical manual of mental disorders* (4th ed.). Washington, DC: Author.

Amsel, R., & Fichten, C. S. (1998). Recommendations for self-statement inventories: Use of valence, end points, frequency and relative frequency. *Cognitive Therapy and Research, 22(3)*, 195-207.

Arnkoff, D. B., & Glass, C. R. (1982). Clinical cognitive constructs: Examination, evaluation, and elaboration. In P. C. Kendall (Ed.), *Advances in cognitive behavioural research and therapy* (Vol. 1, pp. 1-34). New York: Academic Press.

Bagby, R. M., Atkinson, L., Dickens, S., & Gavin, D. (1990). Dimensional analysis of the Attributional Style Questionnaire: Attributions or outcomes and events? *Canadian Journal of Behavioural Science, 22*, 140-150.

Beck, A. T. (1967). *Depression: Clinical, experimental and therapeutic aspects*. New York: Harper & Row.

Beck, A. T. (1976). *Cognitive therapy and the emotional disorders*. New York: International Universities Press.

Beck, A. T. (1983). Cognitive therapy of depression: New perspectives. In P. J. Clayton & J. E. Barnett (Eds.), *Treatment of depression: Old controversies and new approaches* (pp. 265-290). New York: Raven Press.

Beck, A. T., Brown, G., Steer, R. A., Eidelson, J. L., & Riskind, J. H. (1987). Differentiating anxiety and depression: A test of the cognitive-content specificity hypothesis. *Journal of Abnormal Psychology, 96*, 179-183.

Beck, A. T., Emery, G., & Greenberg, R. L. (1985). *Anxiety disorders and phobias*. New York: Basic Books.

Beck, A. T., Rush, A. J., Shaw, B. F., & Emery, G. (1979). *Cognitive therapy of depression*. New York: Guilford Press.

Beck, A. T., Steer, R. A., Epstein, R. A., & Brown, G. (1990). Beck Self-Concept Test. *Psychological Assessment, 2,* 191-197.

Beck, A. T., Steer, R. A., Kovacs, M., & Garrison, B. S. (1985). Hopelessness and eventual suicide: A 10-year prospective study of patients hospitalized with suicidal ideation. *American Journal of Psychiatry, 142,* 559-563.

Beck, A. T., Weissman, A., Lester, D., & Trexler, L. (1974). The measurement of pessimism: The Hopelessness Scale. *Journal of Consulting and Clinical Psychology, 42,* 861-865.

Blankstein, K. R., & Flett, G. L. (1990). Cognitive components of test anxiety: A comparison of assessment and scoring methods. *Journal of Social Behavior and Personality, 5,* 187-202.

Blankstein, K. R., Flett, G. L., Boase, P., & Toner, B. B. (1990). Thought listing and endorsement measures of self-referential thinking in test anxiety. *Anxiety Research, 2,* 103-111.

Blankstein, K. R., Toner, B. B., & Flett, G. L. (1989). Test anxiety and the contents of consciousness: Thought listing and endorsement measures. *Journal of Research in Personality, 23,* 269-286.

Bouvard, M., Cottraux, J., Mollard, E., Arthus, M., Lachance, S., Guerin, J., Sauteraud, A., & Yaoa, S. N. (1997). Validity and factor structure of the Obsessive Compulsive Thoughts Checklist. *Behavioural and Cognitive Psychotherapy, 25,* 51-66.

Bouvard, M., Mollard, E., Cottraux, J., & Guerin, J. (1989). Etude preliminaire d'une liste de pensées obsédantes: Validation et analyse factorielle. *L'Encephale, 15,* 351-354.

Bowers, K. S., & Meichenbaum, D. (1984). *The unconscious reconsidered*. New York: Wiley.

Brewin, C. R., & Furnham, A. (1986). Attributional versus preattributional variables in self-esteem and depression: A comparison and test of learned helplessness theory. *Journal of Personality and Social Psychology, 50,* 1013-1020.

Breir, A., Charney, D. S., & Heninger, G. R. (1984). Major depression in patients with agoraphobia and panic disorder. *Archives of General Psychiatry, 41,* 1129-1135.

Brown, T. A., Antony, M. M., & Barlow, D. H. (1992). Psychometric properties of the Penn State Worry Questionnaire in a clinical anxiety disorders sample. *Behaviour Research and Therapy, 30,* 33-37.

Bruch, M. A., Haase, R. F., & Purcell, M. J. (1984). Content dimensions of self-statements in assertive situations: A factor analysis of two measures. *Cognitive Therapy and Research, 8,* 173-186.

Burns, G., Keortge, S. G., Formea, G. M., & Sternberger, L. G. (1996). Revision of the Padua Inventory of obsessive compulsive disorder symptoms: Distinctions between worry, obsessions and compulsions. *Behaviour Research and Therapy, 34,* 163-173.

Butler, G., & Mathews, A. (1983). Cognitive processes in anxiety. *Advances in Behaviour Research and Therapy, 5,* 51-62.

Cacioppo, J. T., von Hippel, W., & Ernst, J. M. (1997). Mapping cognitive structures and processes through verbal content: The thought listing technique. *Journal of Consulting and Clinical Psychology, 65,* 928-940.

Cartwright-Hatton, S., & Wells, A. (1997). Beliefs about worry and intrusions: The Meta-Cognitions Questionnaire and its correlates. *Journal of Anxiety Disorders, 11,* 279-296.

Carver, C. G., & Scheier, M. F. (1982). Control theory: A useful conceptual framework for personality-social, clinical, and health psychology. *Psychological Bulletin, 92,* 111-135.

Carver, C. S., & Scheir, M. F. (1983). A control theory approach to human behavior and implications for problems in self management. In P. C. Kendall (Ed.), *Advances in cognitive-behavioral research and therapy* (Vol. 2, pp. 127-194). New York: Academic Press.

Chambless, D. L., Caputo, G. C., Bright, P., & Gallagher, R. (1984). Assessment of fear in agoraphobics: The Body Sensations Questionnaire and the Agoraphobic Cognition Questionnaire. *Journal of Consulting and Clinical Psychology, 52,* 1090-1097.

Chen, E., & Craske, M. G. (1998). Risk perceptions and interpretations of ambiguity related to anxiety during a stressful event. *Cognitive Therapy and Research, 22,* 137-148.

Chorpita, B. F., Tracey, S. A., Brown, T. A., Collica, T. J., & Barlow, D. H. (1997). Assessment of worry in children and adolescents: An adaptation of the Penn State Worry Questionnaire. *Behaviour Research and Therapy, 35,* 569-581.

Clark, D. A. (1988). The validity of measures of cognition: A review of the literature. *Cognitive Therapy and Research, 12,* 1-20.

Clark, D. A. (1997). Twenty years of cognitive assessment: Current status and future directions. *Journal of Consulting and Clinical Psychology, 65,* 996-1000.

Clark, D. A., & Purdon, C. L. (1995). The assessment of unwanted intrusive thoughts: A review of the literature. *Behaviour Research and Therapy, 33,* 967-976.

Clark, D. M. (1986). A cognitive approach to panic. *Behaviour Research and Therapy, 24,* 461-470.

Clark, L. A., & Watson, D. (1991). Tripartite model of anxiety and depression: Psychometric evidence and taxonomic implications. *Journal of Abnormal Psychology, 100,* 316-336.

Clum, G. A., Broyles, S., Borden, J., & Watkins, P. L. (1990). Validity and reliability of the Panic Attack Symptoms and Cognitions Questionnaire. *Journal of Psychopathology and Behavioral Assessment, 12,* 233-245.

Cox, B. J. (1996). The nature and assessment of catastrophic thoughts in panic disorder. *Behaviour Research and Therapy, 34,* 363-374.

Craik, F. M., & Lockhart, R. S. (1972). Levels of processing: A framework for memory research. *Journal of Verbal Learning and Verbal Behaviour, 11,* 671-684.

Craik, F. M., & Tulving, E. (1975). Depth of processing and the retention of words in episodic memory. *Journal of Experimental Psychology: General, 104,* 268-294.

Davison, G. C., Robins, C., & Johnston, M. K. (1983). Articulated thoughts during simulated situations: A paradigm for studying cognition in emotion and behaviour. *Cognitive Therapy and Research, 7,* 17-40.

Davison, G. C., Vogel, R. S., & Coffman, S. G. (1997). Think-aloud approaches to cognitive assessment and the articulated thoughts in simulated situations paradigm. *Journal of Consulting and Clinical Psychology, 65,* 950-958.

Demo, D. H. (1985). The measurement of self-esteem: Refining our methods. *Journal of Personality and Social Psychology, 48,* 1490-1502.

Dent, J., & Teasdale, J. D. (1988). Negative cognition and the persistence of depression. *Journal of Abnormal Psychology, 97,* 29-34.

Dobson, K. S. (1985). The relationship between anxiety and depression. *Clinical Psychology Review, 5,* 307-324.

Dobson, K. S., & Breiter, H. J. (1983). Cognitive assessment of depression: Reliability and validity of three measures. *Journal of Abnormal Psychology, 92,* 107-109.

Dobson, K. S., & Shaw, B. F. (1986). Cognitive assessment with major depressive disorders. *Cognitive Therapy and Research, 10,* 13-29.

Duncker, K. (1926). A qualitative (experimental and theoretical) study of productive thinking (solving of comprehensible problems). *Pedagogical Seminary, 33,* 642-708.

Ericsson, K. A., & Simon, H. A. (1984). *Protocol analysis.* Cambridge, MA: MIT Press.

Exner, J. E. (1973). The self-focus sentence completion: A study of egocentricity. *Journal of Personality Assessment, 37,* 437-455.

Fenigstein, A., Scheier, M., & Buss, A. (1975). Public and private self-consciousness: Assessment and theory. *Journal of Consulting and Clinical Psychology, 37,* 522-577.

Feske, U., & De Beurs, E. (1997). The Panic Appraisal Inventory: Psychometric properties. *Behaviour Research and Therapy, 35,* 875-882.

Fichten, C. S., Libman, E., Creti, L., Amsel, R., Tagalakis, V., & Brender, W. (1998). Thoughts during awake times in older good and poor sleepers: The Self-Statement Test: 60+. *Cognitive Therapy and Research, 22,* 1-20.

Fiedler, R., & Beach, L. R. (1978). On the decision to be assertive. *Journal of Consulting and Clinical Psychology, 46,* 537-546.

Flett, G. L., Hewitt, P. L., Blankstein, K. R., & Gray, L. (1998). Psychological distress and the frequency of perfectionistic thinking. *Journal of Personality and Social Psychology, 75,* 1363-1381.

Freeston, M. H., & Ladouceur, R. (1993). Appraisal of cognitive intrusions and response style: Replication and extension. *Behaviour Research and Therapy, 31,* 185-191.

Frost, R. D., & MacInnis, D. J. (1983). The Cognitive Bias Questionnaire: Further evidence. *Journal of Personality Assessment, 47,* 173-177.

Gara, M. A., Woolfolk, R. L., Cohen, B. D., Goldston, R. B., Allen, L. A., & Novalany, J. (1993). Perception of self and others in major depression. *Journal of Abnormal Psychology, 102,* 93-100.

Gardner, H. (1985). *The mind's new science: A history of the cognitive revolution.* New York: Basic Books.

Genest, M., & Turk, D. C. (1981). Think-aloud approaches to cognitive assessment. In T. V. Merluzzi, C. R. Glass, & M. Genest (Eds.), *Cognitive assessment* (pp. 233-269). New York: Guilford Press.

Ghiselli, E. E., Campbell, J. P., & Zedeck, S. (1981). *Measurement theory for the behavioural sciences.* San Francisco: Freeman.

Glass, C. R., & Arnkoff, D. B. (1982). Think cognitively: Selected issues in cognitive assessment and therapy. In P. C. Kendall (Ed.), *Advances in cognitive-behavioral research and therapy* (Vol. 1, pp. 35-71). New York: Academic Press.

Glass, C. R., & Arnkoff, D. B. (1997). Questionnaire methods of cognitive self-statement assessment. *Journal of Consulting and Clinical Psychology, 65,* 911-927.

Glass, C. R., Merluzzi, T. V., Biever, J. L., & Larsen, K. H. (1982). Cognitive assessment of social anxiety: Development and validation of a self-statement questionnaire. *Cognitive Therapy and Research, 6,* 37-55.

Goldfried, M. R., & Davison, G. C. (1994). *Clinical behavior therapy* (expanded edition). New York: Wiley.

Goldfried, M. R., & Robins, C. (1983). Self-schema, cognitive bias, and the processing of therapeutic experiences. In P. C. Kendall (Ed.), *Advances in cognitive-behavioral research and therapy* (Vol. 2, pp. 330-380). New York: Academic Press.

Goldfried, M. R., Padawer, W., & Robins, C. (1984). Social anxiety and the semantic structure of heterosocial interactions. *Journal of Abnormal Psychology, 93,* 86-97.

Goldstein, A. J., & Chambless, D. L. (1978). A reanalysis of agoraphobia. *Behavior Therapy, 9,* 47-59.

Gong-Guy, E., & Hammen, C. L. (1980). Causal perceptions of stressful events in depressed and nondepressed outpatients. *Journal of Abnormal Psychology, 89,* 662-669.

Gotlib, I. H., & Hammen, C. L. (1992). *Psychological aspects of depression: Toward a cognitive-interpersonal integration.* Chichester, England: Wiley.

Gotlib, I. H., Kurtzman, H. S., & Blehar, M. C. (1997). The cognitive psychology of depression: Introduction to the special issue. *Cognition and Emotion, 5,* 497-675.

Gotlib, I. H., & McCann, C. D. (1984). Construct accessibility and depression: An examination of cognitive and affective factors. *Journal of Personality and Social Psychology, 47,* 427-439.

Haaga, D. A. (1997). Introduction to the special section on measuring cognitive products in research and practice. *Journal of Consulting and Clinical Practice, 65,* 907-919.

Hamilton, E. W., & Abramson, L. Y. (1983). Cognitive patterns and major depressive disorder: A longitudinal study in a hospital setting. *Journal of Abnormal Psychology, 92,* 173-184.

Hammen, C. L., & Cochran, S. D. (1981). Cognitive correlates of life stress in depression in college students. *Journal of Abnormal Psychology, 90,* 23-27.

Hammen, C. L., & Krantz, S. E. (1976). Effects of success and failure on depressive cognitions. *Journal of Abnormal Psychology, 85,* 577-586.

Hollon, S. D., & Kendall, P. C. (1980). Cognitive self-statements in depression: Development of an Automatic Thoughts Questionnaire. *Cognitive Therapy and Research, 4,* 383-396.

Hollon, S. D., Kendall, P. C., & Lumry, A. (1986). Specificity of depressotypic cognitions in clinical depression. *Journal of Abnormal Psychology, 95,* 52-59.

Hollon, S. D., & Kriss, M. R. (1984). Cognitive factors in clinical research and practice. *Clinical Psychology Review, 4,* 35-76.

Hurlburt, R. T. (1997). Randomly sampling thinking in the natural environment. *Journal of Consulting and Clinical Psychology, 65,* 941-948.

Hurlburt, R. T., & Spirelle, C. N. (1978). Random sampling of cognitions in alleviating anxiety attacks. *Cognitive Therapy and Research, 2,* 165-169.

Ingram, R. E. (1990). Self-focused attention in clinical disorders: Review and a conceptual model. *Psychological Bulletin, 107,* 156-176.

Ingram, R. E., & Kendall, P. C. (1986). Cognitive clinical psychology: Implications of an information processing perspective. In R. E. Ingram (Ed.), *Information processing approaches to clinical psychology* (pp. 3-21). New York: Academic Press.

Ingram, R. E., Lumry, A. B., Cruet, D., & Sieber, W. (1987). Attentional processes in depressive disorders. *Cognitive Therapy and Research, 11,* 351-360.

Ingram, R. E., Miranda, J., & Segal, Z. V. (1998). *Cognitive vulnerability to depression.* New York: Guilford Press.

Ingram, R. E., Slater, M. A., Atkinson, J. H., & Scott, W. (1990). Positive automatic cognition in major affective disorder. *Psychological Assessment, 2,* 209-211.

Ingram, R. E., & Smith, T. S. (1984). Depression and internal versus external locus of attention. *Cognitive Therapy and Research, 8,* 139-152.

Ingram, R. E., & Wisnicki, K. S. (1988). Assessment of positive automatic cognition. *Journal of Consulting and Clinical Psychology, 56,* 898-902.

Just, N., & Alloy, L. B. (1997). The response theory of depression: Test and an extension for the theory. *Journal of Abnormal Psychology, 106,* 221-229.

Keller, K. E. (1983). Dysfunctional attitudes and cognitive therapy for depression. *Cognitive Therapy and Research, 7,* 437-444.

Kendall, P. C. (1982). Behavioral assessment and methodology. In C. M. Franks, G. T. Wilson, P. C. Kendall, & K. D. Brownell (Eds.), *Annual review of behavior therapy* (Vol. 8, pp. 39-81). New York: Guilford Press.

Kendall, P. C., & Hollon, S. D. (1981). Assessing self-referent speech: Methods in the measurement of self-statements. In P. C. Kendall & S. D. Hollon (Eds.), *Assessment strategies for cognitive-behavioral interventions* (pp. 85-118). New York: Academic Press.

Kendall, P. C., & Hollon, S. D. (1989). Anxious self-talk: Development of the Anxious Self-Statements Questionnaire (ASSQ). *Cognitive Therapy and Research, 13,* 81-93.

Kendall, P. C., & Korgeski, G. P. (1979). Assessment and cognitive-behavioural interventions. *Cognitive Therapy and Research, 3,* 1-21.

Khawaja, N. G., & Oei, T. P. S. (1992). Development of a Catastrophic Cognitions Questionnaire. *Journal of Anxiety Disorders, 6,* 305-318.

Khawaja, N. G., & Oei, T. P. S. (1998). Catastrophic cognitions in panic disorder with and without agoraphobia. *Clinical Psychology Review, 18,* 341-365.

Khawaja, N. G., Oei, T. P. S., & Baglioni, A. (1994). Modification of the Catastrophic Cognitions Questionnaire (CCQ-M) for normals and patients: Exploratory and LISREL analyses. *Journal of Psychopathology and Behavioral Assessment, 16,* 325-342.

Krantz, S., & Hammen, C. L. (1979). Assessment of cognitive bias in depression. *Journal of Abnormal Psychology, 88,* 611-619.

Kuiper, N. A., & MacDonald, M. R. (1983). Schematic processing in depression: The self-consensus bias. *Cognitive Therapy and Research, 7,* 469-484.

Kuiper, N. A., & Olinger, L. J. (1986). Dysfunctional attitudes and a self-worth contingency model of depression. In P. C. Kendall (Ed.), *Advances in cognitive-behavioral research and therapy* (Vol. 5, pp. 115-142). New York: Academic Press.

Landau, R. J. (1980). The role of semantic schemata in phobic word interpretation. *Cognitive Therapy and Research, 4,* 427-434.

Last, C. G., Barlow, D. H., & O'Brien, G. T. (1985). Assessing cognitive aspects of anxiety: Stability over time and agreement between several methods. *Behaviour Modification, 9,* 72-93.

Lee, F., & Peterson, C. (1997). Content analysis of archival data. *Journal of Consulting and Clinical Psychology, 65,* 959-969.

Lefebvre, M. (1981). Cognitive distortion and cognitive errors in depressed psychiatric and low back pain patients. *Journal of Consulting and Clinical Psychology, 49,* 517-525.

Lewinsohn, P. M., Steinmetz, J. L., Larson, D. W., & Franklin, J. (1981). Depression-related cognitions: Antecedent or consequence? *Journal of Abnormal Psychology, 90,* 213-219.

Linville, P. W. (1987). Self-complexity as a cognitive buffer against stress-related illness and depression. *Journal of Personality and Social Psychology, 52*, 663-676.

MacDonald, M. R., & Kuiper, N. A. (1984). Self-schema decision consistency in clinical depressives. *Journal of Social and Clinical Psychology, 2*, 264-272.

MacLeod, A. K., Tata, P., Kentish, J., Carroll, F., & Hunter, E. (1997). Anxiety, depression and explanation-based pessimism for future positive and negative events. *Clinical Psychology and Psychotherapy, 4*, 15-24.

MacLeod, C., Mathews, A., & Tata, P. (1986). Attentional bias in emotional disorders. *Journal of Abnormal Psychology, 95*, 15-20.

Mathews, A., & MacLeod, C. (1985). Selective processing of threat cues to anxiety states. *Behaviour Research and Therapy, 23*, 563-569.

Mathews, A., & MacLeod, C. (1994). Cognitive approaches to emotion and emotional disorders. *Annual Review of Psychology, 45*, 25-50.

McCabe, R. E. (1999). Implicit and explicit memory for threat words in high and low anxiety sensitive participants. *Cognitive Therapy and Research, 23*, 21-38.

McDermut, W., & Haaga, D. A. F. (1994). Cognitive balance and specificity in anxiety and depression. *Cognitive Therapy and Research, 18*, 333-352.

McNally, R. J. (1998). Information-processing abnormalities in anxiety disorders: Implications for cognitive neuroscience. *Cognition and Emotion, 12*, 479-495.

Meichenbaum, D., & Butler, L. (1980). Cognitive ethology: Assessing the streams of cognition and emotion. In K. R. Blankstein, P. Pliner, & J. Polivy (Eds.), *Advances in the study of communication and affect: Vol. 6. Assessment and modification of emotional behavior* (pp. 139-163). New York: Plenum Press.

Mendonca, J. D., Holden, R. D., Mazmanian, D., & Dolan, J. (1983). The influence of response style on the Beck Hopelessness Scale. *Canadian Journal of Behavioural Science, 15*, 237-247.

Merluzzi, T. V, & Rudy, T. E. (agosto, 1982). *Cognitive assessment of social anxiety: A "surface" and "deep" structure analysis in social anxiety. Social, personality, and clinical perspectives.* Artigo apresentado na convenção anual da American Psychological Association, Washington, DC.

Metalsky, G. I., Halberstadt, L. J., & Abramson, L. Y. (1987). Vulnerability to depressive mood reactions: Toward a more powerful test of the diathesis-stress and causal mediation components of the reformulated theory of depression. *Journal of Personality and Social Psychology, 52*, 386-393.

Metalsky, G. I., & Joiner, T. E. (1992). Vulnerability to depressive symptoms: A prospective test of the diathesis-stress and causal mediation components of the hopelessness theory of depression. *Journal of Personality and Social Psychology, 63*, 667-675.

Meyer, T. J., Miller, M. L., Metzger, R. L., & Borkovec, T. D. (1990). Development and validation of the Penn State Worry Questionnaire. *Behaviour Research and Therapy, 26*, 169-177.

Minkoff, K., Berhman, E., Beck, A. T., & Beck, R. (1973). Hopelessness, depression, and attempted suicide. *American Journal of Psychiatry, 130*, 455-459.

Miranda, J., & Persons, J. B. (1988). Dysfunctional attitudes are mood-state dependent. *Journal of Abnormal Psychology, 97*, 76-79.

Miranda, J., Persons, J. B., & Byers, C. N. (1990). Endorsement of dysfunctional beliefs depends on current mood state. *Journal of Abnormal Psychology, 99*, 237-241.

Molina, S., Borkovec, T. D., Peasley, C., & Person, D. (1998). Content analysis of worrisome streams of consciousness in anxious and dysphoric participants. *Cognitive Therapy and Research, 22*, 109-123.

Moss-Morris, R., & Petrie, K. J. (1997). Cognitive distortions of somatic experiences: Revision and validation of a measure. *Journal of Psychosomatic Research, 43*, 293-306.

Neisser, S. (1976). *Cognition and reality: Principles and implications of cognitive psychology.* San Francisco: Freeman.

Nelson, R. D., Hayes, S. C., Felton, J. L., & Jarrett, R. B. (1985). A comparison of data produced by different behavioural assessment techniques with implications for models of social-skills inadequacy. *Behaviour Research and Therapy, 23*, 1-11.

Newton, C. R., & Barbaree, H. E. (1987). Cognitive changes accompanying headache treatment: The use of a thought sampling procedure. *Cognitive Therapy and Research, 11*, 635-652.

Nisbett, R. E., & Wilson, T. D. (1977). Telling more than we can know: Verbal reports on mental processes. *Psychological Review, 84*, 231-259.

Nolen-Hoeksema, S., Larson, J., & Grayson, C. (1999). Explaining the gender differences in depressive symptoms. *Journal of Personality and Social Psychology, 77*, 1061-1072.

Nolen-Hoeksema, S., & Morrow, J. (1991). A prospective study of depression and post-traumatic stress symptoms after a natural disaster: The 1989 Loma Prieta earthquake. *Journal of Personality and Social Psychology, 61*, 115-121.

Nolen-Hoeksema, S., Morrow, J., & Fredrickson, B. L. (1993). Response styles and the duration of episodes of depressed mood. *Journal of Abnormal Psychology, 102*, 20-28.

Norman, W. H., Miller, I. W., & Klee, S. H. (1983). Assessment of cognitive distortion in a clinically depressed population. *Cognitive Therapy and Research, 7*, 133-140.

O'Hara, M. W., Rehm, L. P., & Campbell, S. B. (1982). Predicting depressive symptomatology: Cognitive behavioral models and post-partum depression. *Journal of Abnormal Psychology, 91*, 457-461.

Oliver, J. M., & Baumgart, E. P. (1985). The Dysfunctional Attitude Scale: Psychometric properties and relation to depression in an unselected adult population. *Cognitive Therapy and Research, 9*, 161-168.

Peterson, C., Semmel, A., von Baeyer, C., Abramson, L., Metalsky, G., & Seligman, M. E. P. (1982). The Attributional Style Questionnaire. *Cognitive Therapy and Research, 6*, 287-299.

Peterson, C., & Villanova, P. (1988). An expanded Attributional Style Questionnaire. *Journal of Abnormal Psychology, 97*, 87-89.

Peterson, R. A., & Reiss, S. (1992). *Anxiety Sensitivity Index manual* (2nd ed.). Worthington, OH: International Diagnostic Systems.

Purdon, C., & Clark, D. A. (1994). Perceived control and appraisal of obsessional and intrusive thoughts: Replication and extension. *Behavioural and Cognitive Psychotherapy, 22*, 269-285.

Pyszczynski, T., Holt, K., & Greenberg, J. (1987). Depression, self-focused attention, and expectancies for positive and negative future life events for self and others. *Journal of Personality and Social Psychology, 52*, 94-1001.

Rachman, S., & Hodgson, R. (1974). 1. Synchrony and desynchrony in fear and avoidance. *Behaviour Research and Therapy, 12*, 311-318.

Reiss, S. (1991). Expectancy theory of fear, anxiety, and panic. *Clinical Psychology Review, 11*, 141-153.

Riskind, J. H., Beck, A. T., & Smucker, M. R. (dezembro, 1983). *Psychometric properties of the Dysfunctional Attitude Scale in a clinical population.* Artigo apresentado no encontro do World Congress of Behaviour Therapy, Washington, DC.

Ronan, K. R., Kendall, P C., & Rowe, M. (1994). Negative affectivity in children: Development and validation of a self-statement questionnaire. *Cognitive Therapy and Research, 18*, 509-528.

Rosenberg, M. (1965). *Society and the adolescent self-image.* Princeton, NJ: Princeton University Press.

Rudy, T. E., Merluzzi, T. V., & Henahan, P. T. (1982). Construal of complex assertive situations: A multidimensional analysis. *Journal of Consulting and Clinical Psychology, 50*, 125-137.

Rush, A. J. (março, 1984). *Measurement of the cognitive aspects of depression.* Artigo apresentado no Workshop on Measurement of Depression do NIMH, Honolulu, HI.

Schmidt, N. B., Lerew, D. R., & Joiner, T. E., Jr. (1998). Anxiety sensitivity and the pathogenesis of anxiety and depression: Evidence for symptom specificity. *Behaviour Research and Therapy, 36*, 165-177.

Schwartz, R. M. (1997). Consider the simple screw: Cognitive science, quality improvement, and psychotherapy. *Journal of Consulting and Clinical Psychology, 65*, 970-983.

Schwartz, R. M., & Garamoni, G. L. (1989). Cognitive balance and psychopathology: Evaluation of an information processing model of positive and negative states of mind. *Clinical Psychology Review, 9*, 271-294.

Schwartz, R. M., & Gottman, J. (1976). Toward a task analysis of assertive behaviour. *Journal of Consulting and Clinical Psychology, 44*, 910-920.

Segal, Z. V. (1988). Appraisals of the self-schema construct in cognitive models of depression. *Psychological Bulletin, 103*, 147-162.

Segal, Z. V. & Cloitre, M. (1993). Methodologies for studying cognitive features of emotional disorder. In K. S. Dobson & P C. Kendall (Eds.), *Psychopathology and cognition* (pp. 19-50). San Diego, CA: Academic Press.

Segal, Z. V., & Dobson, K. S. (1992). Cognitive models of depression: Report from a consensus conference. *Psychological Inquiry, 3*, 219-224.

Segal, Z. V., & Gemar, M. (1997). Changes in cognitive organization for negative self-referent material following cognitive behaviour therapy for depression: A primed Stroop study. *Cognition and Emotion, 11*, 501-516.

Segal, Z. V., Gemar, M., Truchan, C., Gurguis, M., & Hurowitz, L. M. (1995). A priming methodology for studying self-representation in major depressive disorder. *Journal of Abnormal Psychology, 104(1)*, 205-213.

Segal, Z. V., & Ingram, R. E. (1994). Mood priming and construct activation in tests of cognitive vulnerability to unipolar depression. *Clinical Psychology Review, 14*, 663-695.

Segal, Z. V., & Marshall, W. L. (1985). Heterosexual social skills in a population of rapists and child molesters. *Journal of Consulting and Clinical Psychology, 53*, 55-63.

Segal, Z. V., Shaw, B. F., Vella, D. D., & Katz, R. (1992). Cognitive and life stress predictors of relapse in remitted unipolar depressed patients: Test of the congruency hypothesis. *Journal of Abnormal Psychology, 101*, 26-36.

Segal, Z. V., & Swallow, S. R. (1994). Cognitive assessment of unipolar depression: Measuring products, processes and structures. *Behaviour Research and Therapy, 32(1)*, 147-158.

Seligman, M. E. P, Abramson, L., Semmel, A., & von Baeyer, C. (1979). Depressive attributional style. *Journal of Abnormal Psychology, 88*, 242-248.

Sewitch, T. S., & Kirsch, I. (1984). The cognitive content of anxiety: Naturalistic evidence for the predominance of threat-related thoughts. *Cognitive Therapy and Research, 8*, 49-58.

Silverman, J. S., Silverman, J. A., & Eardley, D. A. (1984). Do maladaptive attitudes cause depression? *Archives of General Psychiatry, 41*, 28-30.

Simons, A. D., Garfield, S. L., & Murphy, G. E. (1984). The process of change in cognitive therapy and pharmacotherapy for depression: Changes in mood and cognition. *Archives of General Psychiatry, 41*, 45-51.

Stober, J., & Bittencourt, J. (1998). Weekly assessment of worry: An adaptation of the Penn State Worry Questionnaire for monitoring changes during treatment. *Behaviour Research and Therapy, 36*, 645-656.

Swallow, S. R., & Kuiper, N. A. (1988). Social comparison and negative self-evaluations: An application to depression. *Clinical Psychology Review, 8*, 55-76.

Swinson, R., & Kirby, M. (1987). The differentiation of anxiety and depressive syndromes. In B. F. Shaw, Z. V. Segal, T. M. Vallis, & F. E. Cashman (Eds.), *Anxiety disorders: Psychological and biological perspectives* (pp. 21-34). New York: Plenum Press.

Taylor, S. (Ed.). (1999). *Anxiety sensitivity: Theory, research, and treatment of the fear of anxiety*. Mahwah, NJ; Erlbaum.

Taylor, S., & Cox, B. J. (1998). Anxiety sensitivity: Multiple dimensions and hierarchic structure. *Behaviour Research and Therapy, 36*, 37-51.

Teasdale, J. D. (1997). Assessing cognitive mediation of relapse prevention in recurrent mood disorders. *Clinical Psychology and Psychotherapy, 4*, 145-156.

Teasdale, J. D., & Dent, J. (1987). Cognitive vulnerability to depression: An investigation of two hypotheses. *British Journal of Clinical Psychology, 26*, 113-126.

Telch, M. J., Brouillard, M., Telch, C. F., Agras, W S., & Taylor, C. B. (1987). Role of cognitive appraisal in panic-related avoidance. *Behaviour Research and Therapy, 27*, 373-383.

Turk, D. C., & Salovey, P. (1985). Cognitive structures, cognitive processes, and cognitive behaviour modification: 1. Client issues. *Cognitive Therapy and Research, 9*, 1-17.

Watkins, J., & Rush, A. J. (1983). The Cognitive Response Test. *Cognitive Therapy and Research, 7*, 425-436.

Watson, D., & Friend, R. (1969). Measurement of social-evaluative anxiety. *Journal of Consulting and Clinical Psychology, 33*, 448-457.

Watson, D., & Kendall, P. C. (1989). Common and differentiating features of anxiety and depression: Current findings and future directions. In P. C. Kendall & D. Watson (Eds.), *Anxiety and depression: Distinctive and overlapping features* (pp. 493-508). New York: Academic Press.

Webb, E. J., Campbell, D. T., Schwartz, R. D., & Sechrest, L. (1966). *Unobtrusive measures: Non-reactive research in the social sciences*. Chicago: Rand McNally.

Wegner, D. M., & Smart, L. (1997). Deep cognitive activation: A new approach to the unconscious, *Journal of Consulting and Clinical Psychology, 65*, 984-995.

Weissman, A. N. (1979). *The Dysfunctional Attitude Scale: A validation study*. Dissertação de doutorado não-publicada, University of Pennsylvania.

Weissman, A. N., & Beck, A. T. (1978). *Development and validation of the Dysfunctional Attitude Scale: A preliminary investigation*. Artigo apresentado na reunião anual da American Educational Research Association, Toronto.

Wells, A. (1994). A multidimensional measure of worry: Development and preliminary validation of the Anxious Thoughts Inventory. *Anxiety, Stress and Coping, 6*, 289-299.

Wells, A. (1995). Meta-cognition and worry: A cognitive model of generalized anxiety disorder. *Behavioural and Cognitive Psychotherapy, 23*, 301-320.

Wells, A., & Papageorgiou, C. (1998). Relationships between worry, obsessive-compulsive symptoms and metacognitive beliefs. *Behaviour Research and Therapy, 36*, 899-913.

Westling, B. E., & Ost, L-B. (1993). Relationship between panic attack symptoms and cognitions in panic disorder patients. *Journal of Anxiety Disorders, 7*, 181-194.

Wheeler, L., & Miyake, K. (1992). Social comparison in everyday life. *Journal of Personality and Social Psychology, 62*, 760-773.

Wilkinson, I. M., & Blackburn, I. M. (1981). Cognitive style in depressed and recovered depressed patients. *British Journal of Clinical Psychology, 20*, 283-292.

Williams, J. M. G., & Nulty, D. D. (1986). Construct accessibility depression and the emotional Stroop task: Transient mood or stable structure. *Personality and Individual Differences, 7*, 485-491.

Williams, J. M. G., Watts, F., MacLeod, C., & Mathews, A. (1998). *Cognitive psychology and emotional disorders*. Chichester, England: Wiley.

Williams, R. M. (1988). *Individual differences in the effects of mood on cognition*. Dissertação de doutorado não-publicada, University of Oxford.

Williams, S. L. (1985). On the nature and measurement of agoraphobia. In M. Hersen, R. M. Eisler, & P. M. Miller (Eds.), *Progress in behavior modification* (Vol. 19, pp. 109-144). New York: Academic Press.

Williams, S. L., & Rappoport, A. (1983). Cognitive treatment in the natural environment for agoraphobics. *Behavior Therapy, 14*, 299-313.

Zweig, D. R., & Brown, S. D. (1985). Psychometric evaluation of a written stimulus presentation format for the Social Interaction Self-Statement Test. *Cognitive Therapy and Research, 9*, 285-296.

3

A FORMULAÇÃO DE CASO COGNITIVO-COMPORTAMENTAL

Jaqueline B. Persons
Joan Davidson

A formulação de caso é uma teoria sobre um caso específico. A formulação de caso cognitivo-comportamental é uma teoria idiográfica (individualizada), baseada em uma teoria cognitivo-comportamental nomotética (geral) (Haynes, Kaholokula e Nelson, 2000). Por exemplo, uma formulação pode basear-se na teoria cognitiva da psicopatologia de Beck (Beck, Rush, Shaw e Emery, 1979), que afirma que eventos externos na vida do indivíduo ativam esquemas para produzir sintomas e problemas. Uma formulação de caso baseada na teoria de Beck especifica *quais* eventos da vida ativaram *quais* esquemas para produzir os sintomas e problemas que o paciente em questão está experimentando.

O formato e o conteúdo de uma formulação de caso dependem de sua função (Haynes e O'Brien, 2000). Neste capítulo, descrevemos um formato para uma formulação de caso que tem, como função principal, ajudar o terapeuta a criar um plano de tratamento efetivo (Hayes, Nelson e Jarrett, 1987).

A formulação de caso individualizada tem uma longa história na terapia e análise comportamental e na psicoterapia psicodinâmica, mas é um acontecimento relativamente recente na terapia cognitiva. As publicações de analistas do comportamento são numerosas demais para ser citadas, mas, entre elas, estão as de Nelson e Hayes (1986), Turkat (1985) e Wolpe (1980). Entre as recentes obras de orientação clínica, destacamos as de Haynes, Leisen e Blaine (1997), Haynes e O'Brien (2000) e O'Brien e Haynes (1995). Textos recentes sobre a conceituação de caso por terapeutas cognitivos e cognitivo-comportamentais incluem os de Persons e colaboradores (Persons, 1989, 1992; Persons e Tompkins, 1997), Nezu, Nezu, Friedman e Haynes (1997) e Koerner e Linehan (1997). Eells (1997) organizou um volume que traz uma descrição de métodos de conceituação usados por diversas orientações psicoterapêuticas.

Este capítulo descreve três níveis de formulação de caso: a formulação no nível do caso, no nível do problema ou síndrome e no nível da situação. Descrevemos em detalhe a estrutura da formulação cognitivo-comportamental no nível do caso, apresentando um exemplo clínico (Judy). Para ilustrar o papel da formulação em aumentar a efetividade do tratamento, oferecemos diversos exemplos da maneira em que a formulação foi proveitosa para a terapia de Judy. Concluímos com uma breve discussão do papel da formulação de caso individualizada em uma abordagem de psicoterapia baseada em evidências.

NÍVEIS DE FORMULAÇÃO DE CASO

Conforme acabamos de observar, a formulação de caso pode ocorrer em três níveis: no nível do caso, no nível do problema ou da síndrome e no nível da situação. Na formulação no nível do caso, o terapeuta desenvolve uma conceituação do caso como um todo. Um dos papéis fundamentais da formulação no nível do caso é explicar a relação existente entre os problemas do paciente (ver Haynes, 1992). Esse nível de formulação pode ser útil para o terapeuta ao selecionar alvos de tratamento, quando prefere concentrar-se primeiramente em problemas que pareçam ter um papel causal em outros problemas (p. ex., a depressão pode estar causando problemas maritais e contribuir para problemas de comportamento de um filho e, assim, merecer uma intervenção precoce). Buscamos desenvolver uma formulação inicial no nível do caso após três a quatro sessões de terapia.

A formulação no nível do problema ou da síndrome possibilita conceituar determinado problema clínico ou síndrome, como sintomas depressivos, furto, insônia, transtorno obsessivo-compulsivo, ou compulsão e purgação alimentar. A teoria cognitiva da depressão de Beck é uma formulação nesse nível. De fato, quando usamos a teoria de Beck para conceituar o caso, estamos extrapolando a partir da teoria original, que foi desenvolvida para explicar uma síndrome. O plano de tratamento do terapeuta para a síndrome ou problema depende da formulação do problema. Por exemplo, uma de nós duas (J. B. P.) recentemente tratou um paciente que reclamava de fadiga grave. O processo de avaliação produziu duas formulações possíveis, que poderiam explicar a fadiga: abuso de medicamentos para dormir, ou pensamentos negativos ("Não há por que tentar – sempre fracasso") em resposta a um retrocesso profissional vivido recentemente. As diferentes formulações sugerem diferentes intervenções.

Uma conceituação no nível da situação proporciona uma "miniformulação" das reações do paciente em determinada situação, e essa formulação orienta as intervenções do terapeuta naquela situação. Para desenvolver uma formulação no nível da situação baseada na teoria de Beck, o Registro de Pensamentos Disfuncionais – RPD (ver Figura 3.1) é ideal, pois traz colunas para os componentes centrais da teoria de Beck: a situação, os pensamentos, os comportamentos e as emoções. Por exemplo, uma paciente chegou a sua sessão de terapia precisando de ajuda com sentimentos de ansiedade que havia tido em sua aula de espanhol na noite anterior. Se o RPD da paciente indicasse que ela havia tido o seguinte pensamento automático: "Se ficar ansiosa, terei um ataque de pânico e desmaiarei", e que ela havia respondido emocionalmente sentindo-se ansiosa e apreensiva e comportamentalmente com respiração rápida e superficial, e sentando-se no fundo da sala para poder sair rapidamente se desejasse, as intervenções do terapeu-

Data	Situação (Evento, memória, tentativa de fazer algo, etc.)	Comportamento(s)	Emoções	Pensamentos	Respostas

FIGURA 3.1 Registro de Pensamentos Disfuncionais. Copyright 1998 San Francisco Bay Area Center for Cognitive Therapy. Reimpresso sob permissão.

ta se concentrariam nesses pensamentos, comportamentos e sentimentos problemáticos. Se o RPD da paciente indicasse que ela havia tido o pensamento automático: "Estou gorda. Ninguém gosta de mim. Não pertenço a este lugar", e que ela havia respondido sentindo-se inútil e inadequada, sem falar com ninguém, e saindo antes do final, as intervenções do terapeuta abordariam esses pensamentos, comportamentos e sentimentos problemáticos. A análise da cadeia de comportamentos suicidas na terapia comportamental dialética de Linehan (1993) para pacientes com transtorno de personalidade *borderline*/limítrofe proporciona outros exemplos da formulação no nível da situação.

A formulação no nível do caso muitas vezes provêm de informações coletadas em formulações no nível da situação e no nível do problema (Beck, 1995). Todas as formulações são consideradas hipóteses, e o terapeuta está constantemente revisando e aperfeiçoando as formulações à medida que a terapia avança. Este capítulo se concentra principalmente na formulação cognitivo-comportamental no nível do caso.

O FORMATO DA FORMULAÇÃO DE CASO COGNITIVO-COMPORTAMENTAL

A formulação de caso cognitivo-comportamental tem cinco componentes: lista de problemas, diagnóstico, hipótese de trabalho, pontos fortes e recursos, e um plano de tratamento (ver Figura 3.2). Descreveremos cada um deles à sua vez, de forma geral e para o caso de Judy, uma paciente tratada (por J. D.) no San Francisco Bay Area Center for Cognitive Therapy. Judy era uma norte-americana de origem européia, solteira, de 35 anos, que morava só e trabalhava como professora. Ela procurou tratamento porque se sentia "para baixo, insatisfeita e desestimulada com relação à vida atual e planos para o futuro".

Lista de problemas

A lista de problemas é uma lista completa das dificuldades do paciente, escrita em termos concretos e comportamentais. Recomendamos que os clínicos façam uma lista de problemas abrangente, incluindo quaisquer dificuldades que o paciente venha tendo em um dos seguintes domínios: sintomas psicológicos/psiquiátricos, interpessoais, ocupacionais, médicos, financeiros, habitacionais, legais e de lazer. Recomendamos que o terapeuta faça uma lista de problemas abrangente por diversas razões (ver Nezu e Nezu, 1993; Turkat e Maisto, 1985). Uma lista completa pode ser útil à medida que o terapeuta procura temas ou especula sobre relações causais, para desenvolver uma hipótese de trabalho (ver a seguir) que descreva as relações entre os problemas. Uma lista abrangente garante que problemas importantes não sejam omitidos. O simples fato de fazer uma lista de problemas abrangente para um caso complexo pode ajudar o terapeuta a se sentir menos sobrecarregado com os numerosos problemas do paciente. Mesmo que não se tratem todos os problemas na terapia ou em determinada sessão, pelo menos eles estarão na lista e não serão esquecidos. Uma lista de problemas típica para um paciente deverá ter de cinco a oito itens.

Nem sempre é fácil ou mesmo possível fazer uma lista de problemas abrangente. Às vezes, isso acontece porque o terapeuta não é assertivo ou não dedica o tempo necessário para realizar uma avaliação abrangente. Noutras, é porque os pacientes não estão dispostos ou não são capazes de reconhecer problemas que consideram vergonhosos ou assustadores, ou não os consideram problemas.

O uso de instrumentos de avaliação escritos pode ser proveitoso em algumas dessas situações. Como o abuso de substâncias costuma ser um problema que os pacientes relutam para discutir, solicitamos que os pacientes em nosso centro preencham um pacote padronizado de avaliação pré-tratamento, que envolve uma escala de abuso de substâncias. Usamos uma modificação do questionário CAGE (Mayfield, McLeod e Hall, 1974), ao qual acrescentamos alguns itens para avaliar quais substâncias o paciente usa e quanto e com que freqüência as utiliza.

Uma observação cuidadosa também pode revelar comportamentos problemáticos que os

Formulação de caso cognitivo-comportamental e plano de tratamento

Nome: _____
Identificação: _____

Lista de problemas

1. _____
2. _____
3. _____
4. _____
5. _____
6. _____
7. _____
8. _____

Diagnóstico

Eixo I: _____
Eixo II: _____
Eixo III: _____
Eixo IV: _____
Eixo V: _____

Hipótese de trabalho

Esquemas:
(*Self*) _____ (Outro) _____
(Mundo) _____ (Futuro) _____

Situações precipitantes/ativadoras: _____
_____

Origens: _____
_____

Sumário da hipótese de trabalho:

(*Continua*)

FIGURA 3.2 Ficha para registro de uma formulação de caso cognitivo-comportamental, incluindo o plano de tratamento. Copyright 1999 San Francisco Bay Area Center for Cognitive Therapy. Reimpresso sob permissão.

(Continuação)

Pontos fortes e recursos _____   **Plano de tratamento**   Objetivos (medidas):   1. _____   2. _____   3. _____   4. _____   Modalidade: _____ Freqüência: _____   Intervenções: _____   _____   _____   Terapias auxiliares: _____   Obstáculos: _____   _____

FIGURA 3.2 *(Continuação)*

pacientes podem não mencionar diretamente. Cheques sem fundo, cancelamentos de última hora, ou pedidos freqüentes para trocar consultas podem indicar problemas financeiros ou um estilo de vida caótico. Um paciente que é excessivamente aquiescente ou obediente pode ter dificuldades de afirmação frente ao terapeuta.

Quando o terapeuta observa ou suspeita de problemas que o paciente não quer reconhecer, ele deve usar seu julgamento para determinar se é necessário colocar determinado problema na mesa ou se uma discussão mais detalhada pode ser postergada. Para fazer essa avaliação, consideramos proveitosas as categorias que Linehan (1993) usa para atribuir prioridades a problemas de pacientes com transtorno de personalidade *borderline*. Linehan propõe que problemas que envolvam comportamento suicida e pára-suicida, comportamentos que interfiram na terapia (p. ex., falta de adesão ao tratamento) ou "comportamentos que interfiram na qualidade de vida" (p. ex., abuso de substâncias significativo, furto ou problemas de moradia – problemas que, se não forem resolvidos, podem interferir na capacidade de o indivíduo realizar qualquer outro objetivo) devem ser abordados explicitamente logo no início. Problemas menos agudos podem ser deixados de lado ou mesmo ignorados.

Recomendamos que o formato de cada item na lista de problemas deve consistir em uma descrição do problema com uma ou duas palavras, seguida por uma curta descrição de alguns componentes comportamentais, cognitivos e do humor relativos ao problema, quando for indicado. Esse formato é particularmente importante para descrever problemas psicológicos. Alguns problemas (médicos, habitacionais, legais ou financeiros) não podem ser descritos em termos de cognições, comportamentos e humores. O componente comportamental de um problema pode incluir comportamentos motores brutos (p. ex., evitar dirigir em pontes), respostas fisiológicas (p. ex., freqüência cardíaca elevada), ou ambos. Esse formato origina-se da teoria cognitiva de Beck, que descreve os problemas clínicos em termos de componentes cognitivos, comportamentais e do humor.

Às vezes, é difícil decidir como categorizar os problemas a ser incluídos na lista. Por exemplo, a procrastinação pode ser categorizada como um componente comportamental de um problema psicológico ou como um problema de trabalho, pois interfere no funcionamento do paciente em seu ambiente laboral. Será que esse problema deveria constar na lista de problemas como "procrastinação", como "problemas ocupacionais", ou ambos? Não existe uma resposta clara para essa questão. Recomendamos que os terapeutas abordem essa situação da maneira que facilite o seu trabalho e a comunicação com seus pacientes. Muitas vezes, listamos um problema de duas formas. Por exemplo, no caso a seguir, a terapeuta de Judy listou um problema de procrastinação, bem como questões ocupacionais e interpessoais. Isso ocorreu porque a paciente descreveu sua dificuldade como "procrastinação" e, por isso, seria importante listá-lo dessa forma na sua lista de problemas. Posteriormente, à medida que a terapeuta obtêve detalhes sobre o problema da procrastinação, ficou claro que ele ocorria nas arenas ocupacional e interpessoal. Os dois domínios foram adicionados à lista de problemas, em parte porque a procrastinação não era a única dificuldade que Judy tinha nesses domínios.

A lista de problemas de Judy

Aqui está a Lista de problemas de Judy, segundo sua terapeuta:

1. *Deprimida, insatisfeita, passiva.* Inventário de Depressão de Beck na admissão = 16. Pensamentos: "Meu trabalho é chato", "nunca vou encontrar um parceiro para a vida", "não sou feliz com minha vida e provavelmente nunca serei". Comportamentos: Procrastinação, poucas realizações (tem iniciativas vacilantes de começar a fazer ginástica, visitar mais os amigos, procurar um emprego melhor, sair para namorar, mas não dá continuidade).
2. *Desorganizada, desconcentrada e improdutiva.* Isso acontece diariamente no trabalho (planejamento de lições, avaliação de trabalhos) e em casa (projetos de reforma da casa). Judy se sente saturada, tem dificuldade para se concentrar, pensa: "não consigo fazer isso direito, então passo para outra coisa", e salta de tarefa para tarefa sem um plano ou direção geral. Como resultado, faz menos coisas do que queria, e muitas vezes se sente insatisfeita e desestimulada ao final do dia.
3. *Insatisfação no trabalho.* Judy diz: "fico aborrecida, não gosto do meu trabalho", e descreve o ambiente de trabalho como estressante e inóspito. Ela tem muitas responsabilidades, mas pouca autoridade ou apoio administrativo. Quer encontrar um trabalho melhor e mais desafiador, mas não faz nada de efetivo.
4. *Isolamento social.* Judy tem muitos amigos, mas passa pouco tempo com eles. Comportamentos: chega em casa do trabalho, corrige trabalhos, prepara a aula do dia seguinte, assiste à televisão e vai dormir. Humor: cansada e desestimulada. Pensamentos: "Estou cansada demais para visitar alguém. Só quero ir para casa e me atirar. Além do que, tenho que trabalhar". Nos finais de semana, sai para jantar com um ou dois amigos, mas não vê muitos de seus amigos há meses, e quer ir a eventos "mais interessantes", onde possa conhecer pessoas novas. Seguidamente dorme tarde, tem dificuldade para cumprir com certas tarefas e cancela planos sociais para ficar em casa à noite e terminá-las.
5. *Nenhum relacionamento.* Judy diz: "quero me casar e ter filhos, mas acho que nunca encontrarei alguém". Humor: desesperança, desestímulo. Comportamentos: tem planos de responder anúncios de relacionamentos pessoais e procurar uma agência de namoro, mas não os cumpre.

Sem namoros, exceto por encontros casuais com um homem que não está interessado em um relacionamento de longa duração. Pensamentos: "Para que me incomodar? Nunca encontrarei alguém decente. Provavelmente não daria certo".
6. *Negativa*. Judy freqüentemente sente raiva de outras pessoas por não preencherem suas necessidades, mas não fala para expressar o que deseja. Isso acontece com colegas de trabalho e amigos. Pensamentos: "Nada vai mudar se eu falar. Não conseguirei o que quero. Só me levaria a um confronto, e eu me sentiria pior do que se não tivesse dito nada". Problemas recentes incluem um amigo que pede sua ajuda com freqüência e dois colegas de trabalho que seguidamente pedem para que ela faça coisas que considera servis a eles. Judy aceita os pedidos, mas depois fica ressentida.

Diagnóstico

No sentido exato da palavra, o diagnóstico psiquiátrico não faz parte da formulação de caso cognitivo-comportamental. Todavia, incluímos uma seção para diagnóstico em nossa formulação por diversas razões, pois o diagnóstico pode levar a algumas hipóteses iniciais. Por exemplo, a teoria cognitiva de Beck fundamenta uma terapia para o tratamento da depressão maior que se mostrou efetiva em testes randomizados. Se nossa paciente satisfizer os critérios para depressão maior, podemos considerar a hipótese de que a teoria de Beck pode servir como modelo para uma formulação idiográfica de seu caso. Além disso, o diagnóstico pode proporcionar algumas informações sobre intervenções úteis de tratamento, já que o terapeuta que se baseia em evidências usualmente se utiliza de resultados dos testes randomizados, e estes geralmente são organizados em torno de diagnósticos.

Diagnósticos para Judy

Eixo I: Transtorno distímico
Eixo II: Nenhum
Eixo III: Nenhum
Eixo IV: Isolamento social, problemas ocupacionais
Eixo V: Escore da Avaliação Global do Funcionamento = 60

Hipótese de trabalho

A hipótese de trabalho é o coração da formulação. Aqui, o terapeuta desenvolve uma miniteoria do caso, adaptando uma teoria nomotética aos particulares do caso em questão. Depois de mostrar como desenvolver uma hipótese de trabalho baseada na teoria de Beck, falaremos um pouco sobre como desenvolver uma hipótese de trabalho baseada em outras teorias cognitivo-comportamentais.

A hipótese de trabalho também descreve as relações entre as dificuldades encontradas da lista de problemas. Alguns não resultam da ativação de esquemas, mas de outros problemas. Por exemplo, as dificuldades maritais de um homem deprimido podem não resultar da ativação direta de esquemas, mas dos próprios sintomas depressivos, que fazem com que ele se afaste de sua esposa e sua família. Alguns outros problemas resultam inteiramente ou em parte de fatores biológicos, ambientais ou de outros fatores não-psicológicos, como no caso de problemas médicos ou financeiros (p. ex., falência do chefe).

Hipótese de trabalho baseada na teoria cognitiva de Beck

A teoria da diátese cognitiva de Beck afirma que eventos externos ativam esquemas para produzir sintomas e problemas. Uma hipótese de trabalho baseada na teoria cognitiva de Beck descreve os eventos externos e esquemas que operam no caso em questão, e oferece uma declaração sumária, descrevendo as relações entre esses componentes e entre os problemas relacionados na lista. Subcategorias separadas podem ser usadas para esquemas, situações precipitantes/ativadoras, origens e sumário da hipótese de trabalho, conforme detalhamos aqui e ilustramos para o caso de Judy.

Esquemas

Na primeira seção da hipótese de trabalho, o terapeuta propõe hipóteses sobre os esquemas, ou crenças centrais que parecem estar causando e mantendo os problemas da lista. Geralmente, elas são crenças negativas. Os pacientes também podem ter esquemas positivos, mas os negativos geralmente são aqueles que causam os problemas contidos na lista, de modo que são os que relacionamos nesta seção da formulação.

A teoria de Beck enfatiza a importância de entender as crenças dos pacientes sobre si mesmos, outras pessoas, o mundo e o futuro. O terapeuta pode proporcionar hipóteses sobre todos esses quatro tipos de crença ou se concentrar em apenas dois ou três (o objetivo é a utilidade clínica, e não uma explicação completa). Acreditamos que as visões dos pacientes sobre si mesmos e os outros têm grande utilidade clínica. As visões do paciente sobre os outros podem ser úteis para o terapeuta porque ele, é claro, é um "outro", e esse componente da formulação pode permitir que o terapeuta faça algumas previsões sobre as distorções que podem surgir nas visões do paciente sobre ele.

Um paciente provavelmente terá diversas visões sobre si mesmo, os outros, o mundo e o futuro. Por exemplo, Judy tinha duas visões predominantes dos outros – uma aparentemente derivada das experiências com sua mãe (passiva/fraca/impotente) e uma aprendida com seu pai (bravo/crítico/agressivo). Ela considerava algumas pessoas fracas e frágeis, outras potencialmente hostis e agressivas, e outras ainda com os dois conjuntos de qualidades. Judy tinha uma crença geral que incluía: uma visão de que as pessoas não eram solidárias com ela.

Nessa parte da formulação, o terapeuta talvez também considere importante especificar certas crenças condicionais, colocadas em termos de "se-então". Um exemplo é "se eu falar, os outros ficarão bravos e se afastarão de mim" (ver Beck, Freeman e Associates, 1990).

Situações precipitantes e ativadoras

Na segunda seção da hipótese de trabalho, o terapeuta especifica eventos externos e situações que ativam esquemas para produzir sintomas e problemas. O termo "precipitantes" refere-se a eventos molares de maior escala, que precipitaram um episódio de doença ou a decisão de o paciente procurar tratamento. Um exemplo é uma avaliação profissional negativa que ativou, para um vendedor de computadores, um espiral descendente, levando a uma depressão clínica.

O termo "situações ativadoras" refere-se a eventos de menor escala, que precipitam o humor negativo e os comportamentos maladaptativos. Exemplos típicos de situações ativadoras para um paciente cuja depressão teve início após receber uma avaliação negativa no trabalho de seu chefe, pois um cliente criticou o seu trabalho e os produtos da empresa.

Nem sempre é fácil fazer uma distinção entre precipitantes e eventos ativadores, embora essa distinção nem sempre seja crucial para o planejamento do tratamento. O principal objetivo nesta seção da formulação é dizer algo sobre os tipos de situação e evento externos que sejam problemáticos para o paciente.

Acreditamos ser importante avaliar situações e eventos externos problemáticos por diversas razões. Em primeiro lugar, a teoria cognitiva diz que os sintomas e problemas psicopatológicos não se devem simplesmente a eventos intrapsíquicos. Eles provêm da *ativação*, por eventos externos, de estruturas internas (esquemas). Como resultado, esperamos uma "combinação" entre os esquemas do paciente e os eventos externos que os ativam. Por exemplo, Beck (1983) afirma que tipos autônomos de indivíduos (que acreditam que "devo ser bem-sucedido para ser uma pessoa de valor") são vulneráveis à depressão quando experimentam algum tipo de fracasso. Se essa teoria estiver correta (e existem evidências em favor disso; ver Hammen, Ellicott, Gitlin e Jamison, 1989), o terapeuta pode obter informações sobre os esquemas do paciente examinando os eventos externos que parecem desempenhar o papel de ativador destes esquemas.

Informações sobre quais situações são problemáticas para o paciente também podem ser úteis na intervenção, da mesma forma que é importante projetar intervenções que possam ser utilizadas nessas situações. Finalmente, embora não seja muito discutido na literatura, acreditamos ser importante trabalhar com os pacientes não apenas para mudar suas reações a eventos externos, mas às vezes para ajudá-los a mudar as próprias situações por sua conta própria. Algumas intervenções de planejamento de atividades podem ser conceituadas dessa forma. Por exemplo, um engenheiro relatou que tinha um desempenho fraco em um ambiente de trabalho onde ficava isolado e precisava atuar de maneira independente. Todavia, ele funcionava melhor quando trabalhava como parte de uma equipe. Uma parte importante do tratamento da depressão desse jovem envolveu ajudá-lo a ter uma atitude assertiva para obter o tipo de ambiente de trabalho onde mais vicejava.

Origens

Na terceira seção da hipótese de trabalho, o clínico descreve brevemente um ou alguns incidentes ou circunstâncias do início da história do paciente que expliquem como ele pode ter aprendido os esquemas ou as relações funcionais listados na hipótese de trabalho. A seção de origens também pode incluir experiências de modelagem, ou a incapacidade de aprender habilidades e comportamentos importantes, como no caso de um paciente que possuía déficits significativos em habilidades sociais em parte por ter crescido em uma família na qual ambos os pais também apresentavam déficits sociais mais evidentes.

Resumo da hipótese de trabalho

Em uma declaração sumária, o terapeuta conta uma história que descreve as relações entre os componentes da hipótese de trabalho (esquemas, situações precipitantes/ativadoras e origens), ligando-os aos problemas contidos na lista (de problemas). A hipótese de trabalho pode ser descrita de forma verbal, ou por meio de um modelo de fluxogramas – conforme ilustrado em Haynes (1992) e Nezu e colaboradores, (1997), e como demonstraremos a seguir para o caso de Judy.

A hipótese de trabalho para Judy

Esquemas

Os esquemas de Judy sobre si mesma, os outros, o mundo e o futuro eram os seguintes:

> "*Eu* sou ruim, emocionalmente deficiente, inadequada, incapaz de ter sucesso".
> "Os *outros* não são de confiança ou solidários, e não me apóiam. Eles são bravos/críticos/agressivos ou passivos/fracos/impotentes".
> "O *mundo* é ingrato, difícil, assustador".
> "O *futuro* é essencialmente ingrato".

Situações precipitantes e ativadoras

Os precipitantes para Judy envolviam assistir a outras pessoas realizarem objetivos e fazerem transições importantes em suas vidas (p. ex., obter uma promoção ou um emprego novo, casar, ter filhos). A experiência de ir ao casamento de uma amiga íntima levou Judy à terapia.

Com relação às situações ativadoras para Judy, de um modo geral, eram situações em que ela se sentia incapaz de agir para alcançar seus objetivos, e situações em que ela se sentia ressentida e sobrecarregada quando não sabia dizer não para os outros. Exemplos disso são olhar os anúncios pessoais, olhar sua lista de afazeres e receber um pedido de uma ajuda que ela não queria dar.

Origens

O pai de Judy era alcoolista, era propenso a ataques imprevisíveis de raiva e abuso físico e verbal ocasional direcionado à sua esposa e filhos. Ele costumava ridicularizar Judy, dizendo que ela era burra e louca, especialmente quando tentava se auto-afirmar. Sua mãe parecia frágil e desamparada, servindo como um modelo para comportamentos passivos e esquivos.

Resumo da hipótese de trabalho

A hipótese de trabalho para Judy propunha que, quando ela enfrentava situações em que precisasse agir para alcançar seus objetivos, seus esquemas de incapacitação e prejuízo eram ativados. Ela havia aprendido os comportamentos passivos de sua mãe e os comportamentos abusivos de seu pai. Quando esses esquemas se ativavam, ela ficava passiva e inativa, fazendo com que não alcançasse seus resultados e se sentisse insatisfeita e desestimulada. Esse padrão ocorreu repetidamente em situações de trabalho e em situações sociais, levando-a às situações de dificuldades que ela experimentava nesses cenários. Um modelo conceitual (fluxograma) que descreve a hipótese de trabalho de Judy é apresentado na Figura 3.3.

Hipótese de trabalho baseada em outras teorias cognitivo-comportamentais

Uma hipótese de trabalho baseada na teoria cognitiva de Beck deve especificar os eventos ativadores, os esquemas e certos compor-

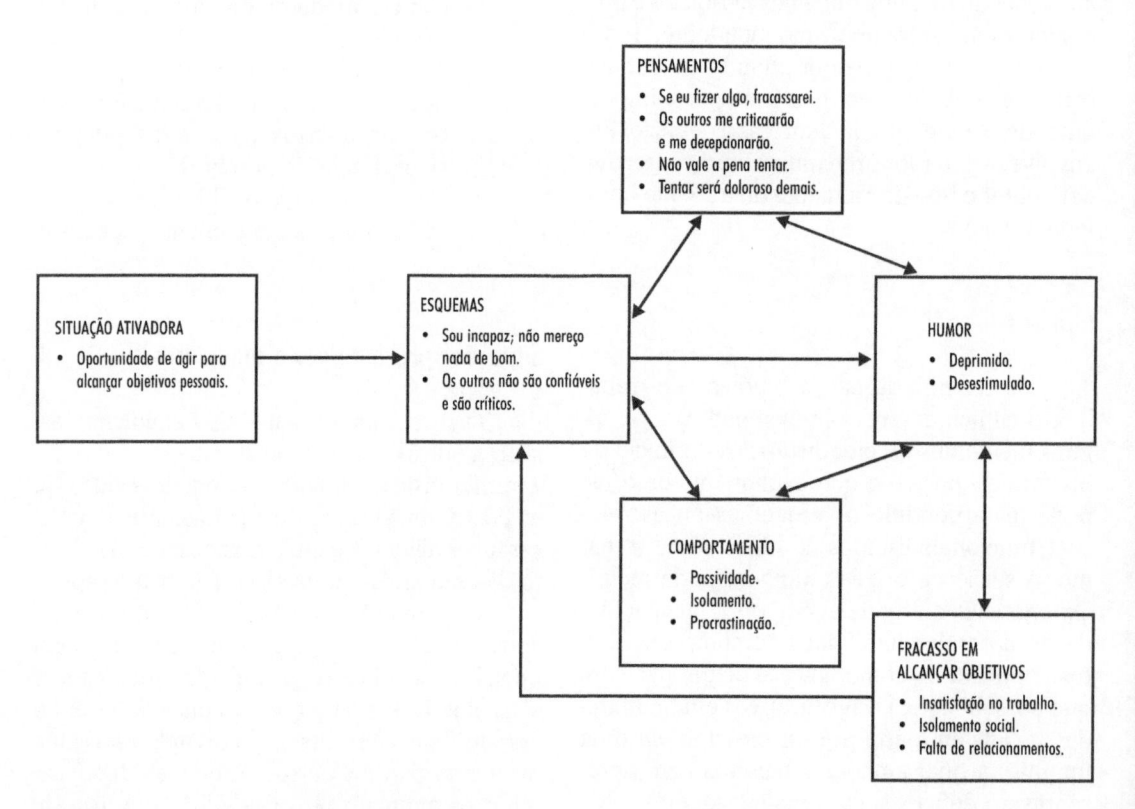

FIGURA 3.3 Hipótese de trabalho de Judy.

tamentos/pensamentos automáticos/humores típicos que surgem quando os esquemas são ativados. Outras teorias cognitivo-comportamentais também podem servir como modelos para conceituações de caso individualizadas (ver Nezu et al., 1997; Koerner e Linehan, 1997).

A análise comportamental proporciona uma alternativa particularmente poderosa e bem-desenvolvida aos esquemas de conceituação cognitiva. A abordagem de análise funcional à conceituação de caso acredita que os comportamentos psicopatológicos têm sua função e são causados e controlados por contingências no ambiente (Haynes e O'Brien, 2000), ao contrário da visão estrutural da psicopatologia usada no modelo de Beck, que propõe que os sintomas psicopatológicos são causados por estruturas subjacentes (esquemas). Do ponto de vista concreto, isso significa que a análise funcional tenta entender as funções e causas de comportamentos problemáticos, reunindo informações sobre antecedentes ambientas e conseqüências, e não propondo esquemas causais subjacentes. Entre as formulações possíveis, estão hipóteses cognitivas (estruturais) e funcionais. No caso de Judy, por exemplo, seu comportamento de isolamento e evitação poderia ser visto, em uma hipótese estrutural, como um conjunto de comportamentos que resulta da ativação de seus esquemas sobre si mesma e as outras pessoas, e, em uma hipótese funcional, como algo que tinha a função de permitir que ela evitasse situações que esperasse ser desagradáveis.

Pontos fortes e recursos

Os pontos fortes e os recursos podem incluir boas habilidades sociais, a capacidade de trabalhar em conjunto, senso de humor, um bom emprego, recursos financeiros, uma boa rede social de apoio, exercícios regulares, inteligência, atratividade pessoal, e/ou um estilo de vida estável. Recomendamos que os terapeutas reúnam informações sobre os pontos fortes e recursos do indivíduo por diversas razões. Esse tipo de informação pode ajudar o terapeuta a desenvolver uma hipótese de trabalho. Por exemplo, no caso de Judy, a observação do terapeuta de que ela tinha habilidades sociais excelentes excluía a possibilidade de que um importante déficit em habilidades sociais pudesse estar contribuindo para seu isolamento social. O uso dos pontos fortes do paciente pode auxiliar o plano de tratamento. Uma de nós (J. B. P.) recentemente tratou um jovem que fez um excelente uso de suas fortes crenças espirituais quando estava aprendendo a resistir ao desejo de executar seus rituais obsessivo-compulsivos. Uma avaliação clara dos pontos fortes e dos recursos do paciente também pode ajudar o terapeuta a estabelecer objetivos mais realistas para o tratamento.

Os pontos fortes e recursos de Judy

O terapeuta listou os seguintes pontos fortes e recursos de Judy: estilo de vida estável; brilhante; excelentes habilidades sociais; uma boa rede social de apoio (de amigas).

Plano de tratamento

No sentido exato do termo, o plano de tratamento não faz parte da formulação – ele parte da formulação e baseia-se nela, particularmente na lista de problemas e na hipótese de trabalho. Incluímos o plano de tratamento na formulação do caso para enfatizar a visão de que ele se baseia diretamente na formulação. Por exemplo, se o terapeuta considerar que a ansiedade social de um paciente se deve em parte a déficits em habilidades sociais, o plano de tratamento para aquele paciente envolverá um treinamento em habilidades sociais. Por outro lado, se a ansiedade social parecer resultar de esquemas como "se eu falar por mim mesma, os outros ficarão bravos e me atacarão" e da evitação de situações sociais, o plano de tratamento incluirá reestruturação cognitiva, técnicas de exposição e procedimentos comportamentais para testar os esquemas e os pensamentos automáticos do paciente.

O componente do plano de tratamento na formulação tem seis componentes: objetivos, modalidade, freqüência, intervenções, terapias auxiliares e obstáculos. As seções de objetivos e obstáculos são particularmente importantes, e descreveremos ambas detalhadamente a seguir.

Objetivos

A lista de problemas sugere objetivos para o tratamento. Ou seja, os objetivos podem ser vistos como formas de resolver os problemas já definidos na lista. Se esse for o caso, seria necessário desenvolver uma lista de problemas e uma outra lista de objetivos de tratamento? Acreditamos que sim, por duas razões. Primeiramente, vejam que, conforme discutimos anteriormente, o paciente e o terapeuta nem sempre concordam quanto ao conteúdo da lista de problemas a serem trabalhados. A lista de problemas do terapeuta às vezes inclui itens que o paciente não considera como problemas (prioritários). Por outro lado, recomendamos que o paciente e o terapeuta tentem desenvolver uma lista de objetivos conjuntamente, pois os objetivos já são suficientemente difíceis de alcançar quando o paciente e o terapeuta estão de completo acordo. Em segundo lugar, a maioria dos pacientes não está ansiosa para resolver todos os seus problemas levados à terapia. Geralmente, eles procuram tratamento para abordar um ou dois aspectos particularmente importantes ou perturbadores. Além disso, a maioria das empresas de seguros não quer pagar para os pacientes resolverem todos os seus problemas. Finalmente, os pacientes muitas vezes têm a capacidade de resolver algumas questões (muito repetitivo problemas, problemas, problemas...) por conta própria depois de abordarem outros problemas mais difíceis no tratamento.

Quando o terapeuta está especificando objetivos para o tratamento, é importante dizer como se avaliará o progresso rumo a eles. Muitas vezes, tal avaliação pode ser feita por contagem simples (p. ex., o número de ataques de pânico, ou o número de dias por semana em que o paciente pratica exercícios), podendo-se também usar inventários de auto-avaliação. Em nosso centro, geralmente usamos o inventário de depressão de Beck (Beck, Ward, Mendelsohn, Mock e Erbaugh, 1961), o inventário de ansiedade de Burns (Burns, 1998) e o inventário de obsessão-compulsão de Yale-Brown (Goodman, Price, Rasmussen et al., 1989) para monitorar o progresso semanal. E, na linha de nossa abordagem idiográfica de tratamento, desenvolvemos medidas idiográficas para avaliar os problemas de um determinado paciente. O automonitoramento (ver Cone, 1999, sobre automonitoramento) é ideal para essa finalidade. Uma discussão ampla de estratégias para mensurar o progresso de pacientes estaria além dos limites desde capítulo (ver Bloom, Fischer e Orme, 1995).

Obstáculos

No último componente da formulação do plano de tratamento, o terapeuta usa a formulação de caso propriamente dita – particularmente a lista de problemas, os esquemas e as hipótese de trabalho – para fazer previsões sobre dificuldades que possam surgir no relacionamento terapêutico ou em outros aspectos do tratamento. Às vezes, itens da lista, como problemas financeiros, conflitos interpessoais e dificuldade para trabalhar em equipe alertam o terapeuta para problemas que podem ocorrer e interferir na terapia.

A base para esta seção da formulação é que uma consciência precoce das dificuldades potenciais pode ajudar o paciente e o terapeuta a lidar com elas de forma mais efetiva. Por exemplo, um de nós (J. D.) recentemente tratou Anne, uma paciente cuja lista de problemas incluía instabilidade no emprego. Uma discussão sobre as dificuldades de Anne em seu trabalho levou à hipótese de que ela tinha dificuldade para tolerar situações nas quais os resultados não fossem imediatamente gratificantes. Essa hipótese sugeria que ela poderia ser propensa a desistir prematuramente da terapia se os resultados não fossem imediatos. Anne e seu terapeuta conseguiram discutir esse obstáculo potencial ao tratamento logo no início e abordá-lo estabelecendo objetivos realistas para a terapia, monitorando os seus impulsos de terminar a terapia prematuramente, e esclarecendo expectativas para o tratamento regularmente.

O plano de tratamento de Judy

O terapeuta registrou o plano de tratamento de Judy da seguinte maneira:

Objetivos:

1. Reduzir os sintomas depressivos, especialmente a procrastinação (mensurada pelo BDI e um registro dos passos dados para alcançar certos objetivos).
2. Aumentar a capacidade de estabelecer prioridades e a organização no trabalho e em casa.
3. Encontrar um emprego mais satisfatório (avaliado diretamente).
4. Passar mais tempo com os amigos (mensurado pelo número de eventos sociais por semana com os amigos).
5. Começar a namorar, na tentativa de encontrar um marido (mensurado pelo número de encontros por semana com homens qualificados).
6. Aumentar a assertividade (mensurada por um registro de comportamentos assertivos).

Modalidade: terapia cognitivo-comportamental individual.

Freqüência: semanal.

Intervenções iniciais:
Ensinar a formulação (para proporcionar uma base para as intervenções).
Horários para atividades (tarefas do trabalho, socialização, encontros, procurar emprego).
Reestruturação cognitiva (registros de pensamentos, experimentos comportamentais)
Treinamento em assertividade.
Intervenções para mudar esquemas.

Terapias auxiliares: farmacoterapia é uma opção se Judy não responder à terapia cognitivo-comportamental.

Obstáculos:
A *procrastinação* prevê problemas com a adesão a tarefas de casa.
A *falta de assertividade* prevê que Judy pode ter dificuldade para ser assertiva com o terapeuta (p. ex., dizer "não" para tarefas de casa que não quer fazer).
O *"Não consigo"* prevê que Judy pode ter dificuldade para agir para alcançar seus objetivos e pode sentir-se desestimulada com seus retrocessos.

USANDO A FORMULAÇÃO DO CASO NO TRATAMENTO

Conforme indicamos anteriormente, o papel da formulação é auxiliar o terapeuta no processo de tratamento. O principal papel da formulação é orientar o terapeuta no planejamento do tratamento e na intervenção. Assim, as intervenções de tratamento devem basear-se nos objetivos do tratamento, devem capitalizar os pontos fortes e recursos do paciente, e devem fluir claramente a partir da hipótese de trabalho elaborada.

Um teste de uma formulação é o sucesso do plano de tratamento que ela gera. Judy alcançou os objetivos de seu tratamento. Seu escore no inventário de depressão de Beck diminuiu para um escore persistente de 6 a 8. Ela aprendeu estratégias de enfrentamento para executar em suas iniciativas, e a não desistir quando tivesse eventuais retrocessos. Começou a funcionar de forma mais efetiva, tornou-se mais organizada e teve novas realizações. Voltou ao seu nível anterior de interações com suas amigas, encontrou um emprego mais gratificante, começou a namorar e casou-se dois anos depois do início da terapia. Ela relatou que se sentia mais feliz e mais otimista com relação ao seu futuro, pois tinha agora mais confiança em sua capacidade de agir, mesmo que isso significasse tolerar um certo nível de desconforto. Para alcançar esses objetivos, Judy teve sessões semanais de terapia por um pouco mais de um ano, seguidas por sessões mensais por cinco meses para ajudá-la a manter seus ganhos. Após a sua terapia terminar, ela retornou duas vezes para uma série de 8 a 10 sessões quando se percebeu em situações difíceis (p. ex., lidar com um problema legal e interpessoal).

Apresentamos algumas informações detalhadas sobre as maneiras em que a formulação ajudou o terapeuta de Judy em diversos pontos da terapia.

1. *A construção de uma lista de problemas esclareceu os objetivos do tratamento.* Inicialmente, Judy descreveu a sua infelicidade em termos vagos, reclamando que se sentia "travada, deprimida e insatisfeita com a vida". A afirmação vaga e pouco clara de Judy sobre sua condição fazia parte daquilo que tornava difícil a resolução da situação. Quando a terapeuta fez perguntas para concretizar os componentes do humor, comportamentais e cognitivos de sua queixa, a lista de dificuldades pode claramente emergir. Uma lista clara de problemas levou a um roteiro contendo os objetivos de tratamento. A descrição explícita das dificuldades de Judy foi um importante primeiro para o início do tratamento.

2. *A formulação ajudou o terapeuta a manter um foco claro, enquanto trabalhava em diversos problemas.* Judy tinha muitos problemas: ela se sentia deprimida e desestimulada, tinha problemas interpessoais e estava infeliz no trabalho. A formulação foi particularmente útil nesse caso porque esclareceu o tema central do caso em questão e ajudou o terapeuta a manter um foco claro na terapia. A hipótese de trabalho de Judy explicitou que quando ela tinha que agir para realizar seus objetivos, seus esquemas de que era "incapaz" e "prejudicada pela vida" eram ativados, fazendo com que ficasse passiva e inativa, resultando no impedimento em alcançar seus objetivos e sentindo-se insatisfeita e desestimulada. Além disso, as respostas de humor, comportamentais e cognitivas de Judy à ativação dos esquemas levavam a conseqüências (não alcançar objetivos) que fortaleciam os seus esquemas problemáticos ("sou incapaz e prejudicada pela vida"). Esse padrão ocorria então repetidamente em situações de trabalho e sociais.

Mantendo esse tema central em mente, o terapeuta às vezes usava a sessão de terapia para tratar de questões que envolviam os aspectos de trabalho e às vezes abordava questões interpessoais e sociais, mas sempre concentrando-se no padrão mal-adaptativo descrito na hipótese de trabalho. Em vez de enxergar cada um dos problemas da lista de Judy como separados e escolher intervenções individuais para cada um, o terapeuta utilizou a formulação para enxergar que a principal tarefa de Judy na terapia era superar o padrão mal-adaptativo presente em quase todos os níveis e já descritos na hipótese de trabalho. O terapeuta empregava a formulação para projetar intervenções que viessem a ajudar Judy a aprender a agir em direção a seus objetivos, e, desta forma, aprender a persistir mesmo quando se sentisse desconfortável e acreditasse que as coisas não dariam certo. O terapeuta usava esta formulação para manter um foco claro na terapia, mesmo enquanto trabalhava com diversos problemas simultaneamente.

3. *A formulação ajudou a paciente a desempenhar um papel ativo e colaborativo no tratamento.* Com uma formulação compartilhada, o paciente e o terapeuta trabalham em equipe e colaborativamente. Assim, recomendamos que o terapeuta compartilhe com seu paciente o máximo da formulação elaborada. O terapeuta de Judy explicou uma parte fundamental da formulação em uma das primeiras sessões da terapia de Judy. Naquela sessão, quando Judy ficou sabendo que a terapia cognitiva envolvia aprender habilidades para identificar e mudar as cognições e os comportamentos, ela se desestimulou e disse: "Não conseguirei fazer essa terapia. Não vai ajudar, e depois eu vou acabar me sentindo ainda pior". A terapeuta usou um

RPD (uma formulação no nível da situação) para mostrar a Judy como esses pensamentos a deixavam desestimulada e tentada a desistir da terapia. Usando a técnica da "flecha descendente" (Burns, 1980), Judy identificou a crença de que era "emocionalmente deficiente" por causa das experiências de sua infância e, portanto, não conseguiria fazer nada que tentasse. A terapeuta mostrou a Judy como sua visão de si mesma como deficiente e sua tendência a se sentir desestimulada e desistir quando encontrasse desafios perpassavam muitos de seus problemas.

Nessa importante sessão de terapia e em muitas outras semelhantes, Judy começou a entender claramente a formulação. Ela adotou um papel ativo em seu tratamento, trabalhando arduamente para identificar e testar a hipótese de trabalho. Judy adquiriu uma grande habilidade para identificar situações ativadoras, os esquemas que eram ativados nessas situações, bem como as respostas mal-adaptativas que eram produzidas. A paciente passou a ter então um sentido de controle e de esperança, enxergando o padrão mal-adaptativo na hora em que ele ocorresse. De fato, os sentimentos de auto-eficácia que foram mobilizados dessa forma ajudaram Judy a combater sua visão de si mesma como incapaz.

4. *A formulação de caso ajudou a terapeuta a entender e lidar com suas reações negativas à paciente.* Para a terapeuta, trabalhar com Judy foi gratificante e frustrante. Judy fez progresso na terapia – mas de maneira inconstante. Muitas vezes, ela não cumpria com suas tarefas de casa e chegava à sessão seguinte sentindo-se desestimulada e vazia, travada e paralisada. Quando isso acontecia, a própria terapeuta ficava frustrada e desestimulada. Uma atenção cuidadosa a suas próprias reações ajudou o terapeuta a identificar seus próprios pensamentos mal-adaptativos: "talvez Judy *seja* incapaz de melhorar", e "talvez ela não tenha motivação suficiente para trabalhar em melhorar".

Para lidar com esse raciocínio mal-adaptativo, era importante que a terapeuta revisasse a formulação inicial. Ao fazê-lo, ela observou que estava sucumbindo aos esquemas mal-adaptativos da paciente ("Judy é deficiente e incapaz", "O futuro é desanimador e triste"). Esse reconhecimento ajudou a terapeuta a se sentir menos frustrada quando Judy não fazia suas tarefas de casa ou mesmo quando não fazia progressos no tratamento. De fato, a formulação possibilitou que a terapeuta previsse (ver os obstáculos previstos no plano de tratamento, apresentados anteriormente) que Judy teria dificuldade para fazer suas tarefas. A capacidade de prever a falta de adesão às tarefas de casa tornou mais fácil para a terapeuta lidar com o problema quando este ocorreu.

A formulação também explicou por que Judy tinha dificuldade para fazer suas tarefas de casa. Segundo a formulação, isso se dava pelas mesmas razões pelas quais ela tinha muitas outras dificuldades em sua lista de problemas: seus esquemas sobre suas deficiências e incapacidades eram ativados, fazendo que ficasse desconfortável e desestimulada, vindo a se retrair. Lembrar dessa formulação ajudou a terapeuta a manter o equilíbrio quando Judy não cumpria as tarefas. Desta forma, a falta de adesão às tarefas de casa tornou-se apenas mais um problema para trabalhar no tratamento.

Para resumir, a terapeuta de Judy usou a formulação para esclarecer os objetivos do tratamento, para ajudar a manter um foco claro enquanto trabalhava com problemas diversos, para facilitar o desempenho de um papel ativo e cooperativo por parte da paciente em seu tratamento, e para ajudar a terapeuta a entender e lidar com reações negativas ao longo do trabalho com Judy. Outros exemplos da utilidade clínica da formulação são apresentados por O'Brien e Haynes (1995), Tompkins (1999), Turkat (1980) e Turkat e Maisto (1985), entre outros.

O PAPEL DA FORMULAÇÃO DE CASO INDIVIDUALIZADO NA PSICOTERAPIA BASEADA EM EVIDÊNCIAS

A tensão entre o tratamento guiado pela formulação e o tratamento baseado em testes controlados randomizados

Acreditamos que o clínico tem uma responsabilidade profissional e ética de oferecer tratamentos que tenham mostrado-se efetivos em estudos controlados – de maneira ideal, em testes controlados randomizados. Todavia, o leitor criterioso observará que a maioria desses testes utiliza protocolos padronizados que não exigem que o terapeuta desenvolva uma formulação de caso individualizado. Existe, portanto, uma tensão entre o tratamento validado por testes controlados randomizados e o tratamento baseado em uma formulação individualizada. Queremos propor algumas soluções para essa tensão, e oferecer diretrizes para o uso da formulação de caso em abordagens de tratamento baseadas em evidências.

Uma solução para a tensão entre tratamentos baseados em protocolos padronizados ou em formulações individualizadas é o reconhecimento de que os protocolos padronizados também se baseiam em uma formulação, ainda que uma formulação nomotética (geral) em vez de idiográfica (individualizada) (Haynes et al., 2000). Por exemplo, a terapia cognitiva de Beck baseia-se na formulação de que a depressão resulta da ativação de esquemas por eventos da vida, abrindo espaço para cognições distorcidas, comportamentos maladaptativos e humor deprimido. A terapia cognitiva alivia o humor negativo, mudando os comportamentos, os pensamentos automáticos, e os esquemas, conforme já descrito no protocolo publicado por Beck e colaboradores (1979). Além disso, à medida que o terapeuta executa o protocolo, ele o individualiza para abordar os eventos ativadores, os comportamentos maladaptativos, os pensamentos automáticos e os esquemas específicos que são problemáticos para seu paciente. Portanto, o terapeuta que baseia seu tratamento em uma formulação de caso individualizado está, em parte, simplesmente formalizando aquilo que o terapeuta que usa um protocolo padronizado já faz de maneira informal.

Uma segunda solução para a tensão entre os tratamentos padronizados validados por testes controlados e randomizados e os tratamentos guiados por formulações individualizadas envolve estabelecer uma distinção entre transtornos e pacientes. Os tratamentos que usam protocolos padronizados e formulações individualizadas são complementares, e não conflitantes. Os protocolos padronizados tratam transtornos, ao passo que as terapias guiadas por uma formulação tratam pacientes. Essa distinção assemelha-se à distinção na medicina entre o "transtorno" e o "apuro". O "apuro" é a "maneira social, psicológica e econômica em que o paciente [médico] se situa no ambiente" (Sackett et al., 1991, p. 4). A formulação de caso (particularmente o componente da lista de problemas) proporciona ao terapeuta uma visão abrangente do caso como um todo, que lhe permite entender não apenas um ou dois dos transtornos do paciente, mas uma visão ampla que inclua a condição em que o paciente se encontra.

Em terceiro lugar, uma formulação individualizada facilita o uso de um protocolo padronizado, ajudando o terapeuta a entender e lidar com dificuldades que surgem no seu uso, incluindo a falta de adesão, rupturas no relacionamento entre paciente e terapeuta, e problemas semelhantes, como ilustramos anteriormente (ver também Tompkins, 1999). A formulação permite que o terapeuta entenda e lide com essas dificuldades de maneira sistemática e criteriosa, em vez de aplicar estratégias por meio de tentativa e erro.

Em quarto lugar, a capacidade de desenvolver um plano de tratamento individualizado com base em uma conceituação é valiosa ao se trabalhar com pacientes que não tiveram sucesso com as terapias validadas por testes, ou que procuram tratamento para um transtorno ou problema para o qual não haja um protocolo disponível. Sem uma formulação, o terapeuta fica reduzido a experimentar uma série de intervenções de terapia. A formulação de caso proporciona um método sistemático para desenvolver uma hipótese (a formulação) sobre os mecanismos que causam os sintomas e os problemas do paciente, desenvolver um plano de tratamento com base na formulação e, finalmente avaliar o resultado do plano de tratamento. Se os resultados forem fracos, em vez de simplesmente experimentar (de forma cega) algumas intervenções alternativas, o terapeuta pode reformular o caso, desenvolver um novo plano de tratamento baseado nesta nova reformulação e monitorar novamente o resultado. Assim, o método de formulação de caso implica uma abordagem de tratamento por testes e de hipóteses – uma abordagem científica e sistemática para o tratamento de casos em que não haja protocolos ou que os protocolos disponíveis não tenham ajudado.

De maneira clara, a abordagem de tratamento baseada na formulação individualizada tem muitas vantagens. Todavia, deve-se reconhecer que existem poucas evidências empíricas em favor da utilidade de se desenvolver uma conceituação de caso formal para orientar o tratamento. Persons, Bostrom e Bertagnolli (1999) apresentaram dados iniciais demonstrando a utilidade de uma abordagem de formulação individualizada na terapia cognitivo-comportamental para o tratamento da depressão. Entretanto, são necessárias mais pesquisas desse tipo. Haynes e colaboradores (1997) revisaram a literatura e concluíram que a utilidade da formulação individualizada para o tratamento foi demonstrada de maneira convincente para comportamentos autodestrutivos, mas não para outros problemas comportamentais.

Também é importante reconhecer que o processo de desenvolver uma formulação de caso individualizado tem seus riscos e custos.

Um risco é que os terapeutas podem desenvolver formulações idiossincráticas baseadas em modismos, tradições ou julgamento clínico questionável (Wilson, 1998). Esses fatores podem explicar as constatações de Schulte, Kunzel, Pepping e Schulte-Bahrenberg (1992), que relataram que pacientes com transtornos da ansiedade que foram tratados com um tratamento padronizado de exposição tiveram resultados melhores do que aqueles que fizeram tratamento individualizado.

Para reduzir os riscos de um trabalho terapêutico baseado em uma formulação de caso individualizado e para fortalecer sua fundamentação empírica, recomendamos os três procedimentos seguintes:

1. *Adote uma formulação validada por testes controlados e randomizados como sua hipótese de trabalho inicial.* Recomendamos que os terapeutas adotem, como hipótese de trabalho inicial para o caso, uma das formulações nomotéticas utilizadas nas terapias validadas por procedimentos para o transtorno ou transtornos tratados. Se a terapia baseada nessas formulações fracassar, podem-se experimentar tratamentos baseados em formulações que não tenham sido ainda testadas.
2. *Solicite o consentimento informado dos pacientes para o tratamento.* Antes que os pacientes possam dar consentimento informado para o tratamento, os terapeutas devem fornecer informações sobre os resultados da avaliação clínica, opções de tratamento e evidências em favor da eficácia de cada opção, bem como recomendações para o tratamento. No caso de Judy, isso acarretou informar que ela satisfazia os critérios diagnósticos para distimia e descrever as opções de tratamento disponíveis, inclusive farmacoterapia.

   Em muitos casos, especialmente quando um paciente não satisfaz os critérios que os pacientes estudados em protocolos controlados e randomizados satisfizeram, o terapeuta desenvolve um plano de tratamento que vai além daqueles existentes. O terapeuta deve informar o paciente que isso está sendo feito. Quando o terapeuta extrapola a partir de um protocolo desenvolvido para outro problema ou população (como no caso de Judy, no qual as intervenções foram tiradas do inventário de Beck para o tratamento da depressão maior, já que ainda não haviam sido publicados, p. ex., protocolos para tratar distimia), é particularmente importante obter o consentimento do paciente para o tratamento. O consentimento informado também é particularmente importante quando o plano de tratamento do terapeuta se baseia em uma formulação peculiar que ainda não foi estudada em nenhum procedimento controlado. Nesse caso, o terapeuta deve explicar isso ao paciente e apresentar uma base racional para o plano de tratamento proposto. A formulação pode ajudar a proporcionar a fundamentação para um plano de tratamento que seja individualizado.

3. *Monitore os resultados.* Os tratamentos validados por protocolos controlados randomizados apresentaram bons resultados para casos médios. Por outro lado, o clínico trata casos individuais e únicos. Para garantir que o tratamento seja proveitoso para o paciente em questão, os resultados devem ser cuidadosamente monitorados.

Na psicoterapia baseada em evidências e guiada por uma formulação clínica, o terapeuta conduz o tratamento de cada caso como um experimento em que $n = 1$ (ver Barlow, Hayes e Nelson, 1984), usando um processo recorrente, ilustrado na Figura 3.4. O terapeuta começa coletando dados (avaliação) para desenvolver uma hipótese a respeito dos mecanismos que causam e mantêm os problemas do paciente (a formulação do caso). A formulação, portanto, é usada para criar um plano de tratamento. À medida que o tratamento avança, o terapeuta reúne dados adicionais para avaliar o resultado dessa nova terapia baseada na formulação do caso, esta é muito bem revisada para verificar possíveis falhas no plano de tratamento.

O clínico que sempre utiliza esses três métodos enquanto conduz um tratamento orien-

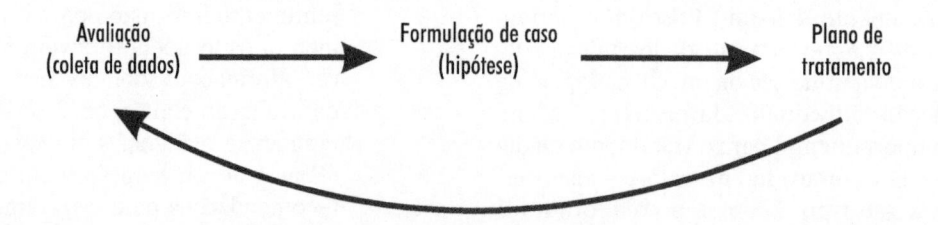

FIGURA 3.4 Modelo recorrente ligando avaliação, geração de hipóteses, tratamento e avaliação repetida. Copyright San Francisco Bay Area Center for Cognitive Therapy. Reimpresso sob permissão.

tado por uma formulação de caso individualizado estará, segundo nossa visão, fazendo psicoterapia baseada em evidências e orientada por uma formulação sólida. Incentivamos os clínicos que adotam os métodos de conceituação de caso descritos neste capítulo a embuti-los sempre que possível em um modelo baseado em evidências.

REFERÊNCIAS

Barlow, D. H., Hayes, S. C., & Nelson, R. O. (1984). *The scientist-practitioner: Research and accountability in clinical and educational settings.* New York: Pergamon Press.

Beck, A. T. (1983). Cognitive theory of depression: New Perspectives. In. P. J. Clayton & J. E. Barrett (Eds.), *Treatment of depression: Old controversies and new approaches* (pp. 265-288). New York: Raven Press.

Beck, A. T., Freeman, A., & Associates. (1990). *Cognitive therapy of personality disorders.* New York: Guilford Press.

Beck, A. T., Rush, A. J., Shaw, B. F., & Emery, G. (1979). *Cognitive therapy of depression.* New York: Guilford Press.

Beck, A. T., Ward, C. H., Mendelsohn, M., Mock, J., & Erbaugh, J. (1961). An inventory for measuring depression. *Archives of General Psychiatry, 4*, 561-571.

Beck, J. S. (1995). *Cognitive therapy: Basics and beyond.* New York: Guilford Press.

Bloom, M., Fischer, J., & Orme, J. G. (1995). *Evaluating practice: Guidelines for the accountable professional.* Needham Heights, MA: Allyn & Bacon.

Burns, D. D. (1980). *Feeling good: The new mood therapy.* New York: William Morrow.

Burns, D. D. (1998). *Therapist's toolkit.* (Disponível com David D. Burns, MD, 11987 Murietta Lane, Los Altos, CA 94022)

Cone, J. D. (Ed.). (1999). Special section: Clinical assessment applications of selfmonitoring. *Psychological Assessment, 11*, 411-497.

Eells, T. D. (Ed.). (1997). *Handbook of psychotherapy case formulation.* New York: Guilford Press.

Goodman, W. K., Price, L. H., Rasmussen, S. A., Mazure, C., Fleischmann, R. L., Hill, C. L., Heninger, G. R., & Charney, D. S. (1989). The Yale-Brown Obsessive-Compulsive Scale: I. Development, use, and reliability. *Archives of General Psychiatry, 46*, 1006-1011.

Hammen, C., Ellicott, A., Gitlin, M., & Jamison, K. R. (1989). Sociotropy/autonomy and vulnerability to specific life events in patients with unipolar depression and bipolar disorders. *Journal of Abnormal Psychology, 98*, 154-160.

Hayes, S. C., Nelson, R. O., & Jarrett, R. B. (1987). The treatment utility of assessment: A functional approach to evaluating assessment quality. *American Psychologist, 42*, 963-974.

Haynes, S. N. (1992). *Models of causality in psychopathology: Toward dynamic, synthetic and nonlinear models of behavior disorders.* New York: Macmillan.

Haynes, S. N., Kaholokula, J. K., & Nelson, K. (2000). The idiographic application of nomothetic, empirically based treatments. *Clinical Psychology: Science and Practice, 6*, 456-461.

Haynes, S. N., Leisen, M. B., & Blaine, D. D. (1997). Design of individualized behavioral treatment programs using functional analytic clinical case models. *Psychological Assessment, 9*, 334-348.

Haynes, S. N., & O'Brien, W. H. (2000). *Principles and practice of behavioral assessment.* New York: Kluwer Academic/Plenum Press.

Koerner, K., & Linehan, M. M. (1997). Case formulation in dialectical behavior therapy for borderline personality disorder. In T. D. Eells (Ed.), *Handbook of psychotherapy case formulation* (pp. 340-367). New York: Guilford Press.

Linehan, M. M. (1993). *Cognitive-behavioral treatment of borderline personality disorder.* New York: Guilford Press.

Mayfield, D., McLeod, G., & Hall, P. (1974). The CAGE questionnaire: Validation of a new alcoholism screening instrument. *American Journal of Psychiatry, 131*, 1121-1123.

Nelson, R. O., & Hayes, S. C. (Eds.). (1986). *Conceptual foundations of behavioral assessment.* New York: Guilford Press.

Nezu, A. M., & Nezu, C. M. (1993). Identifying and selecting target problems for clinical interventions: A problem-solving model. *Psychological Assessment, 5*, 254-263.

Nezu, A. M., Nezu, C. M., Friedman, S. H., & Haynes, S. N. (1997). Case formulation in behavior therapy: Problem-solving and functional analytic strategies. In T. D. Eells (Ed.), *Handbook of psychotherapy case formulation* (pp. 368-401). New York: Guilford Press.

O'Brien, W. H., & Haynes, S. N. (1995). A functional analytic approach to the conceptualization, assessment, and treatment of a child with frequent migraine headaches. *In Session: Psychotherapy in Practice, 1*, 65-80.

Persons, J. B. (1989). *Cognitive therapy in practice: A case formulation approach.* New York: Norton.

Persons, J. B. (1992). The patient with multiple problems. In A. Freeman & F. Dattilio (Eds.), *Casebook of cognitive-behavior therapy* (pp. 241-247). New York: Plenum Press.

Persons, J. B., Bostrom, A., & Bertagnolli, A. (1999). Results of randomized controlled trials of cognitive therapy for depression generalize to private practice. *Cognitive Therapy and Research, 23,* 535-548.

Persons, J. B., & Tompkins, M. A. (1997). Cognitive-behavioral case formulation. In T. D. Eells (Ed.), *Handbook of psychotherapy case formulation* (pp. 314-339). New York: Guilford Press.

Sackett, D. L., Haynes, R. B., Guyatt, G. H., & Tugwell, P. (1991). *Clinical epidemiology: A basic science for clinical medicine.* Boston: Little, Brown and Company.

Schulte, D., Kunzel, R., Pepping, G., & Schulte-Bahrenberg, T. (1992). Tailor-made versus standardized therapy of phobic patients. *Advances in Behaviour Research and Therapy, 14,* 67-92.

Tompkins, M. A. (1999). Using a case formulation to manage treatment nonresponse. *Journal of Cognitive Psychotherapy: An International Quarterly, 13,* 317-330.

Turkat, I. D. (Ed.). (1985). *Behavioral case formulation.* New York: Plenum.

Turkat, I. D., & Maisto, S. A. (1985). Personality disorders: Application of the experimental method to the formulation and modification of personality disorders. In D. H. Barlow (Ed.), *Clinical handbook of psychological disorders: A step-by-step treatment manual* (pp. 502-570). New York: Guilford Press.

Wilson, G. T. (1998). Manual-based treatment and clinical practice. *Clinical Psychology: Science and Practice,* S, 363-375.

Wolpe, J. (1980). Behavioral analysis and therapeutic strategy. In A. Goldstein & E. B. Foa (Eds.), *Handbook of behavioral interventions* (pp. 7-37). New York: Wiley.

COGNIÇÃO E CIÊNCIA CLÍNICA
Da revolução à evolução

Rick E. Ingram
Greg J. Siegle

Em 1986 (p. 3), Ingram e Kendall escreveram que "a 'revolução cognitiva' havia acabado. Já não é mais rebeldia argumentar em favor da existência da cognição, defender sua importância para o funcionamento humano, ou justificá-la como um tema de estudo legítimo e profícuo". Os autores também observaram que "os conceitos cognitivos se instalaram firmemente no vernáculo dos pesquisadores e clínicos. De fato, a psicologia cognitiva se tornou a psicologia vigente" (p. 3). Nos anos seguintes, surgiram poucas evidências para contradizer essa conclusão. Com poucas exceções (p. ex., Hawkins, 1994), nosso campo não tem travado debates de motivação comportamental sobre a legitimidade científica da cognição, e não está mais na moda dizer que a cognição contribui pouco para o comportamento funcional ou disfuncional. Embora outras abordagens para entender o comportamento tenham ganho ou recuperado o entusiasmo entre os teóricos e pesquisadores (p. ex., Baldwin, 1992; Bowlby, 1988; Westin, 1991), elas serviram para complementar a abordagem cognitiva (Ingram, Miranda e Segal, 1998; Safran e Segal, 1990) em vez de substituí-la como um fator importante na ciência psicológica. Tentativas de entender a relação entre a cognição e o comportamento permanecem profundamente embutidas na corrente psicológica em voga.

Embora as abordagens cognitivas não sejam mais revolucionárias na busca científica da psicologia clínica, nenhuma discussão do nexo entre a cognição e a psicoterapia pode estar completa sem pelo menos uma referência histórica à revolução cognitiva. Mahoney (1988) identificou essas questões na edição inaugural deste livro e no seu livro seminal de 1974, *Cognition and behavior modification*, que se diz ter dado início à revolução cognitiva na psicologia clínica. O autor observou que as perspectivas cognitivas na psicologia clínica surgiram de um desencantamento crescente com o paradigma comportamental, que muitas vezes não reconhecia nenhum papel importante para a cognição no funcionamento humano. Conforme observou Mahoney (1974, p. 1), "somente uma porcentagem muito pequena dos comportamentos de uma pessoa pode ser observada em público. Nossas vidas são compostas predominantemente de respostas privadas a ambientes privados". Estava claro que qualquer abordagem clínica que não levasse esses "eventos privados" a sério estaria perdendo uma oportunidade importante de entender e mudar comportamentos mal-adaptativos. A exploração da natureza, estrutura e relevância funcional da cognição em transtornos psicológicos foi o resultado natural da restauração da relevância científica aos eventos privados.

Todavia, como seria de esperar, o interesse crescente na cognição como forma de entender aspectos importantes de funções e disfunções não escapou de críticas ásperas. De fato, como sugeriu Mahoney (1988), as respostas dos behavioristas variaram da rejeição ao descaso, com a sugestão às vezes implícita (e, em outras, explícita) de que qualquer tentativa de conceituar ou estudar as variáveis cognitivas representaria um afastamento da psicologia científica e de valores científicos. Embora Mahoney tenha observado que alguns behavioristas reconheciam um papel secundário para a cognição na terapia comportamental (p. ex., na forma de imagens), esses conceitos cognitivos eram tratados, na maior parte, como simples comportamentos encobertos regidos pelas mesmas leis que governavam os comportamentos explícitos (p. ex., Cautela, 1970). Conforme observou Scott (1995), em outros casos, as abordagens cognitivas eram simplesmente rotuladas por meio de conceitos vagos e mentalísticos, sem *status* científico legítimo ou desprovida de uma base teórica. Entretanto, e apesar dos avanços das abordagens comportamentais no tratamento de certos problemas (p. ex., fobias), o desencanto com os limites das abordagens comportamentais levou à aceitação "revolucionária" da idéia de que a cognição é uma das forças mais importantes que está por trás do comportamento.

Em alguns aspectos, este capítulo parte de onde Mahoney parou. Embora Mahoney tenha descrito a revolução cognitiva, acreditamos que a revolução se tornou uma evolução dentro da psicologia clínica e na ciência psicológica mais básica. A psicologia clínica evoluiu em um grau notável para desenvolver e refinar os componentes cognitivos do tratamento efetivo (cujas evidências podem ser vistas no decorrer deste livro). Mais do que qualquer coisa, a evolução na psicologia cognitiva básica tem sido ainda mais notável. A psicologia cognitiva evoluiu para uma ciência cognitiva distinta e diversa, que, além de conceitos psicológicos básicos e métodos empíricos, incorporou os conceitos e métodos empíricos da fisiologia básica e da neuroanatomia, informática, inteligência artificial, lingüística e pesquisa da linguagem, antropologia e filosofia (Gardner, 1987).

Apesar de os terapeutas cognitivo-comportamentais terem reconhecido explicitamente que a cognição tem um papel importante na geração e melhora de problemas comportamentais, conforme observou Stein (1992), a maioria dos conceitos que caracterizam a ciência cognitiva ainda deve avançar para uma ciência cognitiva clínica (p. ex., a modelagem computacional de redes neurais). De fato, em muitos aspectos, a ciência cognitiva e a terapia cognitivo-comportamental tomaram caminhos evolutivos separados. Embora essa desconexão seja inadequada, ela também é compreensível. Em sua maior parte, os cientistas cognitivos se preocupam em entender o funcionamento da cognição, sem levar em consideração como ela pode ser mudada para melhorar a qualidade de vida. Por outro lado, os terapeutas cognitivo-comportamentais concentram-se naturalmente em identificar, de forma empírica, as maneiras mais efetivas de mudar cognições para melhorar vidas (Ingram, Hayes e Scott, 2000), sem dedicar tanta atenção aos avanços no campo crescente da ciência cognitiva. Ainda assim, a ponte conceitual que liga a ciência cognitiva básica e a ciência cognitiva clínica é óbvia. De fato, como Ingram e Kendal (1986) afirmaram em um livro dedicado explicitamente a fechar a lacuna entre a psicologia clínica e a psicologia cognitiva básica, essa ponte tem uma via de duas mãos. Certamente, os cientistas cognitivos e os cientistas cognitivos clínicos têm muito a aprender uns com os outros.

Como este capítulo se encontra em um livro dedicado à terapia cognitivo-comportamental, iremos nos concentrar na ciência cognitiva básica e examinar diversos elementos fundamentais dessa disciplina que evolui rapidamente. De um modo geral, acreditamos que a teoria e os dados da ciência cognitiva têm um poderoso potencial de informar o tratamento clínico, aumentando a compreensão de funções básicas no comportamento adaptativo e mal-adaptativo. Nossa esperança é de que esse entendimento possa sugerir novas idéias para os terapeutas cognitivo-comportamentais sobre como abordar a mudança do comportamento.

Para apresentar um breve contexto histórico e esclarecer os caminhos separados da ciência cognitiva e da ciência clínica cognitiva, começamos discutindo o desenvolvimento da terapia cognitivo-comportamental e, depois, da ciência cognitiva. A seguir, examinamos algumas tendências e avanços atuais na ciência cognitiva. Quando apropriado, indicamos teorias ou dados que possam instruir as iniciativas de tratamento, seja ajudando a entender o funcionamento cognitivo básico em determinado transtorno, ou fazendo sugestões para aperfeiçoar certos elementos do tratamento. Concluímos especulando sobre os rumos futuros da ciência cognitiva.

QUEM COLOCOU O COGNITIVO NA TERAPIA COGNITIVO-COMPORTAMENTAL? UM BREVE HISTÓRICO

Para se chegar a uma compreensão total da relação entre a psicologia cognitiva e a psicoterapia, é importante considerar as origens da terapia cognitivo-comportamental a partir da perspectiva da psicologia clínica. Conforme já observamos anteriormente, e como Ingram, Kendall e Chen (1991) também observaram, a evolução da terapia cognitivo-comportamental não acompanhou a evolução da psicologia cognitiva. Por exemplo, quando o behaviorismo estava assumindo sua posição na psicologia experimental, a psicologia clínica se encontrava no processo de mudar da fascinação por conceitos freudianos para uma ênfase em conceitos humanistas, notavelmente aqueles desenvolvidos por Carl Rogers. Ainda assim, a dominação comportamental da psicologia clínica não ficou muito atrás, e, em algum ponto depois de ter se estabelecido na psicologia experimental, essa abordagem se enraizou na psicologia clínica. Ironicamente, isso ocorreu mesmo quando o próprio behaviorismo começava a decair na psicologia experimental. Entretanto, na arena clínica, a pesquisa empírica começava a sugerir que intervenções comportamentais poderiam ser efetivas para aliviar problemas comportamentais. Assim, a aplicação clínica de conceitos comportamentais prometia ser e foi um grande sucesso (ver Bergin e Garfield, 1971; Garfield e Bergin, 1978; Hammerlynck, Handy e Marsh, 1973; todos trazem revisões da eficácia da modificação do comportamento).

Movidos pelos primeiros sucessos em sua aplicação e pelo manto de *status* científico que o behaviorismo alegava ter, os pesquisadores comportamentais buscaram descobrir relações entre estímulos e respostas que explicassem totalmente o comportamento, particularmente o comportamento problemático e, assim, indicar caminhos para sua modificação de forma cada vez mais efetiva (p. ex., Ullmann e Krasner, 1965). Foi nesse ambiente que surgiram jornais dedicados a conceitos e intervenções comportamentais e à análise comportamental aplicada, bem como organizações profissionais para promover o avanço da terapia comportamental (Mahoney, 1974).

Embora o paradigma comportamental tenha sido instrumental na psicologia experimental básica, e, de fato, tenha antecedido a mudança behaviorista na psicologia clínica (Kanfer e Hagerman, 1985), começou a se ouvir um coro de desencantamento com relação aos limites dos conceitos comportamentais para explicar e modificar comportamentos complexos. Embora esse desencantamento tenha tido diversas conseqüências, uma das mais importantes foi que os cientistas da psicologia básica começaram a revisitar o papel da cognição como um fator significativo no comportamento humano. Ao contrário de alguns de seus predecessores, que se baseavam em métodos inerentemente duvidosos, como a introspecção, dessa vez, eles se baseavam firmemente no contexto de uma perspectiva científica. Conseqüentemente, a "revelação" de que a cognição é importante podia ser vista na expansão de constructos e métodos cognitivos na psicologia experimental, evolutiva e social (Ingram e Kendall, 1986). Contudo, talvez por causa do sucesso dos behavioristas no tratamento clínico, o reconhecimento e a incorporação da cognição na psicologia clínica vigente avançaram mais lentamente.

É impossível identificar todos os fatores envolvidos no movimento da cognição para a arena clínica. Entretanto, parece haver pelo menos três estágios de desenvolvimento discerníveis na mistura gradual das perspectivas cognitiva e clínica. Em primeiro lugar, está o desenvolvimento da teoria da aprendizagem social e a ênfase em processos de aprendizagem vicariante desenvolvidos por teóricos como Bandura (1969) e Mischel (1973). Ambos argumentavam que as variáveis cognitivas são importantes, mas as colocavam no contexto teórico de "comportamentos encobertos". Em decorrência do atual estado do nosso conhecimento sobre o funcionamento e a estrutura da cognição, talvez seja difícil entender a necessidade de uma introdução tão sutil das variáveis cognitivas no domínio clínico. Todavia, é importante observar que, na época, as abordagens comportamentais não apenas dominavam a psicologia clínica e jornais especializados, como também rejeitavam como não-científicos quaisquer conceitos que incorporassem a cognição ou outros fenômenos que não pudessem ser observados diretamente. Dessa forma, as mudanças para uma perspectiva cognitiva deveriam ser sutis, e colocadas segundo o vernáculo dominante na época (p. ex., "comportamentos cognitivos", "eventos encobertos"). A ocultação da cognição em um vernáculo comportamental lhe permitiu acesso à legitimidade científica. As abordagens da aprendizagem social baseadas na aprendizagem vicariante e em comportamentos encobertos talvez tenham constituído os primeiros predecessores clínicos das atuais abordagens cognitivas a problemas clínicos.

O aumento crescente da respeitabilidade científica das perspectivas cognitivas estimulou aquela que pode ser considerada a segunda fase da ligação entre a cognição e a prática: um movimento explícito para a incorporação da cognição em paradigmas de tratamento clínico e de avaliação. Esse movimento ficou evidente no trabalho de diversos pesquisadores pioneiros, cujo principal interesse era desenvolver procedimentos de tratamento efetivos. Como a maioria desses pesquisadores tinha origem comportamental, eles cunharam talvez pela primeira vez o termo "cognitivo-comportamental", para descrever o foco explícito na cognição como um foco adequado e importante para iniciativas de tratamento. Nesse grupo estavam Kendall e Hollon (1979, 1981), Mahoney (1974) e Meichenbaum (1977). Também são encontradas outras perspectivas pioneiras sobre processos cognitivos de tratamento que também surgiram no trabalho de Beck (1976; Beck, Rush, Shaw e Emery, 1979) e Ellis (1962) embora essas últimas abordagens tenham partido de tradições que não tinham natureza cognitiva, sendo mais humanísticas e psicodinâmicas. Todavia, todos estes autores em conjunto, ajudaram a dar legitimidade ao foco na cognição no contexto do tratamento.

De maneira clara, a ênfase nesse estágio de desenvolvimento do tratamento cognitivo-comportamental estava no desenvolvimento de estratégias de tratamento efetivas, em vez da compreensão conceitual do sistema cognitivo como um todo. Entretanto, esse trabalho afastou-se da noção de que as cognições são mais bem representadas como apenas mais uma classe de comportamentos (comportamentos cognitivos), e sugeriu que a cognição pode ter seu próprio *status* causal. Assim, pode-se pensar que os sistemas cognitivos não apenas causam disfunções e influenciam o comportamento, mas operam segundo princípios que são diferentes, em importantes aspectos, daqueles defendidos pelas teorias da aprendizagem encontradas no centro das concepções behavioristas. A premissa teórica subjacente de grande parte desse trabalho era um pressuposto relativamente direto de que pensamentos disfuncionais causam comportamentos disfuncionais. Os anos que passaram desde a explosão de teorias cognitivo-comportamentais ajudaram a esclarecer a complexidade dessas primeiras premissas teóricas, mas as razões iniciais para o desenvolvimento dessas terapias (tratar problemas psicológicos de forma efetiva abordando os processos cognitivos) são corroboradas pelo grande volume de trabalhos que avaliam resultados de terapias (ver Bergin e Garfield, 1994; Snyder e Ingram, 2000). De fato, grande parte do trabalho apresentado neste livro atesta a eficácia de se visar a cognição em tentativas de induzir mudanças positivas.

A terceira fase da inclusão da cognição na psicologia clínica é representada por grande parte dos trabalhos realizados atualmente no campo. Um tema recorrente em atividades contemporâneas é a crescente ênfase no desenvolvimento de modelos conceituais da cognição na disfunção psicológica. Como grande parte da conceituação da cognição na terapia cognitivo-comportamental desenvolveu-se de maneira independente da teoria e da pesquisa em psicologia cognitiva (Winfrey e Goldfried, 1986), muitos desses trabalhos concentram-se em desenvolver conceituações mais alinhadas com a ciência psicológica básica (Ingram, 1986).

CIÊNCIA COGNITIVA

A seção anterior apresentou alguns dos principais aspectos históricos do desenvolvimento da terapia cognitivo-comportamental. Para concluir nossa perspectiva histórica sobre a interface entre a ciência cognitiva e a ciência clínica cognitiva, também devemos considerar os antecedentes históricos da ciência cognitiva.

Um breve histórico da ciência cognitiva

Conforme já observamos, a ciência cognitiva é uma disciplina inerentemente integradora, que abrange aspectos da psicologia cognitiva, bem como da inteligência artificial, neuroanatomia, filosofia do conhecimento, lingüística e antropologia (Gardner, 1987). O objetivo comum de cada um desses campos é entender o funcionamento da mente. Sua integração proporcionou uma rica fundamentação teórica, segundo a qual se podem entender e talvez aperfeiçoar os efeitos de terapias cognitivas. Diversos fatores levaram à integração desses campos separados com a disciplina rapidamente crescente da ciência cognitiva.

O começo do declínio do behaviorismo na ciência básica da década de 1950 deixou os psicólogos abertos a outras disciplinas. Entre os objetivos desses psicólogos, estava entender aspectos de eventos cognitivos complexos – como por quanto tempo certas cadeias de ações, ou planejamento e organização, poderiam ocorrer (Gardner, 1985). Sem negar que os estímulos e as respostas sejam importantes, essa busca muitas vezes girava em torno da questão de quais eventos cognitivos ocorrem entre um estímulo e uma resposta. Havia muitas possibilidades de respostas, de muitas fontes diferentes.

Conforme sintetizado por Stein (1992), diversas disciplinas tiveram muito a oferecer ao campo nascente da ciência cognitiva. Por exemplo, por centenas de anos, os filósofos trataram da questão da cognição a partir da perspectiva do que é "cognoscível" e, portanto, era natural que a "filosofia da mente" fosse incorporada aos modelos da psicologia cognitiva. Por volta da mesma época, o advento dos computadores levou a metáforas da mente como computador, que incorporavam o processamento de informações como uma maneira de se conceituar a cognição (Newell e Simon, 1972). De maneira alternativa, teóricos como Minsky e McCarthy sugeriram que é possível simplificar os processos psicológicos para fazer com que os computadores funcionem como seres humanos, e, assim, estabeleceu-se o campo da inteligência artificial. A informática e a neurociência também estavam sendo integradas, à medida que eruditos como Von Neumann e McCullogh comparavam os mesmos circuitos lógicos usados na construção de computadores com o funcionamento de neurônios biológicos (Jeffress, 1951). Conforme observa Stein (1992), como os lingüistas há muito tinham interesse clínico em transtornos como a dislexia, faria sentido incluir as novidades desse campo em uma ciência cognitiva nova. Assim, as disciplinas da informática, inteligência artificial, neurociência, lingüística e filosofia do conhecimento estavam relacionadas de forma tão íntima com as questões colocadas pela psicologia cognitiva que nasce o campo integrado da ciência cognitiva.

Tendências e avanços atuais na ciência cognitiva

Conforme observamos, diversas disciplinas contribuíram para o campo integrado que hoje se conhece como ciência cognitiva. Nesta seção, revisamos avanços recentes em filosofia, neurociência e inteligência artificial que são particularmente aplicáveis para se entender e melhorar a terapia cognitivo-comportamental. Também observamos que, enquanto a lingüística e a antropologia também contribuem para a ciência cognitiva, suas implicações não foram tão bem articuladas para a terapia cognitivo-comportamental. Por isso, falaremos apenas brevemente dessas áreas.

Filosofia

A epistemologia, a filosofia daquilo que se pode conhecer, tem sido ligada ao entendimento de transtornos mentais desde Aristóteles, que acreditava em interações entre humores corporais e faculdades mentais. Já no século XII, Maimônides usou a teoria aristotélica para sugerir que mudanças em pensamentos podem estar associadas a mudanças no humor (Pies, 1997) – um conceito que é fundamental para a terapia cognitivo-comportamental. Conforme observado por Mahoney (1988), os fundamentos filosóficos mais recentes da terapia cognitivo-comportamental podem ser vistos na tensão entre as escolas de pensamento racionalista e evolutiva. A primeira expressa mais confiança em uma realidade certa, absoluta e objetiva do que se obtém por meio de dados sensoriais, enquanto a segunda está mais convencida de que, dentro de parâmetros físicos amplos, a realidade é incorporada no conhecimento dinâmico, subjetivo e construído pela experiência do indivíduo. Além de idéias evolutivas, o construtivismo sustenta que a realidade é um fenômeno socialmente construído e existe em função do observador que a cria. Embora nem todas as versões atuais da terapia cognitivo-comportamental tenham sido desenvolvidas explicitamente a partir dessas perspectivas filosóficas, tais perspectivas formam a base "de fundação" das terapias cognitivo-comportamentais de Beck e Ellis. Dessa forma, as ligações conceituais com a filosofia estão claras nas premissas de todos os descendentes terapêuticos de Beck e Ellis (Lyddon, 1992).

O racionalismo explica a etiologia da psicopatologia como a expressão de crenças irracionais (Mahoney, 1990). Como conseqüência, sistemas de terapia cognitiva como a terapia racional-emotiva (Ellis, 1962, 1980) foram fundados com base na idéia de que as crenças irracionais podem ser refutadas racionalmente, e que essa refutação leva ao desenvolvimento de afetos e comportamentos mais saudáveis. A abordagem de Ellis, hoje conhecida como terapia comportamental racional-emotiva, teve diversas encarnações (p. ex., Ellis, 1994, 1996), mas permanece sendo uma abordagem fundamental e inerentemente racionalista à mudança do comportamento.

De maneira alternativa, a abordagem de tratamento proposta por Beck (ver Beck, 1967, 1996) baseia-se mais em uma perspectiva de desenvolvimento/construtivista, e reconhece explicitamente as raízes filosóficas dessa perspectiva. Por exemplo, Bedrosian e Beck (1980) observaram que as raízes filosóficas da abordagem de Beck residem nos argumentos filosóficos de indivíduos como Kant e Marco Aurélio, ao qual se atribui a afirmação: "se te sentes prejudicado por algo externo, não é essa coisa que te perturba, mas teu próprio julgamento sobre ela". A modificação do pensamento como forma de modificar o comportamento é a conseqüência teórica natural dessa visão.

Neurociência

A neurociência, o estudo do cérebro e das relações entre o cérebro e o comportamento, alimentou o interesse emergente pela base biológica da psicopatologia. Tradicionalmente, a neurociência tem se preocupado com os blocos constitutivos da cognição – a maneira como os neurônios individuais operam e interagem em conjunto para executar funções cognitivas. O desenvolvimento de maneiras de mensurar os correlatos cerebrais de processos cognitivos pode pavimentar o caminho para a compreensão da base biológica da mudança na terapia cognitiva. De fato, embora o estudo de mudanças na estrutura e química cerebrais durante a terapia cognitiva ainda esteja em sua infância, Tartaryn, Nadel e Jacobs (1989) sugeriram que o avanço na compreensão da neurociência da aprendizagem pode levar a um maior entendimento dos processos de mudança na terapia. Em princípio, o maior entendimento dessas mudanças pode proporcionar idéias para a prática da terapia cognitivo-comportamental. Assim, descrevemos o foco de muitos trabalhos contemporâneos em neurociência, e especulamos sobre os possíveis papéis que a neurociência pode desempenhar na indução da mudança cognitiva.

Estrutura cerebral

O tratamento cognitivo-comportamental de qualquer transtorno pressupõe o conhecimento dos fatores subjacentes ao transtorno. Técnicas de imagem cerebral como a imagem por ressonância magnética (IRM) permitem a identificação de estruturas cerebrais associadas a um transtorno. No caso da depressão, por exemplo, a pesquisa mostrou que esse transtorno está associado a mudanças de volume em diversas estruturas diferentes, incluindo lesões nos gânglios frontais e basais, bem como anomalias na razão ventrículo-cérebro (Videbech, 1997) e assimetrias nos lobos temporais (Amsterdam e Moseley, 1992). À medida que se adquirem informações sobre as estruturas que mantêm os transtornos do humor, e sobre quais estruturas as terapias cognitivo-comportamentais parecem agir, podemos criar tratamentos mais precisos visando funções que podem ser prejudicadas por anomalias fisiológicas. Por exemplo, acredita-se que a amígdala seja responsável por atribuir valência a informações. Novas evidências sugerem que a amígdala direita responde a informações positivas e negativas, enquanto a amígdala esquerda responde somente a informações negativas (Davidson, 1998). Assimetrias funcionais nessas estruturas podem levar a um entendimento dos transtornos de humor segundo a percepção relativa de informações positivas e negativas, ou informações principalmente negativas. Além disso, estudos preliminares sugerem que algumas dessas anormalidades estruturais estão correlacionadas com a resposta ao tratamento com antidepressivos (p. ex., Pillay et al., 1997), que poderão ser usados potencialmente para prever a resposta a tratamentos cognitivo-comportamentais.

Ativação cerebral

Técnicas de imagem cerebral, como a tomografia por emissão de positrons (PET) e a IRM funcional (IRMf), bem como técnicas tradicionais de mensuração fisiológica (p. ex., eletroencefalografia) e técnicas de avaliação neuropsicológica, permitem a localização da atividade cerebral. Os equipamentos de PET mensuram a quantidade de um isótopo radioativo presente no tecido cerebral. Quando se usa um isótopo que se conecta aos mesmos locais que as substâncias encontradas no cérebro (p. ex., dopamina), é possível determinar a taxa em que essas quantidades estão sendo usadas. A PET tem sido utilizada para entender a taxa em que a glicose e o oxigênio são metabolizados, o fluxo sanguíneo cerebral e as quantidades usadas de substâncias como a dopamina, opiatos, serotonina e glutamato (Powledge, 1997). A IRMf investiga a geração de sinais de rádio de prótons, um fator que pode ser correlacionado com a atividade cerebral. Assim, a IRMf pode ser usada para analisar em que parte do cérebro há atividade durante determinadas tarefas cognitivas.

Essa localização pode ser importante para entender os mecanismos por trás da remissão de sintomas durante o tratamento cognitivo-comportamental, e pode ser utilizada para direcionar os procedimentos cognitivos para áreas do cérebro com relevância funcional. Por exemplo, dados de IRMf recentes relatados por Schwartz (1998) sugerem que o transtorno obsessivo-compulsivo se caracteriza por uma ativação anormal no complexo órbito-frontal. Após uma terapia cognitivo-comportamental, foram encontradas mudanças em ativação órbito-frontal esquerda apenas em indivíduos que responderam ao tratamento, sugerindo que a terapia cognitiva pode atuar diretamente nas partes do cérebro que são mais afetadas pelo transtorno. Schwartz (1998) usou essas informações para informar a terapia cognitivo-comportamental de duas maneiras. Primeiramente, a adesão a aspectos particularmente difíceis da terapia aumenta quando se mostram as mudanças na ativação cerebral aos pacientes, enquanto estes praticam técnicas terapêuticas. Em segundo lugar, Schwartz modificou algumas das técnicas da terapia cognitivo-comportamental para lidar especificamente com as áreas cerebrais do caudado e órbito-frontal. Em particular, ele ajuda os pacientes a mudar seus comportamentos enquanto ainda há sensações desconfortáveis presentes. Essa técnica parece permitir a adaptação no caudado e em circuitos órbito-frontais.

Os resultados também são promissores para outros transtornos. Por exemplo, a depressão já foi associada à hipoativação frontal esquerda (Henriques e Davidson, 1991). Como o córtex pré-frontal dorsolateral parece ser responsável por inibir as reações emocionais, a pesquisa sugere que as respostas emocionais podem ser especialmente desinibidas na depressão. Bruder e colaboradores (1997) mostraram, usando testes neuropsicológicos, que a terapia cognitivo-comportamental está associada ao desaparecimento dessas assimetrias hemisféricas. Essa constatação sugere que o tratamento pode potencializar os processos de inibição emocional que revertem os efeitos da depressão. Por meio desse tipo de análise, podem-se usar modelos neuroanatômicos para entender os mecanismos pelos quais a terapia cognitivo-comportamental ajuda os indivíduos depressivos.

Os correlatos da atividade cerebral também podem ser obtidos por meios de técnicas tradicionais de avaliação fisiológica. Por exemplo, a mensuração de potenciais relacionados com eventos pode ser usada para mensurar a atividade cerebral milissegundos após um estímulo ser apresentado, permitindo a investigação do curso temporal de variáveis relevantes para a terapia cognitiva (p. ex., mudanças na alocação da atenção). Técnicas de localização dipolares (p. ex., Wood, 1982) são técnicas de interpolação matemática para descobrir onde se origina a atividade cerebral associada aos potenciais relacionados com eventos, permitindo a identificação aproximada das fontes de atividade cerebral. De maneira semelhante, a atividade cognitiva geral pode ser fisiologicamente mensurada por outros índices derivados da atividade em estruturas inervadas por diversas áreas cerebrais de interesse. Por exemplo, a dilatação das pupilas costuma ser usada com freqüência como índice da carga cognitiva geral (Beatty, 1982).

As maneiras em que as variáveis visadas na terapia, como o estilo da atenção ou o estresse, contribuem para o início e a manutenção de transtornos podem ser avaliadas mensurando-se essas variáveis fisiológicas em resposta à apresentação de estímulos afetivos ou temidos. Conseqüentemente, podem-se usar perfis teóricos de respostas fisiológicas para prever quem será mais ou menos afetado pela terapia. Além disso, como essas técnicas muitas vezes são relativamente não-invasivas e de baixo custo, a mensuração fisiológica pode ser incorporada durante as sessões de terapia para avaliar aspectos da cognição durante técnicas como dramatização e o desafio de pensamentos irracionais.

Neuroquímica

Além de informações estruturais e de localização, a compreensão de como os hormônios e neurotransmissores difusos funcionam no cérebro tem desempenhado um papel cada vez maior no entendimento da psicopatologia. Por exemplo, McEwen, DeKloet e Rostene (1986) mostraram que o sistema hipocampal, responsável pela formação da memória, é populado por receptores de hormônios do estresse. Jacobs e Nadel (1985) especulam que o sistema hipocampal talvez permita que o estresse seja associado a determinados estímulos, levando a fobias. Dessa forma, sugerem tratamentos psicológicos para fobias com base na atividade hipocampal presumida.

De maneira semelhante, neurotransmissores difusos como a dopamina, a norepinefrina e a serotonina foram implicados na manutenção de diversos transtornos, incluindo a depressão (Klimek et al., 1997; Stockmeier, 1997), esquizofrenia (Cohen e Servan-Schreiber, 1993) e transtornos de ansiedade (p. ex., McCann et al., 1995). Para se entender o papel desses neuroquímicos na mudança terapêutica, será importante examinar as relações entre o estado afetivo, o funcionamento cognitivo e o metabolismo neuroquímico. Com essa finalidade, grande parte do interesse recente está voltada para técnicas que permitam a mensuração em tempo real da taxa em que os neuroquímicos são metabolizados, por meio de espectroscopia por ressonância magnética – ERM (Frangou e Williams, 1996). A ERM é um método não-invasivo para mensurar concentrações de neuroquímicos, utilizando as mesmas ferramentas usadas na IRMf. A ERM tem sido empregada para identificar mudanças em quantidades de químicos na depressão, incluindo o metabolismo dos fosfolipídeos da membrana, o metabolismo de fosfato de alta energia, e o pH intracelular (Kato, Inubushi e Kato, 1998). Essas metodologias foram aplicadas para se entender o papel das farmacoterapias, examinando-se o papel que os fármacos podem desempenhar em mudar essas quantidades (Kato et al., 1998; Renshaw et al., 1997). A ERM também tem sido aplicada para se entender o metabolismo de neuroquímicos difusos e a resposta a fármacos em transtornos sensíveis à terapia cognitiva, como a fobia social (Tupler, Davidson, Smith e Lazeyras, 1997). Embora ainda não tenham sido publicados estudos com a ERM para entender os efeitos da terapia cognitivo-comportamental sobre as concentrações de neuroquímicos, esses trabalhos com farmacoterapia sugerem diversas possibilidades promissoras.

Comparação entre terapia cognitiva e farmacológica

Pesquisas sugerem que as terapias cognitivas e farmacológicas podem produzir taxas de eficácia semelhantes para transtornos como a depressão (p. ex., Hollon, DeRubeis, Evans e Wiemer, 1992). Ainda assim, não está claro se os mecanismos por trás desses tratamentos são os mesmos e, conseqüentemente, quais são as compensações relativas aos efeitos de longa duração de cada tipo de tratamento. Dados de neuroimagem, mensurações fisiológicas ou a análise espectrográfica do metabolismo neuroquímico, coletados antes e depois de diferentes tipos de tratamento, podem ajudar a elucidar alguns dos mecanismos por trás dos possíveis efeitos diferenciais de terapias cognitivas e farmacológicas. É possível derivar semelhanças e diferenças nos mecanismos responsáveis pela mudança em tratamentos cognitivos e farmacológicos a partir de semelhanças e diferenças observadas em quantidades fisiológicas mensuradas.

Criação de fármacos ativadores do humor

Um método para avaliar determinados aspectos da mudança e a vulnerabilidade subseqüente à recorrência após a terapia envolve o uso de ativação (*priming*). Quando os indivíduos são colocados em um estado rememorativo de seu transtorno, é possível determinar suas respostas a certos aspectos do estado. Conforme observam Segal e Ingram (1994), diversos procedimentos psicológicos já foram usados efetivamente para criar esses estados. Além disso, foram criados testes puramente farmacológicos como uma forma de simular condições cerebrais envolvidas em estados associados a vários transtornos. Por exemplo, a depleção de triptofano modifica a disponibilidade de serotonina. Ela é associada a reduções no humor, bem como sintomas de outros fenômenos psicológicos associados à serotonina, como a ansiedade e a agressividade (Reilly, McTavish e Young, 1998). O tetrapeptídeo colecistoquinina pode ser usado para induzir cognições relacionadas com ameaças associadas a ataques de pânico (Koszycki, Bradwejn e Cox, 1995; Koszycki, Cox e Bradwejn, 1993). Outros agentes farmacológicos (como a clomipramina) podem ser valiosos para avaliar mudanças diferenciais em variáveis fisiológicas relevantes em grupos ansiosos e não-ansiosos (p. ex., Sallee, Koran, Pallanti, Carson e Sethuraman, 1998). A investigação continuada de correlatos neurológicos de psicopatologias pode revelar novas maneiras de ativar aspectos de transtornos para avaliar a vulnerabilidade após o uso de estímulos cognitivos e farmacológicos. Quanto mais clara for a maneira como os fármacos afetam o quadro de sintomas após a terapia, mais fácil será para se entenderem os mecanismos por trás da eficácia da terapia cognitivo-comportamental.

Inteligência artificial

A inteligência artificial envolve programar um computador para realizar tarefas que modelem o comportamento humano, muitas vezes com o objetivo de tornar a atividade do computador indistinguível da de um ser humano (p. ex., Jacquette, 1993; Turing, 1936, 1950). Dois aspectos dessa busca foram aplicados à evolução da terapia cognitivo-comportamental. O primeiro vem de um grupo de pesquisadores da inteligência artificial que consideram que os seres humanos são conceitualmente análogos a computadores extraordinariamente eficientes e, portanto, tentam programar computadores para executar tarefas da maneira como as pessoas as executam. O conhecimento de certos aspectos de determinado transtorno por meio de modelos de computador pode nos possibilitar aprender maneiras de remediar o transtorno cognitivamente. O segundo aspecto envolve usar computadores para conduzir ativamente a terapia com pessoas.

Aprendendo sobre a mudança terapêutica por meio de computadores que agem como pessoas com psicopatologia

À medida que se adquire mais conhecimento sobre os mecanismos por trás das psicopatologias, podem-se formalizar modelos similares desses mecanismos como programas de computador. Esses programas se comportam segundo as instruções de seus programadores sobre os mecanismos de transtornos, mas podem produzir respostas a estímulos que os programadores desconsideram. O procedimento assemelha-se a entender uma fórmula estatística, mas sem saber o resultado de aplicar a fórmula em um conjunto de dados específico até se fazer uma análise. Dessa forma, a formalização de teorias sobre a cognição nos transtornos por meio de computadores pode revelar algumas das implicações das teorias, bem como contradições que não foram consideradas antes das teorias serem formalizadas (p. ex., Cohen e Servan-Schreiber, 1992; Siegle, 1997).

A modelagem de variáveis cognitivas relevantes para a terapia cognitivo-comportamental com inteligência artificial pode servir como um mecanismo heurístico para testar certos aspectos das teorias cognitivas (Siegle, 1997). Começando com um programa que gere comportamentos (i.e., *outputs*) semelhantes a pessoas com um transtorno, os pesquisadores podem incorporar os modelos similares de processos de mudança associados à terapia, para verificar se é possível prever que determinadas intervenções produzirão mudanças em comportamentos. Essa técnica tem uma vantagem sobre a teoria pura pois, como muitos sistemas subjacentes à cognição são muito complexos e não-lineares, eles são difíceis de prever sem simulá-los em um programa de computador. Além disso, podem ser usados modelos de transtornos implementados como sistemas de inteligência artificial para aperfeiçoar o tratamento cognitivo-comportamental, experimentando da maneira como as modificações em processos simulados de mudança cognitiva afetam os comportamentos simulados do programa.

Modelando determinados aspectos da cognição e da emoção em computadores, os pesquisadores da inteligência artificial podem adicionar perspectivas únicas a conceitos centrais à terapia cognitivo-comportamental. Por exemplo, a terapia cognitivo-comportamental geralmente diz respeito a ajudar indivíduos a planejar e resolver problemas. A modelagem por inteligência artificial há muito lida com problemas que envolvem planejar seqüências de eventos e resolver problemas (p. ex., Charniak e McDermott, 1985). Criando programas de computador para resolver problemas, muitas vezes tão simples quanto resolver equações matemáticas ou organizar objetos em seqüências específicas, os pesquisadores da inteligência artificial aprenderam muito sobre como as pessoas resolvem problemas (Newell e Simon, 1972). Webster (1995) mostrou, por meio de simulações com problemas computacionais tradicionais, que técnicas como armazenar e examinar repetidamente seus fracassos passados na resolução de problemas podem levar um indivíduo a resolver problemas de uma forma especialmente efetiva. Ele sugere que esse processo pode ser comparado com os aspectos adaptativos do pensamento negativo e da ruminação em transtornos como os transtornos de humor, mas que levar essas estratégias adaptativas ao extremo pode causar déficits não-adaptativos na resolução de problemas. Essas pesquisas têm muitas implicações potenciais para os terapeutas cognitivo-comportamentais, como a compreensão de que a ruminação às vezes pode ser adaptativa, e que encontrar o nível ideal de ruminação de um cliente pode ser um objetivo valioso.

Os modelos de raciocínio da inteligência artificial também podem ser aplicados para se entender a mudança na terapia cognitivo-comportamental. Um objetivo central de muitos programas de inteligência artificial envolve raciocinar sobre as situações que um agente artificialmente inteligente (um robô) poderia experimentar no mundo. A noção de esquema, na qual as terapias cognitivo-comportamentais muitas vezes se baseiam, foi formalizada nessa literatura (Schank e Abelson, 1977). Tradicionalmente, os esquemas têm sido importantes para os pesquisadores da inteligência artificial como conceitos eficientes para representar conjuntos de informações associadas geralmente a um contexto comportamental. A terapia cognitiva original de Beck baseava-se em parte na noção de que os indivíduos depressivos têm esquemas negativos relacionados consigo mesmos. Desde aquela época, os pesquisadores da inteligência artificial começaram a se preocupar em representar as emoções em sistemas baseados em esquemas. Usando a teoria das emoções de Ortony, Collins e Clore (1988), Elliott (1992) construiu um "raciocinador afetivo" que permite que agentes artificialmente inteligentes reajam emocionalmente uns aos outros em um mundo simulado. Elliott usou o sistema para modelar as reações emocionais dos indivíduos uns aos outros em cenários profissionais. Esse sistema pode ser usado para refinar as terapias cognitivo-comportamentais, examinando a maneira como as emoções são geradas em resposta aos atos de outras pessoas. A atual psicoterapia cognitivo-comportamental visa mudar os esquemas do indivíduo. Os profissionais esperam que indivíduos com esquemas alterados interajam de maneira mais adaptativa com outras pessoas, que podem ter esquemas bastante diferentes. Dessa forma, podem-se usar simulações para determinar se as mudanças visadas em esquemas terão efeitos previsíveis nas interações dos indivíduos com outras pessoas, pelo menos dentro dos parâmetros do programa de simulação (i.e., o conhecimento e sofisticação atuais).

Uma última área em que a inteligência artificial tradicional pode ser usada para modelar os substratos da terapia é a da lógica tradicional. Um objetivo comum da terapia cognitivo-comportamental é ajudar os indivíduos a refutar as crenças infundadas (p. ex., a crença de que são culpados de alguma coisa sobre a qual as pessoas também acreditam não ter controle). A disciplina da programação lógica aborda questões sobre como um sistema deve se comportar quando mantém crenças inconsistentes. Grant e Subrahmanian (1995a) mostraram que quando crenças inconsistentes são centrais à rede de crenças que formam um banco de dados, poucas conclusões podem ser tiradas dele, implicando que, quanto mais centrais forem as crenças inconsistentes do indivíduo, menos capaz ele será de tomar decisões (Dombeck, Siegle e Ingram, 1996). Como muitas outras crenças dependem dessas crenças centrais, é muito difícil mudá-las sem perturbar toda a rede de crenças. Subrahmanian (Grant e Subrahmanian, 1995a, 1995b; Pradhan, Minker e Subrahmanian, 1995) mostra que mesmo quando um banco de dados é restrito, a ponto de não ser possível considerar as crenças inconsistentes em conjunto, já é possível usá-lo para tirar conclusões. Com base na lógica de Subrahmanian, nos casos em que estas crenças sejam tão centrais à rede neural dos indivíduos a ponto que eles não possam mudá-las com facilidade, é importante que os terapeutas cognitivos ajudem estas pessoas a considerar os grupos de crenças que são mutuamente inconsistentes e assim identificar quais crenças ocorrem em cada situação específica.

Terapia baseada em computador

Outra maneira em que as técnicas da inteligência artificial podem ser usadas para melhorar a terapia cognitivo-comportamental é pelo desenvolvimento de sistemas interativos que cumpram alguns aspectos da terapia. Técnicas como livros e videoteipes costumam ser consideradas de utilidade secundária na terapia cognitiva, pois não podem interagir com os pacientes. Em comparação, as técnicas de inteligência artificial podem ser usadas para criar um programa de computador, com o qual os pacientes interagem como se fosse um terapeuta (p. ex., Colby, 1995).

Embora a interação com uma máquina nunca venha a substituir a interação humana na terapia, essas interações entre pacientes e computadores podem proporcionar um apoio valioso à terapia. Quando uma pessoa interage com um programa, ele responde com base nas informações que a pessoa digitou, levando exatamente ao tipo de investigação cooperativa que é central às terapias cognitivo-comportamentais (i.e., o diálogo entre o paciente e o terapeuta com relação à natureza e soluções dos problemas). Experimentos preliminares projetados para avaliar terapias baseadas em computador que incorporaram terapeutas artificialmente inteligentes sugerem que essas técnicas são promissoras, ainda que um pouco limitadas pelas atuais dificuldades em modelar a complexidade das interações lingüísticas naturais (Stuart e LaRue, 1996). Essas técnicas, que permitem o trabalho conjunto entre programas de computador e pacientes, podem ser adições especialmente valiosas às novas terapias cognitivas e comportamentais por computador que têm surgido nesse campo, que costumam não ser cooperativas.

O conexionismo e as redes neurais: síntese da psicologia social, inteligência artificial e neurociência

O "conexionismo" é um termo aplicado a modelos teóricos baseados na psicologia cognitiva e na inteligência artificial, que pressupõe que a cognição envolve a ativação entre nodos. Por exemplo, os nodos podem representar proposições, e a ativação pode representar processos de memória que associam uma crença à outra. Bower (1981) usou essas redes semânticas para compreender relações entre a emoção e a cognição, sugerindo que as crenças e emoções podem ser representadas da mesma forma como nodos conectados em um sistema. Teóricos como Ingram (1984) explicaram as psicopatologias como conexões fortes, criadas entre certos pensamentos e emoções em redes semânticas. Dessa forma, muitos pensamentos podem levar à experiência de uma emoção triste. Segundo essas explicações, as terapias cognitivas alteram as conexões dentro de redes semânticas (p. ex., Ingram e Hollon, 1986).

Os modelos conexionistas recentes foram criados com base no modelo do processamento paralelo, segundo o qual se acredita que padrões de processamento de informações resultem de redes de unidades neuronais simples e conectadas. Esses modelos, chamados "redes neurais", têm vantagens sobre outros modelos conexionistas, no sentido de que podem ser projetados como análogos de sistemas biológicos e, sendo fisiologicamente informados, preenchem a lacuna entre a pesquisa cognitiva e neurocientífica. Os mecanismos possíveis de transtornos derivados da pesquisa neurocientífica podem ser incorporados em redes neurais projetadas para representar circuitos cerebrais conhecidos. O conhecimento em uma rede neural é adquirido por mecanismos de aprendizagem desenvolvidos na psicologia cognitiva. Como as redes são construídas a partir de unidades individualmente insignificantes que realizam computações simples, elas podem ser facilmente implementadas em um computador. Esse processo permite que dados inseridos em sistemas simulados sejam processados por uma rede neural computacional, produzindo resultados que representam comportamentos, como em todas as simulações de inteligência artificial. Esses sistemas podem simular os possíveis mecanismos subjacentes aos transtornos psicológicos e à mudança cognitiva (Siegle, 1997, 1999). Dessa forma, as conclusões a respeito da terapia que são derivadas de modelos de redes neurais são inerentemente integrativas, unindo visões comportamentais, cognitivas e fisiológicas da mudança (Tryon, 1993a).

Como os modelos de redes neurais abordam aspectos fisiológicos, cognitivos e comportamentais da mudança, as conclusões desses modelos podem ser úteis para psicólogos, psiquiatras, cientistas cognitivos e neurocientistas. Os modelos de redes neurais têm muitas outras vantagens sobre outras técnicas de modelagem que não possuem todo esse apelo interdisciplinar. Por exemplo, muitos processos da natureza não-lineares ou são caóticos (i.e., os estados futuros de um sistema não podem ser teoricamente previstos a partir de seu estado atual). Os modelos de redes neurais permitem observar os efeitos de processos teóricos não-lineares, que são difíceis ou impossíveis de prever teoricamente (Movellan e McClelland, 1994). Caspar, Rosenfluh e Segal (1992) comentam as vantagens específicas de se usarem redes neurais em vez de outros modelos mais simbólicos de inteligência artificial para se entender a psicopatologia, incluindo a capacidade de as redes neurais representarem níveis de fenômenos, e sua capacidade de captar aspectos de mudanças lentas e rápidas.

Com base nessas idéias, Tryon (1993b) propõe que os princípios das redes neurais podem ser incorporados em terapias cognitivo-comportamentais como uma forma de preencher as lacunas entre as perspectivas cognitiva e comportamental. Tryon (1993b) sugere que a terapia pode ser entendida como algo que afeta os pesos das conexões, de maneira que os estímulos (representados como a ativação de *inputs* em uma rede) são associados a diferentes respostas (representadas em função da ativação dos *outputs* de uma rede). O papel da cognição nessa mudança comportamental pode ser compreendido examinando-se as mudanças que ocorrem dentro da rede, que são associadas a mudanças em pares de estímulo e resposta.

Tryon sugere que uma explicação dos princípios da aprendizagem segundo redes neurais criaria uma terapia cognitivo-comportamental integrativa e de motivação biológica. Por exemplo, uma idéia emprestada da neurociência é que associações repetidas de *inputs* e *outputs* podem fortalecer as associações entre eles (Hebb, 1949).* Tryon (1993b) argumenta que muitas psicopatologias podem ser entendidas como níveis especialmente elevados de associação entre um estímulo e uma resposta emocional ou cognitiva. Como exemplo, no nível em que muitos *inputs* (estímulos do ambiente) desencadeiam a ativação do *output* (representação mental) associado a um estímulo de medo, pode-se conceituar o transtorno de estresse pós-traumático como a aprendizagem de associações especialmente fortes com um estímulo temido. Tryon propõe que as terapias baseadas nesse princípio devem se propor a ajudar os indivíduos a aprender novas reações cognitivas ou emocionais a estímulos cujas conexões levam à ativação de estados patológicos.

Foram criados alguns modelos de redes neurais para aspectos de psicopatologias que são sensíveis à terapia cognitiva. Por exemplo, Siegle (1999; Siegle e Ingram, 1997) desenvolveu um modelo dos processos cognitivos envolvidos em reconhecer aspectos emocionais (tristeza) e não-emocionais (saber que o aniversário é a data em que uma pessoa nasceu) de estímulos do ambiente (ouvir a palavra "aniversário"). Esse modelo também incorpora a ruminação, que é compreendida como *feedback* excessivo entre áreas cerebrais responsáveis por representar aspectos emocionais e não-emocionais das informações. Simulações computadorizadas com esse modelo sugerem que, quando os indivíduos estão deprimidos e ruminam demais, é difícil aprender novas informações positivas. Uma implicação clínica dessa constatação é que talvez seja importante abordar essa ruminação depressiva na terapia cognitiva antes de ajudar o indivíduo a ter pensamentos positivos.

Caspar e colaboradores (1992) mostram que teorizar sobre modelos de redes neurais pode levar a avanços na terapia para outros fenômenos de relevância clínica. Os autores avaliaram um modelo de rede neural da compulsão repetitiva, uma condição debilitante caracterizada pela repetição de ações. Eles acreditam que os modelos de redes neurais podem levar a associações desfavoráveis. Sob certas condições, as conexões relevantes podem ser muito fortes, levando a um estado em que essas associações sejam difíceis de desaprender, podendo os estímulos ser repetidamente associados às respostas sem se alcançar o objetivo desejado. Caspar e colaboradores generalizam a partir de técnicas usadas para livrar as redes neurais dessa aprendizagem desfavorável e

---

* N. de R.T. A respeito deste aspecto, o leitor interessado poderá encontrar mais informações em Cozolino, L. (2002). The neuroscience of psychotherapy. New York, Norton.

propõem mecanismos de mudança na terapia cognitiva para a compulsão por repetição.

Essa discussão sugere que o conexionismo pode ter uma participação importante no papel emergente da ciência cognitiva na terapia cognitiva. Embora a ciência cognitiva básica integre pesquisas da psicologia cognitiva, inteligência artificial e neurociência, as contribuições dessas disciplinas para o avanço da terapia cognitiva têm sido bastante distintas. Quando as intuições dessas disciplinas forem combinadas por técnicas de modelagem conexionistas, será possível fazer um apelo em massa ao campo integrado da ciência cognitiva em prol do avanço da terapia cognitiva.

Lingüística e antropologia cultural

Conforme observado por Gardner (1987), a lingüística e a antropologia cultural também contribuem para a ciência cognitiva. A contribuição dessas disciplinas para o avanço da terapia cognitiva não é tão visível quanto as da psicologia cognitiva, da inteligência artificial e da neurociência. Ainda assim, seus focos estão intimamente relacionados com as atuais preocupações no desenvolvimento da terapia cognitiva. Recentemente, o papel de variáveis culturais na terapia cognitiva tem promovido muitas pesquisas. A antropologia cultural dedica-se a entender a maneira como as culturas diferem. Parece natural apelar para essa disciplina para compreender o papel da cultura na mudança comportamental e cognitiva. De maneira semelhante, a terapia cognitivo-comportamental baseia-se na idéia de que a linguagem (i.e., a discussão) pode ser usada para mudar a cognição.* Assim, a lingüística, que se dedica a compreender a maneira como a mente processa a linguagem, é um campo importante para ajudar a se entender o papel preciso da linguagem na mudança dos pensamentos. Pesquisas futuras podem tornar mais claras as relações entre a terapia cognitiva e os campos da antropologia e da lingüística.

---

* N. de R.T. Mais informações poderão ser encontradas em Gonçalves, O. (1998). Psicoterapia cognitiva narrativa. Campinas: Psy.

ALGUNS RUMOS FUTUROS

Tendo examinado o status atual da ciência cognitiva aplicada à terapia cognitivo-comportamental, abordaremos brevemente alguns rumos futuros que podem ajudar a facilitar a integração da ciência clínica básica e aplicada. Em particular, comentamos a integração da cognição e do afeto na ciência cognitiva, bem como a importância de enfatizar processos de mudança na expansão e no aperfeiçoamento dos modelos da ciência cognitiva.

A integração entre a cognição e o afeto

Este capítulo se concentrou nas contribuições da ciência cognitiva para a terapia cognitivo-comportamental. A terapia cognitivo-comportamental também pode informar e promover a ciência cognitiva (Ingram e Kendall, 1986). Uma das áreas em que a terapia cognitivo-comportamental proporciona informações continuadas para os cientistas cognitivos é a necessidade de entender a inter-relação entre a cognição e o afeto. Conforme observado anteriormente, a incorporação do afeto em noções cognitivas tradicionais, como as redes semânticas, somente ocorreu nas duas últimas décadas (Bower, 1981). As dificuldades com as primeiras iniciativas, como a de Bowers, ficaram claras nas tentativas de aplicar esses modelos clinicamente. Por exemplo, Teasdale e Barnard (1993) mostraram que os nodos do modelo de Bower não possuem correlatos neurais diretos, e que não existe nenhum componente no modelo de Bower para representar o pensamento sobre uma emoção sem sentir aquela emoção. Parcialmente em resposta a isso, os autores desenvolveram um modelo integrativo que une a atual pesquisa sobre a emoção à pesquisa sobre a memória, atenção e cognição. Eles aplicaram esse modelo para entender os mecanismos da terapia cognitiva no contexto da mudança em padrões globais de interação entre sistemas de processamento cognitivo e afetivo. Outras investigações semelhantes levaram a entendimentos mais complexos dos possíveis papéis de constructos, como a avaliação emocional e os processos de interpretação na relação entre emoções e cognições (Ortony et al., 1988), bem como o uso de modelos de redes neurais com motivação fisiológica para explicar interações cognitivo-afetivas (Armony, Servan-Schreiber, Cohen e LeDoux, 1995; Siegle, 1999).*

Processos de mudança

A ciência cognitiva concentra-se na cognição como se ela fosse um fenômeno estático, como investigar o estilo de atenção de um indivíduo (presumidamente imutável). A terapia cognitivo-comportamental, por sua vez, dedica-se a modificar o afeto e o comportamento alterando as cognições das pessoas. Por exemplo, Beutler e Guest (1984) compararam especificamente o modo como mudanças em produtos cognitivos estáticos (p. ex., crenças) podem levar, na terapia cognitiva, a efeitos diferenciais de mudanças em processos cognitivos (p. ex., avaliações que levam a essas crenças). Além disso, uma revisão de Ingram e Hollon (1986) mostrou como investigações empíricas colaborativas sobre processos cognitivos podem ser usadas para mudar os fenômenos cognitivos em sistemas de crenças e operações cognitivas. Outros autores tentaram esclarecer o papel da terapia cognitiva para mudar variáveis cognitivas fundamentais, como esquemas (p. ex., Goldfried e Robins, 1983; Hollon e Kriss, 1984), codificação (Greenberg e Safran, 1980, 1981) e a integração de diversos fluxos de dados para produzir uma cognição (Teasdale e Barnard, 1993). Dessa forma, as pesquisas sobre a terapia cognitiva podem contribuir para a pesquisa básica da ciência cognitiva, elucidando o papel de variáveis cognitivas dinâmicas na modificação de processos cognitivos que estejam em andamento.

A pesquisa clínica sobre os processos de mudança cognitiva muitas vezes resulta em noções da mudança que talvez não ocorressem se a terapia cognitivo-comportamental não tivesse sido investigada especificamente. Por exemplo, Teasdale e Barnard (1993) avaliaram a idéia de Beck de que alterar determinados pensamentos negativos "automáticos" de um indivíduo promove a recuperação da depressão. Seu modelo sugere que esses pensamentos automáticos são produtos de uma limitação mais global, na qual estímulos variados são associados a algum pensamento prototípico negativo. Dessa forma, eles sugerem que uma mudança nessa estratégia de associação mais global, em vez de pensamentos automáticos específicos, deve prevenir muitos dos pensamentos negativos automáticos do indivíduo e, assim, ser um tratamento melhor para a depressão.

Outro exemplo de como a pesquisa sobre a terapia cognitivo-comportamental pode levar a *insights* sobre o processo de mudança envolve a análise de Safran e Segal (1990) de processos interpessoais na terapia cognitivo-comportamental. Embora muitos dos atuais proponentes da ciência cognitiva somente analisem o papel dos indivíduos, Safran e Segal usam evidências de experimentos em psicologia cognitiva tradicional para sugerir que as alianças com outras pessoas (p. ex., terapeutas) podem envolver processos de mudança cognitiva. Ao discutirem como tratar transtornos caracterizados por déficits interpessoais de forma cognitiva, Safran e Segal sugerem que os indivíduos que se desenvolvem em contextos interpessoais provavelmente desenvolvem esquemas relacionados não apenas consigo mesmos, mas com outras pessoas (ver também Ingram et al., 1998). Um esquema interpessoal, segundo Safran e Segal (1990, p. 68), pode servir como "um programa para manter a conexão". Como os transtornos clínicos muitas vezes envolvem perturbações em relacionamentos interpessoais, eles sugerem que o esquema interpessoal também pode ser um alvo para intervenções cognitivas. A noção de que a mudança cognitiva pode ser analisada entendendo-se as relações interpessoais ainda se encontra em sua infância na ciência cognitiva.**

---

* N. de R.T. Para mais informações consultar Greenberg, L. (2001). Focused therapy: coaching clients to work through their feelings. Washington, DC: APA.

** N. de R.T. A este respeito sugerimos a leitura de Safran, J. (1998). Ampliando os limites da terapia cognitiva: O relacionamento terapêutico, a emoção e o processo de mudança. Porto Alegre: Artmed.

Um último exemplo que merece ser mencionado envolve tentativas recentes de entender os papéis que as terapias derivadas de outras culturas (a meditação alerta do budismo tibetano) podem desempenhar em mudar cognições (Teasdale, Segal e Williams, 1996) e seus substratos biológicos (p. ex., Davidson, 1998). Os programas de pesquisas interculturais de Teasdale e Davidson baseiam-se na idéia de que o processamento é paralelo e distribuído, e usam conceitos da ciência cognitiva para entender idéias como a consciência do *self*. Por exemplo, Teasdale e colaboradores (1996) sugerem, com base no modelo integrativo de Teasdale e Barnard (1993), que as técnicas de meditação podem ser usadas para interromper ativações cíclicas que ligam pensamentos negativos a emoções negativas. Embora essa pesquisa seja feita para ajudar a resolver problemas clínicos, ela abre a ciência cognitiva à integração com uma disciplina totalmente diferente das que tradicionalmente são incluídas em seu âmbito.

RESUMO E CONCLUSÕES

Embora a terapia cognitiva original de Beck (1967) tenha se baseado na melhor ciência cognitiva da época, ela deixou bastante espaço para avanços a partir da integração da ciência cognitiva contemporânea. Esperamos que este capítulo tenha ilustrado o poder da ciência cognitiva para elucidar os mecanismos que causam fenômenos cognitivos associados à psicopatologia. Conforme observou MacLeod (1987, p. 180),

> nossa capacidade de refinar as abordagens de tratamento cognitivas, de modo que compreendam as melhores técnicas terapêuticas, dependerá de nossa capacidade de identificar a natureza exata das tendências reais de processamento por trás de transtornos específicos ou de qualquer paciente específico, e de nossa capacidade de mensurar de maneira minuciosa a efetividade dessas técnicas para superar tais tendências.

Acreditamos que os modelos da ciência cognitiva representem ferramentas especialmente proveitosas para esclarecer o sistema de fluxo de informações nos sistemas cognitivos. A incorporação de uma perspectiva de ciência cognitiva em terapias cognitivo-comportamentais pode proporcionar uma plataforma teórica para se entender a natureza da mudança clínica em vários transtornos. Apelos à filosofia da mente fundamentam essa busca em uma tradição milenar de investigar questões semelhantes. A integração de dados recentes da pesquisa da inteligência artificial pode tornar as bases da terapia cognitivo-comportamental internamente condizentes com a ciência cognitiva contemporânea, podendo-se gerar hipóteses relacionadas com possíveis avanços na terapia cognitiva. Da mesma forma, o uso de dados relacionados com mecanismos cerebrais subjacentes aos transtornos psicológicos pode direcionar as terapias cognitivas para determinadas áreas cerebrais e padrões de ativação. Em suma, este capítulo argumenta que cada uma das subdisciplinas da ciência cognitiva pode ser usada para tornar a terapia cognitivo-comportamental mais forte, mais rigorosa, mais ampla e, assim, mais profícua para tratar os transtornos que afetam a condição humana.

REFERÊNCIAS

Amsterdam, J. D., & Mozley, P. D. (1992). Temporal lobe asymmetry with iofetamine (IMP) SPECT imaging in patients with major depression. *Journal of Affective Disorders, 24*, 43-53.

Armony, J. L., Servan-Schreiber, D., Cohen, J. D., & LeDoux, J. E. (1995). An anatomically constrained neural network model of fear conditioning. *Behavioral Neuroscience, 109*, 246-257.

Baldwin, M. W. (1992). Relational schemas and the processing of social information. *Psychological Bulletin, 112*, 461-484.

Bandura, A. (1969). *Principles of behavior modification.* New York: Holt, Rinehart & Winston.

Beatty, J. (1982). Task-evoked pupillary responses, processing load, and the structure of processing resources. *Psychological Bulletin, 91*, 276-292.

Beck, A. T. (1967). *Depression: Clinical, experimental, and theoretical aspects.* New York: Hoeber.

Beck, A. T. (1976). *Cognitive therapy and the emotional disorders.* New York: International Universities Press.

Beck, A. T. (1996). Beyond belief: A theory of modes, personality, and psychopathology. In P. M. Salovskis

(Ed.), *Frontiers of cognitive therapy* (pp. 1-25). New York: Guilford Press.

Beck, A. T., Rush, A. J., Shaw, B. F., & Emery, G. (1979). *Cognitive therapy of depression*. New York: New York: Guilford Press.

Bedrosian, R. C., & Beck, A. T. (1980). Principles of cognitive therapy. In M. J. Mahoney (Ed.), *Psychotherapy process* (pp. 127-152). New York: Plenum Press.

Bergin, A. E., & Garfield, S. L. (Eds.). (1971). *Handbook of psychotherapy and behavior change*. New York: Wiley.

Bergin, A. E., & Garfield, S. L. (Eds.). (1994). *Handbook of psychotherapy and behavior change* (4th ed.). New York: Wiley.

Beutler, L. E., & Guest, P. D. (1984). The role of cognitive change in psychotherapy. In A. Freeman, K. Simon, L. E. Beutler, & H. Arkowitz (Eds.), *Comprehensive handbook of cognitive therapy* (pp. 123-142). New York: Plenum Press.

Bower, G. (1981). Mood and memory. *American Psychologist, 36*, 129-148.

Bowlby, J. (1988). *A secure base: Parent-child attachment and healthy human development*. New York: Basic Books.

Bruder, G. E., Stewart, J. W., Mercier, M. A., Agosti, V., Leslie, P., Donovan, S., & Quikin, F. M. (1997). Outcome of cognitive-behavioral therapy for depression: Relation to hemispheric dominance for verbal processing. *Journal of Abnormal Psychology, 106*, 138-144.

Caspar, F., Rosenfluh, T., & Segal, Z. (1992). The appeal of connectionism for clinical psychology. *Clinical Psychology Review, 12*, 719-762.

Cautela, J. R. (1970). Covert reinforcement. *Behavior Therapy, 1*, 273-278.

Charniak, E., & McDermott, D. (1985). *Introduction to artificial intelligence*. Reading, MA: Addison-Wesley.

Cohen, J. D., & Servan-Schreiber, D. (1992). Introduction to neural network models in psychiatry. *Psychiatric Annals, 22*, 113-118.

Cohen, J. D., & Servan-Schreiber, D. (1993). A theory of dopamine function and its role in cognitive deficits in schizophrenia. *Schizophrenia Bulletin, 19*, 85-104.

Colby, K. M. (1995). A computer program using cognitive therapy to treat depressed patients. *Psychiatric Services, 46*, 1223-1225.

Davidson, R. J. (1998). Affective style and affective disorders: Perspectives from affective neuroscience. *Cognition and Emotion, 12*, 307-330.

Dombeck, M., Siegle, G., & Ingram, R. E. (1996). Cognitive interference and coping strategies in vulnerability to negative affect: The threats to identity model. In I. G. Sarason, B. Sarason, & G. Pierce (Eds.), *Cognitive interference: Theories, methods, and findings* (pp. 299-323). Hillsdale, NJ: Erlbaum.

Elliott, C. (1992). *The affective reasoner: A process model of emotions in a multi-agent system* (Technical Report No. 32). Evanston, IL: Northwestern University, The Institute for the Learning Sciences.

Ellis, A. (1962). *Reason and emotion in psychotherapy*. New York: Stuart

Ellis, A. (1980). Rational-emotive therapy and cognitive behavior therapy: Similarities and differences. *Cognitive Therapy and Research, 4*, 325-340.

Ellis, A. (1994). *Reason and emotion in psychotherapy* (2nd ed.). Secaucus, NJ: Carol.

Ellis, A. (1996). *Better, deeper and more enduring brief therapy: The rational emotive behavior therapy approach*. New York: Brunner/hazel.

Frangou, S., & Williams, S. C. (1996). Magnetic resonance spectroscopy in psychiatry: Basic principles and applications. *British Medical Bulletin, 52*, 474-485.

Gardner, H. (1985). *The mind's new science: A history of the cognitive revolution*. New York: Basic Books.

Gardner, H. (1987). Cognitive science characterized. In P. K. Moser & A. vannder Nat (Eds.), *Human knowledge: Classical and contemporary approaches* (pp. 375-393). New York: Oxford University Press.

Garfield, S. L., & Bergin, A. E. (Eds.). (1978). *Handbook of psychotherapy and behavior change: An empirical analysis* (2nd ed.). New York: Wiley.

Goldfried, M. R., & Robins, C. (1983). Self-schema, cognitive bias, and the processing of therapeutic experiences. In P. C. Kendall (Ed.), *Advances in cognitive-behavioral research and therapy* (Vol. 2, pp. 330-380). New York: Academic Press.

Grant, J., & Subrahmanian, V. S. (1995a). Reasoning in inconsistent knowledge bases. *Transactions on Knowledge and Data Engineering, 7*, 177-189.

Grant, J., & Subrahmanian, V. S. (1995b). The optimistic and cautious semantics for inconsistent knowledge bases. *Acta Cybernetica, 12*, 37-55.

Greenberg, L. S., & Safran, J. D. (1980). Encoding, information processing and the cognitive behavioural therapies. *Canadian Psychology, 21*, 59-66.

Greenberg, L. S., & Safran, J. D. (1981). Encoding and cognitive therapy: Changing what clients attend to. *Psychotherapy: Theory, Research and Practice, 18*, 163-169.

Hammerlynck, L. A., Handy, L. C., & Mash, E. J. (Eds.). (1973). *Behavior change: Methodology, concepts and practice*. Champaign, IL: Research Press.

Hawkins, R. P. (1994). The cognitive-behavioral debate: Perspectives of doctoral students. *The Behavior Therapist, 17*, 85.

Hebb, D. O. (1949). *The organization of behavior: A neuropsychological theory*. New York: Wiley.

Henriques, J. B., & Davidson, R. (1991). Left frontal hypoactivation in depression. *Journal of Abnormal Psychology, 100*, 535-545.

Hollon, S. D., DeRubeis, R. J., Evans, M. D., & Wiemer, M. J. (1992). Cognitive therapy and pharmacotherapy for depression: Singly and in combination. *Archives of General Psychiatry, 49*, 774-781.

Hollon, S. D., & Kriss, M. R. (1984). Cognitive factors in clinical research and practice. *Clinical Psychology Review, 4*, 35-76.

Ingram, R. E. (1984). Toward an information processing analysis of depression. *Cognitive Therapy and Research, 8,* 443-478.

Ingram, R. E. (Ed.). (1986). *Information processing approaches to clinical psychology.* Orlando, FL: Academic Press.

Ingram, R. E., Hayes, A., & Scott, W. (2000). Empirically-supported treatments: A critical analysis. In C. R. Snyder & R. E. Ingram (Eds.), *Handbook of psychological change: Psychology processes and practices for the 21st century* (pp. 40-60). New York: Wiley.

Ingram, R. E., & Hollon, S. D. (1986). Cognitive therapy of depression from an information processing perspective. In R. E. Ingram (Ed.), *Information processing approaches to clinical psychology* (pp. 261-284). Orlando, FL: Academic Press.

Ingram, R. E., & Kendall, P. C. (1986). Cognitive clinical psychology: Implications of an information processing perspective. In R. E. Ingram (Ed.), *Information processing approaches to clinical psychology* (pp. 3-21). Orlando, FL: Academic Press.

Ingram, R. E., Kendall, P. C., & Chen, A. H. (1991). Cognitive-behavioral interventions. In C. R. Snyder & D. R. Forsyth (Eds.), *Handbook of social and clinical psychology: The health perspective* (pp. 509-522). New York: Pergamon Press.

Ingram, R. E., Miranda, J., & Segal, Z. V. (1998). *Cognitive vulnerability to depression.* New York: Guilford Press.

Jacobs, W. J., & Nadel, L. (1985). Stress-induced recovery of fears and phobias. *Psychological Review, 92,* 512-531.

Jacquette, D. (1993). Who's afraid of the Turing Test? *Behavior and Philosophy, 20,* 63-74.

Jeffress, L. A. (1951). *Cerebral mechanisms in behavior. The Hixon symposium.* New York: Wiley.

Kanfer, F. H., & Hagerman, S. M. (1985). Behavior therapy and the information processing paradigm. In S. Reiss & R. R. Bootzin (Eds.), *Theoretical issues in behavior therapy* (pp. 3-35). New York: Academic Press.

Kato, T., Inubushi, T., & Kato, N. (1998). Magnetic resonance spectroscopy in affective disorders. *Journal of Neuropsychiatry and Clinical Neurosciences, 10,* 133-147.

Kendall, P. C., & Hollon, S. D. (1979). *Cognitive-behavioral interventions: Theory, research, and procedures.* New York: Academic Press.

Kendall, P. C., & Hollon, S. D. (1981). *Assessment strategies for cognitive-behavioral interventions.* New York: Academic Press.

Klimek, V., Stockmeier, C., Overholser, J., Meltzer, H. Y., Kalka, S., Dilley, G., & Ordway, G. A. (1997). Reduced levels of norepinephrine transporters in the locus coeruleus in major depression. *Journal of Neuroscience, 17,* 8451-8459.

Koszycki, D., Bradwejn, J., & Cox, B. J. (1995). Anxiety sensitivity and cholecystokinin tetrapeptide challenge: Reply. *American Journal of Psychiatry, 152,* 300-301.

Koszycki, D., Cox, B. J., & Bradwejn, J. (1993). Anxiety sensitivity and response to cholecystokinin tetrapeptide in healthy volunteers. *American Journal of Psychiatry, 150,* 1881-1883.

Lyddon, W. J. (1992). Cognitive science and psychotherapy: An epistemic framework. In D. J. Stein & J. E. Young (Eds.), *Cognitive science and clinical disorders* (pp. 173-187). San Diego, CA: Academic Press.

MacLeod, C. (1987). Cognitive psychology and cognitive therapy. In H. Dent (Ed.), *Clinical psychology: Research and developments* (pp. 175-181). London: Croom Helm.

Mahoney, M. J. (1974). *Cognition and behavior modification.* Cambridge, MA: Ballinger.

Mahoney, M. J. (1988). The cognitive sciences and psychotherapy: Patterns in a developing relationship. In K. S. Dobson (Ed.), *Handbook of cognitive-behavioral therapies* (pp. 357-386). New York: Guilford Press.

Mahoney, M. J. (1990). *Human change processes.* New York: Basic Books.

McCann, U. D., Thorne, D., Hall, M., Popp, K., Avery, W., Sing, H., Thomas, M., & Belenky, G. (1995). The effects of L-dihydroxyphenylalanine on alertness and mood in alpha-methyl-para-tyrosine-treated healthy humans: Further evidence for the role of catecholamines in arousal and anxiety. *Neuropsychopharmacology, 13,* 41-52.

McEwen, B. S., DeKloet, E. R., & Rostene, W. (1986). Adrenal steroid receptors and actions in the nervous system. *Physiological Review, 66,* 1121-1188.

Meichenbaum, D. (1977). *Cognitive behavior modification.* New York: Plenum Press.

Mischel, W. (1973). Toward a cognitive social learning conceptualization of personality. *Psychological Review, 80,* 252-283.

Movellan, J. R., & McClelland, J. L. (1994). *Stochastic interactive processing, channel separability, and optimal perceptual interference: An examination of Morton's law.* Technical report, Department of Psychology-Carnegie Mellon University.

Newell, A., & Simon, H. A. (1972). *Human problem solving.* Englewood Cliffs, NJ: Prentice-Hall.

Ortony, A., Collins, A., & Clore, G. (1988). *The cognitive structure of emotions.* Cambridge, England: Cambridge University Press.

Pies, R. (1997). Maimonides and the origins of cognitive-behavioral therapy. *Journal of Cognitive Psychotherapy, 11,* 21-36.

Pillay, S. S., Yurgelun-Todd, D. A., Bonello, C. M., Lafer, B., Fava, M., & Renshaw, P. F. (1997). A quantitative magnetic resonance imaging study of cerebral and cerebellar gray matter volume in primary unipolar major depression: Relation ship to treatment response and clinical severity. *Biological Psychiatry, 42,* 7984.

Powledge, T. M. (1997). Unlocking the secrets of the brain. *Bioscience, 47,* 403-409.

Pradhan, S., Minker, J., & Subrahmanian, V. S. (1995). Combining databases with prioritized information. *Journal of Intelligent Information Systems, 4,* 231-260.

Reilly, J. G., McTavish, S. F. B., & Young, A. H. (1998). Rapid depletion of plasma tryptophan: A review of studies and experimental methodology. *Journal of Psychopharmacology, 11*, 381-392.

Renshaw, P. F., Lafer, B., Babb, S. M., Fava, M., Stoll, A. L., Christensen, J. D., Moore, C. M., Yurgelun-Todd, D. A., Bonello, C. M., Pillay, S. S., Rothschild, A. J., Nierenberg, A. A., Rosenbaum, J. F., & Cohen, B. M. (1997). Basal ganglia choline levels in depression and response to fluoxetine treatment: An *in vivo* proton magnetic resonance spectroscopy study. *Biological Psychiatry, 41*, 837-843.

Safran, J. D., & Segal, Z. V. (1990). *Interpersonal processes in cognitive therapy*. New York: Basic Books.

Sallee, F. R., Koran, L. M., Pallanti, S., Carson, S. W., & Sethuraman, G. (1998). Intravenous clomipramine challenge in obsessive-compulsive disorder: Predicting response to oral therapy at eight weeks. *Biological Psychiatry, 44*, 221-227.

Schank, R. C., & Abelson, R. P. (1977). *Scripts, plans, goals, and understanding*. Hillsdale, NJ: Erlbaum.

Schwartz, J. M. (1998). Neuroanatomical aspects of cognitive-behavior therapy response in obsessive-compulsive disorder. *British Journal of Psychiatry, 173*, 38-44.

Scott, W. (1995). Cognitive behavior therapy: Two basic cognitive research programs and a theoretically based definition. *The Behavior Therapist, 18*, 122-124.

Segal, Z. V, & Ingram, R. E. (1994). Mood priming and construct activation in tests of cognitive vulnerability to unipolar depression. *Clinical Psychology Review, 14*, 663-695.

Siegle, G. J. (1997). Why I make models (or what I learned in graduate school about validating clinical causal theories with computational models). *The Behavior Therapist, 20*, 179-184.

Siegle, G. J. (1999). A neural network mode of attention biases in depression. In J. Reggia & E. Ruppin (Eds.), *Neural network models of brain and cognitive disorders* (Vol. 2, pp. 415-441). Amsterdam: Elsevier.

Siegle, G. J., & Ingram, R. E. (1997). Modeling individual differences in negative information processing biases. In G. Matthews (Ed.), *Cognitive science perspectives on personality and emotion* (pp. 302-353). Amsterdam: Elsevier.

Snyder C. R., & Ingram, R. E. (Ed.). (2000). *Handbook of psychological change: Psychotherapy processes and practices for the 21st century*. New York: Wiley.

Stockmeier, C. A. (1997). Neurobiology of serotonin in depression and suicide. *Annals of the New York Academy of Sciences, 836*, 220-232.

Stein, D. J. (1992). Clinical cognitive science: Possibilities and limitations. In D. J. Stein & J. E. Young (Eds.), *Cognitive science and clinical disorders* (pp. 3-17). San Diego, CA: Academic Press.

Stuart, S., & LaRue, S. (1996). Computerized cognitive therapy: The interface between man and machine. *Journal of Cognitive Psychotherapy, 10*, 181-191.

Tataryn, D., Nadel, L., & Jacobs, W. (1989). Cognitive therapy and cognitive science. In A. Freeman, K. Simon, L. Beutler, & H. Arkowitz (Eds.), *Comprehensive handbook of cognitive therapy* (pp. 83-98). London: Plenum Press.

Teasdale, J. D., & Barnard, P (1993). *Affect, cognition, and change: Remodeling depressive thought*. Hillsdale, NJ: Erlbaum.

Teasdale, J. D., Segal, Z. V, & Williams, M. G. (1996). How does cognitive therapy prevent depressive relapse and why should attentional control (mindfulness) training help? *Behaviour Research and Therapy, 33*, 25-39.

Tryon, W. W. (1993a). Neural networks: I. Theoretical unification through connectionism. *Clinical Psychology Review, 13*, 341-352.

Tryon, W. W. (1993b). Neural networks: II. Unified learning theory and behavioral psychotherapy. *Clinical Psychology Review, 13*, 353-371.

Tupler, L. A., Davidson, J. R. T., Smith, R. D., & Lazeyras, F. (1997). A repeat proton magnetic resonance spectroscopy study in social phobia. *Biological Psychiatry, 42*, 419-424.

Turing, A. M. (1936). On computable numbers, with an application to the Entscheidungs-Problem. *Proceedings of the London Mathematical Society, 42*, 230-265.

Turing, A. M. (1950). Computing machinery and intelligence. *Mind, 59*, 236.

Ullmann, L., & Krasner, L. (1965). *Case studies in behavior modification*. New York: Holt, Rinehart Winston.

Videbech, P. (1997). MRI findings in patients with affective disorder: A meta-analysis. *Acta Psychiatrica Scandinavica, 96*, 157-168.

Webster, C. (1995). Computer modeling of adaptive depression. *Behavioral Science, 40*, 314-330.

Westin, D. (1991). Social cognition and object relations. *Psychological Bulletin, 109*, 429-455.

Winfrey, L. L., & Goldfried, M. R. (1986). Information processing and the human change process. In R. E. Ingram (Ed.), *Information processing approaches to clinical psychology* (pp. 241-258). Orlando, FL: Academic Press.

Wood, C. C. (1982). Application of dipole localization methods to source identification of human evoked potentials. *Annals of the New York Academy of Sciences, 388*, 139-155.

5

A INTEGRAÇÃO ENTRE A TERAPIA COGNITIVO-COMPORTAMENTAL E A PSICOTERAPIA

Larry E. Beutler
T. Mark Harwood
Roslyn Caldwell

A história da psicoterapia sempre envolveu conflitos e mudanças. A evolução da teoria e da prática produziu e precipitou rivalidades e desacordos entre aqueles que instigavam mudanças e os que defendiam a teoria aceita no momento ou a de seu grupo específico (Freedheim, Freudenberger, Kessler e Messer, 1992). As primeiras teorias evoluíram e divergiram em conseqüência de discordâncias entre os profissionais da "cura pela fala". Os discípulos de Freud romperam com ele por causa de desacordos teóricos com relação à natureza da psicopatologia e às técnicas de tratamento. Essa forma de progresso era compreensível no começo do novo campo, devido ao acesso limitado a métodos objetivos e resultados. Em uma época em que as descobertas científicas eram escassas e o principal meio de investigação na psicoterapia era a análise de casos individuais, desacordos e diferenças pessoais em interpretação inevitavelmente estimularam mudanças no campo e na teoria.

Na década de 1950, quando os métodos de pesquisa aplicados à psicoterapia se tornaram mais objetivos, padronizados e rigorosos, surgiu a esperança de que "fatos" empíricos e observações objetivas substituiriam a especulação e a interpretação como base para os avanços no campo, mas, ao contrário do que seria de esperar, há uma franca defasagem na aceitação de descobertas científicas entre os terapeutas como base para estabelecer novos rumos ou para decidir o que é factual. Na realidade, para muitos profissionais, o verdadeiro teste de uma psicoterapia continua a ser a lógica de sua teoria e o poder das observações pessoais do clínico, em vez de resultados de métodos científicos, mesmo quando estes estão disponíveis nas referências (Beutler, Williams e Wakefield, 1993; Beutler, Williams, Wakefield e Entwistle, 1995).

Particularmente no início, os desacordos entre teóricos e clínicos baseavam-se essencialmente na questão fundamental do que constitui uma evidência da verdade. Em muitos casos, ao longo da história da psicoterapia, posições teóricas se tornaram sacrossantas, e descobertas científicas foram rejeitadas porque não se encaixavam no cânone de uma ou outra posição teórica. Essa situação criou uma forma de Torre de Babel entre os psicoterapeutas quando o número de teóricos começou a se expandir de forma descontrolada durante a década de 1970. Quando a proliferação de diferentes pontos de vista teóricos atingiu seu pico na década de 1980, era difícil encontrar uma posição sobre a natureza ou a efetividade da psicoterapia que tivesse aceitação majoritária e muito menos consensual entre profissionais e cientistas.

Embora os vestígios desse estado de desacordo ainda não tenham desaparecido, parece haver mais aceitação de resultados científicos na prática contemporânea do que havia anteriormente, e a prática "baseada em evidências" se tornou a norma na medicina e em outras profissões voltadas para o tratamento de pacientes (Roth e Fonagy, 1996). As investigações e evidências científicas derivadas por meio do método científico estão ganhando espaço como agentes de mudança no campo. No mundo atual, as discussões que surgem entre os clínicos e entre as comunidades acadêmicas e profissionais são voltadas com menos freqüência para o valor das evidências científicas em si, como base do conhecimento, do que para o que constitui uma "boa" ciência. A maioria dos psicoterapeutas aceita (pelo menos abertamente) o valor da investigação científica para estabelecer o que funciona em seu campo, mas difere amplamente no que se consideram métodos científicos aceitáveis. E é provável que a distinção entre os resultados que os profissionais aceitarão como válidos e os que não aceitarão envolva a maneira como eles enxergam os métodos usados para derivar esses resultados, e a força de suas opiniões opostas preexistentes. Assim, os profissionais tendem a valorizar modelos de pesquisa naturalísticos mais do que testes clínicos randomizados, estudos cujo $n = 1$ mais do que modelos de grupo, e medidas de resultados individualizadas mais do que de grupo (Heppner e Anderson, 1985; Fava, 1986; Morrow-Bradley e Elliott, 1986). É seguro supor que eles também tendam a acreditar em resultados que favoreçam o tipo específico de psicoterapia que praticam sobre os que defendem abordagens alternativas, ou aqueles que demonstram que todas as abordagens produzem efeitos equivalentes. Como a maior parte das pesquisas sobre a psicoterapia não segue esses valores, os psicoterapeutas modernos, como os profissionais do passado, costumam rejeitar rapidamente as descobertas científicas que discordam de seus sistemas de valores teóricos. Dessa forma, embora as razões apresentadas para rejeitar as evidências científicas possam ser mais sofisticadas hoje em dia do que no passado, ela ainda é provável de ocorrer.

A EMERGÊNCIA DE VISÕES ECLÉTICAS E INTEGRACIONISTAS

Nos primeiros dias do desenvolvimento da teoria da psicoterapia, quando um teórico se afastava das visões de seu mentor, ele costumava ser tratado como um pária. Um muro de isolamento intelectual desenvolvia-se entre aqueles que mantinham pontos de vista diferentes. Assim, não era incomum se verificar que um profissional de determinada orientação teórica era quase ignorante a respeito dos princípios das práticas de indivíduos de outra escola teórica. De fato, os psicoterapeutas de determinada posição teórica muitas vezes não estavam familiarizados com as pessoas e pontos de vistas que caracterizavam as teorias opostas, permanecendo cegos a conceituações e abordagens teóricas alternativas. Embora esse isolamento teórico precoce possa ter motivado os terapeutas e clínicos a refinar e aperfeiçoar as habilidades e técnicas defendidas por suas respectivas orientações teóricas, ele também limitou muito seus horizontes e perspectivas (Safran e Messer, 1997).

Desde a década de 1980, o campo da psicoterapia tem mudado em resposta à emergência de visões ecléticas e integracionistas. Essa mudança foi parcialmente estimulada apenas em parte pelo status das evidências científicas. Grande parte das evidências empíricas sólidas que fundamentaram a mudança rumo ao ecletismo acumulou-se desde o desenvolvimento da psicoterapia eclética como um conjunto de modelos de tratamento coerentes. Foi na década de 1980 que os profissionais começaram a suspeitar das teorias e desenvolveram uma rejeição profunda a orientações teóricas limitadas. Com mais de 400 teorias diferentes representadas na paisagem da psicoterapia, uma conclusão era inescapável: de que não havia uma verdade única na psicopatologia e na psicoterapia. A insatisfação era acrescida pela incapacidade dos estudos científicos de indicar de maneira firme que qualquer uma das psicoterapias era superior às outras. De fato, as evidências indicavam que nenhuma das psicoterapias era especialmente capaz de gerar as intervenções abrangentes que resultariam no tratamento efetivo de pacientes com problemas complexos e sérios (Goldfried, 1995).

As profissões da saúde mental tiveram mudanças drásticas nos rumos e nas bases de seu crescimento durante os últimos 20 anos. Seu crescimento não era mais determinado pela presença de teorias e argumentos competitivos entre teóricos. Com freqüência, faziam-se mudanças para integrar novas descobertas ou perspectivas de maneira mais abrangente, e essa integração era vista como uma iniciativa ostensiva para melhor encaixar o tratamento às necessidades dos indivíduos que procuram o serviço (Safran e Messer, 1997). Nos últimos anos, profissionais de diversas orientações têm apropriado-se de teorias, técnicas e intervenções de outras escolas de pensamento, na tentativa de melhorar a sua eficácia clínica.

Embora o movimento eclético e integracionista tenha tido seu pico na década de 1980, seu núcleo estava no trabalho de Thorne (1962) e Goldstein e Stein (1976). A psicoterapia eclética de Thorne surgiu da perspectiva do relacionamento na teoria do aconselhamento. O autor argumentava que a formação dos terapeutas os condenava a uma perspectiva de método único, que era inadequada para as diversas condições, personalidades e necessidades de pacientes diferentes. Ele observou que essa limitação deixava os psicoterapeutas despreparados para lidar com a complexidade dos problemas das pessoas, da mesma forma em que um carpinteiro que tivesse apenas uma chave de fenda estaria mal-equipado para construir uma casa.

Thorne fez um argumento conceitual em favor do ecletismo, mas ofereceu poucas diretrizes diretas de quando se deviam aplicar procedimentos diferentes. Em comparação, Goldstein e Stein (1976) sugeriram que os procedimentos selecionados deveriam basear-se em evidências científicas de eficácia, e apresentaram exemplos de tratamentos que funcionavam para vários problemas. Devido à sua inclinação científica, não é de surpreender que essas últimas recomendações tenham sido amplamente baseadas na literatura da terapia comportamental, já que o behaviorismo era a abordagem dominante na pesquisa da época. As conceituações modernas do ecletismo se tornaram mais amplas, mas mantiveram alguns dos valores inerentes à admonição de Thorne de aceitar procedimentos de diversas perspectivas, e à admonição de Goldstein e Stein de deixar que as evidências científicas, e não a teoria, orientassem os métodos de aplicação.

Pelo menos quatro visões sistemáticas do movimento integracionista podem ser identificadas na prática psicoterapêutica contemporânea (Goldfried, 1995; Goldfried e Padawar, 1992; Norcross, 1987): (1) o "ecletismo de fatores comuns", (2) o "integracionismo teórico", (3) o "ecletismo técnico" e (4) o "ecletismo estratégico". Essas abordagens existem além da forma assistemática de "ecletismo casual" a que muitos aderem (Norcross, 1987). O ecletismo casual baseia-se em algumas das crenças e "fatos" científicos gerais que caracterizam os movimentos mais sistemáticos dentro da tradição eclética, notavelmente a observação empírica de que abordagens diferentes parecem ser mais adequadas para pessoas diferentes. Entretanto, dentro dessa perspectiva assistemática, existem poucos esforços para definir os princípios que governam a fusão de pontos de vista ou para definir um procedimento para selecionar e aplicar um tratamento que possa ser reproduzido. Essa abordagem ao ecletismo provavelmente seja disseminada, mas é difícil identificar a sua efetividade, pois ela varia de terapeuta para terapeuta e de momento para momento. Sua efetividade está inextricavelmente ligada ao julgamento e à habilidade do terapeuta que a aplica.

Entre as abordagens mais sistemáticas, o "ecletismo de fatores comuns" baseia-se na identificação de fatores que sejam comuns ou semelhantes em abordagens diferentes. A abordagem de fatores comuns ao entendimento da psicoterapia é bastante diferente da maneira como geralmente se pensa em ecletismo. O ecletismo de fatores comuns aceita a posição de que todas as psicoterapias efetivas têm um núcleo comum de ingredientes básicos, fora do qual seus efeitos característicos são irrelevantes ou imprevisíveis. Os profissionais que seguem essa abordagem tentam aplicar técnicas ou intervenções que parecem comuns a todos os tratamentos bem-sucedidos, e propõem que essas técnicas sejam aplicadas a todos. Eles sugerem que o estudo científico seja direcionado para investigar as maneiras em que determinadas intervenções e interações psicoterapêuticas promovem e contêm esses fatores ou qualidades comuns (Arkowitz, 1995). Essa postura se opõe ao princípio geral do ecletismo, que preconiza projetar as intervenções para as necessidades singulares de cada paciente.

O terapeuta que trabalha segundo o arcabouço da teoria dos fatores comuns raramente se preocupa com técnicas ou estratégias específicas além das que resultam em um relacionamento adequado e afetuoso. Como a maioria dos terapeutas voltados para o relacionamento, ele trabalha para transmitir uma atmosfera de aceitação e solidariedade, na qual o paciente possa explorar os seus problemas. Contudo, enquanto as terapias voltadas para o relacionamento são motivadas por teorias específicas da psicopatologia e mudança, determinado tipo de relacionamento é considerado necessário e suficiente na terapia de fatores comuns, não sendo necessárias técnicas ou procedimentos mais específicos (p. ex., Garfield, 1981).

A maioria das teorias ecléticas sistemáticas tem buscado abordar a complexidade e a variabilidade dos pacientes, proporcionando estrutura e sistematizando os procedimentos terapêuticos recomendados, na esperança de maximizar a exposição dos clientes à combinação única de fatores terapêuticos que possam melhor tratar os problemas dos pacientes (Stricker e Gold, 1996). Vários desses esforços baseiam-se, por um lado, no que se chama "integracionismo teórico" e, por outro, "ecletismo técnico". Entre esses extremos, está o "ecletismo estratégico", defendido por aqueles que visam a integrar conceitos teóricos e técnicas no nível de estratégias de intervenção e princípios de influência terapêutica. Todas essas três abordagens são mais sistemáticas e específicas do que o ecletismo casual ou o ecletismo de fatores comuns. Elas se unem na esperança comum de direcionar o terapeuta em suas decisões sobre quais procedimentos apli-

car, para quem e quando. Elas identificam a variedade de procedimentos que podem ser usados e as pistas do paciente ou temporais e situacionais que indicam o ponto de seu maior impacto.

No nível mais amplo, o integracionismo teórico visa a amalgamar dois ou mais pontos de vista teóricos existentes, deixando a definição de técnicas e procedimentos específicos para a imaginação do clínico. Essas abordagens consideram que uma boa teoria é o caminho para o desenvolvimento de boas técnicas, diferenciando-se das abordagens que costumam ser chamadas de "ecletismo técnico" ou "ecletismo estratégico" (Goldfried, 1995; Stricker e Gold, 1996).

O termo "integração" tem uma variedade de significados além do aplicado à interdigitação de teorias psicoterapêuticas. Ele pode se referir ao *status* da personalidade do indivíduo – por exemplo, quando se refere a uma personalidade "integrada", na qual os traços componentes, necessidades, desejos, percepções, valores, emoções e impulsos estão em um estado estável de harmonia e comunicação. Da mesma forma, uma pessoa "integrada" é aquela que está sadia com relação ao seu funcionamento e bem-estar geral. Da maneira aplicada à psicoterapia, a "integração" refere-se a harmonizar as abordagens afetivas, cognitivas, comportamentais e sistêmicas de psicoterapia sob a égide de uma teoria, e aplicar essa teoria e técnicas associadas ao tratamento de um indivíduo, casal ou família. Essa noção sistemática vai além de qualquer teoria individual ou conjunto de técnicas, levando em conta muitas visões do funcionamento humano: principalmente psicodinâmica, centrada no cliente, experimental e cognitivo-comportamental, sendo cada abordagem aperfeiçoada ao ser integrada às outras (Goldfried, 1995).

Pelo menos no nível superficial, o integracionismo teórico exige a tradução de conceitos e métodos de um sistema psicoterapêutico para a linguagem e procedimento de outro (Stricker e Gold, 1996). O que surge muitas vezes é uma nova teoria, que incorpora o processo de identificar e padronizar conceitos, termos e métodos mais efetivos, mas inclui a aplicação dos conceitos teóricos resultantes no dia-a-dia da pesquisa e da aplicação. Dentro de um arcabouço de integração, foram estabelecidas ligações teóricas entre as abordagens psicodinâmica, comportamental e cognitiva (Arkowitz e Messer, 1984; Safran e Messer, 1997; Stricker e Gold, 1996; Wachtel, 1978).

Do ponto de vista teórico, o integracionismo teórico é a mais abstrata entre as diversas abordagens sistemáticas. Ele visa unir várias teorias por meio de um novo arcabouço teórico que possa explicar melhor, em termos interacionais ou causais, os domínios ambiental, motivacional, cognitivo e afetivo de um indivíduo, que influenciam ou são influenciados pelas iniciativas de mudança. Ou seja, as abordagens baseadas na integração teórica mesclam duas ou mais orientações teóricas tradicionais para produzir um novo modelo de funcionamento da personalidade, psicopatologia e mudança psicológica. Essas abordagens levaram a novas formas de terapias que capitalizam as forças de cada um dos elementos terapêuticos (Safran e Messer, 1997).

Em comparação com o integracionismo teórico, muitos acreditam que os ecletismos técnico e estratégico têm orientação mais clínica e são mais práticos como métodos de aplicar psicoterapia. Esses dois tipos de abordagem de terapia são menos abstratos do que modelos de integração teórica, e baseiam-se mais no uso de técnicas, procedimentos ou princípios específicos, visando a definir estratégias (ecletismo estratégico) ou desenvolver menus de técnicas (ecletismo técnico), de maneira independente da teoria que os gerou em primeiro lugar. Essas formas de integração podem ser obtidas mantendo-se livre de uma teoria de mudança específica ao se construírem objetivos e planos de tratamento, ou adotando-se uma teoria superior para substituir ou suplantar a original.

Nem o ecletismo técnico, nem o ecletismo estratégico se preocupa muito com a validade das teorias da psicopatologia e da personalidade que geram determinados procedimentos. Eles se preocupam principalmente com a eficácia clínica desses procedimentos. Essas abordagens formam suas técnicas e intervenções a partir de dois ou mais sistemas psicoterapêuticos e as aplicam sistematicamente e sucessivamente a pacientes que possuem qualidades indicativas, usando diretrizes baseadas na eficácia clínica demonstrada ou presumida (Beutler, 1983; Lazarus, 1996; Safran e Messer, 1997; Stricker e Gold, 1996). Elas usam técnicas cognitivas, comportamentais, psicodinâmicas, experimentais, humanísticas e de qualquer outro arcabouço teórico funcional, desde que esses procedimentos tenham mostrado-se efetivos em estudos científicos. As técnicas são aplicadas independentemente de suas teorias. Isso não significa dizer que as diversas abordagens da tradição do ecletismo técnico sejam isentas de teoria, mas que, quando se usam teorias, elas raramente são teorias da psicopatologia ou mesmo teorias da mudança. Na verdade, são teorias que relacionam diversas observações empíricas e, assim, raramente exigem o nível de abstração inerente à maioria das teorias tradicionais.

A distinção entre o ecletismo técnico e o ecletismo estratégico se encontra principalmente no grau em que se recomendam técnicas e procedimentos específicos. No ecletismo técnico, costuma-se definir um menu de procedimentos específicos apropriados a uma dada pessoa (Beutler, 1983; Lazarus, 1996). Já o ecletismo estratégico identifica princípios e objetivos, mas deixa a seleção das técnicas usadas para alcançar esses objetivos a critério de cada terapeuta. O fato de que essas intervenções não se concentram em técnicas as diferencia de abordagens baseadas no ecletismo técnico. O pressuposto de trabalho ou implícito no ecletismo técnico é que todas as técnicas têm uma variedade finita de aplicações e usos, ao passo que o ecletismo estratégico pressupõe que todas as técnicas podem ser usadas de muitas maneiras diferentes e podem servir para diversas finalidades, dependendo da pessoa que as aplica.

A primeira e mais conhecida das abordagens do ecletismo técnico é a terapia multimodal do comportamento (Lazarus, 1996). A terapia multimodal representa uma tentativa de aplicar diversas abordagens teóricas e modelos diferentes ao mesmo tempo e em uma seqüência coordenada, dependendo da "ordem de disparo" dos sintomas do paciente. Em outras formas de ecletismo técnico, a combinação prescritiva se dedica a integrar vários procedimentos específicos, selecionados a partir de uma variedade de "menus", em um tratamento coerente e consistente (Beutler, 1983).

Em comparação, o ecletismo estratégico oferece um equilíbrio entre o foco técnico do ecletismo técnico e a abstração do integracionismo teórico. Ou seja, ele mescla os níveis da teoria e da técnica. Essas abordagens visam articular os princípios da mudança terapêutica que levam a estratégias gerais de intervenção. As estratégias são projetadas para implementar os princípios orientadores, mas o objetivo é permanecer fiel aos princípios, em vez de se concentrar na seleção de técnicas específicas (Beutler e Clarkin, 1990; Beutler e Harwood, 2000; Norcross, Martin, Omer e Pinsof, 1996). Nesse processo, essas abordagens visam preservar a flexibilidade do terapeuta individual para optar entre diversas técnicas específicas. Elas também visam a maximizar o uso de técnicas com as quais o terapeuta seja familiarizado e hábil, sem omitir o uso de fatores do paciente como pistas confiáveis para a aplicação seletiva de diferentes intervenções. Essas abordagens geralmente envolvem uma definição explícita de princípios orientadores que são projetados para facilitar as qualidades do relacionamento e para evocar mudanças sintomáticas e estruturais. Assim, entre as várias abordagens de integração, o ecletismo estratégico provavelmente seja a mais flexível e prática, embora não tão complexa e elaborada quanto o integracionismo teórico e não tão simplista quanto o ecletismo técnico.

A combinação prescritiva, uma forma de ecletismo conhecida também como terapia prescritiva (Beutler e Harwood, 2000), às vezes pode se parecer com o ecletismo técnico. Todavia, ela vai além deste por construir princípios de mudança. O objetivo é um tratamento mais coerente, baseado em uma visão abrangente do quadro do paciente, daquilo que se pode obter avançando de técnica para técnica e de sintoma para sintoma (Stricker e Gold, 1996). Tratamentos baseados em princípios explícitos de mudança, como os baseados em teorias elaboradas da psicopatologia, podem ser integrados de forma mais proveitosa se puderem ser submetidos a pesquisas, se não se basearem em conceitos abstratos que não possam ser mensurados e se impuserem poucas restrições teóricas ao uso de técnicas terapêuticas variadas.

Embora a maioria das psicoterapias ecléticas sistemáticas envolva diversas teorias, outra opção é utilizar os princípios para orientar o uso das teorias específicas. A terapia cognitiva, por exemplo, pode ser bastante acessível ao uso de princípios ecléticos, pois se baseia em resultados de pesquisas. Ela não depende de teorias abstratas de causação, e valoriza a mensuração rigorosa de características, mudanças e processos de tratamento do paciente. Especificamente, enquanto proporciona visões da natureza da psicopatologia, a terapia cognitiva não depende da validade dessas visões para sua efetividade na arena terapêutica. A teoria cognitiva postula a presença de níveis de cognição, mas sem estender-se além de observações empíricas para postular como esses níveis se relacionam com a mudança terapêutica. A teoria cognitiva, antes de tudo, tem a tradição de enfatizar a importância da observação e mensuração confiáveis na avaliação dos efeitos do tratamento.

Assim, a teoria cognitiva oferece uma plataforma razoável, a partir da qual se pode dar início a um processo de integração baseado em princípios de mudança e na definição de estratégias – um processo que inclui, mas não se limita, uma variedade já conhecida de intervenções técnicas.

A TERAPIA COGNITIVA COMO UMA ESTRUTURA INTEGRADORA

Desde sua criação, a teoria cognitiva teve uma base empírica e usa as descobertas de pesquisas formais para estabelecer seus princípios teóricos. Da mesma forma, ela permite uma flexibilidade de pontos de vista e aplicações. A terapia cognitiva e a terapia comportamental sempre compartilharam um compromisso com o método científico, e ambas enfatizam a capacidade de o paciente de aprender maneiras novas e adaptativas de funcionar. Originalmente, a terapia cognitivo-comportamental era uma simples integração das teorias e técnicas cognitivas e comportamentais.

A terapia comportamental se tornou uma abordagem formal de tratamento de transtornos psicológicos no final da década de 1950 (Wilson, 1989). Desde o início, a terapia comportamental continua a crescer em complexidade e alcance. As terapias comportamentais atuais abrangem quatro áreas principais: (1) análise comportamental (concentrada no comportamento observável); (2) um modelo neobehaviorista e mediacional de estímulo-resposta (aplicando os princípios do condicionamento clássico e aversivo); (3) a teoria da aprendizagem social (segundo a qual a influência de eventos do ambiente é mediada por processos cognitivos) e (4) a modificação cognitivo-comportamental (terapia cognitivo-comportamental, baseada no princípio de que a interpretação de um indivíduo sobre os eventos determina os seus comportamentos).

A terapia cognitiva (TC), uma forma específica de terapias cognitivo-comportamentais ou cognitivas mais gerais, foi formulada por Aaron T. Beck e seus colegas na Universidade da Pensilvânia. (Observe que a partir daqui neste capítulo, usaremos a abreviatura "TC" para nos referirmos a essa forma específica de tratamento e "terapia cognitiva" e/ou "terapia cognitivo-comportamental" quando nos referirmos às classes mais gerais de procedimentos.) Embora enraizada em uma tradição behaviorista, a TC hoje se estende além dessa perspectiva e é reconhecida como uma abordagem em si. A TC foi desenvolvida no início da década de 1960 como resultado das pesquisas de Beck sobre a teoria psicodinâmica da depressão (i.e., a hipótese de que a depressão é uma raiva refletida; Beck e Weishaar, 1989). Em vez de validar a teoria de Freud, Beck observou que os indivíduos deprimidos têm padrões cognitivos previsíveis, envolvendo visões negativas de si mesmos, do mundo e do futuro (i.e., a tríade depressiva). Isso levou Beck ao entendimento de que padrões cognitivos irracionais – geralmente pressupostos incorretos e não-testados, percepções errôneas ou sistemas de crenças disfuncionais – eram responsáveis por muitas das dificuldades dos pacientes.

A TC pode ser mais bem definida como a aplicação de um modelo cognitivo para a maneira como determinado transtorno se manifesta e é alterado por meio de uma variedade de técnicas concentradas nas crenças disfuncionais e sistemas mal-adaptativos de processamento de informações que são característicos daquele transtorno (Beck, 1993). A TC atual é o resultado de um processo evolutivo contínuo, devido em parte ao reconhecimento pelos profissionais de que, na aplicação clínica dessa terapia, a integração de técnicas características de terapias que não as comportamentais muitas vezes aumenta a efetividade geral desse tratamento (Robins e Hayes, 1993). Beck (1991) enfatiza que a TC é a epítome de um tratamento psicossocial integrador, pois aborda o fator comum de todas as terapias efetivas – a mudança cognitiva. Essa integração permite ao terapeuta que pratica TC escolher intervenções a partir de vários de pontos de vista teóricos.

Os grupos mais amplos de procedimentos e microteorias que constituem as tradições terapêuticas cognitivo-comportamental e cognitiva sempre incluíram técnicas e perspectivas teóricas de outras orientações psicossociais (Andrews, Norcross e Halgin, 1992). De fato, nem a terapia cognitivo-comportamental em geral, nem seu representante mais específico e conhecido, a TC, permaneceram um sistema fechado. A terapia cognitivo-comportamental como classe geral de procedimentos sempre evoluiu integrando técnicas e conceitos teóricos de outras abordagens (Robins e Hayes, 1993). Assim, por intermédio da incorporação de esquemas, ela permite a influência de conflitos que surgiram no começo do desenvolvimento e o desenvolvimento de estilos de personalidade. Além disso, seu nascimento foi um processo de expansão da teoria comportamental existente e de reconhecimento da necessidade de considerar as vidas interiores dos pacientes.

Os aperfeiçoamentos que ocorreram pela integração de diversos princípios teóricos e de pesquisa permitiram a inclusão de conceitos e técnicas coerentes com a aplicação da terapia de relacionamento, terapia comportamental, terapia interpessoal e outras tradições. O conceito de cognições/esquemas/comportamentos disfuncionais permanece no centro da teoria cognitiva e é um princípio integrador compatível com conceitos de diversas outras teorias que refletem os papéis das primeiras experiências e de processos inconscientes. Entre os componentes recentemente integrados das terapias cognitiva e cognitivo-comportamental, estão o papel de processos defensivos, a ênfase na exploração do relacionamento terapêutico e na dinâmica interpessoal do paciente, o aspecto facilitador da excitação afetiva e as experiências evolutivas na formação de esquemas maladaptativos precoces (Robins e Hayes, 1993).

Os processos defensivos constituem um componente teórico associado com freqüência às teorias psicodinâmicas. Alguns autores (Young, 1990) acreditam que esses processos defensivos ajudam o paciente a evitar material relacionado com seus esquemas por meio de processos cognitivos, como a negação, repressão de memórias e despersonalização. A evitação emocional de material doloroso relacionado com os esquemas pode assumir a forma de insensibilidade defensiva, dissociação, ou minimização de experiências negativas. As medidas defensivas comportamentais podem assumir a forma de evitação física real de situações que provavelmente ativariam esquemas disfuncionais ou dolorosos.

Embora a TC há muito reconheça a importância de um relacionamento terapêutico firme, os processos interpessoais na TC e na ampla variedade de terapias cognitivo-comportamentais têm recebido maior ênfase nos últimos anos (Liotii, 1991; Mahoney, 1991; Robins e Hayes, 1993; Safran e Segal, 1990). Os processos interpessoais são hoje considerados caminhos importantes para a exploração e melhora de esquemas interpessoais disfuncionais, que geralmente recebem sua influência evolutiva mais forte dos primeiros relacionamentos. Devido à influência importante e precoce de eventos interpessoais no desenvolvimento de esquemas, alguns terapeutas cognitivos também incorporaram a teoria do apego (Bowlby, 1977) para ajudar a esclarecer a dinâmica comportamental e cognitiva do relacionamento terapêutico (Robins e Hayes, 1993).

Além disso, Safran e Segal (1990) indicam que é importante que o terapeuta cognitivo preste atenção em seus sentimentos e comportamentos evocados por interações com o paciente (embora não sejam chamados de "contratransferência" na perspectiva cognitiva), e evite envolver-se no ciclo interpessoal disfuncional do paciente. Eles também recomendam que o material (pensamentos e sentimentos) descoberto nesse tipo de exploração seja investigado minuciosamente.

Essa última recomendação enfatiza outro aspecto das terapias cognitivas e cognitivo-comportamentais que sua postura eclética pode refletir vagamente. Notadamente, essas abordagens de tratamento tiveram sucesso para diversas condições, problemas e transtornos. A variedade em sua efetividade atesta a flexibilidade das técnicas utilizadas e sugere que esses procedimentos podem ser usados dentro de um modelo prescritivo e estratégico.

A VARIEDADE DA EFETIVIDADE ASSOCIADA ÀS TERAPIAS COGNITIVAS E COGNITIVO-COMPORTAMENTAIS

Historicamente, a literatura psicológica relacionada com estudos comparando resultados de psicoterapias para diversos problemas psicológicos contribuiu para a conclusão de que os tratamentos têm efetividade equivalente (Shapiro, Barkham, Rees e Hardy, 1994; Robinson, Berman e Neimeyer, 1990; Bowers, 1990; Hogg e Deffenbacher, 1988). Todavia, ao contrário daqueles que sustentam que as pesquisas revelam resultados equivalentes entre as terapias, os discípulos de métodos de terapia cognitiva e cognitivo-comportamental afirmam que seus tratamentos são mais efetivos do que os outros, para uma variedade de condições e transtornos (Brown, 1997; Blackburn et al., 1986).

A eficácia da terapia cognitiva para o tratamento da depressão é conhecida e foi demonstrada em um grande número de testes clínicos (Dobson, 1989). Estudos mostraram que a terapia cognitiva tem sido efetiva para tratar vários tipos de depressão, como a depressão unipolar, maior, menor e aguda (Gitlin, 1995; Billings e Moos, 1984). Também foram obtidos resultados positivos com amostras de pacientes com depressão endógena – um subtipo que se acredita ser refratário à psicoterapia (Simons e Thase, 1992). Seja em grupo ou individual, a terapia cognitiva parece ser efetiva para reduzir os sintomas da depressão e da ansiedade e para aumentar a assertividade (Scogin, Hamblin e Beutler, 1987; Steuer et al., 1984; Shaffer, Shapiro, Sark e Coghlan, 1981). Um estudo conduzido por Ogles, Sawyer e Lambert (1995) para o Instituto Nacional de Saúde Mental verificou que um número substancial de clientes que estavam concluindo tratamentos cognitivos para a depressão apresentava mudanças confiáveis em todas as medidas de resultados. Brown e Barlow (1995) verificaram também que a terapia cognitivo-comportamental evocava reduções significativas em sintomas depressivos somáticos e no humor deprimido e ansioso para pacientes alcoolistas. Além desses estudos, Scogin e colaboradores (1987) verificaram que a biblioterapia cognitiva foi mais efetiva para reduzir a depressão do que um grupo de controle de tratamento retardado e uma condição de placebo de atenção com biblioterapia.

Embora esse último resultado não tenha sido encontrado de maneira uniforme (Scogin, Bowman, Jamison, Beutler e Machado, 1994), mesmo na incapacidade de replicá-lo, se demonstrou que os pacientes que apresentavam escores relativamente altos em medidas de disfunção cognitiva tendiam a ter escores mais baixos em medidas de gravidade da depressão pós-tratamento do que pacientes com níveis baixos de limitação cognitiva. Esses resultados implicam que as funções cognitivas são aspectos importantes dos processos de mudança relacionados com a melhora, independentemente do modelo de tratamento usado para abordá-las. Assim, se os procedimentos da terapia cognitiva conseguem mudar as cognições, eles são promissores para o tratamento dessas condições.

A terapia cognitiva também se sai bem em comparação à farmacoterapia. Historicamente, a pesquisa tem comparado a terapia cognitiva com a farmacoterapia, e a maioria dos testes publicados verificou que a terapia cognitiva é pelo menos igual e às vezes superior à farmacoterapia (Blackburn et al., 1986; Blackburn, Jones e Lewin, 1986). Especificamente, os resultados obtidos revelaram que a TC é tão eficaz ou mais eficaz do que a medicação antidepressiva padronizada (Beck et al., 1985), e tende a ter taxas de recaída menores (Hollon, 1996).

Rush e colaboradores (Rush, Beck, Kovacs e Hollon, 1977; Rush, Beck, Kovacs, Weissenburger e Hollon, 1982) e Murphy, Simons, Wetzel e Lustman (1984) verificaram que a terapia cognitiva estava associada a mais melhoras e menos perturbações do que o tratamento farmacoterápico. De fato, os pacientes tiveram uma taxa maior de abandono, comparando-se o uso isolado de farmacoterapia com a terapia cognitiva. Além disso, os resultados desses estudos revelaram que a terapia cognitiva se sobressaiu à farmacoterapia em melhorar as dimensões da sintomatologia depressiva da desesperança e baixo autoconceito. Mesmo quando se combina terapia cognitiva com farmacoterapia, os pacientes tendem a relatar muito menos sintomas depressivos e cognições negativas na fase aguda do que pacientes submetidos apenas a farmacoterapia (Bowers, 1990). Com base nesses estudos, parece que a terapia cognitiva tem um impacto significativo sobre os sintomas cognitivos e vegetativos associados à depressão moderada e grave, bem como sobre os sintomas de estados depressivos leves e transitórios.

Também se verificou que a terapia cognitiva é mais efetiva do que as terapias comportamental e interpessoal (Shapiro et al., 1994; Wilson, Goldin e Charbouneau-Powis, 1983). Gaffan, Tsaousis e Kemp-Wheeler (1995) replicaram um estudo de Dobson (1989) que comparava a terapia cognitiva com outras formas de tratamento. Embora seu estudo tenha concentrado-se principalmente em efeitos de fidelidade, os resultados também produziram evidências de que a terapia cognitiva era superior a outras formas de tratamento, inclusive a terapia comportamental. Addis e Jacobson (1996) também verificaram que os clientes que apresentavam razões caracterológicas e existenciais para a depressão responderam melhor a uma terapia cognitivo-comportamental do que a intervenções unicamente comportamentais.

Em decorrência desses resultados, parece razoável concluir que existem fortes evidências para o valor da terapia cognitiva ou cognitivo-comportamental no tratamento de pacientes com depressão, mas que os mecanismos pelos quais esse efeito ocorre ainda não são conhecidos (Jacobson e Hollon, 1996).

A terapia cognitiva também parece ser efetiva para tratar outros tipos de transtorno que causam desajuste emocional. Assim, ela é efetiva para tratar medos e fobias específicas, bem como uma variedade de outros transtornos e sintomas de ansiedade. Barlow, O'Brien e Last (1984) verificaram que a terapia cognitiva é melhor do que as terapias comportamentais para o tratamento de pacientes com ansiedade. A terapia cognitivo-comportamental também se mostrou efetiva para promover a abstinência geral de pacientes alcoolistas, ao final do tratamento e durante períodos de acompanhamento (Brown e Barlow, 1995). Além disso, estudos sugerem que a terapia cognitivo-comportamental é efetiva para tratar pacientes com transtornos alimentares (Hollon e Beck, 1986). Um estudo (Fairburn, Jones, Peveler, Hope e O'Connor, 1993) da terapia cognitivo-comportamental como forma de tratamento para pacientes com bulimia nervosa verificou que os efeitos do tratamento foram substanciais, refletindo-se em todos os aspectos do funcionamento, e mantiveram-se por um bom tempo. Além disso, Arntz e van den Hout (1996) verificaram que, entre pacientes com transtorno do pânico e um diagnóstico secundário de fobia social ou transtorno de humor, a terapia cognitiva produziu resultados superiores em comparação ao relaxamento, reduzindo a freqüência dos ataques de pânico. A terapia cognitiva também se mostrou efetiva para tratar pacientes que tiveram problemas por falta de assertividade (Safran, Alden e Davison, 1980), problemas relacionados com raiva e agressividade (Schlicter e Horan, 1981) e transtornos ligados a dependência (Woody et al., 1984).

Além de estudos que examinaram os efeitos da terapia cognitiva em uma variedade de problemas e características de pacientes, um número crescente de estudos atesta a capacidade de intervenções de terapia cognitiva de produzir reduções significativas em dificuldades em um período longo de tempo. Um estudo de seguimento de um ano realizado por Kovacs, Rush, Beck e Hollon (1981), por exemplo, revelou que a sintomatologia depressiva auto-avaliada era significativamente menor para aqueles que, um ano antes, haviam concluído uma terapia cognitiva do que para os que se trataram com farmacoterapia. De maneira semelhante, um estudo de seguimento de dois anos com pacientes que se haviam tratado com terapia cognitiva, farmacoterapia, ou ambos indicou que a terapia cognitiva estava associada a taxas menores de recaída (Blackburn, Eunson e Bishop, 1986). Além disso, os pacientes do grupo da farmacoterapia tiveram uma taxa de recaída significativamente mais alta durante um período de continuidade de dois anos.

Assim, a pesquisa clínica estabeleceu a eficácia da terapia cognitiva e da terapia cognitivo-comportamental no tratamento da depressão, ansiedade e diversas outras limitações psicológicas. Embora os aspectos dessa terapia que são responsáveis por produzir melhora nesses grupos de pacientes permaneçam incertos, está claro que esse tratamento é efetivo e muitas vezes ainda mais efetiva do que outras formas de tratamento.

A terapia cognitiva tem certas vantagens sobre muitos outros modelos, em virtude da variedade de condições para as quais é efetiva e, nesse sentido, tem as características de um modelo de intervenção eclético e flexível. Todavia, isso não significa dizer que a terapia cognitiva tradicional seja igualmente efetiva para todos os indivíduos. Pesquisas (Beutler, Mohr, Grawe, Engle e MacDonald, 1991) revelam que a eficácia da terapia cognitiva sofre influência diferencial de uma variedade de qualidades que são características do paciente e do problema. Qualidades como estilos de enfrentamento, complexidade e a gravidade dos problemas dos pacientes, entre outras, podem influenciar a maneira como se aplica uma terapia cognitiva.

Uma característica do paciente que mostrou prever a sua resposta à terapia cognitiva é o estilo de enfrentamento. O "estilo de enfrentamento" é definido como um padrão do tipo traço, que o indivíduo usa para minimizar os efeitos negativos da ansiedade. O estilo de enfrentamento característico de uma pessoa é o método que ela geralmente adota em interações com outras pessoas durante situações que provoquem ansiedade. A terapia cognitiva tem mostrado-se mais efetiva para pacientes que apresentam um estilo de enfrentamento inibido, controlado, introspectivo e internalizado. Por exemplo, Kadden, Cooney e Getter (1989) avaliaram pacientes que sofriam de alcoolismo e implementaram um treinamento de habilidades sociais de base cognitiva, um procedimento que visa prevenir recaídas remediando déficits comportamentais no enfrentamento dos antecedentes interpessoais e intrapessoais do ato de beber. Embora, em média, a terapia cognitiva seja aproximadamente tão efetiva quanto outros tratamentos, sua forma específica de terapia cognitiva foi mais efetiva do que outras abordagens para pacientes com escores relativamente altos em medidas de sociopatia ou impulsividade. Esse tipo de interação entre aptidão e tratamento também foi encontrado em outros estudos, nos quais se pesquisou a impulsividade dos pacientes como um moderador do tratamento. Beutler, Engle e colaboradores (1991) verificaram que pacientes depressivos que apresentaram escores elevados em medidas de externalização e impulsividade do Inventário Multifásico Minnesota de Personalidade (MMPI) responderam melhor a uma terapia cognitiva do que a terapias orientadas para o *insight*. Beutler e Mitchell (1981) e Beutler, Mohr e colaboradores (1991) encontraram resultados condizentes com os anteriores entre pacientes internados e ambulatoriais com sintomas depressivos. Da mesma forma, Barber e Muenz (1996) verificaram que a terapia cognitiva foi mais efetiva do que outras intervenções de tratamento para pacientes com tendência a evitar seus problemas externalizando a culpa.

Além disso, a maioria desses estudos verificou que os tratamentos baseados no *insight* e na consciência são melhores do que a terapia cognitiva para pessoas que não apresentam traços muito impulsivos e que são externalizados. Por exemplo, Beutler, Mohr e colaboradores (1991) e Beutler, Engle e colaboradores (1991) verificaram que a terapia cognitiva exerceu efeitos substancialmente mais fortes em pacientes com estilos de enfrentamento baseados na externalização do que uma terapia centrada no cliente ou uma terapia de apoio autodirecionada, respectivamente.

De maneira semelhante, nesses últimos estudos, traços de resistência e tendências dos pacientes diferenciaram o nível de benefícios alcançado com os procedimentos orientados pelo terapeuta na terapia cognitiva e vários outros procedimentos orientados por terapeuta ou não-diretivos. Um estudo de Tasca, Russell e Busby (1994) investigou características como o estilo defensivo e a disponibilidade psicológica de pacientes como mediadores de suas preferências para a terapia cognitiva. Os pacientes mais expressivos e que tendiam a externalizar sua raiva usando projeção e voltando a raiva contra outras pessoas tendiam a escolher uma terapia orientada para atividades.

Assim, a partir da literatura citada, parece que a terapia cognitiva é bastante efetiva para clientes que evitam seus problemas, pois essa intervenção de tratamento tende a levar os clientes a confrontar situações que provocam ansiedade por meio de tarefas de casa e intervenções e técnicas comportamentais específicas.

Também existem evidências na literatura em favor das vantagens de tratamentos cognitivos para pacientes com problemas mais complexos e graves. A complexidade ou gravidade pode estar associada a fatores como a comorbidade, perturbações duradouras da personalidade e cronicidade da condição. Como resultado, pacientes que se caracterizam por ter perturbações prolongadas da personalidade, ou cujos problemas e sintomas tendem a ser recorrentes e persistir por um período longo, tendem a ter necessidades específicas em relação ao tratamento. Assim, a literatura afirma que a gravidade inicial da depressão é mais um fator que pode moderar a eficácia do tratamento (Robinson et al., 1990). Todavia, a terapia cognitiva parece ser efetiva para pacientes que apresentam sintomas de complexidade e gravidade variadas. Woody e colaboradores (1994) verificaram que entre as dependências de opiatos, pacientes com graus baixos a moderados de gravidade tiveram progresso igual ou maior com terapia cognitiva do que com outros tratamentos. Um estudo de Knight-Law, Sugerman e Pettinati (1988) verificou que a efetividade de intervenções voltadas para sintomas comportamentais, como a terapia cognitiva, foi maior entre pacientes cujos resultados no Inventário Minnesota revelaram que seus problemas estavam relacionados com suas reações e situação específica e eram mais complexos. Padrões semelhantes também foram evidenciados em um estudo de Beutler, Sandowicz, Fisher e Albanese (1996), no qual a TC foi mais efetiva para pacientes com níveis baixos de perturbação (indicadores agudos), em comparação a tratamentos de foco emocional.

Brown e Barlow (1995) examinaram os efeitos de longa duração da terapia cognitivo-comportamental para pacientes com transtorno de pânico. Embora os resultados não sustentem a noção de que a terapia cognitiva tem efeitos duradouros de redução de sintomatologia, eles sugerem que pacientes com sintomas mais graves tiveram uma resposta rápida ao tratamento. Mesmo assim, os pacientes não conseguiram manter esses ganhos e não se tornaram mais capazes de experimentar flutuações acentuadas em sintomas em um prazo mais longo.

Essa última constatação sugere que os efeitos de longa duração da terapia cognitiva ou cognitivo-comportamental podem ser, em parte, função de interações entre o tipo de tratamento e as características do paciente. Outras pesquisas também corroboram essa conclusão. Por exemplo, Beutler, Mohr e colaboradores (1991) e Beutler, Engle e colaboradores (1991) verificaram que os pacientes cujas características pessoais (i.e., baseados na internalização e resistentes ao direcionamento) indicaram que seriam maus candidatos à terapia cognitiva tiveram menos efeitos de longa duração do que aqueles que eram mais adequados às exigências do tratamento. Os pacientes adequados para o tratamento foram mais prováveis de manter os ganhos do tratamento e até de melhorar durante o período de seguimento. Esses resultados enfatizam a importância potencial de se ter um estilo de enfrentamento externo e resistência baixa como indicadores para a terapia cognitiva. Além disso, evidências de outras fontes indicam que problemas causados por situações específicas respondem melhor a tratamentos cognitivo-comportamentais do que problemas crônicos e recorrentes, especialmente para indivíduos com dependência química (Sheppard, Smith e Rosenbaum, 1988), sintomas somáticos (LaCroix, Clarke, Bock e Doxey, 1986) e dores crônicas nas costas (Tref e Yuan, 1983).

Com base nessas pesquisas, parece que a mudança na terapia cognitiva será facilitada em um clima que promova a excitação afetiva. Para abordar essa observação, muitos terapeutas integraram técnicas para mobilizar o afeto à terapia cognitiva, como um meio de induzir afeto entre indivíduos com níveis baixos de excitação. Robins e Hayes (1993) identificaram várias técnicas de excitação afetiva usadas por terapeutas cognitivos, incluindo exercícios para combater a vergonha, diálogos com imagens, o uso de sonhos, repetição enfática de frases importantes e finalmente o foco em pistas físicas e sensações corporais associadas aos sentimentos imediatos.

Embora a terapia cognitiva seja conceituada tradicionalmente como sendo focada no presente, modificações recentes buscaram torná-la mais acessível a análises das contribuições históricas para os problemas dos pacientes (Arnkoff, 1983; Robins e Hayes 1993; Young, 1990). A investigação da cognição dentro de um arcabouço evolutivo pode ajudar a induzir a excitação afetiva e, assim, aumentar a oportunidade de o paciente e seu terapeuta identificarem e combaterem expectativas maladaptativos e avaliarem pressupostos errôneos associados aos eventos lembrados.*

ENCAIXANDO A TERAPIA COGNITIVA NA COMPLEXIDADE HUMANA

O principal ímpeto de interesse na integração das psicoterapias provém da conclusão

---

* N. de R.T. A este respeito, sugerimos a leitura de Young, J. (1999). Terapia cognitiva para transtorno da personalidade. Porto Alegre: Artmed.

da pesquisa de que nenhuma escola de psicoterapia demonstrou ter superioridade sobre as outras. Ou seja, as tentativas de definir métodos específicos de psicoterapia que sejam efetivos para determinado problema, como abuso de drogas, ou um sintoma específico, como a depressão concluíram que todas as abordagens produzem efeitos médios semelhantes (Lambert, Shapiro e Bergin, 1986; Beutler, Crago e Arizmendi, 1986; Smith, Glass e Miller, 1980). Infelizmente, a insignificância dos principais efeitos do tratamento muitas vezes chama mais atenção do que o crescente *corpus* de pesquisas que demonstram que existem diferenças significativas nos tipos de paciente para os quais diferentes aspectos do tratamento são efetivos.

Por exemplo, entre pacientes com sintomas de ansiedade e depressão, as pesquisas indicam que: (1) as terapias experimentais são mais efetivas do que as terapias cognitivas e dinâmicas quando a perturbação inicial com a própria condição é insuficiente para justificar uma ação (Beutler e Mitchell, 1981; Orlinsky e Howard, 1986); (2) as intervenções não-diretivas e paradoxais são mais efetivas do que as diretivas para pacientes com níveis elevados de resistência antes da terapia (i.e., "potencial de resistência"; Beutler, Mohr et al., 1991; Beutler, Engle et al., 1991; Shoham-Salomon e Hanna, 1991; Forsyth e Forsyth, 1982) e (3) as terapias que buscam efetuar mudanças cognitivas e comportamentais por manejo de contingências (p. ex., Higgins, Budney e Bickel, 1994) são mais efetivas para pacientes impulsivos ou baseados na externalização do que as que visam a facilitar o *insight* – um efeito que é revertido em pacientes com estilos de enfrentamento menos baseados na externalização (Beutler, Mohr, et al., 1991; Beutler, Engle, et al., 1991; Calvert, Beutler e Crago, 1988; Sloane, Staples, Cristol, Yorkston e Whipple, 1975).

A terapia cognitiva pode ser adaptada para satisfazer às tantas necessidades e características de pacientes que sofrem de uma ampla variedade de problemas e diagnósticos. Em um estudo realizado atualmente em nosso laboratório de pesquisa em psicoterapia na Universidade da Califórnia em Santa Bárbara, utilizando diversos princípios orientadores e estratégias que informam a aplicação sistemática de táticas e técnicas baseadas em diversas perspectivas teóricas. Para ilustrar, esta seção aborda algumas das técnicas e estratégias que orientam a aplicação das técnicas de TC de Beck para pacientes internalizadores ou externalizadores, para pacientes resistentes e para administrar o nível de excitação. As técnicas da TC podem ser usadas com praticamente qualquer tipo de paciente. Contudo, elas devem ter um foco diferente ou ser empregadas de maneira distinta, dependendo das dimensões variadas dos pacientes, como o estilo de enfrentamento, o tipo de problema e o nível de resistência apresentado. Apesar de lidarmos com esse tema neste capítulo, alguns leitores podem querer mais detalhes. Para aqueles que se interessam por uma discussão detalhada sobre a identificação de dimensões correspondentes entre pacientes e tratamentos variados (nível de resistência/reactância, estilos de enfrentamento, gravidade de perturbações subjetivas e limitações funcionais) e uma visão aprofundada de princípios orientadores, estratégias e seleção de técnicas, ver Beutler e Harwood (2000) ou Beutler e Clarkin (1990).

A menos que seja manejado de forma habilidosa, a resistência do paciente geralmente atrapalha a efetividade do tratamento. Da mesma forma, a posição relativa em medidas de internalização e externalização (traços de enfrentamento) exige uma seleção diferencial de procedimentos de tratamento por parte do terapeuta, aplicados em estratégias e técnicas terapêuticas usadas na própria sessão ou como fora dela. Geralmente, pressupõe-se que alguns pacientes resistam mais do que outros aos procedimentos terapêuticos. A "resistência" tem sido utilizada na psicoterapia para descrever um estado transitório e um traço de personalidade. Ou seja, a resistência pode se caracterizar como um traço disposicional e um estado de comportamentos opositores na terapia (raiva, irritação e desconfiança). A resistência envolve fatores intrapsíquicos (auto-imagem, segurança e integridade psicológica) e interpessoais (perda da liberdade ou poder interpessoal imposta por outra pessoa) (Beutler et al., 1996). A reactância é um exemplo extremo de resistência e se manifesta por meio de comportamentos opositores e não-cooperativos.

O nível de resistência ou reactância de um paciente é determinado por três fatores postulados (Beutler et al., 1996). O primeiro fator envolve o valor subjetivo que se coloca na liberdade particular, que o indivíduo percebe como ameaçada. Por exemplo, um paciente pode valorizar muito a liberdade proporcionada pela ausência de um horário fixo em seus compromissos, enquanto outro paciente pode se sentir relativamente confortável com uma rotina ou horário imposto. O segundo fator envolve a proporção de liberdades percebidas como ameaçadas ou perdidas. A introdução de um elemento no tratamento que elimine ou reduza uma variedade de liberdades (uma tarefa de casa que proscreva o uso de substâncias e exija interações sociais por uma quantidade determinada de tempo) deve gerar um nível elevado de reactância em indivíduos que sejam propensos a ter resistência, que façam abuso de substâncias e que sejam socialmente retraídos. O terceiro e último fator envolve a magnitude da autoridade e poder atribuídos à força ou indivíduo ameaçador. A resistência gerada no caso desse terceiro fator parte das noções preconcebidas do paciente e a atribuição diferencial de autoridade a diversas ocupações profissionais (clínicos, policiais, etc.). Além disso, as interações reais com um profissional da saúde mental podem atuar reduzindo ou exagerando essas noções.

A resistência é facilmente identificável, podendo ser preparados planos de tratamento diferenciais para pacientes com níveis altos e baixos de resistência. Entretanto, a implementação desses planos é uma questão bastante diferente, pois é difícil superar a resistência do paciente às tentativas do clínico de ajudar. O terapeuta deve deixar a sua própria resistência de lado e reconhecer que o comportamento opositor do paciente pode na verdade ser iatrogênico. Binder e Strupp (1997) verificaram que nenhum dos terapeutas experientes e com ampla formação que participaram do estudo de Vanderbilt da psicoterapia psicodinâmica conseguiu trabalhar efetivamente com a resistência dos pacientes. Os autores observam que os terapeutas reagiram à resistência, tornando-se bravos, críticos e reprobativos. Essas reações que reduziram a disposição dos pacientes a explorar seus problemas.

De um modo geral, os terapeutas devem fazer o melhor possível para evitar desacordos com pacientes muito resistentes. O relacionamento cooperativo da TC é extremamente importante para os pacientes resistentes, e esse componente do tratamento deve ser enfatizado desde o início da terapia. O questionamento socrático (i.e., descoberta orientada), que é uma das técnicas mais fundamentais da TC, deve ser feito cuidadosamente para evitar a excitação de tendências resistentes. Os clínicos devem introduzir essa técnica como um esforço cooperativo, e podem evocar o *feedback* dos pacientes quanto à sua disposição de participar, além de sugestões para investigação.

Podem-se reunir informações sobre o nível de resistência do paciente a partir do seu histórico e comportamento durante experiências estressantes recentes, ou durante o próprio processo de tratamento. Exemplos de comportamentos associados a níveis elevados de potencial de resistência como traço ou estado são indicados pelos comportamentos de pacientes listados na Tabela 5.1

Pesquisas (Shoham-Salomon, Avner e Neeman, 1989; Shoham-Salomon e Rosenthal, 1987; Horvath, 1989; Seltzer, 1986) sugerem que procedimentos não-diretivos, paradoxais e autodirigidos produzem resultados melhores em pacientes que apresentam comportamentos muito resistentes. Contratos de comportamentos do paciente e tarefas de casa "sugeridas" que sejam autodirigidas são exemplos de intervenções terapêuticas não-diretivas para tratar pacientes resistentes. Para pacientes com resistência extrema e persistente, pode-se considerar uma intervenção paradoxal, em que um sintoma seja prescrito ou os pacientes sejam estimulados a não mudar por um breve período de tempo. Dito de forma simples, as intervenções paradoxais induzem mudanças, desestimulando-as (Seltzer, 1986). Uma intervenção não-diretiva e paradoxal pode envolver sugerindo que o paciente mantenha ou exagere um sintoma/comportamento. Um exemplo

TABELA 5.1 Comportamentos característicos da resistência de pacientes

Potencial elevado de resistência como *traço*	Potencial elevado de resistência como *estado*
1. Expressa ressentimento pelos outros com freqüência.	1. Tem dificuldade para entender ou seguir instruções.
2. Parece esperar que os outros tirem vantagem dele.	2. Tem dificuldade de aceitar algo que é óbvio para o terapeuta.
3. Tende a ser controlador e exigente em relacionamentos íntimos.	3. Parece fechado a novas experiências.
4. Desconfia e suspeita dos motivos dos outros.	4. Responde a sugestões de maneira passivo-agressiva.
5. Expressa ressentimento por não ter as vantagens/oportunidades dos outros.	5. Começa a se atrasar ou cancelar as consultas.
6. Quebra as "regras" com freqüência.	6. Expressa medo de que o terapeuta esteja tentando tirar vantagem dele.
7. Gosta de competição.	7. Começa a defender um ponto de vista de forma obstinada e não pode ser demovido de uma posição assumida.
8. Faz o oposto quando os outros tentam controlá-lo.	
9. Sente rancor daqueles que criam as regras.	8. Guarda rancor.
10. É mais feliz quando está no controle.	9. Irrita-se explicitamente com o terapeuta.

clássico de uma intervenção paradoxal envolve prescrever vigília para um paciente que reclama de insônia. Um raciocínio aceitável (p. ex., "seu ritmo circadiano não está adequado, e ficar acordado fará você restabelecer o seu ciclo de sono") geralmente deve ser apresentado com esse tipo de intervenção. Comportamentos não-resistentes ou de baixa resistência indicam que os pacientes geralmente são abertos a direcionamento externo (intervenções diretivas como tarefas de casa) e orientação do terapeuta. A Tabela 5.2 sumariza algumas diretrizes gerais para tratar pacientes de alta e baixa resistência.

Um exemplo de como a TC pode ser adaptada às características de pacientes específicos pode ser obtido descrevendo-se brevemente como um procedimento pode ser aplicado a pacientes com muita e pouca resistência. As tarefas de casa são elementos extremamente valiosos da TC, que podem ser adaptados às características do paciente (Beutler e Harwood, 2000). Três diretrizes distinguem o uso de tarefas com pacientes muito resistentes da maneira como elas são propostas e usadas com pacientes pouco resistentes. Em primeiro lugar, as tarefas para pacientes resistentes devem ser autodirigidas (p. ex., biblioterapia selecionada pelos pacientes a partir de uma lista predeterminada e acompanhada por livros de exercícios). A segunda diretriz envolve os pacientes monitorarem o próprio progresso (p. ex., registrando procedimentos de autocontrole ou níveis de humor no controle do uso de drogas e/ou depressão). A terceira diretriz indica que deve haver relativamente pouco esforço

TABELA 5.2 Diretrizes gerais para tratar pacientes com alta e baixa resistência

Alta resistência	Baixa resistência
1. Proporcione oportunidades para melhoras autodirigidas.	1. Aumente o uso relativo de procedimentos que evoquem a autoridade do terapeuta.
2. Aumente o uso de intervenções não-diretivas.	2. Proporcione orientação direta.
3. Considere o uso de intervenções paradoxais.	3. Faça sugestões e interpretações (costumam ser bem-recebidas).
4. Reduza o uso de procedimentos de confrontação.	4. Dê tarefas de casa orientadas pelo terapeuta.
5. Reduza o uso de procedimentos que evoquem a autoridade do terapeuta.	5. Use estratégias comportamentais que estruturem e monitorem as atividades terapêuticas.

por parte do terapeuta para conferir ou coletar tarefas de casa. Por outro lado, as tarefas para pacientes não-resistentes podem ser bastante estruturadas e podem envolver leituras e exercícios projetados especificamente para alterar comportamentos sociais e padrões de uso de drogas. Nesse caso, as tarefas sempre devem ser revisadas/conferidas, monitorando o progresso semanalmente.

Outro exemplo de como adaptar a TC aos níveis de resistência do paciente envolve o direcionamento do terapeuta. As intervenções terapêuticas não-diretivas se mostraram efetivas com pacientes resistentes. Portanto, níveis elevados de resistência (traço ou estado) indicam a necessidade de uma estratégia de tratamento que enfatize pouco direcionamento e uma postura não-autoritária por parte do terapeuta, bem como um relacionamento sem confrontação. As intervenções não-diretivas envolvem a reflexão (incluindo o reconhecimento de sentimentos infelizes e resistentes), esclarecimento, questões, apoio, intervenções paradoxais e um método de aproximação-afastamento (no qual se introduzem temas difíceis, seguidos pelo afastamento do terapeuta em relativo silêncio). Para pacientes que manifestam poucos indícios de resistência, os terapeutas geralmente podem proporcionar orientação e fazer interpretações, dar sugestões e tarefas. As pesquisas sugerem que pacientes com pouca resistência, de fato, se saem melhor com papéis de autoridade e diretivos do que com papéis não-diretivos (Beutler, Engle et al., 1991).

É importante lembrar que os estados de resistência são função das limitações específicas impostas pelo ambiente terapêutico (os *traços* de resistência se manifestam em situações diferentes). Dessa forma, os terapeutas devem permanecer atentos aos níveis de estados de resistência manifestados na sessão. A Tabela 5.3 apresenta um sumário de intervenções cognitivas diretivas e não-diretivas.

A internalização e a externalização representam pólos opostos em uma dimensão de estilos de enfrentamento de pacientes, e são conceituadas como traços. Esses estilos de enfrentamento podem ser usados para reduzir as experiências desconfortáveis (i.e., para possibilitar fuga ou evitação) sempre que ocorrerem. Alguns pacientes ativam comportamentos que lhes permitem fugir diretamente ou evitar o ambiente temido, que são exemplos de externalização. Outros preferem comportamentos que controlem as experiências internas (i.e., culpa, compartimentalização, sensibilização), como a ansiedade, representando estilos de internalização. Entretanto, alguns pacientes têm estilos complexos que envolvem comportamentos de enfrentamento característicos de internalizadores e externalizadores.

Os pacientes internalizadores se caracterizam por baixa impulsividade e controle exagerado de impulsos, ao passo que os externalizadores geralmente apresentam comportamentos bastante impulsivos ou exagerados. Além disso, os internalizadores tendem a ser mais reflexivos e criteriosos, geralmente inibem seus sentimentos, toleram perturbações emocionais

TABELA 5.3 Exemplos de intervenções diretivas e não-diretivas

Intervenções diretivas	Intervenções não-diretivas
1. Fazer perguntas fechadas.	1. Fazer perguntas abertas.
2. Fornecer interpretações.	2. Reflexão.
3. Confrontação.	3. Aceitação passiva de sentimentos/pensamentos.
4. Interromper o discurso ou o comportamento.	4. Tarefas de casa automonitoradas.
5. Proporcionar informações ou instruções.	5. Trabalho terapêutico autodirigido.
6. Tarefas de casa estruturadas.	6. Trabalho paradoxal.
7. Análise de relações entre antecedentes, comportamentos e conseqüências.	7. Baixa proporção de ocasiões em que o terapeuta introduz temas.
8. Atividades com hora marcada.	

mais do que os externalizadores e freqüentemente atribuem as dificuldades que encontram a si mesmos. Por outro lado, os externalizadores tendem a negar a responsabilidade pessoal pela causa ou solução de seus problemas, consideram as emoções negativas intoleráveis e tendem a buscar estimulação externa. Exemplos de características de pacientes que correspondem a estilos de enfrentamento internalizantes e externalizantes são apresentados na Tabela 5.4.

No caso de um paciente excessivamente impulsivo (externalizador) – que, por exemplo, tenha a tendência de procurar a estimulação (i.e., evita a falta de estímulos), ou que possa responder de maneira esquiva às conseqüências previstas do contato social –, o tratamento preferido seria aprender a tolerar ambientes calmos e sem estimulação (p. ex., por imagens e exposição real). Os procedimentos terapêuticos projetados para facilitar a reatribuição de responsabilidade (Beck, Wright, Newman e Liese, 1993) também podem ajudar no tratamento de externalizadores que tendam a culpar os outros ou a assumir uma visão fatalista de problemas que estejam sob seu controle. Os RPDs (registros de pensamentos disfuncionais) (conforme descritos no Capítulo 10 deste livro) podem ajudar a identificar comportamentos e reações impulsivas (cognições e afetos). Também podem ser usados horários de atividades para complementar os RPDs, identificando a maneira como os pacientes passam seu tempo (p. ex., as atividades são características de um ambiente de alta estimulação?). Os horários de atividades também representam ferramentas para avaliar mudanças comportamentais. Para indivíduos impulsivos que se recuperam de problemas com abuso de substâncias e outros problemas gerados por seus comportamentos impulsivos, estratégias de controle de estímulos (p. ex., identificar situações de alto risco – principalmente externas para externalizadores – e desenvolver respostas adaptativas) podem ser particularmente importantes.

Para indivíduos internalizadores (p. ex., aqueles que podem evitar sentimentos desconfortáveis, intimidade ou estimulação ambiental e atividades), o tratamento pode concentrar-se em ensinar os pacientes a permitir a experiência de intensidade emocional ou aceitar a expressão de amor e intimidade. Embora os princípios de tratamento sejam os mesmos de externalizadores, o tratamento de indivíduos internalizadores é mais complexo. As indicações do tratamento de um indivíduo internalizador estão embutidas na história singular do desenvolvimento de seus conflitos e sentimentos. Assim, o uso de registros diários de pensamentos e a análise dos padrões cognitivos, afetivos e comportamentais produzidos podem ser um método particularmente proveitoso e eficiente para identificar pistas que tenham associação indireta com os sintomas visíveis. Ou seja, os RPDs podem ajudar o paciente e o

TABELA 5.4 Características de pacientes internalizadores e externalizadores

Os normalmente internalizadores:	Os normalmente externalizadores:
1. São mais prováveis de sentir mágoa do que raiva.	1. São gregários e extrovertidos.
2. Ficam em silêncio em reuniões sociais.	2. Tentam impressionar os outros.
3. Preocupam-se e ruminam muito antes de agir.	3. Buscam status social.
4. Sentem mais que uma rápida culpa, remorso ou vergonha por coisas pequenas.	4. Evitam o tédio procurando novidades, atividade ou estimulação.
5. Não têm autoconfiança.	5. São insensíveis aos sentimentos dos outros.
6. Gostam de estar sozinhos.	6. Possuem um sentido de importância exagerado.
7. São tímidos.	7. São impulsivos.
8. Relutam em expressar raiva diretamente.	8. Reagem à frustração com raiva explícita.
9. São introvertidos.	9. Frustram-se facilmente.
10. Não costumam ir a festas.	10. Negam ter responsabilidade por problemas que ocorram.
11. Não demonstram seus sentimentos.	11. Sentem pouca empatia pelas pessoas.

terapeuta a construir pontes do conhecimento evitado ao *insight*, dos sentimentos à consciência. A técnica da "flecha descendente" (Beck et al., 1993) também pode ser benéfica para os internalizadores, evocando cognições "quentes" que levam ao *insight* e colocando os sentimentos em foco. Assim, pode ser indicado um foco em pensamentos esquemáticos em vez de pensamentos automáticos.

As habilidades e a reestruturação cognitiva podem ser potencializadas, identificando-se as origens históricas dos esquemas negativos disfuncionais do paciente, e relacionando-as com o funcionamento atual. Os horários de atividades podem ser úteis para identificar o retraimento/falta de contato social ou outras deficiências na faixa de atividades típicas, e essas informações podem ser usadas para ajudar a identificar esquemas sociais.

O nível de perturbação subjetiva do paciente é outra dimensão que pode ajudar a orientar o uso diferencial de técnicas cognitivas. Um nível moderado de intensidade emocional ou perturbação é motivador e não, debilitante. Entretanto, o manejo da perturbação subjetiva do paciente é um aspecto importante da maior parte das terapias (Orlinsky, Grawe e Park, 1994; Frank e Frank, 1991). A técnica da flecha descendente na busca de cognições quentes é uma maneira de aumentar a intensidade emocional. A técnica da flecha descendente envolve o terapeuta usar variações da pergunta: "O que isso significa para você?", aplicadas às cognições do paciente. Esse tipo de técnica de questionamento leva o paciente a níveis sucessivamente mais profundos de significado e intensidade emocional. Por exemplo, a Tabela 5.5 ilustra a maneira como o paciente pode preencher um RPD e o trecho da terapia que se seguiu.

A última afirmação do paciente na Tabela 5.5 contém cognições quentes características do esquema comum "Sou detestável", e a evocação e exploração desse tema levarão à excitação emocional. Após a identificação de cognições quentes ou esquemas fundamentais, pode-se usar a análise estruturada de pensamentos disfuncionais e erros cognitivos para reduzir níveis elevados de intensidade emocional. O relaxamento direto (i.e., concentrado em respiração e relaxamento muscular), seguido de sugestões para inserção de pensamentos como "Estou relaxado e confortável" ou "Consigo controlar o que sinto", pode ser particularmente útil para reduzir os níveis de excitação.

De maneira semelhante, os níveis de limitação do paciente podem indicar a necessidade de terapias mais intensivas e de maior duração. Beutler, Clarkin e Bongar (2000) verificaram que entre 284 pacientes com depressão, ansiedade, abuso de álcool e diagnósticos mistos, o nível de limitação foi um indicador significativo para usar tratamentos intensivos, incluindo medicação auxiliar, terapia individual e alterações na duração e espaçamento do tratamento. Os terapeutas que usam TC, como os terapeutas que utilizam qualquer outro modelo de tratamento, são capazes de alterar a freqüência e o espaçamento das sessões para adaptar a terapia às necessidades diferenciais de pacientes com níveis elevados de problemas sociais e interpessoais. Diversas publica-

TABELA 5.5 Exemplo da técnica da "flecha descendente"

Situação: em casa em uma tarde de sábado.
Emoções: deprimido (80%), ansioso (60%).
Pensamento automático: eu devia ter um encontro na noite de sábado.

TERAPEUTA: O que significa você não ter um encontro sábado à noite?
 PACIENTE: Significa que eu ficarei sozinho em casa na noite de sábado.
TERAPEUTA: O que significa ficar em casa sozinho na noite de sábado?
 PACIENTE: Significa que eu não vou sair e me divertir como todo mundo.
TERAPEUTA: E o que isso significa para você?
 PACIENTE: Que eu sou um fracassado, ninguém gosta de mim, e eu vou ficar só para sempre.

ções sugerem que mesmo pacientes psicóticos podem se beneficiar com intervenções cognitivas (Haddock e Slade, 1996; Kingdon e Turkington, 1994). Pacientes com pouco apoio social, funcionamento social deficitário e co-morbidades podem ser os melhores candidatos para intervenções de longa duração, sessões freqüentes e farmacoterapias concomitantes. Pacientes com níveis adequados de apoio social, poucas limitações e sem morbidades do Eixo II, por outro lado, podem ser tratados com sucesso por uma intervenção cognitiva de tempo limitado.

A última área de discussão nesta seção, que diz respeito a adaptar os elementos do tratamento às características do paciente, envolve as dimensões da sociotropia e autonomia. Desenvolvida especificamente para avaliar essas dimensões da personalidade, a Escala Sociotropia-Autonomia – SAS) é uma medida de auto-avaliação com 60 itens que utiliza uma escala de 5 pontos (Beck, Epstein, Harrison e Emery, 1983). A característica da personalidade da sociotropia apresentou estabilidade ao longo do tempo (Blackburn, 1998) e a validade da escala de sociotropia da SAS foi demonstrada (Clark e Beck, 1991). Todavia, a validade conceitual da autonomia não foi demonstrada de maneira contundente, aplicada a decisões de tratamento diferenciais (Blackburn, 1998). A escala de autonomia da SAS está no processo de revisão para novos estudos de validação (Clark, Steer, Beck e Ross, 1995).

Os indivíduos que são bastante autônomos se dizem extremamente dedicados a manter a independência e a liberdade do controle externo. Além disso, os indivíduos autônomos valorizam a mobilidade, os níveis superiores de realizações e as escolhas. Esses indivíduos são vulneráveis a limitações externas ou pessoais que resultem na impossibilidade de alcançar objetivos (Moore e Blackburn, 1996). Os indivíduos que são muito sociotrópicos são extremamente dependentes de relacionamentos com outras pessoas para satisfazer suas necessidades interpessoais. Eles valorizam muito a aceitação, a intimidade, o apoio e a orientação (Blackburn, 1998).

O potencial de baixa resistência se caracteriza por evitar confrontos com outras pessoas e pela aceitação do direcionamento de indivíduos em posições de autoridade, semelhante à necessidade dos indivíduos sociotrópicos de aceitação, apoio e orientação de outras pessoas (Allen, Horne e Trinder, 1996). Além disso, os indivíduos autônomos parecem compartilhar semelhanças com aqueles que apresentam escores elevados em medidas de resistência. A oposição a tentativas (ou percepção) de controle por outras pessoas e a necessidade de estar no controle caracterizam a resistência elevada. Essas características assemelham-se à necessidade dos indivíduos autônomos de independência e mobilidade. Se essas dimensões dos pacientes estiverem correlacionadas e se isso puder ser demonstrado de maneira empírica, podem-se selecionar intervenções terapêuticas segundo as diretrizes mencionadas para a dimensão da resistência. Ou seja, as intervenções não-diretivas e automonitoradas pelos pacientes devem produzir um resultado positivo para pacientes autônomos e muito resistentes. Por outro lado, os pacientes sociotrópicos e pouco resistentes devem responder melhor a intervenções diretivas, interpretações freqüentes e orientações diretas do terapeuta.

RESUMO

Os últimos anos assistiram à proliferação de pontos de vista ecléticos. O ecletismo casual é a abordagem de ecletismo mais praticada, mas a menos sistemática. O integracionismo teórico é amplamente praticado, mas talvez seja abstrato demais para proporcionar orientação clara e prática para implementar tratamentos. O ecletismo sistemático pode sofrer por ser limitado e ateórico demais. Todavia, neste capítulo, argumentamos que os fundamentos teóricos e práticos de terapias cognitivas e cognitivo-comportamentais (particularmente a TC de Beck) proporcionam a estrutura e a plataforma necessárias para desenvolver intervenções ecléticas estratégicas.

A tradição de aderir a diretrizes empíricas, a base de métodos de mensuração rigorosos e a ausência de constructos teóricos confusos proporcionam um ambiente adequado para ampliar o uso de intervenções cognitivas e para aplicá-las de maneira mais discriminatória do que se faz normalmente. Na ampla diversidade de problemas para os quais se aplicam a terapia cognitiva e a terapia cognitivo-comportamental e no nível dos efeitos associados aos seus procedimentos, vemos uma oportunidade de aumentar a especificidade dos procedimentos. Essa integração pode ser alcançada adaptando-se procedimentos a dimensões como o nível de limitação, resistência, estilo de enfrentamento e nível de perturbação do paciente. A adaptação de recomendações relacionadas com a freqüência e a duração do tratamento (associados às limitações funcionais do paciente), o grau de direcionamento (associado à resistência do paciente), o foco em sintomas ou pensamentos esquemáticos (associado ao estilo de enfrentamento do paciente) e a atenção a cognições quentes (associada ao nível de perturbação do paciente) podem ajudar a aumentar os efeitos poderosos da terapia cognitiva. Na última parte deste capítulo, apresentamos algumas diretrizes gerais e dimensões de pacientes que podem ajudar o profissional a adaptar os procedimentos da TC de Beck às necessidades singulares de cada paciente.

REFERÊNCIAS

Addis, M. E., & Jacobson, N. S. (1996). Reasons for depression and the process and outcome of cognitive-behavioral psychotherapies. *Journal of Consulting and Clinical Psychology, 64(6),* 1417-1424.

Allen, N. B., Horne, D. J. L., & Trinder, J. (1996). Sociotropy, autonomy, and dysphoric emotional responses to specific classes of stress: A psychophysiological evaluation. *Journal of Abnormal Psychology, 105,* 25-33.

Andrews, J. D. W., Norcross, J. C., & Halgin, R. P. (1992). Training in psychotherapy integration. In J. C. Norcross & M. R. Goldfried (Eds.), *Handbook of psychotherapy integration* (pp. 563-592). New York: Basic Books.

Arkowitz, H. (1995). Common factors or processes of change in psychotherapy? *American Psychological Association, 2(1),* 94-100.

Arkowitz, H., & Messer, S. B. (1984). *Psychoanalytic therapy and behavior therapy: Is integration possible?* New York: Plenum Press.

Arnkoff, D. B. (1983). Common and specific factors in cognitive therapy. In M. J. Lambert (Ed.), *Psychotherapy and patient relationships* (pp. 85-125). Homewood, IL: Dorsey Press.

Arntz, A., & van den Hout, M. (1996). Psychological treatments of panic disorder without agoraphobia: Cognitive therapy vs. applied relaxation. *Behaviour Research and Therapy, 34,* 113-121.

Barber, J. P., & Muenz, L. R. (1996). The role of avoidance and obsessiveness in matching patients to cognitive and interpersonal psychotherapy: Empirical findings from the treatment for Depression Collaborative Research Program. *Journal of Consulting and Clinical Psychology, 64(5),* 951-958.

Barlow, D. H., O'Brien, G. T., & Last, C. G. (1984). Couples treatment of agoraphobia. *Behavior Therapy, 18,* 441-448.

Beck, A. T. (1991). Cognitive therapy as the integrative therapy. *Journal of Psychotherapy Integration, 3,* 191-198.

Beck, A. T. (1993). Cognitive therapy: Nature and relation to behavior therapy. *Journal of Psychotherapy Practice and Research, 2,* 345-356.

Beck, A. T., et al. (1989). Treatment of depression with cognitive therapy and amitriptyline. *Archives of General Psychiatry, 42(2),* 142-148.

Beck, A. T., Epstein, N., Harrison, R. P., & Emery, G. (1983). *Development of the Sociotropy-Autonomy Scale: A measure of personality factors in psychopathology.* Unpublished manuscript, University of Pennsylvania.

Beck, A. T., & Weishaar, M. E. (1989). Cognitive therapy. In R. J. Corsini & D. Wedding (Eds.), *Current psychotherapies* (4th ed., pp. 285-320). Itasca, IL: Peacock.

Beck, A. T., Wright, F. D., Newman, C. F., & Liese, B. S. (1993). *Cognitive therapy for substance abuse.* New York: Guilford Press.

Beutler, L. E. (1983). *Eclectic psychotherapy: A systematic approach.* New York: Pergamon Press.

Beutler, L. E., & Clarkin, J. E. (1990). *Systematic treatment selection: Toward targeted therapeutic interventions.* New York: Brunner/Mazel.

Beutler, L. E., Clarkin, J. E., & Bongar, B. (2000). *Guidelines for the systematic treatment of the depressed patient.* New York: Oxford University Press.

Beutler, L. E., Crago, M., & Arizmendi, T. G. (1986). Therapist variables in psychotherapy process and outcome. In S. L. Garfield & A. E. Bergin (Eds.), *Handbook of psychotherapy and behavior change* (3rd ed., pp. 257-310). New York: Wiley.

Beutler, L. E., Engle, D., Mohr, D., Daldrup, R. J., Bergan, J., Meredith, K., & Merry, W. (1991). Predictors of differential and self-directed psychotherapeutic procedures. *Journal of Consulting and Clinical Psychology, 59,* 333-340.

Beutler, L. E., & Harwood, T. M. (2000). *Prescriptive therapy: Systematic treatment selection with special emphasis on treating co-morbid depression and substance abuse.* New York: Oxford University Press.

Beutler, L. E., & Mitchell, R. (1981). Psychotherapy outcome in depressed and impulsive patients as a function of analytic and experiential treatment procedures. *Psychiatry, 44*, 297-306.

Beutler, L. E., Mohr, D. C., Grawe, K., Engle, D., & MacDonald, R. (1991). Looking for differential effects: Cross-cultural predictors of differential psychotherapy efficacy. *Journal of Psychotherapy Integration, 1*, 121-142.

Beutler, L. E., Sandowicz, M., Fisher, D., & Albanese, A. L. (1996). Resistance in psychotherapy: What conclusions are supported by research. *In Session: Psychotherapy in Practice, 2*, 77-86.

Beutler, L. E., Williams, R. E., & Wakefield, P. J. (1993). Obstacles to disseminating applied psychological science. *Journal of Applied and Preventive Psychology, 2*, 38-53.

Beutler L. E., Williams, R. E., Wakefield, P. J., & Entwistle, S. R. (1995). Bridging scientist and practitioner perspectives in clinical psychology. *American Psychologist, 50*, 984-994.

Billings, A. B., & Moos, R. H. (1984). Coping, stress, and social resources among adults with unipolar depression. *Journal of Personality and Social Psychology, 46*, 877-891.

Binder, J. L., & Strupp, H. H. (1997). Negative process: A recurrently discovered and underestimated facet of therapeutic process and outcome in the individual psychotherapy of adults. *Clinical Psychology: Science and Practice, 4*, 121-139.

Blackburn, I. M. (1998). Cognitive therapy. In A. S. Bellack & M. Hersen (Eds.), *Comprehensive clinical psychology* (Vol. 1, pp. 51-84). New York: Pergamon.

Blackburn, I. M., Eunson, K. M., & Bishop, S. (1986). A two-year naturalistic follow-up of depressed patients treated with cognitive therapy, pharmacotherapy, and a combination of both. *Journal of Affective Disorders, 10*, 67-75.

Blackburn, I. M., Jones, S., & Lewin, R. J. (1986). A two year naturalistic follow-up of depressed patients treated with cognitive therapy, pharmacotherapy, and combination of both. *Journal of Affective Disorders, 10*, 67-75.

Bowers, W. A. (1990). Treatment of depressed inpatients: Cognitive therapy plus medication, relaxation plus medication, and medication alone. *British Journal of Psychiatry, 156*, 73-78.

Bowlby, J. (1977). The making and breaking of affectional bonds: II. Some principles of psychotherapy. *British Journal of Psychiatry, 130*, 421-431.

Brown, G. W. (1997). A psychosocial perspective and the aetiology of depression. In A. Honig & H. M. van Praag (Eds.), *Depression: Neurological, psychopathological, and therapeutic advances* (pp. 343-362). Chichester, England: Wiley.

Brown, T. A., & Barlow, D. H. (1995). Long-term outcome in cognitive-behavioral treatment of panic disorder: Clinical predictors and alternative strategies for assessment. *Journal of Consulting and Clinical Psychology, 63*, 754-765.

Calvert, S. J., Beutler, L. E., & Crago, M. (1988). Psychotherapy outcome as a function of therapist-patient matching on selected variables. *Journal of Social and Clinical Psychology, 6*, 104-117.

Clark, D. A., & Beck, A. T. (1991). Personality factor in dysphoria: A psychometric refinement of Beck's Sociotropy-Autonomy scale. *Journal of Psychopathology and Behavioral Assessment, 13*, 369-388.

Clark, D. A., Steer, R. A., Beck, A. T., & Ross, L. (1995). Psychometric characteristics of revised sociotropy and autonomy scales in college students. *Behavior Research and Therapy, 33*, 325-334.

Dobson, K. S. (1989). A meta-analysis of the efficacy of cognitive therapy for depression. *Journal of Consulting and Clinical Psychology, 57(3)*, 414-419.

Fairburn, C. G., Jones, R., Peveler, R. C., Hope, R. A., & O'Connor, M. (1993). Psychotherapy and bulimia nervosa: Longer-term effects of interpersonal psychotherapy, behavior therapy, and cognitive behavior therapy. *Archives of General Psychiatry, 50*, 419-428.

Fava, G. A. (1986). Psychotherapy research: Clinical trials versus clinical reality. *Psychotherapy and Psychosomatics, 46*, 6-12.

Forsyth, N. L., & Forsyth, D. R. (1982). Internality, controllability, and the effectiveness of attributional interpretation in counseling. *Journal of Counseling Psychology, 29*, 140-150,

Frank, J. D., & Frank, J. B. (1991). *Persuasion and healing: A comparative study of psychotherapy* (3rd ed.). Baltimore: University Press.

Freedheim, D. K., Freudenberger, H. J., Kessler, J. W., & Messer, S. B. (1992). *History of psychotherapy: A century of change*. Washington, DC: American Psychological Association.

Gaffan, E. A., Tsaousis, J., & Kemp-Wheeler, S. M. (1995). Researcher allegiance and meta-analysis: The case of cognitive therapy for depression. *Journal of Consulting and Clinical Psychology, 63*, 966-980.

Garfield, S. L. (1981). Evaluating the psychotherapies. *Behavior Therapy, 12*, 295307.

Gitlin, M. J. (1995). Effects of depression and antidepressants on sexual functioning. *Bulletin of the Menninger Clinic, 59*, 232-248..

Goldfried, M. R. (1995). *From cognitive-behavior therapy to psychotherapy integration*. New York: Springer.

Goldfried, M. R., & Padawar, W. (1982). Current status and future direction in psychotherapy. In M. R. Goldfried (Ed.), *Converging themes in psychotherapy* (pp. 3-52). New York: Springer.

Goldstein, A. P, & Stein, N. (1976). *Prescriptive psychotherapy*. New York: Pergamon.

Haddock, G., & Slade, P. D. (Eds.). (1996). *Cognitive behavioural interventions with psychotic disorders*. New York: Routledge.

Heppner, P. P., & Anderson, W. P. (1985). On the perceived non-utility of research in counseling. *Journal of Counseling and Development, 63*, 545-547.

Higgins, S. T., Budney, A. J., & Bickel, W. K. (1994). Applying behavioral concepts and principles to the treatment of cocaine dependence. *Drug and Alcohol Dependence, 34*, 87-97.

Hogg, J. A., & Deffenbacher, J. L. (1988). A comparison of cognitive and interpersonal-process group therapies in the treatment of depression among college students. *Journal of Counseling Psychology, 35(3)*, 304-310.

Hollon, S. D. (1996). The efficacy and effectiveness of psychotherapy relative to medications. *American Psychologist, 51(10)*, 1025-1030.

Hollon, S. D., & Beck, A. T. (1986). Cognitive and cognitive-behavioral therapies. In S. L. Garfield & A. E. Bergin (Eds.), *Handbook of psychotherapy and behavior change* (3rd ed., pp. 443-482). New York: Wiley.

Horvath, A. (junho de 1989). *There are no main effects, only interactions*. Artigo apresentado na reunião annual da Society for Psychotherapy Research, Toronto.

Jacobson, N. S., & Hollon, S. D. (1996). Cognitive-behavioral therapy versus pharmacotherapy: Now that the jury's returned its verdict, it's time to present the rest of the evidence. *Journal of Consulting and Clinical Psychology, 64*, 74-80.

Kadden, R. M., Cooney, N. L., & Getter, H. (1989). Matching alcoholics to coping skills or interactional therapy: Posttreatment results. *Journal of Consulting and Clinical Psychology, 56(1)*, 48-55.

Kingdon, D., & Turkington, D. (1994). *Cognitive-behavioral therapy of schizophrenia*. New York: Guilford Press.

Knight-Law, A., Sugerman, A., & Pettinati, H. (1988). An application of an MMPI classification system for predicting outcome in a small clinical sample of alcoholics. *American Journal of Drug and Alcohol Abuse, 14(3)*, 325-334.

Kovacs, M., Rush, A. J., Beck, A. T., & Hollon, S. D. (1981). Depressed outpatients treated with cognitive therapy or pharmacotherapy: A one-year *follow-up*. *Archives of General Psychiatry, 38*, 33-39.

LaCroix, M., Clarke, M., Bock, C., & Doxey, N. (1986). Physiological changes after biofeedback and relaxation training for multiple-pain tension-headache patients. *Perceptual and Motor Skills, 63(1)*, 139-153.

Lazarus, A. (1996). The utility and futility of combining treatments in psychotherapy. *Clinical Psychology: Science and Practice, 3*, 59-68.

Lambert, M. J., Shapiro, D. A., & Bergin, A. E. (1986). The effectiveness of psychotherapy. In S. L. Garfield & A. E. Bergin (Eds.), *Handbook of psychotherapy and behavior change* (3rd ed., pp. 157-211). New York: Wiley.

Liotti, G. (1991). Patterns of attachment and the assessment of interpersonal schemata: Understanding and changing difficult patient-therapist relationships in cognitive psychotherapy. *Journal of Cognitive Psychotherapy, 5*, 105-114.

Mahoney, M. J. (1991). *Human change processes*. New York: Basic Books.

Moore, R. G., & Blackburn, I. M. (1996). The stability of sociotropy and autonomy in depressed patients undergoing treatment. *Cognitive Therapy and Research, 20*, 69-80.

Morrow-Bradley, C., & Elliott, R. (1986). Utilization of psychotherapy research by practicing psychotherapists. *American Psychologist, 41(2)*, 188-197.

Murphy, G. E., Simons, A. D., Wetzel, R. D., & Lustman, P. J. (1984). Cognitive therapy and pharmacotherapy: Singly and together in the treatment of depression. *Archives of General Psychiatry, 41*, 33-41.

Norcross, J. C. (1987). *Casebook of eclectic psychotherapy*. New York: Brunner/Mazel.

Norcross, J. C., Martin, J. R., Omer, H., & Pinsof, W. M. (1996). When and how does psychotherapy integration improve clinical effectiveness?: A roundtable. *Journal of Psychotherapy Integration, 6*, 295-332.

Ogles, B. M., Sawyer, J. D., & Lambert, M. J. (1995). Clinical significance of the National Institute of Mental Health Treatment of Depression Collaborative Research Program data. *Journal of Consulting and Clinical Psychology, 63(2)*, 321-326.

Orlinsky, D. E., Grawe, K., & Parks, B. K. (1994). *Process and outcome in psychotherapy: Noch einmal*. In A. E. Bergin & S. L. Garfield (Ed.), *Handbook of psychotherapy and behavior change* (4th ed., pp. 270-376). New York: Wiley.

Orlinsky, D. E., & Howard, K. I. (1986). Process and outcome in psychotherapy. In S. L. Garfield & A. E. Bergin (Eds.), *Handbook of psychotherapy and behavior change* (3rd ed., pp. 311-384). New York: Wiley.

Robins, C. J., & Hayes, A. M. (1993). An appraisal of cognitive therapy. *Journal of Consulting and Clinical Psychology, 61*, 1-10.

Robinson, L. A., Berman, J. S., & Neimeyer, R. A. (1990). Psychotherapy for the treatment of depression: A comprehensive review of controlled outcome research. *Psychological Bulletin, 108*, 30-49.

Rush, A. J., Beck, A. T., Kovacs, M., & Hollon, S. D. (1977). Comparative efficacy of cognitive therapy and pharmacotherapy in the treatment of depressed outpatients. *Cognitive Therapy and Research, 1(1)*, 17-37.

Rush, A. J., Beck, A. T., Kovacs, M., Weissenburger, J., & Hollon, S. T. (1982). Comparison of the effects of cognitive therapy and pharmacotherapy on hopelessness and self-concept. *American Journal of Psychiatry, 139*, 862-866.

Safran, J., Alden, L., & Davison, P (1980). Client anxiety level as a moderator variable in assertion training. *Cognitive Therapy and Research, 4(2)*, 189-200.

Safran, J., & Messer, S. (1997). Psychotherapy integration: A postmodern critique. *American Psychologist, 4*, 140-152.

Safran, J., & Segal, Z. V. (1990). *Interpersonal process in cognitive therapy*. New York: Basic Books.

Schlicter, K. J., & Horan, J. J. (1981). Effects of stress inoculation on the anger and aggression management skills of institutionalized juvenile delinquents. *Cognitive Therapy and Research, 5*, 359-365.

Scogin, F., Bowman, D., Jamison, C., Beutler, L. E., & Machado, P. P. (1994). Effects of initial severity of dysfunctional thinking on the outcome of cognitive therapy. *Clinical Psychology and Psychotherapy, 1(3)*, 179-184.

Scogin, F., Hamblin, D., & Beutler, L. E. (1987). Bibliotherapy for depressed older adults: A self-help alternative. *Gerontologist, 27*, 383-387.

Seltzer, L. F. (1986). *Paradoxical strategies in psychotherapy: A comprehensive overview and guidebook*. New York: Wiley.

Shaffer, C. S., Shapiro, J., Sark, L. I., & Coghlan, D. J. (1981). Positive changes in depression, anxiety, and assertion following individual and group cognitive behavior therapy intervention. *Cognitive Therapy and Research, 5*, 149-157.

Shapiro, D. A., Barkham, M., Rees, A., & Hardy, G. E. (1994). Effects of treatment duration and severity of depression on the effectiveness of cognitive-behavioral and psychodynamic-interpersonal psychotherapy. *Journal of Consulting and Clinical Psychology, 62*, 522-534.

Sheppard, D., Smith, G. T., & Rosenbaum, G. (1988). Use of MMPI subtypes in predicting completion of a residential alcoholism treatment program. *Journal of Consulting and Clinical Psychology, 56*, 590-596.

Shoham-Salomon, V., Avner, R., & Neeman, R. (1989). You are changed if you do and changed if you don't: Mechanisms underlying paradoxical interventions. *Journal of Consulting and Clinical Psychology, 57*, 590-598.

Shoham-Soloman, V., & Hannah, M. T. (1991). Client-treatment interactions in the study of differential change process. *Journal of Consulting and Clinical Psychology, 59*, 217-225.

Shoham-Salomon, V., & Rosenthal, R. (1987). Paradoxical interventions: A metaanalysis. *Journal of Consulting and Clinical Psychology, 55*, 22-27.

Simons, A. D., & Thase, M. E. (1992). Biological markers, treatment outcome, and 1-year follow-up in endogenous depression: Electroencephalographic sleep studies and response to cognitive therapy. *Journal of Consulting and Clinical Psychology, 60*, 392-401.

Sloane, R. B., Staples, F. R., Cristol, A. H., Yorkston, N. J., & Whipple, K. (1975). *Psychotherapy versus behavior change*. Cambridge, MA: Harvard University Press.

Smith, M. L., Glass, G., & Miller, T. I. (1980). *The benefits of psychotherapy*. Baltimore: Johns Hopkins University Press.

Steuer, J. L., Mintz, J., Hammen, C. L., Hill, M. A., Jarvik, L. F., McCarley, T., Motoike, P., & Rosen, R. (1984). Cognitive-behavioral and psychodynamic group psychotherapy in the treatment of geriatric depression. *Journal of Consulting and Clinical Psychology, 52*, 180-189.

Stricker, G., & Gold, J. (1996). Psychotherapy integration: An assimilative, psychodynamic approach. *Clinical Psychology: Science and Practice, 3(1)*, 47-58.

Tasca, G. A., Russell, V., & Busby, K. (1994). Characteristics of patients who choose between two types of group psychotherapy. *International Journal of Group Psychotherapy, 44(4)*, 499-508.

Thorne, F. C. (1962). Self-consistency theory and psychotherapy. *Annals of the New York Academy of Sciences, 96*, 877-888.

Tref, D. M., & Yuan, H. A. (1983). The use of the MMPI in a chronic back pain rehabilitation program. *Journal of Clinical Psychology, 39(1)*, 46-53.

Wachtel, P. L. (1978). On some complexities in the application of conflict theory to psychotherapy. *Journal of Nervous and Mental Disease, 166*, 457-471.

Wilson, G. T. (1989). Behavior therapy. In R. J. Corsini & D. Wedding (Eds.), *Current psychotherapies* (4th ed., pp. 241-282). Itasca, IL: Peacock.

Wilson, P. H., Goldin, J. C., & Charbouneau-Powis, M. (1983). Comparative efficacy of behavioural and cognitive treatments of depression. *Cognitive Therapy and Research, 7*, 111-124.

Woody, G. E., McClellan, A. T., Luborsky, L., & O'Brien, C. P. (1985). Sociopathy and psychotherapy outcome. *Archives of General Psychiatry, 42*, 1081-1086.

Young, J. E. (1990). *Cognitive therapy for personality disorders: A schema-focused approach*. Sarasota, FL: Professional Resource Exchange.

parte II
As terapias

6

TERAPIAS DE AUTOCONTROLE

Paul D. Rokke
Lynn P. Rehm

As abordagens de autocontrole no tratamento psicológico abrangem diversas técnicas, estratégias e modelos. O termo "autocontrole" tem um uso um pouco diferenciado de dois termos semelhantes da psicologia comportamental, a "auto-regulação" e o "autocontrole". A "auto-regulação" tende a ser mais utilizada como um termo genérico que se refere a diversos processos e técnicas que envolvem o controle voluntário de processos psicológicos, comportamentais e fisiológicos. Ele é usado para descrever procedimentos de *biofeedback*, por exemplo, bem como procedimentos cognitivo-comportamentais. Os termos "autocontrole" e "automanejo" são empregados em referência a táticas e procedimentos de controle sobre processos comportamentais e cognitivos. O termo "automanejo" já não é tão usado na literatura por causa de suas conotações de força de vontade e controle da expressão de emoções. O "autocontrole", ao contrário do "automanejo", é um termo com menor carga semântica. Ele também é aplicado de diferentes maneiras na teoria e prática cognitivo-comportamentais. Primeiramente, o "autocontrole" refere-se a determinados processos naturais pelos quais os indivíduos direcionam e controlam o próprio comportamento. É possível avaliar as conseqüências observáveis desses processos – por exemplo, a capacidade de retardar gratificações ou de tolerar a dor. Muitas estratégias terapêuticas e teorias sobre o autocontrole buscam modelar esses processos naturais. Em segundo lugar, o termo "autocontrole" refere-se a métodos específicos dentro das abordagens cognitivo-comportamentais de terapia. O termo é utilizado com freqüência para se referir a métodos auxiliares em procedimentos de terapia desenvolvidos no consultório, ampliando-se os comportamentos recém-adquiridos ao lar e à vida cotidiana. Essas estratégias de generalização dependem da pessoa ser capaz de administrar um programa que pode envolver praticar novos comportamentos ou manipular os antecedentes e as conseqüências dos comportamentos. Em terceiro lugar, o "autocontrole" pode referir-se a modelos teóricos específicos de processos pelos quais as pessoas direcionam e controlam seus comportamentos. Os modelos podem ser abstrações de processos naturais ou podem envolver traduções de princípios da aprendizagem para as operações que o indivíduo usa para controlar o próprio comportamento. Esses modelos proporcionam procedimentos e processos pelos quais os indivíduos adquirem habilidades generalizadas visando a adaptação e a mudança comportamentais. Este capítulo se concentra em modelos de autocontrole e sua aplicação como métodos ou técnicas de terapia.

Embora as definições específicas do autocontrole possam variar com os modelos individuais, os próprios modelos compartilham determinados pressupostos e aspectos comuns. Para começar, existe um pressuposto subjacente de que os indivíduos podem se comportar essencialmente como se fossem duas pessoas – uma pessoa controlada, que age em um ambiente e responde a uma variedade de pistas e conseqüências internas e externas, e uma pessoa controladora, que é capaz de manipular pistas e conseqüências internas e externas com o propósito de alcançar objetivos de longa duração. Pressupõe-se que esses processos operem natural e normalmente dentro de cada indivíduo, e que, portanto, em intervenções e tratamentos, é importante pensar segundo tais processos. A intervenção é vista como uma intervenção nos processos controladores. As terapias de automanejo envolvem ensinar novos processos controladores derivados de conceitos psicológicos ou princípios de modificação do comportamento. Os procedimentos da terapia de autocontrole não podem ser caracterizados como a aplicação de princípios de aprendizagem a indivíduos, mas como o ensino desses princípios a eles, de modo que possam aplicá-los a si mesmos. Dessa forma, a terapia envolve procedimentos para ensinar estratégias de controle aos indivíduos.

Os modelos de autocontrole enfatizam a noção da pessoa na interação entre a pessoa e a situação. As habilidades terapêuticas representam diferenças individuais que são relativamente mantidas ao longo do tempo e do espaço. São habilidades generalizadas que a pessoa pode aplicar como estratégias em situações semelhantes. A aplicação generalizada em situações da vida é o foco central dos procedimentos e da terapia de automanejo. Essas terapias amostram situações da vida real, trazem-nas para ser praticadas no consultório, e devolvem o indivíduo para aplicar as estratégias na vida real.

Os procedimentos de terapia de autocontrole concentram-se em métodos para o indivíduo alcançar objetivos de longa duração. Geralmente, os modelos e técnicas se concentram em problemas com o automanejo, nos quais o comportamento relacionado com reforços posteriores não recebe incentivo de reforços imediatos. Entre os problemas típicos do autocontrole ou automanejo, estão a persistência – ou seja, manter o comportamento visando um reforço positivo posterior, apesar de receber punições imediatas, como nos casos de praticar corrida ou aderir a uma dieta. A adaptação de longa duração exige esforço, persistência e resistência a tentações.

Para se modelar o comportamento exigido para se alcançarem objetivos de longa duração, a maioria das teorias do autocontrole pressupõe alguma forma de processo interno e não-observável. Elas pressupõem que, de uma forma ou de outra, os indivíduos fazem inferências ou abstrações sobre as contingências e conseqüências externas, e que as estratégias de resposta se baseiam nessas representações internas. Esses modelos aplicam-se aos modelos da aprendizagem social ou cognitivo-comportamentais da psicologia clínica. Porém, a natureza das premissas básicas varia entre as teorias de autocontrole. Alguns modelos teóricos do automanejo evitam esses constructos internos. Por exemplo, em um paradigma comportamental radical, Skinner (1953) sugeriu diversas estratégias pelas quais os indivíduos manipulam o ambiente para influenciar o seu próprio comportamento e obter recompensas futuras. Este capítulo se concentra em três modelos proeminentes dentro da literatura cognitivo-comportamental: (1) o modelo da auto-eficácia de Albert Bandura (1977a, 1977b, 1997); (2) as estratégias de auto-instrução de Donald Meichenbaum (p. ex., Meichenbaum e Cameron, 1973) e (3) o modelo do autocontrole de Frederick Kanfer (Kanfer, 1970; Kanfer e Karoly, 1972a, 1972b). Embora outros modelos também pudessem ter sido incluídos no capítulo, como o modelo do processamento de informações de Carver e Scheier (1982), o modelo de planos e preocupações cognitivas de Eric Klinger (1982) ou o trabalho de Richard Lazarus (1974) sobre as estratégias de enfrentamento sob estresse, os modelos sobre os quais decidimos escrever são representativos e cada um deles gerou amplas pesquisas e diversas aplicações clínicas.

MODELOS DE AUTOCONTROLE

O modelo de Bandura

Bandura (1969, 1977a, 1977b, 1997) escreveu amplamente sobre os fatores cognitivos e sociais que influenciam a aprendizagem humana e a mudança comportamental. Um constructo que recebeu um papel fundamental em seu esquema conceitual é a "auto-eficácia". A discussão a seguir concentra-se em definir a auto-eficácia, no papel que a auto-eficácia pode desempenhar no comportamento, e nas implicações que esse conceito pode ter para as abordagens de terapia de autocontrole.

Bandura (1977a) faz uma distinção entre "expectativas de eficácia" e "expectativas de resultados". Uma "expectativa de resultados" pode ser definida como o julgamento de uma pessoa quanto a determinado comportamento produzir ou não um certo resultado. Uma "expectativa de eficácia", por outro lado, refere-se à estimativa do indivíduo sobre sua capacidade de executar aquele comportamento.

Bandura (1980) sugere que a percepção de auto-eficácia é um determinante importante de um comportamento, da quantidade de esforço gasta e do tempo que a pessoa persiste diante de circunstâncias adversas. Por exemplo, as pessoas participam freqüentemente de atividades em que se sentem competentes e evitam aquelas em que se sentem menos competentes. É claro que a pessoa pode sentir-se muito competente para determinado comportamento e, ainda assim, não agir daquela maneira por não ter incentivo para tal. Além disso, as pessoas que são mais confiantes em suas capacidades persistirão mais diante de obstáculos e condições adversas do que as que não têm tanta confiança. Um indivíduo será mais disposto e provavelmente se esforçará em uma atividade para a qual se sente capaz do que em algo que se sente inseguro para fazer. O desempenho e a persistência dependem da interação entre a avaliação da pessoa sobre suas capacidades e o valor relativo do objetivo previsto.

Segundo Bandura (1997), as expectativas de eficácia se formam por meio de informações derivadas de quatro fontes principais. Descritas na ordem de seu suposto poder de influenciar as expectativas de eficácia, essas fontes são: (1) realizações reais; (2) experiências vicariantes; (3) persuasão verbal e (4) estados fisiológicos e afetivos. Observe que essas fontes também estão listadas na ordem da quantidade relativa de informações específicas do comportamento e da situação que fornecem.

A experiência direta com o comportamento e a situação de interesse é a mais importante fonte de informações em que as expectativas de auto-eficácia podem se basear. Sucessos repetidos em determinada situação podem aumentar as expectativas de eficácia, enquanto os fracassos podem diminuí-las. A maneira como o sucesso e o fracasso influenciam a eficácia e o desempenho no futuro depende das atribuições de causa que o indivíduo faz para a qualidade do seu desempenho e seu resultado (Weiner et al., 1971). O fato de um indivíduo fazer atribuições internas ou externas e estáveis ou instáveis sobre a causa de um acontecimento pode influenciar o seu sentido de eficácia e suas expectativas de resultados favoráveis.

A observação de outra pessoa realizando um comportamento de interesse também pode influenciar as expectativas de eficácia do indivíduo. Isso ocorre principalmente por meio de um processo de comparação social. O grau de influência que a observação terá nas expectativas de eficácia depende em parte da percepção de relevância pessoal na informação obtida. As expectativas de eficácia serão influenciadas por diversos fatores, incluindo as características do modelo, a semelhança dessas características com as do observador e a natureza da interação entre o comportamento e a situação (i.e., se o modelo demonstra ter domínio sobre o comportamento ou tem alguns fracassos iniciais, seguidos por persistência e sucessos subseqüentes).

A persuasão verbal é uma ferramenta valiosa para mudar as expectativas de eficácia do indivíduo, principalmente por causa de sua relativa conveniência em termos de disponibilidade e facilidade de implementação. As expectativas iniciais podem ser elevadas em diversos níveis, dependendo do conteúdo da mensagem persuasiva ser congruente com a experiência anterior do indivíduo. A probabilidade de agir segundo uma mensagem persuasiva depende do quanto o conselho é adequado ao entendimento prévio e às crenças do indivíduo sobre as relações causais entre os comportamentos e resultados envolvidos. Todavia, os efeitos da persuasão verbal podem ser fracos e temporários, pois não se baseiam na experiência. Além disso, eles podem ser rejeitados rapidamente quando negados pela experiência.

A última fonte de informações relevantes para julgamentos de eficácia pessoal é a percepção de excitação fisiológica e estados afetivos. O indivíduo baseia-se nesses estados quando a situação lhe impõe demandas. A excitação fisiológica pode interferir no desempenho e também indicar vulnerabilidade, servindo assim como uma influência negativa sobre os julgamentos de eficácia. A presença de estados fisiológicos associados a percepções de relaxamento e calma pode estar associada a sentimentos de confiança e sucesso. Os estados afetivos podem influenciar os julgamentos de eficácia diretamente por seu valor informativo e indiretamente por seus efeitos sobre os processos cognitivos. Ao fazer um julgamento, a reação emocional do indivíduo pode ter um papel tão importante quanto qualquer outra informação que possa estar disponível. O humor também pode influenciar os julgamentos avaliativos, pois serve para direcionar a atenção, e introduzir tendências na recordação de informações relevantes. O humor positivo pode servir para promover os julgamentos de eficácia, enquanto o humor negativo pode reduzi-los, independentemente de se tratarem de situações que exijam um bom desempenho (Forgas, Bower e Moylan, 1990) ou comportamentos saudáveis (Salovey e Birnbaum, 1989).

À luz dessa discussão, podem-se observar determinadas características da auto-eficácia. A auto-eficácia é considerada central para o funcionamento adequado e para que o indivíduo mantenha um sentido de competência. Contudo, ela não é um traço unidimensional e amplo, representando um sistema de crenças, cada uma específica a determinada área do funcionamento. Essas crenças podem estar relacionadas com as habilidades comportamentais e cognitivas. Como se baseiam na experiência e são específicas de certas situações e comportamentos, também se espera que variem em diferentes indivíduos, variem em cada indivíduo em diferentes situações e mudem com o tempo.

Bandura e colaboradores realizaram diversos estudos para validar o constructo da auto-eficácia. Foi demonstrada uma forte associação entre o nível de auto-eficácia percebida e seu nível subseqüente de realizações, independentemente do método usado para aumentar a auto-eficácia (Bandura, 1982). O conceito de auto-eficácia tem sido aplicado a várias áreas do funcionamento humano, incluindo o desenvolvimento do gênero (Bussey e Bandura, 1992), o desempenho gerencial (Wood, Bandura e Bailey, 1990), a dor (Bandura, O'Leary, Taylor, Gauthier e Gossard, 1987), o desempenho acadêmico (Zimmerman, Bandura e Martinez-Pons, 1992), a ansiedade (Bandura, 1988) e habilidades atléticas ou motoras (Carroll e Bandura, 1985). Também foi sugerido que a teoria da auto-eficácia pode explicar a taxa de mudança no decorrer do tratamento (Bandura e Adams, 1977).

Bandura (1977a) diz que os tratamentos psicológicos efetivos, em suas diversas formas, obtêm sucesso em parte porque alteram as expectativas das pessoas sobre a eficácia pessoal. As abordagens de autocontrole que se concentram especificamente em instigar o desenvolvimento de habilidades que as pessoas possam implementar por conta própria podem ser especialmente indicadas para aumentar a auto-eficácia. Embora o papel causal da percepção de auto-eficácia em induzir resultados positivos no tratamento ainda não tenha sido demonstrado de forma inequívoca, o conceito tem muitas implicações para a prática clínica. Os tratamentos que conseguem influenciar bastante a auto-eficácia proporcionam experiências de sucesso em procedimentos baseados no desempenho, consideram e usam processos auto-atributivos e informações de auto-avaliação, estimulam os indivíduos a desenvolver suas capacidades e possibilitam que eles façam escolhas pessoais e assumam a responsabilidade pelo manejo de seu comportamento. Os procedimentos que influenciam a percepção de auto-eficácia aumentam a efetividade do tratamento.

O modelo de Meichenbaum

O treinamento de auto-instrução foi um subproduto das idéias da literatura evolutiva (Meichenbaum, 1977). Luria (1961, citado em Meichenbaum, 1977), entre outros, sugere que o autocontrole sobre o início e a inibição de comportamentos motores voluntários em crianças desenvolve-se em estágios previsíveis. O controle sobre o comportamento da criança, direcionado inicialmente pelo discurso parental, passa gradualmente para o próprio discurso aberto da criança, sendo finalmente internalizado à medida que o seu discurso encoberto (pensamentos, diálogos internos) assume um papel de direcionamento pessoal. Meichenbaum (1977) propôs uma forma de tratamento que explicita esse processo.

O treinamento de auto-instrução é uma forma de autocontrole que se concentra na importância das auto-instruções da pessoa. Um pressuposto explícito é que as auto-instruções do indivíduo influenciam o comportamento e a mudança comportamental. Em muitos casos, declarações pessoais mal-adaptativas podem contribuir para os problemas da pessoa. A aprendizagem e a aplicação de auto-instruções mais adaptativas são os objetivos do treinamento de auto-instrução. Como as estratégias cognitivas não estão ligadas à situação e podem ser "levadas" com o indivíduo, pode-se esperar que o treinamento no uso sistemático de técnicas de auto-instrução aumente a efetividade e a generalização.

As auto-instruções podem desempenhar dois papéis principais no controle de comportamentos desejados. Na aquisição de novas habilidades, as auto-instruções podem servir como pistas para a recordação de seqüências comportamentais adequadas ou para redirecionar e corrigir erros comportamentais. Na correção do comportamento mal-adaptativo, as auto-instruções podem interromper cadeias comportamentais ou cognitivas automáticas e podem levar ao uso de respostas mais adaptativas. As habilidades de auto-instrução provavelmente não serão efetivas na ausência das habilidades comportamentais necessárias, mas podem ser bastante proveitosas para o indivíduo aprender novas habilidades e para melhorar o desempenho em respostas adaptativas.

Meichenbaum (1977) descreveu três fases de treinamento de auto-instrução que descrevem sua abordagem geral de terapia. A primeira fase consiste principalmente em reunir informações que possibilitem fazer uma conceituação precisa do problema. Esse processo envolve uma relação cooperativa entre o cliente e o terapeuta, cada um contribuindo com sua experiência e conhecimento, de maneira que o terapeuta possa entender claramente a natureza do problema e o cliente possa sentir que teve uma participação direta no processo terapêutico e foi compreendido.

Além de avaliar a natureza, o nível e a duração do problema, o terapeuta começa a avaliar o papel de cognições mal-adaptativas. Os processos cognitivos que ocorrem em situações problemáticas podem ser bastante automáticos e inicialmente difíceis para o cliente identificar de maneira clara. Podem-se usar estratégias formais para avaliar o papel de cognições mal-adaptativas e para ensinar o cliente a prestar atenção em sua linguagem encoberta durante situações problemáticas. Entre as estratégias de avaliação comuns, estão técnicas de visualização utilizadas durante a sessão e tarefas de automonitoramento fora das sessões. O terapeuta pode solicitar que o cliente imagine uma situação problemática e descreva seu diálogo interno provável. Uma discussão sobre a qualidade dessas declarações e sobre sua relação com o afeto e o comportamento pode ser valiosa como procedimento de avaliação e instrução. O automonitoramento, seja feito por meio de registros escritos mais formais ou simplesmente com o cliente escutando a si mesmo com um "terceiro ouvido", também pode ser bastante proveitoso. As tarefas de casa contribuem para a coleta de informações sobre a freqüência, a intensidade e a duração dos problemas, bem como para a capacidade de fazer análises situacionais e entender o papel que as cognições desempenham em manter o problema. Esse modo de conduzir as primeiras sessões permite que o cliente e o terapeuta desenvolvam uma conceituação comum do problema, e abre caminho para uma fundamentação racional para o tratamento, que seja confiável e aceitável para o cliente. Esse processo deve levar à formulação de um plano inicial de tratamento.

A segunda fase do treinamento de auto-instrução foi descrita como um processo de "experimentar" a conceituação do problema. A discussão da fundamentação e do plano de tratamento, no contexto da observação contínua do problema, proporciona ao cliente a oportunidade de testar a lógica dessa fundamentação e verificar se ela é adequada. O treinamento de auto-instrução concentra-se em ajudar o cliente a desenvolver habilidades que permitam que ele mude o comportamento problemático ou aprenda a lidar com situações problemáticas e, especialmente, em aprender declarações pessoais mais adaptativas, que possam substituir as declarações pessoais negativas que estão contribuindo para o problema.

Enquanto os dois primeiros estágios da terapia dizem respeito principalmente a preparar o cliente para a mudança, o terceiro estágio visa a promover a mudança. Essa promoção ocorre por meio de tentativas ativas de mudar as declarações pessoais do cliente para modificar o seu comportamento. Diversos autores discutem uma variedade de técnicas para modificar as declarações pessoais (p. ex., Coleman e Beck, 1981; Ellis, 1962).

Meichenbaum e Goodman (1971) apresentaram seu procedimento para treinar crianças impulsivas em técnicas de auto-instrução por meio de um processo de cinco passos. Primeiramente, um modelo adulto demonstrou uma tarefa enquanto falava consigo mesmo em voz alta. Dessa forma, as declarações pessoais importantes foram apresentadas para a criança. Então, a criança realizou a mesma atividade seguindo o direcionamento das instruções do terapeuta (i.e., usando as mesmas declarações que o terapeuta havia feito para si mesmo, ou declarações semelhantes). A criança então executou a atividade enquanto fazia instruções para si mesma em voz alta. A natureza aberta das auto-instruções foi reduzida gradualmente, de modo que a criança repetia a tarefa enquanto sussurrava as instruções e, finalmente, direcionando seu comportamento unicamente com o discurso privado (encoberto). Meichenbaum e Goodman (1971) verificaram que os procedimentos de auto-instrução, em comparação com placebos e em condições de grupo-controle, resultaram em um desempenho significativamente melhor para crianças impulsivas no Porteus Maze, no desempenho do QI da Escala de Inteligência para Crianças, e em uma medida de impulsividade cognitiva.

Esses procedimentos foram adaptados para ser usados com adultos com uma variedade de problemas – por exemplo, derrame ou demência (Brown, Gouvier e Blanchard-Fields, 1990), esquizofrenia (Meichenbaum e Cameron, 1973), raiva, ansiedade e dor (DiGiuseppe, McGowan, Simon e Gardner, 1990; Heimberg e Barlow, 1988; Meichenbaum e Turk, 1976). De maneira geral, os aspectos importantes do treinamento de auto-instrução envolvem a educação sobre o problema e a modelagem e prática de habilidades comportamentais e cognitivas relevantes. Essas habilidades podem envolver estratégias de resolução de problemas, atenção concentrada, orientação de respostas, auto-avaliação e habilidades de auto-reforço, que servem para aumentar as habilidades de enfrentamento e autocorreção. Deve haver oportunidades para o cliente desenvolver estratégias de auto-instrução que sejam adequadas às suas necessidades e desejos pessoais. Também se deve planejar uma forma de praticar essas estratégias, em condições de visualização ou ao vivo com estimulação, modelagem e *feedback* do terapeuta. Muitas terapias cognitivo-comportamentais podem ser ampliadas e talvez aperfeiçoadas pela inclusão de estratégias de auto-instrução. Estratégias como o treinamento de relaxamento, dessensibilização sistemática e treinamento assertivo podem ter um componente de auto-instrução.

O modelo de Kanfer

Kanfer (1970; Kanfer e Karoly, 1972a, 1972b) propôs um modelo para o autocontrole por um circuito de retroalimentação, e desenvolveu os componentes desse processo. O autor considera o autocontrole como uma série de processos que o indivíduo realiza para alterar a probabilidade de uma dada resposta na ausência relativa de apoio externo imediato. Os processos de autocontrole são mobilizados quando a pessoa percebe que o seu comportamento não está produzindo as conseqüências desejadas. Por exemplo, uma pessoa pode perceber um problema em seu comportamento alimentar após verificar que as roupas do verão passado não servem mais, ou um problema em seu comportamento de fumar ao descobrir que uma carteira de cigarros que comprou há poucas horas está vazia. Os mesmos processos podem ser iniciados se, durante uma conversa em uma festa, o indivíduo percebe que a outra pessoa parece irritada ou desinteressada. Em cada um desses casos, a pessoa começa a empregar um circuito de retroalimentação em três estágios, que envolvem processos de automonitoramento, auto-avaliação e auto-reforço.

No estágio de automonitoramento do ciclo, a pessoa observa o próprio comportamento. Isso pode envolver a observação do comportamento em si ou do comportamento com seus antecedentes e conseqüências, e as inter-relações entre esses elementos. O automonitoramento também pode envolver prestar atenção em eventos internos, como pensamentos e emoções. O automonitoramento implica atenção consciente a alguma categoria específica de comportamento, e pode ser alcançado de muitas maneiras. Ele pode ser feito de maneira bastante informal e assistemática – por exemplo, o indivíduo pode ter a impressão geral de que determinada refeição é compatível com os seus objetivos de longo prazo ou não. Por outro lado, o automonitoramento pode ser bastante sistemático – por exemplo, registrando-se contagens de calorias para cada item consumido. Monitorar o comportamento envolve a percepção e atenção a determinadas classes de eventos, a capacidade de fazer discriminações precisas entre elas e a percepção da importância das relações entre os eventos. As habilidades de automonitoramento podem ser adquiridas de várias maneiras, e essa aquisição pode ser um importante aspecto do desenvolvimento social na infância. As pessoas apresentam diferenças individuais no uso, na habilidade e na efetividade de suas estratégias de automonitoramento. Pode-se falar em indivíduos desenvolverem determinados estilos de automonitoramento ou em problemas de comportamento que envolvem determinados déficits de automonitoramento, e certos estilos de automonitoramento podem ser considerados mal-adaptativos.

O segundo estágio do modelo de Kanfer é a auto-avaliação. A "auto-avaliação" refere-se a uma comparação entre o próprio desempenho e um critério ou padrão. O índice de desempenho é derivado do automonitoramento e, portanto, pode ser uma abstração relativamente informal ou uma medida sistemática do comportamento. Podem-se derivar critérios ou padrões de uma variedade de fontes. Muitos padrões generalizados são internalizados ao longo do desenvolvimento e ocorrem na forma de regras internalizadas (p. ex., "Sempre devo fazer o melhor que puder"). Elas podem derivar de experiências relacionadas com outras pessoas (p. ex., "Do ponto de vista acadêmico, sempre devo estar entre os primeiros 5% em tudo que faço") ou de fontes externas de conhecimento (p. ex., "De acordo com meu sexo e altura, eu não deveria comer mais de 2 mil calorias por dia"). Os critérios podem variar em muitas dimensões, podendo ser relativamente específicos e diferenciados ou gerais e indiferenciados. Eles podem ser ou não realistas ou adequados. O estabelecimento de padrões inadequados pode ser outra forma potencial de autocontrole mal-adaptativo.

Com base na comparação com um padrão, o indivíduo faz um julgamento de que o comportamento satisfaz ou não determinado padrão. Esse julgamento é avaliativo e envolve determinar se o comportamento foi bom ou mau, um sucesso ou um fracasso. Dessa forma, esses julgamentos avaliativos podem envolver um componente afetivo, dependendo da importância do comportamento envolvido. O afeto negativo sobre si mesmo e um nível baixo de auto-estima podem provir de julgamentos repetidos de não ter satisfeito padrões internalizados no processo de auto-avaliação.

O terceiro estágio no ciclo de autocontrole é o auto-reforço. Esse modelo pressupõe que os indivíduos controlam o seu comportamento pela administração de recompensas e punições condicionais, assim como uma pessoa pode controlar o comportamento de outra. O auto-reforço complementa o reforço externo no controle do comportamento. Os auto-reforços podem ser ocultos ou explícitos. As pessoas podem se recompensar ocultamente com auto-congratulações ou com um sentido interno de realização ou orgulho, e podem recompensar o comportamento abertamente, permitindo-se uma experiência prazerosa – por exemplo, ir ao cinema por ter seguido a dieta por uma semana. É claro que os indivíduos podem se dar recompensas ocultas e explícitas, e podem fazê-lo para um mesmo comportamento. O auto-reforço é o mecanismo pelo qual os indivíduos fortalecem e mantêm o seu comportamento diante de reforços externos contraditórios. A persistência e a resistência a tentações são obtidas pela auto-administração de reforço por executar o comportamento e punição por recaídas ou por ceder a tentações. O auto-reforço age mantendo a constância do comportamento e conectando situações em que os reforços externos desejáveis sejam retardados e os reforços imediatos para comportamentos alternativos menos desejáveis estejam prontamente disponíveis. Os hábitos e habilidades de auto-recompensa e autopunição podem variar de um indivíduo para outro. Alguns indivíduos podem usar recompensas de maneira mais constante e mais efetiva do que outros, e as habilidades de auto-recompensa podem variar de maneira independente das habilidades de autopunição.

De um modo geral, o circuito de retroalimentação do autocontrole consiste no comportamento pelo qual as pessoas controlam e modificam o seu comportamento. Processos de automonitoramento, auto-avaliação e auto-reforço podem estar envolvidos no desenvolvimento de um programa atlético, para perder peso, ou para parar de fumar. Esses processos também podem estar envolvidos ao se mudar o tema de uma conversa para manter um relacionamento positivo com outra pessoa em uma festa. O modelo pressupõe que as pessoas se envolvam naturalmente nesses processos, mas também implica que os processos podem ser mais explícitos e externalizados para fins terapêuticos. Os indivíduos podem aprender novas habilidades e procedimentos de automonitoramento, auto-avaliação e auto-reforço.

Dois outros conceitos merecem ser comentados em uma explicação completa do modelo de Kanfer: o comprometimento e as atribuições. Kanfer e colaboradores enfatizaram a importância do comprometimento no comportamento de autocorreção. Após perceber a necessidade de mudança, o cliente deve se comprometer em continuar no processo de autocontrole para alcançar tal mudança. O comprometimento é uma questão importante, pois, em muitos casos, os programas de automodificação envolvem um esforço considerável, e a mudança pode trazer conseqüências positivas e negativas. O comprometimento pode ser facilitado pelo desconforto, pelo medo da desaprovação social pela falta de ação, pela presença de outras pessoas com comprometimentos semelhantes ou pelo estímulo e apoio de pessoas relevantes. Pode ser mais difícil haver comprometimento se o objetivo for difícil e distante, ou se o comportamento não puder ser observado em público e não tiver o apoio de outras pessoas do mesmo ambiente do indivíduo (ver Kanfer, 1977). A atenção a questões envolvidas nesse comprometimento é muito importante para os procedimentos terapêuticos que usam conceitos de autocontrole.

O segundo conceito importante a se acrescentar ao modelo do autocontrole é o da atribuição de causalidade. Os diversos estágios do processo de autocontrole implicam que a pessoa acredita que o comportamento envolvido está sob controle pessoal. Se o comportamento ou conseqüência estiver parcialmente ou inteiramente sob controle de outra pessoa, ou for percebido como tal, as tentativas de autocontrole podem ser fúteis. Rehm (1977) sugeriu que os processos atributivos são particularmente importantes no estágio de auto-avaliação do modelo. As atribuições de causalidade devem ser internas antes de se julgar um comportamento como bom ou mau, ou como um sucesso ou fracasso. Uma pessoa pode considerar-se habilidosa e bem-sucedida em uma tarefa infantil, mas pode não avaliar seu desempenho como meritório, por atribuí-lo à facilidade da tarefa. De maneira semelhante, a pessoa pode acreditar que seu fracasso se deve ao fato de estar atuando na área de outra pessoa e, assim, não se condenar por isso. A teoria das atribuições, desenvolvida por Weiner e colaboradores (1971), costuma ser aplicada a essas considerações. Os autores sugerem que as atribuições de causalidade na vida real podem ser classificadas geralmente segundo duas dimensões principais: (1) internas ou externas e (2) estáveis ou instáveis ao longo do tempo. Kanfer e Hagerman (1981) desenvolveram uma forma elaborada do modelo de autocontrole, segundo a qual existem processos de atribuição envolvidos em cada um dos três estágios principais. Esse modelo não costuma ser tão aplicado quanto o anterior.

APLICAÇÕES

Tratamento da ansiedade

Diversos autores sugeriram que a percepção de ineficácia pode estar relacionada com comportamentos, cognições e afetos voltados para o medo. Sarason (1975), por exemplo, comparou a ansiedade a uma forma de autopreocupação que pode ser caracterizada por uma preocupação exagerada com as próprias inadequações. Assim, se um indivíduo se deparasse com uma situação que exigisse uma decisão ou algum tipo de resposta ativa, dúvidas quanto à sua capacidade de lidar com a situação, associadas à ansiedade, interfeririam na sua capacidade de executar a tarefa em questão. Beck, Emery e Greenberg (1985), com base no trabalho de Lazarus (1966), identificaram a importância dos processos secundários de avaliação na experiência da ansiedade. Se uma pessoa identifica uma ameaça, o seu julgamento sobre seus recursos e sua capacidade de usá-los é o que determina suas respostas emocionais e comportamentais. Outros autores também postulam que as dúvidas pessoais e a atribuição errônea de causas a fatores externos são os mecanismos centrais em problemas com a ansiedade e o estresse (Abramson, Seligman e Teasdale, 1978; Alloy, Kelly, Mineka e Clements, 1990; Lazarus, 1981).

Bandura (1997) concentra-se na importância da percepção de incapacidade para lidar com uma situação potencialmente adversa como um dos principais mecanismos no desenvolvimento de ansiedade e medo. Até o nível em que determinada terapia promove um sentido de controle ou previsibilidade – ou seja, até onde o indivíduo acredita que consegue prevenir, mudar, evitar ou enfrentar a situação adversa –, a ansiedade e o medo serão reduzidos. Segundo esse ponto de vista, as expectativas de baixa auto-eficácia são identificadas como os principais problemas, e as melhoras na auto-eficácia durante a terapia são consideradas como os mecanismos críticos de mudança. Assim, acredita-se que tratamentos que sejam efetivos para aumentar a percepção de auto-eficácia devam ser mais efetivos para mudar o comportamento.

As pesquisas conduzidas por Bandura e colaboradores não se concentraram em desenvolver uma abordagem de tratamento que fosse condizente com a teoria da auto-eficácia. Pelo contrário, eles utilizaram uma variedade de tratamentos comportamentais e cognitivos em tentativas de validar o conceito de auto-eficácia e de demonstrar seu papel causal na mudança terapêutica. Muitos desses tratamentos usaram abordagens que envolvem modelagem encoberta e *in vivo*, modelação, ensaio e *feedback*. De fato, foi demonstrada uma forte associação entre o nível de percepção de auto-eficácia do indivíduo e seu nível subseqüente de realizações, independentemente do método usado para aumentar a auto-eficácia (Bandura, 1982). As estratégias de tratamento baseadas no desempenho aumentaram a percepção de auto-eficácia (Bandura, 1982), foram efetivas no tratamento da agorafobia (Bandura,

Adams, Hardy e Howells, 1980) e foram mais efetivas do que modos vicariantes de terapia para fobia a cobras (Bandura, Adams e Beyer, 1977).

O treinamento de inoculação do estresse é uma variação do treinamento de auto-instrução que consiste em um pacote de habilidades de enfrentamento múltiplas, com particular aplicabilidade à ansiedade. Os testes iniciais dessa abordagem tiveram sucesso para tratar sujeitos ansiosos e fóbicos (Meichenbaum, 1972; Meichenbaum e Turk, 1976). Meichenbaum (1977) descreveu essa abordagem como um análogo comportamental para o modelo da imunização na medicina. Quando uma pessoa é inoculada, ela recebe uma oportunidade de lidar com uma pequena dose do estímulo relacionado com o estresse em um ambiente controlado. A experiência de aprender a enfrentar pequenas unidades tratáveis dos estímulos problemáticos ajuda a pessoa a desenvolver habilidades para lidar com problemas maiores em outros cenários. O treinamento de inoculação do estresse tem três fases operacionais: educação, prática e aplicação. Cada uma dessas fases será discutida a seguir.

A primeira fase do treinamento de inoculação do estresse é de natureza educativa. A apresentação de uma ou duas abordagens teóricas a reações de estresse pode servir para proporcionar um arcabouço conceitual para o cliente entender suas respostas. É importante que as teorias usadas sejam verossímeis, possam ser adaptadas facilmente às experiências do cliente e levem, de maneira lógica, à implementação das estratégias de enfrentamento que serão recomendadas. Embora o mérito científico de qualquer teoria utilizada seja basicamente importante, deve-se reconhecer o caráter prático de se apresentar a teoria de um modo que seja compreensível e verossímil para o cliente.

Meichenbaum e Turk (1976) sugeriram o uso da teoria da emoção de Schachter (1966) com clientes ansiosos ou fóbicos. Com base na teoria de Schachter, os autores explicam ao cliente que as reações de medo parecem envolver dois componentes principais – excitação fisiológica elevada e eventos cognitivos (imagens e declarações pessoais) – que, de fato, podem criar mais ansiedade. Dessa forma, com base nessa perspectiva, o tratamento pode se concentrar em reduzir a excitação fisiológica e substituir declarações pessoais mais positivas pelas declarações pessoais habituais, que produzem ansiedade. Podem ser empregadas diversas formas de treinamento em relaxamento e técnicas de enfrentamento cognitivas para possibilitar que os clientes abordem esses dois componentes das respostas relacionadas com a ansiedade.

O segundo componente do treinamento de inoculação do estresse é a fase de prática. Durante esse período do tratamento, diversas técnicas de enfrentamento são apresentadas e discutidas com o cliente, podendo incluir respostas comportamentais ativas, bem como estratégias cognitivas de enfrentamento. Os clientes devem aprender o máximo que puderem sobre o objeto fóbico ou um evento estressante futuro, para que consigam avaliar os riscos envolvidos de forma realista e, assim, ter expectativas mais realistas. Eles podem explorar alternativas para escapar e responder em momentos de decisão na experiência estressante, e também podem desenvolver habilidades de relaxamento. As estratégias cognitivas podem incluir mudar as declarações pessoais negativas para declarações mais positivas e adaptativas, e usar estratégias de visualização para influenciar aspectos do cenário que envolvam afeto e atenção (p. ex., imaginar uma cena agradável, ou imaginar ter concluído uma seqüência de comportamentos de enfrentamento). Esse "menu" de opções para os clientes escolherem permite-lhes optar e escolher as estratégias com as quais se sentem mais confortáveis e que acreditam que poderão utilizar de forma mais efetiva. A disponibilidade de uma variedade de opções para escolher também pode aumentar o sentido de controle dos clientes na situação e contribuir para a credibilidade do tratamento. Para cada cliente, podem-se criar três ou quatro estratégias de enfrentamento diferentes. O cliente pode praticar essas estratégias em sua imaginação e em situações de dramatização com o terapeuta, sempre com o objetivo de refiná-las e se tornar mais proficiente em seu uso.

A terceira fase do treinamento de inoculação do estresse consiste na aplicação das estratégias de enfrentamento em uma série de situações estressantes graduais. Geralmente, recomenda-se que o cliente comece com situações que sejam levemente estressantes, protelando-se a aplicação das estratégias ao alvo final até que o cliente as tenha usado com sucesso em outras situações e esteja preparado para lidar com o estressor final. O terapeuta pode expor o cliente a uma variedade de estressores no consultório, incluindo material visual e estressores reais, para que ele adquira prática em uma situação controlada, mas ainda assim estressante. Sugere-se que os clientes comecem a testar suas habilidades em outras situações levemente estressantes à medida que as encontrarem em suas rotinas cotidianas.

No decorrer do tratamento, usa-se uma abordagem de auto-instrução, de maneira que os clientes aprendem a observar suas respostas e a usar declarações pessoais adequadas para orientá-los em suas estratégias de enfrentamento. Esse processo envolve: preparar-se para possíveis estressores, lembrando-se da estratégia a ser usada e dos comportamentos envolvidos para executar a estratégia; confrontar a situação estressante e estimular a si mesmo para enfrentar o desafio; envolver-se nas estratégias de enfrentamento; e, finalmente, recompensar-se pelo sucesso, seja de forma encoberta, comentando o bom desempenho ou com alguma conseqüência positiva. As declarações pessoais específicas que o cliente usa podem ser projetadas para suas necessidades e problemas específicos. Mesmo assim, deve-se apresentar diversas declarações como exemplos, para estimular a variedade e para possibilitar que o cliente reconheça as diferenças entre as situações. A variedade também pode ser utilizada para demonstrar elementos de resolução de problemas, enfrentamento e auto-regulação nos diálogos internos.

Diversos estudos usam o treinamento de auto-instrução como um tratamento independente ou em conjunto com exposição para fobia social e agorafobia (Hoffart, 1993). Os primeiros estudos tendiam a se concentrar principalmente em mudar o discurso interno associado aos estados de ansiedade. Nesses estudos, o treinamento de auto-instrução reduziu a sintomatologia, mas apresentou resultados piores do que o uso isolado de exposição e raramente acrescentou benefícios à exposição (Emmelkamp, Brilman, Kuiper e Mersch, 1986; Emmelkamp e Mersch, 1982; Emmelkamp, Mersch, Vissia e Van der Helm, 1985). Mais recentemente, o pacote mais amplo de inoculação do estresse foi aplicado a uma variedade de problemas (Meichenbaum e Deffenbacher, 1988), incluindo o transtorno de estresse pós-traumático (Meichenbaum, 1994). Embora poucos estudos tenham examinado o uso do pacote completo para transtornos de ansiedade em adultos, existem evidências consideráveis em favor de seu uso com crianças e adolescentes (Maag e Kotlash, 1994; Ollendick e King, 1998).

Tratamento da dor

As atuais conceituações sobre a dor aguda e crônica reconhecem que a dor é um fenômeno complexo que é tão influenciado por variáveis psicológicas e sociais quanto por variáveis sensoriais e fisiológicas (Karoly e Jensen, 1987; Litt, 1996; Turk, Meichenbaum e Genest, 1983). Em particular, a auto-eficácia e a percepção de controle parecem contribuir muito para o enfrentamento da dor. Tanto em estudos laboratoriais (Baker e Kirsch, 1991; Bandura, Cioffi, Taylor e Brouillard, 1988; Litt, 1988) como clínicos (Council, Ahern, Follick e Kline, 1988; Jensen, Turner e Romano, 1991; Litt, Nye e Shafer, 1995; Manning e Wright, 1983), a auto-eficácia mostrou ser um indicador significativo da dor e da capacidade de enfrentamento. Além disso, alguns estudos mostraram que a previsibilidade e o controle podem reduzir o estresse e a dor (Averill, 1973; Bowers, 1968; Miller, 1979; Staub, Tursky e Schwartz, 1971). Estudos posteriores demonstraram que esses fatores interagem entre si. Bandura e colaboradores (1988) demonstraram haver uma associação entre níveis elevados de auto-eficácia em tarefas cognitivas difíceis e níveis baixos de estresse, bem como a ausência de ativação de opióides endógenos durante a exposição à dor. Em comparação, a percepção de ineficácia levou a níveis maiores de estresse e ativação de opióides. As intervenções cognitivas podem servir para aumentar a auto-eficácia (Bandura, 1997), assim como a manipulação experimental (Gattuso, Litt e Fitzgerald, 1992; Litt, 1988). Quando um indivíduo enfrenta um procedimento médico ou odontológico estressante, no qual o estímulo adverso não seja necessariamente controlável, se pode introduzir um certo grau de percepção de controle, oferecendo ao indivíduo a possibilidade de optar entre estratégias de enfrentamento (Rokke e al'Absi, 1992; Rokke e Lall, 1992), embora a escolha possa ser benéfica apenas quando o indivíduo acredita em sua eficácia (Litt, 1988; Rokke, Al Absi, Lall e Oswald, 1991).

As estratégias de auto-instrução e o programa de inoculação do estresse também foram aplicados a problemas relacionados com a dor (Genest e Turk, 1979; Horan, Hackett, Buchanan, Stone e Demchik-Stone, 1977; Klepac, Hauge, Dowling e McDonald, 1981). Como mais um exemplo dessa forma de terapia de autocontrole, apresentamos as três fases da inoculação do estresse conforme se aplicam ao enfrentamento da dor. Embora a previsibilidade dos eventos associados a procedimentos médicos e odontológicos estressantes torne o pacote de inoculação do estresse e sua ênfase na prática preparatória especialmente indicados para situações que envolvam dor aguda, ele também pode ser aplicado a problemas associados à dor crônica.

Uma conceituação da dor que parece se encaixar na fase educacional da inoculação do estresse é a teoria do *gate control* da dor de Melzack e Wall (1965). A teoria do *gate control* postula que a dor é um fenômeno complexo, que consiste não apenas nos aspectos fisiológicos e sensoriais que costumam ser tão visíveis, mas também em componentes afetivos motivacionais e cognitivos avaliativos. Embora Melzack e Wall (1965) tenham apresentado uma base fisiológica para a teoria, é mais importante para o clínico simplesmente entender que existe base científica para esses supostos componentes da dor do que conhecer os detalhes fisiológicos. Deve-se enfatizar que os componentes sensoriais, afetivos e motivacionais são reconhecidos como aspectos importantes da experiência da dor.

A observação de experiências comuns pode servir como um análogo para esse modelo e pode ajudar o cliente a aceitar a noção de que influenciar os parâmetros psicológicos pode afetar a sua experiência da dor. O componente fisiológico pode ser facilmente ilustrado pela reação esperada quando se coloca a mão acidentalmente sobre um fogão quente. Existe uma reação motora reflexiva e imediata, que retira a mão do fogão, e que é seguida por sensações descritas como dor. Muitas vezes nessas situações, não apenas se tem o estímulo físico desagradável, que é percebido como a causa da dor, como também há respostas automáticas, fisiológicas e autoprotetoras, incluindo aumento na tensão muscular. Essa resposta pode estar relacionada com situações de dor crônica ou aguda, nas quais a tensão muscular habitual pode servir para exacerbar a percepção de ansiedade e dor.

As situações análogas aos componentes motivacionais e afetivos podem incluir as seguintes: um jogador de futebol ou outro atleta que se machuca durante uma partida, mas, como está em determinado estado motivacional, permanece na competição sem sentir a dor devida; uma pessoa com uma dor de cabeça forte, que atende o telefone e não nota que está com dor de cabeça por alguns minutos, até desligar o telefone e sua atenção não estar mais distraída pela conversa; experiências pessoais que demonstram que, nos dias em que estamos cansados ou irritáveis, a dor ao bater com o pé ou o joelho é pior do que quando nos sentimos bem e alegres.

Finalmente, pode-se ilustrar o componente cognitivo e avaliativo dessa teoria da dor para o cliente, mostrando que há uma tendência natural para as pessoas avaliarem seus comportamentos e experiências. Geralmente, o tipo de avaliação que se faz (i.e., bom ou ruim) baseia-se em experiências anteriores com situações semelhantes. Assim, a experiência de dor pode ser influenciada pela avaliação que o indivíduo faz da dor. Por exemplo, uma avaliação como: "esta dor de cabeça é horrível, é a pior dor que já tive" não apenas pode indicar a gravidade da dor, como pode aumentar a preocupação do indivíduo e, assim, exacerbar a dor de cabeça. Em comparação, se a pessoa pudesse dizer: "esta dor de cabeça não é tão forte, posso lembrar de dores piores", ela conseguiria continuar com seus afazeres e influenciar a experiência da dor, reduzindo os efeitos adversos das avaliações negativas. Essa conceituação conduz diretamente à introdução de técnicas cognitivo-comportamentais que podem servir para influenciar os aspectos da atenção, motivação, emoção e físicos da dor.

Durante a segunda fase do tratamento, as habilidades ensinadas são bastante semelhantes às usadas com a ansiedade. São apresentadas diversas técnicas de enfrentamento, e o cliente pode escolher e praticar aquelas que acredita, juntamente com o terapeuta, que possam ser mais profícuas. O cliente deve aprender o quanto puder sobre o estressor (p. ex., uma cirurgia iminente), para desenvolver expectativas realistas e um plano para lidar com estressores previsíveis, podendo também desenvolver habilidades de relaxamento e de enfrentamento. Pode-se usar uma variedade de estratégias cognitivas de enfrentamento como distração e para abordar os componentes afetivos e avaliativos da dor, por exemplo, imaginar uma cena agradável, imaginar que se é um agente secreto resistindo a uma sessão de tortura, descrever o estímulo doloroso de outra forma além de "doloroso" (p. ex., enquanto obtura uma cárie, uma pessoa pode descrever as sensações como "quente", "frio", "vibração" ou "massagem"), contar de trás para a frente em múltiplos de sete, olhar trabalhos artísticos na sala e ouvir música. Qualquer atividade cognitiva que o cliente queira fazer, e que possa distrair sua atenção e influenciar o seu humor positivamente em condições adversas, pode ser experimentada como uma estratégia potencial para enfrentar a dor. Devem-se definir claramente e desenvolver de três a quatro estratégias em detalhe suficiente para que possam ser praticadas e implementadas de maneira eficiente.

A fase final da inoculação do estresse envolve aplicar as estratégias desenvolvidas a situações de dor. Alguns pesquisadores utilizam métodos laboratoriais para induzir dor (p. ex., o teste pressor ao frio, choques nos braços e estimulação dental elétrica) para ajudar os clientes a praticar suas habilidades em condições controladas e, assim, ajudá-los a aumentar a sua tolerância à dor (Horan et al., 1977; Klepac et al., 1981). Deve-se observar que Horan e colaboradores e Klepac e colaboradores testaram a generalização dos efeitos do tratamento e verificaram que as melhoras obtidas com um estímulo treinado não foram evidenciadas em um segundo estímulo que não foi treinado durante o tratamento. Deve-se buscar aumentar a generalização do tratamento e a manutenção dos efeitos para os alvos desejados.

Tratamento da depressão

Tanto o modelo da auto-eficácia de Bandura quanto o modelo da auto-instrução de Meichebaum não se aplicam muito ao tratamento da depressão. Todavia, do ponto de vista teórico, o modelo de Bandura pode ser aplicado aos fenômenos depressivos. A depressão pode ser caracterizada por um sentido generalizado de pouca auto-eficácia, e seu modelo está relacionado com o modelo do desamparo aprendido da depressão (Abramson et al., 1978; Seligman, 1975, 1981). No modelo revisado do desamparo, um fator que contribui para a vulnerabilidade à depressão é ter um estilo atributivo negativo. Com base na teoria das atribuições (Weiner et al., 1971), acredita-se que as pessoas propensas à depressão atribuam as causas de eventos negativos a fatores internos, estáveis e globais, e atribuam os eventos positivos a causas externas, instáveis e específicas. Essa tendência gera atribuições de desamparo, nas quais as pessoas se sentem constantemente responsáveis por eventos negativos e incapazes de produzir eventos positivos. Bandura (1977a) concorda que os processos de atribuições causais podem ser importantes para desenvolver expectativas de eficácia. O modelo de Seligman sugere que o estilo atributivo depressivo deve interagir com algum evento adverso importante da vida do indivíduo e produzir uma crença desamparada generalizada, levando, assim, à depressão. Seligman

(1981) diferencia o desamparo "pessoal" (i.e., a crença de que se é individualmente incapaz de produzir certas respostas) e o desamparo "universal" (i.e., a crença de que as conseqüências desejáveis não estão sob o controle pessoal de nenhuma pessoa). Essa distinção corresponde à diferenciação de Bandura entre concepções de eficácia e expectativas de resultados. A eficácia é pessoal, ao passo que as expectativas de resultados se referem a contingências do mundo externo.

Seligman (1981) sugere que devemos usar quatro estratégias terapêuticas gerais para modificar o sentimento de desamparo: (1) o enriquecimento do ambiente, que envolve colocar a pessoa em um ambiente relativamente acessível e que proporcione uma variedade de experiências de sucesso e eficácia; (2) treinamento de controle pessoal, no qual o indivíduo aprende habilidades específicas para adquirir maior controle em determinadas áreas; (3) treinamento em resignação, no qual o indivíduo aprende a aceitar o seu desamparo em determinadas áreas, de maneira que reduza o efeito do desamparo ou reduza o desejo por objetivos inalcançáveis e (4) novo treinamento de atribuições, no qual o indivíduo aprende a atribuir seus fracassos e sucessos de maneira mais positiva e realista.

A abordagem de auto-instrução de Meichenbaum também está relacionada com determinadas idéias sobre a natureza da depressão. Diversos especialistas identificaram pensamentos negativos ou declarações pessoais negativas que são típicos da depressão (p. ex., Beck, 1976; Ellis, 1962). Existem evidências empíricas de que os indivíduos deprimidos são mais prováveis de fazer internamente declarações pessoais negativas (p. ex., Missel e Sommer, 1983; Vestre, 1984). Em um estudo de Vasta e Brockner (1979), os sujeitos monitoraram seus pensamentos auto-avaliativos positivos e negativos, verificando-se que a freqüência de declarações pessoais negativas estava correlacionada com a auto-estima. Craighead e Craighead (1980) argumentam que as declarações pessoais negativas podem ser típicas de diversos transtornos psicológicos e que a modificação dessas visões é um objetivo importante para a psicoterapia. Além disso, afirmam que se devem aplicar os métodos da pesquisa da atitude que produzem a modificação persuasiva de declarações pessoais à psicoterapia. As metodologias de Meichenbaum podem ser consideradas métodos de ensino efetivos com relação à modificação de declarações pessoais. A mudança das declarações pessoais é o alvo de certas intervenções cognitivo-comportamentais para a depressão. Mahoney (1971) solicitou que um paciente depressivo praticasse pensamentos auto-avaliativos positivos, combinando-os com eventos cotidianos. Zeiss, Lewinsohn e Munoz (1979) e Rehm, Kaslow e Rabin (1987) descreveram programas de terapia que visavam especificamente obter mudanças em declarações pessoais. As aplicações das técnicas específicas de Meichenbaum à depressão seriam congruentes com essas iniciativas e poderiam ser uma frutífera linha de pesquisas futuras.

Muitos trabalhos sobre o tratamento da depressão foram derivados do modelo de autocontrole de Kanfer. Diversos autores sugerem a aplicabilidade de conceitos do autocontrole à depressão (Bandura, 1971; Marston, 1968; Mathews, 1977), e procedimentos de autocontrole foram aplicados em vários estudos de caso (Jackson, 1972). O trabalho mais abrangente foi derivado do modelo do autocontrole ou automanejo da depressão proposto por Rehm (1977). Esse modelo sugere que a depressão pode ser considerada um conjunto de déficits no comportamento de autocontrole. Foram postulados seis déficits: (1) os indivíduos deprimidos têm atenção seletiva para eventos negativos em seu ambiente, em detrimento dos eventos positivos; (2) as pessoas deprimidas têm atenção seletiva para os resultados imediatos de seu comportamento, em detrimento de resultados de longo prazo; (3) os indivíduos deprimidos tendem a impor padrões auto-avaliativos rígidos para seus comportamentos; (4) os indivíduos deprimidos fazem atribuições negativas para seu comportamento, de maneira que atribuem os resultados positivos a fatores externos e os resultados negativos a fatores internos; (5) como resultado de um ou mais desses déficits, os indivíduos deprimidos administram reforço positivo insuficiente a si mesmos e (6) os indivíduos deprimidos administram autopunição excessiva a si mesmos. Os dois primeiros déficits envolvem o comportamento de monitoramento pessoal, os dois seguintes envolvem o comportamento de auto-avaliação (pressupõe-se que a auto-atribuição atue como um modificador da auto-avaliação), e os dois últimos envolvem o comportamento de auto-reforço. Fuchs e Rehm (1977) desenvolveram um programa de psicoterapia baseado nesse modelo para modificar tais déficits. O programa foi ampliado e revisado em uma série de estudos sobre resultados de terapias (ver Rehm, 1984). O programa é uma terapia de grupo bastante estruturada, cujo formato é definido em um detalhado manual do terapeuta. Ele envolve apresentações didáticas sobre os conceitos do autocontrole, exercícios que ajudam os participantes a adquirir e usar conceitos novos, uma discussão sobre a aplicabilidade dos conceitos a participantes individuais e tarefas de casa para proporcionar que os participantes pratiquem habilidades de automanejo não-depressivas entre as sessões.

O programa de terapia começa apresentando-se o argumento geral de que o humor está relacionado com a atividade e com declarações pessoais sobre as atividades. Sugere-se que os indivíduos deprimidos tendem a se concentrar de maneira distorcida em atividades negativas e, assim, a fazer declarações pessoais negativas. Distribui-se uma tarefa de casa, na qual os participantes devem manter um diário, monitorando suas atividades positivas e declarações pessoais. Também se registra o humor diário, e um exercício na segunda sessão mapeia o humor e diversos eventos do dia para identificar a associação entre os dois. Um exercício com resultados imediatos e posteriores ajuda os participantes a prestar atenção nos resultados positivos posteriores de seu comportamento, e tarefas de monitoramento pessoal para fazer em casa mantêm o foco em atividades com resultados positivos que são retardados naturalmente.

Na fase de auto-avaliação do programa de terapia, os participantes preenchem fichas de objetivos, que os ajudam a definir os objetivos de maneiras positivas, realistas e possíveis, e a decompor esses objetivos em atividades. A tarefa de monitoramento continua com especial ênfase no monitoramento de comportamentos voltados para esses subobjetivos. Sessões concentradas em eventos positivos e negativos trabalham conceitos ligados à atribuição e, durante a semana, os participantes praticam atribuições não-depressivas, como declarações pessoais positivas para eventos positivos e negativos.

Na fase de auto-reforço do programa, os participantes aprendem princípios de auto-reforço e desenvolvem estratégias de auto-reforço explícitas e internas. O auto-reforço explícito envolve o uso de atividades positivas fáceis e acessíveis, realizadas após atividades mais difíceis. O reforço interno envolve usar declarações pessoais positivas como recompensas condicionais após atividades positivas difíceis ou atividades voltadas para os subobjetivos. Da maneira como o programa é usado atualmente, ensinam-se os conceitos básicos nas primeiras 7 sessões semanais de um programa de 10 sessões. As três últimas sessões são utilizadas para prática e consolidação do uso dos princípios envolvidos.

O programa de terapia foi avaliado em seis estudos de resultados de Rehm e colaboradores. Os dois primeiros envolveram a validação do programa, em comparação com condições de controle tradicionais. Usando mulheres deprimidas sintomáticas voluntárias da comunidade local, Fuchs e Rehm (1977) compararam a terapia de autocontrole com uma terapia de grupo não-específica e uma condição de controle de lista de espera. Em medidas padronizadas de auto-avaliação da depressão, os participantes da condição de terapia de autocontrole melhoraram significativamente mais do que os da condição de terapia de grupo não-específica, que, por sua vez, melhoraram significativamente mais do que os participantes da condição de controle. Rehm, Fuchs, Roth, Kornblith e Romano (1979) compararam o programa de autocontrole com um programa de treinamento assertivo e habilidades sociais. Os participantes do programa de autocontrole apresentaram maior melhora em medidas de comportamento de automanejo, e os participantes do programa de habilidades sociais apresentaram maior melhora em medidas de assertividade. Ambos os grupos tiveram melhoras significativas na depressão, mas a condição de autocontrole foi significativamente superior. Uma avaliação depois de um ano com os participantes desses dois estudos (Romano e Rehm, 1979) mostrou que os participantes das condições de terapia de autocontrole e controle (não-específica e de afirmação) mantinham-se bem em relação à sua situação pré-teste. Todavia, os participantes do autocontrole relataram ter menos episódios e episódios menos intensos de depressão durante o ano do estudo, bem como menos necessidade de recorrer a terapias adicionais. Esse resultado, que foi replicado em estudos de seguimento de um ano dos quatro estudos subseqüentes dessa série, sugere que os indivíduos que passaram pelo programa de automanejo adquiriram habilidades que lhes permitiram lidar de maneira mais efetiva com episódios de depressão, e sem intervenções terapêuticas adicionais.

O terceiro e o quarto estudo da série visavam decompor os principais componentes do programa de autocontrole. Rehm e colaboradores (1981) compararam cinco condições de terapia: (1) o componente de monitoramento pessoal isolado; (2) os componentes de automonitoramento e auto-avaliação; (3) os componentes de automonitoramento e auto-reforço; (4) componentes de automonitoramento, auto-avaliação e auto-reforço em conjunto (i.e., todo o programa de automanejo) e (5) uma condição de grupo-controle (lista de espera). Os participantes de todos os tratamentos ativos saíram-se melhor do que os da condição do grupo-controle, mas não houve diferenças contundentes em uma variedade de medidas de resultados. Kornblith, Rehm, O'Hara e Lamparski (1983) compararam as seguintes condições: (1) o programa de autocontrole completo; (2) os componentes de automonitoramento e auto-avaliação, (3) os princípios do autocontrole sem tarefas comportamentais de casa e (4) um tratamento de controle, consistindo em uma psicoterapia de grupo psico-dinâmica orientada para problemas específicos. Não houve diferenças significativas entre as condições de terapia, que reduziram a depressão em um grau clinicamente significativo. A interpretação desses resultados é problemática, pois os principais efeitos do programa de autocontrole completo talvez sejam incorporados na fase de automonitoramento do programa, e os componentes posteriores podem simplesmente trabalhar esses efeitos. O acompanhamento da melhora da depressão a cada sessão sugeriu que a maior parte da melhora no programa ocorre nas primeiras semanas, de modo que é muito difícil detectar os efeitos que se devem a componentes posteriores do programa. O caráter aberto do programa levou muitos dos sujeitos da condição que não recebeu tarefas de casa explícitas a desenvolver suas próprias tarefas. Finalmente, também é possível que o programa como um todo, conforme implementado na época, fosse simplesmente complicado demais. Cada vez que se dava uma tarefa de casa, ela era adicionada a todas as tarefas anteriores. Essa estrutura tornou o programa mais difícil e pode ter anulado os efeitos positivos do conteúdo das sessões finais. Como conseqüência, o programa foi revisado de maneira que o registro do monitoramento continuasse ao longo do programa, mas as tarefas de casa específicas mudassem a cada parte.

Os dois últimos estudos da série diziam respeito aos alvos comportamentais e cognitivos específicos do programa de autocontrole. Foram criados programas separados de autocontrole, visando a aumentar o nível de atividade (metas comportamentais), em vez de declarações pessoais (metas cognitivas), juntamente com uma condição de metas combinadas. Rehm (1984) discutiu um estudo que comparou essas versões do programa de autocontrole com uma condição de lista de espera. Verificou-se que os participantes de todas as três condições de terapia melhoraram em um grau maior do que os da lista de espera, sem diferenças entre as três terapias ativas. Esse resultado validou a idéia de que todas as terapias eram estratégias terapêuticas efetivas e ativas. Rehm e colaboradores (1987) compararam as mesmas três condições entre si, com números maiores de participantes em cada uma. Diversas medidas foram usadas antes e depois da terapia para avaliar déficits comportamentais e cognitivos. Novamente, os três programas foram efetivos para aliviar a depressão, sem diferenças significativas entre eles. De maneira interessante, cada programa foi efetivo, independentemente do grau de déficits cognitivos ou comportamentais no pré-teste, e cada programa foi igualmente efetivo para produzir mudanças em alvos comportamentais e cognitivos.

O programa de autocontrole também foi avaliado em outros contextos usando os manuais de terapia de autocontrole. Fleming e Thornton (1980) compararam uma terapia cognitiva baseada na de Shaw (1977) com o programa de autocontrole baseado no manual de Fuchs e Rehm (1977), envolvendo um grupo-controle com terapia não-diretiva. Os participantes de todas as condições haviam melhorado significativamente no pós-teste e no seguimento, e os participantes de terapia de autocontrole apresentaram a maior melhora em diversas medidas. Roth, Bielski, Jones, Parker e Osborn (1982) compararam a terapia de autocontrole isolada com uma terapia de autocontrole desenvolvida juntamente com a administração de uma droga antidepressiva tricíclica. Embora os participantes da condição farmacológica tenham respondido mais rapidamente durante a terapia, na avaliação pós-teste e na de três meses, não houve diferenças significativas entre as duas condições. Dois estudos pequenos que usaram o manual de Fuchs e Rehm (1977) foram publicados por Rothblum, Green e Collins (1979). Ambos compararam duas versões do programa de terapia de autocontrole, uma enfatizando a responsabilidade do cliente por selecionar comportamentos para monitoramento e estabelecimento de objetivos, e outra enfatizando o papel do terapeuta no estabelecimento de objetivos. Os resultados favoreceram o papel ativo do terapeuta, o que condiz mais com a terapia original. Tressler e Tucker (1980) compararam uma versão do programa de autocontrole que consistia em automonitoramento e auto-avaliação com uma versão compatível de automonitoramento e auto-reforço. Na avaliação pós-teste e em 12 meses, o grupo de automonitoramento e auto-reforço mostrou-se significativamente superior.

Outros pesquisadores relataram resultados preliminares com populações variadas. Glanz e Dietz (1980) aplicaram um tratamento como parte de um programa comunitário em um centro de saúde mental. Um grupo diverso de pessoas atualmente deprimidas, pessoas anteriormente deprimidas e cônjuges e parentes de pessoas deprimidas apresentou ganhos em escores de inventários de depressão. Kornblith e Greenwald (1982) apresentaram um relatório preliminar sobre a aplicação do programa de autocontrole com pacientes internados. Sulz e Lauter (1983) usaram um programa modificado de autocontrole em um teste clínico com pacientes internados. O programa também foi aplicado em pacientes deprimidos em um centro de tratamento (van den Hout, Arntz e Kunkels, 1995). Um projeto atual envolve a aplicação de terapia de autocontrole em um programa de recuperação de traumas para veteranos com transtorno de estresse pós-traumático e depressão maior (Dunn et al., 1995). Rogers, Kerns, Rehm, Hendler e Harkness (1982) relataram que o programa foi efetivo para reduzir a depressão entre pacientes submetidos a diálise renal.

A terapia de autocontrole não se limitou a um único grupo etário. Reynolds e Coats (1986), Stark, Reynolds e Kaslow (1987) e Rehm e Sharp (1996) aplicaram terapia de autocontrole a crianças e adolescentes. Rokke e colaboradores aplicaram o programa de autocontrole a idosos, verificando que a terapia de autocontrole pode ser proveitosa para indivíduos idosos quando oferecida em formato de grupo (Rokke, Tomhave e Jocic, 2000), e que, quando oferecida individualmente, a terapia de autocontrole foi efetiva para efetuar mudanças comportamentais ou cognitivas (Rokke, Tomhave e Jocic, 1999). O programa parece ser um tratamento efetivo para a depressão, com efeitos terapêuticos amplos, e pode ser aplicado a vários pacientes deprimidos.

Deve-se observar que diversas estratégias e técnicas de autocontrole também são incorporadas em outros programas cognitivos e comportamentais importantes para a depressão. Por exemplo, o programa de aumento da atividade de Lewinsohn (Lewinsohn, Antonuccio, Steinmetz e Teri, 1984) envolve o automonitoramento amplo de eventos prazerosos, embora o monitoramento seja usado principalmente como um dispositivo de avaliação. Os métodos de auto-reforço são utilizados às vezes para motivar o envolvimento em atividades prazerosas. O automonitoramento também é usado na terapia cognitiva de Beck (Beck, Rush, Shaw e Emery, 1979). No programa de Beck, os dados do automonitoramento são utilizados para combater interpretações irracionais e distorcidas dos eventos. São necessárias mais pesquisas para identificar a contribuição relativa de componentes mais específicos do programa de terapia e para adequar a terapia de autocontrole ou seus componentes a subtipos específicos de indivíduos deprimidos.

TÉCNICAS DE AVALIAÇÃO

Automonitoramento

A metodologia de avaliação mais associada a abordagens de tratamento com autocontrole é o automonitoramento. O termo "automonitoramento" refere-se ao registro sistemático de observações que o cliente faz do seu próprio comportamento. Uma discussão completa das formas e características do automonitoramento está além dos limites deste capítulo, que se concentra em aplicações práticas na pesquisa da ansiedade, depressão e dor. No uso típico do automonitoramento, os clientes mantêm registros de eventos que ocorreram em suas vidas entre as sessões de terapia. Com freqüência, registra-se a ocorrência de cada evento de uma mesma classe, mas também se pode empregar um formato de amostragem temporal.

O automonitoramento tem a vantagem de proporcionar dados da vida real sobre o funcionamento cotidiano do cliente, com relação a um comportamento problemático. Como o cliente coleta os dados, também podem ser "observados" eventos subjetivos. Por exemplo, o cliente pode registrar a incidência de respostas emocionais ou de pensamentos associados a suas experiências. Muitas vezes, o propósito do automonitoramento é observar as conexões entre eventos externos e respostas subjetivas internas.

O automonitoramento exige dedicação diária por parte do cliente e, dessa forma, a adesão pode ser difícil. Na prática, as tarefas devem ser simples, concisas e claramente relevantes para o problema. A reatividade do automonitoramento é outra consideração importante. O fato de as pessoas registrarem o seu próprio comportamento influencia a ocorrência de certos comportamentos. Normalmente, o automonitoramento reduz os comportamentos indesejáveis e aumenta os comportamentos desejáveis. A reatividade torna-se um problema para a amostragem representativa quando se utiliza o automonitoramento para avaliação, mas ele pode ser empregado de maneira proveitosa quando faz parte da intervenção. O automonitoramento pode ser usado para a avaliação de problemas, avaliação de prognósticos ou resultados, para acompanhar o cumprimento de tarefas de casa ou como uma intervenção em si mesmo.

Um uso típico do automonitoramento na terapia de autocontrole para a ansiedade é registrar as situações em que ela ocorre. Esse monitoramento pode fazer parte da avaliação do problema, como uma forma de descobrir características comuns em situações que gerem ansiedade, ou pode ser uma avaliação do progresso, na expectativa de se reduzir a sua freqüência ao longo de algumas semanas de terapia. É possível monitorar muitos aspectos da resposta de ansiedade. Outra maneira de avaliar o progresso pode ser por meio de avaliações da intensidade da ansiedade subjetiva ou de seus concomitantes fisiológicos. O monitoramento de pensamentos correlacionados, auto-avaliação ou níveis de eficácia traz informações úteis para o planejamento da terapia.

No programa de terapia para a depressão de Lewinsohn (Lewinsohn et al., 1984), os participantes monitoram o humor diário e eventos prazerosos cotidianos para identificar eventos relacionados com o humor como alvos para a intervenção. Os autores desenvolveram listas de eventos, eventos prazerosos, eventos desagradáveis e eventos interpessoais para selecionar itens de automonitoramento para propósitos diversos. O programa de terapia de automonitoramento de Rehm usa uma lista de atividades positivas para sugerir classes de atividades que possam ter ocorrido, mas que os participantes possam ter omitido. As atividades são registradas na hora em que ocorrem, e uma avaliação sumária do humor é feita ao final do dia. Em versões recentes do programa, também se registram auto-avaliações (declarações pessoais) positivas ao longo do dia. Os dados são usados como uma forma de ensinar princípios sobre comportamentos e emoções, e como *feedback* do progresso. A tarefa de automonitoramento é considerada uma avaliação e uma forma de intervenção com um estilo natural de observação pessoal.

Beck (Beck et al., 1979; DeRubeis, Tang e Beck, Capítulo 10 deste livro) usa diversas maneiras de automonitoramento em sua abordagem de terapia cognitiva para a depressão. Entre elas, está uma técnica de múltiplas colunas. Quando o cliente nota um aumento em disforia, ele registra a data e uma breve descrição da situação nas duas primeiras colunas. A reação emocional é registrada na terceira coluna. Na quarta coluna, o cliente registra o pensamento que supostamente interferiu entre a situação e a reação emocional. Na quinta coluna, registra-se uma interpretação positiva e mais adaptativa da situação. Finalmente, o cliente avalia o seu grau de confiança nas declarações na sexta e sétima colunas – por exemplo, "a rispidez do chefe mostra que ele não gosta de mim" (60% de confiança) e "ele está apenas com pressa" (50% de confiança). Dependendo das circunstâncias, o terapeuta pode decidir usar apenas algumas das colunas. Esses dados são utilizados para ensinar ao cliente um modo de rejeitar interpretações distorcidas das experiências de maneira realista e convincente.

O automonitoramento em programas para a dor também costuma envolver avaliações situacionais da ocorrência e/ou intensidade da dor. O paciente pode experimentar várias atividades e registrar os níveis de dor, ou pode empregar diversas técnicas de redução e registrar os níveis subseqüentes de dor. Como nas intervenções para a ansiedade e a depressão, os dados possibilitam fazer avaliações para direcionar as intervenções, podendo fazer parte das próprias intervenções, e proporcionar *feedback* do progresso para o paciente.

Questionário de autocontrole (Self-control Questionnaire)

O Questionário de Autocontrole (SCQ) foi desenvolvido inicialmente como um dispositivo para avaliar a efetividade do ensino no programa de terapia de autocontrole para a depressão (Fuchs e Rehm, 1977). O conteúdo de seus itens é derivado dos déficits no comportamento de autocontrole que o modelo postula ser as causas da depressão. O SCQ foi criado como uma medida de resultados para avaliar a efetividade do programa em alcançar o propósito proximal da aquisição desses conceitos por parte dos participantes – ou seja, a modificação dessas atitudes e crenças. O SCQ consiste em 40 declarações de posturas e crenças sobre comportamentos de autocontrole e cognições relacionadas com a depressão. As instruções exigem que o sujeito indique o grau em que cada declaração lhe é característica em uma escala de 5 pontos, de "A = muito característica, extremamente descritiva" a "E = pouco característica, extremamente não-descritiva)". Dezenove itens são escritos de maneira a refletir posturas positivas e não-depressivas; e 21 refletem posturas negativas e depressivas. Entre os itens, estão: "Planejar cada passo do que devo fazer me ajuda a fazer as coisas bem" e "Não adianta sequer tentar mudar a maioria das coisas que me tornam infeliz".

Foram relatados coeficientes alfa de consistência interna de 0,82 e 0,88 para o SCQ. O'Hara, Rehm e Campbell (1982) relataram confiabilidade de teste e re-teste de 0,86 em um período de cinco semanas. Em uma amostra de 101 voluntários clinicamente deprimidos da comunidade, a escala apresentou correlação de 0,42 com o planejamento de autocontrole de Rosenbaum (Rosenbaum Self-Control Schedule) (Rosenbaum, 1980a; ver a seguir), que é uma medida de uma faixa ampla de habilidades de autocontrole. Na mesma amostra, o SCQ apresentou correlação de 0,16 com o inventário de depressão de Beck (BDI). Em uma amostra de mulheres normais, O'Hara e colaboradores (1982) encontraram uma correlação de 0,31 com o BDI. Em uma série de estudos de resultados do programa de terapia de autocontrole para a depressão, o SCQ apresentou melhoras semelhantes em escores medidos antes e depois da terapia (ver Rehm, 1984). Os escores pós-teste diferenciaram pacientes do grupo do autocontrole dos pacientes de grupo de listas de espera, terapias tradicionais e condições de treinamento em assertividade. Os escores medidos antes do tratamento não previram os resultados da depressão nesses estudos. O'Hara e colaboradores (1982) não encontraram contribuições significativas do SCQ para a previsão da depressão pós-parto, quando incluído em uma bateria administrada no segundo trimestre da gestação.

O SCQ foi escrito originalmente com base lógica em conceitos e habilidades enfocados pelo programa de terapia de autocontrole para a depressão. Embora a escala funcione relativamente bem para essas finalidades, a escala original teve pouco desenvolvimento psicométrico formal. Uma escala expandida, com subescalas específicas para cada uma das áreas do programa, está sendo concluída e será publicada no futuro próximo.

A escala de recursos aprendidos (Learned Resourcefulness Scale)

A Escala de recursos aprendidos intitulava-se originalmente Programa de autocontrole (Self-Control Schedule) (Rosenbaum, 1980a). A escala consiste em 36 declarações de comportamentos de autocontrole. Os participantes indicam em uma escala Likert de 6 pontos o grau em que cada comportamento lhes é característico. Doze itens referem-se ao uso de cognições para lidar com sensações emocionais e fisiológicas, 11 itens referem-se ao uso de estratégias de resolução de problemas, 4 itens referem-se à percepção da capacidade de retardar gratificações, e 9 itens referem-se a expectativas gerais de auto-eficácia. Os dados psicométricos de seis amostras indicaram boa consistência interna e fidedignidade de teste e re-teste (Rosenbaum, 1980a).

Rosenbaum demonstrou a validade da Escala de recursos aprendidos, mostrando que ela estava relacionada com comportamentos bem-sucedidos de autocontrole em diversos cenários. Os indivíduos que apresentaram escores elevados na escala mostraram tolerar a dor melhor em um teste "cold presser" (Rosenbaum, 1980b) e lidar melhor com enjôo do mar (Rosenbaum e Rolnick, 1983). Posteriormente, a escala foi reformulada para mensurar o oposto do desamparo aprendido e, assim, foi rebatizada de escala de recursos aprendidos (Rosenbaum, 1983). Existe um trabalho publicado sobre a relação da escala com o enfrentamento em pacientes epiléticos (Rosenbaum e Palmon, 1984). A escala pode ser vista como uma medida ampla de comportamentos de automanejo, potencialmente aplicável a muitas situações.

A freqüência do questionário de auto-reforço (Frequency of Self-reinforcement Questionnaire)

Heiby (1982) desenvolveu uma escala que visa a avaliar uma forma muito mais específica de comportamento de autocontrole – ou seja, o auto-reforço. A freqüência do questionário de auto-reforço consiste em 30 itens de verdadeiro ou falso, e visa avaliar o uso de declarações de auto-reforço e posturas positivas do indivíduo para consigo mesmo. A validade foi demonstrada comparando-se os escores com observações feitas por outra pessoa e com registros do auto-reforço obtidos por automonitoramento (Heiby, 1982). Os indivíduos deprimidos apresentam escores baixos na escala (Heiby, 1981), e aqueles que apresentam escores baixos são mais prováveis de responder com depressão a níveis baixos de reforço externo (Heiby, 1983). O treinamento de auto-reforço aumentou a ocorrência de comportamentos de auto-reforço automonitorados posteriormente (Heiby, Ozaki e Campos, 1984). A escala tem potencial para avaliar componentes específicos do comportamento de automanejo em diversos contextos.

Eficácia

A avaliação das expectativas de eficácia, conforme definida por Bandura, exige informações específicas do comportamento e da situação. Dessa forma, não existe um instrumento único de medição disponível para avaliar a auto-eficácia, já que diferentes problemas e situações exigem diferentes instrumentos. Bandura desenvolveu seus instrumentos para a investigação da auto-eficácia no contexto de situações de medo (Bandura et al., 1977, 1980; Bandura, Reese e Adams, 1982). Outros pesquisadores ampliaram a investigação da auto-eficácia para áreas como a redução do peso (Chambliss e Murray, 1979), assertividade (Kazdin, 1979; Lee, 1984), tabagismo (Condiotte e Lichtenstein, 1981; DiClemente, 1981; McIntyre, Lichtenstein e Mermelstein, 1983) e dor (Anderson, Dowds, Pelletz, Edwards e Peeters Asdourian, 1995; Lawson, Reesor, Keefe e Turner, 1990). Na maioria dos casos, a avaliação da auto-eficácia ocorreu dentro do contexto de um programa de pesquisa estruturado que investiga o papel do constructo da auto-eficácia na mudança comportamental. Poucos desses estudos comentaram a utilidade clínica desse constructo ou o uso de dispositivos de avaliação específicos em cenários clínicos.

De um modo geral, as expectativas de eficácia podem ser medidas ao longo de três dimensões principais: nível, força e generalidade. Ou seja, as tarefas podem variar em diversas dimensões que podem ser organizadas em termos de algum atributo, como seu nível de dificuldade, complexidade ou estresse. O nível das expectativas de eficácia de um indivíduo deve corresponder ao nível da tarefa que ele espera ser capaz de realizar. O grau de convicção do indivíduo sobre sua capacidade de realizar essa tarefa específica corresponde à dimensão da força. Finalmente, as expectativas de eficácia podem variar na amplitude de sua aplicação em diferentes situações e parâmetros temporais.

Bandura (1977a, 1982) propôs uma estratégia para mensurar a auto-eficácia. Os sujeitos recebem uma lista de tarefas comportamentais que são organizadas de maneira hierárquica, de modo que tarefas mais fáceis e menos complexas apareçam anteriormente na lista, seguidas pelas mais difíceis. Para cada uma das tarefas, os sujeitos devem simplesmente responder se acreditam que podem fazer o que se pede ou não. Para cada tarefa que dizem que executariam, eles devem avaliar a força de sua eficácia em uma escala de probabilidade que varia de 0 (muita incerteza) a 100 (certeza completa de que o comportamento pode ser realizado). O número de itens marcados como "Consigo fazer" representa o nível de auto-eficácia, ao passo que a avaliação média de certeza para todos os itens representa a força da auto-eficácia.

Muitos dos estudos desse constructo também incluem medidas comportamentais com tarefas que correspondem diretamente aos itens da medida de auto-eficácia. Assim, os pesquisadores conseguem avaliar a relação entre a percepção de eficácia e o desempenho real. A técnica "microanalítica" de Bandura (1980) exige calcular a congruência (i.e., a porcentagem de concordância) entre os julgamentos de eficácia e o desempenho em certas tarefas. Outros autores (Kirsch, 1985) argumentam que as análises de correlação podem revelar a relação entre a auto-eficácia e o comportamento. Observando que a utilidade de qualquer análise de auto-eficácia será potencializada se for "minuciosa e interpretável", Lee (1985) sugere que medidas de concordância como o qui-quadrado e o coeficiente phi também podem ser boas alternativas.

Alguns pressupostos desse modelo de avaliação e seus problemas devem ser mencionados. Um pressuposto básico é que os indivíduos já tiveram experiência suficiente com os comportamentos ou as situações para estimar suas habilidades de maneira adequada. Outros pressupostos são que o instrumento evoca respostas que indicam níveis máximos de desempenho, em vez dos níveis típicos, e os itens são organizados em ordem hierárquica. Bandura desenvolveu essa abordagem de avaliação no contexto de fobias simples ou específicas, enquanto tentava entender ou prever o comportamento de aproximação. Itens relevantes para os comportamentos que ocorrem em situações específicas podem ser facilmente identificados e organizados de maneira hierárquica sem muita dificuldade. Esses métodos, porém, não se aplicam a situações em que os comportamentos problemáticos envolvidos sejam complexos demais ou, por natureza, não sejam claramente hierárquicos. Embora o conceito de auto-eficácia possa ser útil para áreas como a depressão, dor e habilidades sociais, as estratégias para medir as expectativas de auto-eficácia nessas circunstâncias não foram tão desenvolvidas. Moe e Zeiss (1982) tentaram apresentar algumas soluções para esses problemas no estudo de habilidades sociais, propondo o uso de atributos mais molares associados a comportamentos aceitáveis, em vez de limitar a avaliação ao comportamento molecular. Eles usaram 12 atributos (p. ex., "afetuoso", "atraente", "amigo", "confiável") que pudessem ser avaliados em 12 situações sociais diferentes. Esses atributos não eram considerados hierárquicos, mas o nível ou a magnitude da auto-eficácia ainda poderia ser avaliado calculando-se o número médio de atributos marcados para as diferentes situações. À medida que se realizarem novas pesquisas sobre a auto-eficácia em relação a outras áreas de problemas, deve-se demonstrar a fidedignidade da medida, e abordar a utilidade clínica do constructo.

Auto-instrução

O treinamento de auto-instrução proporciona um arcabouço geral para o terapeuta tratar uma variedade de problemas. Como é uma abordagem geral, não existe uma estratégia ou instrumento único associado ao treinamento de auto-instrução. Qualquer medida que seja utilizada para determinada área de problemas (p. ex., ansiedade, dor, medo) pode ser incorporada à terapia de auto-instrução. Contudo, como é uma abordagem que presta especial atenção a cognições auto-avaliativas, diversas medidas direcionadas especificamente para declarações pessoais podem ser de grande utilidade. Diversos autores já tentaram desenvolver medidas de auto-avaliação para avaliar eventos cognitivos (i.e., declarações pessoais) que possam ser úteis para estudar os fenômenos depressivos, incluindo o questionário de estilo atributivo expandido (Expanded Attributional Style Questionnaire) (Peterson e Villanova, 1988), o questionário de pensamentos automáticos (Automatic Thoughts Questionnaire) (Hollon e Kendall, 1980), a escala de atitude disfuncional (Dysfunctional Attitude Scale) (Weissman e Beck, 1978) e a escala de desesperança (Hopelessness Scale) (Beck, Weissman, Lester e Trexler, 1974).

REFLEXÕES FINAIS

As intervenções e métodos de avaliação do autocontrole têm sido aplicados a muitas populações e problemas. Este capítulo enfocou aplicações para a ansiedade, depressão e dor. Também deve ficar claro que diversas teorias e modelos específicos se enquadram na categoria geral do autocontrole. O capítulo concentrou-se nos de Bandura, Kanfer e Meichenbaum. Os pontos em comum entre as diferentes técnicas e modelos envolvem o pressuposto de que a mudança e o progresso terapêuticos rumo a objetivos de longa duração podem ser obtidos ensinando habilidades gerais, para que os indivíduos aprendam a manejar o seu próprio comportamento em situações problemáticas. A generalização e a manutenção de resultados são potencializadas conferindo-se aos clientes a responsabilidade de executar as estratégias de mudança aprendidas em situações da vida real. As abordagens de autocontrole continuarão a fazer suas contribuições para a terapia, avaliação e conceituação da psicopatologia, independentemente ou juntamente com outros modelos e métodos.

REFERÊNCIAS

Abramson, L. Y., Seligman, M. E. P., & Teasdale, J. D. (1978). Learned helplessness in humans: Critique and reformulation. *Journal of Abnormal Psychology, 87*, 49-74.

Alloy, L. B., Kelly, K. A., Mineka, S., & Clements, C. M. (1990). Comorbidity of anxiety and depressive disorders: A helplessness-hopelessness perspective. In J. D. Maser & C. R. Cloninger (Eds.), *Comorbidity of mood and anxiety disorders* (pp. 499-543). Washington, DC: American Psychiatric Press.

Anderson, K. O., Dowds, B. N., Pelletz, R. E., Edwards, W. T., & Peeters Asdourian, C. (1995). Development and initial validation of a scale to measure self-efficacy beliefs in patients with chronic pain. *Pain, 63(1)*, 77-84.

Averill, J. R. (1973). Personal control over aversive stimuli and its relationship to stress. *Psychological Bulletin, 80*, 286-303.

Baker, S. L., & Kirsch, I. (1991). Cognitive mediators of pain perception and tolerance. *Journal of Personality and Social Psychology, 61*, 504-510.

Bandura, A. (1969). *Principles of behavior modification.* New York: Holt, Rinehart & Winston.

Bandura, A. (1971). Vicarious and self-reinforcement processes. In R. Glaser (Ed.), *The nature of reinforcement* (pp. 228-278). New York: Academic Press.

Bandura, A. (1977a). Self-efficacy: Toward a unifying theory of behavioral change. *Psychological Review, 84*, 191-215.

Bandura, A. (1977b). *Social learning theory.* Englewood Cliffs, NJ: Prentice-Hall. Bandura, A. (1980). Gauging the relationship between self-efficacy judgment and action. *Cognitive Therapy and Research, 4*, 263-268.

Bandura, A. (1982). Self-efficacy mechanism in human agency. *American Psychologist, 37*, 122-147.

Bandura, A. (1988). Self-efficacy conception of anxiety. *Anxiety Research, 1*, 77-98.

Bandura, A. (1997). *Self-efficacy: The exercise of control.* New York: Freeman. Bandura, A., & Adams, N. E. (1977). Analysis of self-efficacy theory of behavioral change. *Cognitive Therapy and Research, 1*, 287-308.

Bandura, A., Adams, N. E., & Beyer, J. (1977). Cognitive processes mediating behavioral change. *Journal of Personality and Social Psychology, 35*, 125-139.

Bandura, A., Adams, N. E., Hardy, A. B., & Howells, G. N. (1980). Tests of the generality of self-efficacy theory. *Cognitive Therapy and Research, 4*, 39-66.

Bandura, A., Cioffi, D., Taylor, C. B., & Brouillard, M. E. (1988). Perceived selfefficacy in coping with cognitive stressors and opioid activation. *Journal of Personality and Social Psychology, 55*, 479-488.

Bandura, A., O'Leary, A., Taylor, C. B., Gauthier, J., & Gossard, D. (1987). Perceived self-efficacy and pain control: Opioid and nonopioid mechanisms. *Journal of Personality and Social Psychology, 53*, 563-571.

Bandura, A., Reese, L., & Adams, N. E. (1982). Microanalysis of action and fear arousal as a function of differential levels of perceived self-efficacy. *Journal of Personality and Social Psychology, 43*, 5-21.

Beck, A. T. (1976). *Cognitive therapy and the emotional disorders.* New York: International Universities Press.

Beck, A. T., Emery, G., & Greenberg, R. T. (1985). *Anxiety disorders and phobias.* New York: Basic Books.

Beck, A. T., Rush, A. J., Shaw, B. F., & Emery, G. (1979). *Cognitive therapy of depression.* New York: Guilford Press.

Beck, A. T., Weissman, A., Lester, D., & Trexler, L. (1974). The measurement of pessimism: The Hopelessness Scale. *Journal of Consulting and Clinical Psychology, 42*, 861-865.

Bowers, K. S. (1968). Pain, anxiety, and perceived control. *Journal of Consulting and Clinical Psychology, 32*, 596-602.

Brown, L. M., Gouvier, W. D., & Blanchard-Fields, F. (1990). Cognitive interventions across the life-span. In A. M. Horton, Jr. (Ed.), *Neuropsychology across the life-span: Assessment and treatment* (pp. 133-153). New York: Springer.

Bussey, K., & Bandura, A. (1992). Self-regulatory mechanisms governing gender development. *Child Development, 63*, 1236-1250.

Carroll, W. R., & Bandura, A. (1985). Role of timing of visual monitoring and motor rehearsal in observational learning of action patterns. *Journal of Motor Behavior, 17*, 269-281.

Carver, C. S., & Scheier, M. F. (1982). An information processing perspective on self-management. In P. Karoly & F. H. Kanfer (Eds.), *Self-management and behavior change: From theory to practice* (pp. 93-128). New York: Pergamon Press.

Chambliss, C. A., & Murray, E. J. (1979). Efficacy attribution, locus of control, and weight loss. *Cognitive Therapy and Research, 4*, 349-353.

Coleman, R. E., & Beck, A. T. (1981). Cognitive therapy for depression. In J. F. Clarkin & H. I. Glazer (Eds.), *Depression: Behavioral and directive intervention strategies* (pp. 111-130). New York: Garland Press.

Condiotte, M. M., & Lichtenstein, E. (1981). Self-efficacy and relapse in smoking cessation programs. *Journal of Consulting and Clinical Psychology, 49*, 648-658.

Council, J. R., Ahern, D. K., Follick, M. J., & Kline, C. L. (1988). Expectancies and functional impairment in chronic low back pain. *Pain, 33*, 323-331.

Craighead, L. W., & Craighead, W. E. (1980). Implications of persuasive communication research for the modification of self-statements. *Cognitive Therapy and Research, 4*, 117-135.

DiClemente, C. C. (1981). Self-efficacy and smoking cessation maintenance. *Cognitive Therapy and Research, 5*, 175-187.

DiGiuseppe, R., McGowan, L., Simon, K.-S., & Gardner, F. (1990). A comparative outcome study of four cognitive therapies in the treatment of social anxiety. *Journal of Rational Emotive and Cognitive Behavior Therapy, 8*, 129-146.

Dunn, N. J., Brothers-Braun, G., Rehm, L. P., Hamilton, J. D., de Leon, C., & Kearney, J. (1995, November). *Treatment of depression in patients with PTSD: A challenge in the treatment of trauma.* Pôster apresentando na reunião anual da International Society for Traumatic Stress Studies, Boston..

Ellis, A. (1962). *Reason and emotion in psychotherapy.* New York: Stuart. Emmelkamp, P. M., Brilman, E., Kuiper, H., & Mersch, P. P. (1986). The treatment of agoraphobia: A comparison of self-instructional training, rational emotive therapy, and exposure in vivo. *Behavior Modification, 10*, 37-53.

Emmelkamp, P. M., & Mersch, P. P. (1982). Cognition and exposure in vivo in the treatment of agoraphobia: Short-term and delayed effects. *Cognitive Therapy and Research, 6*, 77-90.

Emmelkamp, P. M., Mersch, P. P., Vissia, E., & Van der Helm, M. (1985). Social phobia: A comparative evaluation of cognitive and behavioral interventions. *Behaviour Research and Therapy, 23*, 365-369.

Fleming, B. M., & Thornton, D. W. (1980). Coping skills training as a component in the shortterm treatment of depression. *Journal of Consulting and Clinical Psychology, 48*, 652-655.

Forgas, J. P., Bower, G. H., & Moylan, S. J. (1990). Praise or blame?: Affective influences on attributions for achievement. *Journal of Personality and Social Psychology, 59*, 809-819.

Fuchs, C. Z., & Rehm, L. P. (1977). A self-control behavior therapy program for depression. *Journal of Consulting and Clinical Psychology, 45*, 206-215.

Gattuso, S. M., Litt, M. D., & Fitzgerald, T. E. (1992). Coping with gastrointestinal endoscopy: Self-efficacy enhancement and coping style. *Journal of Consulting and Clinical Psychology, 60*, 133-139.

Genest, M., & Turk, D. C. (1979). A proposed model for behavioral group therapy with pain patients. In D. Upper & S. M. Ross (Eds.), *Behavioral group therapy, 1979: An annual review*. Champaign, IL: Research Press.

Glanz, L. M., & Dietz, R. E. (agosto de 1980). *Building individual competence: Coping with depression and fear.* Artigo apresentado na reunião da Associação Psicológica Americana, Montreal.

Heiby, E. M. (1981). Depression and frequency of self-reinforcement. *Behavior Therapy, 12*, 549-555.

Heiby, E. M. (1982). A self-reinforcement questionnaire. *Behaviour Research and Therapy, 20*, 397-401.

Heiby, E. M. (1983). Toward the prediction of mood change. *Behavior Therapy, 14*, 110-115.

Heiby, E. M., Ozaki, M., & Campos, P. E. (1984). The effects of training in self-reinforcement and reward: Implications for depression. *Behavior Therapy, 15*, 544-549.

Heimberg, R. G., & Barlow, D. H. (1988). Psychosocial treatments for social phobia. *Psychosomatics, 29*, 27-37.

Hoffart, A. (1993). Cognitive treatments of agoraphobia: A critical evaluation of theoretical basis and outcome evidence. *Journal of Anxiety Disorders, 7*, 75-91.

Hollon, S. D., & Kendall, P. C. (1980). Cognitive self-statements in depression: Development of an Automatic Thoughts Questionnaire. *Cognitive Therapy and Research, 4*, 383-395.

Horan, J., Hackett, G., Buchanan, J., Stone, C., & Demchik-Stone, D. (1977). Coping with pain: A component analysis. *Cognitive Therapy and Research, 1*, 211-221.

Jackson, B. (1972). Treatment of depression by self-reinforcement. *Behavior Therapy, 3*, 298-307.

Jensen, M. P., Turner, J. A., & Romano, J. M. (1991). Self-efficacy and outcome expectancies: Relationship to chronic pain coping strategies and adjustment. *Pain, 44*, 263-269.

Kanfer, F. H. (1970). Self-regulation: Research, issues, and speculations. In C. Neuringer & J. L. Michael (Eds.), *Behavior modification in clinical psychology* (pp. 178-220). New York: Appleton-Century-Crofts.

Kanfer, F. H. (1977). Self-regulation and self-control. In H. Zeir (Ed.), *The psychology of the 20th century*. Zurich: Kindler Verlag.

Kanfer, F. H., & Hagerman, S. (1981). The role of self-regulation. In L. P. Rehm (Ed.), *Behavior therapy for depression: Present status and future directions* (pp. 143-180). New York: Academic Press.

Kanfer, F. H., & Karoly, P. (1972a). Self-control: A behavioristic excursion into the lion's den. *Behavior Therapy, 2*, 398-416.

Kanfer, F. H., & Karoly, P. (1972b). Self-regulation and its clinical application: Some additional conceptualizations. In R. C. Johnson, P. R. Dokecki, & O. H. Mowrer (Eds.), *Socialization: Development of character and conscience* (pp. 428-437). New York: Holt, Rinehart & Winston.

Karoly, P., & Jensen, M. P. (1987). *Multimethod assessment of chronic pain*. New York: Pergamon Press.

Kazdin, A. E. (1979). Imagery elaboration and self-efficacy in the covert modeling treatment of unassertive behavior. *Journal of Consulting and Clinical Psychology, 47*, 725-733.

Kirsch, I. (1985). Response expectancy as a determinant of experience and behavior. *American Psychologist, 40*, 1189-1202.

Klepac, R. K., Hauge, G., Dowling, J., & McDonald, M. (1981). Direct and generalized effects of three components of stress inoculation for increased pain tolerance. *Behavior Therapy, 12*, 417-424.

Klinger, E. (1982). On the self-management of mood, affect, and attention. In P. Karoly & F. H. Kanfer (Eds.), *Self-management and behavior change: From theory to practice* (pp. 129-164). New York: Pergamon Press.

Kornblith, S. J., & Greenwald, D. (1982, November). *Self-control therapy with depressed inpatients*. Paper presented at the meeting of the Association for Advancement of Behavior Therapy, Los Angeles.

Kornblith, S. J., Rehm, L. P., O'Hara, M. W., & Lamparski, D. M. (1983). The contribution of self-reinforcement training and behavioral assignments to the efficacy of self-control therapy for depression. *Cognitive Therapy and Research, 7*, 499-527.

Lawson, K. C., Reesor, K. A., Keefe, F. J., & Turner, J. A. (1990). Dimensions of pain-related cognitive coping: Cross-validation of the factor structure of the Coping Strategy Questionnaire. *Pain, 43*, 195-204.

Lazarus, A. A. (1981). *The practice of multimodal therapy: Systematic, comprehensive, and effective psychotherapy*. New York: McGraw-Hill.

Lazarus, R. S. (1966). *Psychological stress and the coping process*. New York: McGraw-Hill.

Lazarus, R. S. (1974). Psychological stress and coping in adaptation and illness. *International Journal of Psychiatry in Medicine, 5*, 321-333.

Lee, C. (1984). Accuracy of efficacy and outcome expectations in predicting performance in a simulated assertiveness task. *Cognitive Therapy and Research, 8*, 37-48.

Lee, C. (1985). Efficacy expectations as predictors of performance: Meaningful measures of microanalytic match. *Cognitive Therapy and Research, 9*, 367-370.

Lewinsohn, P. M., Antonuccio, D. O., Steinmetz, J. L., & Teri, L. (1984). *The Coping with Depression course*. Eugene, OR: Castalia.

Litt, M. D. (1988). Self-efficacy and perceived control: Cognitive mediators of pain tolerance. *Journal of Personality and Social Psychology, 54*, 149-160.

Litt, M. D. (1996). A model of pain and anxiety associated with acute stressors: Distress in dental procedures. *Behaviour Research and Therapy, 34,* 459-476.

Litt, M. D., Nye, C., & Shafer, D. (1995). Preparation for oral surgery: Evaluating elements of coping. *Journal of Behavioral Medicine, 18,* 435-459.

Maag, J. W, & Kotlash, J. (1994). Review of stress inoculation training with children and adolescents: Issues and recommendations. *Behavior Modification, 18,* 443-469.

Mahoney, M. J. (1971). The self-management of covert behavior: A case study. *Behavior Therapy, 2,* 575-578.

Manning, M. M., & Wright, T. L. (1983). Self-efficacy expectancies, outcome expectancies, and the persistence of pain control in childbirth. *Journal of Personality and Social Psychology, 45,* 421-431.

Marston, A. R. (1968). Dealing with low self-confidence. *Educational Research, 10,* 134-138.

Mathews, C. O. (1977). A review of behavioral theories of depression and a self-regulation model for depression. *Psychotherapy: Theory, Research and Practice, 14,* 79-86.

McIntyre, K. O., Lichtenstein, E., & Mermelstein, R. J. (1983). Self-efficacy and relapse in smoking cessation: A replication and extension. *Journal of Consulting and Clinical Psychology, 51,* 632-633.

Meichenbaum, D. H. (1972). Cognitive modification of test anxious college students. *Journal of Consulting and Clinical Psychology, 39,* 370-380.

Meichenbaum, D. H. (1977). *Cognitive-behavior modification: An integrative approach.* New York: Plenum Press.

Meichenbaum, D. H. (1994). *A clinical handbook/practical therapist manual for assessing and treating adults with post-traumatic stress disorder (PTSD).* Waterloo, Ontario, Canada: Institute Press.

Meichenbaum, D. H., & Cameron, R. (1973). Training schizophrenics to talk to themselves: A means of developing attentional controls. *Behavior Therapy, 4,* 515-534.

Meichenbaum, D. H., & Deffenbacher, J. L. (1988). Stress inoculation training. *Counseling Psychologist, 16,* 69-90.

Meichenbaum, D. H., & Goodman, J. (1971). Training impulsive children to talk to themselves: A means of developing self-control. *Journal of Abnormal Psychology, 77,* 115-126.

Meichenbaum, D. H., & Turk, D. (1976). The cognitive-behavioral management of anxiety, anger, and pain. In P. O. Davidson (Ed.), *The behavioral management of anxiety, depression and pain* (pp. 1-34). New York: Brunner/Mazel.

Melzack, R., & Wall, P. (1965). Pain mechanisms: A new theory. *Science, 150,* 971-979.

Miller, S. M. (1979). Controllability and human stress: Method, evidence and theory. *Behaviour Research and Therapy, 17,* 287-304.

Missel, P., & Sommer, G. (1983). Depression and self-verbalization. *Cognitive Therapy and Research, 7,* 141-148.

Moe, K. O., & Zeiss, A. M. (1982). Measuring self-efficacy expectations for social skills: A methodological inquiry. *Cognitive Therapy and Research, 6,* 191-205.

O'Hara, M. W., Rehm, L. P., & Campbell, S. B. (1982). Predicting depressive symptomatology: Cognitive-behavioral models and postpartum depression. *Journal of Abnormal Psychology, 91,* 457-461.

Ollendick, T. H., & King, N. J. (1998). Empirically supported treatments for children with phobic and anxiety disorders: Current status. *Journal of Clinical Child Psychology, 27,* 156-167.

Peterson, C., & Villanova, P. (1988). An Expanded Attributional Style Questionnaire, *Journal of Abnormal Psychology, 97,* 87-89.

Rehm, L. P. (1977). A self-control model of depression. *Behavior Therapy, 8,* 787-804.

Rehm, L. P. (1984). Self-management therapy for depression. *Advances in Behaviour Research and Therapy, 6,* 93-98.

Rehm, L. P., Fuchs, C. Z., Roth, D. M., Kornblith, S. J., & Romano, J. M. (1979). A comparison of self-control and assertion skills treatments of depression. *Behavior Therapy, 10,* 429-442.

Rehm, L. P., Kaslow, N. J., & Rabin, A. S. (1987). Cognitive and behavioral targets in a self-control therapy program for depression. *Journal of Consulting and Clinical Psychology, 55,* 60-67.

Rehm, L. P., Kornblith, S. J., O'Hara, M. W., Lamparski, D. M., Romano, J. M., & Volkin, J. (1981). An evaluation of major components in a self-control behavior therapy program for depression. *Behavior Modification, 5,* 459-490.

Rehm, L. P., & Sharp, R. N. (1996). Strategies in the treatment of childhood depression. In M. A. Reinecke, F. M. Dattilio, & A. Freeman (Eds.), *Cognitive therapy with children and adolescents: A casebook for clinical practice* (pp. 103-123). New York: Guilford Press.

Reynolds, W. M., & Coats, K. I. (1986). A comparison of cognitive-behavioral therapy and relaxation training for the treatment of depression in adolescents. *Journal of Consulting and Clinical Psychology, 54,* 653-660.

Rogers, P. A., Kerns, R., Rehm, L. P., Hendler, E. D., & Harkness, L. (agosto de 1982). *Depression mitigation in hemo-dialysands: A function of self-control training.* Artigo apresentado na reunião da Assoicação Psicológica Americana, Washington, DC.

Rokke, P. D., & al'Absi, M. (1992). Matching pain coping strategies to the individual: A prospective validation of the Cognitive Coping Strategy Inventory. *Journal of Behavioral Medicine, 15,* 611-625.

Rokke, P. D., Al Absi, M., Lall, R., & Oswald, K. (1991). When does a choice of coping strategies help?: The interaction of choice and locus of control. *Journal of Behavioral Medicine, 14,* 491-504.

Rokke, P. D., & Lall, R. (1992). The role of choice in enhancing tolerance to acute pain. *Cognitive Therapy and Research. 16,* 53-65.

Rokke, P. D., Tomhave, J. A., & Jocic, Z. (1999). The role of client choice and target selection in self-management therapy for depression in older adults. *Psychology and Aging, 14,* 155-169.

Rokke, P. D., Tomhave, J. A., & Jocic, Z. (2000). Self-management therapy and educational group therapy for depressed elders. *Cognitive Therapy and Research, 24*, 99-119.

Romano, J. M., & Rehm, L. P. (abril de 1979). Self-control treatment of depression: One-year follow-up. In A. T. Beck (Chair), *Factors affecting the outcome and maintenance of cognitive therapy*. Simpósio apresentado na reunião da Eastern Psychological Association, Philadelphia.

Rosenbaum, M. (1980a). A schedule for assessing self-control behaviors: Preliminary findings. *Behavior Therapy, 11*, 109-121.

Rosenbaum, M. (1980b). Individual differences in self-control behaviors and tolerance of painful stimulation. *Journal of Abnormal Psychology, 89*, 581-590,

Rosenbaum, M. (1983), Learned resourcefulness as a behavioral repertoire for the self-regulation of internal evens: Issues and speculations. In M. Roosenbaum, C. M. Franks, & Y. Jaffe (Eds.), *Perspectives on behavior therapy in the eighties* (pp. 55-73). New York: Springer.

Rosenbaum, M., & Palmon, N. (1981). Helplessness and resourcefulness in coping with epilepsy. *Journal of Consulting and Clinical Psychology, 52*, 244-253.

Rosenbaum, M., & Rolnick, A. (1983). Self-control behaviors and coping with seasickness. *Cognitive Therapy and Research, 7*, 91-98.

Roth, D., Bielski, R., Jones, M., Parker, W., & Osborn, G. (1982). A comparison of self-control therapy and combined self-control therapy and antidepressant medication in the treatment of depression. *Behavior Therapy, 13*, 133-144.

Rothblum, E., Green, L., & Collins, R. L. (abril de 1979). A comparison of self-control and therapist control in the treatment of depression. Artigo apresentado na reunião da Eastern Psychological Association, Philadelphia.

Salovey, P., & Birnbaum, D. (1989). Influence of mood on health-relevant cognitions. *Journal of Personality and Social Psychology, 57*, 539-551.

Sarason, I. G. (1975). Anxiety and self-preoccupation. In I. G. Sarason & C. D. Spielberger (Eds.), *Stress and anxiety* (Vol. 2, pp. 27-44). Washington, Hemisphere.

Schachter, S. (1966). The interaction of cognitive and physiological determinants of emotional state. In C. Spielberger (Ed.), *Anxiety and behavior*. New York: Academic Press.

Seligman, M. E. P. (1975). *Helplessness: On depression, development, and death*. San Francisco: Freeman.

Seligman, M. E. P. (1981). A learned helplessness point of view. In L. P. Rehm (Ed.), *Behavior therapy for depression: Present status and future directions* (pp. 123-142). New York: Academic Press.

Shaw, B. F. (1977). Comparison of cognitive therapy and behavior therapy in the treatment of depression. *Journal of Consulting and Clinical Psychology, 45*, 543-511.

Skinner, B. F. (1953). *Science and human behavior*. New York: Free Press.

Stark, K. D., Reynolds, W. M., & Kaslov, N. J. (1987). A comparison of the relative efficacy of self-control therapy and a behavioral problem-solving therapy for depression in children. *Journal of Abnormal Child Psychology, 15*, 91-113.

Staub, F., Tursky, B., & Schwartz, G. F. (1971). Self-control and predictability: Their effects on reactions to aversive stimulation. *Journal of Personality and Social Psychology, 18*, 157-162.

Sulz, K. D., & Lauter, H. (1983). Stationaire Verhaltens therapie der Depression: Ein multimodaler Ansatz in der klinischen Praxis [Inpatient behavior therapy of depression: Multimodal approach in clinical practice]. *Psychiatric Praxis, 10*, 33-40.

Tressler, D. P. & Tucker, R. D. (novembro de 1980). *The comparative effects of self-evaluation and self-reinforcement training in the treatment of depression*. Artigo apresentado na reunião da Association for Advancement of Behavior Therapy, New York.

Turk, D. C., Meichenbaum, D., & Genest, M. (1983). *Pain and behavioral medicine: A cognitive-behavioral perspective*. New York: Guilford Press.

van den Hout, J. H., Arntz, A., & Kunkels, F. H. (1995). Efficacy of a self-control therapy program in a psychiatric day-treatment center. *Acta Psychiatrica Scandinavica, 92*, 25-29.

Vasta, R., & Brockner, J. (1979). Self-esteem and self-evaluative covert statements. *Journal of Consulting and Clinical Psychology, 47*, 776-777.

Vestre, N. D. (1984). Irrational beliefs and self-reported depressed mood. *Journal of Abnormal Psychology, 93*, 239-241.

Weiner, B., Frieze, I., Kukla, A., Reed, L., Rest, S., & Rosenbaum, R. M. (1971). *Perceiving the causes of success and failure*. New York: General Learning Press.

Weissman, A. N., & Beck, A. T. (novembro de 1978). *Development and validation of the Dysfunctional Attitude Scale*. Artigo apresentado na reunião da Association for Advancement of Behavior Therapy, Chicago.

Wood, R., Bandura, A., & Bailey, T. (1990). Mechanisms governing organizational performance in complex decision-making environments. *Organizational Behavior and Human Decision Processes, 46*, 181-201.

Zeiss, A. M., Lewinsohn, P. M., & Munoz, R. (1979). Nonspecific improvement effects in depression using interpersonal, cognitive, and pleasant events focused treatment. *Journal of Consulting and Clinical Psychology, 47*, 427-439.

Zimmerman, B. J., Bandura, A., & Martinez-Pons, M. (1992). Self-motivation for academic attainment: The role of self-efficacy beliefs and personal goal setting. *American Educational Research journal, 29*, 663-676.

7

TERAPIAS DE RESOLUÇÃO DE PROBLEMAS

Thomas J. D'Zurilla
Arthur M. Nezu

A terapia de resolução de problemas, ou a aplicação clínica do treinamento em resolução de problemas,[1] começou no final da década de 1960 e no começo da de 1970 como parte do movimento cognitivo-comportamental no campo da modificação do comportamento (Kendall e Hollon, 1979). Em um simpósio sobre o papel dos fatores cognitivos na modificação do comportamento durante a convenção de 1968 da Associação Psicológica Norte-Americana, D'Zurilla e Goldfried apresentaram um artigo que afirmava que os programas de treinamento em habilidades sociais devem conter um treinamento em habilidades de resolução de problemas para promover melhoras generalizadas na competência social. Esse artigo foi ampliado e publicado em 1971, com o título *Problem solving and behavior modification*. Em 1976, Spivack, Platt e Shure publicaram seu influente livro *The problem-solving approach to adjustment*, que apresentava evidências da relação entre a capacidade de resolução de problemas sociais e a psicopatologia, descrevendo também os primeiros estudos sobre o treinamento em resolução de problemas com crianças, adolescentes e adultos.

Desde o começo da década de 1970, uma grande quantidade de programas de treinamento em resolução de problemas foi publicada na literatura da psicologia clínica, do aconselhamento e da saúde. Concentrando-se em crianças, adolescentes e adultos, o treinamento em resolução de problemas tem sido empregado como um método de tratamento (isoladamente ou como parte de um pacote de tratamento), uma estratégia de manutenção ou um programa de prevenção. Essas intervenções foram aplicadas em uma variedade de cenários clínicos, incluindo terapia individual, de grupo, marital/casal e familiar, e de aconselhamento. Além disso, existem aplicações preventivas em cenários não-clínicos, como *workshops*, disciplinas e seminários acadêmicos. Uma grande variedade de problemas e transtornos é apresentada aos participantes, incluindo esquizofrenia, depressão, transtornos de ansiedade e estresse, ideação e comportamento suicida, abuso de substâncias, problemas com o peso, problemas com relacionamentos, retardo mental, câncer e outros problemas de saúde.

Este capítulo enfoca o treinamento em resolução de problemas para adolescentes e adultos. Para começar, descrevemos as bases teóricas e empíricas do treinamento, e depois discutimos as suas aplicações clínicas. A discussão final envolve uma descrição de um programa genérico de treinamento e uma discussão do atual *status* empírico do treinamento em resolução de problemas.

FUNDAMENTOS TEÓRICOS E EMPÍRICOS

Definições de conceitos importantes

Qualquer teoria adequada da resolução de problemas sociais deve definir claramente três conceitos importantes: (1) "resolução de problemas"; (2) "problema" e (3) "resolução". Também é importante que a teoria, a pesquisa e a prática façam distinção entre os conceitos de "resolução de problemas" e "implementação de soluções". As definições apresentadas a seguir baseiam-se em conceitos discutidos por Davis (1966), D'Zurilla e Goldfried (1971), D'Zurilla e Nezu (1982, 1999) e Skinner (1953).

Na maneira como ocorre no ambiente natural, a "resolução de problemas" pode ser definida como um processo cognitivo-comportamental autodirigido, pelo qual a pessoa tenta identificar ou descobrir soluções efetivas ou adaptativas para determinados problemas encontrados na vida cotidiana. Como a definição implica, a resolução de problemas é concebida como uma atividade consciente, racional, determinada e intencional. Nos campos da psicologia clínica, do aconselhamento e da saúde, a "resolução de problemas sociais" se tornou o termo mais comum para esse fenômeno (D'Zurilla e Nezu, 1982). O adjetivo "social" não visa limitar o estudo da resolução de problemas a nenhum tipo específico de problemas, sendo usado apenas para enfatizar o fato de que o foco do estudo é a resolução de problemas que ocorrem dentro do ambiente social natural. Assim, a teoria e a pesquisa sobre a resolução de problemas sociais e o treinamento em resolução de problemas lidam com todos os tipos de problema da vida, inclusive problemas impessoais (p. ex., finanças, propriedade), problemas pessoais/interpessoais (p. ex., conflitos matrimoniais e familiares) e problemas da comunidade e da sociedade (p. ex., crime, serviços públicos).

Um "problema" (ou "situação problemática") é definido como qualquer situação ou tarefa (presente ou prevista) que exija resposta para haver funcionamento adaptativo, mas para a qual não haja uma resposta efetiva imediatamente aparente ou disponível para a pessoa, devido à presença de obstáculos. As dificuldades de uma situação problemática podem se originar no ambiente (p. ex., dificuldades objetivas da tarefa em questão) ou dentro da pessoa (p. ex., um objetivo, uma necessidade ou um compromisso pessoal). Os obstáculos podem envolver a novidade, ambigüidade, imprevisibilidade, estímulos conflitantes, déficits em habilidades ou falta de recursos. Um problema específico pode ser um evento único de tempo limitado (p. ex., perder o trem para o trabalho, uma doença aguda), uma série de eventos semelhantes ou relacionados (p. ex., demandas irracionais do chefe, violações repetidas de horários pela filha adolescente) ou uma situação crônica e contínua (p. ex., dor, tédio ou sensação de solidão).

Uma "solução" é uma resposta ou padrão de respostas (cognitivas e/ou comportamentais) específicas para a situação, e é o produto ou resultado do processo de resolução de problemas, quando aplicado a uma situação problemática específica. Uma solução *efetiva* é aquela que alcança o objetivo (i.e., mudar a situação e/ou as reações emocionais do indivíduo, de modo que não sejam mais percebidas como problemas), enquanto, ao mesmo tempo, maximiza outras conseqüências positivas e minimiza as negativas. As conseqüências relevantes envolvem efeitos sobre outras pessoas e sobre si mesmo, e resultados de longa e curta duração.

Conforme observado, uma teoria da resolução de problemas sociais também deve distinguir os conceitos de "resolução de problemas" e "implementação de soluções". Esses dois processos são conceitualmente diferentes e exigem diferentes conjuntos de habilidades. A "resolução de problemas" refere-se ao processo de *encontrar* soluções para problemas específicos, ao passo que a "implementação de soluções" se refere ao processo de *executar* essas soluções na situação problemática em questão. Presume-se que as habilidades de resolução de problemas sejam gerais, enquanto se espera que as habilidades de implementação variem de acordo com a situação, dependendo do tipo de problema e solução. Como são diferentes, as habilidades de resolução de problemas e de implementação de soluções nem sempre estão correlacionadas. Assim, alguns clientes podem ter pouca habilidade para a resolução de problemas, mas muita habilidade para a implementação de soluções, e vice-versa. Como ambas são necessárias para o funcionamento efetivo ou a competência social, geralmente é necessário combinar o treinamento em resolução de problemas com um treinamento em outras habilidades sociais e comportamentais, para maximizar os resultados positivos (McFall, 1982).

Um modelo prescritivo de resolução de problemas sociais

A grande maioria dos programas de treinamento em resolução de problemas publicados na literatura baseia-se em um modelo prescritivo de resolução de problemas sociais, descrito originalmente por D'Zurilla e Goldfried (1971) e ampliado e refinado posteriormente por D'Zurilla e Nezu (1982, 1990, 1999). Esse modelo pressupõe que os resultados da resolução de problemas no mundo real são determinados por dois processos importantes, e parcialmente independentes: (1) a orientação para problemas e (2) a resolução do problema em si. A "orientação para problemas" é a parte motivacional do processo de resolução de problemas, ao passo que a "resolução do problema em si" é o processo pelo qual a pessoa tenta encontrar uma solução efetiva ou adaptativa para determinado problema pela aplicação racional de estratégias e técnicas de resolução de problemas.

Orientação para problemas

A orientação para problemas consiste na atenção necessária para reconhecer os problemas que ocorrem no decorrer da vida cotidiana, juntamente com um conjunto de esquemas cognitivo-emocionais relativamente estáveis que descrevem como a pessoa geralmente pensa e se sente sobre os problemas da vida e sua capacidade geral de resolução de problemas. Uma orientação positiva ou construtiva para problemas produz emoções positivas e uma tendência de aproximação. Ela cria a ocasião para o comportamento de resolução de problemas, mantém a atenção voltada para atividades construtivas e maximiza os esforços, a persistência e a tolerância à frustração e à incerteza. Em comparação, uma orientação negativa ou disfuncional gera emoções negativas e tendências evitativas, aumentando a preocupação destrutiva e reduzindo os esforços, a persistência e a tolerância à frustração e à incerteza. No modelo atual, as principais variáveis da orientação para problemas são: (1) a percepção do problema; (2) atribuição do problema; (3) avaliação do problema; (4) percepção de controle e (5) comprometimento de tempo/esforços.

A "percepção do problema" refere-se à tendência geral ou prontidão para reconhecer problemas quando ocorrem no cotidiano, em vez de ignorá-los ou negá-los. A percepção do problema é importante porque ativa os outros esquemas de orientação para problemas e cria a ocasião para a resolução do problema em si. A "atribuição do problema" refere-se às crenças causais da pessoa com relação aos problemas que encontra em sua vida. Uma atribuição positiva ou facilitadora envolve a tendência ou prontidão geral para perceber os problemas como eventos normais e inevitáveis para todos, em vez de atribuí-los a um defeito ou deficiência pessoal e estável. A atribuição do problema deve influenciar a "avaliação do problema", que se refere a uma avaliação pessoal da significância ou relevância de um problema para o bem-estar pessoal e/ou social. Uma avaliação positiva é a tendência geral de perceber um problema como um desafio ou benefício potencial, em vez de considerá-lo uma situação perigosa ou ameaçadora. A "percepção de controle" tem dois componentes: (1) auto-eficácia generalizada para a resolução de problemas ou a crença geral de que se é capaz de resolver problemas e implementar soluções efetivamente e (2) expectativa generalizada de resultados positivos na resolução de problemas ou a crença geral de que os problemas da vida são "solucionáveis". O "comprometimento de tempo/esforços" também tem dois componentes: (1) a probabilidade de que o indivíduo estime o tempo exato que levará para resolver determinado problema e (2) a probabilidade de que o indivíduo se disponha a dedicar tempo e esforços necessários para resolver o problema.

A resolução de problemas em si

No modelo atual, a resolução de problemas propriamente dita envolve a aplicação de quatro áreas principais de habilidades para a resolução de problemas, que são projetadas para maximizar a probabilidade de se encontrar a "melhor" e mais efetiva solução para determinado problema: (1) definição e formulação do problema; (2) geração de soluções alternativas; (3) tomada de decisões e (4) implementação de soluções e verificação. Essas quatro habilidades podem ser consideradas como um conjunto de tarefas direcionadas para objetivos específicos, que possibilita que a pessoa solucione determinado problema. Cada tarefa tem sua função ou propósito específico no processo de resolução de problemas.

Na vida real, a resolução de problemas geralmente começa com um problema "confuso" e mal-definido (i.e., pistas vagas, ambíguas ou irrelevantes, informações inexatas ou distorcidas, objetivos indistintos). Por isso, os propósitos da "definição e formulação do problema" são: (1) reunir o máximo de informações factuais e relevantes sobre o problema; (2) esclarecer a natureza do problema; (3) estabelecer objetivos realistas para a resolução de problemas; e (4) reavaliar a significância do problema para o bem-estar pessoal e/ou social. Essa importante habilidade de resolução de problemas também inclui a capacidade de reconhecer e corrigir crenças irracionais e outras distorções cognitivas que costumam contribuir para a criação dos problemas mal-definidos e dos pseudoproblemas (Beck, Rush, Shaw e Emery, 1979; Ellis e Dryden, 1997). A função da "geração de soluções alternativas" é disponibilizar o maior número possível de soluções alternativas, de maneira a maximizar a probabilidade de que a "melhor" solução (a preferi-

da) esteja entre elas. Com base no método de *brainstorming* de Osborn (1963), ela enfatiza três princípios básicos: (1) quantidade (quanto mais soluções alternativas forem produzidas, mais idéias boas estarão disponíveis); (2) adiamento do julgamento (mais soluções boas serão geradas quando a pessoa postergar a avaliação de idéias para mais adiante no processo) e (3) variedade (quanto maior a variedade das possibilidades de soluções, mais idéias boas serão descobertas).

Os propósitos da terceira habilidade de resolução de problemas, a "tomada de decisões", são avaliar (comparar e julgar) as soluções alternativas disponíveis e selecionar as "melhores" para implementação na situação problemática. O modelo de tomada de decisões em questão baseia-se principalmente na teoria da utilidade esperada, segundo a qual as escolhas baseiam-se em uma análise racional de custo-benefício (Beach e Mitchell, 1978; Edwards, 1961). As funções da quarta habilidade de resolução de problemas, a "implementação de soluções e verificação", são avaliar o resultado da solução e verificar a "efetividade" da estratégia escolhida na situação problemática da vida real. Essa tarefa envolve quatro etapas: (1) execução da solução; (2) automonitoramento das conseqüências ou efeitos da solução para a pessoa e o ambiente; (3) autoavaliação (comparar o resultado real e o resultado previsto), e, dependendo da satisfação com o resultado; (4a) auto-reforço, se o problema for resolvido ou (4b) procurar e corrigir erros, se o problema permanecer (i.e., retornar ao processo de resolução do problema na tentativa de encontrar uma solução melhor).

A ordem em que as habilidades de resolução de problemas foram apresentadas representa uma seqüência lógica e profícua para o treinamento e uma aplicação sistemática e eficiente. Todavia, na prática real, a resolução de problemas efetiva geralmente envolve o movimento de uma tarefa para outra antes que o processo seja concluído com a descoberta de uma solução satisfatória. Por exemplo, muitas vezes surgem dúvidas quanto ao problema durante as tarefas de geração de soluções alternativas e tomada de decisões, que levam a uma compreensão maior do problema ou à reavaliação dos objetivos da resolução de problemas. Da mesma forma, a avaliação das soluções alternativas durante a tomada de decisões muitas vezes sugere modificações ou melhoras que disponibilizam mais soluções alternativas de qualidade. Mais importante, as informações obtidas durante a implementação de soluções e verificação, que envolvem a avaliação dos resultados das soluções na situação problemática real, podem indicar que a solução escolhida não foi efetiva, exigindo que o indivíduo retorne a estágios anteriores na tentativa de identificar uma solução melhor. Ele somente sairá do processo quando encontrar uma solução satisfatória.

Diversos estudos experimentais encontraram evidências da eficácia de componentes individuais e/ou diferentes combinações de componentes do modelo, proporcionando treinamento nos componentes específicos e observando os efeitos sobre alguma medida de desempenho ou enfrentamento adaptativo (p. ex., D'Zurilla e Nezu, 1980; Cormier, Otani e Cormier, 1986; Nezu e D'Zurilla, 1979, 1981a, 1981b; Nezu e Ronan, 1987). Para uma descrição completa desses estudos, sugerimos a leitura de D'Zurilla e Nezu (1999).

O modelo da resolução de problemas cognitivos interpessoais

Depois do modelo de D'Zurilla, Goldfried e Nezu, o próximo modelo de resolução de problemas sociais mais usado no treinamento de resolução de problemas é o de resolução de problemas cognitivos interpessoais descrito por Spivack e colaboradores (1976). Embora tenham sido desenvolvidos de maneira independente, esses dois modelos são muito semelhantes. Segundo o modelo da resolução de problemas cognitivos interpessoais, a competência para resolver problemas interpessoais depende de suas sub-habilidades: (1) "sensibilidade a problemas interpessoais" (a capacidade de reconhecer a variedade de problemas interpessoais que um indivíduo pode encontrar na vida normal); (2) "pensamento causal" (a capacidade de entender que os pensamentos, ações e sentimentos são respostas a eventos anteriores na esfera interpessoal); (3) "pensamento conseqüente" (a consciência de que os atos sociais têm impacto sobre si mesmo e sobre outras pessoas); (4) "pensamento alternativo" (a capacidade de produzir soluções alternativas para problemas interpessoais comuns; (5) "pensamento sobre meios e fins" (capacidade de pensar, passo por passo, as ações necessárias para alcançar um dado objetivo social) e (6) "assumir perspectivas" (a capacidade de considerar sentimentos, pensamentos e motivos dos outros). Uma das principais aplicações do treinamento em habilidades de resolução de problemas cognitivos interpessoais está na área do abuso de substâncias (Platt, Taube, Metzger e Duome, 1988; Platt, Husband, Hermalin, Cater e Metzger, 1993).

Medidas de resolução de problemas sociais

Na pesquisa e prática clínica envolvendo o treinamento em resolução de problemas, é importante que não se avalie apenas o nível geral de capacidade de resolução de problemas da pessoa, mas seus pontos fortes e fraquezas em diferentes componentes das habilidades de resolução de problemas sociais (p. ex., orientação para problemas, geração de soluções alternativas, tomada de decisões). Assim, é importante distinguir dois tipos gerais de medidas de resolução de problemas sociais: (1) medidas de processo; e (2) medidas de resultados.

As "medidas de processo" avaliam diretamente as atividades cognitivas e comportamentais (p. ex., atitudes, habilidades) que facilitam ou inibem a descoberta de soluções efetivas ou adaptativas para problemas específicos, ao passo que as "medidas de resultados" avaliam a qualidade dessas soluções específicas. Dessa forma, as medidas de processo são usadas para avaliar os pontos fortes e déficits específicos em habilidades de resolução de problemas sociais, ao passo que as medidas de resultados são utilizadas para avaliar o desempenho na resolução de problemas, ou a capacidade de a pessoa aplicar suas habilidades efetivamente a problemas específicos. Pode-se considerar uma medida de resultados como um indicador global da capacidade de resolver problemas, mas, ao contrário das medidas de processo, ela não fornece nenhuma informação sobre os componentes específicos da capacidade de resolução de problemas sociais.

As medidas de processo podem ser subdivididas em inventários e testes de processo do comportamento. Da maneira em que o termo é usado aqui, um "inventário de resolução de problemas" é um levantamento amplo de atitudes, estratégias e técnicas de resolução de problemas da pessoa, tanto positivas (facilitadoras) quando negativas (inibitórias). Alguns inventários também estimam o nível em que a pessoa realmente utiliza as habilidades de resolução de problemas que possui, bem como a maneira em que essas técnicas costumam ser aplicadas (p. ex., de maneira eficiente, sistemática, impulsiva, descuidada, etc.). A maioria dos inventários de resolução de problemas é formada por questionários escritos que empregam itens do tipo Likert, mas também podem ser usados outros formatos, como entrevistas estruturadas, procedimentos com fitas de áudio e métodos computadorizados.

O formato do "teste de desempenho" apresenta uma tarefa que exige que a pessoa use determinada habilidade de resolução de problemas (p. ex., reconhecimento do problema, definição e formulação do problema, geração de soluções alternativas, tomada de decisões). O desempenho do indivíduo no teste é julgado e avaliado, e a medida é considerada um indicador de seu nível de habilidade naquela área específica (ver D'Zurilla e Nezu, 1980; Nezu e D'Zurilla, 1979, 1981a, 1981b; Spivack et al., 1976).

Todas as medidas de resultados são testes de desempenho. Porém, em vez de testarem determinada habilidade ou componente do processo de resolução de problemas, as medidas de resultados avaliam o desempenho geral na resolução de problemas, apresentando um problema à pessoa e solicitando que ela o resolva, e depois avaliando a qualidade da solução. A maioria das medidas de resultados emprega problemas hipotéticos, mas as soluções dos sujeitos para seus problemas reais atuais também são avaliadas (p. ex., Marx, Williams e Claridge, 1992; Schotte e Clum, 1987). Quando se usam problemas reais, pode-se pedir que os sujeitos relatem suas soluções verbalmente (antes ou depois de implementá-las), ou a implementação de soluções pode ser observada diretamente (no ambiente natural ou em alguma situação simulada ou dramatizada).

Os estudos publicados sobre a resolução de problemas sociais e o treinamento em resolução de problemas utilizam diversas medidas de processo e resultados. Infelizmente, várias dessas medidas foram apresentadas sem informações ou dados psicométricos suficientes sobre a construção dos testes para permitir uma avaliação de sua fidedignidade e validade. Aqui, consideramos apenas medidas com informações e dados adequados publicados. As principais medidas de processo são o inventário de resolução de problemas sociais (Social Problem-Solving Inventory – SPSI) (D'Zurilla e Nezu, 1990), o SPSI-R, Revisado (D'Zurilla, Nezu e Maydeu-Olivares, no prelo; Maydeu-Olivares e D'Zurilla, 1996), o SPSI-A para adolescentes (Frauenknecht e Black, 1995), o inventário de resolução de problemas (Problem-Solving Inventory – PSI) (Heppner, 1988; Heppner e Petersen, 1982), as escalas de autoeficácia na resolução de problemas (Problem-Solving Self-Efficacy) e de habilidades de resolução de problemas (Problem-Solving Skills) do PSI modificado (Maydeu-Olivares e D'Zurilla, 1997) e a escala Rational Processing do Perceived Modes of Processing Inventory (Burns e D'Zurilla, 1999).

As principais medidas de resultados são o procedimento de resolução de problemas meio-fins (Means-Ends Problem-Solving) (Platt e Spivack, 1975; Spivack, Shure e Platt, 1985), a técnica de avaliação de resolução de problemas interpessoais (Interpersonal Problem-Solving Assessment Technique) (Getter e Nowinski, 1981), o inventário de problemas dos adolescentes (Adolescent Problems Inventory) (Freedman, Rosenthal, Donahoe, Schlundt e McFall, 1978) e o inventário de decisões, avaliações e atitudes (Inventory of Decisions, Evaluations, and Actions) (Goddard e McFall, 1992). Para uma descrição mais detalhada e uma avaliação crítica dessas medidas, bem como uma descrição de outras medidas de resolução de problemas sociais, sugerimos a leitura de D'Zurilla e Maydeu-Olivares (1995), D'Zurilla e Nezu (1999), Spivack e colaboradores (1976) e Platt e colaboradores (1988).

Um modelo relacional/de resolução de problemas do estresse

O principal pressuposto subjacente ao uso do treinamento em resolução de problemas é que uma grande parte daquilo que consideramos "psicopatologia" pode ser entendida como comportamentos mal-adaptativos ou ineficientes e suas conseqüências. Ou seja, a pessoa é incapaz de resolver determinados problemas estressantes em sua vida, e as tentativas inadequadas para tal estão tendo efeitos negativos, como ansiedade, depressão, raiva, sintomas físicos e a criação de problemas (D'Zurilla e Goldfried, 1971). Conforme essa premissa, a teoria do treinamento em resolução de problemas é mais bem conceituada em um modelo relacional/de resolução de problemas do estresse, segundo o qual o conceito de resolução de problemas sociais assume um papel central como estratégia geral de enfrentamento que promove o enfrentamento situacional adaptativo, a competência geral, e o bem-estar psicológico e físico – o que, por sua vez, reduz e previne os efeitos negativos do estresse cotidiano sobre o bem-estar psicológico e físico (D'Zurilla, 1990; D'Zurilla e Nezu, 1999; Nezu e D'Zurilla, 1989). Esse modelo integra o modelo relacional do estresse de Richard Lazarus (Lazarus, 1999; Lazarus e Folkman, 1984) ao modelo de resolução de problemas sociais apresentado aqui.

Lazarus define o "estresse" como um tipo específico de relacionamento ou transação entre a pessoa e o ambiente, no qual a pessoa avalia as demandas como difíceis ou além de seus recursos, ameaçando o seu bem-estar (Lazarus e Folkman, 1984). Anteriormente, definimos um "problema" como uma situação da vida que exige uma resposta para possibilitar o funcionamento adaptativo, mas na qual não há nenhuma resposta efetiva disponível para a pessoa. Comparando-se essas duas definições relacionais, pode-se concluir que uma situação problemática será uma situação de estresse se for difícil e significativa para o bem-estar. Segundo o modelo de Lazarus, uma pessoa em uma situação de estresse influencia significativamente a qualidade e a intensidade de suas respostas ao estresse por meio de dois processos principais: (1) avaliação cognitiva e (2) enfrentamento.

A "avaliação cognitiva" é o processo pelo qual a pessoa determina o "significado" e a importância pessoal de determinado encontro estressante com o ambiente. Dois tipos importantes de avaliação cognitiva são a avaliação primária e a avaliação secundária. A "avaliação primária" refere-se à avaliação da pessoa sobre a relevância do encontro para o bem-estar físico, social ou psicológico. A "avaliação secundária" envolve a avaliação da pessoa sobre seus recursos e opções de enfrentamento com relação ao encontro estressante. O termo "enfrentamento" refere-se às diversas atividades cognitivas e comportamentais que a pessoa usa para tentar lidar com demandas situacionais estressantes, bem como com as emoções que elas geram. Dois tipos importantes de enfrentamento são o enfrentamento voltado para o problema e o enfrentamento voltado para as emoções. O "enfrentamento voltado para o problema" visa melhorar a situação estressante (i.e., satisfazendo, mudando ou controlando as demandas da situação). O "enfrentamento voltado para as emoções", por outro lado, visa lidar com emoções que sejam geradas pela situação estressante. As pesquisas mostram que, de um modo geral, o enfrentamento voltado para o problema predomina quando as condições estressantes são avaliadas como mutáveis e controláveis, ao passo que o enfrentamento voltado para as emoções predomina quando essas condições são avaliadas como imutáveis e incontroláveis (ver Lazarus, 1999). Embora nenhuma estratégia seja universalmente efetiva, o enfrentamento voltado para o problema costuma ser considerado uma forma mais proveitosa e adaptativa de enfrentamento. No modelo de Lazarus, a "resolução de problemas" é definida como uma forma de enfrentamento voltado para o problema, o que significa que os objetivos da resolução de problemas são igualados ao objetivo de dominar ou controlar o ambiente. Segundo essa visão, a resolução de problemas é fútil e mal-adaptativa quando as condições estressantes não podem ser mudadas.

O modelo relacional/de resolução de problemas mantém os pressupostos básicos e os aspectos essenciais do modelo relacional do estresse de Lazarus. Todavia, esses aspectos são apresentados segundo o arcabouço geral da resolução de problemas sociais, e a resolução de problemas recebe um papel ampliado e mais importante como estratégia geral de enfrentamento. Segundo esse modelo, o estresse é visto em função das relações recíprocas entre três variáveis importantes: (1) eventos importantes da vida, (2) respostas de estresse emocional e (3) enfrentamento com resolução de problemas.

Os "eventos estressantes da vida" são experiências que impõem fortes demandas por readaptação pessoal, social ou biológica às pessoas (Bloom, 1985). Dois tipos importantes de eventos estressantes que afetam a maioria das pessoas são os grandes eventos negativos e os problemas cotidianos. Um "grande evento negativo" é um evento ou acontecimento importante, como uma mudança negativa importante, que exige uma readaptação ampla na vida da pessoa (p. ex., divórcio, morte de um ente querido, perda do emprego, doença ou ferimento grave). Um "problema cotidiano" (ou "situação problemática cotidiana") é um evento mais limitado e específico, caracterizado pela percepção de uma discrepância entre as demandas adaptativas e as respostas de enfrentamento disponíveis. Na literatura do estresse, esses eventos estressantes específicos também são chamados de "batalhas diárias" (Kanner, Coyne, Schaefer e Lazarus, 1981). Embora os problemas cotidianos sejam menos dramáticos do que os eventos negativos importantes, as pesquisas sugerem que a freqüência desses estressores pode ter um impacto maior sobre o bem-estar psicológico e físico do que o número de eventos negativos importantes (Burks e Martin, 1985; Kanner et al., 1981; Nezu, 1986a; Nezu e Ronan, 1985; Weinberger, Hiner e Tierney, 1987).

O conceito de "estresse emocional" refere-se às respostas emocionais imediatas de uma pessoa a um evento estressante, modificadas ou transformadas por processos de avaliação e enfrentamento (Lazarus, 1999). Embora as respostas de estresse emocional muitas vezes sejam negativas, incluindo sentimentos como ansiedade, raiva, decepção e depressão, elas também podem ser de natureza positiva (p. ex., esperança, alívio, alegria). As emoções negativas provavelmente predominem quando a pessoa (1) avalia o problema como nocivo ou ameaçador para o bem-estar, (2) duvida de sua capacidade de lidar com a situação de maneira efetiva, e/ou (3) tem respostas mal-adaptativas e ineficientes. Por outro lado, as emoções positivas podem ocorrer quando a pessoa (1) avalia a situação de estresse como um desafio ou uma oportunidade para benefícios, (2) acredita que é capaz de lidar com a situação de maneira efetiva, e (3) tem respostas efetivas para reduzir as condições nocivas e ameaçadoras e/ou as emoções negativas que elas geram.

O conceito mais importante no modelo relacional/de resolução de problemas é o "enfrentamento com resolução de problemas", um conceito unificador, que integra todas as atividades de avaliação cognitiva e de enfrentamento dentro de um arcabouço social geral. O enfrentamento com resolução de problemas é concebido como um processo de enfrentamento geral, no qual a pessoa gera e seleciona respostas específicas para determinadas situações de estresse. A pessoa que usa a estratégia de enfrentamento com resolução de problemas identifica uma situação de estresse, percebe-a como um problema a ser resolvido, tenta identificar, descobrir ou inventar uma solução cuidadosamente (respostas efetivas ou adaptativas), implementa a solução escolhida, e observa e avalia o resultado minuciosamente. Ao contrário da visão de Lazarus da resolução de problemas como uma forma de enfrentamento voltado para o problema, a resolução de problemas é concebida dentro desse modelo como uma estratégia de enfrentamento mais ampla e mais versátil, no sentido de que os objetivos da resolução de problemas não se limitam a estratégias de controle. Os objetivos podem incluir objetivos voltados para o problema, objetivos voltados para as emoções, ou ambos, dependendo da natureza daquela situação problemática específica, e de como ela é definida e avaliada. Quando a situação ou alguns de seus aspectos importantes são considerados mutáveis ou controláveis, os objetivos voltados para o problema são enfatizados, embora a pessoa também possa estabelecer um objetivo voltado para as emoções quando a perturbação emocional for extremamente grande. Por outro lado, se a situação for muito imutável ou incontrolável, enfatizam-se os objetivos voltados para as emoções.

O modelo relacional/de resolução de problemas proporciona uma estrutura cognitivo-comportamental para avaliar problemas clínicos, bem como uma base teórica para o treinamento em resolução de problemas. Para avaliar problemas clínicos, o terapeuta que trabalha com resolução de problemas identifica grandes eventos negativos na vida do indivíduo, problemas cotidianos atuais, respostas de estresse emocional, déficits e distorções na orientação para problemas, déficits em habilidades de resolução de problemas e outros déficits em habilidades de enfrentamento. Com base nessa avaliação, aplica-se um treinamento em resolução de problemas para melhorar a orientação para problemas e as habilidades de resolução de problemas. Espera-se que isso potencialize o enfrentamento situacional adaptativo, a competência geral e o bem-estar psicológico e físico – o que, por sua vez, deve reduzir, moderar ou prevenir os efeitos negativos do estresse sobre o bem-estar psicológico e físico.

Ao longo das últimas duas décadas, diversos estudos forneceram evidências para os principais pressupostos do modelo relacional/de resolução de problemas (ver a revisão de D'Zurilla e Nezu, 1999). Esses estudos analisaram as relações entre a resolução de problemas sociais e uma ampla variedade de resultados adaptativos, incluindo medidas do enfrentamento situacional, competência comportamental (p. ex., desempenho social, desempenho acadêmico, efetividade em prestar cuidados), bem-estar psicológico positivo (p. ex., afetividade positiva, auto-estima, satisfação na vida), perturbação e sintomatologia psicológica (p. ex., depressão, ansiedade, ideação suicida), e comportamentos, sintomas e ajustes relacionados com a saúde. As populações de sujeitos nesses estudos envolveram estudantes do ensino médio, estudantes universitários, adultos de meia-idade, terceira idade, estudantes universitários deprimidos, adolescentes com perturbações emocionais, adolescentes suicidas, adultos com depressão clínica, adultos suicidas, adultos com agorafobia, adultos alcoolistas ou drogaditos, outros pacientes psiquiátricos adultos, mães agressivas e negligentes, gestantes, pacientes com câncer, indivíduos com invalidez física e pessoas que cuidam de pacientes com doenças e deficiências sérias. As maiores evidências do modelo relacional/de resolução de problemas são fornecidas por estudos que demonstram que a resolução de problemas modera ou influencia os efeitos negativos de eventos estressantes sobre as emoções (p. ex., Folkman e Lazarus, 1988; Nezu, 1986b; Nezu, Nezu, Faddis, DelliCarpini e Houts, 1995; Nezu, Nezu, Saraydarian, Kalmar e Ronan, 1986; Nezu e Ronan, 1985, 1988; Kant, D'Zurilla e Maydeu-Olivares, 1997).

APLICAÇÕES CLÍNICAS

Procedimentos de treinamento em resolução de problemas

Com base em uma avaliação cognitivo-comportamental minuciosa, o clínico decide se o treinamento de resolução de problemas pode ser uma estratégia proveitosa para um dado cliente e, se for, como ele pode ser usado da maneira mais efetiva. O treinamento de resolução de problemas pode ser proveitoso no tratamento de qualquer transtorno em que o cliente esteja experimentando problemas cotidianos variados e não esteja lidando com eles de maneira efetiva. Ele é particularmente apropriado quando a avaliação sugere que a falta de efetividade do enfrentamento do cliente pode estar relacionada com déficits na orientação para o problema e/ou em habilidades de resolução de problemas. Dessa forma, dependendo da natureza do transtorno e de outras exigências do tratamento, o treinamento em resolução de problemas pode ser usado como tratamento único, como parte de um pacote de tratamento mais amplo, ou como estratégia de manutenção pós-tratamento. Embora os déficits em habilidades de resolução de problemas sejam utilizados para identificar os casos mais apropriados para o treinamento em resolução de problemas, essa abordagem diz respeito ao funcionamento superior e não é uma simples correção de "deficiências". Assim, afirmamos que *a maioria* dos clientes é provável de se beneficiar com um treinamento que vise maximizar suas habilidades de resolução de problemas para prevenir o desenvolvimento de novos problemas clínicos.

O objetivo do treinamento em resolução de problemas é ajudar os clientes a identificar e resolver problemas atuais que sejam antecedentes de respostas mal-adaptativas, enquanto, ao mesmo tempo, ensine habilidades gerais que lhes possibilitem lidar de maneira mais efetiva e independente com problemas futuros. Além de resolver esses problemas antecedentes, o treinamento em resolução de problemas pode ter um impacto direto sobre as respostas mal-adaptativas, como a ansiedade, a depressão, dor, hiperfagia ou problemas com a bebida, se forem conceitualmente vistos como "problemas a resolver". Por exemplo, uma formulação para a depressão como um problema pode ser a seguinte: "minha namorada acaba de me dizer que está terminando nosso namoro porque não me ama mais. Estou me sentindo extremamente deprimido e inadequado. O que posso fazer para me sentir melhor?". Para dores induzidas por tensão, a formulação do problema pode ser assim: "estou sentado à minha mesa, tentando fazer um relatório difícil para amanhã, mas não consigo me concentrar porque estou com uma dor de cabeça horrível. Já tomei uma aspirina, mas não funcionou. O que posso fazer para aliviar minha dor de cabeça?". Um exemplo de formulação do problema para a hiperfagia é o seguinte: "estou em casa vendo televisão, e tenho uma vontade enorme de sair e comprar sorvete, mas sei que já atingi meu limite de calorias por hoje. O que posso fazer para não ceder à vontade de sair e comprar sorvete?".

Embora seja importante tratar as respostas mal-adaptativas como problemas a resolver, a ênfase no treinamento em resolução de problemas sempre deve estar na identificação e resolução dos problemas antecedentes que têm relação causal com essas respostas, pois essa abordagem é mais provável de produzir reduções duráveis e generalizadas no comportamento mal-adaptativo. Todavia, em casos em que é difícil identificar, definir e/ou mudar as situações problemáticas antecedentes, uma estratégia de resolução de problemas que se concentre em mudar as respostas mal-adaptativas para o problema (p. ex., perturbação emocional) talvez seja a estratégia de enfrentamento mais efetiva ou adaptativa (D'Zurilla e Nezu, 1999; Nezu, 1987).

Quando se usa o treinamento em resolução de problemas em conjunto com outros métodos de tratamento, ele não deve ser aplicado separadamente dessas abordagens, como um procedimento de tratamento separado e distinto. Pelo contrário, acreditamos que a terapia é mais bem conduzida dentro de uma estrutura geral de treinamento em resolução de problemas, no qual os outros métodos de tratamento sejam aplicados em momentos adequados do treinamento, conforme forem necessários para facilitar a resolução de problemas ou para lidar diretamente com alguma situação problemática séria ou uma resposta mal-adaptativa. Por exemplo, pode ser necessário usar técnicas de reestruturação cognitiva para corrigir distorções cognitivas quando o tratamento for voltado para a identificação e definição dos problemas atuais relacionados com a depressão (Nezu, Nezu e Perri, 1989). Talvez seja necessário usar técnicas de redução da ansiedade quando a ansiedade da pessoa estiver atrapalhando o pensamento de resolução de problemas ou quando o medo ou a ansiedade estiverem inibindo gravemente a execução de uma solução efetiva. Também podem ser necessárias técnicas de treinamento em habilidades sociais para facilitar a implementação de soluções efetivas.

Além de sua aplicação segundo um modelo terapêutico aberto e convencional, o treinamento em resolução de problemas também pode ser aplicado como um programa de psicoterapia/treinamento de habilidades estruturado e de tempo limitado, para ser concluído em aproximadamente 8 a 16 sessões com 1h30min a 2h de duração, dependendo das necessidades da população-alvo (na maioria dos estudos de resultados publicados sobre o treinamento em resolução de problemas, o número de sessões varia de 8 a 12). Esses programas de treinamento podem ser usados como uma estratégia de tratamento, manutenção ou prevenção, e podem ser adaptados a um cenário individual, um cenário de grupos pequenos com seis a oito membros, ou cenários maiores com uma estrutura de *workshop* ou curso. As vantagens do programa individual são a privacidade, maior atenção individual e maior flexibilidade para preparar o programa especificamente para as necessidades de determinado indivíduo. As vantagens do programa de grupo são os efeitos motivacionais da discussão em grupo, o compartilhamento de idéias e experiências, modelagem, apoio social e o uso eficiente de terapeutas ou instrutores treinados. Os grupos podem ser conduzidos por um líder ou dois co-líderes, preferivelmente uma equipe com um homem e uma mulher (ver Nezu, Nezu, Friedman, Faddis e Houts, 1998, para um compêndio de "dicas para terapia de grupo" relacionadas com o treinamento em resolução de problemas).

O treinamento em resolução de problemas emprega diversos métodos de treinamento, incluindo o diálogo socrático, que enfatiza o uso de questões e discussões que orientam e estimulam os clientes a formular suas próprias conclusões, bem como a instrução didática, treino, modelagem, ensaio e prática, *feedback* sobre o desempenho, reforço positivo e moldagem. A instrução didática é usada para explicar a base racional e a seqüência do tratamento e para fornecer uma descrição inicial de técnicas e princípios efetivos de resolução de problemas. A modelagem envolve exemplos escritos e verbais para demonstrar diversas operações e tarefas da resolução de problemas, utilizando problemas hipotéticos e da vida real, que o terapeuta apresenta. O ensaio envolve a prática em resolução de problemas, usando vários exercícios na sessão, bem como tarefas para casa. O *feedback* sobre o desempenho é obtido do terapeuta durante os exercícios de resolução de problemas e por meio de automonitoramento e auto-avaliação no ambiente natural. O reforço positivo envolve os elogios do terapeuta e o reforço natural para o sucesso em resolver problemas na sessão, bem como o sucesso em resolver problemas em situações reais. A moldagem envolve o treinamento específico no processo de resolução de problemas em passos progressivos, cada um dependendo do desempenho no passo anterior.

O restante desta seção contém uma descrição global do treinamento nos principais componentes do modelo de resolução de problemas sociais descrito anteriormente: a orientação para o problema e a resolução de problemas em si (i.e., a aplicação efetiva da definição e formulação de problemas, geração de soluções alternativas, tomada de decisões e implementação de soluções e verificação). Essa descrição é genérica em seu foco em relação à população de clientes ou pacientes. Devido a limitações de espaço, podemos apenas apresentar um esboço do manual de treinamento. Um manual genérico mais completo está disponível em D'Zurilla e Nezu (1999). Para manuais de tratamento visando populações específicas, indicamos a leitura de Nezu e colaboradores (1999), para pacientes com depressão clínica, e Nezu e colaboradores (1998), para pacientes com câncer. Além disso, um manual de treinamento em resolução de problemas para pacientes alcoolistas ou drogaditos está disponível em Platt e colaboradores (1988), e se baseia no modelo de resolução de problemas cognitivos interpessoais descrito por Spivack e colaboradores (1976).

É importante observar que, embora o modelo de treinamento apresentado a seguir seja delineado de forma seqüencial, o treinamento em si é mais flexível e fluido. Em vez de implementarem o treinamento em resolução de problemas de maneira estática e seqüencial, os clínicos devem enfatizar a inter-relação dinâmica entre os diversos componentes. Por exemplo, podem-se utilizar princípios de *brainstorming* ao longo do treinamento para gerar uma ampla variedade de objetivos para a resolução de problemas ou uma lista abrangente de conseqüências possíveis, em vez de usá-los apenas durante o procedimento de geração de alternativas.

Orientação para o problema

O primeiro processo de resolução de problemas reflete um conjunto de respostas gerais envolvidas em entender e reagir a problemas estressantes. Essa orientação pode ter um efeito facilitador ou inibidor generalizado sobre as tarefas restantes da resolução de problemas. Portanto, o treinamento nesse processo visa ajudar os indivíduos a adotar uma orientação positiva ou adaptativa ao problema, que envolve o seguinte:

- A capacidade de reconhecer um problema corretamente no momento em que ele ocorre.
- A crença de que os problemas são uma parte normal e inevitável da vida.
- A capacidade de identificar ou atribuir a "causa" do problema corretamente.
- A tendência de avaliar novos problemas como "desafios", em vez de "catástrofes" ou situações a evitar.
- A crença na própria capacidade de lidar efetivamente com problemas estressantes.
- O conhecimento de que os problemas complexos podem exigir tempo e esforços substanciais para ser resolvidos.
- O desejo de resolver os problemas no momento oportuno.
- A capacidade de inibir a tendência a ser impulsivo ao lidar com problemas estressantes.

Para facilitar a adoção dessa orientação, recomendamos a estratégia de *"role play* invertido". Segundo essa técnica, o terapeuta finge adotar determinada crença sobre problemas que refletem uma orientação *negativa*, e pede que o paciente apresente razões por que essa visão seria irracional, ilógica, incorreta ou mal-adaptativa. Essas crenças podem incluir as seguintes declarações: "nem todos têm problemas; como eu tenho um problema, isso significa que estou louco!", "todos os meus problemas são causados por mim mesmo", "sempre existe uma solução perfeita para qualquer problema", ou "as pessoas não conseguem mudar; eu serei sempre assim". Às vezes, quando o cliente tem dificuldade para criar argumentos contra essa posição, o terapeuta adota uma forma mais *extrema* da idéia, como "não importa o quando demorar, continuarei tentando e encontrarei a solução perfeita para o meu problema".

Se uma avaliação clínica anterior indicar que o paciente tem distorções generalizadas em seu processamento de informações, como um estilo atributivo negativo, avaliações negativas, distorções cognitivas e/ou crenças irracionais, o tratamento também deve procurar mudá-las. As estratégias de reestruturação cognitiva, como as da terapia cognitiva de Beck, são recomendadas como terapias auxiliares nesses casos (p. ex., Beck et al., 1979).

Uma segunda parte importante desse processo de resolução de problemas envolve ensinar os pacientes a reconhecer e rotular os problemas corretamente quando eles ocorrerem. Para facilitar esse processo, os terapeutas podem usar listas de problemas (Mooney e Gordon, 1950) para ajudar a sensibilizar os pacientes para a variedade de problemas que podem ocorrer em diversas áreas da vida. Além disso, os pacientes também devem discutir problemas pessoais que tiveram ou possam vir a ter nessas áreas, como casamento, trabalho, amizades, religião, carreira, finanças, relacionamentos, e assim por diante.

Os clientes também aprendem a usar os sentimentos ou emoções como "pistas" ou "sinais" de que há um problema. Talvez ajude utilizar imagens visuais de um semáforo marcando vermelho ou uma bandeira vermelha para indicar "PARE E PENSE". Essencialmente, é importante ensinar os pacientes a reconhecer as situações como problemas e classificá-las dessa forma. Identificar uma situação corretamente como um problema ajuda as pessoas a confrontar a situação, em vez de evitarem-na, e inibe a tendência de responder de maneira impulsiva ou automática à situação.

Como parte desse treinamento, os pacientes devem identificar as maneiras específicas em que geralmente sentem emoções. Esse processo envolve a excitação fisiológica e mudanças somáticas, como fadiga, dor, alterações do humor e pensamentos como: "creio que nada vai mudar". Um cliente aprende a *reformular* essas reações, de um "estado pessoal emocionalmente saturado" para um sinal de que "algo está errado", assim como a imagem do semáforo vermelho indica "PARE E PENSE" ao cliente. A atenção se volta então para o problema que o indivíduo está experimentando, com o objetivo imediato de continuar a trabalhar nas tarefas de resolução de problemas que ainda restam.

Exemplo clínico

O seguinte exemplo clínico foi adaptado de Nezu, Nezu Rothenberg e D'Zurilla (1996),[2] a partir de um diálogo entre um paciente e seu terapeuta, que trabalhava com treinamento em resolução de problemas, demonstrando como fazer o exercício de *role play* invertido. O cliente era Steve, um vendedor de 40 anos, que bebia e tinha depressão. Ele começou o tratamento alguns meses depois de se separar de sua esposa, e estava com sentimentos de desesperança e ideação suicida.

Terapeuta: Steve, às vezes parece que a maneira como você pensa tem um impacto em seus sentimentos. Eu gostaria de experimentar um exercício de *role play*, no qual eu assumirei o papel de um velho amigo seu que você não vê há meses. Apenas me acompanhe, mesmo que ache que está concordando com o que eu digo, pois eu quero mostrar uma coisa. Seu trabalho durante o exercício é tentar fazer o máximo para combater qualquer coisa que eu diga que lhe pareça irracional ou ilógica, está bem?

Steve: Está bem, vou tentar.

Terapeuta: (*Começando o role play*) Sei que pareço meio para baixo ultimamente. Tenho sido um péssimo amigo, e não lhe culparia por não querer me ver mais.

Steve: O que há com você? O que há de errado?

Terapeuta: O que há de errado? Tudo! Absolutamente tudo! Não consigo sequer pensar em uma coisa que esteja certa. Minha namorada tem estado estranha ultimamente, e acho que ela vai terminar tudo comigo. Além disso, meu chefe me lembrou que vou ter uma avaliação para receber um aumento nas próximas semanas. Sei que não vou ganhar o aumento, e terei que procurar outro emprego para pagar meu aluguel. Esquece! Não existe esperança para mim.

Steve: Por que desistir? Você tem se dedicado tanto em seu emprego. E sua namorada – o que ela faz que é tão estranho?

Terapeuta: Não sei. Nada do que eu faço vale a pena. Meus esforços são inúteis. Tudo caminha para... um desastre!

Steve: Seus esforços não são inúteis. Muita gente tem momentos difíceis no trabalho, e sua namorada? Por que você não fala com ela? Sei como você se sente.

Terapeuta: Não, não sabe! Não desse jeito! Você não entende o que isso significa? Eu não vou ganhar o aumento. Eu terei que sair do meu apartamento. Se eu perder meu emprego e meu apartamento, minha namorada vai me deixar.

Steve: Olha, você nem sabe se não vai ganhar o aumento. Você não tem nenhuma evidência para dizer por que a sua namorada vai lhe deixar. Você nem parece querer falar com ela. Você parece estar passando por um momento difícil, mas todo mundo tem problemas assim de vez em quando. Você precisa se dispor a fazer algo a respeito.

Terapeuta: Não sei. Parece pior do que qualquer coisa que eu tenha visto ou ouvido antes.

Steve: Você tem que olhar as coisas de outra maneira. Em primeiro lugar, você precisa de mais informações sobre tudo isso. Não pode tirar essas conclusões com base no que me

disse até agora. Mesmo assim, se isso acontecer, você encontrará um jeito de tocar a sua vida. Todo mundo tem problemas. Você não precisa ser perfeito.
Terapeuta: Eu sinto que devo ser perfeito e agradar ao meu chefe e à minha namorada.
Steve: É impossível ser perfeito e nunca ter problemas.
Terapeuta: Tem certeza disso?
Steve: Claro que tenho. Você deve ser realista. Tenho certeza de que existem coisas que você pode fazer para ajudar.

Veja que nesse exemplo o terapeuta apresentou um problema que era relevante para a própria experiência de vida do paciente, e uma situação que o paciente poderia avaliar de maneira objetiva. A meta do terapeuta era fortalecer a postura racional e adaptativa que esse indivíduo já tinha quanto a fracassar em relacionamentos interpessoais. Um paciente não deve achar que o clínico está tentando ser paternalista ou reproduzir as suas crenças. Pelo contrário, o terapeuta deve explicar que essas crenças às vezes podem causar sentimentos de perturbação, que podem atrapalhar as tentativas de lidar com problemas estressantes. O clínico indica que o propósito do exercício é facilitar a adoção de uma orientação mais positiva para os problemas da vida do paciente.

Definição e formulação de problemas

Os propósitos da próxima tarefa de resolução de problemas são entender completamente a natureza do problema e identificar um conjunto de objetivos e metas realistas. Para realizar isso, os pacientes são treinados a (1) procurar fatos e informações importantes com relação ao problema; (2) descrever esses fatos em termos claros e precisos; (3) diferenciar fatos objetivos de inferências, suposições e interpretações que não possam ser verificadas; (4) identificar fatores e circunstâncias que fazem da situação um problema e (5) estabelecer uma série de objetivos realistas para a resolução de problemas. Na definição e formulação de um problema específico, enfatizam-se a precisão e a abrangência.

Segundo nosso modelo, os clientes aprendem a ser sistemáticos e organizados ao abordar os problemas – ou seja, a reunir informações, usar linguagem concreta e separar os fatos de inferências e suposições. Essencialmente, os indivíduos aprendem a fazer uma ampla variedade de perguntas: *quem* ("quem está envolvido no problema?", "quem é responsável por este problema?"); *o que* ("o que estou sentindo com relação ao problema?", "o que está acontecendo que faz eu me sentir triste?", "o que estou pensando como reação ao problema?", "o que vai acontecer se eu não resolver esse problema?"); *onde* ("onde o problema está acontecendo?"); *quando* ("quando o problema começou?", "quando eu devo resolver o problema?"); e *por que* ("por que esse problema aconteceu?", "por que estou me sentindo tão triste?"). Temos verificado que determinadas ocupações representam boas analogias para treinar os pacientes a usar essa abordagem. Por exemplo, os pacientes podem se colocar nos papéis de repórteres investigadores, detetives ou cientistas.

Ao fazer essas perguntas, os pacientes devem usar uma linguagem concreta e clara, de maneira a minimizar a probabilidade de confusão e distorção das informações. Os clientes também devem identificar e corrigir inferências, suposições e concepções errôneas que possam estar fazendo enquanto respondem essas perguntas (p. ex., atenção seletiva e generalização). Mais uma vez, diversas estratégias de reestruturação cognitiva, como a estratégia de *role play* invertido descrita anteriormente, podem ajudar nesse processo.

Ao definir e formular problemas, os pacientes aprendem a delinear outras metas e objetivos específicos que gostariam de alcançar. Mais uma vez, esses objetivos são especificados em termos concretos e claros para minimizar a possibilidade de confusão. Os clientes são especialmente estimulados a escolher objetivos que sejam realistas e alcançáveis. Muitas vezes, o cliente identifica uma série de subobjetivos que funcionam como passos para alcançar o objetivo geral da resolução de problemas. Por exemplo, um cliente pode dizer que o objetivo geral é ter um relacionamento satisfatório e de longa duração com um membro do sexo oposto. Subobjetivos importantes podem incluir: (1) melhorar déficits em habilidades pessoais (p. ex., problemas de comunicação) que possam estar contribuindo para as dificuldades de relacionamento; (2) conhecer mais pessoas em geral; (3) namorar mais e (4) minimizar o nível de perturbação associado a decepções e sentimentos de rejeição, quando ocorrerem.

Ao especificarem-se os objetivos, dois tipos gerais podem ser identificados: os objetivos voltados para o problema e os objetivos voltados para as emoções. Os objetivos voltados para o problema envolvem objetivos relacionados com mudanças no problema em si, e são particularmente relevantes para situações que sejam passíveis de mudança, como obter um novo emprego. Por outro lado, os objetivos voltados para as emoções relacionam-se com objetivos que visam reduzir ou minimizar o impacto das perturbações associadas a um problema. Eles dizem respeito a situações que sejam avaliadas como imutáveis, como a morte de um familiar. Na maioria dos casos, é provável que seja importante identificar os dois tipos de objetivo, para maximizar as tentativas de enfrentamento com resolução de problemas. No exemplo anterior, que diz respeito a relacionamentos, os diversos subobjetivos abrangem ambos os tipos.

A última etapa no treinamento em definição e formulação do problema envolve identificar os obstáculos existentes em determinada situação que impedem que o cliente alcance os objetivos especificados. Os fatores que tornam uma situação problemática podem envolver a novidade, como quando alguém se muda para um bairro novo; a incerteza, muitas vezes sentida no começo de um novo emprego; demandas conflitantes, como em discussões com o cônjuge quanto à criação dos filhos e administração do dinheiro; falta de recursos, especialmente limitações financeiras;

ou alguma outra limitação ou deficiência pessoal ou ambiental.

Ao identificar esses obstáculos, o terapeuta deve ter cautela para ajudar o paciente a analisar a situação problemática corretamente. Muitas vezes, a articulação desses obstáculos leva a uma reavaliação de objetivos ou da situação. Verificamos que vários dos problemas da depressão, por exemplo, que envolvem os objetivos de aumentar a auto-estima do indivíduo, na verdade podem abranger uma variedade de subobjetivos (como perder peso ou melhorar a aparência física, habilidades profissionais e relacionamentos interpessoais). A identificação precisa dos obstáculos e conflitos envolvidos em um problema ajuda o paciente a lidar melhor com problemas complexos e a entender o "problema real" com mais clareza.

Nesse contexto, os clientes aprendem a considerar formulações alternativas para seus problemas. Em alguns casos, o problema enfocado inicialmente pode não ser o problema "real" (i.e., o problema básico, primário ou mais importante). O problema básico pode ser um problema anterior em uma cadeia de causas e efeitos, onde o problema A está causando o problema B, que por sua vez pode estar causando o problema C. Outra possibilidade é que o problema mais importante pode ser um problema mais amplo ou mais complexo, do qual o problema enfocado inicialmente seja apenas uma pequena parte. Quando se identifica esse problema mais amplo e mais complexo, pode-se lidar com ele como um todo, ou resolvê-lo de maneira mais efetiva, decompondo-o em subproblemas mais fáceis de tratar e trabalhando em cada um deles isoladamente.

A geração de soluções alternativas

O objetivo geral da próxima operação da resolução de problemas é disponibilizar o maior número possível de soluções alternativas, para aumentar a probabilidade de que as mais efetivas venham a ser identificadas. Ao gerar essas alternativas, os indivíduos aprendem a usar três princípios do *brainstorming*: quantidade, adiamento de julgamentos e variedade.

Segundo o princípio da quantidade, quanto mais idéias um indivíduo produzir, maior será a probabilidade de que haja opções efetivas ou de qualidade entre aquelas geradas. Os clientes são estimulados a produzir o máximo possível de idéias para cada subobjetivo (tanto objetivos voltados para o problema quanto para as emoções). O segundo princípio, o adiamento de julgamentos, sugere que a regra da quantidade pode ser aplicada melhor quando se postergam julgamentos sobre a qualidade ou efetividade de qualquer idéia até que se produza uma lista ampla de opções. O único critério que pode ser aplicado é a relevância para o problema em questão. De outra forma, a avaliação de qualquer opção deve ser reservada para o componente da tomada de decisão. A última regra do *brainstorming*, o princípio da variedade, estimula os indivíduos a pensar em uma ampla variedade de soluções possíveis, envolvendo tantas estratégias ou classes de abordagens quantas forem possíveis, em vez de se concentrar apenas em uma ou duas idéias limitadas. Ao gerarem opções de soluções, os indivíduos devem usar termos concretos e claros.

Exemplo clínico

Mary era uma mulher de 51 anos, diagnosticada recentemente com câncer de mama. Desde o diagnóstico, ela teve sintomas clínicos de depressão, que não estavam relacionados com os procedimentos médicos. Trabalhando com ela, descobrimos que o seu medo da doença e de morrer era acompanhado por outras preocupações. Mary era viúva, morava só, com seus filhos adultos por perto. Contudo, na tentativa de permanecer independente e forte, ela minimizava a necessidade de visitas e apoio de seus amigos e sua família. Para respeitarem suas necessidades, seus entes queridos tentavam dar a Mary o "seu espaço" durante o processo de recuperação. Contudo, isso fez com que ela se sentisse solitária. Durante o treinamento de resolução de problemas, esse problema foi definido como "desejar ter a companhia de seus entes queridos com mais freqüência".

Durante diversas sessões de *brainstorming*, Mary gerou as seguintes soluções alternativas para o problema:

- Pedir para os outros a visitarem, escrevendo cartas a eles.
- Comprar um animal de estimação.
- Dar uma festa.
- Visitar os outros quando me sentir bem
- Convidar meus familiares para uma sessão, para resolver problemas em equipe.
- Ir até o centro comunitário para ver se há voluntários que possam vir à minha casa.
- Falar com meus amigos e minha família e pedir para me visitarem com mais freqüência.
- Conhecer outras pessoas e não criar muitas expectativas na família.
- Formar um grupo de leitura em uma livraria local.
- Convidar amigos da igreja para me visitarem.
- Comprar um computador e enviar e-mails para meus familiares.
- Entrar para grupos de apoio disponíveis na região.
- Telefonar mais para a família e os amigos.

Somente depois que Mary desenvolveu essas idéias alternativas é que ela começou a sentir mais esperança de que poderia resolver o problema e se sentir melhor.

Tomada de decisões

Após desenvolver uma lista de soluções alternativas possíveis, o próximo objetivo do indivíduo que deseja resolver seus problemas é optar entre elas para desenvolver um plano de solução geral. Para executar esse processo, primeiramente estimulam-se os pacientes a identificar as conseqüências potenciais dessas alternativas. Isso envolve identificar conseqüências de curta e longa durações, bem como conseqüências pessoais e sociais.

As conseqüências pessoais que podem ser usadas como critérios envolvem efeitos sobre o bem-estar emocional do indivíduo, a quantidade de tempo e dedicação envolvida e efeitos sobre o seu bem-estar físico e crescimento pessoal. Os resultados sociais envolvem considerações associadas ao bem-estar de outros indivíduos e seus relacionamentos interpessoais com o paciente.

Além disso, os clientes aprendem a estimar a probabilidade real de uma determinada alternativa seja efetiva para alcançar seus objetivos e que eles consigam implementar a solução corretamente. Essa estimativa envolve avaliar sua capacidade e desejo de executar a solução, independentemente de seu efeito sobre o problema.

De um modo geral, os pacientes aprendem primeiramente a realizar uma triagem básica da lista de alternativas criadas e eliminar as que sejam visivelmente inferiores por causa de riscos inaceitáveis ou porque não são exeqüíveis. A seguir, eles aprendem a avaliar cada alternativa segundo os critérios apresentados, como uma forma de decidir quais alternativas implementar no cenário da vida real. A relação geral de custo-benefício para cada opção pode ser calculada segundo uma escala simples (p. ex., –3 = "bastante insatisfatório" a +3 = "bastante satisfatório"). Uma idéia que pareça ter um grande número de conseqüências positivas e custos mínimos pode ser avaliada como +2 ou +3. Da mesma forma, uma alternativa que se espere produzir poucos resultados positivos e um grande número de conseqüências negativas pode ser classificada como –1 ou –3.

Usando essas classificações, os indivíduos podem desenvolver um plano de solução geral, comparando as avaliações das diversas soluções alternativas. Se apenas um pequeno número de idéias for classificado como potencialmente satisfatório, o indivíduo deve fazer as seguintes perguntas: "tenho informações suficientes?", "defini o problema corretamente?", "meus objetivos são difíceis demais?", "será que criei opções suficientes?". Nesse ponto, talvez o paciente precise voltar para as tarefas anteriores da resolução de problemas.

Quando diversas alternativas efetivas ou satisfatórias tiverem sido definidas, estimula-se o cliente a fazer uma combinação de opções potencialmente efetivas para cada subobjetivo, de maneira a "atacar" o problema a partir de uma variedade de perspectivas. Além disso, um plano de contingência completo, com opções alternativas, pode ser útil no caso do primeiro grupo de opções fracassar.

Implementação de soluções e verificação

A primeira parte da última tarefa da resolução de problemas envolve a execução do plano de solução escolhido. Em essência, o paciente pode desenvolver um plano de solução efetivo hipotético, mas, se não for executado, o problema nunca será resolvido, e o indivíduo nunca receberá o importante *feedback* "natural" (i.e., sucesso ou fracasso na resolução de seus problemas).

Exemplo clínico

Às vezes, certos pacientes inibem sua disposição para implementar um plano de soluções por causa do medo do fracasso ou por acreditarem ter pouca auto-eficácia. Nesses casos, sugerimos que os pacientes preencham uma "ficha de comparação", listando as conseqüências que ocorrerão se o problema *não* for resolvido, e as conseqüências se o problema *for* resolvido. O exemplo clínico seguinte, adaptado de Nezu e colaboradores (1989), demonstra essa abordagem.

Terapeuta: Freda, na última sessão, pedi que você preenchesse a ficha que lhe dei. Você teve a chance de fazê-lo durante a semana?

Freda: Creio que deveria listar algumas das conseqüências se meu problema com conseguir um emprego não fosse resolvido, não é?

Terapeuta: Sim, e listar algumas das conseqüências positivas que você pensou quando começou a analisar as várias opções.

Freda: Também fiz isso.
Terapeuta: Ótimo! Vamos começar com as conseqüências de não conseguir um trabalho, está bem?
Freda: Certo. Vejamos o que escrevi. Primeiramente, acho que me sentiria horrível comigo mesma. Sei que devia largar o meu emprego atual. Acho que se não sair, vou me sentir a maior covarde!
Terapeuta: Então, uma das conseqüências possíveis é que você se avaliaria negativamente. É isso?
Freda: Sim... eu realmente não me sentiria bem!
Terapeuta: Bom, Freda, outras conseqüências?
Freda: Na verdade, eu pensei em um monte delas! Outra é que eu continuaria a ter um salário miserável! Sem um aumento de verbas, eu nunca vou ter um lugar para mim e continuarei a ter problemas com minha colega de quarto louca, Hanna. Como eu disse antes, mesmo que pareça legal por fora, ela sempre dá uma facada nas costas das pessoas, dizendo coisas horríveis sobre elas. Já a peguei fazendo isso comigo várias vezes!
Terapeuta: Está bem. Ficar no trabalho atual, então, impediria que você tivesse dinheiro para conseguir um lugar só para você.
Freda: Isso, é uma grande confusão!
Terapeuta: Mais alguma?
Freda: Tenho mais umas. Mas, em geral, todas têm a ver com a minha colega doida.
Terapeuta: Está bem então. Vamos repassar as conseqüências possíveis de você executar o plano de soluções que já discutimos.
Freda: Bem, seria o exato oposto! Se eu tiver um emprego que pague bem, que eu sei que existe por aí, eu me sentirei melhor comigo mesma. Eu teria mais confiança. Como você disse, minha vida nunca vai ser "livre de problemas", mas eu acredito que um emprego melhor já é um passo a mais na direção certa!
Terapeuta: Seja um pouco mais específica, Freda.
Freda: Claro. Como eu estava dizendo, é o oposto da outra lista. Se eu conseguir outro emprego, posso ganhar mais dinheiro. Eu conseguiria um apartamento só para mim. Eu me sentiria mais feliz e finalmente sentiria que posso correr riscos, mesmo que eles sejam assustadores às vezes!
Terapeuta: Certamente, entendo como você se sente. Freda, deixe-me fazer uma pergunta. Quando você olha as duas listas de conseqüências, qual é a sua reação?
Freda: Eu começo a entender que sempre olhei as coisas de maneira diferente, somente o lado de como os riscos são assustadores. Começo a ficar brava comigo mesmo por não ter tentado no passado. Mas sinto que se continuar a pensar sobre as conseqüências boas possíveis, conseguirei alcançar alguns de meus objetivos. Se eu não resolver esse problema – ninguém vai resolver por mim! Se eu continuar assim, só vou me rebaixar e ficar deprimida, como sempre!
Terapeuta: Está bem, Freda. Com base nisso, o que você acha que vai fazer?
Freda: Executar meu plano e me dar uma chance de mudar!
Terapeuta: Que bom!

O segundo aspecto diz respeito ao monitoramento e avaliação minuciosos dos resultados obtidos. Após o plano de solução ser executado, os indivíduos devem monitorar as conseqüências que ocorrem na vida real em função da solução implementada. Os clientes aprendem a desenvolver métodos relevantes de automonitoramento para um dado problema, que incluem: (1) avaliações dos próprios resultados da solução (p. ex., "será que o plano alcançou os objetivos especificados?", "quais foram as conseqüências positivas?", "quais foram as conseqüências negativas?"; (2) avaliações das reações emocionais dos clientes a esses resultados (p. ex., "como me sinto com os resultados?", "eles me fazem feliz?", "estou menos ansioso?") e (3) avaliações do grau em que os resultados se aplicam às conseqüências previstas durante o processo de tomada de decisões (p. ex., "até onde eu previ o que aconteceria?").

Se o resultado for satisfatório, o indivíduo deve administrar alguma forma de auto-reforço, como declarações pessoais de congratulação, um presente ou uma recompensa tangível. Por outro lado, se o resultado for insatisfatório, ele deve implementar o plano de contingência identificado ou mesmo reciclar todo o processo de resolução de problemas. Deve-se ter especial cuidado para diferenciar as dificuldades com a *execução* ou implementação de uma opção de enfrentamento e dificuldades com o *processo* de resolução de problemas em si.

Com o objetivo de enfatizar a importância da capacidade do terapeuta para conduzir o treinamento em resolução de problemas de maneira competente e verossímil, temos várias sugestões para essa abordagem de tratamento (D'Zurilla e Nezu, 1999; Nezu et al., 1998), que apresentamos na Tabela 7.1.

Resolução de problemas: o *status* empírico do treinamento

Durante as últimas duas décadas, números crescentes de estudos de resultados proporcionaram evidências da eficácia do treinamento em resolução de problemas para uma variedade de populações e problemas clínicos diferentes, seja como tratamento único, como parte de um pacote de tratamento maior, uma estratégia de manutenção ou um programa de prevenção. Por exemplo, diversos estudos se concentraram nos seguintes problemas: trans-

TABELA 7.1 Resolução de problemas: sugestões para conduzir treinamento

1. *Não apresente* o treinamento de maneira mecânica. Ele não deve ser conduzido de forma mecânica, sem uma atmosfera terapêutica. As habilidades de resolução de problemas devem ser o mais interativas possível, concentrando-se na importância de um relacionamento positivo entre o paciente e o terapeuta.
2. *Torne* o treinamento relevante para o cliente. Todos os exemplos usados no treinamento devem ser específicos e relevantes para o cliente em questão. O terapeuta deve adaptar o treinamento às necessidades do paciente (grupo, casal).
3. *Use* tarefas para casa. Como a prática é um componente importante do treinamento, devem-se estimular os clientes a praticar o máximo possível entre as sessões.
4. *Concentre-se* no paciente, além do tratamento. Embora a implementação correta do treinamento, seja importante para garantir a sua efetividade, os pacientes devem sempre ser o foco principal de atenção.
5. *Não se concentre* apenas em problemas superficiais. Os terapeutas que trabalham com resolução de problemas devem usar suas próprias habilidades para avaliar se os problemas discutidos são, de fato, os mais cruciais para determinado cliente. De outra forma, a efetividade do tratamento será limitada (Nezu e Nezu, 1989).
6. *Concentre-se* na implementação de soluções. Deve-se estimular o paciente a implementar o maior número possível de soluções durante o treinamento para ter sucesso (i.e., a resolução do problema) ou necessitar reciclar (i.e., procurar e resolver os erros e tentar resolver o problema novamente se a primeira tentativa fracassar).
7. *Não ignore* as emoções no treinamento. O treinamento não deve se concentrar apenas em alcançar "objetivos voltados para problemas", mas "objetivos voltados para as emoções".
8. *Use* textos explicativos como apoio ao treinamento. Textos escritos ajudam os clientes a lembrar e praticar as habilidades entre as sessões. Oriente os pacientes a comprar um fichário para guardar esses textos para referência futura. Além disso, esses textos devem ser relevantes para a população em questão (p.ex., ver Nezu et al., 1998, para exemplos de textos para treinamento em resolução de problemas para pacientes com câncer).

Fonte: Sugestões adaptadas de Nezu e colaboradores. (1998).

tornos psiquiátricos que exigem hospitalização, depressão clínica, tendências suicidas, transtornos da ansiedade, problemas emocionais e comportamentais em pessoas com retardo mental, problemas maritais, conflitos entre pais e filhos adolescentes, problemas de paternidade, abuso de substâncias, problemas com o controle do peso, problemas médicos graves, problemas com cuidadores, manejo do estresse, aumento da competência e problemas comunitários. Devido a limitações de espaço, não podemos descrever aqui todos esses estudos que contém os resultados. Para uma revisão completa e crítica da literatura, sugerimos D'Zurilla e Nezu (1999). Entretanto, como as evidências da eficácia do treinamento em resolução de problemas para a depressão clínica são particularmente fortes, gostaríamos de enfatizar essas pesquisas a seguir.

Resolução de problemas para depressão: o treinamento

Hussian e Lawrence (1981) compararam o treinamento em resolução de problemas com um programa de reforço social para o tratamento da depressão em um grupo de pacientes geriátricos que viviam em uma clínica para idosos. Trinta e seis pacientes com escores no nível gravemente deprimido no Inventário de Depressão de Beck (Beck, Ward, Mendelson, Mock e Earbaugh, 1961) foram divididos aleatoriamente em três grupos: um grupo que receberia o treinamento em resolução de problemas, o outro receberia reforço social e o terceiro grupo que seria o grupo-controle contendo pacientes da fila de espera. Os dois grupos de tratamento reuniram-se por cinco sessões de 30 minutos, durante um período de uma semana. O treinamento era feito individualmente e envolvia uma discussão de cada um dos cinco estágios do modelo de D'Zurilla e Goldfried (1971), além de resolver problemas da vida real que os pacientes haviam trazido anteriormente. O principal objetivo do programa de reforço social era aumentar o nível de reforço que os participantes recebiam em suas vidas cotidianas. Os pacientes eram estimulados a participar de diversas atividades, como artesanato, e recebiam reforço social por sua freqüência, participação em determinada atividade, medidas por meio da perseverança e da interação com outros pacientes.

Após a primeira semana de tratamento, cada um dos três grupos foi dividido em dois, para produzir seis subgrupos. Um subgrupo de treinamento em resolução de problemas teve uma segunda semana de treinamento (TRP-TRP), enquanto o segundo subgrupo participou do programa de reforço social (TRP-RS). De maneira semelhante, um subgrupo de reforço social teve uma segunda semana de reforço social (RS-RS), enquanto o segundo subgrupo fez treinamento em resolução de problemas (RS-TRP). Finalmente, um subgrupo do controle da fila de espera permaneceu na lista de espera pela segunda semana (CLE-CLE), enquanto o segundo subgrupo passou para um grupo-controle com informação (CLE-CI), reunindo-se para discutir as diversas mudanças na vida que acompanhavam o envelhecimento.

Ao final da primeira semana de tratamento, os grupos de treinamento em resolução de problemas e reforço social apresentavam significativamente menos depressão do que o grupo-controle da lista de espera. Como era de esperar, o grupo de treinamento em resolução de problemas apresentou um desempenho significativamente melhor em um teste de resolução de problemas do que o grupo de reforço social. Os resultados obtidos antes e depois do tratamento evidenciaram uma redução significativa na depressão apenas para os grupos que fizeram treinamento em resolução de problemas. O grupo TRP-TRP mostrou-se significativamente menos deprimido do que os grupos CLE-CI e CLE-CLE, e o grupo RS-TRP mostrou-se significativamente menos deprimido do que o grupo CLE-CI. As diferenças encontradas entre o grupo RS-RS e os grupos-controle não foram significativas. A superioridade do treinamento em resolução de problemas mantinha-se no seguimento de duas semanas.

Em um estudo de resultados enfocando a depressão unipolar adulta, Nezu (1986c) dividiu 26 pacientes ambulatoriais clinicamente deprimidos em três condições: (1) treinamento em resolução de problemas; (2) terapia voltada para o problema ou (3) um grupo de controle de lista de espera. Ambas as condições de terapia foram conduzidas em grupo, com oito sessões semanais de 1h30min a 2h de duração. O treinamento em resolução de problemas envolveu um treinamento nas habilidades de resolução de problemas descritas por D'Zurilla e Nezu (1982). A terapia voltada para o problema envolveu discussões sobre os problemas atuais da vida dos sujeitos com o objetivo de resolver problemas, mas sem treinamento sistemático em habilidades de resolução de problemas. Medidas dependentes foram coletadas antes e depois do tratamento, bem como em uma avaliação em seis meses, incluindo o BDI, a escala de depressão do Inventário Multifásico Minnesota de Personalidade – MMPI-D (Hathaway e McKinley, 1967), o PSI (Heppner e Petersen, 1982), e a Internal-External Locus of Control Scale (Rotter, 1966).

Análises estatísticas tradicionais e uma análise do significado clínico dos resultados identificaram reduções substanciais na depressão no grupo de treinamento em resolução de problemas, que foram mantidas no período de seis meses, conforme mensuradas pelo BDI e a MMPI-D. Além disso, a melhora na depressão observada na condição de treinamento foi significativamente maior do que a observada nas condições de terapia voltada para o problema e lista de espera. A superioridade do treinamento em resolução de problemas sobre a terapia voltada para o problema mantinha-se na avaliação de seis meses. Outros resultados revelaram que os participantes do treinamento tiveram aumentos significativamente maiores em sua avaliação de efetividade para resolver problemas do que os outros dois grupos, e também tiveram uma mudança significativa na orientação do seu lócus de controle, de externo para interno. Essas melhoras também se mantiveram no seguimento de seis meses. De um modo geral, esses resultados proporcionam evidências do pressuposto básico de que o treinamento em resolução de problemas produz seus efeitos aumentando a capacidade de resolução de problemas e fortalecendo as expectativas de controle pessoal.

Um estudo subseqüente de Nezu e Perri (1989) teve dois propósitos: (1) realizar uma replicação parcial da pesquisa de Nezu (1986c) e (2) avaliar a contribuição relativa do componente de orientação para o problema no tratamento de indivíduos deprimidos. Uma estratégia de pesquisa dividida em grupos foi usada para abordar esses objetivos, dividindo-se 39 indivíduos que haviam sido diagnosticados com transtorno depressivo maior, segundo os Critérios Diagnósticos de Pesquisa (Spitzer, Endicott e Robins, 1978), em três condições aleatórias: (1) treinamento em resolução de problemas; (2) treinamento abreviado em resolução de problemas e (3) um grupo-controle de lista de espera. Além do BDI, a Escala de Avaliação para Depressão de Hamilton – HAM-D (Hamilton, 1960), uma medida preenchida por um clínico independente, foi usada para avaliar a depressão. Ambas as condições de tratamento tiveram 10 sessões de 2 horas de terapia em grupo, conduzidas por dois terapeutas distribuídos por condição. Os participantes da condição de treinamento em resolução de problemas tiveram treinamento em todos os cinco componentes do modelo. Os participantes do treinamento abreviado tiveram um pacote semelhante, com exceção do treinamento no componente de orientação para o problema. Os controles da fila de espera deveriam esperar até que o programa pudesse acomodá-los em uma data posterior. Dessa forma, essa análise de componentes determinou o grau em que o treinamento com orientação para o problema contribuiu para os resultados positivos.

Análises realizadas antes e depois do tratamento indicaram que os indivíduos na condição de treinamento em resolução de problemas estavam significativamente menos deprimidos após o tratamento, segundo o BDI e a HAM-D, do que os participantes do treinamento abreviado e os controles da lista de espera. Além disso, os sujeitos do treinamento abreviado apresentaram escores de depressão significativamente mais baixos após o tratamento do que os controles. A redução em sintomas depressivos também se mostrou significativamente correlacionada com aumentos na capacidade de resolver problemas. Além disso, esses resultados foram clinicamente significativos segundo uma medida que definia um indivíduo "recuperado" como um sujeito tratado (i.e., participantes do treinamento em resolução de problemas e do treinamento abreviado) que apresentasse um escore pós-tratamento que fosse dois desvios-padrão além da medida da população disfuncional (i.e., sujeitos não-tratados ou controles da lista de espera). Quando se usou essa abordagem, mais de 85% dos sujeitos do treinamento, 50% dos participantes do treinamento abreviado e apenas 9% dos controles tiveram reduções clinicamente significativas em sintomas depressivos, medidos pelo BDI. Segundo a HAM-D, essas porcentagens foram 79%, 50% e 9%, respectivamente.

Uma avaliação realizada em seis meses não revelou diferenças significativas entre os escores medidos imediatamente após o tratamento e no seguimento, para as condições de tratamento. Em outras palavras, os benefícios terapêuticos obtidos pelos participantes em ambas as condições de tratamento mantinham-se seis meses após o término. De um modo geral, esses resultados proporcionam outras evidências da eficácia do treinamento em resolução de problemas para a depressão maior, além de enfatizarem a importância de se incluir um treinamento no componente de orientação para o problema.

Continuando nessa linha de pesquisa, Arean e colaboradores (1993) aplicaram o modelo de Nezu e colaboradores (1989) de intervenção para a depressão a uma população idosa. Setenta e cinco indivíduos que satisfaziam os critérios de inclusão – ou seja, ter mais de 55 anos, satisfazer os CDP para o diagnóstico de depressão maior, e apresentar um escore de 20 ou mais no BDI, 10 ou mais na Geriatric Depression Scale – GDS (Yesavitch et al., 1983) e pelo menos 18 na HAM-D – foram divididos aleatoriamente em treinamento em resolução de problemas, terapia de reminiscência (TR), ou um grupo-controle de fila de espera.

O treinamento em resolução de problemas e a terapia de reminiscência foram conduzidos em um formato de grupo, com três terapeutas que haviam tido formação em ambas as abordagens de treinamento. Cada grupo reuniu-se por 12 semanais de aproximadamente 1h30min. Os participantes da condição de treinamento em resolução de problemas tiveram treinamento nos cinco componentes do modelo apresentado no manual de tratamento de Nezu e colaboradores (1989). A TR envolveu revisar a história de vida dos sujeitos para obter perspectiva e satisfação com os eventos positivos e negativos importantes de suas vidas, e baseou-se em uma formulação psicodinâmica, cuja eficácia havia recebido apoio empírico para a depressão geriátrica.

De um modo geral, os resultados indicam que os participantes em ambas as condições de terapia apresentaram-se significativamente menos deprimidos em todas as três medidas de depressão no pós-tratamento do que os indivíduos do grupo-controle. Além disso, os efeitos encontrados no pós-tratamento para as condições de treinamento em resolução de problemas e TR mantinham-se três meses após o término do tratamento. Entretanto, os indivíduos da condição de treinamento em resolução de problemas relataram sentir significativamente menos depressão no pós-tratamento do que os participantes da TR em duas das três medidas de depressão (i.e., a HRSD e a GDS). Além disso, no pós-tratamento, uma proporção significativamente maior de indivíduos na condição de treinamento em resolução de problemas (88%), comparados com os participantes da TR (40%) e do controle (10%), não mais satisfazia os critérios para depressão maior.

Mynors-Wallis, Gath, Lloyd-Thomas e Tomlinson (1995) compararam o treinamento em resolução de problemas com um regime de medicação antidepressiva para o tratamento de depressão em uma população submetida à atenção primária. Noventa e um adultos com depressão maior foram divididos aleatoriamente em treinamento em resolução de problemas, amitriptilina ou um placebo. Os critérios de inclusão envolveram satisfazer os CDP para depressão maior e apresentar um escore de 13 ou mais na HMA-D. Em todas as três condições de tratamento, os participantes tiveram 6 ou 7 sessões de 30 a 60 minutos por três meses. Os terapeutas eram um psiquiatra e dois terapeutas com formação em treinamento em resolução de problemas e administração de psicofármacos. Em ambas as condições de "medicação", os pacientes e os terapeutas desconhecem a natureza exata das cápsulas.

Além da HAM-D, duas outras medidas de resultados foram empregadas – o BDI e uma medida de auto-avaliação do funcionamento e adaptação social. Os resultados indicaram que, em 6 e 12 semanas após o tratamento, o grupo do treinamento em resolução de problemas mostrou-se significativamente menos deprimido em ambas as medidas de depressão e mais adaptado socialmente do que o grupo-placebo. Não foram encontradas diferenças significativas entre as condições do treinamento em resolução de problemas e da amitriptilina, sugerindo que o treinamento é tão efetivo quanto uma intervenção farmacológica para o tratamento da depressão.

Conclusões e rumos futuros

Embora os problemas metodológicos em muitos dos estudos de resultados sobre o treinamento em resolução de problemas limitem as conclusões que se podem tirar, a maioria dos dados sustenta a eficácia do treinamento em resolução de problemas como método de intervenção clínica para uma variedade de problemas psicológicos, comportamentais e de saúde. As evidências indicam que este treinamento não apenas produz benefícios imediatos, como também contribui para a manutenção dos ganhos do tratamento, bem como para a prevenção de dificuldades futuras. Atualmente, os melhores dados disponíveis sobre a eficácia do tratamento dizem respeito ao treinamento em resolução de problemas para a depressão clínica. Além disso, as evidências também são fortes como estratégia de manutenção após programas comportamentais para controle do peso (ver D'Zurilla e Nezu, 1999).

Quando olhamos à frente, parece haver uma tendência crescente de se aplicar o treinamento a novas populações e de maneiras inovadoras. Uma importante área de pesquisa envolve aplicações com pacientes médicos. Pesquisadores da Universidade de Pittsburgh (Charlotte Brown) e da Inglaterra (Laurence Mynors-Wallis, Dennis Gath e seus colegas) estão estudando a eficácia do treinamento em resolução de problemas no tratamento de pacientes médicos com transtornos emocionais em ambientes de cuidado primário. Além disso, existem diversos estudos de resultados em andamento que se concentram no para pacientes com câncer ou seus cuidadores. Estudos sobre pacientes com câncer estão sendo realizados na Brown University (Vincent Mor e Susan Allen), MCP Hahnemann University (Arthur Nezu e Christine Nezu) e na Faculdade de Medicina da Pennsylvania State University (Peter Houts). Sob direção de O. J. Sahler e James Varni, estão sendo realizados estudos em diferentes locais do país sobre o uso do treinamento em resolução de problemas para aumentar as habilidades de enfrentamento e cuidado de mães de crianças com câncer. Na Universidade do Alabama, em Birmingham, Timothy Elliott e Richard Shewchuk estão avaliando a eficácia para pessoas que cuidam de pacientes com lesões na medula vertebral. Na Johns Hopkins University, Matt Loscalzo e James Zabora trabalham com pessoas que cuidam de três populações de doentes crônicos: pacientes com câncer, pacientes com problemas cardíacos e pessoas com problemas respiratórios graves.

Outra aplicação inovadora do treinamento está sendo investigada por Christine Nezu e Arthur Nezu da MCP Hahnemann University, que estão avaliando a eficácia do treinamento como maneira de aumentar as habilidades de manejo da excitação em agressores sexuais e reduzir seus desvios de comportamento sexual.

Finalmente, são necessárias mais pesquisas sobre o treinamento em resolução de problemas como estratégia de prevenção para populações em risco de problemas psicológicos, comportamentais e/ou de saúde, como idosos, adolescentes, indivíduos com padrões de comportamento prejudiciais à saúde (p. ex., abuso de substâncias, dieta inadequada, falta de exercícios) e indivíduos com níveis elevados de estresse ambiental (p. ex., estresse ocupacional).

NOTA

1. A abreviatura TRP, quando usada neste capítulo, refere-se a "terapia de resolução de problemas" ou "treinamento em resolução de problemas".
2. Copyright 1996 Marcel Dekker, Inc. Adaptado de Nezu, Nezu, Rothenberg e D'Zurilla (1996), cortesia Marcel Dekker, Inc.

REFERÊNCIAS

Arean, P. A., Perri, M. G., Nezu, A. M., Schein, R. L., Christopher, F., & Joseph, T. X. (1993). Comparative effectiveness of social problem-solving therapy and reminiscence therapy as treatments for depression in older adults. *Journal of Consulting and Clinical Psychology*, 61, 1003-1010.

Beach, L. R., & Mitchell, T. R. (1978). A contingency model for the selection of decision strategies. *Academy of Management Review*, 3, 439-449.

Beck, A. T., Rush, A. J., Shaw, B. F., & Emery, G. (1979). *Cognitive therapy of depression*. New York: Guilford Press.

Beck, A. T., Ward, C. H., Mendelson, M., Mock, L., & Erbaugh, J. (1961). An inventory for measuring depression. *Archives of General Psychiatry*, 4, 561-571.

Bloom, B. L. (1985). *Stressful life event theory and research: Implications for primary prevention* (DHHS Publication No. AMD 85-1385). Rockville, MD: National Institute of Mental Health.

Burks, N., & Martin, B. (1985). Everyday problems and life change events: Ongoing vs. acute sources of stress. *Journal of Human Stress*, 11, 27-35.

Burns, L. R., & D'Zurilla, T. J. (1999). Individual differences in perceived information processing in stress and coping situations: Development and validation of the Perceived Modes of Processing Inventory. *Cognitive Therapy and Research*, 23, 345-371.

Cormier, W. H., Otani, A., & Cormier, S. (1986). The effects of problem-solving training on two problem-solving tasks. *Cognitive Therapy and Research*, 10, 95-108.

Davis, G. A. (1966). Current status of research and theory in human problem soling. *Psychological Bulletin*, 66, 36-54.

D'Zurilla, T. J. (1990). Problem-solving training for effective stress management and prevention. *Journal of Cognitive Psychotherapy: An International Quarterly*, 4, 327-355.

D'Zurilla, T. J., & Goldfried, M. R. (1971). Problem solving and behavior modification. *Journal of Abnormal Psychology*, 78, 107-126.

D'Zurilla, T. J., & Maydeu-Olivares, A. (1995). Conceptual and methodological issues in social problem-solving assessment. *Behavior Therapy*, 26, 409-432.

D'Zurilla, T. J., & Nezu, A. (1980). A study of the generation-of-alternatives process in social problem solving. *Cognitive Therapy and Research*, 4, 67-72.

D'Zurilla, T. J., & Nezu, A. (1982). Social problem solving in adults. In P. C. Kendall (Ed.), *Advances in cognitive-behavioral research and therapy* (Vol. 1, pp. 201-274). New York: Academic Press.

D'Zurilla, T. J., & Nezu, A. M. (1990). Development and preliminary evaluation of the Social Problem-Solving Inventory (SPSI). *Psychological Assessment: A Journal of Consulting and Clinical Psychology*, 2, 156-163.

D'Zurilla, T. J., & Nezu, A. M. (1999). *Problem-solving therapy: A social competence approach to clinical intervention* (2nd ed.). New York: Springer.

D'Zurilla, T. J., Nezu, A. M., & Maydeu-Olivares, A. (no prelo). *Manual for the Social Problem-Solving Inventory-Revised*. North Tonawanda, NY: Multi-Health Systems.

Edwards, W. (1961). Behavioral decision theory. *Annual Review of Psychology*, 12, 473-498.

Ellis, A., & Dryden, W. (1997). *The practice of rational emotive behavior therapy* (rev. ed.). New York: Springer.

Folkman, S., & Lazarus, R. S. (1988). Coping as a mediator of emotion. *Journal of Personality and Social Psychology*, 54, 466-475.

Frauenknecht, M., & Black, D. R. (1995). Social Problem-Solving Inventory for Adolescents (SPSI-A): Development and psychometric evaluation. *Journal of Personality Assessment*, 64, 522-539.

Freedman, B. I., Rosenthal, L., Donahoe, C. P., Schlundt, D. G., & McFall, R. M. (1978). A social-behavioral analysis of skill deficits in delinquent and non-delinquent adolescent boys. *Journal of Consulting and Clinical Psychology*, 46, 1448-1462.

Getter, H., & Nowinski, J. K. (1981). A free response test of interpersonal effectiveness. *Journal of Personality Assessment*, 45, 301-308.

Goddard, P., & McFall, R. M. (1992). Decision-making skills and heterosexual competence in college women: An information-processing analysis. *Journal of Social and Clinical Psychology*, 11, 401-425.

Hamilton, M. (1960). A rating scale for measuring depression. *Journal of Neurology, Neurosurgery and Psychiatry*, 23, 56-62.

Hathaway, S. R., & McKinley, J. C. (1967). *The Minnesota Multiphasic Personality Inventory*. New York: Psychological Corporation.

Heppner, P. P. (1988). *The Problem-Solving Inventory*. Palo Alto, CA: Consulting Psychologists Press.

Heppner, P. P., & Petersen, C. H. (1982). The development and implications of a personal problem solving inventory. *Journal of Counseling Psychology*, 29, 66-75.

Hussian, R. A., & Lawrence, P. S. (1981). Social reinforcement of activity and problem-solving training in the treatment of depressed institutionalized elderly patients. *Cognitive Therapy and Research*, 5, 57-69.

Kanner, A. D., Coyne, J. C., Schaefer, C., & Lazarus, R. S. (1981). Comparison of two modes of stress measurement: Daily hassles and uplifts versus major life events. *Journal of Behavioral Medicine, 4*, 1-39.

Kant, G. L., D'Zurilla, T. J., & Maydeu-Olivares, A. (1997). Social problem solving as a mediator of stress-related depression and anxiety in middle-aged and elderly community residents. *Cognitive Therapy and Research, 21*, 73-96.

Kendall, P. C., & Hollon, S. D. (Eds.). (1979). *Cognitive-behavioral interventions: Theory, research, and procedures.* New York: Academic Press.

Lazarus, R. S. (1999). *Stress and emotion: A new synthesis.* New York: Springer.

Lazarus, R. S., & Folkman, S. (1984). *Stress, appraisal, and coping.* New York: Springer.

McFall, R. M. (1982). A review and reformulation of the concept of social skills. *Behavioral Assessment, 4*, 1-33.

Marx, E. M., Williams, J. M. G., & Claridge, G. C. (1992). Depression and social problem solving. *Journal of Abnormal Psychology, 101*, 78-86.

Maydeu-Olivares, A., & D'Zurilla, T. J. (1996). A factor-analytic study of the Social Problem-Solving Inventory: An integration of theory and data. *Cognitive Therapy and Research, 20*, 115-133.

Maydeu-Olivares, A., & D'Zurilla, T. J. (1997). The factor structure of the Problem-Solving Inventory. *European Journal of Psychological Assessment, 13*, 206-215.

Mooney, R. L., & Gordon, L. V. (1950). *Manual: The Mooney Problem Checklist.* New York: Psychological Corporation.

Mynors-Wallis, L. M., Gath, D. H., Lloyd-Thomas, A. R., & Tomlinson, D. (1995). Randomised controlled trial comparing problem solving treatment with amitriptyline and placebo for major depression in primary care. *British Medical Journal, 310*, 441-445.

Nezu, A., & D'Zurilla, T. J. (1979). An experimental evaluation of the decision-making process in social problem solving. *Cognitive Therapy and Research, 3*, 269-277.

Nezu, A., & D'Zurilla, T. J. (1981a). Effects of problem definition and formulation on decision making in the social problem-solving process. *Behavior Therapy, 12*, 100-106.

Nezu, A., & D'Zurilla, T. J. (1981b). Effects of problem definition and formulation on the generation of alternatives in the social problem-solving process. *Cognitive Therapy and Research, 6*, 265-271.

Nezu, A. M. (1986a). Effects of stress from current problems: Comparisons to major life events. *Journal of Clinical Psychology, 42*, 847-852.

Nezu, A. M. (1986b). Negative life stress and anxiety: Problem solving as a moderator variable. *Psychological Reports, 58*, 279-283.

Nezu, A. M. (1986c). Efficacy of a social problem solving therapy approach for unipolar depression. *Journal of Consulting and Clinical Psychology, 54*, 196-202.

Nezu, A. M. (1987). A problem-solving formulation of depression: A literature review and proposal of a pluralistic model. *Clinical Psychology Review, 7*, 121-144.

Nezu, A. M., & D'Zurilla, T. J. (1989). Social problem solving and negative affective conditions. In P. C. Kendall & D. Watson (Eds.), *Anxiety and depression: Distinctive and overlapping features* (pp. 285-315). New York: Academic Press.

Nezu, A. M., & Nezu, C. M. (Eds.). (1989). *Clinical decision making in behavior therapy: A problem solving perspective.* Champaign, IL: Research Press.

Nezu, A. M., Nezu, C. M., Faddis, S., DelliCarpini, L. A., & Houts, P. S. (novembro de 1995). *Social problem solving as a moderator of cancer-related stress.* Artigo apresentado na convenção anual da Association for Advancement of Behavior Therapy, Washington, DC.

Nezu, A. M., Nezu, C. M., Friedman, S. H., Faddis, S., & Houts, P. S. (1998). *Helping cancer patients cope: A problem-solving approach.* Washington, DC: American Psychological Association.

Nezu, A. M., Nezu, C. M., & Perri, M. G. (1989). *Problem-solving therapy for depression: Therapy, research, and clinical guidelines.* New York: Wiley.

Nezu, A. M., Nezu, C. M., Rothenberg, J. L., & D'Zurilla, T. J. (1996). Problem-solving therapy. In J. S. Kantor (Ed.), *Clinical depression during addiction recovery: Process, diagnosis, and treatment* (pp. 187-219). New York: Dekker.

Nezu, A. M., Nezu, C. M., Saraydarian, L., Kalmar, K., & Ronan, G. F. (1986). Social problem solving as a moderator variable between negative life stress and depressive symptoms. *Cognitive Therapy and Research, 10*, 489-498.

Nezu, A. M., & Perri, M. G. (1989). Social problem solving therapy for unipolar depression: An initial dismantling investigation. *Journal of Consulting and Clinical Psychology, 57*, 408-413.

Nezu, A. M., & Ronan, G. F. (1985). Life stress, current problems, problem solving, and depressive symptomatology: An integrative model. *Journal of Consulting and Clinical Psychology, 53*, 693-697.

Nezu, A. M., & Ronan, G. F. (1988). Stressful life events, problem solving, and depressive symptoms among university students: A prospective analysis. *Journal of Counseling Psychology, 35*, 134-138.

Osborn, A. (1963). *Applied imagination: Principles and procedures of creative problem solving* (3rd ed.). New York: Scribner.

Platt, J. J., Husband, S. D., Hermalin, J., Cater, J., & Metzger, D. (1993). A cognitive problem-solving employment readiness intervention for methadone clients. *Journal of Cognitive Psychotherapy: An International Quarterly, 7*, 21-33.

Platt, J. J., & Spivack, G. (1975). *Manual for the Means-Ends Problem-Solving Procedure (MEPS): A measure of interpersonal cognitive problem-solving skills.* Philadelphia: Hahnemann Community Mental Health/Mental Retardation Center.

Platt, J. J., Taube, D. O., Metzger, D. S., & Duome, M. J. (1988). Training in interpersonal problem solving (TIPS). *Journal of Cognitive Psychotherapy: An International Quarterly, 2,* 5-34.

Rotter, J. B. (1966). Generalized expectancies for internal versus external control of reinforcements. *Psychological Monographs, 80*(1, Whole No. 609).

Schotte, D. E., & Clum, G. A. (1987). Problem-solving skills in suicidal psychiatric patients. *Journal of Consulting and Clinical Psychology, 55,* 49-54.

Skinner, B. F. (1953). *Science and human behavior.* New York: Macmillan.

Spitzer, R. L., Endicott, J., & Robins, E. (1978). Research Diagnostic Criteria: Rationale and reliability. *Archives of General Psychiatry, 36,* 773-782.

Spivack, G., Platt, J. J., & Shure, M. B. (1976). *The problem-solving approach to adjustment.* San Francisco: Jossey-Bass.

Spivack, G., Shure, M. B., & Platt, J. J. (1985). *Means-Ends Problem Solving (MEPS): Stimuli and scoring procedures supplement.* Original não-publicado, Hahnemann University.

Weinberger, M., Hiner, S. L., & Tierney, W. M. (1987). In support of hassles as a measure of stress in predicting health outcomes. *Journal of Behavioral Medicine, 10,* 19-31.

Yesavitch, J., Brink, T., Rose, T., Lum, O., Hsuang, O., Adey, V, & Leier, V. (1983). Development and validation of a geriatric screening scale: A preliminary report. *Journal of Psychiatric Research, 17,* 37-49.

TERAPIA COGNITIVO-COMPORTAMENTAL PARA JOVENS

Lauren Braswell
Philip C. Kendall

O campo da terapia cognitivo-comportamental para crianças e adolescentes teve grande expansão e aperfeiçoamento na última década. Desde a publicação da versão original deste capítulo, foram publicados nove livros sobre terapia cognitivo-comportamental para jovens (p. ex. Finch, Nelson e Ott, 1993; Kendal, 2000; Reinecke, Dattilio e Freeman, 1996; Wilkes, Belsher, Rush, Frank e Associates, 1994), diversos artigos de revisão (p. ex., Ager e Cole, 1991; Kendall, 1993; Kendall e Panichelli-Mindel, 1995; Spence, 1994), metanálises (Baer e Nietzel, 1991; Durlak, Fuhrman e Lampman, 1991) e uma crescente bibliografia sobre a eficácia das diversas formas de terapia cognitivo-comportamental para jovens. Ainda existe uma grande necessidade de estudos minuciosos sobre os resultados de tratamentos com crianças (Kendall, 1998; Kendall, Flannery-Schroeder e Ford, 1999; Weisz, Huey e Weersing, 1998). Contudo, em comparação com uma década atrás, a bibliografia atual sobre os resultados da terapia cognitivo-comportamental para crianças tem maior alcance – e, no caso de determinados transtornos da infância, maior profundidade – hoje do que antes. Também foram desenvolvidas abordagens mais específicas para adolescentes (Holmbeck, Calder, Shapera, Westhoven, Kenealy e Updegrove, 2000). Conforme será discutido, algumas abordagens que pareciam promissoras há 10 anos hoje podem ser recomendadas com confiança, enquanto outros tratamentos não cumpriram sua promessa inicial.

Ao fazer uma análise da terapia cognitivo-comportamental para jovens, é importante considerá-la em seu contexto histórico. Essa perspectiva histórica é apresentada na definição da terapia cognitivo-comportamental proposta originalmente por Kendall e Hollon (1979, p. 1): a terapia cognitivo-comportamental é "uma tentativa intencional de preservar a efetividade demonstrada na modificação do comportamento dentro de um contexto menos doutrinário e de incorporar as atividades cognitivas do cliente na tentativa de produzir mudanças terapêuticas". As estratégias cognitivo-comportamentais para crianças e adolescentes usam procedimentos representativos e baseados no comportamento, bem como intervenções cognitivas para produzir mudanças no pensamento, sentimento e comportamento (Kendall, 2000). Diversas formas de terapia cognitivo-comportamental para jovens compartilham o objetivo comum de ajudar os jovens a desenvolver uma visão de mundo caracterizada por uma postura construtiva para a resolução de seus problemas. Conforme descrito por Kendall e Panichelli-Mindel (1995), a orientação de resolução de problemas também pode ser considerada um "modelo de enfrentamento". Por meio de exercícios cuidadosamente planejados, a terapia cognitivo-comportamental ajuda os jovens e suas famílias a construir uma perspectiva adaptativa visando a resolução de problemas.

O terapeuta cognitivo-comportamental que trabalha com crianças e adolescentes deve preencher os papéis de diagnosticador, consultor e educador (Kendall, 2000). Como diagnosticador, o terapeuta integra dados sobre determinado cliente a partir de uma variedade de fontes e combina essas informações com o conhecimento sobre os processos de psicopatologia e desenvolvimento infantil normal para criar a formulação do problema. Como consultor, o terapeuta compartilha a formulação do problema e o conhecimento dos custos e benefícios esperados para as diferentes opções de tratamento com os familiares, para ajudá-los a priorizar objetivos e fazer escolhas sobre estratégias de tratamento. Dependendo das opções de tratamento selecionadas, o terapeuta então fornece instrução sobre o transtorno da criança ou adolescente e treinamento nas habilidades necessárias para o jovem cliente e/ou seus pais. De um modo geral, o terapeuta cognitivo-comportamental se descreve como um treinador para o jovem e/ou sua família (Kendall, 2000). A analogia com um treinador ajuda a criança ou o adolescente a entender que o terapeuta pode envolver-se intensamente com ele por um dado período de tempo, mas, com exceção dos casos mais incomuns, dificilmente fará parte do seu sistema de apoio por muitos anos.

Embora existam semelhanças nas atividades de terapeutas cognitivo-comportamentais que trabalham com jovens e com adultos, nas seções a seguir, consideramos as linhas teóricas mais específicas da terapia cognitivo-comportamental orientada para adultos e as diferenças em se trabalhar com jovens e com adultos. Depois disso, descrevemos as principais áreas de terapia cognitivo-comportamental para crianças e adolescentes, seguidas por uma discussão das aplicações da terapia cognitivo-comportamental para transtornos juvenis específicos. O capítulo conclui com uma reflexão sobre questões pendentes e questões para pesquisas futuras.

INFLUÊNCIAS TEÓRICAS NO DESENVOLVIMENTO DA TERAPIA COGNITIVO-COMPORTAMENTAL PARA JOVENS

As linhas teóricas que deram início aos métodos cognitivo-comportamentais usados com adultos, como o desenvolvimento do interesse dos behavioristas no fenômeno do autocontrole e a emergência de teorias cognitivas da aprendizagem na psicoterapia, também contribuíram para o surgimento da terapia cognitivo-comportamental para crianças e adolescentes (Kendall e Hollon, 1979). Além disso, a terapia cognitivo-comportamental para jovens beneficiou-se das contribuições da psicologia evolutiva, incluindo o estudo do desenvolvimento do autocontrole, cognição social, aprendizagem e memória, habilidades metacognitivas e processos atributivos.

O estudo do desenvolvimento do autocontrole e dos fatores que interferem no autocontrole desempenhou um papel interessante na emergência de determinados métodos cognitivo-comportamentais para crianças. Os trabalhos de Luria (1961) e Vygotsky (1962), por exemplo, proporcionaram uma formulação teórica inicial para se entender a emergência da auto-regulação ou mediação verbal do comportamento. Mischel (1974) articulou o papel das instruções e do auto-elogio em reduzir o nível de frustração das crianças em tarefas envolvendo retardar gratificações, enquanto Patterson e Mischel (1976) examinaram o papel das estratégias verbais para ajudar as crianças a resistir à distração. Juntos, esses trabalhos influenciaram o desenvolvimento dos procedimentos de auto-instruções verbais empregados originalmente por Meichenbaum e Goodman (1971).

O estudo do desenvolvimento de processos cognitivos sociais desempenhou um papel importante na emergência das teorias cognitivas sobre os transtornos juvenis. O termo "cognição social" (Shantz, 1983) refere-se a eventos ou processos internos que influenciam os atos relacionados com outras pessoas. Embora Piaget (1926) tenha começado a estudar a perspectiva social em crianças há mais de 70 anos, os pesquisadores evolutivos não demonstraram interesse por pesquisas nessa área até a década de 1970 (Chandler, 1973; Hudson, 1978; Selman e Byrne, 1974; Selman, 1980; Shantz, 1975). Com base nessas pesquisas, Dodge (1986) propôs um modelo social-cognitivo de processamento de informações que explora e esclarece os fatores cognitivos sociais associados à emergência de problemas com a agressividade em crianças. Por exemplo, Dodge e colaboradores observaram que as crianças que apresentam comportamento agressivo percebem e codificam pistas sobre seu ambiente social de maneira diferente de crianças que não são agressivas. Aquelas que tendem a ser agressivas apresentam um padrão de menor atenção nas pistas disponíveis antes de interpretarem o comportamento dos outros, e tendem a perceber os outros como hostis em circunstâncias em que crianças não-agressivas percebem intenções benignas ou neutras (Dodge e Frame, 1982; Dodge e Newman, 1981; Dodge, Pettit, McClaskey e Brown, 1986). As crianças agressivas também apresentam uma tendência de subestimar o seu próprio nível de agressividade (Lochman, 1987). Essas iniciativas enfatizam a importância dos processos cognitivos e comportamentais que podem caracterizar determinada dificuldade infantil. A pesquisa sobre os processos cognitivos sociais também começou a examinar a maneira como a família de uma criança pode potencializar certos fatores cognitivos sociais, como a interpretação de uma situação social ambígua (Barrett, Rapee, Dadds e Ryan, 1996).

Uma linha de pesquisas que está intimamente relacionada explora expectativas e processos atributivos de crianças e adolescentes (Braswell, Koehler e Kendall, 1985; Gladstone, Kaslow, Seeley e Lewinsohn, 1997; Kortlander, Kendall e Panichelli-Mindel, 1997; Mattis e Ollendick, 1997). Os resultados dessa bibliografia sugerem que as atribuições dos jovens para determinados eventos e suas preferências por determinados tipos de explicação (i.e., seu estilo atributivo) têm importantes implicações terapêuticas. De maneira interessante, o estilo atributivo de um cliente parece afetar o processo e o resultado da terapia, mas as atribuições também podem ser alvos de intervenções. Contudo, como se pode prever, algumas evidências sugerem que os estilos atributivos das crianças não são tão "definidos" como os de adolescentes e adultos (Turner e Cole, 1994). A pesquisa a respeito das atribuições dos pais sobre as causas e a possibilidade de controlar os comportamentos das crianças também tem relevância para a criação de intervenções que incorporem os pais de maneiras efetivas (Johnston e Patenaude, 1994; Smith e O'Leary, 1995).

O estudo dos processos de aprendizagem e memória das crianças também influenciou o uso de certas estratégias cognitivo-comportamentais com crianças (Cohen e Schleser, 1984; Reeve e Brown, 1985). Conforme discutido por Kimball, Nelson e Politano (1993), a aprendizagem de informações apresentadas para crianças por meio de modelagem é claramente influenciada pelo desenvolvimento das capacidades de atenção e retenção. Por exemplo, as crianças pequenas somente prestam atenção em um aspecto do problema, sem integrar informações apresentadas de forma seqüencial. É provável que prestem atenção em aspectos específicos da situação, mas que talvez sejam periféricos ao conteúdo central apresentado.

Essa breve listagem de áreas da pesquisa evolutiva ilustra o impacto da psicologia evolutiva sobre a terapia cognitivo-comportamental, e mostra apenas algumas das áreas de conhecimento que foram integradas. Espera-se que as iniciativas futuras na terapia cognitivo-comportamental permaneçam orientadas pela pesquisa e teoria evolutiva.

DIFERENÇAS NO TRABALHO COM JOVENS E ADULTOS

Embora existam diferenças claras no tratamento com jovens e com adultos, os fatores relevantes para a maneira como se deve fazer terapia cognitivo-comportamental envolvem: (1) a necessidade de atenção ao nível de desenvolvimento cognitivo e afetivo do jovem; (2) o uso de modos de apresentar o conteúdo da terapia que sejam apropriados para a idade, (3) o reconhecimento das diferenças na maneira em que os clientes jovens chegam ao tratamento e (4) o reconhecimento do nível em que o jovem está envolvido em seu contexto social.

A atenção ao desenvolvimento cognitivo e afetivo do cliente é importante para qualquer terapeuta, mas quando se trabalha com crianças e adolescentes, ela é crucial. A compreensão da capacidade de memória do jovem é importante para o sucesso da intervenção, bem como para se entenderem fatores como a capacidade de prestar atenção, fluência e compreensão verbais e a capacidade de raciocínio conceitual. Certas estratégias cognitivas que seriam apropriadas para clientes adultos talvez não sejam totalmente compreensíveis para clientes jovens, especialmente crianças menores. Por exemplo, a aplicação da terapia comportamental racional-emotiva de Ellis (Ellis, 1970; Dryden e Ellis, Capítulo 9 deste livro) ou da terapia cognitiva de Beck para a depressão (Beck, Rush, Shaw e Emery; DeRubeis, Tang e Beck, Capítulo 10 deste livro) pressupõe que o cliente tenha a capacidade cognitiva para distinguir pensamentos racionais de irracionais após o terapeuta e o cliente descobrirem e identificarem essa distinção. Uma criança pequena pode considerar uma confrontação a um pensamento irracional, como as propostas por Ellis, como uma repreensão, e considerar difícil compreender a mudança filosófica pretendida.

Conforme o status evolutivo do cliente, o terapeuta cognitivo-comportamental também deve estar ciente da necessidade de usar modos adequados à idade para transmitir informações. Ou, em linguagem mais simples, ao trabalhar com crianças, o terapeuta deve ser capaz de ensinar de maneira lúdica e brincar de um modo que leve ao aprendizado (Kendall, Chu, Gifford, Hayes e Nauta, 1998). Certas crianças não estão prontas para um tratamento baseado no discurso verbal como a única forma de comunicação. O terapeuta também deve sentir-se confortável para demonstrar conceitos importantes com o uso de bonecos, manipulação de brinquedos ou atividades de dramatização.* O terapeuta infantil também deve ser capaz de ajudar as crianças a desenvolver representações visuais das idéias abordadas em trabalhos de arte, desenhando juntos em um quadro-negro, ou por meio de livros ou outros meios visuais. Atividades simples e repetitivas, como brincar com argila, também podem ser proveitosas quando a criança consegue falar, mas precisa fazer algo com as mãos para se sentir confortável. Os métodos lúdicos não são a principal preocupação, mas o terapeuta deve estar preparado para envolver a criança de um modo que seja adequado ao seu desenvolvimento, seja qual for a sua linha teórica.

O trabalho com crianças e adolescentes também difere em termos do método de indicação para o tratamento. Um pequeno número de clientes adultos é enviado ao tratamento por autoridades, como o sistema judicial, mas a maioria dos adultos toma a decisão de fazer psicoterapia. As crianças e adolescentes, por outro lado, não telefonam em busca de consultas para se tratarem, mesmo que estejam em grande dor psicológica. Pelo contrário, seu tratamento é resultado da preocupação dos adultos ao seu redor – na maioria dos casos, seus pais ou professores. A pesquisa sugere que o estado emocional dos pais (Conrad e Hammen, 1989; Webster-Stratton e Hammond, 1988) e o grau de contribuição parental para as dificuldades da criança (Reid, Kavanagh e Baldwin, 1987) podem influenciar a tendência dos pais de perceber que a criança está com uma dificuldade que exige tratamento. O papel dos adultos como responsáveis legais pode influenciar os tipos de jovens que são mais prováveis de ser levados aos serviços de saúde mental. Os adultos são mais prováveis de se tratar para condições que lhes estejam causando dor pessoal, como a depressão ou a ansiedade. Pelo menos nos Estados Unidos, os adultos são mais prováveis de procurar tratamento para jovens que apresentem sintomas de comportamento diruptivo, como vandalismo, furto e agressividade (Weisz e Weiss, 1991). Em outras palavras, os adultos tendem a apresentar jovens que estejam causando dor em adultos, em vez de jovens que estejam necessariamente experimentando dor. Felizmente, os pais e professores estão se tornando mais sensíveis

---

* N. de R.T. A este respeito, sugerimos a leitura de Stallard, P. (2004). *Bons pensamentos – Bons Sentimentos: Manual de terapia cognitivo-comportamental para crianças e adolescentes*. Porto Alegre: Artmed.

às necessidades de tratamento de crianças e adolescentes deprimidos e/ou ansiosos. Mesmo assim, esses jovens ainda representam um grupo que merece maior atenção.

Conforme ilustrado na discussão anterior, um cliente jovem está muito mais envolvido no contexto social de sua família e no da escola do que costuma ser o caso para clientes adultos (Craighead, Meyers e Craighead, 1985). Esse estado de coisas tem implicações para a identificação das causas das dificuldades dos jovens e para o desenvolvimento do plano de tratamento. O reconhecimento do papel dos pais e de outras pessoas fortes na vida do jovem e a inclusão desses indivíduos em algum aspecto do processo de intervenção geralmente são cruciais para o sucesso do tratamento do cliente jovem. Conforme discutido por Braswell (1991), as primeiras terapias cognitivo-comportamentais variavam muito no nível em que os pais eram incorporados explicitamente no processo de tratamento, mas a tendência atual é de inclusão dos pais no tratamento de praticamente todas as formas de problemas mentais e comportamentais de jovens.

COMPONENTES COMUNS DO TRATAMENTO

Embora a terapia cognitivo-comportamental varie segundo a idade e o problema do jovem cliente, diversas estratégias costumam ser consideradas comuns a essa abordagem de tratamento (Kendall, 1993). Nesta seção, discutiremos a resolução de problemas, reestruturação cognitiva, auto-regulação, educação afetiva, treinamento em relaxamento, modelagem, *role plays* e contingências comportamentais. Após as discussões, consideraremos as aplicações das estratégias a transtornos juvenis específicos.

Orientação e treinamento em resolução de problemas

A resolução de problemas caracteriza a orientação geral do terapeuta, independentemente das estratégias específicas a ser treinadas, e é comum em diferentes tipos de transtorno juvenil. O clínico cognitivo-comportamental aborda as dificuldades do jovem cliente ou família como problemas a ser resolvidos, em vez de resultados inevitáveis de um processo doentio ou circunstância familiar. A terapia cognitivo-comportamental recomenda que o terapeuta use a orientação de resolução de problemas não apenas ao tratar a queixa do cliente, mas para lidar com uma variedade de dilemas que podem surgir no decorrer do tratamento. Por exemplo, o terapeuta não apenas pode ajudar a família a resolver problemas relacionados com conflitos entre pais e filhos, como também pode usar a resolução de problemas ativamente para lidar com questões como baixa freqüência nas sessões de terapia, comportamentos do cliente durante as sessões, ou dificuldade para encontrar recursos de apoio sugeridos. O terapeuta atua como modelo de resolução de problemas ao lidar com questões relacionadas com o seu comportamento (p. ex., perder as chaves do consultório ou dificuldade para encontrar o material necessário para aplicar um teste). Essa modelagem não é feita na tentativa de fazer com que o terapeuta pareça incompetente, mas para proporcionar uma demonstração real do valor pragmático de estratégias de resolução de problemas para o cliente e sua família.

O treinamento em resolução de problemas como um componente específico do tratamento tem uma rica história de aplicações para jovens e adultos. A década de 1970 trouxe um aumento notável nas tentativas de formular a resolução de problemas como um conjunto de habilidades relevantes para propósitos clínicos (D'Zurilla e Goldfried, 1971; Mahoney, 1977). Spivack, Shure, Platt e colaboradores propuseram que, para ser efetiva, a resolução de problemas cognitivos e interpessoais exige diversas sub-habilidades, como a sensibilidade a problemas humanos, a capacidade de gerar soluções alternativas, a capacidade de conceituar os meios adequados de alcançar uma determinada solução, e a sensibilidade a conseqüências e relações de causa e efeito no comportamento humano (Shure e Spivack, 1978; Spivack, Platt e Shure, 1976).

Muitas formulações das etapas específicas da resolução de problemas são condizentes com as sub-habilidades articuladas por Spivack, Shure e colaboradores. Um formato típico de treinamento em resolução de problemas pode incluir ensinar o jovem cliente e/ou família a ser mais capaz de reconhecer ou identificar problemas ("Devagar. Qual é o problema?"), criar alternativas ("Quais são minhas opções?"), avaliar conseqüências emocionais e comportamentais ("O que aconteceria com essa opção? Como eu me sentiria?"), selecionar e implementar uma opção ou solução ("Como eu aplico a melhor opção?") e, finalmente, avaliar o sucesso da alternativa escolhida ("A escolha deu certo? Devo fazer outra opção da próxima vez?"). Em determinadas abordagens de resolução de problemas, os clientes devem usar uma linguagem específica, ao passo que, em outras, as etapas de resolução de problemas são apresentadas como um modelo para orientar a discussão do problema. A Tabela 8.1 apresenta um exemplo de um modelo de resolução de problemas sugerido por Arthur L. Robin (comunicação pessoal, 5 de janeiro de 2000) para ser usado com pais e adolescentes.

Conforme será detalhado na seção sobre suas aplicações, as abordagens de treinamento em resolução de problemas obtiveram resultados positivos quando foram usadas como um componente do tratamento de uma variedade de problemas emocionais e comportamentais de crianças e adolescentes. Embora o processo de resolução de problemas possa ser semelhante para diferentes tipos de dificuldade, o foco das iniciativas pode variar. Em situações envolvendo conflitos entre pais e adolescentes, pode-se usar o treinamento em resolução de problemas para criar um conjunto razoável de expectativas para o comportamento do adolescente em casa e na escola e para esclarecer a maneira em que se podem corrigir expectativas frustradas.

TABELA 8.1 Passos da resolução de problemas para adolescentes e pais

---

I. Defina o problema
    A. Um diz ao outro o que está fazendo que o incomoda e por quê.
        1. Seja breve.
        2. Seja positivo, não acuse.
    B. Um repete para o outro as afirmações do problema para verificar se entendeu o que foi dito.
II. Crie soluções alternativas.
    A. Alternem-se listando soluções possíveis.
    B. Siga três regras para fazer uma lista de soluções:
        1. Registre o maior número possível de idéias.
        2. Não avalie as idéias.
        3. Seja criativo. Sugira idéias corajosas.
    C. Você não tem obrigação de fazer algo apenas porque disse que faria.
III. Classifique/decida qual é a melhor idéia.
    A. Alterne-se classificando cada idéia.
        1. Essa idéia resolveria o seu problema?
        2. Essa idéia resolveria o problema dos outros?
        3. Classifique a idéia com um "mais" ou um "menos".
    B. Selecione a melhor idéia.
        1. Procure idéias classificadas por todos com um "mais".
            a. Selecione uma dessas idéias.
            b. Combine várias dessas idéias.
        2. Se nenhuma idéia for avaliada com um "mais" por todos, veja onde vocês chegaram mais perto de um acordo e negocie um compromisso. Se os dois pais estiverem participando, procure idéias classificadas com um "mais" por um dos pais e pelo adolescente.
IV. Faça um plano para implementar a solução selecionada.
    A. Decida quem faz o quê, quando, onde e como.
    B. Planeje como criar lembretes para a conclusão das tarefas.
    C. Planeje as conseqüências da adesão ou falta de adesão.

Fonte: A partir de A.L. Robin (comunicação pessoal, 5 de janeiro de 2000). Reimpresso sob permissão.

De maneira semelhante, os pais e seus filhos adolescentes podem ter de usar um processo de resolução de problemas para descobrir novas maneiras que sejam apropriadas à idade para se divertirem juntos, como uma família, enquanto ainda respeitam a necessidade dos adolescentes de passar tempo com seus pares. A resolução de problemas com uma criança ou um adolescente agressivo pode se concentrar em determinar maneiras mais apropriadas de comunicar a raiva, obter objetos desejados de outras pessoas e/ou adquirir um poder legítimo dentro do grupo de amigos. Com um jovem cliente deprimido, pode-se usar o treinamento em resolução de problemas para explorar como se podem criar eventos mais prazerosos na vida do cliente, como ter mais contatos positivos com outros jovens, ou como desenvolver habilidades em uma área em que o cliente queira se sentir proficiente. Para jovens ansiosos, o treinamento em resolução de problemas pode ser direcionado para criar um plano de ação para uma situação que era vista como ameaçadora ou difícil.

Além das diferenças nos problemas a ser abordados com jovens que manifestam variações nos transtornos, seus transtornos são associados a certas dificuldades com o processo de resolução de problemas. Por exemplo, jovens propensos à agressividade e outras dificuldades de atuação podem precisar de treinamento e apoio especiais na fase de formulação do problema, devido à sua tendência de perceber as intenções dos outros de forma incorreta e exagerar a hostilidade em seu ambiente social. Também podem precisar de ajuda para ter calma na fase de geração, para que possam gerar mais alternativas para lidar com a situação problemática sem agressividade. As crianças adolescentes deprimidos também pode precisar de um estímulo especial para gerar alternativas variadas, pois podem estar lutando com a rigidez depressiva de seu raciocínio (Stark, 1990). Os jovens deprimidos também precisam aprender a não rejeitar uma solução possível prematuramente, antes que ela tenha sido avaliada de forma cuidadosa (Stark, Rouse e Livingston, 1991). Conforme ilustrado nesses exemplos, o treinamento em resolução de problemas é conceituado como um veículo flexível que pode ser facilmente adaptado para as necessidades de clientes individuais e suas famílias. Ele não é um fim, mas um meio para levar os clientes e suas famílias a identificar necessidades ainda mais específicas que possam/devam ser abordadas.

Reestruturação cognitiva

Pesquisas sugerem que crianças que demonstram ter preocupações emocionais e/ou comportamentais têm diversas formas de pensamento negativo sobre si mesmas (Crick e Dodge, 1994; Hammen, 1988; Kendall, Stark e Adam, 1990; Rabian, Peterson, Richters e Jensen, 1993). O campo tem avançado para além de simplesmente identificar, por exemplo, que jovens deprimidos fazem certas atribuições negativas sobre si mesmos, buscando identificar formulações que explorem as interconexões entre representações cognitivas negativas e o mundo social do jovem (Rudolph, Hammen e Burge, 1997). Os métodos de reestruturação cognitiva (Beck et al., 1997; Ellis e Harper, 1975) foram desenvolvidos como uma forma de abordar essas representações cognitivas negativas, sejam elas expectativas, crenças ou declarações pessoais. Conforme ilustrado em muitos dos capítulos deste livro, as atividades de reestruturação cognitiva permanecem no centro de grande parte das terapias cognitivo-comportamentais realizadas com adultos. Existem vários tipos de reestruturação cognitiva, mas todas as variações envolvem o cliente se conscientizar de declarações pessoais, expectativas ou crenças que refletem maneiras inadequadas de pensar sobre si mesmo, o mundo e/ou o futuro. O terapeuta orienta o cliente a considerar a conexão entre esses pensamentos negativos e a sua experiência emocional. Finalmente, o terapeuta e o cliente trabalham juntos em várias maneiras de identificar, criar e testar modos mais adaptativos de pensar.

No trabalho com crianças ou adolescentes, os elementos básicos da reestruturação cognitiva são semelhantes aos usados com clientes adultos, mas o clínico deve ter atenção cuidadosa ao nível evolutivo do cliente jovem. Harter (1982) observou que crianças com menos de 5 ou 6 anos geralmente não estão interessadas ou não são capazes de fazer uma reflexão imparcial sobre seus pensamentos e/ou processos de pensamento. Essa capacidade de auto-reflexão se desenvolve nos anos da escola fundamental, e as crianças primeiramente conseguem examinar os pensamentos sobre questões que sejam muito importantes e atuais em suas vidas. Provavelmente, somente na adolescência, ou quando os clientes atingem um nível cognitivo-evolutivo comparável com o estágio de operações formais de Piaget, é que eles conseguem examinar seus pensamentos como exemplos de esquemas mais amplos, que se desenvolveram ao longo do tempo e como resultado de experiências específicas. É claro que uma pessoa jovem se encontra no processo de formação de esquemas, de modo que faz sentido que seja difícil identificar visões de mundo e expectativas coerentes em alguém tão jovem.

Ao conduzir reestruturação cognitiva com uma criança, o terapeuta introduz a noção de examinar os próprios pensamentos, fazendo com que a criança complete os "balões de pensamentos" sobre as cabeças de personagens de gibis em cenários diversos (ver Kendall, 1990; Kendall, Chansky, et al., 1992). Quando a criança parece entender o conceito de como os pensamentos acompanham as ações e estados emocionais, o terapeuta pode então solicitar que a criança mantenha um diário simples de declarações pessoais para um tipo específico de pensamento, como comentários negativos sobre si mesmo ou outro tipo de declaração pessoal negativa relevante para as preocupações da criança. Diversos programas para crianças recomendam apresentar a idéia de ser um "detetive de pensamentos" para ajudar a criança a entender a tarefa de descobrir quando esses pensamentos negativos estão ocorrendo (Stark, 1990; Stark et al., 1996). O terapeuta então orienta a criança a considerar a conexão entre esses pensamentos negativos e emoções desagradáveis, talvez fazendo com que a criança faça avaliações do humor em conexão com o monitoramento de seus pensamentos. Por meio de um questionamento orientado e projetando e realizando experimentos comportamentais, o clínico introduz a possibilidade de que é possível decidir pensar de maneira diferente sobre uma dada questão, e que pensar de maneira diferente pode levar o indivíduo a sentir-se de maneira diferente.

A repetição do treinamento de atribuições é um exemplo das primeiras iniciativas de reestruturação cognitiva com crianças (Dweck, 1975). Essa forma de reestruturação cognitiva baseava-se nas teorias cognitivas da motivação defendidas por Bandura (1969) e Weiner (1979), que enfatizavam o modo como as explicações causais de uma criança para seu desempenho bom ou fraco tinham implicações para a persistência de seus comportamentos, expectativas para o seu desempenho no futuro, e reações afetivas ao sucesso e ao fracasso. A maior parte das iniciativas de repetição do treinamento de atribuições visa a criar um ambiente de treinamento em que a criança aprenda a se dar mais crédito individual por suas realizações escolares ou em outras áreas, estimulando assim a experiência da criança de controle positivo e/ou de auto-eficácia. Dweck (1975), por exemplo, trabalhou com crianças do ensino fundamental propensas a fracassar, com tendência a ser debilitadas por suas dificuldades escolares. Na condição de repetição do treinamento em atribuições de Dweck, essas crianças praticaram problemas matemáticos repetidamente. Quando fracassaram, foram informadas de que "o fracasso significa que você deve tentar mais". Em comparação com um grupo de treinamento voltado apenas para o sucesso, as crianças que fazem a repetição do treinamento em atribuições apresentaram maior persistência para tentar resolver problemas e uma mudança em seu sistema de crenças sobre o fracasso, com uma tendência crescente de atribuir o fracasso à falta de esforço, em vez de falta de capacidade. Outras pesquisas sugerem que essa forma de repetição do treinamento de atribuições é mais provável de ter sucesso quando utilizada com estudantes que não estejam aplicando o conhecimento ou habilidades que já possuem, ou quando utilizada juntamente com o ensino de novas estratégias de resolução de problemas (Clifford, 1984; Schunk, 1983).

Além de exemplos de reestruturação cognitiva concentrados unicamente em crianças, como a repetição do treinamento de atribuições, também foram empregadas com crianças e adolescentes iniciativas semelhantes às associadas à terapia cognitiva de Beck para a depressão (Dudley, 1997; Stark, 1990; Wilkes et al., 1994). Como no trabalho com adultos, o terapeuta evoca declarações pessoais negativas de diversas maneiras. Após essas declarações pessoais serem identificadas, o cliente jovem e o terapeuta examinam juntos as evidências em favor ou contrárias a essa interpretação negativa. A questão "quais são as evidências em favor dessa visão?" pode ser uma das ferramentas mais básicas da reestruturação cognitiva, seguida pela questão "existe outra maneira de olhar ou explicar essa observação?". Com essa segunda questão, o terapeuta ajuda a criança ou adolescente a explorar explicações alternativas que possam explicar suas observações perturbadoras (p. ex., um amigo não cumprimentou quando passou no corredor). Uma terceira questão comum usada na reestruturação cognitiva envolve perguntar "e se...?" ou, colocada de outra forma, "mesmo que a observação seja verdadeira e não exista uma explicação alternativa, isso é tão ruim assim?" (p. ex., "Seu amigo não lhe cumprimentou. Ele pode ou não estar bravo com você, mas se ele *estiver* bravo, isso é uma catástrofe tão grande?"). Conforme discutido por Stark (Stark, 1990; Stark, Boswell e Hoke, 2000), os clínicos que trabalham com crianças e adolescentes devem ter cautela ao usarem a questão "e se...?", pois, se não houver um relacionamento sólido entre o terapeuta e o cliente ou se a afirmação for feita de maneira sarcástica, o cliente pode achar que o terapeuta está caçoando dele. Além de utilizar essas questões padronizadas para a discussão, o terapeuta também pode ajudar o cliente a formular um experimento comportamental para reunir evidências em favor ou contra determinado ponto de vista. Wilkes e colaboradores (1994) apresentam diversos exemplos de experimentos do tipo, incluindo um em que se ajudou um adolescente com dificuldades de aprendizagem a testar sua crença de que, se fizesse perguntas na escola, seus colegas pensariam que era "burro". Com a ajuda do terapeuta, ele criou um plano para anotar o número de perguntas feitas na sala de aula por indivíduos que considerava "espertos", em comparação com os que considerava "não tão espertos". Dessa forma, ele se surpreendeu com os dados que indicavam que as pessoas que considerava "espertas" faziam mais perguntas.

As metas da reestruturação cognitiva tendem a variar com as dificuldades da criança ou adolescente. Conforme observaram Kendall, Kortlander, Chansky e Brady (1992), devido à natureza antecipatória da ansiedade, é provável que o terapeuta precise fazer uma exploração minuciosa de expectativas mal-adaptativas relacionadas com eventos futuros. Com clientes deprimidos, existe mais que uma tendência de ruminar e formar atribuições errôneas sobre eventos do passado do que com os clientes não-deprimidos. Feindler e colaboradores (Feindler, 1991; Feindler e Ecton, 1986) observaram que jovens com dificuldades sérias em controlar a raiva podem precisar de uma reestruturação cognitiva que aborde suas interpretações hostis de interações, suas crenças na legitimidade da agressão e retaliação, e suas expectativas de ser imune às conseqüências.

O uso de materiais adequados à idade pode ser bastante proveitoso para a tarefa abstrata de examinar e mudar o pensamento distorcido de um jovem. Dudley (1997) desenvolveu um currículo para terapia cognitiva em grupo com crianças ou adolescentes deprimidos, envolvendo muitos desenhos, gráficos, histórias, e ilustrações representando jovens de diversas origens culturais e étnicas. Esses materiais visuais de apoio, bem como o uso de livros de exercícios (Kendall, 1992; Nelson e Finch, 1996; Stark et al., 1996), podem ser extremamente valiosos para ajudar o clínico cognitivo-comportamental a se comunicar sobre constructos cognitivos completos para crianças e adolescentes em idade escolar.

Ao trabalhar com clientes jovens, deve-se estar igualmente atento ao processamento cognitivo dos pais, pois suas expectativas e crenças sobre a situação de seus filhos terão um impacto direto em seu comportamento como pais e suas escolhas de tratamento para seus filhos e/ou família. Em particular, o clínico cognitivo-comportamental deve tentar ser sensível às crenças dos pais a respeito da causa das dificuldades de seus filhos. De forma contrária, pode ser difícil os pais apoiarem ou participarem com entusiasmo de um plano de tratamento que não condiga com a sua visão do problema. Por exemplo, Anastopoulos (1996) observou que a falta de constância comportamental e a variabilidade situacional dos sintomas em uma criança com transtorno de déficit de atenção e hiperatividade (TDAH) podem levar os pais e professores a desenvolver crenças de que as dificuldades da criança resultam apenas de preguiça ou de falta de esforço. Para mudar essa crença, necessita-se de educação adequada sobre o transtorno em questão e, sem essas informações, é improvável que os pais apóiem as intervenções comportamentais e farmacológicas mais efetivas para o TDAH.

Conforme ilustrado no exemplo anterior, essas cognições inadequadas podem ser abordadas por meio de uma simples discussão e educação. Em outros casos, podem ser necessárias iniciativas mais intensivas ou formalizadas de reestruturação cognitiva. Essas iniciativas podem tomar a forma de uma nova classificação ou novo enquadramento do comportamento do jovem (ou da resposta dos pais ao comportamento) para reduzir crenças de culpa que possam estar interferindo na busca de ação positiva. Em particular, o terapeuta pode estar trabalhando para orientar os pais ou outros adultos a não endossarem atribuições globais, estáveis e internas para os comportamentos do jovem, e buscarem explicações que sejam mais locais, instáveis e externas. Por exemplo, em vez de endossar uma explicação para o comportamento agressivo de uma criança que implique que ela seja destruidora por natureza, o terapeuta cognitivo-comportamental pode oferecer uma conceituação alternativa que também se encaixe nos dados disponíveis da situação, como "observei que ele tende a empurrar outras crianças quando a sala está muito cheia, pois as crianças precisam compartilhar uma quantidade pequena de materiais". Essa visão proporciona idéias para uma possível intervenção na própria maneira em que o problema é descrito, enquanto a anterior poderia ser interpretada quase como sem opções (ou uma interpretação errônea da personalidade). Os clínicos cognitivo-comportamentais também realizam reformulações simples, mas profícuas com os pais e seus filhos, quando param de discutir os déficits ou dificuldades que a criança está apresentando e voltam-se para as habilidades positivas que devem ser treinadas e estimuladas na criança para eliminar as áreas de preocupação. Com base em seu trabalho com pais e adolescentes em conflito, Robin (1998) e Robin e Foster (1989) forneceram exemplos valiosos de crenças irracionais comuns e suas reformulações mais razoáveis. Ao apresentar essas reformulações, o terapeuta cognitivo-comportamental ajuda os pais a entender que essas escolhas de formulação de problemas não são uma questão de verdade ou mentira, mas uma questão de qual conceituação é mais provável de estimular iniciativas construtivas para enfrentar o problema em questão.

Abordagens de autocontrole/auto-regulação

A classe de técnicas de treinamento chamadas "autocontrole" ou "auto-regulação" é uma ligação transicional entre abordagens comportamentais tradicionais e perspectivas que envolvem maior atenção a fatores cognitivos. O interesse nos métodos de auto-regulação desenvolveu-se após os estudos de Kanfer (1970, 1971) que apresentaram um modelo de auto-regulação, incluindo os componentes de automonitoramento, auto-registro, auto-avaliação e auto-reforço. O "automonitoramento" refere-se ao ato de observar a ocorrência de um evento cognitivo ou comportamental definido, como observar comportamentos voltados para o cumprimento de uma tarefa, acompanhar declarações pessoais negativas, ou observar uma mudança no humor. O "auto-registro" refere-se ao processo de fazer alguma forma de registro do evento observado, seja uma anotação em uma tabela, uma marca de visto em um formulário, ou alguma descrição mais elaborada no diário de humor. A "auto-avaliação" envolve comparar o próprio comportamento registrado com algum padrão previamente estabelecido, e o "auto-reforço" entra em cena quando o indivíduo alcança determinado objetivo.

Os métodos de auto-regulação são aplicados como tratamento único para tratar problemas comportamentais mais simples, e são empregados também como um dos componentes de programas mais abrangentes para transtornos específicos. Carter (1993) descreveu uma aplicação de uma abordagem simples de automonitoramento que foi projetada para ajudar um estudante a reduzir a freqüência com que falava na sala de aula, aumentando o número de vezes em que levantava a mão e esperava que o professor o chamasse. Em outros trabalhos, foram usadas abordagens de automonitoramento com auto-avaliação e auto-reforço para aumentar o comportamento voltado para tarefas em estudantes da escola fundamental e ensino médio com dificuldades de aprendizagem (Hallahan, Lloyd, Kneedler e Marshall, 1982; Hughes e Hendrickson, 1987; Prater, Joy, Chilman, Temple e Miller, 1991). Ensinar jovens a se automonitorarem ou se tornarem mais conscientes de sua excitação interna e suas reações emocionais é um elemento comum do tratamento para clientes jovens que lutam contra seus comportamentos agressivos (Lochman, White e Wayland, 1991; Nelson e Finch, 1996), e para jovens com transtornos da ansiedade ou depressão. No caso de jovens ansiosos, eles são ensinados a monitorar os primeiros sinais de medo ou perturbação e usar esses sinais emocionais como pistas para mobilizar as suas habilidades de enfrentamento (ver Kendall, 1991, 1994, 1998, 2000). A terapia cognitivo-comportamental para jovens depressivos quase sempre envolve solicitar que as crianças ou adolescentes monitorem seu humor e/ou certos tipos de pensamento. Além disso, os clientes podem ter de monitorar o seu envolvimento em eventos prazerosos ou orientados para a aprendizagem. Alguns programas de tratamento para crianças e jovens deprimidos também abordam os padrões de auto-avaliação excessivamente rígidos ou irreais que esses jovens podem manifestar (Stark, 1990).

Educação afetiva

Ajudar os jovens a aprender a reconhecer e rotular suas experiências emocionais corretamente, bem como as emoções das outras pessoas, é um componente importante da terapia cognitivo-comportamental para as crianças e os adolescentes que apresentam uma variedade de dificuldades. Em alguns casos, os jovens podem estar bastante cientes de seu estado emocional, mas ainda podem precisar de ajuda para desenvolver o vocabulário necessário para discutir essas experiências, ou, como Southam-Gerow e Kendall (2000) relataram, talvez precisem de ajuda para reconhecer que essas emoções podem ser modificadas. Eles também podem precisar de informações para entender e normalizar os sintomas fisiológicos que acompanham a experiência de fortes emoções. Outros clientes podem precisar de ajuda para entender a variedade e a intensidade da expressão emocional. Em particular, essas crianças e adolescentes muitas vezes precisam de treinamento para aprender a reconhecer as primeiras pistas fisiológicas da perturbação emocional, de modo que possam ter condições de responder ao problema que está criando a perturbação enquanto suas emoções ainda estão relativamente com pouca intensidade, em vez de esperar até sentirem algum tipo de esgotamento emocional. Outros jovens, ainda, necessitam de ajuda adicional para entender a conexão entre os pensamentos e os sentimentos. Eles se beneficiam aprendendo como o discurso interno tem o potencial de aumentar ou diminuir a intensidade de uma resposta emocional. Mais uma vez, materiais desenvolvidos para acompanhar o tratamento de determinados transtornos da infância, como os criados por Kendall (1992) para o tratamento de transtornos da ansiedade, e simples exercícios orientados, podem ajudar os jovens clientes a examinar suas emoções de maneira inofensiva e tornar mais concreta a conexão entre os pensamentos e os sentimentos.

Como parte da educação afetiva, o terapeuta cognitivo-comportamental também pode explicar que as emoções fortes tendem a ter um efeito desorganizador no pensamento de crianças e adultos. É difícil exibir novos padrões de aprendizagem ou comportamento quando se está extremamente perturbado, a menos que essas novas respostas comportamentais tenham sido praticadas. De maneira ideal, essa prática ocorre primeiramente em um contexto bastante inofensivo, que proporciona amparo para se experimentar o novo comportamento (i.e., a terapia), e depois ocorre em ambientes mais desafiadores. Analogias com esportes podem ser valiosas para comunicar esse conceito. O terapeuta pode explicar que aprender a usar uma nova habilidade de automanejo é como experimentar um novo passe no futebol ou no basquete. Em primeiro lugar, o jovem cliente deve praticar a habilidade e receber muita instrução. Depois, o passe pode ser tentado em situações difíceis e, finalmente, o cliente estará pronto para usar o novo movimento em uma situação de jogo.

Treinamento em relaxamento

Ensinar maneiras mais efetivas de relaxar a crianças e adolescentes é outro componente importante da terapia cognitivo-comportamental para uma variedade de problemas juvenis. Historicamente, o treinamento em relaxamento tem sido um elemento fundamental no tratamento comportamental de dificuldades internalizadas de jovens (Barrios e O'Dell, 1989; Morris e Kratochwill, 1983). Ao contrário de enxergarem o relaxamento como uma resposta alternativa condicionada, os terapeutas cognitivo-comportamentais apresentam o relaxamento como uma habilidade de enfrentamento a ser desenvolvida e usada conscientemente sempre que for necessário. O treinamento em relaxamento também se tornou um elemento importante no tratamento de crianças e adolescentes com dificuldades no manejo da raiva (Feindler e Ecton, 1986; Lochman et al., 1991). Entretanto, Stark (1990) advertiu que os jovens podem não entender o raciocínio por trás do treinamento em relaxamento tão bem quanto os clientes adultos. As crianças menores, em particular, podem se sentir intimidadas pelos procedimentos, de maneira que é importante que o clínico proporcione informações adequadas para pais e filhos sobre o propósito e os usos adequados dos métodos de relaxamento.

O treinamento em relaxamento para jovens tem sido implementado de muitas maneiras. Stark (1990) e Kendall, Chansky e colaboradores (1992) recomendaram o uso da modificação do treinamento em relaxamento muscular profundo de Ollendick e Cerny (1981) para jovens. Nessa abordagem clássica de treinamento em relaxamento, os jovens clientes aprendem a tensionar e relaxar diversos grupos de músculos e se tornam mais capazes de perceber os indicadores fisiológicos da tensão muscular. O objetivo é que os clientes usem essa consciência para responder a indicadores precoces de tensão muscular, mobilizando então seus procedimentos de relaxamento. Koeppen (1974) criou uma série de imagens orientadas para ajudar crianças em idade escolar a tensionar e relaxar vários grupos de músculos, e Cautela e Groden (1978) desenvolveram modificações dos procedimentos de relaxamento para crianças pequenas e crianças com necessidades especiais.

Além desses exemplos de um treinamento em relaxamento mais envolvente, existem diversos procedimentos simples que os clínicos podem usar com crianças em idade pré-escolar e escolar. Por exemplo, nós (Kendall e Braswell, 1993) descrevemos o "jogo do robô ou do boneco de pano", no qual o terapeuta e a criança andam pela sala como robôs, com os braços e pernas rígidos e tensos. Ao sinal do terapeuta, a criança se joga suavemente em uma cadeira e deixa os braços relaxados e soltos, e o terapeuta comenta as diferenças entre esses dois estados corporais. As crianças também podem aprender induções breves para respiração lenta e profunda, como colocar o dedo indicador na frente da boca, como se fosse uma vela. Devem respirar fundo, segurar o ar, e deixar o ar sair de forma tão lenta que uma vela imaginária na ponta do dedo balançasse, mas não apagasse. Outros métodos mais breves incluem contar de trás para a frente ou escolher e usar um discurso interior calmo. Geralmente, deve-se apresentar uma variedade de opções para alcançar o relaxamento, e pedir que a criança escolha e pratique os métodos que prefere. Após ensinar e praticar habilidades de relaxamento na sessão, o terapeuta pode gravar uma fita de áudio com os métodos preferidos para que a criança possa usar em casa. Embora o treinamento em relaxamento seja empregado geralmente como um componente de um plano de tratamento mais elaborado e amplo, Kahn, Kehle, Jenson e Clark

(1990) relataram que o treinamento em relaxamento teve o mesmo grau de efetividade que uma terapia cognitivo-comportamental envolvendo automonitoramento, reestruturação cognitiva, e resolução de problemas para diminuir a sintomatologia depressiva e aumentar a auto-estima.

Modelação

Na terapia, assim como no resto da vida, as pessoas não precisam contar com a aprendizagem por tentativa e erro para descobrir a maior parte do que devem saber. Felizmente, os seres humanos são preparados para aprender observando os outros, e essa forma de aprendizagem é chamada de "aprendizagem observacional" ou "modelação". A modelagem, como intervenção em si, mostrou-se efetiva para eliminar déficits comportamentais, reduzir temores excessivos e facilitar o comportamento social (Bandura, 1969, 1971; Rosenthal e Bandura, 1978). Praticamente todas as intervenções cognitivo-comportamentais efetivas para jovens envolvem alguma forma de modelação como meio de treinar as habilidades de enfrentamento desejadas. Como componente de intervenções cognitivo-comportamentais, a modelagem é apresentada em diversas formas diferentes, incluindo modelação filmada, modelação simbólica, modelação gradual, modelação com participação e modelação oculta ou cognitiva.

O fenômeno da modelação tem recebido atenção significativa da pesquisa. Conforme sintetizado por Goldstein (1995), a resposta de um aprendiz à modelação é influenciada por pelo menos três classes de fatores: as características do modelo, as características do aprendiz e as conseqüências associadas ao comportamento modelado. Por exemplo, quando os modelos verbalizam seus pensamentos e ações enquanto realizam um comportamento, a aprendizagem é superior em relação a modelos que não verbalizam (Meichenbaum, 1971). À medida que os modelos falam, eles proporcionam aos aprendizes uma demonstração de como pensar em determinado problema ou situação, e falar em voz alta também fornece pistas auditivas aos aprendizes, além de visuais. Ao trabalhar com crianças, é particularmente importante fornecer rótulos verbais para as ações, pois, conforme observado por Kimball e colaboradores (1993), as crianças menores têm maior dificuldade para diferenciar informações centrais de informações periféricas, e podem não enxergar pistas sutis, mas importantes, dentro de um contexto mais amplo. As crianças, assim como os adultos, também são mais prováveis de imitar o comportamento de alguém que consideram semelhante a elas mesmas de alguma forma, e todos os seres humanos são mais prováveis de imitar o comportamento de indivíduos de quem gostam e admiram. Para determinados tipos de aprendizagem, os "modelos de enfrentamento" podem ser superiores aos "modelos de domínio". Um modelo de domínio apresenta um desempenho bem-sucedido em uma tarefa, sem indicações de ansiedade ou dificuldade. Um modelo de enfrentamento pode apresentar um comportamento que inclui alguns enganos, e pode apresentar ansiedade ou desconforto, mas conseguir satisfazer os requisitos da tarefa com seu esforço persistente. A modelagem de enfrentamento mostra ao cliente não apenas como executar os comportamentos necessários, mas também como lidar com pensamentos, emoções e comportamentos que possam interferir na execução da tarefa. Quanto mais o modelo conseguir incluir o aprendiz na modelagem, mais provável este será de imitar o comportamento (Kazdin, 1974; Meichenbaum, 1971; Sarason, 1975). Assim, a modelagem com participação ativa de uma pessoa semelhante ao aprendiz é mais provável de alcançar o efeito desejado (Barrios e O'Dell, 1989), mas quando essa opção não está disponível, a modelagem cognitiva, juntamente com alguma forma de modelagem simbólica, pode ser um substituto profícuo. Existem maneiras de ajudar os jovens a criar seus próprios modelos cognitivos ocultos. Como parte do tratamento de crianças ansiosas, Kendall, Chu, Pimentel e Choudhury (2000) recomendaram levar a criança a imaginar como suas personagens preferidas de desenhos da televisão ou do cinema lidariam com uma situação temida. O uso desse tipo de modelo também pode servir como um agente confortante e anticondicionante, como Lazarus e Abramovitz (1962) propuseram décadas atrás.

Na terapia cognitivo-comportamental, o clínico também trabalha com os pais e professores para ajudá-los a se tornarem modelos mais conscientes das habilidades que gostariam de ver desenvolvidas nos jovens. Adultos que trabalham com crianças e adolescentes com problemas de atuação, em particular, podem precisar de estímulo e reforço especiais do terapeuta para se conscientizarem da importância de modelarem habilidades de tolerância às frustrações ao lidarem com o comportamento difícil desses jovens. O terapeuta também pode oferecer orientação para ajudar os pais a selecionarem os modelos simbólicos desejados, na forma de livros, histórias, vídeos, programas de televisão e fitas de áudio que apresentem exemplos convincentes dos comportamentos/habilidades desejados. Indicamos ao leitor a leitura de Strayhorn (1988) para uma discussão particularmente criativa do uso de modelos desejáveis em histórias e jogos.

Role play (Dramatização)

Como a modelagem, mais do que uma área de conteúdo específica, o role play é um método para apresentar o treinamento, mas ainda assim é um elemento comum nas intervenções cognitivo-comportamentais. Por meio de exercícios de role play, o terapeuta cognitivo-comportamental pode proporcionar experiências de aprendizagem baseadas no comportamento. Além de servir como um veículo de treinamento, o role play proporciona uma forma de avaliação contínua do nível em que o cliente é capaz de produzir o comportamento recém-aprendido, embora pesquisas sugiram que as situações de role play podem evocar mais comportamentos sociais do que são observados em interações semelhantes, mas mais naturais (Beck, Forehand, Neeper e Baskin, 1982). Ainda assim, os exercícios realizados na sessão podem ajudar o terapeuta a detectar lacunas no conhecimento ou informações comportamentais incompletas que tenham sido fornecidas ao cliente. O role play, portanto, geralmente envolve o terapeuta e o cliente. Contudo, existe uma tendência crescente de se criarem intervenções para que os jovens possam participar de situações de role play com outros jovens de mesma idade (Albano e Barlow, 1996; Frankel, Cantwell e Myatt, 1996). O uso de role play com feedback filmado é outra maneira de aumentar potencialmente o impacto desse método de treinamento (Chandler, 1973; Sarason e Ganzer, 1973). Dependendo de como são estruturadas, as situações de role play certamente podem ser usadas para ajudar os clientes a atingir um nível mais realista de envolvimento emocional. Por exemplo, Hinshaw e colaboradores (Hinshaw, Buhrmester e Heller, 1989; Hinshaw, Henker e Whalen, 1984a) adaptaram uma técnica desenvolvida originalmente por Goodwin e Mahoney (1975) chamada o "jogo do círculo" para ajudar garotos com TDAH a desenvolver habilidades de controle da raiva em resposta a insultos verbais de seus amigos.

Contingências comportamentais

A variedade e o tipo de contingências comportamentais usados na terapia cognitivo-comportamental são limitados apenas pela imaginação do terapeuta e (espera-se) pela literatura relevante sobre resultados de tratamentos. As contingências comportamentais provavelmente serão mais efetivas para cumprir os objetivos da terapia quando sua escolha for informada pela consciência de questões evolutivas e por um entendimento das características do transtorno do cliente jovem e do status dos pais, que pode aumentar ou diminuir a efetividade dos métodos comportamentais.

Embora essas informações não sejam novas, ainda parece que muitas intervenções cognitivo-comportamentais subutilizam as contingências comportamentais, e são um tanto insensíveis a fatores evolutivos na escolha das contingências. As implicações das novas descobertas evolutivas para ferramentas comportamentais básicas, como a recompensa e a punição, foram claramente articuladas por Furman

(1980), que aconselhou os pesquisadores e clínicos que usam métodos de reforço positivo a prestarem atenção a mudanças evolutivas no valor da aprovação social, do *feedback*, de incentivos para o domínio de habilidades e de reforços tangíveis ou simbólicos. Por exemplo, Furman (1980) sintetizou os resultados de pesquisas que indicam que, para crianças pré-escolares e em idade da escola fundamental, as recompensas têm significado pela aprovação social que transmitem. À medida que as crianças crescem, elas ainda se preocupam com a aprovação social, mas os incentivos se tornam cada vez mais importantes para o domínio de habilidades. Em outras palavras, mais adiante no nível fundamental, as recompensas se tornam mais importantes quando significam que a criança não apenas ganhou a aprovação dos adultos, mas também alcançou algum tipo de objetivo. Essa mudança rumo a uma maior importância da motivação para aprender também se reflete na mudança de recompensas tangíveis para recompensas mais simbólicas. Mais uma vez, as crianças menores tendem a ser mais sensíveis a recompensas tangíveis, mas, com o aumento da idade cognitiva, aumenta o valor de recompensas com mais significado simbólico.

A atenção às características do transtorno da criança também pode levar à seleção de recompensas mais adequadas. Por exemplo, jovens com TDAH apresentam uma aparente necessidade de estimulação e saciedade rápida com materiais ou eventos considerados repetitivos (Zentall, 1995). Como grupo, esses jovens tendem a responder melhor em condições de recompensa em que haja *feedback* muito freqüente, muitas oportunidades de recompensa, e conseqüências negativas razoáveis para a demonstração de comportamentos inadequados (Pfiffner e Barkley, 1998). Além disso, os sistemas de recompensa são mais capazes de manter seu impacto motivacional se houver uma variedade de recompensas extras e/ou um elemento de acaso na recompensa fornecida. Ao trabalhar com jovens deprimidos, existem desafios muito diferentes à implementação de um sistema de recompensas funcional, incluindo ajudar os clientes a identificar o que seria (ou pelo menos o que costumava ser) prazeroso para eles. Conforme discutido por Stark (1990), talvez o terapeuta precise abordar alguma crença excessivamente rígida ou crenças restritivas da parte do cliente ou sua família com relação ao uso de recompensas.

A implementação efetiva de contingências no cenário doméstico exige que os pais prestem atenção nessas questões de uma maneira razoavelmente constante. Os pais talvez precisem de instrução sobre a grande variedade de contingências disponíveis. Em particular, eles podem não estar totalmente cientes do poder de reforço de sua atenção. Algumas famílias podem beneficiar-se com instruções explícitas sobre como prestar atenção no comportamento desejado e como desviar a atenção do comportamento indesejado. Felizmente, essa forma de treinamento é um elemento comum em diversos programas de manejo comportamental infantil com sucesso demonstrado (Barkley, 1997; Forehand e McMahon, 1981; Webster-Stratton, 1984). Strayhorn (1988) também apresenta uma excelente discussão de como os pais podem aprender a utilizar a força de sua atenção para estimular comportamentos mais desejáveis em seus filhos. Além do uso de sua atenção, os pais podem necessitar de orientação sobre como empregar recompensas explícitas pela ocorrência do comportamento desejado ou recompensas para períodos sem comportamentos indesejados (p. ex., brigas com irmãos ou linguagem inadequada). Os métodos de punição, como pagamentos por respostas, podem ser valiosos ao se lidar com situações que possam envolver comportamentos indesejados impulsivos. O guia de treinamento de Bloomquist (1996) para pais e terapeutas é um recurso valioso, com muitas tabelas e gráficos que podem orientar a implementação de métodos comportamentais para auxiliar a mudança por parte da criança e/ou dos pais.

Quando uma criança está com aproximadamente 7 ou 8 anos, ela está em um nível de desenvolvimento em que é capaz de participar de contingências que envolvam mais auto-avaliação e recompensas pessoais. Essas atividades podem envolver a criança avaliar o próprio comportamento no contexto de uma sessão de terapia, conforme já ilustramos em outros trabalhos (Kendall e Braswell, 1993). Hinshaw e Erhardt (1991) descreveram um procedimento semelhante de auto-avaliação para usar em cenários com grupos pequenos, chamado "jogo de combinações". Cada criança do grupo trabalha em um objetivo comportamental individualizado e, em intervalos aleatórios, um dos líderes interrompe a atividade e pede que as crianças avaliem como estão indo em seus objetivos individuais, usando uma escala de 5 pontos. Como o objetivo inicial do treinamento é a precisão das auto-avaliações, as crianças podem ganhar pontos extras se suas auto-avaliações estiverem a um ponto das avaliações dos terapeutas sobre seus comportamentos, mesmo que o comportamento não tenha sido adequado. Quando o líder comenta suas avaliações, ele explica para as crianças como originou os seus resultados. Com o passar do tempo, à medida que as crianças se tornam mais precisas, os padrões são elevados, e elas devem acertar as avaliações do líder e apresentar comportamentos razoavelmente apropriados para ganhar pontos extras.

Em uma aplicação de procedimentos de auto-avaliação para o *playground*, Hinshaw, Henker e Whalen (1984b) treinaram crianças com TDAH para avaliar seu comportamento social corretamente, e compararam os efeitos desse treinamento com o reforço externo tradicional na presença e ausência de tratamento simultâneo com medicação. Após o teste, o grupo que recebeu treinamento de auto-avaliação e medicação apresentou o comportamento mais adequado, e o grupo que recebeu apenas treinamento de auto-avaliação apresentou melhor comportamento do que o grupo que recebeu reforço externo tradicional. É importante treinar habilidades adequadas de auto-avaliação e auto-reforço não apenas no trabalho com crianças que apresentem mais comportamentos de atuação, mas também com crianças com ansiedade e depressão (Kendall, Chansky, et al., 1992; Stark, 1990). Em ambos os casos, ajudar as crianças a se envolverem mais na ciência de sua própria mudança comportamental parece condizer bastante com o objetivo da terapia cognitivo-comportamental de desenvolver uma orientação para o enfrentamento dos problemas.

APLICAÇÕES PARA TRANSTORNOS JUVENIS ESPECÍFICOS

Alguns elementos comuns sugerem que a terapia cognitivo-comportamental é um tanto uniforme em sua aplicação, mas isso não é verdade. Apesar desses elementos comuns, os tratamentos são projetados para transtornos específicos, e as estratégias são usadas de maneira diferente, conforme a natureza de cada transtorno. Nesta seção, descrevemos alguns programas para transtornos específicos e os resultados de pesquisas afins.

Comportamento agressivo

O comportamento agressivo em crianças e adolescentes, juntamente com outras formas de comportamento disruptivo e de simulação, é a principal causa de indicação para serviços de saúde mental nos Estados Unidos (Achenback e Howell, 1993). Com freqüência, observa-se comportamento agressivo no contexto de outros sintomas associados a diagnósticos de transtorno desafiador de oposição e transtorno de conduta. Todavia, por seu caráter adverso, o comportamento agressivo pode levar um jovem a ser rejeitado e evitado, mesmo na ausência de outros sintomas. Conforme discutido anteriormente, Dodge e seus colegas identificaram a maneira como jovens que tendem a apresentar agressividade reativa cometem certos tipos de erro de processamento de informações que afetam funções como o seu modo de interpretar os comportamentos sociais de outras pessoas e deles mesmos, e quantas informações recebem antes de formularem suas ações. Esses jovens também parecem ter deficiências em sua capacidade de gerar alternativas que não sejam agressivas em situações sociais problemáticas. Embora a detecção dessas deficiências e distorções cognitivas sociais seja preocupante, uma revisão da bibliografia cognitivo-comportamental sugere que as crianças agressivas são sensíveis a intervenções cognitivo-comportamentais. Existe uma tradição de sucessos em intervenções escolares e clínicas para jovens que apresentam comportamento agressivo.

Discutiremos primeiramente os tratamentos escolares. Há algumas décadas, Robin e colaboradores (Robin e Schneider, 1974; Robin, Schneider e Dolnick, 1976) criaram uma intervenção chamada "técnica da tartaruga" para usar com crianças escolares com problemas emocionais que apresentavam problemas de agressividade. As crianças foram treinadas a executar a "resposta da tartaruga" de recolher os braços e abaixar a cabeça em resposta a provocações. Depois disso, elas foram treinadas a usar relaxamento enquanto "faziam a tartaruga". A seguir, introduziram-se as habilidades de resolução de problemas sociais de criar soluções alternativas e examinar suas conseqüências. Finalmente, as crianças e seus colegas receberam recompensas sociais por mostrarem e apoiarem umas às outras quando alguém estava "fazendo a tartaruga". Dessa forma, a intervenção envolveu treinamento em relaxamento, treinamento em resolução de problemas e apoio comportamental para o uso de habilidades, e se mostrou efetiva no ambiente enfocado, que foi a sala de aula.

O trabalho de Lochman e colaboradores (Lochman et al., 2000; Lochman, Burch, Curry e Lampron, 1984; Lochman e Curry, 1986; Lochman, Lampron, Gemmer, Harris e Wyckoff, 1989) é outro exemplo de uma intervenção escolar programática que teve sucesso. Esse programa de grupo envolveu treinamento e prática no uso de etapas de resolução de problemas, treinamento para reconhecer as pistas fisiológicas da excitação e prática no uso de discurso pessoal tranqüilizador durante situações difíceis. A adição do estabelecimento de objetivos comportamentais resultou em um aumento no impacto do tratamento. Nessas circunstâncias, o estabelecimento de objetivos envolvia solicitar que uma criança explicasse seu objetivo para o grupo, enquanto o professor monitorava o progresso diário rumo ao objetivo, com reforço para a sua realização. Em um estudo de acompanhamento de três anos com garotos tratados nesse programa de enfrentamento da raiva, Lochman (1992) relatou que, com relação aos controles não-tratados, as crianças tratadas tiveram taxas menores de envolvimento com drogas e álcool e níveis maiores de habilidades de resolução de problemas sociais e auto-estima. Ainda assim, os grupos apresentaram taxas equivalentes de comportamento delinqüente, levando Lochman (1992) a sugerir a necessidade de intervenções de maior intensidade que também permitam maior envolvimento dos pais.

As intervenções cognitivo-comportamentais também se mostraram positivas com amostras com problemas mais graves, conforme ilustrado no trabalho de Kazdin e colaboradores (Kazdin, Bass, Siegel e Thomas, 1989; Kazdin, Esveldt-Dawson, French e Unis, 1987a, 1987b; Kazdin, Siegel e Bass, 1992) com crianças de 7 a 13 anos hospitalizadas por conduta desordenada grave. A terapia cognitivo-comportamental enfatizou o treinamento em resolução de problemas, e os efeitos do tratamento foram melhores com a adição de mais oportunidades reais para a prática de habilidades e com um treinamento de manejo comportamental infantil para os pais. Kazdin e colaboradores (1992) relataram que a combinação de treinamento em resolução de problemas e treinamento em manejo parental foi a mais bem-sucedida para levar as crianças de níveis clínicos a níveis normativos de funcionamento, conforme medidos por escalas de avaliação. Kazdin e Crowley (1997) observaram que crianças com mais disfunções acadêmicas e com mais sintomas no começo do estudo em uma variedade de categorias diagnósticas parecem ter se beneficiado menos com a terapia cognitivo-comportamental. Além disso, fatores relacionados com os pais, a família e o contexto, como desvantagens econômicas, histórico parental de comportamento anti-social e práticas inadequadas de criação, estavam associados a resultados piores.

Quando se combinam os resultados positivos desses exemplos de iniciativas programáticas com outros relatos de aplicações bem-sucedidas de treinamento em habilidades social-cognitivas com jovens com comportamento delinqüente ou desorganizado (Kendall, Reber, McLee, Epps e Ronan, 1990; Kolko, Loar e Sturnick, 1990; Sarason e Ganzer, 1973), enxerga-se um padrão consistente de efeitos positivos. Todavia, nem todos os casos tratados resultam em sucesso total. Devido ao impacto social do comportamento agressivo, espera-se que os próximos estudos de tratamentos consigam obter resultados persistentes e positivos para melhorar a adaptação social de jovens agressivos.

Transtornos da ansiedade

Sentir medo ou ansiedade faz parte do crescimento normal para a maioria das crianças (Miller, Barrett e Hampe, 1974). Contudo, um tratamento pode ser necessário se e quando a gravidade ou a duração desse medo começar a atrapalhar a criança em tarefas evolutivas fundamentais, como fazer amigos, ir à escola e tolerar separações dos pais que sejam adequadas para sua idade. Sem tratamento, parece que os transtornos de ansiedade na infância e adolescência podem ter um curso crônico e levar a transtornos de ansiedade na idade adulta (Keller et al., 1992). Felizmente, no campo das intervenções cognitivo-comportamentais para jovens, nenhuma área tem evidenciado mais avanços do que a do tratamento de transtornos de ansiedade. Na primeira edição deste capítulo, a discussão dos transtornos de ansiedade envolveu uma breve discussão de um programa cognitivo-comportamental para crianças com fobia escolar (Kendall, Howard e Epps, 1988), que, tivemos de observar, não tinha avaliação empírica na época. Mais de uma década depois, existe uma bibliografia muito mais rica e interessante para informar pesquisadores e clínicos.

Com base nos resultados de um estudo de caso promissor (Kane e Kendall, 1989), Kendall (1994) realizou um teste clínico randomizado comparando 16 sessões de terapia cognitivo-comportamental com um grupo-controle de lista de espera para tratamento de crianças que satisfaziam os critérios do *Manual Diagnóstico e Estatístico de Transtornos Mentais*, terceira edição revisada (DSM-III-R) para o diagnóstico de transtorno de ansiedade generalizada, transtorno de ansiedade de separação ou transtorno da personalidade esquiva. O tratamento estruturado (manual) (Kendall, 1992) envolve sessões de terapia individual para ajudar as crianças a reconhecer sentimentos ansiosos e reações somáticas à ansiedade, esclarecer crenças irreais ou negativas e expectativas sobre situações que provoquem ansiedade, desenvolver um plano para lidar com a situação, e avaliar seu desempenho e administrar auto-reforço quando for necessário. Também existem manuais disponíveis para tratamento em grupo (Flannery-Schroeder e Kendall, 1997) e tratamento familiar (Howard et al., 1999).

A Tabela 8.2 apresenta o plano de quatro etapas que é usado nesse programa para orientar o processamento de experiências de ansiedade. As habilidades necessárias para executar as etapas do plano são treinadas por modelagem, *role play*, técnicas de exposição e contingências comportamentais. Além disso, as crianças recebem treinamento em métodos de relaxamento. As primeiras oito sessões do tratamento envolvem instrução sobre os construtos cognitivos descritos, enquanto as últimas oito envolvem o uso análogo e *in vivo* das habilidades treinadas por meio de imagens. Os resultados de Kendall (1994) indicam que nas avaliações pós-teste e de um ano, muitos dos participantes tratados haviam melhorado tanto que não se qualificavam mais para o diagnóstico clínico. Talvez ainda mais empolgante, um estudo de acompanhamento posterior (três anos e meio, em média) verificou que os resultados positivos ainda estavam mantidos (Kendall e Southham-Gerow, 1996). Usando as categorias diagnósticas do DSM-IV e uma amostra maior, Kendall e colaboradores (1997) replicaram e ampliaram os resultados de Kendall (1994), verificando que a comorbidade com outros diagnósticos do DSM-IV não afetava o resultado do tratamento. Em uma interessante análise do papel dos dois acompanhamentos do treinamento, observou-se que houve mudanças significativas nas medidas de resultados após a segunda fase do tratamento. Em uma análise dos possíveis mecanismos associados à mudança, Treadwell e Kendall (1996) relataram que reduções no discurso interior ansioso das crianças parecem ter influenciado as mudanças relacionadas com o tratamento. Conforme discutido por Kendall e Treadwell (1996), esse programa de pesquisa também foi responsável por desenvolver uma variedade mais ampla de instrumentos de avaliação para examinar o discurso interior, as percepções pessoais, as habilidades de enfrentamento e o nível de satisfação com o tratamento de crianças com transtornos de ansiedade.

Criando sua adaptação do programa de Kendall (1992) para tratamento em grupo em 12 semanas, Mendlowitz e colaboradores (1999) também obtiveram reduções nos sintomas da ansiedade e depressão e mudanças na estratégia de enfrentamento em crianças que satisfaziam os critérios para um ou mais transtornos de ansiedade segundo o DSM-IV. O impacto do envolvimento dos pais no tratamento foi avaliado colocando-se as crianças em três condições: grupos só de crianças, grupos só de pais e grupos com pais e crianças. As crianças pertencentes ao grupo de tratamento com pais e filhos relataram um uso maior de estratégias de enfrentamento ativas no pós-teste, e os pais avaliaram que o bem-estar emocional delas teve grande melhora.

Com base em um programa bem-sucedido para adultos com fobia social (Heimberg et al., 1990), Albano e Barlow (1996) desenvolveram grupos de terapia cognitivo-comportamental para adolescentes com ansiedade social. Os principais componentes do programa incluíam reestruturação cognitiva para identificar e mudar as distorções cognitivas que perpetuam a ansiedade, treinamento em habilidades sociais para abordar áreas de déficit e treinamento em resolução de problemas. Albano e Barlow (1996) observaram que o treinamento em resolução de problemas é necessário porque esses adolescentes há muito favorecem estilos caracterizados por evitação comportamental e fuga de situações adversas, de modo que têm pouca prática em planejamento ativo. Albano, Marten, Holt, Heimberg e Barlow (1995) tiveram resultados positivos em uma avaliação empírica dessa abordagem.

Uma abordagem cognitivo-comportamental para o tratamento de crianças com fobias e outros transtornos da ansiedade também foi elaborada por Silverman, Ginsburg e Kurtines (1995). Essa abordagem assemelha-se à apresentada por Kendall, Chansky, e colaboradores (1992) e inclui sessões separadas e conjuntas com pais e filhos. O tratamento tem três fases: educação, aplicação e prevenção de recaídas. Avaliando esse tratamento por meio de um desenho entre sujeitos, Eisen e Silverman (1993, 1998) observaram melhoras significativas em medidas de auto-avaliação de pais e crianças, bem como em avaliações de clínicos e medidas fisiológicas. Os ganhos do tratamento mantinham-se no acompanhamento de seis meses.

March e colaboradores (March, 1995; March e Mulle, 1998; March, Mulle e Herbel, 1994) desenvolveram um exemplo promissor de tratamento cognitivo-comportamental para o transtorno obsessivo-compulsivo (TOC) em crianças. O protocolo de tratamento tem o irresistível título *Como Expulsei o TOC das Minhas Terras* (*How I ran OCD off My Land*, no original) e usa abordagens comportamentais tradicionais de exposição, prevenção de respostas e extinção, juntamente com um componente de manejo da ansiedade que inclui treinamento em relaxamento, respiração controlada e reestruturação cognitiva (March e Mulle, 1998). March e colaboradores (1994) realizaram um teste aberto com pacientes já estabilizados com tratamentos farmacológicos e obtiveram melhoras maiores em exames imediatamente após o teste e em seis meses. Tratamentos comportamentais de apoio permitiram interromper a medicação em seis de nove pacientes assintomáticos sem recaídas após seis meses de acompanhamento.

Além desse aumento no número de estudos sobre resultados de tratamentos que in-

TABELA 8.2 Plano para crianças ansiosas

1. Sentindo-se nervoso?
   Você se sente nervoso? Como sabe disso?
2. Esperando que coisas ruins aconteçam?
   Preste atenção ao seu discurso interior. O que está lhe preocupando nessa situação?
3. Atitudes e ações podem ajudar.
   Quais são outras maneiras de pensar sobre essa situação? Que atitudes posso tomar para melhorar a situação?
4. Resultados e recompensas.
   Como foi? Consegui me ajudar a agir para me sentir melhor?
   É isso aí!

Fonte: A partir de Kendall (1992). Copyright 1992 Phillip C. Kendall. Reimpresso sob permissão.

vestigaram o impacto da terapia cognitivo-comportamental para transtornos da ansiedade, os pesquisadores também começaram a explorar outros fatores relacionados com a permanência em tratamento. Em uma análise de indivíduos que concluíram e abandonaram o tratamento, Kendall e Sugarman (1997) verificaram que, enquanto o *status* socioeconômico e o nível de educação dos pais não estavam associados ao término prematuro do tratamento, o fato de vir de um lar com apenas um dos pais ou pertencer a uma minoria étnica estava associado ao abandono do tratamento. Ao contrário de estudos com jovens simuladores, em que aqueles que deixavam o tratamento tinham uma tendência de ter mais problemas, nesse caso, eles apresentavam menos sintomas de ansiedade em medidas de auto-avaliação. Considerando-se o valor de manter clientes jovens em tratamento e melhorar seu resultados, Kendall, MacDonald e Treadwell (1995) defenderam a busca de um papel maior para os pais no tratamento do transtorno de ansiedade de seus filhos. Além de proporcionar informações valiosas sobre o funcionamento de seus filhos, os pais podem servir como modelos, funcionar como instrutores para sessões de exposição real e, se necessário, aprender novas técnicas de criação e alterar suas próprias expectativas e crenças inadequadas que possam estar interferindo no progresso de seus filhos. De fato, os resultados obtidos por Barrett, Dadds e Rapee (1996) e Mendlowitz e colaboradores (1999) indicam o valor potencial de se adicionar um componente de treinamento parental em programas de tratamento da ansiedade.

Conforme discutido por Kazdin e Weisz (1998), a bibliografia sobre resultados da terapia cognitivo-comportamental para transtornos de ansiedade em crianças merece ser consultada, pois inclui estudos de tratamentos que: (1) concentram-se em casos suficientemente sérios para satisfazer critérios diagnósticos formais; (2) trazem avaliações com significância clínica; (3) conduzem avaliações em períodos de seguimento mais longos do que normalmente, com a demonstração de efeitos persistentes e (4) demonstram que diferentes equipes de pesquisa podem alcançar resultados positivos (ver também Ollendick e King, 2000).

Depressão

Na primeira edição deste capítulo, indagamos sobre o possível valor da terapia cognitivo-comportamental para o tratamento da depressão em crianças e adolescentes, pois haviam poucos trabalhos empíricos na época para sustentar essa visão. Desde então, foram publicados livros e capítulos bastante descritivos, que articulam a maneira como diversos procedimentos cognitivo-comportamentais podem ser aplicados a crianças e adolescentes. Wilkes e colaboradores (1994) apresentam uma narrativa detalhada de como se pode aplicar a terapia cognitiva de Beck para a depressão com clientes adolescentes. Dudley (1997) apresenta um currículo detalhado para conduzir terapia de grupo com crianças deprimidas. Seu programa traz tabelas, desenhos e histórias criativas para ajudar as crianças a entender constructos cognitivos fundamentais. Como alternativa a abordagens de tratamento programáticas, Shirk e Harter (1996) usaram a abordagem de "formulação de caso" de Persons (1991) para ilustrar a maneira como um terapeuta cognitivo-comportamental desenvolve uma hipótese de trabalho sobre os processos subjacentes aos problemas da criança e depois utiliza intervenções específicas para lidar com esses processos. Rotheram-Borus, Piacentini, Miller, Graae e Castro-Blanco (1994) apresentam uma abordagem estruturada de terapia cognitivo-comportamental para adolescentes que tentaram suicidar-se e suas famílias. Esses trabalhos são excelentes leituras para clínicos interessados em aprender a aplicar técnicas cognitivo-comportamentais com crianças e adolescentes. A última década produziu um grande número de estudos de resultados controlados com adolescentes deprimidos. Porém, o número de estudos feitos com crianças pequenas permanece pequeno, e eles são bastante diversificados no que diz respeito às abordagens de terapia cognitivo-comportamental analisadas.

Alguns trabalhos examinaram o impacto de intervenções escolares em grupo com crianças selecionadas com base em medidas de auto-avaliação e, em alguns casos, indicações de professores. Trabalhando com crianças da 5ª e 6ª séries, Buttler, Miezitis, Friedman e Cole

(1980) compararam a efetividade de um tratamento que enfatizava treinamento em habilidades sociais por *role play* com uma abordagem que enfatizava a reestruturação cognitiva. As duas condições de tratamento foram comparadas com um grupo-controle de atenção e um grupo-controle de lista de espera, produzindo então quatro grupos. As crianças em todos os quatro grupos apresentaram melhoras significativas no inventário de depressão em crianças (Children's Depression Inventory) (Kovacs, 1981), comparando seus escores antes e depois do tratamento. Aquelas que fizeram tratamento com *role play* evidenciaram uma melhora maior em medidas de auto-avaliação e de avaliação por professores, seguidas pelo grupo de reestruturação cognitiva.

Reynolds e Coats (1986) compararam a efetividade de uma terapia cognitivo-comportamental que enfatizava automonitoramento, auto-avaliação e auto-reforço com uma condição de treinamento em relaxamento, na qual os clientes adolescentes faziam treinamento em métodos de relaxamento muscular progressivo e os usavam para lidar com eventos estressantes. Em comparação com um grupo-controle de lista de espera, ambos os tratamentos ativos produziram mudanças significativas em medidas de auto-avaliação, que se mantiveram no seguimento de cinco semanas.

Stark, Kaslow e Reynolds (1987) compararam uma intervenção de autocontrole baseada no trabalho de Fuchs e Rehm (1977) com uma intervenção no treino de habilidades sociais comportamentais baseada no modelo da depressão de Lewinsohn (1974). No grupo de autocontrole, os sujeitos de 9 a 12 anos aprendiam como estabelecer objetivos mais realistas para a auto-avaliação de seu desempenho, estabelecer subobjetivos para tarefas maiores, aumentar o uso de auto-reforço, reduzir a freqüência de suas autopunições e analisar suas próprias atribuições. Também foi incluído um treinamento em automonitoramento, com especial atenção ao monitoramento de eventos prazerosos. A abordagem comportamental também incluiu treinamento em automonitoramento, bem como o planejamento de eventos prazerosos, resolução de problemas relacionados com situações sociais e discussão da relação entre os sentimentos e o comportamento social. Após 12 sessões em grupo, ambos os grupos tratados apresentaram melhoras significativas em relação a um grupo-controle de lista de espera. O grupo de autocontrole apresentou a maior mudança positiva. A intervenção de autocontrole relatada nesse estudo também produziu mudanças positivas significativas em um estudo não-controlado conduzido com uma população etnicamente diversa de crianças da 4ª e 5ª séries, conforme descrito por Rehm e Sharp (1996). Combinando elementos da condição de autocontrole e da condição de habilidades sociais comportamentais juntamente com treinamento em reestruturação cognitiva, Stark (1990) comparou os efeitos dessa intervenção cognitivo-comportamental de componentes múltiplos com os de um grupo-controle de psicoterapia não-específica para o tratamento de crianças da 4ª à 7ª série que apresentavam níveis elevados de sintomatologia depressiva. As crianças de ambos os grupos relataram reduções significativas em sintomas da depressão e menos cognições depressivas no pós-teste. Esses resultados se mantiveram no seguimento de sete meses. Comparações realizadas entre os grupos indicaram que o grupo de terapia cognitivo-comportamental relatou uma quantidade significativamente menor de sintomas da depressão em uma entrevista estruturada e teve menos cognições depressivas.

Trabalhando com adolescentes gravemente deprimidos, Lewinsohn e colaboradores (Lewinsohn, Clarke, Hops e Andrews, 1990; Lewinsohn, Clarke e Rohde, 1994; Lewinsohn, Clarke, Rohde, Hops e Seeley, 1996) realizaram dois testes clínicos randomizados de seu programa de terapia cognitivo-comportamental, chamado Programa de Enfrentamento da Depressão para Adolescentes. Esse programa de grupo treina habilidades enfatizadas em formulações cognitivas da depressão (como aprender a reconhecer padrões depressogênicos de pensamento e substituí-los por cognições mais construtivas), juntamente com habilidades associadas a formulações mais comportamentais (como aumentar os comportamentos dos clientes que evocam reforço positivo e evitam o reforço negativo do ambiente). A mudança nos padrões de reforço muitas vezes exige o treinamento de habilidades sociais e outras habilidades de enfrentamento. O treinamento é feito por meio de sessões de grupo estruturadas que enfatizam o uso de *role play*, tarefas para casa, recompensas e contratos. Também foi desenvolvido um programa paralelo de instrução em grupo para os pais dos adolescentes deprimidos (Lewinsohn, Rohde, Hops e Clarke, 1991). Ambos os testes clínicos produziram evidências de mudanças como resultado do tratamento. De maneira interessante, a participação do grupo de pais não parece ter produzido resultados significativamente melhores do que os obtidos quando apenas os adolescentes participaram formalmente do programa (Lewinsohn et al., 1990). Além disso, uma tentativa de esclarecer o padrão mais efetivo para as sessões de apoio após a conclusão dos grupos não produziu resultados em favor de um padrão ou de outro (Lewinsohn et al., 1994). Clarke, Rohde, Lewinsohn, Hops e Seeley (1998) também demonstraram a efetividade do grupo de terapia cognitivo-comportamental sobre um grupo-controle de lista de espera, com taxas de melhora que não foram significativamente diferentes para a participação apenas dos adolescentes ou dos adolescentes e seus pais.

Trabalhando também com adolescentes, Brent e colaboradores (Brent et al., 1997; Brent et al., 1998; Brent, Kolko, Birmaher, Baugher e Bridge, 1999) compararam a efetividade da terapia cognitivo-comportamental com a terapia familiar sistêmica-comportamental e terapia de apoio não-diretiva. A terapia cognitivo-comportamental resultou em alívio mais rápido e completo dos sintomas depressivos do que os outros dois tratamentos após o final da fase de tratamento agudo (Brent et al., 1997). A terapia cognitivo-comportamental apresentou uma vantagem particular no tratamento de pacientes com ansiedade co-mórbida (Brent et al., 1998), mas a sua eficácia relativa diminuiu em casos com presença de depressão materna. Apesar dos resultados superiores observados durante o primeiro teste clínico de 12 semanas, os pacientes na condição de terapia cognitivo-comportamental foram tão prováveis quanto os das outras duas condições de fazer ou ser recomendados para um tratamento adicional durante o período de acompanhamento de 24 meses (Brent et al., 1999), e a necessidade de tratamento no acompanhamento foi melhor prevista pela continuação da gravidade dos sintomas depressivos ao final da fase aguda e pela presença de comportamentos diruptivos e dificuldades familiares. Brent e colaboradores (1999) questionam que, com pacientes adolescentes, a terapia cognitivo-comportamental pode ser superior para a redução inicial da sintomatologia depressiva, mas abordagens que proporcionem alguma forma de envolvimento familiar podem ter maior valor para lidar com a dirupção comportamental e/ou conflitos familiares residuais.

Em uma fascinante abordagem de prevenção escolar, Clarke et al. (1995) identificaram alunos da nona série considerados em risco de depressão, mas que ainda não haviam tido nenhum episódio, com base em medidas de autoavaliação e entrevistas diagnósticas estruturadas de acompanhamento. Esses estudantes participaram de 15 sessões em grupo após a escola, com 45 minutos de duração, nas quais aprenderam técnicas cognitivas para identificar e combater pensamentos inadequados que pudessem aumentar seus sentimentos de depressão. Usando uma análise de sobrevivência, os pesquisadores investigaram quantos casos de transtorno depressivo maior ou distimia surgiram no grupo tratado e em um grupo de adolescentes que tiveram a atenção usual, usado como controle. Em um exame de seguimento de 12 meses, as taxas de depressão foram de 14,5% para o grupo tratado e de 25,7% para os controles. Assim, foi possível obter evidências em favor de um efeito preventivo.

A prevenção ou redução do risco de recaída ou recorrência da depressão após o tratamento bem-sucedido também é uma preocupação importante no trabalho com crianças e adolescentes que tiveram transtorno depressivo maior. Kroll, Harrington, Jayson, Fraser e Gowers (1996) realizaram um estudo piloto examinando o valor de uma terapia cognitivo-comportamental de manutenção para adolescentes com transtorno depressivo maior em remissão. Em comparação com os adolescentes do grupo-controle, os adolescentes na condição de terapia cognitivo-comportamental do grupo de manutenção apresentaram um risco cumulativo mais baixo de ter recaídas em um período de seis meses (0,2 contra 0,5). Por outro lado, Clarke e colaboradores (1998) verificaram que sessões de apoio não reduziram a taxa de recorrência durante um período de 24 meses, pois as taxas de ocorrência gerais já eram baixas para todas as condições. Entretanto, essas sessões de apoio parecem ter acelerado a recuperação entre adolescentes que ainda apresentavam sintomas de depressão ao final da fase aguda de tratamento.

Conforme esses estudos indicam, a terapia cognitivo-comportamental para crianças e adolescentes deprimidos é um tratamento promissor. Todavia, existe uma forte necessidade de que os pacotes de tratamento nessa área sejam avaliados cuidadosamente por equipes de pesquisa que sejam independentes dos seus criadores.

Transtorno de déficit de atenção/hiperatividade

Conforme discutido por Braswell (1998), a evolução do pensamento sobre a utilidade da terapia cognitivo-comportamental no tratamento do TDAH representa um interessante exemplo dos ciclos da ciência (ver também Hinshaw, 2000). Muitas vezes, uma nova abordagem é recebida com entusiasmo, é amplamente aplicada e depois passa a ser considerada menos proveitosa do que se acreditava originalmente. Jovens que satisfazem os critérios para o diagnóstico de TDAH apresentam níveis de desatenção, impulsividade e, em alguns casos, hiperatividade que são inadequadamente elevados para sua idade e seu nível cognitivo. Ao interagir com esses jovens, é comum que os adultos pensem o quanto a vida ficaria mais fácil se os jovens pudessem apenas parar para pensar sobre o que estão fazendo *antes* de se colocarem em situações problemáticas. Com essa observação trivial, juntamente com os resultados de pesquisas anteriores sobre as deficiências cognitivas associadas ao comportamento de jovens com TDAH (August, 1987; Douglas, 1983; ver também Kendall e McDonald, 1993), parece haver uma ligação natural entre os objetivos explícitos de certos tipos de terapia cognitivo-comportamental (como abordagens de resolução de problemas que treinam formas explícitas de auto-instrução) e as necessidades de crianças com TDAH. Com base nos resultados positivos obtidos por Meichenbaum e Goodman (1971) em sua aplicação do treinamento auto-instrucional verbal para crianças impulsivas do jardim de infância e 1ª série, os métodos da terapia cognitivo-comportamental para trabalhar com crianças com comportamentos do tipo TDAH receberam uma atenção fenomenal da pesquisa (ver revisões de Braswell e Bloomquist, 1991; Kendall e Braswell, 1993). Conforme sintetizado nesses artigos, foram obtidos resultados positivos no tratamento de crianças impulsivas, identificadas por seus professores. Em sua revisão metanalítica da literatura de resultados da terapia cognitivo-comportamental com crianças impulsivas, Baer e Nietzel (1991) concluíram que a terapia cognitivo-comportamental estava associada a melhoras de aproximadamente um terço a três quartos de desvio-padrão em crianças tratadas em relação aos grupos-controle não-tratados, mas os grupos-alvo tiveram escores semelhantes às médias do grupo de comparação, tanto antes quanto depois do tratamento. Dessa forma, deve-se questionar a gravidade dos problemas comportamentais dessas crianças, e a eficácia para lidar com a impulsividade não pode ser generalizada para diagnósticos formais de TDAH.

De acordo com essa preocupação, os pesquisadores que realizaram intervenções com crianças que satisfaziam todos os critérios para o TDAH (ou um diagnóstico equivalente na época do estudo) não obtiveram resultados positivos em medidas de resultados sociais ou acadêmicos (ver revisões de Abikoff, 1985, 1991; Kendall e Braswell, 1993). Além disso, quando se combinou uma terapia cognitivo-comportamental com um tratamento com medicação psicoestimulante, houve poucas evidências de efeitos além dos obtidos apenas com a medicação (Abikoff et al., 1988; Brown, Borden, Wynne, Schleser e Clingerman, 1986; Brown, Wynne e Medenis, 1985). Braswell e colaboradores (1997) avaliaram os efeitos de um programa de treinamento escolar de dois anos de duração para tratar crianças selecionadas por pais e professores com base em seu comportamento diruptivo. Dois terços dessa amostra satisfizeram os critérios do DSM-III-R para TDAH. As crianças tratadas participaram de 28 grupos de treinamento ao longo do período de dois anos, e seus pais e professores participaram de grupos que recebiam informações sobre TDAH e manejo comportamental. Os resultados dessa intervenção de componentes múltiplos foram comparados com um grupo-controle, na qual pais e professores recebiam informações, mas as crianças não recebiam atendimento direto. Ambas as condições apresentaram melhoras na primeira avaliação pós-teste, e dados de uma avaliação posterior não indicaram diferenças significativas no funcionamento dos dois grupos. Assim, apesar do entusiasmo inicial dos autores com o uso desses métodos, os resultados de outros estudos, juntamente com nossos resultados mais recentes, levam à conclusão de que o treinamento em resolução de problemas não deve ser considerado um tratamento adequado para os sintomas primários do TDAH. Conforme observado por Goldstein e Goldstein (1998), crianças com TDAH parecem precisar de intervenções no momento em que têm o comportamento em questão, ao contrário de intervenções para treinar habilidades em determinado cenário e depois proporcionar ativadores e reforços para o uso da habilidade no ambiente visado.

Essa observação condiz com a constatação de que, quando a terapia cognitivo-comportamental de resolução de problemas foi implementada para lidar com conflitos entre adolescentes com TDAH e seus pais, essa forma de intervenção foi tão boa quanto as outras intervenções psicossociais examinadas (Barkley, Guevremont, Anastopoulos e Fletcher, 1992). Nessa aplicação, adolescentes com TDAH fizeram treinamento e prática no uso de habilidades de resolução de problemas com as mesmas pessoas com quem se esperava que as utilizassem (i.e., seus pais). Quando a terapia cognitivo-comportamental lida com condições que sejam "profundas" ou de base neurológica, como parece ser o caso do TDAH (Goldstein e Goldstein, 1998), ela pode não estar sendo usada com uma intensidade adequada às verdadeiras necessidades dos clientes.

Embora as abordagens cognitivas de resolução de problemas possam não ser as intervenções mais adequadas para os principais sintomas do TDAH, elas podem ser indicadas para o tratamento de problemas relacionados (como conflitos entre pais e filhos) e para o tratamento de preocupações coexistentes (incluindo comportamento agressivo, ansiedade e depressão). O Estudo de Tratamento Multimodal de Crianças com Transtorno de Déficit de Atenção/Hiperatividade (MTA Cooperative Group, 1999a) representa um modelo interessante nesse sentido. Os resultados do teste randomizado de 14 meses indicam que o tratamento com uma medicação parece ter um impacto mais positivo sobre os sintomas centrais do TDAH, enquanto uma intervenção comportamental intensiva combinada com medicação demonstrou ter efeitos positivos adicionais sobre os problemas coexistentes, incluindo sintomas de transtorno desafiador e opositivo, sintomas internalizantes e problemas de relacionamento entre pais e filhos. O tratamento comportamental sem medicação somente foi significativamente melhor do que o atendimento padrão para crianças que manifestaram TDAH e sintomas de ansiedade (MTA Cooperative Group, 1996b).

Outras áreas de aplicação

Embora tenhamos tentado enfatizar as principais áreas de aplicação dos métodos de terapia cognitivo-comportamental para crianças, deve-se observar que esses métodos também têm sido aplicados a outras áreas de interesse. Um amplo *corpus* de pesquisas na bibliografia educacional explora o uso de métodos de auto-instrução para problemas escolares (Deshler, Alley, Warner e Schumaker, 1981; Leon e Pepe, 1983; Harris e Graham, 1996), e intervenções de automonitoramento/autoregulação mostraram-se efetivas para ajudar estudantes com dificuldades de aprendizagem a ter comportamentos essenciais para o sucesso acadêmico, como prestar atenção em suas tarefas (Prater et al., 1991; Shapiro e Cole,

1994). Diversos tipos de problema médico comportamental, incluindo dor crônica generalizada (Masek, Russo e Varni, 1984) e questões mais específicas como dor abdominal recorrente (Sanders et al., 1989), foram tratados com sucesso por métodos de terapia cognitivo-comportamental. Alguns elementos do treinamento em habilidades cognitivo-comportamentais também foram incluídos em iniciativas de prevenção (Tremblay, Pagani-Kurtz, Masse, Vitaro e Phil, 1995; Weissberg, Caplan e Harwood, 1991) e como um componente do tratamento multi-sistêmico de Henggeler para delinqüentes juvenis (Henggeler, Melton e Smith, 1992). Dessa forma, a terapia cognitivo-comportamental tem sido divulgada e aplicada de forma ampla e com sucesso, sendo considerada eficaz ou promissora para uma variedade de problemas da infância.

CONCLUSÕES E RUMOS FUTUROS

A bibliografia sobre resultados de tratamentos que investiga intervenções para crianças e adolescentes proporciona evidências de que a terapia cognitivo-comportamental vem apresentando um crescimento contínuo desde a década de 1990 (Kazdin e Kendall, 1998; Kazdin e Weisz, 1998; Ollendick e King, 2000). Determinadas formas de terapia cognitivo-comportamental podem ser recomendadas com razoável confiança como tratamentos para crianças agressivas de 7 a 13 anos e para crianças e adolescentes ansiosos e/ou deprimidos. Outras visões do campo consideram várias dessas abordagens provavelmente eficazes (Brestan e Eyberg, 1998; Kaslow e Thompson, 1998; Ollendick e King, 1998). Ainda assim, como sempre, algumas perguntas de pesquisa e questões pragmáticas quanto à sua implementação ainda permanecem por ser respondidas.

O papel do envolvimento parental

Nos últimos anos, este campo avançou além do simples apelo por envolvimento dos pais no tratamento de dificuldades infantis, com muitos dos estudos supracitados envolvendo os pais de maneiras criativas e importantes. Além dos exemplos citados, estabeleceu-se que a adição de certas formas de treinamento em habilidades cognitivo-comportamentais para os pais pode aumentar a efetividade de outros tipos de tratamento para transtornos da infância. Por exemplo, acredita-se que a adição de um treinamento em resolução de problemas para questões que envolvem os pais contribui para os resultados do treinamento em manejo comportamental de crianças (Griest et al., 1982; Pfiffner, Jouriles, Brown, Etscheidt e Kelly, 1990). Todavia, ainda há muito para se entender sobre quando, como e por quem os pais devem ser envolvidos. Com crianças pré-escolares e em idade escolar, a construção de um papel forte para os pais parece claramente indicada. Contudo, para adolescentes, são necessários mais estudos para se entender o impacto de tentativas de envolver (ou mudar) os amigos, em comparação com iniciativas para aumentar o envolvimento parental. Quando há envolvimento parental, será que ele funciona melhor por meio de grupos de pais, ou será que sessões familiares, cujo conteúdo possa ser mais bem adaptado às necessidades de crianças e pais específicos, terão maior impacto? Para maximizar a efetividade, o envolvimento parental deve preceder, seguir ou ocorrer simultaneamente ao tratamento das crianças? As respostas a essas questões variam com o tipo específico de delinqüência juvenil tratado? De forma clara, ainda restam muitas dúvidas sobre a forma adequada de envolvimento parental.

A transformação efetiva das expectativas e crenças dos pais também deve ser uma importante área de investigações futuras. Está estabelecido que as crenças e expectativas dos pais sobre vários aspectos do comportamento dos filhos influenciam as respostas comportamentais e emoções dos pais para com seus filhos (Bugental e Cortez, 1988; Dix, Ruble, Gresec e Nixon, 1986; Johnston e Patenaude, 1994; Roehling e Robin, 1986). O campo hoje parece decidido a examinar como a mudança de percepções, expectativas e posturas dos pais resulta em mudanças observáveis no comportamento. De maneira interessante, um modelo para essa interação pode ser obtido no trabalho do behaviorista Wahler e colaboradores (Wahler, 1990; Wahler, Carter, Fleischman e Lambert, 1993; Wahler e Dumas, 1989). Em suas tentativas de entender por que certas mães foram capazes de efetuar e manter mudanças positivas induzidas pelo tratamento em suas práticas de manejo dos filhos, ao passo que outras não conseguiram fazer tais mudanças ou não conseguiram mantê-las após o tratamento, Wahler e Dumas (1989) propuseram a hipótese de que diversos estressores nas vidas de algumas mães dificultam acompanhar o comportamento de seus filhos corretamente. Essa dificuldade e preocupação com outros problemas as levam a responder de maneira inconstante e indiscriminada ao comportamento de seus filhos. Por meio de um processo que Wahler e colaboradores (1993) chamaram de "ensino de síntese", essas mães são orientadas a enxergar as semelhanças e diferenças na maneira em que interagem com seus filhos e com outras pessoas com quem possam ter relacionamentos coercitivos, na tentativa de ajudá-las a perceber o comportamento dos filhos de forma mais objetiva. Os resultados de Wahler e colaboradores (1993) também sugerem o valor de se abordarem as percepções dos pais como uma maneira de promover a efetividade do manejo tradicional do comportamento infantil. O trabalho de Strassberg (1997) sobre as bases cognitivas da disfunção disciplinar materna também enfatiza a necessidade de explorar e lidar com interpretações parentais do comportamento infantil – particularmente o modo como a interpretação materna exagerada de intenções desafiadoras por parte dos filhos pode contribuir para a gênese de interações coercitivas entre pais e filhos.

Intervenções programáticas ou prescritivas

É comum que artigos de revisão chamem atenção para a necessidade de adequação entre as características do cliente e as características do tratamento, na tentativa de evitar o mito comum da uniformidade dos clientes (Kiesler, 1966). Agora que diversos programas de tratamento demonstram ter eficácia com suas populações específicas, o campo tem a oportunidade de examinar o nível em que aplicações programáticas ou prescritivas desses tratamentos produzem resultados melhores. Embora a implementação programática permita uma certa individualização do conteúdo, geralmente, todos os clientes recebem treinamento no mesmo conjunto de componentes cognitivo-comportamentais. Em comparação, o tratamento prescritivo ou idiográfico envolve projetar o tratamento para as necessidades individuais do cliente. Eisen e Silverman (1993, 1998) examinaram essa questão no tratamento de transtornos da ansiedade em crianças, e obtiveram resultados que sugerem que o tratamento prescritivo produziu níveis superiores de mudança. Por exemplo, crianças ansiosas cujo principal sintoma envolvia preocupação responderam de maneira mais positiva a uma terapia cognitiva, enquanto crianças cujos principais sintomas envolviam queixas somáticas responderam de maneira mais positiva ao treinamento em relaxamento, com ambos os grupos participando também de atividades de exposição. A partir de um ponto de vista descritivo, em vez de empírico, Shirk e Harter (1996) apresentaram uma abordagem de formulação de caso para o desenvolvimento de uma terapia cognitivo-comportamental prescritiva para crianças com problemas de auto-estima. Pesquisas futuras, que esclareçam a melhor combinação entre estratégias de tratamento e grupos de sintomas, terão um imenso valor prático para os clínicos, à medida que estes buscarem criar intervenções que sejam eficientes em termos de tempo e tenham base empírica.

Transposição

Conforme discutido por Kazdin e Kendall (1998), o primeiro passo é demonstrar que a terapia cognitivo-comportamental é eficaz em contextos de pesquisa, mas não se pode supor que esses métodos produzam resultados semelhantes em clínicas comunitárias, onde as características do ambiente, dos terapeutas e dos clientes podem ser bastante diferentes. O reconhecimento dessa questão enfatiza a necessidade de que aqueles que fazem pesquisas sobre resultados de tratamentos conduzam testes experimentais com clientes de níveis de gravidade e origens culturais semelhantes aos encontrados em cenários comunitários. Essas pesquisas também devem considerar uma ampla variedade de questões bastante práticas, como a maneira em que a participação e o resultado são afetados quando os clientes (ou seus pais) são responsáveis por pagar cada sessão, ou como clínicos com o mínimo de treinamento implementam tratamentos manualizados bem-sucedidos em determinada abordagem. A transposição também é afetada pelo nível em que os clínicos percebem o tratamento como válido e aceitável. Entender como os terapeutas que trabalham com questões infantis e familiares enxergam os métodos cognitivo-comportamentais será um importante passo para promover o uso disseminado daqueles métodos que têm eficácia demonstrada.

Integração de resultados de diferentes áreas

Embora a demonstração da eficácia de determinada abordagem exija uma grande especificidade de métodos, espera-se que as iniciativas futuras de tratamento também tentem melhorar a integração entre o conhecimento existente e o conhecimento emergente nas áreas do desenvolvimento, educação e psicopatologia infantis, bem como na bibliografia sobre resultados de tratamentos. As contingências acadêmicas tendem a favorecer pesquisadores que desenvolvem as próprias abordagens para determinada condição, muitas vezes acompanhadas por uma linguagem própria que aumenta a percepção de singularidade da abordagem. Entretanto, em nosso entendimento, o avanço depende da integração e validação do conhecimento, além da simples descoberta de fatos peculiares. As iniciativas de validação exigem que pesquisadores testem os tratamentos propostos por outras pessoas. De maneira ainda mais importante, os pesquisadores e clínicos devem analisar os tratamentos propostos para se certificarem de que a forma e o conteúdo dessas intervenções condizem com o que já se sabe sobre o modo como crianças de certas idades aprendem, retêm e se motivam para utilizar novas habilidades. As habilidades treinadas são adequadas ao nível de desenvolvimento? O modo de treinamento é adequado para a idade? Existem contingências comportamentais para embasar o processo de aprendizagem, e são adequadas para a idade da criança? O que já foi estabelecido sobre o transtorno específico que está sendo tratado? Com esse questionamento e integração de conhecimentos entre diferentes áreas, o campo da terapia cognitivo-comportamental para crianças conseguirá avançar, em vez de cair em ciclos redundantes de "descoberta" de novidades que já foram aceitas e/ou rejeitadas com base no trabalho em outros campos de investigação.

REFERÊNCIAS

Abikoff, H. (1985). Efficacy of cognitive training interventions in hyperactive children: A critical review. *Clinical Psychology Review, 5*, 479-512.

Abikoff, H. (1991). Cognitive training in ADHD children: Less to it than meets the eye. *Journal of Learning Disabilities, 24*, 205-209.

Abikoff, H., Ganales, D., Reiter, G., Blum, C., Foley, C., & Klein, R. G. (1988). Cognitive training in academically deficient ADHD boys receiving stimulant medication. *Journal of Abnormal Child Psychology, 16*, 411-432.

Achenbach, T. M., & Howell, C. T. (1993). Are American children's problems getting worse?: A 13-year comparison. *Journal of the American Academy of Child and Adolescent Psychiatry, 32*, 1145-1154.

Ager, C. L., & Cole, C. L. (1991). A review of cognitive-behavioral interventions for children and adolescents with behavioral disorders. *Behavioral Disorders, 16*, 276-287.

Albano, A. M., & Barlow, D. (1996). Breaking the vicious cycle: Cognitive-behavioral group treatment for socially active youth. In E. D. Hibb & P. S. Jensen (Eds.), *Psychosocial treatments for child and adolescent disorders: Empirically based strategies for child clinical practice* (pp. 43-62). Washington, DC: American Psychological Association.

Albano, A. M., DiBartolo, P. M., Heimburg, R. G., & Barlow, D. (1995). Children and adolescents: Assessment and treatment. In R. G. Heimburg, M. R. Leibowitz, D. A. Hope, & F. Schneier (Eds.), *Social phobia: Diagnosis, assessment and treatment* (pp. 387-425). New York: Guilford Press.

Anastopoulos, A. D. (1996). Facilitating parental understanding and management of attention deficit/hyperactivity disorder. In M. A. Reinecke, F. M. Dattilio, & A. Freeman (Eds.), *Cognitive therapy with children and adolescents: A casebook for clinical practice* (pp. 327-343). New York: Guilford Press.

August, G. J. (1987). Production deficiencies in free recall: A comparison of hyperactive learning-disabled and normal children. *Journal of Abnormal Child Psychology, 15*, 429-440.

Baer, R. A., & Nietzel, M. T. (1991). Cognitive and behavioral treatment of impulsivity in children: A meta-analytic review of the outcome literature. *Journal of Clinical Child Psychology, 20*, 400-412.

Bandura, A. (1969). *Principles of behavior modification*. New York: Holt, Rinehart & Winston.

Bandura, A. (1971). Psychotherapy based upon modeling procedures. In A. Bergin & S. Garfield (Eds.), *Handbook of psychotherapy and behavior change* (pp. 621-658). New York: Wiley.

Barkley, R. A. (1997). *Defiant children (2nd ed.): A clinician's manual for assessment and parent training*. New York: Guilford Press.

Barkley, R. A., Guevremont, D. C., Anastopoulos, A. D., & Fletcher, K. E. (1992). A comparison of three family conflicts in adolescents with attention deficit hyperactivity disorder. *Journal of Consulting and Clinical Psychology, 60*, 450-462.

Barrett, P. M., Dadds, M. M., & Rapee, R. M. (1996). Family treatment of childhood anxiety: A controlled trial. *Journal of Consulting and Clinical Psychology, 64*, 333-342.

Barrett, P. M., Rapee, R. M., Dadds, M. M., & Ryan, S. M. (1996). Family enhancement of cognitive style in anxious and aggressive children. *Journal of Abnormal Child Psychology, 24*, 187-203.

Barrios, B. A., & O'Dell, S. L. (1989). Fears and anxieties. In E. J. Mash & R. A. Barkley (Eds.), *Treatment of childhood disorders* (pp. 167-221). New York: Guilford Press.

Beck, A. T., Rush, A. J., Shaw, B. F., & Emery, G. (1979). *Cognitive therapy of depression*. New York: Guilford Press.

Beck, S., Forehand, R., Neeper, R., & Baskin, C. H. (1982). A comparison of two analogue strategies for assessing children's social skills. *Journal of Consulting and Clinical Psychology, 50*, 596-597.

Bloomquist, M. L. (1996). *Skills training for children with behavior disorders*. New York: Guilford Press.

Braswell, L. (1991). Involving parents in cognitive-behavioral therapy with children and adolescents. In P. C. Kendall (Ed.), *Child and adolescent therapy: Cognitive-behavioral procedures* (pp. 316-351). New York: Guilford Press.

Braswell, L. (1998). Self-regulating training for children with ADHD: Response to Harris and Schmidt. *The ADHD Report, 6*, 1-3.

Braswell, L., August, G., Bloomquist, M. L., Realmuto, G. M., Skate, S., & Crosby, R. (1997). School-based secondary prevention for children with disruptive behavior: Initial outcomes. *Journal of Abnormal Child Psychology, 25*, 197-208.

Braswell, L., & Bloomquist, M. L. (1991). *Cognitive-behavioral therapy with ADHD children: Child, family, and school interventions*. New York: Guilford Press.

Braswell, L., Koehler, C., & Kendall, P. C. (1985). Attributions and outcomes in child psychotherapy. *Journal of Social and Clinical Psychology, 3*, 458-465.

Brent, D. A., Holder, D., Kolko, D. A., Birmaher, B., Baugher, D. A., Roth, C., Iyengar, S., & Johnson, B. A. (1997). A clinical psychotherapy trial for adolescent depression comparing cognitive, family, and supportive treatments. *Archives of General Psychiatry, 54*, 877-885.

Brent, D. A., Kolko, D. J., Birmaher, B., Baugher, M., & Bridge, J. (1999). A clinical trial for adolescent depression: Predictors of additional treatment in the acute and follow-up phases of the trial. *Journal of the American Academy of Child and Adolescent Psychiatry, 38*, 263-271.

Brent, D. A., Kolko, D. J., Birmaher, B., Baugher, M., Bridge, J., Roth, C., & Holder, D. (1998). Predictors of treatment efficacy in a clinical trial of three psychosocial treatments for adolescent depression. *Journal of the American Academy of Child and Adolescent Psychiatry, 37*, 906-914.

Brestan, E. V., & Eyberg, S. M. (1998). Effective psychosocial treatments of conduct disordered children and adolescents: 29 years, 82 studies, and 5,272 kids. *Journal of Clinical Child Psychology, 27*, 180-189.

Brown, R. T., Borden, K. A., Wynne, M. E., Schleser, R., & Clingerman, S. R. (1986). Methylphenidate and cognitive therapy with ADD children: A methodological reconsideration. *Journal of Abnormal Child Psychology, 13*, 69-87.

Brown, R. T., Wynne, M. E., & Medenis, R. (1985). Methylphenidate and cognitive therapy: A comparison of treatment approaches with hyperactive boys. *Journal of Abnormal Child Psychology, 13*, 69-87.

Bugental, D. B., & Cortez, V. L. (1988). Physiological reactivity to responsive and unresponsive children as moderated by perceived control. *Child Development, 59*, 686-693.

Butler, L., Miezitis, S., Friedman, R., & Cole, E. (1980). The effects of two school-based intervention programs on depressive symptoms in preadolescents. *American Educational Research journal, 17*, 111-119.

Carter, J. F. (primavera, 1993). Self-management: Education's ultimate goal. *Teaching Exceptional Children*, 28-31.

Cautela, J. R., & Groden, J. (1978). *Relaxation: A comprehensive manual for adults, children, and children with special needs*. Champaign, IL: Research Press.

Chandler, M. (1973). Egocentrism and anti-social behavior: The assessment and training of social perspective-taking skills. *Developmental Psychology, 9*, 326-332.

Clarke, G. N., Hawkins, W., Murphy, M., Sheeber, L. B., Lewinsohn, M., & Seeley, J. R. (1995). Targeted prevention of unipolar depressive disorder in an at-risk sample of high school adolescents: A randomized trial of a group cognitive interview. *Journal of the American Academy of Child and Adolescent Psychiatry, 34*, 312-321.

Clarke, G. N., Rohde, P., Lewinsohn, P. M., Hops, H., & Seeley, J. R. (1998). Cognitive-behavioral treatment of adolescent depression: Efficacy of acute group treatment and booster sessions. *Journal of the American Academy of Child and Adolescent Psychiatry, 38,* 272-279.

Clifford, M. M. (1984). Thoughts on a theory of constructive failure. *Educational Psychology, 19,* 108-120.

Cohen, R., & Schleser, R. (1984). Cognitive development and clinical interventions. In A. W. Meyers & W. E. Craighead (Eds.), *Cognitive behavior therapy with children* (pp. 45-68). New York: Plenum Press.

Conrad, M., & Hammen, C. (1989). Role of maternal depression in perceptions of child maladjustment. *Journal of Consulting and Clinical Psychology, 57,* 663-667.

Craighead, W. E., Meyers, A. W., & Craighead, L. W. (1985). A conceptual model for cognitive-behavior therapy with children. *Journal of Abnormal Child Psychology, 13,* 331-342.

Crick, N., & Dodge, K. (1994). A review and reformulation of social information-processing mechanisms in children's social adjustment. *Psychological Bulletin, 115,* 74-101.

Deshler, D. D., Alley, G. R., Warner, M. M., & Schumaker, J. B. (1981). Instructional practices for promoting skill acquisition and generalization in severely learning disabled adolescents. *Learning Disability Quarterly, 6,* 231-234.

Dix, T. H., Ruble, D. M., Gresec, J. E., & Nixon, S. (1986). Mothers' implicit theories of discipline: Child effects, parent effects, and the attribution process. *Child Development, 57,* 879-894.

Dodge, K. A. (1986). A social information processing model of social competence in children. In M. Perlmutter (Ed.), *Minnesota Symposia on Child Psychology: Vol. 18. Cognitive perspectives on children's social and behavioral development* (pp. 77-125). Hillsdale, NJ: Erlbaum.

Dodge, K. A., & Frame, C. L. (1982). Social cognitive biases and deficits in aggressive boys. *Child Development, 53,* 620-635.

Dodge, K. A., & Newman, J. P. (1981). Biased decision-making processes in aggressive boys. *Journal of Abnormal Psychology, 90,* 375-379.

Dodge, K. A., Pettit, G. S., McClaskey, C. C., & Brown, M. M. (1986). Social competence in children. *Monographs of the Society for Research in Child Development, 51*(2, Serial No. 213).

Douglas, V. I. (1983). Attention and cognitive problems. In M. Rutter (Ed.), *Developmental neuropsychiatry* (pp. 280-329). New York: Guilford Press.

Dudley, C. D. (1997). *Treating depressed children: A therapeutic manual of cognitive behavioral interventions.* Oakland, CA: New Harbinger.

Durlak, J. A., Fuhrman, T, & Lampman, C. (1991). Effectiveness of cognitive-behavior therapy for maladapting children: A meta-analysis. *Psychological Bulletin, 110,* 204-214.

Dweck, D. S. (1975). The role of expectations and attributions in the alteration of learned helplessness. *Journal of Personality and Social Psychology, 25,* 109-116.

D'Zurilla, T. J., & Goldfried, M. R. (1971). Problem-solving and behavior modification. *Journal of Abnormal Psychology, 78,* 107-126.

Eisen, A. R., & Silverman, W. K. (1993). Should I relax or change my thought?: A preliminary examination of cognitive therapy, relaxation training, and their combination with overanxious children. *Journal of Cognitive Psychotherapy: An International Quarterly, 7,* 265-279.

Eisen, A. R., & Silverman, W. K. (1998). Prescriptive treatment for generalized anxiety disorder in children. *Behavior Therapy, 29,* 105-121.

Ellis, A. (1970). *The essence of rational psychotherapy: A comprehensive approach to treatment.* New York: Institute for Rational Living.

Ellis, A., & Harper, R. (1975). *A new guide to rational living.* North Hollywood, CA: Wilshire Books.

Feindler, E. L. (1991). Cognitive strategies in anger control interventions for children and adolescents. In P. C. Kendall (Ed.), *Child and adolescent therapy: Cognitive-behavioral procedures* (pp. 66-97). New York: Guilford Press.

Feindler, E. L., & Ecton, R. B. (1986). *Adolescent anger control: Cognitive-behavioral techniques.* New York: Pergamon Press.

Finch, A. J., Nelson, W. M., & Ott, E. S. (Eds.). (1993). *Cognitive-behavioral procedures with children and adolescents: A practical guide.* Needham Heights, MA: Allyn & Bacon.

Flannery-Schroeder, E., & Kendall, P. C. (1997). *Cognitive-behavioral therapy for anxious children: Therapist manual for group treatment.* Ardmore, PA: Workbook.

Forehand, R., & McMahon, R. J. (1981). *Helping the noncompliant child: A clinician's guide to parent training.* New York: Guilford Press.

Frankel, F., Cantwell, D. P., & Myatt, R. (1996). Helping ostracized children: Social skills training and parent support for socially rejected children. In E. D. Hibb & P. Jensen (Eds.), *Psychosocial treatments for child and adolescent disorders: Empirically based strategies for clinical practice* (pp. 595-617). Washington, DC: American Psychological Association.

Fuchs, C. Z., & Rehm, L. P. (1977). A self-control behavior therapy program for depression. *Journal of Consulting and Clinical Psychology, 45,* 206-215.

Furman, W. (1980). Promoting social development: Developmental implications for treatment. In B. B. Lahey & A. E. Kazdin (Eds.), *Advances in clinical child psychology* (Vol. 3, pp. 1-40). New York: Plenum Press.

Gladstone, T. R. G., Kaslow, N. J., Seeley, J. R., & Lewinsohn, P. M. (1997). Sex differences, attributional style, and depressive symptoms among adolescents. *Journal of Abnormal Child Psychology, 25,* 297-305.

Goldstein, S. (1995). *Understanding and managing children's classroom behavior.* New York: Wiley.

Goldstein, S., & Goldstein, M. (1998). *Managing attention deficit hyperactivity disorder in children: A guide for practitioners.* New York: Wiley.

Goodwin, S., & Mahoney, M. J. (1975). Modifications of aggression through modeling: An experimental probe. *Journal of Behavior Therapy and Experimental Psychiatry, 6,* 200-202.

Griest, D. L., Forehand, R., Rogers, T., Breiner, J., Furey, W., & Williams, C. A. (1982). Effects of parent enhancement therapy on the treatment outcome and generalization of a parent training program. *Behaviour Research and Therapy, 20,* 429-436.

Hallahan, D. P., Lloyd, J. W., Kneedler, R. D., & Marshall, K. J. (1982). A comparison of the effects of self- versus teacher-assessment of on-task behavior. *Behavior Therapy, 12,* 715-723.

Hammen, C. (1988). Self cognitions, stressful events, and the prediction of depression in children of depressed mothers. *Journal of Abnormal Child Psychology, 16,* 347-360.

Harris, K., & Graham, S. (1996). *Making the writing process work: Strategies for composition and self-regulation.* Cambridge, MA: Brookline Books.

Harter, S. (1982). A developmental perspective on some parameters of self-regulation in children. In P. Karoly & F. H. Kanfer (Eds.), *Self-management and behavior change: From theory to practice* (pp. 165-204). New York: Pergamon Press.

Heimberg, R. G., Dodge, C. S., Hope, D. A., Kennedy, C. R., Zollo, L. J., & Becker, R. J. (1990). Cognitive behavioral group treatment for social phobia: Comparison with a credible placebo control. *Cognitive Therapy and Research, 14,* 1-23.

Henggler, S. W., Melton, G. B., & Smith, L. A. (1992). Family preservation using multi-systemic therapy: An effective alternative to incarcerating serious juvenile offenders. *Journal of Consulting and Clinical Psychology, 60,* 953-961.

Hinshaw, S. P. (2000). Attention-deficit/hyperactivity disorder: The search for viable treatments. In P. C. Kendall (Ed.), *Child and adolescent therapy: Cognitive-behavioral procedures* (pp. 88-128). New York: Guilford Press.

Hinshaw, S. P., Buhrmester, D., & Heller, T. (1989). Anger control in response to verbal provocation: Effects of stimulant medication for boys with ADHD. *Journal of Abnormal Child Psychology, 17,* 393-407.

Hinshaw, S. P., & Erhardt, D. (1991). Attention-deficit hyperactivity disorder. In P. C. Kendall (Ed.), *Child and adolescent therapy: Cognitive-behavioral procedures* (pp. 98-128). New York: Guilford Press.

Hinshaw, S. P., Henker, B., & Whalen, C. K. (1984a). Self-control in hyperactive boys in anger-inducing situations: Effects of cognitive-behavioral training and of methylphenidate. *Journal of Abnormal Child Psychology, 12,* 55-77.

Hinshaw, S. P., Henker, B., & Whalen, C. K. (1984b). Cognitive-behavioral and pharmacologic interventions for hyperactive boys: Comparative and combined effects. *Journal of Consulting and Clinical Psychology, 52,* 739-749.

Holmbeck, G., Calder, C., Shapera, W., Westhoven, V., Kenealy, L., & Updegrove, A. (2000). Working with adolescents: Guides from developmental psychology. In P. C. Kendall (Ed.), *Child and adolescent therapy: Cognitive-behavioral procedures* (2nd ed., pp. 334-385). New York: Guilford Press.

Howard, B., Chu, B., Krain, A., Marrs-Garcia, A., & Kendall, P. C. (1999). *Cognitive-behavioral family therapy for anxious children* (2nd ed.). Ardmore, PA: Workbook.

Hudson, L. M. (1978). On the coherence of role-taking abilities: An alternative to correlational analysis. *Child Development, 49,* 223-227.

Hughes, C. A., & Hendrickson, J. M. (1987). Self-monitoring with at-risk students in the regular class setting. *Education and Treatment of Children, 10,* 236-250.

Johnston, C., & Patenaude, R. (1994). Parent attributions for inattentive-overactive and oppositional-defiant child behaviors. *Cognitive Therapy and Research, 18,* 261-275.

Kahn, J. S., Kehle, T. J., Jenson, W. R., & Clark, E. (1990). Comparison of cognitive-behavioral, relaxation, and self-modeling interventions for depression among middle-school students. *School Psychology Review, 19,* 196-208.

Kane, M. T., & Kendall, P. C. (1989). Anxiety disorders in children: A multiple baseline evaluation of a cognitive-behavioral treatment. *Behavior Therapy, 20,* 499-508.

Kanfer, F. H. (1970). Self-monitoring: Methodological limitations and clinical applications. *Journal of Consulting and Clinical Psychology, 35,* 148-152.

Kanfer, F. H. (1971). The maintenance of behavior by self-generated reinforcement. In A. Jacobs & L. G. Sachs (Eds.), *The psychology of private events* (pp. 39-59). New York: Academic Press.

Kaslow, N. J., & Thompson, M. P. (1998). Applying the criteria for empirically supported treatments to studies of psychosocial interventions for child and adolescent depression. *Journal of Clinical Child Psychology, 27,* 146-155.

Kazdin, A. E. (1974). Covert modeling, model similarity, and reduction of avoidance behavior. *Behavior Therapy, 5,* 325-340.

Kazdin, A. E., Bass, D., Siegel, T., & Thomas, C. (1989). Cognitive-behavioral therapy and relationship therapy in the treatment of children referred for antisocial behavior. *Journal of Consulting and Clinical Psychology, 57,* 522-535.

Kazdin, A. E., & Crowley, M. J. (1997). Moderators of treatment outcome in cognitively based treatment of antisocial children. *Cognitive Therapy and Research, 21,* 185-207.

Kazdin, A. E., Esveldt-Dawson, K., French, N. H., & Unis, A. S. (1987a). Effects of parent management training and problem-solving skills training combined in the treatment of antisocial child behavior. *Journal of the American Academy of Child and Adolescent Psychiatry, 26,* 416-424.

Kazdin, A. E., Esveldt-Dawson, K., French, N. H., & Unis, A. S. (1987b). Problem-solving skills training and relationship therapy in the treatment of antisocial child behavior. *Journal of Consulting and Clinical Psychology, 55,* 76-85.

Kazdin, A. E., & Kendall, P. C. (1998). Current progress and future plans for developing effective treatments: Comments and perspectives. *Journal of Clinical Child Psychology, 27,* 217-226.

Kazdin, A. E., Siegel, T. C., & Bass, D. (1992). Cognitive problem-solving skills training and parent management training in the treatment of antisocial behavior in children. *Journal of Consulting and Clinical Psychology, 60,* 733-747.

Kazdin, A. E., & Weisz, J. R. (1998). Identifying and developing empirically supported child and adolescent treatments. *Journal of Consulting and Clinical Psychology, 66,* 19-36.

Keller, M. B., Lavori, P., Wunder, J., Beardslee, W. R., Schwartz, C. E., & Roth, J. (1992). Chronic anxiety disorders in children and adolescents. *Journal of the American Academy of Child and Adolescent Psychiatry, 31,* 595-599.

Kendall, P. C. (1992). *Coping cat workbook.* Ardmore, PA: Workbook.

Kendall, P. C. (1993). Cognitive-behavioral therapies with youth: Guiding theory, current status, and emerging developments. *Journal of Consulting and Clinical Psychology, 61,* 235-247.

Kendall, P. C. (1994). Treating anxiety disorders in youth: Results of a randomized clinical trial. *Journal of Consulting and Clinical Psychology, 62,* 100-110.

Kendall, P. C. (1998). Empirically supported psychological therapies. *Journal of Consulting and Clinical Psychology, 66,* 1-3.

Kendall, P. C. (Ed.). (2000). *Child and adolescent therapy: Cognitive-behavioral procedures* (2nd ed.). New York: Guilford Press.

Kendall, P. C., & Braswell, L. (1993). *Cognitive-behavioral therapy for impulsive children* (2nd ed.). New York: Guilford Press.

Kendall, P. C., Chansky, T. E., Kane, M., Kim, R., Kortlander, E., Ronan, K., Sessa, F., & Siqueland, L. (1992). *Anxiety disorders in youth: Cognitive-behavioral interventions.* Needham Heights, MA: Allyn & Bacon.

Kendall, P. C., Chu, B., Gifford, A., Hayes, C., & Nauta, M. (1998). Breathing life into a manual. *Cognitive and Behavioral Practice, 5,* 177-198.

Kendall, P. C., Chu, B., Pimentel, S., & Choudhury, M. (2000). Treating anxiety disorders in youth. In P. C. Kendall (Ed.), *Child and adolescent therapy: Cognitive-behavioral procedures* (2nd ed., pp. 235-287). New York: Guilford Press.

Kendall, P. C., Flannery-Schroeder, E., & Ford, J. (1999). Therapy outcome research methods. In P. C. Kendall, J. Butcher, & G. Holmbeck (Eds.), *Handbook of research methods in clinical psychology* (pp. 330-363). New York: Wiley.

Kendall, P. C., Flannery-Schroeder, E., Panichelli-Mindel, S. M., Southam-Gerow, M., Henin, A., & Warman, M. J. *(1997).* Therapy for youth with anxiety disorders: A second randomized clinical trial. *Journal of Consulting and Clinical Psychology, 65,* 366-380.

Kendall, P. C., & Hollon, S. D., (Eds.). *(1979). Cognitive-behavioral interventions: Theory, research and procedures.* New York: Academic Press.

Kendall, P. C., Howard, B. L., & Epps, J. *(1988).* The anxious child: Cognitive-behavioral treatment strategies. *Behavior Modification, 12, 281-310.*

Kendall, P.C., Kortlander, E., Chansky, T. E., & Brady, E. U. (1992). Comorbidity of anxiety and depression in youth: Treatment implications. *Journal of Consulting and Clinical Psychology, 60,* 869-880.

Kendall, P. C., & MacDonald, J. P. (1993). Cognition in psychopathology of youth and implications for treatment. In K. S. Dobson & P. C. Kendall (Eds.), *Psychopathology and cognition* (pp. 387-432). San Diego, CA: Academic Press.

Kendall, P. C., MacDonald, J. P., & Treadwell, K. R. H. (1995). The treatment of anxiety disorders in youth: Future directions. In A. R. Eisen, C. A. Kearney, & C. E. Schaefer (Eds.), *Clinical handbook of anxiety disorder in children and adolescents* (pp. 573-597). Northvale, NJ: Aronson.

Kendall, P. C., & Panichelli-Mindel, S. M. (1995). Cognitive-behavioral treatments. *Journal of Abnormal Child Psychology, 23,* 107-124.

Kendall, P. C., Reber, M., McLeer, S., Epps, J., & Ronan, K. R. (1990). Cognitive-behavioral treatment of conduct-disordered children. *Cognitive Therapy and Research, 14,* 279-297.

Kendall, P. C., & Southam-Gerow, M. A. (1996). Long-term follow-up of a cognitive-behavioral therapy for anxiety disordered youth. *Journal of Consulting and Clinical Psychology, 64,* 724-730.

Kendall, P.C., Stark, K. D., & Adam, T. (1990). Cognitive deficit or cognitive distortion in childhood depression. *Journal of Abnormal Child Psychology, 18,* 255-270.

Kendall, P. C., & Sugerman, A. (1997). Attrition in the treatment of childhood anxiety disorder. *Journal of Consulting and Clinical Psychology, 65,* 883-888.

Kendall, P. C., & Treadwell, K. R. H. (1996). Cognitive-behavioral treatment for childhood anxiety disorders. In P. S. Jensen & E. D. Hibbs (Eds.), *Psychosocial treatment research with children and adolescents* (pp. 23-41). Washington, DC: American Psychological Association.

Kiesler, D. J. (1966). Some myths of psychotherapy research and the search for a paradigm. *Psychological Bulletin, 65,* 110-136.

Kimball, W., Nelson, W. M., & Politano, P. M. (1993). The role of developmental variables in cognitive-behavioral interventions with children. In A. J. Finch, W. M. Nelson, & E. S. Ott (Eds.), *Cognitive-behavioral procedures with children and adolescents: A practical guide* (pp. 25-66). Needham Heights, MA: Allyn & Bacon.

Koeppen, A. S. (1974). Relaxation training for children. *Elementary School Guidance and Counseling, 9,* 14-26.

Kolko, D. J., Loar; L. L., & Sturnick, D. (1990). Inpatient social-cognitive skills training groups with conduct disordered and attention deficit disordered children. *Journal of Child Psychology and Psychiatry, 31,* 737-748.

Kortlander, E., Kendall, P. C., & Panichelli-Mindel, S. (1997). Maternal expectations and attributions about coping in anxious children. *Journal of Anxiety Disorders, 11,* 297-315.

Kovacs, M. (1981). Rating scales to assess depression in school aged children. *Acta Paedopsychiatrica, 46,* 305-315.

Kroll, L., Harrington, R., Jayson, D., Fraser, J., & Gowers, S. (1996). Pilot study of continuation cognitive-behavioral therapy for major depression in adolescent psychiatric patients. *Journal of the American Academy of Child and Adolescent Psychiatry, 35,* 1156-1161.

Lazarus, A. A., & Abramovitz, A. (1962). The use of "emotive imagery" in the treatment of children's phobias. *Journal of Mental Science, 108,* 191-195.

Leon, J. A., & Pepe, H. J. (1983). Self-instructional training: Cognitive behavior modification for remediating arithmetic deficits. *Exceptional Children, 50,* 54-60.

Lewinsohn, P. M. (1974). A behavioral approach to depression. In R. M. Friedman & M. M. Katz (Eds.), *The psychology of depression: Contemporary theory and research.* New York: Wiley.

Lewinsohn, P. M., Clark, G. N., Hops, H., & Andrews, J. (1990). Cognitive-behavioral group treatment of depression in adolescents. *Behavior Therapy, 21,* 385-401.

Lewinsohn, P. M., Clark, G. N., & Rohde, P. (1994). Psychological approaches to the treatment of depression in adolescents. In W. M. Reynolds & H. F. Johnston (Eds.), *Handbook of depression in children and adolescents* (pp. 309-344). New York: Plenum Press.

Lewinsohn, P. M., Clark, G. N., Rohde, P., Hops, H., & Seeley, J. R. (1996). A course in coping: A cognitive-behavioral approach to the treatment of adolescent depression. In E. D. Hibbs & P. S. Jensen (Eds.), *Child and adolescent disorders: Empirically based strategies for clinical practice* (pp. 109-135). Washington DC: American Psychological Association.

Lewinsohn, P. M., Rohde, P, Hops, H., & Clark, G. (1991). *Leader's manual for parent groups: Adolescent Coping with Depression.* Eugene, OR: Castalia Press.

Lochman, J. E. (1987). Self and peer perceptions and attributional biases of aggressive and non-aggressive boys in dyadic interactions. *Journal of Consulting and Clinical Psychology, 55,* 404-410.

Lochman, J. E. (1992). Cognitive-behavioral intervention with aggressive boys: Three-year follow-up and preventive effects. *Journal of Consulting and Clinical Psychology, 60,* 426-434.

Lochman, J. E., Burch, P. R., Curry, J. F., & Lampron, L. B. (1984). Treatment and generalization effects of cognitive-behavioral and goal-setting interventions with aggressive boys. *Journal of Consulting and Clinical Psychology, 52,* 915-916.

Lochman, J. E., & Curry, J. F. (1986). Effects of social problem-solving training and self-instruction training with aggressive boys. *Journal of Consulting and Clinical Psychology, 15,* 159-164.

Lochman, J. E., Lampron, L. B., Gemmer, T. C., Harris, R., & Wyckoff, G. M. (1989). Teacher consultation and cognitive-behavioral interventions with aggressive boys. *Psychology in the Schools, 26,* 179-188.

Lochman, J. E., Whidby, J., & FitzGerald, D. (2000). Cognitive behavioral assessment and treatment with aggressive children. In P. C. Kendall (Ed.), *Child and adolescent therapy: Cognitive-behavioral procedures* (pp. 31-87). New York: Guilford Press.

Lochman, J. E., White, K. J., & Wayland, K. K. (1991). Cognitive-behavioral assessment and treatment with aggressive children. In P. C. Kendall (Ed.), *Child and adolescent therapy: Cognitive-behavioral procedures* (pp. 25-65). New York: Guilford Press.

Luria, A. R. (1961). *The role of speech in the regulation of normal and abnormal behaviors.* New York: Liveright.

Mahoney, M. J. (1977). Reflections in the cognitive-learning trend in psychotherapy. *American Psychologist, 32,* 5-18.

March, J. S. (1995). Behavioral psychotherapy for children and adolescents with obsessive compulsive disorder: A review of the literature and recommendation for treatment. *Journal of the American Academy of Child and Adolescent Psychiatry, 34,* 7-18.

March, J. S., & Mulle, K. (1998). *OCD in children and adolescents: A cognitive-behavioral treatment manual.* New York: Guilford Press.

March, J. S., Mulle, K., & Herbel, B. (1994). Behavioral psychotherapy for children and adolescents with obsessive-compulsive disorder: An open trial of a new protocol-driven treatment package. *Journal of the American Academy of Child and Adolescent Psychiatry, 33,* 333-341.

Masek, B., Russo, D. C., & Varni, J. W. (1984). Behavioral approaches to the management of chronic pain in children. *Pediatric Clinics of North America, 31,* 1113-1131.

Mattis, S. G., & Ollendick, T. H. (1997). Children's cognitive responses to the somatic symptoms of panic. *Journal of Abnormal Child Psychology, 25,* 47-51.

Meichenbaum, D. (1971). Examination of model characteristics in reducing avoidance behavior. *Journal of Personality and Social Psychology, 17,* 298-307.

Meichenbaum, D., & Goodman, J. (1971). Training impulsive children to talk to themselves: A means of developing self-control. *Journal of Abnormal Psychology, 77,* 115-126.

Mendlowitz, S. L., Manassis, K., Bradley, S., Scapillato, D., Miezitis, S., & Shaw, B. F. (1999). Cognitive-behavioral group treatments in childhood anxiety disorders: The role of parental involvement. *Journal of the American Academy of Child and Adolescent Psychiatry, 38,* 1223-1229.

Miller, L. C., Barrett, C. L., & Hampe, E. (1974). Phobias of childhood in a prescientific era. In S. David (Ed.), *Child personality and psychopathology* (pp. 89-134). New York: Wiley.

Mischel, W. (1974). Processes in delay of gratification. In L. Berkowitz (Ed.), *Advances in experimental social psychology* (Vol. 7, pp. 249-292). New York: Academic Press.

Morris, R. J., & Kratochwill, T. R. (1983). *Treating children's fears and phobias: A behavioral approach.* New York: Pergamon Press.

MTA Cooperative Group. (1999a). A 14-month randomized clinical trial of treatment strategies for attention-deficit/hyperactivity disorder. *Archives of General Psychiatry, 56,* 1073-1086.

MTA Cooperative Group. (1999b). Moderators and mediators of treatment response for children with attention-deficit/hyperactivity disorder. *Archives of General Psychiatry, 56,* 1088-1096.

Nelson, W. M., & Finch, A. J. (1996). *"Keeping your cool": The anger management workbook.* Ardmore, PA: Workbook.

Ollendick, T. H., & Cerny, J. A. (1981). *Clinical behavior therapy with children.* New York: Plenum Press.

Ollendick, T. H., & King, N. J. (1998). Empirically supported treatments for children with phobic and anxiety disorders: Current status. *Journal of Clinical Child Psychology, 27,* 156-167.

Ollendick, T. H., & King, N. J. (2000). Empirically supported treatments for children and adolescents: Guides from developmental psychology. In P. C. Kendall (Ed.), *Child and adolescent therapy: Cognitive-behavioral procedures* (2nd ed., pp. 386-425). New York: Guilford Press.

Persons, J. (1991). Psychotherapy outcome studies do not accurately represent current models of psychotherapy. *American Psychologist, 46,* 99-106.

Pfiffner, L., & Barkley, R. A. (1998). Treatment of ADHD in school settings. In R. A. Barkley (Ed.), *Attention-deficit hyperactivity disorder: A handbook for diagnosis and treatment* (2nd ed., pp. 458-490). New York: Guilford Press.

Pfiffner, L., Jouriles, E. N., Brown, N. B., Etscheidt, M. A., & Kelly, J. A. (1990). Effects of problem-solving therapy as outcomes of parent training on single-parent families. *Child and Family Behavior Therapy, 12,* 1-11.

Piaget, J. S. (1926). *The language and thought of the child.* New York: Harcourt, Brace.

Prater, M. A., Joy, R., Chilman, B., Temple, J., & Miller, S. R. (1991). Self-monitoring of on-task behavior with adolescents with learning disability. *Learning Disability Quarterly, 14,* 164-177.

Rabian, B., Peterson, R., Richters, J., & Jensen, P. (1993). Anxiety sensitivity among anxious children. *Journal of Clinical Child Psychology, 22,* 441-446.

Reeve, R. A., & Brown, A. L. (1985). Meta-cognition reconsidered: Implications for intervention research. *Journal of Abnormal Child Psychology, 13,* 343-356.

Rehm, L. P., & Sharp, R. N. (1996). Strategies for childhood depression. In M. A. Reinecke, F. M. Dattilio, & A. Freeman (Eds.), *Cognitive therapy with children and adolescents: A casebook for clinical practice* (pp. 103-123). New York: Guilford Press.

Reid, J. B., Kavanagh, K., & Baldwin, D. V. (1987). Abusive parents' perceptions of child problem behaviors: An example of parental bias. *Journal of Abnormal Child Psychology, 15,* 457-466.

Reinecke, M. A., Dattilio, F. M., & Freeman, A. (1996). *Cognitive therapy with children and adolescents: A casebook for clinical practice.* New York: Guilford Press.

Reynolds, W. M., & Coats, K. I. (1986). A comparison of cognitive-behavioral therapy and relaxation training for the treatment of depression in adolescents. *Journal of Consulting and Clinical Psychology, 54,* 653-660.

Robin, A. L. (1998). Training families with ADHD adolescents. In R. A. Barkley, *Attention-deficit hyperactivity disorder: A handbook for diagnosis and treatment* (2nd ed., pp. 413-457). New York: Guilford Press.

Robin, A. L., & Foster, S. L. (1989). *Negotiating parent-adolescent conflict: A behavioral-family systems approach.* New York: Guilford Press.

Robin, A. L., & Schneider, M. (1974). *The turtle technique: An approach to self-control in the classroom.* Original não-publicado, State University of New York at Stony Brook.

Robin, A. L., Schneider, M., & Dolnick, M. (1976). The turtle technique: An extended case study of self-control in the classroom. *Psychology in the Schools, 13,* 449-453.

Roehling, P. V., & Robin, A. L. (1986). Development and validation of the Family Belief Inventory: A measure of unrealistic beliefs among parents and adolescents. *Journal of Consulting and Clinical Psychology, 54,* 693-697.

Rosenthal, T., & Bandura, A. (1978). Psychological model: Theory and practice. In S. L. Garfield & A. E. Bergin (Eds.), *Handbook of psychotherapy and behavior change* (2nd ed., pp. 621-658). New York: Wiley.

Rotheram-Borus, M. J., Piacentini, J., Miller, S., Graae, F., & Castro-Blanco, D. (1994). Brief cognitive behavioral treatment for adolescent suicide attempters and their families. *Journal of the American Academy of Child and Adolescent Psychiatry, 33,* 508-517.

Rudolph, K. D., Hammen, C., & Burge, D. (1997). A cognitive-interpersonal approach to depressive symptoms in preadolescent children. *Journal of Abnormal Child Psychology, 25,* 33-45.

Sanders, M. R., Rebgetz, M., Morrison, M., Bor, W., Gordon, A., Dadds, M., & Shepherd, R. (1989). Cognitive-behavioral treatment of recurrent nonspecific abdominal pain in children: An analysis of generalization, maintenance, and side effects. *Journal of Consulting and Clinical Psychology, 57,* 294-300.

Sarason, I. G. (1975). Test anxiety and the self-disclosing model. *Journal of Consulting and Clinical Psychology, 43,* 148-153.

Sarason, I. G., & Ganzer, V. J. (1973). Modeling and group discussion in the rehabilitation of juvenile delinquents. *Journal of Counseling Psychology, 20,* 442-449.

Schunk, P. H. (1983). Ability versus effort attributional feedback: Differential effects on self-efficacy and achievement. *Journal of Educational Psychology, 75,* 848-856.

Selman, R. L. (1980). *The growth of interpersonal understanding: Developmental and clinical analyses.* New York: Academic Press.

Selman, R. L., & Byrne, D. A. (1974). A structural developmental analysis of levels of role-taking in middle childhood. *Child Development, 45*, 803-806.

Shapiro, E. S., & Cole, C. L. (1994). *Behavior change in the classroom: Self-management interventions.* New York: Guilford Press.

Shantz, C. V. (1983). Social cognition. In J. H. Flavell & E. Markman (Eds.), *Carmichael's manual of child psychology: Vol. 3. Cognitive development* (pp. 495-555). New York: Wiley.

Shirk, S., & Harter, S. (1996). Treatment of low self-esteem. In M. A. Reinecke, F. M. Dattilio, & A. Freeman (Eds.), *Cognitive therapy with children and adolescents: A casebook for clinical practice* (pp. 175-198). New York: Guilford Press.

Shure, M. B., & Spivack, G. (1978). *Problem-solving techniques in childrearing.* San Francisco: Jossey-Bass.

Silverman, W. K., Ginsburg, G. S., & Kurtines, W. M. (1995). Clinical issues in treating children with anxiety and phobic disorders. *Cognitive and Behavioral Practice, 2*, 93-117.

Smith, A. M., & O'Leary, S. G. (1995). Attributions and arousal as predictors of maternal discipline. *Cognitive Therapy and Research, 19*, 459-471.

Southam-Gerow, M. A., & Kendall, P. C. (no prelo). Emotion understanding in youth referred for treatment of anxiety disorders. *Journal of Clinical Child Psychology.*

Spence, S. (1994). Practitioner review: Cognitive therapy with children and adolescents – from theory to practice. *Journal of Child Psychology and Psychiatry, 3*, 1191-1227.

Spivack, G., Platt, J. J., & Shure, M. B. (1976). *The problem-solving approach to adjustment.* San Francisco: Jossey-Bass.

Stark, K. D. (1990). *Childhood depression: School-based intervention.* New York: Guilford Press.

Stark, K. D., Sander, J. B., Yancy, M., Bronik, M., & Hoke, J. (2000). Treatment of depression in childhood and adolescence: Cognitive-behavioral procedures for the individual and family. In P. C. Kendall (Ed.), *Child and adolescent therapy: Cognitive-behavioral procedures* (2nd ed., pp. 173-234). New York: Guilford Press.

Stark, K. D., Kendall, P. C., McCarthy, M., Stafford, M., Barron, R., & Thomeer, M. (1996). *Taking action: A workbook for overcoming depression.* Ardmore, PA: Workbook.

Stark, K. D., Reynolds, W. M., & Kaslow, N. J. (1987). A comparison of the relative efficacy of self-control therapy and behavioral problem-solving therapy for depression in children. *Journal of Abnormal Child Psychology, 15*, 91-113.

Stark, K. D., Rouse, L., & Livingston, R. (1991). Treatment of depression during childhood and adolescence: Cognitive-behavioral procedures for the individual and family. In P. C. Kendall (Ed.), *Child and adolescent therapy: Cognitive-behavioral procedures* (pp. 165-208). New York: Guilford Press.

Strassberg, Z. (1997). Levels of analysis in cognitive bases of maternal disciplinary dysfunction. *Journal of Abnormal Psychology, 25*, 209-215.

Strayhorn, J. M. (1988). *The competent child: An approach to psychotherapy and preventive mental health.* New York: Guilford Press.

Treadwell, K. R. H., & Kendall, P. C. (1996). Self-talk in anxiety-disordered youth: States of mind, content specificity, and treatment outcome. *Journal of Consulting and Clinical Psychology, 64*, 941-950.

Tremblay, R. E., Pagani-Kurtz, L., Masse, L. C., Vitaro, F., & Phil, R. (1995). A bimodal preventive intervention for disruptive kindergarten boys: Its impact through mid-adolescence. *Journal of Consulting and Clinical Psychology, 63*, 560-568.

Turner, J. E., & Cole, D. A. (1994). Developmental differences in cognitive diatheses for child depression. *Journal of Abnormal Child Psychology, 22*, 15-32.

Vygotsky, L. (1962). *Thought and language.* New York: Wiley.

Wahler, R. G. (1990). Some perceptual functions of social networks in coercive mother-child interactions. *Journal of Social and Clinical Psychology, 9*, 43-53.

Wahler, R. G., Carter, P. G., Fleischman, J., & Lambert, W. (1993). The impact of synthesis teaching and parent training with mothers of conduct-disordered children. *Journal of Abnormal Child Psychology, 21*, 425-440.

Wahler, R. G., & Dumas, J. E. (1989). Attentional problems in dysfunctional mother-child interactions. *Psychological Bulletin, 105*, 116-130.

Webster-Stratton, C. (1984). Randomized trial of two parent-training programs for families with conduct disordered children. *Journal of Consulting and Clinical Psychology, 52*, 666-678.

Webster-Stratton, C., & Hammond, M. (1988). Maternal depression and its relationship to life stress, perceptions of child behavior problems, parenting behaviors, and child conduct problems. *Journal of Abnormal Child Psychology, 16*, 299-315.

Weiner, B. (1979). A theory of motivation of some classroom experience. *Journal of Educational Psychology, 71*, 3-25.

Weissberg, R. P., Caplan, M., & Harwood, R. (1991). Promoting competent young people in competence-enhancing environments: A systems-based perspective on primary prevention. *Journal of Consulting and Clinical Psychology, 59*, 830-841.

Weisz, J. R., Huey, S. J., & Weersing, V. R. (1998). Psychology outcome research with children and adolescents: The state of the art. In T. H. Ollendick & R. J. Prinz (Eds.), *Advances in clinical child psychology* (Vol. 20). New York: Plenum Press.

Weisz, J. R., & Weiss, B. (1991). "Studying the referability" of child clinical problems. *Journal of Consulting and Clinical Psychology, 59*, 266-273.

Wilkes, T. C. R., Belsher, G., Rush, A. J., Frank, E., & Associates. (1994). *Cognitive therapy for depressed adolescents.* New York: Guilford Press.

Zentall, S. S. (1995). Modifying classroom tasks and environments. In S. Goldstein, *Understanding and managing children's classroom behavior* (pp. 356-374). New York: Wiley.

A TERAPIA COMPORTAMENTAL RACIONAL-EMOTIVA

Windy Dryden
Albert Ellis

A terapia comportamental racional-emotiva (TCRE) foi fundada por Albert Ellis em 1955 (Ellis, 1977a). Portanto, ela tem a mais longa história de todas as formas de terapia cognitivo-comportamental tratadas neste manual. Como muitos pioneiros de novos sistemas terapêuticos daquela época, Ellis havia se decepcionado com os níveis de efetividade e eficiência das terapias psicanalíticas tradicionais como sistemas terapêuticos. Embora essa decepção tenha sido, em parte, responsável pela criação da TCRE, diversas outras influências podem ser detectadas nesse sentido. Ellis tinha um antigo interesse em filosofia e foi particularmente influenciado pelas obras de filósofos estóicos como Epiteto e Marco Aurélio. Em particular, a citada frase de Epiteto: "as pessoas não são perturbadas pelas coisas, mas por sua visão das coisas" cristalizava a visão de Ellis de que os fatores filosóficos são mais importantes do que os fatores psicanalíticos e psicodinâmicos para explicar as perturbações psicológicas.

Além da influência dos estóicos, o impacto de diversos outros filósofos pode ser encontrado nas idéias de Ellis. Por exemplo, Ellis (1981a) demonstra ter sido influenciado pela obra de Immanuel Kant sobre o poder e as limitações da cognição e da ideação, particularmente a *Crítica da razão pura*. Desde sua criação, Ellis argumentava que a TCRE baseava-se nos fundamentos de métodos científicos lógico-empíricos e, nesse sentido, afirmava que os textos de Popper (1959, 1963) e Reichenbach (1953) tiveram um grande impacto em suas tentativas de fazer dessas idéias filosóficas as características nucleares do sistema terapêutico da TCRE. De maneira interessante, na mesma época, George Kelly (1955), o fundador da terapia de constructos pessoais, estava envolvido de forma independente em um projeto bastante semelhante.

A TCRE identifica-se intimamente com as bases do humanismo ético (Russell, 1930, 1965). Além disso, ela tem raízes existenciais distintas. Nesse sentido, Ellis diz ter sido particularmente influenciado pelas idéias de Paul Tillich (1953) em meados da década de 1950. Como outros existencialistas (Heidegger, 1949), os teóricos da TCRE concordam que os seres humanos estão "no centro do seu universo (mas não do universo) e têm poder de escolha (mas não de escolha ilimitada) com relação ao seu domínio emocional" (Dryden e Ellis, 1986, p. 130). Ellis (1984a, p. 23) afirmou que a TCRE é duplamente humanista em sua perspectiva, no sentido de que

a) visa a ajudar as pessoas a maximizar sua individualidade, liberdade, interesses pessoais e autocontrole;
b) tenta ajudá-las a viver de maneira envolvida, comprometida e seletivamen-

te afetuosa. Assim, ela visa facilitar o interesse individual e social.

Embora o próprio Ellis defenda valores ateus, diversos teóricos e profissionais da TCRE têm crenças religiosas (Hauck, 1972; Powel, 1976). A TCRE não é contra a religião em si, mas se opõe à religiosidade – uma crença dogmática e fervorosa na fé por natureza, sem base em fatos, que se acredita estar no centro da perturbação psicológica (Ellis, 1983a). De fato, a TCRE compartilha com a filosofia do cristianismo a visão de que devemos condenar o pecado, mas perdoar (ou, de forma mais exata, aceitar) o pecador.

Finalmente, as idéias de Ellis foram influenciadas pelo trabalho dos semanticistas em geral (particularmente Korzybski, 1933), que argumentaram que os nossos processos psicológicos são determinados em ampla medida por nossas generalizações exageradas e pela linguagem descuidada que empregamos. Assim como Korzybski, Ellis sustenta que a modificação dos erros em nosso pensamento e nossa linguagem terá um efeito acentuado sobre nossas emoções e ações.

Embora Ellis tenha alegado que a criação da TCRE deve mais ao trabalho de filósofos do que de psicológicos (pré-1959), ele foi influenciado, na verdade, pela obra de diversos psicólogos. Originalmente, Ellis teve formação em métodos psicanalíticos com um analista da escola de Karen Horney. A influência das idéias de Horney (1950) sobre a tirania do "eu deveria" certamente é visível no arcabouço conceitual da TCRE. Entretanto, apesar de Horney enxergar que esse modo de pensar tem um impacto profundo no desenvolvimento e na manutenção de problemas neuróticos, ela não enfatizou a natureza dogmática e absolutista dessas cognições, como Ellis fez posteriormente. Além disso, enquanto Horney enxergava que esses imperativos ("eu deveria") tinham um efeito tirânico sobre a perturbação psicológica, ela não assumiu uma postura vigorosa e ativa de ajudar as pessoas a desafiá-los e mudá-los, como defendem os terapeutas da TCRE.

Ellis (1973) afirma que a TCRE tem uma dívida singular para com as idéias de Alfred Adler (1927), que acreditava que o comportamento de uma pessoa vinha de suas idéias. O conceito de Adler sobre o importante papel que os sentimentos de inferioridade desempenham na perturbação psicológica antecede a visão de Ellis de que a ansiedade do ego, baseada no conceito de auto-avaliação, constitui uma perturbação humana fundamental. Conforme discutido, a TCRE enfatiza o papel do interesse social em determinar a saúde psicológica – um conceito central à filosofia de Adler (1964). Outras influências adlerianas na TCRE são a importância que os seres humanos atribuem a objetivos, propósitos, valores e significados; a ênfase no ensino ativo e diretivo; o emprego de uma forma de terapia cognitiva e persuasiva; e o método didático de fazer demonstrações ao vivo das sessões de terapia para pessoas interessadas. Contudo, a terapia adleriana difere da TCRE no sentido de que coloca mais ênfase nas raízes biológicas das perturbações humanas (Ellis, 1976a) e menos no papel das primeiras experiências da infância e da ordem do nascimento como fatores que explicam tais perturbações. Além disso, Adler não diferenciou os vários tipos de cognição e não mencionou os imperativos fervorosos e absolutos que são uma característica central da perspectiva da TCRE sobre a perturbação psicológica. Finalmente, enquanto Adler era um tanto vago sobre métodos terapêuticos diferentes e não utilizava técnicas comportamentais, a TCRE defende o uso de muitas técnicas e métodos terapêuticos específicos, e é notavelmente cognitiva e comportamental (Dryden, 1984a; Ellis, 1994b, 1998).

Em suas primeiras apresentações na década de 1950 sobre aquilo que, na época, se chamava "psicoterapia racional", Ellis ressaltou os aspectos cognitivo-comportamentais da terapia para enfatizar suas diferenças com as terapias psicanalíticas. Essa postura levou os críticos a acusarem a psicoterapia racional de negligenciar as emoções dos clientes, o que não era o caso. Conseqüentemente, em 1961, Ellis decidiu mudar o nome de sua abordagem para "terapia racional-emotiva" (TRE), que permaneceu sendo o nome da abordagem até 1993, quando Ellis mudou o nome novamente, para "terapia comportamental racional-emotiva" (TCRE), em resposta a críticos que diziam que a TRE negligenciava os comportamentos dos clientes (Ellis, 1993a). Todavia, a TCRE sempre defendeu o uso de métodos comportamentais ativos e, nesse sentido, Ellis reconhecia a influência de alguns dos primeiros pioneiros da terapia comportamental (Dunlap, 1932; Jones, 1924; Watson e Rayner, 1920) em suas idéias e práticas terapêuticas. Além disso, desde o começo, a TCRE tem empregado tarefas de casa de forma ativa e sistemática para estimular os clientes a praticar os *insights* terapêuticos recém-adquiridos em suas vidas. Ellis enxergou a importância dessas tarefas em seu trabalho como conselheiro sexual e matrimonial (antes de criar a TCRE), para superar suas ansiedades ao abordar mulheres e falar em público, e no trabalho pioneiro de Herzberg (1945), que defendeu o uso desse tipo de tarefas em seu livro *Active psychotherapy*.

Aqueles que estudam a história do desenvolvimento da psicoterapia gostarão de saber que, ao mesmo tempo que Ellis estava criando a TCRE, diversos outros terapeutas, todos trabalhando de maneira independente, estavam desenvolvendo sistemas terapêuticos que tinham alguma ênfase cognitivo-comportamental (Eric Berne, George Kelly, Abraham Low, E. Lakin Phillips e Julian Rotter). Destas, somente a TCRE é reconhecida atualmente como uma forma relevante de terapia cognitivo-comportamental e, portanto, é representada neste manual.

TEORIA BÁSICA

Começaremos considerando a imagem da pessoa que o modelo teórico da TCRE promove. A seguir, apresentamos a perspectiva da teoria sobre (1) a natureza da saúde e perturbações psicológicas; (2) a aquisição de perturbações psicológicas e (3) o modo como essas perturbações se perpetuam. Posteriormente, examinamos a teoria da mudança terapêutica da TCRE, e concluímos esta seção comparando o modelo teórico da TCRE com modelos propostos por outras formas de terapia cognitivo-comportamental.

A imagem da pessoa

A teoria que fundamenta a TCRE concebe a pessoa como um organismo complexo e biossocial, com uma forte tendência a estabelecer e perseguir uma grande variedade de objetivos e propósitos. Embora as pessoas possam diferir imensamente em *o que* lhes trará felicidade, o fato de que elas criam e buscam objetivos pessoais mostra que tentam colocar um sentido de significado em suas vidas. Assim, os seres humanos são considerados hedônicos, pois seus principais objetivos parecem ser manter-se vivos e buscar a felicidade. Nesse sentido, eles também possuem a tarefa relacionada de satisfazer seus interesses pessoais e seus interesses sociais. Observa-se que os seres humanos geralmente têm mais sucesso em satisfazer esses interesses paralelos por meio de buscas ativas do que passivas.

O conceito de "racionalidade" é central para compreender a imagem da pessoa na TCRE. Aqui, "racional" significa o que é verdadeiro, lógico e ajuda as pessoas a alcançar seus objetivos e propósitos básicos. Embora as pessoas sejam motivadas por interesses hedônicos, elas muitas vezes experimentam um choque entre objetivos de curto e longo prazos. A teoria da TCRE sustenta que, enquanto as pessoas devem satisfazer alguns de seus objetivos de curto prazo, elas também devem adotar uma filosofia de hedonismo de longa duração para alcançar seus objetivos e propósitos básicos. "Irracional", então, significa aquilo que é falso, ilógico e atrapalha ou obstrui as pessoas em sua busca por seus objetivos e propósitos básicos (de longo prazo). A racionalidade não se define de nenhum modo absoluto na teoria da TCRE, pois aquilo que ajuda ou atrapalha a realização de objetivos é definido conforme o indivíduo em sua situação específica.

Enquanto a teoria da TCRE enfatiza o papel que os fatores cognitivos desempenham no funcionamento humano, a cognição, a emoção e o comportamento não são considerados processos psicológicos separados, mas processos bastante interdependentes e interativos. Assim, a afirmação "a cognição leva à emoção" tende a acentuar um quadro falso de separatismo psicológico. No famoso ABC da TCRE, o *A* tradicionalmente representa um evento *ativador*; o B, a maneira em que esse evento inferido é avaliado (i.e., as *crenças* da pessoa, do inglês *beliefs*); e o C, as *conseqüências* emocionais, comportamentais e cognitivas que provêm de B. Entretanto, dito dessa forma, o modelo não enfatiza o caráter interativo dos processos psicológicos que contém (Ellis, 1985a, 1994b). Mesmo assim, quando as pessoas aderem a determinado conjunto de crenças avaliativas, isso tende a influenciar as inferências que elas fazem e os ambientes que procuram em A. Enquanto as crenças afetam a emoção e o comportamento, também é verdade que a maneira como nos sentimos e agimos tem um efeito profundo sobre as nossas crenças. Nossas reações emocionais e comportamentais ajudam a criar ambientes e afetam nossas percepções sobre esses ambientes, o que, por sua vez, tem um efeito limitante sobre nossos repertórios emocionais e comportamentais (como no efeito da "profecia auto-realizável"). Dessa forma, deve-se enfatizar que a teoria da TCRE acredita que a pessoa tem processos intrapsíquicos sobrepostos e está em constante interação com o seu ambiente social e material.

Considerando os fatores cognitivos a partir do ponto de vista da visão da pessoa na TCRE, Ellis (1976a, 1979a) enfatiza que os seres humanos têm duas tendências biológicas principais. Em primeiro lugar, eles têm uma forte tendência a pensar de maneira irracional. Segundo a teoria da TCRE, eles têm muita facilidade para converter suas preferências em demandas veementes e absolutistas.* Embora Ellis (1984a, p. 20) tenha reconhecido que existem influências sociais em operação, ele também observou que "mesmo que todas as pessoas tivessem tido a criação mais racional possível, quase todas transformariam suas preferências individuais e sociais em demandas absolutistas sobre (a) si mesmos, (b) as outras pessoas e (c) o universo que as rodeia".

Ellis (1976a, 1979a) argumenta que as seguintes observações constituem evidências em favor da base biológica da irracionalidade humana:

1. Praticamente todos os seres humanos, incluindo pessoas brilhantes e competentes, apresentam evidências de importantes irracionalidades humanas.
2. Praticamente todas as irracionalidades que produzem perturbações ("obrigações" absolutistas) encontradas em nossa sociedade também foram encontradas em todos os grupos sociais e culturais que já foram estudados dos pontos de vista histórico e antropológico.
3. Muitos dos comportamentos irracionais que temos, como a procrastinação e a falta de disciplina pessoal, contrariam os ensinamentos de nossos pais, amigos e dos meios de comunicação.
4. Os seres humanos (mesmo pessoas brilhantes e competentes) muitas vezes adotam outras irracionalidades após abandonarem irracionalidades anteriores.
5. As pessoas que se opõem vigorosamente a diversos tipos de comportamento irracional costumam cair nessas mesmas irracionalidades: os ateus e agnósticos têm filosofias fervorosas e absolutistas; e os indivíduos religiosos agem de modo imoral.
6. O entendimento de pensamentos e comportamentos irracionais ajuda a mudá-los apenas em parte.
7. Os seres humanos costumam retornar a seus hábitos e padrões de comportamento irracionais, mesmo que tenham trabalhado muito para superá-los.
8. As pessoas consideram mais fácil aprender comportamentos autodestrutivos do que comportamentos que levem ao aperfeiçoamento pessoal. Dessa forma, as pessoas facilmente comem demais, mas têm dificuldade para seguir uma dieta razoável.
9. Os psicoterapeutas, que supostamente deveriam ser bons modelos

---

* N. de R.T. Por concepções absolutistas nos referiremos aos termos originais "should" e "must", que na tradução para o português serão utilizados como "eu tenho de" e "eu deveria".

de racionalidade, muitas vezes agem de forma irracional em suas vidas pessoais e profissionais.
10. As pessoas freqüentemente se iludem e acreditam que certas experiências negativas (p. ex., divórcio, estresse e outros problemas) não acontecerão a elas.

Entretanto, para que essas hipóteses não deixem a impressão de que a TCRE possui uma imagem pessimista dos seres humanos, é importante dizer que a teoria da TCRE enfatiza a existência de uma segunda tendência biológica básica, segundo a qual se acredita que os seres humanos têm a capacidade de pensar sobre o seu pensamento e a capacidade de exercer seu poder para trabalhar para mudar seu pensamento irracional. Assim, as pessoas não são escravas impotentes de sua tendência para o pensamento irracional, mas podem transcender (ainda que não totalmente) seus efeitos, decidindo trabalhar ativamente e continuamente para mudar essa forma de pensar, empregando métodos cognitivos, emotivos e comportamentais para desafiá-la e rejeitá-la. Em última análise, a imagem da pessoa na TCRE é bastante otimista.

A visão da TCRE prega que a pessoa é falível por natureza e que, provavelmente, não pode ser aperfeiçoada. Os seres humanos cometem erros "naturalmente" e, conforme descrito anteriormente, muitas vezes parecem derrotar e atrapalhar a si mesmos na busca de seus objetivos de longo prazo. Do ponto de vista terapêutico, eles são levados a se aceitar como falíveis e a desafiar as próprias demandas por perfeição e a autodepreciação que quase sempre acompanha tais demandas (particularmente quando não são satisfeitas). A TCRE enfatiza que a pessoa também é um organismo incrivelmente complexo e que está em constante movimento. Dessa forma, a teoria da TCRE considera que os seres humanos têm um grande potencial de utilizar as muitas oportunidades que encontram para efetuar mudanças nas maneiras em que pensam, sentem e agem.

A TCRE é uma abordagem construtivista de psicoterapia, no sentido de que acredita que, enquanto as preferências das pessoas são influenciadas por sua criação e sua cultura, elas se perturbam quando seus desejos não são satisfeitos, construindo crenças irracionais sobre essas situações. Contudo, a TCRE discorda das abordagens construtivistas radicais que argumentam que todas as construções são igualmente viáveis. Em comparação, a TCRE sustenta que algumas construções (i.e., crenças racionais) são mais condizentes com a realidade, mais lógicas e mais funcionais do que outras (i.e., crenças irracionais). Conseqüentemente, um dos principais objetivos da TCRE é estimular os clientes a fazer construções racionais sobre as situações adversas, em vez de construções irracionais.

Sintetizando, a Figura 9.1 mostra a posição da teoria da TCRE em relação a 10 dimensões da personalidade propostas por Corsini (1977). Um símbolo unidirecional (ϕ ou γ) indica o pólo enfatizado nas bases teóricas da TCRE (ϕ para o pólo esquerdo, γ para o pólo direito). O símbolo ν indica que a teoria abrange igualmente ambos os pólos da dimensão.

A natureza da perturbação psicológica e da saúde

A TCRE postula que, no centro da perturbação, se encontra a tendência que os seres humanos possuem de fazer avaliações fervorosas e absolutistas sobre os eventos em suas vidas. Essas avaliações são colocadas na forma de afirmativas do tipo: "eu deveria", eu sou "obrigado", ou eu "tenho que". Ellis (1983a) argumentou que essas cognições absolutistas estão no núcleo de uma filosofia de religiosidade dogmática que diz ser a característica central da perturbação emocional e comportamental humana.[*] Na teoria da TCRE, essas crenças são consideradas irracionais, pois são rígidas, não condizem com a realidade, são ilógicas, e geralmente atrapalham as pessoas na busca de seus objetivos e propósitos básicos. Os imperativos do tipo: "eu deveria" ou "eu

---

[*] N. de R.T. Deste pressuposto, surge a explicação de Ellis de que as pessoas sofrem em função de um processo intitulado "musturbation" – pensamentos repetitivos do tipo "eu tenho de".

tenho de" não levam invariavelmente a perturbações psicológicas, já que é possível que uma pessoa acredite fervorosamente que deve ter sucesso em todos os seus projetos importantes, tenha confiança que terá sucesso, e realmente tenha sucesso e, assim, não tenha nenhuma perturbação psicológica. Contudo, a pessoa permanece vulnerável, pois sempre existe a possibilidade de que possa fracassar no futuro. Assim, apesar de, com base na probabilidade, a teoria da TCRE defender que uma filosofia absolutista freqüentemente leva a perturbações, ela não afirma que isso seja uma verdade absoluta. Dessa forma, mesmo com relação a essa visão da natureza da perturbação humana, a TCRE adota uma postura antiabsolutista.

Foco em comportamentos explícitos e observáveis, que possam ser contados e numerados.	OBJETIVA	γ	SUBJETIVA	Preocupação com vida pessoal interior do indivíduo — seu eu inefável.
Pessoa considerada composta de partes, órgãos, unidades, elementos unidos para formar o todo.	ELEMENTAR	γ	HOLÍSTICA	Acredita-se que a pessoa tenha uma certa unidade e as partes sejam aspectos da entidade total.
Teorias apessoais são impessoais, têm base estatística, e consideram aspectos gerais em vez de individuais. Baseiam-se em normas de grupo.	APESSOAL	γ	PESSOAL	Teorias pessoais lidam com o indivíduo singular. São idiográficas.
Foco na mensuração de unidades de comportamento.	QUANTITATIVA	γ	QUALITATIVA	O comportamento é considerado complexo demais para ser mensurado com precisão.
O indivíduo é visto como uma unidade que reage, não como um aprendiz, com instintos e baseado em generalizações preestabelecidas pela hereditariedade.	ESTÁTICA	γ	DINÂMICA	O indivíduo é visto como um aprendiz, com interações entre o comportamento e o consciente e entre o consciente e o inconsciente.
A pessoa tem base predominantemente biológica.	ENDÓGENA	φ	EXÓGENA	A pessoa é influenciada predominantemente por fatores sociais e ambientais.
O indivíduo não é considerado responsável por seu comportamento — visto como um peão da sociedade, hereditariedade, ou ambas.	DETERMINISTA	γ	NÃO-DETERMINISTA	A pessoa está basicamente sob seu próprio controle. O controle está dentro da pessoa, e nunca é possível prever.
O indivíduo é visto conforme o que herdou ou aprendeu no passado.	PASSADO	PRESENTE/FUTURO	FUTURO	O indivíduo é explicado por sua previsão de objetivos futuros.
A pessoa opera segundo uma base emocional e com o intelecto a serviço das emoções.	AFETIVA	ν	COGNITIVA	A pessoa é considerada essencialmente racional, com as emoções auxiliando o intelecto.
O indivíduo é visto como racional e afetado por fatores no âmbito da sua consciência.	CONSCIENTE	ν	INCONSCIENTE	Acredita-se que a pessoa tenha um investimento considerável abaixo do nível da consciência.

FIGURA 9.1 A TCRE, descrita em 10 dimensões da personalidade. γ significa ênfase da TCRE no pólo direito; φ significa ênfase no pólo esquerdo; e ν significa que ambos os pólos são igualmente enfatizados. Adaptado de Corsini (1977). Copyright 1977 F. E. Peacock, Publishers, Inc. Adaptado sob permissão.

A teoria da TCRE postula que quando os seres humanos aderem a uma filosofia de obrigações, eles têm uma forte tendência de tirar conclusões irracionais derivadas dessas obrigações. Esses derivados são considerados irracionais porque também são falsos, ilógicos, extremos e porque tendem a sabotar os objetivos e propósitos básicos da pessoa.

O primeiro derivado é conhecido como "catastrofização" e ocorre quando um evento é avaliado como sendo mais de 100% negativo – uma conclusão verdadeiramente exagerada e mágica, que parte da crença de que "não podia ser tão ruim quanto é". O segundo derivado é conhecido como "baixa tolerância à frustração", que significa acreditar que não se pode sentir praticamente nenhuma felicidade, sob nenhuma condição, se um evento que não deve ocorrer vier a ocorrer ou ameaçar ocorrer. O terceiro derivado, conhecido como "depreciação", representa a tendência de os seres humanos avaliarem a si mesmos e outras pessoas como sub-humanos ou desmerecedores se fizerem algo que não "pode" ser feito ou se não fizerem algo que "tem de" ser feito. A depreciação também pode ser aplicada ao mundo ou a condições de vida que sejam avaliadas como "inferiores", por não darem à pessoa aquilo de que ela necessita.

Embora Ellis (1984a) tenha argumentado que a catastrofização, a baixa tolerância à frustração e a depreciação são processos irracionais secundários, no sentido de que partem da filosofia dos imperativos (do tipo: "eu tenho de"), esses processos podem ser primários às vezes. De fato, Wessler (1984) argumenta que eles são mais prováveis de ser primários, e que os imperativos muitas vezes derivam deles. Todavia, a filosofia dos imperativos por um lado, e as da catastrofização, da baixa tolerância à frustração e da depreciação, por outro, provavelmente sejam processos interdependentes e parecem ser apenas lados diferentes da mesma moeda cognitiva.

Em suma, é possível discernir duas categorias principais de perturbações psicológicas humanas na teoria da TCRE: perturbação do ego e perturbação do desconforto (Ellis, 1979b, 1980a). Na perturbação do ego, a pessoa se deprecia por fazer exigências "obrigatórias" sobre si mesma, os outros e o mundo. Na perturbação por desconforto, a pessoa também faz exigências de si mesma, dos outros e do mundo, mas elas refletem a crença de que deve haver conforto e condições de vida confortáveis.

Ellis (1984a, 1985a) observa que os seres humanos fazem diversos tipos de suposição ilógica quando estão perturbados. Nesse sentido, a TCRE concorda com os terapeutas cognitivos (Beck, Rush, Shaw e Emery, 1979; Burns, 1980) quando afirma que essas distorções cognitivas representam uma característica da perturbação psicológica. Contudo, a teoria da TCRE sustenta que essas distorções quase sempre partem dos imperativos. Algumas das mais freqüentes são listadas na Tabela 9.1.

Embora os clínicos que praticam TCRE às vezes encontrem todos os exemplos de falta de lógica listados na Tabela 9.1 e vários outros que são encontrados com menos freqüência, eles se concentram particularmente nos ("eu deveria", "eu tenho de") que parecem constituir as crenças irracionais que levam à perturbação emocional. Os clínicos da TRCE acreditam que se não expuserem os clientes a essas crenças fundamentais e não os ajudarem a renunciar a elas, os clientes provavelmente continuarão a ter tais crenças e a criar derivados irracionais a partir delas. Ao mesmo tempo, os terapeutas da TCRE geralmente estimulam seus clientes a ter desejos, vontades e preferências fortes e persistentes, e a evitar sentimentos de desconexão, retraimento e falta de envolvimento (Ellis, 1972a, 1973, 1984b, 1984c, 1994b, 1996a).

Ainda mais importante, a TCRE sustenta que as crenças irreais e ilógicas não criam perturbações emocionais *por si só*. É bastante possível que as pessoas acreditem, de maneira irreal, que, como fracassam com freqüência, sempre fracassam (i.e., fracasso percebido no passado). Também é possível que elas acreditem, de maneira ilógica, que, como fracassam com freqüência, sempre fracassarão (i.e., fracasso projetado). Porém, em ambos os casos, elas podem concluir de maneira racional e alternativa que: "Que pena! Mesmo que eu fracasse muito, não existe razão por que eu deva acertar obrigatoriamente. Eu preferiria, mas não *tenho* que me sair bem. Então, vou tentar ser o mais

TABELA 9.1 Distorções cognitivas comuns

1. *Pensamento do tipo tudo-ou-nada:* "Se eu fracassar em uma tarefa importante, o que não devo fazer, serei um fracasso total e *completamente detestável!*"
2. *Tirar conclusões precipitadas e conclusões negativas falsas:* "Como me viram fracassar, o que eu *absolutamente não deveria ter feito*, eles me consideram um ser incompetente".
3. *Previsão do futuro:* "Como estão rindo de mim por ter fracassado, eles sabem que eu *absolutamente precisava acertar*, e vão me desprezar para sempre".
4. *Concentrar-se no aspecto negativo:* "Como eu não agüento quando as coisas saem errado, e não *devem* sair, não consigo enxergar nada de bom acontecendo em minha vida".
5. *Desqualificar o aspecto positivo:* "Quando me cumprimentam por coisas boas que eu fiz, estão apenas sendo bondosos e esquecendo as bobagens que eu *absolutamente não poderia ter feito*".
6. *Sempre e nunca:* "Como as condições para viver *devem* ser boas e estão tão ruins e tão intoleráveis, elas sempre serão assim, e eu *nunca* terei felicidade".
7. *Minimização:* "Minhas realizações são resultado da sorte e não são importantes. Mas meus erros, que eu *absolutamente não deveria ter cometido*, são horríveis e totalmente imperdoáveis".
8. *Raciocínio emocional:* "Como meu desempenho foi tão fraco, como *absolutamente não deveria ter sido*, sinto-me um tolo, e meus sentimentos provam que eu *não valho nada*".
9. *Rotulação e generalização:* "Como não devo fracassar em coisas importantes e fracassei, sou um completo derrotado e fracassado".
10. *Personalização:* "Como estou agindo muito pior do que *absolutamente deveria* agir e estão rindo, tenho certeza de que estão rindo de mim, e isso é *horrível*".
11. *Fraude:* "Quando não me saio tão bem quanto *deveria* e eles ainda me elogiam e me aceitam, sou um verdadeiro impostor, e vou cair e mostrar a eles o quanto sou desprezível".
12. *Perfeccionismo:* "Vejo que me saí bem, mas eu *absolutamente deveria* ter me saído perfeitamente bem em uma tarefa simples como essa e, portanto, na verdade sou incompetente".

feliz que puder, mesmo fracassando constantemente". Pensando dessa forma, elas raramente teriam perturbações emocionais.

Reiterando, a TCRE considera que a essência da perturbação emocional humana consiste dos imperativos absolutistas que as pessoas têm sobre seu fracasso, sobre suas rejeições, sobre a razão de outras pessoas as tratarem mal, e sobre as frustrações e perdas da vida. A TCRE, portanto, difere de outras formas de terapia cognitivo-comportamental, como as de Beck (1967, 1976), Bandura (1969, 1977), Goldfried e Davison (1976), Janis (1983), A. A. Lazarus (1981), R. Lazarus (1966), Mahoney (1977), Maultsby (1984) e Meichenbaum (1977), no sentido de que enfatiza particularmente que os terapeutas procurem os padrões dogmáticos e incondicionais dos clientes, diferenciando-os das suas preferências, e ensinando-os como rejeitá-los e manter as preferências mais adaptativas (Bard, 1980; Dryden, 1984a; Ellis, 1962, 1977c, 1984c, 1985a; Ellis e Becker, 1982; Ellis e Harper, 1975; Grieger e Boyd, 1980; Grieger e Grieger, 1982; Phadke, 1982; Walen, DiGiuseppe e Wessler, 1980; Wessler e Wessler, 1980).

Se a filosofia da masturbação do "eu tenho de" está no centro de grande parte da perturbação psicológica, que filosofia é característica da saúde psicológica? A teoria da TCRE argumenta que uma filosofia de relativismo ou "desejo" é uma característica central de pessoas psicologicamente saudáveis. Essa filosofia reconhece que os seres humanos têm uma grande variedade de desejos, vontades, quereres, preferências, e assim por diante, mas que se eles se recusarem a transformar esses valores não-absolutos em dogmas e exigências grandiosas, eles não terão perturbações psicológicas. Mesmo assim, sentirão emoções negativas saudáveis (p. ex., tristeza, arrependimento, decepção, raiva saudável ou irritação) sempre que seus desejos não forem satisfeitos. Acredita-se que essas emoções possuam propriedades motivadoras construtivas, pois ajudam as pessoas a remover obstáculos à realização de seus objetivos e fazer ajustes construtivos quando seus desejos não puderem ser satisfeitos.

A teoria da TCRE postula três derivados principais da filosofia do desejo. Eles são considerados racionais, pois são flexíveis, condizentes com a realidade, sensíveis e tendem a ajudar as pessoas a alcançar seus objetivos e formular novos objetivos quando não conseguirem satisfazê-los. O primeiro derivado é conhecido como "anticatastrofização". Nesse caso, se a pessoa não consegue o que deseja, ela reconhece que isso é ruim. Porém, como não acredita que "tenho que ter o que desejo", mas faz uma avaliação em uma escala de 0-100, ela não avalia a situação como uma "catástrofe". De um modo geral, quando a pessoa adere à filosofia do desejo, quanto mais forte for o seu desejo, pior será sua avaliação quando não conseguir o que deseja. O segundo derivado é conhecido como "alta tolerância à frustração". Nele, a pessoa (1) reconhece que um evento indesejável aconteceu (ou pode acontecer); (2) acredita que o evento deve ocorrer empiricamente; (3) considera que o evento pode ser e merece ser tolerado; (4) tenta mudar o evento indesejado ou aceita a "dura" realidade, se não puder modificá-la e (5) busca outros objetivos ativamente, mesmo que não se possa alterar a situação. O terceiro derivado é conhecido como "aceitação". Aqui, a pessoa aceita a si mesma e outras pessoas como seres humanos falíveis, que não têm de agir de maneira diferente da que agem. Além disso, as condições da vida são aceitas da forma como são. As pessoas que mantêm uma filosofia de aceitação reconhecem totalmente que o mundo é muito complexo e que ele existe segundo determinadas leis, que muitas vezes estão fora do seu controle pessoal. É importante enfatizar que a aceitação não implica resignação. Uma filosofia racional de aceitação significa que a pessoa reconhece que tudo que existe empiricamente *deve* existir, mas não *tem* absolutamente de existir para sempre. Uma pessoa resignada a uma situação geralmente não tenta modificá-la.

A teoria da TCRE argumenta que as pessoas têm crenças racionais e irracionais ao mesmo tempo. Assim, um indivíduo pode acreditar racionalmente que "quero que você me ame" e simultaneamente (e de maneira irracional) acreditar que "como eu quero que você me ame, você deve me amar".

A teoria da TCRE também faz distinções singulares entre emoções negativas saudáveis e doentias. Acredita-se que as emoções negativas saudáveis sejam associadas a crenças racionais, e as emoções negativas prejudiciais, a crenças irracionais. Por exemplo, a preocupação é uma emoção que está associada à crença de que "espero que isso não ocorra, mas se ocorrer, será uma pena". A ansiedade ocorre quando a pessoa acredita que "isso não deve acontecer, e será uma catástrofe se ocorrer". A raiva saudável (às vezes conhecida como irritação) ocorre quando outra pessoa desconsidera as regras de vida de um indivíduo. Esse indivíduo tende a pensar assim: "eu queria que essa pessoa não tivesse feito isso, e não gosto do que ela fez, mas isso não justifica que eu quebre minhas próprias regras de conduta". Na raiva doentia, por outro lado, a pessoa acredita absolutamente que a outra pessoa não deve quebrar suas regras e, portanto, desaprova a outra por fazê-lo (Ellis, 1977c). Deve-se observar que os terapeutas da TCRE não abordam as emoções negativas saudáveis (tristeza em vez de depressão; arrependimento em vez de culpa; decepção em vez de vergonha) para a mudança na terapia, pois as consideram conseqüências do pensamento racional.

Se a perturbação do ego e a perturbação por desconforto são os pilares da visão dos problemas psicológicos humanos segundo a TCRE, a auto-aceitação e um nível elevado de tolerância ao desconforto são os dois sustentáculos da saúde psicológica e estão implícitos na filosofia do desejo tranqüilo. Ellis (1979a) propôs outros nove critérios para a saúde mental positiva: (1) interesse pessoal esclarecido; (2) interesse social; (3) autodirecionamento; (4) aceitação da ambigüidade e incerteza; (5) pensamento científico; (6) comprometimento e absorção vital em projetos importantes; (7) flexibilidade; (8) uma atitude calculada ao correr riscos e (9) aceitação da realidade.

Desenvolvimento e perpetuação de perturbações psicológicas

A teoria da TCRE não propõe uma visão elaborada do desenvolvimento de perturbações psicológicas. Ela se baseia em parte na hipótese de Ellis (1976a) de que os seres humanos têm uma tendência biológica distinta de pensar e agir de forma irracional, mas também reflete o ponto de vista da TCRE de que as teorias do desenvolvimento de perturbações não sugerem necessariamente o uso de intervenções terapêuticas. Embora Ellis argumente que as tendências humanas para o pensamento irracional têm raiz biológica, ele reconhece que as variáveis ambientais contribuem para a perturbação psicológica e, assim, estimulam as pessoas a fazer suas demandas biológicas (Ellis, 1979a). Dessa forma, Ellis (1984c, p. 209) diz que "os pais e a cultura geralmente ensinam as crianças quais superstições, tabus e preconceitos devem seguir, mas estes não dão origem a suas tendências básicas para crendices, ritualismos e intolerância".

A teoria da TCRE também postula que os seres humanos variam em sua capacidade de se perturbar. Certas pessoas saem relativamente incólumes, do ponto de vista psicológico, ao ser criadas por pais superprotetores ou negligentes, enquanto outras sofrem danos emocionais com abordagens mais "saudáveis" de criação (Werner e Smith, 1982). Nesse sentido, Ellis (1984c, p. 223) alega que "indivíduos com aberrações sérias são mais predispostos a ter um raciocínio rígido e distorcido do que indivíduos com menos aberrações e, conseqüentemente, são menos prováveis de fazer progressos menores". Assim, a teoria da TCRE sobre o desenvolvimento de perturbações pode ser sintetizada na visão de que, como seres humanos, não somos simplesmente perturbados por nossas experiências. Pelo contrário, ainda adicionamos nossa capacidade de nos perturbarmos às nossas experiências.

Embora a teoria da TCRE não tenha proposto uma visão elaborada para explicar o desenvolvimento de perturbações psicológicas, ela lida de forma mais ampla com a maneira como as perturbações se perpetuam. Em primeiro lugar, as pessoas tendem a enxergar seus problemas psicológicos segundo suas próprias teorias "simples" com relação à natureza desses problemas e às causas que podem ser atribuídas. Elas não possuem aquilo que Ellis (1979a) chama de o "*insight* número 1" da TCRE: que a perturbação psicológica é determinada principalmente pelas crenças absolutistas que as pessoas têm sobre os eventos negativos da vida (B determina C). Em vez disso, elas consideram que suas perturbações são causadas por essas situações (A causa C). Como as pessoas têm hipóteses incorretas sobre os principais determinantes de seus problemas, elas conseqüentemente tentam mudar A em vez de B. Em segundo lugar, as pessoas podem ter o *insight* número 1, mas não ter o "*insight* número 2" da TCRE: que as pessoas permanecem perturbadas redoutrinando-se *no presente* com suas crenças absolutistas. Embora possam ver que seus problemas são determinados por suas crenças, elas podem se distrair e, assim, perpetuar seus problemas, procurando pelos antecedentes históricos dessas crenças em vez de se dedicarem a mudá-las. Em terceiro lugar, as pessoas podem ter os *insights* números 1 e 2, mas ainda manter suas perturbações porque não tiveram o "*insight* número 3" da TCRE: que, somente trabalhando e praticando de maneira dedicada para pensar, sentir e agir no presente e no futuro contra suas crenças irracionais, as pessoas conseguirão mudá-las e ter menos perturbações. As pessoas que têm todos os três *insights* enxergam claramente que se sentirão melhor se desafiarem suas crenças de maneira persistente e firme e nos sentidos cognitivo, emocional e comportamental, de modo a romper a perpetuação do ciclo de perturbação. O simples reconhecimento de que uma crença é irracional costuma ser insuficiente para produzir mudanças.

Ellis (1979a) argumenta que a principal razão pelo qual as pessoas perpetuam seus problemas psicológicos é porque aderem à filosofia da baixa tolerância à frustração. Essas pessoas acreditam que devem ficar "confortáveis" e, assim, não trabalham para efetuar mudanças, pois isso envolveria sentir desconforto. Elas são hedonistas de curto prazo, pois se sentem motivadas para evitar o desconforto de curto prazo, mesmo que aceitar e trabalhar contra seus sentimentos desconfortáveis temporários provavelmente os ajudasse a alcançar seus objetivos de longo prazo. Essas pessoas avaliam as tarefas terapêuticas cognitivas e comportamentais como "dolorosas demais", e ainda mais dolorosas do que a perturbação psicológica para a qual alcançaram uma certa medida de tolerância. Preferem permanecer com seu desconforto "confortável" do que enfrentar o desconforto relacionado com a mudança, que acreditam que não devem sentir. Maultsby (1975) afirma que as pessoas muitas vezes fogem da mudança por temer que não se sentirão bem com ela. Ele chama isso de "o medo neurótico de se sentir uma fraude", e mostra ativamente aos clientes que esses sentimentos de "artificialidade" são os concomitantes naturais da reaprendizagem. Outra forma predominante de baixa tolerância à frustração é a ansiedade para com a ansiedade. Nesse caso, os indivíduos acreditam que não devem ficar ansiosos e, assim, não se expõem a situações que provoquem ansiedade, pois ficam ansiosos porque podem ficar ansiosos se o fizerem – uma experiência que classificariam como uma "catástrofe". Dessa forma, eles perpetuam seus problemas e limitam suas vidas excessivamente para evitar a experiência da ansiedade.

A ansiedade com a ansiedade constitui um exemplo do fato clínico de que as pessoas muitas vezes se perturbam com suas próprias perturbações. Após criarem perturbações secundárias relacionadas com sua perturbação original, elas se preocupam com esses metaproblemas, e fica difícil voltar e resolver o problema original. Os seres humanos costumam ser bastante criativos nesse sentido. Eles se deprimem por sua depressão, sentem culpa por sentirem raiva, ficam ansiosos com sua ansiedade, e assim por diante. Conseqüentemente, as pessoas muitas vezes precisam lidar com suas perturbações sobre as perturbações antes que possam resolver seus problemas originais.*

Uma importante maneira em que as pessoas perpetuam seus problemas psicológicos é agindo de modos condizentes com suas crenças irracionais. Por exemplo, se um homem fica ansioso com relação a fazer novos amigos porque acredita que não mereça ser rejeitado, essa crença irracional faz com que ele aja em uma variedade de maneiras disfuncionais. Se vier a agir dessa forma, ele fortalecerá sua convicção em suas crenças irracionais e tornará mais difícil superar o seu medo da rejeição. Assim, na terapia, quando o clínico tratar esse homem para contestar essas crenças irracionais, é muito importante estimulá-lo a agir de modos que sejam condizentes com suas novas crenças racionais. Se desafiar suas crenças irracionais cognitivamente, mas continuar a agir de maneira disfuncional, ele facilmente retornará às suas crenças irracionais.

A teoria da TCRE baseia-se na visão freudiana dos mecanismos de defesa humanos para explicar como as pessoas perpetuam seus problemas psicológicos (Freud, 1937). Assim, as pessoas mantêm seus problemas empregando diversos mecanismos de defesa (p. ex., racionalização, evitação) que são projetados para negar a existência desses problemas e para minimizar a sua gravidade. A visão da TCRE é de que essas defesas são usadas para proteger o indivíduo contra tendências autodestrutivas e que, sob tais circunstâncias, se as pessoas assumissem responsabilidade honestamente por seus problemas, elas se depreciariam gravemente por tê-los. Além disso, esses mecanismos de defesa são empregados para afastar a ansiedade pelo desconforto, pois (mais uma vez) se essas pessoas admitissem seus problemas, elas os avaliariam como "grandes demais para agüentar" ou "difíceis demais de superar".

Ellis (1979a) observou que as pessoas às vezes experimentam uma forma de compensação percebida por seus problemas psicológicos, além de apenas evitarem o desconforto. A existência dessas compensações serve para perpetuar o problema. Por exemplo, uma mulher que deseja superar a sua procrastinação pode não lidar com o problema porque teme que, dessa forma, os outros possam criticá-la por ser "masculina demais" – uma situação que ela classificaria como uma "catástrofe". Sua procrastinação serve para protegê-la (sua mente) desse "terrível" estado de coisas (Dryden,

---

* N. de R. Esta idéia é uma das premissas centrais do trabalho com as emoções em psicoterapia, adotado pela vertente construtivista. Maiores informações são encontradas em Greenberg, L., Paivio, S. (1997). *Working with emotions in Psychotherapy*. NY: Guilford.

1984b). Finalmente, o documentado fenômeno da "profecia auto-realizável" ajuda a explicar por que as pessoas perpetuam seus problemas psicológicos (Jones, 1977; Wachtel, 1977). Nesse caso, as pessoas agem segundo suas avaliações e previsões e, assim, muitas vezes evocam respostas de si mesmas e de outras pessoas, que interpretam de maneira a confirmar suas hipóteses iniciais. Por exemplo, um homem com ansiedade social pode acreditar que os outros não desejariam conhecer "um indivíduo tão desmerecedor quanto eu". Em uma festa, ele age como se não merecesse atenção, evitando contato visual e afastando-se de todos. Não é de surpreender então que esse comportamento social impeça que os outros se aproximem dele, que interpreta a falta de resposta como: "Viu, eu estava certo. As pessoas não querem me conhecer. Eu realmente não valho nada".

Concluindo, a teoria da TCRE sustenta que as pessoas "tendem naturalmente a perpetuar seus problemas e a ter uma forte tendência inata a se prender a seus padrões autodestrutivos habituais e, assim, resistir à mudança. Portanto, ajudar os clientes a mudar representa um grande desafio para os profissionais da T[C]RE" (Dryden, 1984b, p. 244-245).

A teoria da mudança terapêutica

A visão da pessoa na TCRE é basicamente otimista: embora postule que os seres humanos tenha uma tendência biológica a pensar de forma irracional, a TCRE também sustenta que os seres humanos têm a capacidade de tomar a decisão de trabalhar para mudar seu pensamento irracional e seus efeitos autodestrutivos, e que as mudanças mais importantes e duradouras que as pessoas podem fazer são aquelas que envolvem a reestruturação filosófica de crenças irracionais. Nesse nível, a mudança pode ser específica ou geral. A mudança filosófica específica significa que os indivíduos mudam suas demandas irracionais absolutistas (eu "deveria", "eu tenho de") sobre determinadas situações para preferências racionais relativas. A mudança filosófica geral envolve as pessoas adotarem uma postura tranqüila para com os eventos da vida em geral. Ellis distinguiu a mudança filosófica "superelegante" da "semi-elegante" no nível geral. Ao discutir essas mudanças, Ellis (citado em Weinrach, 1980, p. 156) disse:

> Com o termo "superelegante", quero dizer que praticamente em qualquer condição, para o resto de suas vidas, eles não se perturbariam com nada. Poucas pessoas fariam isso, pois é contra a condição humana, e as pessoas voltam a se sentir obrigadas e, portanto, se perturbar. Algumas pessoas encontram uma solução semi-elegante, significando que, na maioria dos casos, elas se baseiam em uma nova filosofia racional-emotiva, que possibilita que se sintam tristes ou incomodadas, mas não ansiosas, deprimidas ou bravas quando encontram condições desfavoráveis.

Para realizar uma mudança filosófica no nível específico ou geral, as pessoas devem fazer o seguinte:

1. Entender que, em um nível amplo, elas criam suas perturbações psicológicas, e que, mesmo que as condições ambientais possam contribuir para os seus problemas, ainda são considerações secundárias no processo de mudança.
2. Reconhecer que têm a capacidade de mudar essas perturbações de maneira significativa.
3. Compreender que as perturbações emocionais e comportamentais partem amplamente de crenças dogmáticas que são absolutistas e irracionais.
4. Detectar suas crenças irracionais e diferenciá-las de suas alternativas racionais.
5. Contestar essas crenças irracionais, usando os métodos lógico-empíricos da ciência.
6. Trabalhar para a internalização de suas novas crenças racionais, empregando métodos de mudança cognitivos, emotivos e comportamentais – em particular, garantindo que seu comportamento seja condizente com suas crenças racionais.

7. Continuar esse processo de desafiar as crenças irracionais e usar métodos multimodais de mudança para o resto de suas vidas.

Quando as pessoas fazem mudanças filosóficas em B no modelo ABC, elas muitas vezes conseguem corrigir espontaneamente as suas inferências distorcidas da realidade (generalizações, atribuições errôneas, etc.) que podem ser vistas como cognições (Wessler e Wessler, 1980). Todavia, elas muitas vezes precisam contestar essas inferências distorcidas mais diretamente, como a TCRE sempre enfatizou (Ellis, 1962, 1971a, 1973; Ellis e Harper, 1961a, 1961b; ver também Beck et al., 1971).

Embora a teoria da TCRE argumente que as crenças irracionais são o berçário do desenvolvimento e a manutenção de distorções dedutivas, é possível que as pessoas efetuem mudanças em suas inferências sem fazer uma mudança filosófica profunda. Dessa forma, elas podem enxergar as inferências como pistas da realidade em vez de fatos, podem gerar hipóteses alternativas, e podem procurar evidências e/ou realizar experimentos para testar cada hipótese. Assim, podem aceitar a hipótese que representa a "melhor aposta" entre as disponíveis. Considere um homem que pensa que seus colegas de trabalho o consideram ingênuo. Para testar essa hipótese, ele pode primeiramente especificar as reações negativas a ele, que constituem os dados a partir dos quais ele rapidamente tira a conclusão de que "eles pensam que eu sou ingênuo". Ele então pode compreender que aquelas que interpretava como respostas negativas a ele podem não ser negativas. Se parecerem negativas, ele pode realizar um experimento para testar o significado que atribui às respostas. Dessa forma, poderia pedir ajuda a um colega em quem confiasse para perguntar "em segredo" quais são as opiniões que os outros têm dele. Ou, poderia testar sua hipótese de forma mais explícita, perguntando diretamente aos outros qual é a visão que os outros possuem dele. Como resultado dessas estratégias, ele pode concluir que seus colegas de trabalho consideram algumas de suas atitudes tolas, mas não o consideram uma pessoa ingênua por completo. Seu humor poderia melhorar, pois sua inferência sobre A (i.e., a situação) mudou, mas ele ainda poderia acreditar em B que "se os outros pensam que eu sou ingênuo, eles estão certos, e isso é uma catástrofe". Assim, ele fez uma mudança dedutiva, mas não uma mudança filosófica. Se tentasse fazer uma mudança filosófica, ele *primeiramente* suporia que suas inferências eram verdadeiras, depois abordaria suas interpretações sobre suas inferências e, assim, as desafiaria, se descobrisse que eram irracionais. Dessa forma, ele pode concluir que, "mesmo se agir de forma tola, isso faz de mim uma pessoa com um comportamento estranho, mas não uma pessoa ingênua. E mesmo que eles me considerem um completo idiota, essa simplesmente é a visão *deles*, da qual eu posso discordar". Os terapeutas da TCRE postulam que as pessoas são mais prováveis de fazer uma mudança filosófica profunda se aceitarem antes que suas inferências são verdadeiras e depois desafiarem suas crenças irracionais, em vez de corrigirem suas distorções dedutivas primeiramente para depois desafiarem suas crenças irracionais subjacentes. Contudo, essa hipótese ainda espera por uma investigação empírica ampla.

As pessoas também podem fazer mudanças diretas na situação em A. Assim, no exemplo anterior, o homem pode deixar o emprego ou se distrair das reações dos colegas obtendo um trabalho extra e se dedicando a ele, ou pode fazer exercícios de relaxamento sempre que tiver contato com seus colegas e, assim, distrair-se de suas reações percebidas. Além disso, o homem pode falar com o seu supervisor, que pode instruir os outros funcionários a mudar seu comportamento para com ele.

Quando utilizamos esse modelo para considerar uma mudança comportamental, fica claro que uma pessoa pode mudar o seu comportamento para efetuar mudanças dedutivas e/ou filosóficas. Assim, novamente no exemplo anterior, o homem cujos colegas consideram ingênuo pode mudar o próprio comportamento para com eles e, dessa forma, evocar um conjunto diferente de respostas, que faria com que ele reinterpretasse a sua inferência anterior (i.e., mudança de comportamento para produzir mudança de inferências). Todavia, se fosse possível determinar que eles realmente o consideravam ingênuo, o homem poderia procurá-los ativamente e mostrar a si mesmo que é capaz de enfrentar a situação e que o fato de pensarem que era às vezes ingênuo, isso não fazia dele uma pessoa não-confiável. Assim, ele aprenderia a se aceitar diante das visões de seus colegas, expondo-se às suas reações negativas (i.e., mudança comportamental para produzir mudança filosófica).

Embora os terapeutas da TCRE prefiram ajudar seus clientes a fazer mudanças filosóficas profundas em B, eles não insistem de maneira dogmática que seus clientes façam as mudanças práticas. Se ficar claro que os clientes não são capazes de mudar suas crenças irracionais, os terapeutas da TCRE tentarão ajudá-los a mudar A diretamente (evitando a situação problemática, ou agindo de maneira diferente) ou mudar suas inferências distorcidas sobre a situação.

Diferenças de outras formas de terapia cognitivo-comportamental[1]

Ellis (1980b) distinguiu a TCRE "especializada" e a TCRE "geral". Ele argumenta que a TCRE geral é sinônimo de uma terapia cognitivo-comportamental ampla. O autor também fala que a TCRE especializada difere da terapia cognitivo-comportamental em diversos aspectos importantes:

1. A TCRE tem uma ênfase filosófica distinta, que é uma de suas características centrais e que outras formas de terapia cognitivo-comportamental parecem omitir. Ela enfatiza que os seres humanos avaliam a si mesmos, os outros e o mundo em termos de filosofias (a) racionais, preferenciais, flexíveis e tolerantes; e em termos de (b) filosofias irracionais, rígidas, de obrigações, intolerantes e absolutistas.
2. A TCRE tem uma perspectiva existencial-humanista, que é intrínseca a ela e que é omitida pela maioria das outras abordagens cognitivo-comportamentais. Dessa forma, ela enxerga as pessoas como "indivíduos holísticos e voltados para seus objetivos, que têm importância no mundo apenas por serem humanos e estarem vivos. Ela os aceita de maneira incondicional com suas limitações, e se concentra particularmente em suas experiências e valores, incluindo suas potencialidades de auto-realização" (Ellis, 1980b, p. 327). Ela também compartilha a visão do humanismo ético, estimulando as pessoas a enfatizar os interesses humanos (pessoais e sociais) sobre os interesses de deidades, objetos materiais e animais inferiores.
3. A TCRE favorece a busca por mudanças amplas e duradouras (de base filosófica), ao contrário de mudanças sintomáticas.
4. A TCRE visa a ajudar as pessoas a eliminarem todas as auto-avaliações, e considera a auto-estima como um conceito autodestrutivo que as leva a fazerem avaliações condicionais de si mesmas. Ao contrário disso, ela ensina a auto-aceitação incondicional às pessoas (Dryden, 1998; Ellis, 1972b, 1976b, 1983b, 1996c; Ellis e Harper, 1997).
5. A TCRE acredita que a perturbação psicológica resulta em parte de se levar a vida a sério demais. Ela defende o uso adequado de diversos métodos terapêuticos lúdicos (Ellis, 1977a, 1977b, 1981b).
6. A TCRE enfatiza o uso de métodos de contestação antimasturbatórios, em vez de antiempíricos. Ela visa chegar ao cerne filosófico da perturbação emocional e contestar as crenças irracionais nesse cerne, em vez de simplesmente contestar inferências antiempíricas, que são mais periféricas. Além disso, a TCRE especializada ensina os clientes a se tor-

narem cientistas e favorece o uso da contestação lógico-empírica forçosa para crenças irracionais, em vez de apenas enfatizar o emprego de declarações pessoais de orientação racional sempre que possível.

7. A TCRE emprega, mas incentiva apenas moderadamente, o uso de métodos cognitivos paliativos que servem para distrair as pessoas de suas filosofias perturbadas (p. ex., métodos de relaxamento). A TCRE especializada sustenta que essas técnicas podem ajudar os clientes a melhorar em curto prazo, mas não os incentiva a identificar, contestar e mudar as filosofias fervorosas que fundamentam seus problemas psicológicos em longo prazo. A TCRE também emprega métodos de resolução de problemas e treinamento de habilidades, ao mesmo tempo que ensina as pessoas a trabalhar para entender e mudar suas crenças irracionais.

8. A TCRE atribui um papel explicativo mais central ao conceito de ansiedade por desconforto na perturbação psicológica do que outras formas de terapia cognitivo-comportamental. A ansiedade por desconforto é definida como a "hipertensão emocional que surge quando as pessoas sentem (1) que sua vida ou seu conforto estão ameaçados; (2) que não devem se sentir desconfortáveis e devem se sentir bem e (3) que é catastrófico (em vez de simplesmente inconveniente e desagradável) quando não conseguem o que pressupõem que deveriam obter" (Ellis, 1980b, p. 331). Embora outras formas de terapia cognitivo-comportamental reconheçam casos específicos de ansiedade por desconforto (p. ex., "medo do medo", Mackay, 1984), elas tendem a não considerar a perturbação por desconforto central aos problemas psicológicos, assim como faz a TCRE especializada.

9. A TCRE enfatiza que os seres humanos muitas vezes se perturbam com suas perturbações originais mais do que outras abordagens de terapia cognitivo-comportamental. Dessa forma, na TCRE especializada, os terapeutas procuram ativamente por sintomas secundários ou terciários de perturbações, e estimulam os clientes a trabalhar para superá-los antes de se dedicarem às perturbações primárias.

10. A TCRE tem teorias claras para a perturbação e seu tratamento, mas suas técnicas são ecléticas ou multimodais (ver a seção sobre técnicas terapêuticas). Ela favorece algumas técnicas (p. ex., contestação ativa) sobre outras (p. ex., distração cognitiva), e busca efetuar mudanças filosóficas profundas ou mais refinadas sempre que possível.

11. A TCRE diferencia emoções negativas saudáveis e prejudiciais. A TCRE especializada considera as emoções negativas como respostas afetivas construtivas a desejos frustrados, quando baseadas em uma filosofia de desejo que não seja fundamentalista. Todavia, as emoções destrutivas baseiam-se em demandas absolutistas por desejos frustrados. A TCRE considera esses sentimentos como sintomas de perturbações, pois, com muita freqüência, atrapalham as tentativas das pessoas de perseguir seus objetivos e propósitos de maneira construtiva. Outras abordagens de terapia cognitivo-comportamental não fazem uma discriminação tão minuciosa entre emoções negativas saudáveis e prejudiciais.

12. A TCRE defende que os terapeutas tenham aceitação incondicional, em vez de proporcionarem afeto ou aprovação aos clientes. Outras formas de terapia cognitivo-comportamental tendem a não fazer tal distinção. A TCRE especializada susten-

ta que o afeto e a aprovação dos terapeutas têm seus riscos específicos, pois eles podem estimular os clientes involuntariamente a aumentar sua grande necessidade de amor e aprovação. Os terapeutas da TCRE que aceitam seus clientes incondicionalmente também atuam como bons modelos, pois ajudam os clientes a se aceitarem incondicionalmente.

13. A TCRE enfatiza a importância do uso de vigor e força para combater filosofias e comportamentos irracionais (Dryden, 1984a; Ellis, 1979d, 1994b, 1996d). A TCRE especializada enfatiza que os seres humanos são, na maior parte, biologicamente predispostos a criar e perpetuar suas perturbações e, dessa forma, têm grande dificuldade para mudar as raízes ideológicas desses problemas. Como mantém essa visão, ela incentiva os terapeutas e clientes a usarem considerável força e vigor para interromper as irracionalidades dos clientes.

14. A TCRE é mais seletiva do que a maioria das outras formas de terapia cognitivo-comportamental na escolha de métodos de mudança comportamental. Assim, ela às vezes favorece o uso de penalização para estimular clientes resistentes a mudar. Muitas vezes, esses clientes não mudam para obter reforços positivos, mas podem ser estimulados a mudar para evitar penalidades severas, como queimar uma nota de 100,00 quando não conseguem parar de fumar ou não conseguem chegar ao trabalho na hora. Além disso, a TCRE especializada tem reservas com relação ao uso de reforço social na terapia. Ela acredita que os seres humanos são sensíveis demais a reforços e que eles muitas vezes fazem o que é certo pela razão errada. Os terapeutas da TCRE especializada ajudam os clientes a ser inconformistas, independentes e individualistas ao máximo e, dessa forma, usam técnicas de reforço social com parcimônia. Finalmente, a TCRE especializada favorece o uso de métodos de dessensibilização e inundação em situações reais, em vez de técnicas de dessensibilização progressiva, pois argumenta que esses métodos ajudam os clientes a aumentar mais o seu nível de tolerância à frustração (Ellis, 1962, 1983c).

15. Embora os terapeutas prefiram usar a TCRE especializada sempre que possível, eles não insistem que ela deva ser empregada de maneira dogmática. Quando empregam a TCRE geral por razões pragmáticas, sua prática terapêutica geralmente não pode ser distinguida da prática de terapeutas que empregam outros tipos de terapia cognitivo-comportamental (Ellis, 1996d).

APLICAÇÕES CLÍNICAS

Nesta seção, discutiremos as principais aplicações clínicas da TCRE. Primeiramente, usamos a modalidade terapêutica da terapia individual para considerar (1) os vínculos terapêuticos que os terapeutas da TCRE tentam estabelecer com seus clientes; (2) o processo clínico da TCRE, do início ao término e (3) as principais técnicas terapêuticas empregadas na TCRE. Em segundo lugar, apresentamos a aplicação da TCRE a um caso de ansiedade e um caso de depressão.

Terapia individual

Vínculos terapêuticos

Muitos sistemas de psicoterapia consideram o relacionamento terapêutico como o principal veículo de mudança na terapia efetiva. A TCRE considera que o estabelecimento de vínculos terapêuticos efetivos entre clientes e terapeutas é um ingrediente importante, mas não um componente essencial do sucesso da terapia. Ellis (1979c) argumenta que, para ser efetiva, a TCRE deve ser feita de maneira ativa e diretiva, embora tenha reconhecido que ela pode ser feita usando-se um estilo terapêutico mais passivo (Ellis, 1984a). Como os principais objetivos dos terapeutas que praticam TCRE são ensinar os clientes a pensar de forma mais racional e ajudá-los a usar seus métodos por conta própria, eles se consideram educadores e, dessa forma, tentam estabelecer o clima de aprendizagem mais adequado para cada cliente.

De acordo com os objetivos da TCRE, os terapeutas tentam aceitar seus clientes de maneira incondicional como seres humanos que não estão sujeitos a uma avaliação global legítima. Os terapeutas reconhecem que seus clientes muitas vezes agem de maneira autodestrutiva, mas, não importa o quanto os clientes se comportem mal dentro ou fora da terapia, os terapeutas demonstram que os aceitam, mesmo que não concordem necessariamente com seus comportamentos negativos. Ainda que aceitem seus clientes, a maioria dos terapeutas que praticam TCRE não interage com eles de maneira afetuosa por duas razões. Em primeiro lugar, o afeto indevido da parte do terapeuta pode levar a um retraimento da necessidade dos clientes por amor e aprovação – duas qualidades irracionalmente consideradas necessárias para a felicidade. Essa crença está no centro de grande parte das perturbações humanas. Os clientes de terapeutas afetuosos podem parecer estar melhorando e certamente se sentem melhor, pois passam a acreditar que são merecedores, já que seus terapeutas gostam deles. Todavia, sua auto-aceitação ainda depende de aprovação externa, e eles podem nunca ter a oportunidade de desafiar essa filosofia de auto-aceitação condicional com seus terapeutas afetuosos e carinhosos, que podem também ter necessidade da aprovação de seus clientes. Em segundo lugar, o afeto indevido por parte do terapeuta pode reforçar a filosofia de baixa tolerância à frustração dos clientes (Ellis, 1982a). Contudo, pode haver ocasiões (p. ex., com pacientes gravemente deprimidos) em que o afeto do terapeuta seja apropriado por um período de tempo e, como os terapeutas da TCRE não são dogmaticamente contra interagir de maneira afetuosa com seus clientes, eles o fazem nessas condições.

A maioria dos terapeutas que praticam TCRE tende a interagir de maneira aberta com seus clientes, não hesitando em fornecer informações pessoais sobre si mesmos quando os clientes pedem, exceto quando se acredita que os clientes possam usar essas informações contra si mesmos. Os terapeutas da TCRE costumam revelar a seus clientes se tiveram problemas semelhantes, e como resolveram esses problemas usando a TCRE. Dessa forma, eles servem como modelos para seus clientes, além de os inspirarem com a esperança de que é possível superar problemas emocionais e comportamentais.

Os terapeutas da TCRE concordariam com Carl Rogers (1957) com relação à importância da empatia do terapeuta para ajudar os clientes. Todavia, não oferecem apenas uma empatia afetiva a seus clientes (i.e., mostrando que sabem como eles se sentem), mas também uma empatia filosófica (i.e., mostrando aos clientes que entendem as filosofias subjacentes que fundamentam suas emoções).

Os terapeutas da TCRE muitas vezes favorecem um estilo informal de interagir com seus clientes, empregando humor quando apropriado, pois, conforme mencionado anteriormente, acreditam que a perturbação emocional pode ser considerada como o resultado de levarem as coisas a sério demais. Assim, eles dizem que seu estilo humorístico relaxa os clientes e os estimula a rir de seus pensamentos e comportamentos disfuncionais, mas não de si mesmos. Essa questão está de acordo com a perspectiva do *self* na TCRE, composto de uma variedade de aspectos diferentes e mutáveis, em vez de um todo que possa ser classificado. Conseqüentemente, os terapeutas da TCRE direcionam seu humor a aspectos da disfunção do cliente e não ao cliente como pessoa. De fato, eles muitas vezes voltam seu humor contra suas irracionalidades e, dessa forma, mostram que não se levam a sério demais (Ellis, 1983b).

Embora os terapeutas da TCRE tendam a favorecer um estilo informal, humorístico, ativo e diretivo de participação terapêutica, eles são flexíveis nesse sentido, e são atentos à questão: "Qual estilo terapêutico é mais efetivo para cada tipo de cliente?" (Eschenroeder, 1979, p. 5). Assim, certos clientes aprendem mais se os seus terapeutas adotarem um estilo mais formal, mais sério, e mais discreto quanto a suas questões pessoais. Nesses casos, os terapeutas não hesitam em enfatizar esses aspectos em si mesmos para fins terapêuticos. A questão do estilo terapêutico adequado na TCRE merece ser objeto de pesquisas mais formais. Entretanto, variar o estilo terapêutico na TCRE não significa afastar-se dos princípios teóricos que fundamentam o conteúdo da terapia (Beutler, 1983; Dryden e Ellis, 1986).

O processo terapêutico[2]

Quando os clientes procuram ajuda de terapeutas que fazem TCRE, eles variam em relação ao quanto já sabem sobre o tipo de processo terapêutico que provavelmente encontrarão. Alguns podem procurar determinado terapeuta porque sabem que ele pratica TCRE, enquanto outros podem não saber nada sobre esse método terapêutico. De qualquer modo, geralmente, devem-se explorar as expectativas dos clientes para a terapia no início do processo. Duckro, Beal e George (1979) argumentam que é importante distinguir as "preferências" e "previsões" ao se avaliarem as expectativas dos clientes. Suas preferências para a terapia dizem respeito ao tipo de experiências que desejam, enquanto suas previsões dizem respeito ao tipo de atendimento que acreditam que receberão. Clientes que fazem previsões realistas para o processo terapêutico da TCRE e têm uma preferência por esse processo em geral necessitam de muito menos indução à TCRE do que clientes que tenham expectativas irreais do processo e/ou preferência por um tipo diferente de experiência terapêutica.

Os procedimentos de indução geralmente envolvem mostrar aos clientes que a TCRE é uma terapia ativa, diretiva e estruturada, orientada para a discussão dos problemas atuais e futuros dos clientes, e que exige que os clientes tenham um papel ativo no processo de mudança (Dryden, 1999). A indução pode assumir diversas formas diferentes. Em primeiro lugar, os terapeutas podem desenvolver e usar uma variedade de procedimentos de indução pré-terapia, apresentando um curso típico de TCRE e demonstrando comportamentos produtivos para os clientes (Macaskill e Macaskill, 1983). Em segundo lugar, os terapeutas podem fazer uma rápida palestra no começo da terapia, com relação à natureza e ao processo da TCRE. Em terceiro, os terapeutas podem empregar explicações relacionadas com a indução nas primeiras sessões de terapia, utilizando material sobre os problemas dos clientes para ilustrar a maneira como esses problemas podem ser abordados e para identificar os respectivos papéis do cliente e do terapeuta.

Os terapeutas da TCRE geralmente passam pouco tempo reunindo informações de seus clientes, embora possam solicitar que preencham fichas para avaliar as idéias irracionais que existem no começo da terapia (ver Figura 9.2). Ao contrário disso, eles podem pedir que os clientes descrevam seus principais problemas. À medida que os clientes descrevem os problemas, os terapeutas intervêm rapidamente para decompô-los em seus componentes A, B e C. Se os clientes começam descrevendo A (o evento inferido), os terapeutas perguntam por C (suas reações emocionais e/ou comportamentais). Todavia, se os clientes começam falando de C, os terapeutas pedem uma breve descrição de A.

Na avaliação de A, alguns terapeutas da TCRE preferem avaliar completamente as inferências do cliente na busca das inferências mais relevantes, que o cliente avalia em B. Isso é conhecido como "cadeia de inferências" (Moore, 1983). Um exemplo desse procedimento é apresentado a seguir:

Terapeuta: Qual foi sua principal sensação aqui?
Cliente: Acho que fiquei com raiva.
Terapeuta: Raiva do quê? [O terapeuta obtém C e induz A.]

Cliente: Fiquei com raiva porque ele não me mandou um cartão de aniversário. [A cliente fornece A.]
Terapeuta: E o que provocou a sua raiva nisso? [Induz para ver se A é mais relevante na cadeia de inferências.]
Cliente: Bem... ele prometeu que se lembraria. [A2.]
Terapeuta: E por que ele quebrou sua promessa? [Buscando a relevância de A2.]
Cliente: Senti que ele não se preocupava comigo. [A3.]
Terapeuta: Mas vamos supor por um momento. O que seria perturbador nisso? [Buscando a relevância de A3.]
Cliente: Bem, ele poderia me abandonar. [A4.]
Terapeuta: E se ele fizesse isso? [Buscando a relevância de A4.]
Cliente: Eu ficaria sozinha. [A5.]
Terapeuta: E se você ficasse sozinha? [Buscando a relevância de A5.]
Cliente: Eu não agüentaria. [Crença irracional.]
Terapeuta: Está bem, vamos voltar um minuto. O que seria mais perturbador para você – o incidente do cartão de aniversário, a promessa quebrada, o fato de ele não se importar, ser abandonada por seu marido, ou ficar sozinha? [O terapeuta verifica para ver qual A é mais relevante na cadeia.]
Cliente: Definitivamente ficar sozinha.

Este exemplo não apenas mostra que as inferências são relacionadas, mas que as emoções também são. Aqui, a raiva estava ligada à ansiedade por ficar sozinha. Embora o terapeuta tenha escolhido confrontar a crença irracional da cliente com relação à sua ansiedade, ele ainda deveria lidar com a crença que causava sua raiva. Outros terapeutas da TCRE talvez prefiram tratar o primeiro elemento da cadeia (a raiva pela falta do cartão de aniversário) e combater a crença irracional relacionada com a raiva. Terapeutas habilidosos conseguem descobrir as questões ocultas por trás do problema durante esse processo. É importante que os terapeutas avaliem corretamente *todas* as questões relevantes relacionadas com o problema apresentado.

Embora C seja avaliado principalmente pela narrativa verbal do cliente, os clientes ocasionalmente têm dificuldade para relatar seus problemas emocionais e comportamentais corretamente. Os terapeutas da TCRE podem usar uma variedade de técnicas emocionais (p. ex., técnica da cadeira vazia, psicodrama), técnicas baseadas em imagens e outras técnicas (p. ex., fazer um diário de emoções/comportamentos) para facilitar essa parte do processo de avaliação (Dryden, 1999). Se a avaliação revelar emoções negativas e/ou comportamentos disfuncionais em C, o terapeuta ajuda o cliente a identificar crenças irracionais relevantes em B. Um passo importante aqui é ajudar os clientes a enxergar a ligação entre suas crenças irracionais e as conseqüências afetivas e comportamentais insalubres em C. Nesse ponto, alguns terapeutas da TCRE preferem fazer uma rápida palestra sobre o papel dos imperativos de "obrigação" ("eu tenho de") na perturbação emocional e a maneira como elas podem ser diferenciadas das preferências. Ellis, por exemplo, costuma fazer a seguinte narrativa:

Ellis: Imagine que você gosta de ter um mínimo de 11,00 no bolso a qualquer momento, e descobre que tem apenas 10,00. Não é essencial, apenas preferível, que você tenha 11,00. Como você se sente?
Cliente: Frustrado.
Ellis: Certo. Ou você ficaria preocupado ou triste, mas você não se mataria por conta disso, não é?
Cliente: É.
Ellis: Muito bem. Agora imagine que você, absolutamente, *tem* que ter um mínimo de 11,00 em seu bolso o tempo todo. Você tem que ter, é uma *necessidade*. Você deve, deve, você deve ter um mínimo de 11,00, e descobre que tem apenas 10,00. Como você se sente?
Cliente: Muito ansioso.
Ellis: Certo, ou deprimido. Agora lembre-se que são os mesmos 11,00, mas

Albert Ellis Institute
46 East 65th Street, New York, NY 10021
Ficha de personalidade

Instruções: Leia cada uma das afirmações a seguir e circule a palavra MUITO, MODERADAMENTE ou POUCO para indicar o quanto você acredita na afirmação descrita. Assim, se você acredita muito que é horrível cometer um erro quando outras pessoas estão olhando, circule a palavra MUITO no item 1; e se você acredita pouco que é intolerável ter a desaprovação de outras pessoas, circule a palavra POUCO no item 2. NÃO OMITA NENHUMA AFIRMAÇÃO. Seja o mais honesto que puder.

Aceitação

1. Considero terrível cometer um erro quando outras pessoas estão olhando. — MUITO — MODERADAMENTE — POUCO
2. Considero intolerável ter a desaprovação de outras pessoas. — MUITO — MODERADAMENTE — POUCO
3. Considero terrível quando as pessoas sabem de coisas indesejáveis sobre a família ou o passado de alguém. — MUITO — MODERADAMENTE — POUCO
4. Considero vergonhoso quando as pessoas me menosprezam por ter menos do que elas. — MUITO — MODERADAMENTE — POUCO
5. Considero terrível ser o centro das atenções de pessoas muito críticas. — MUITO — MODERADAMENTE — POUCO
6. Considero muito doloroso ser criticado por alguém que respeito. — MUITO — MODERADAMENTE — POUCO
7. Considero terrível quando alguém desaprova minha aparência ou a maneira como eu me visto. — MUITO — MODERADAMENTE — POUCO
8. Considero embaraçoso se as pessoas descobrem a maneira como eu realmente sou. — MUITO — MODERADAMENTE — POUCO
9. Considero terrível ficar só. — MUITO — MODERADAMENTE — POUCO
10. Considero terrível não ter o amor ou a aprovação de certas pessoas especiais que são importantes para mim. — MUITO — MODERADAMENTE — POUCO
11. Considero que se deve ter pessoas com quem se possa contar. — MUITO — MODERADAMENTE — POUCO

Frustração

12. Considero intolerável quando as coisas acontecem lentamente e não se resolvem rapidamente. — MUITO — MODERADAMENTE — POUCO
13. Considero muito difícil começar a fazer coisas que se devem fazer logo. — MUITO — MODERADAMENTE — POUCO
14. Considero terrível que a vida seja tão cheia de inconveniências e frustrações. — MUITO — MODERADAMENTE — POUCO
15. Considero que as pessoas que deixam os outros esperando com freqüência são desprezíveis e merecem ser boicotadas. — MUITO — MODERADAMENTE — POUCO
16. Considero terrível não ter certos traços desejáveis que outras pessoas possuem. — MUITO — MODERADAMENTE — POUCO
17. Considero intolerável quando outras pessoas não fazem ou não me dão o que desejo. — MUITO — MODERADAMENTE — POUCO
18. Considero que outras pessoas são insuportavelmente estúpidas ou vis, e que se deve fazer com que elas mudem. — MUITO — MODERADAMENTE — POUCO
19. Considero que é muito difícil aceitar responsabilidades sérias. — MUITO — MODERADAMENTE — POUCO
20. Considero que é terrível que não se possa ter o que se quer sem ter de fazer um grande esforço para isso. — MUITO — MODERADAMENTE — POUCO
21. Considero as coisas difíceis demais no mundo e, portanto, é legítimo sentir pena de mim mesmo. — MUITO — MODERADAMENTE — POUCO
22. Considero difícil persistir em muitas das coisas que começo, especialmente quando as coisas ficam difíceis. — MUITO — MODERADAMENTE — POUCO
23. Considero que é terrível que a vida seja tão aborrecida e chata. — MUITO — MODERADAMENTE — POUCO
24. Considero terrível ter de me disciplinar. — MUITO — MODERADAMENTE — POUCO

Injustiça

25. Considero que as pessoas que fazem coisas erradas devem sofrer uma forte represália por seus atos. — MUITO — MODERADAMENTE — POUCO

(Continua)

FIGURA 9.2 Ficha de personalidade. Adaptado de Ellis (1968). Copyright 1968 Institute for Rational-Emotive Therapy. Adaptado sob permissão do Albert Ellis Institute for Rational Emotive Behavior Therapy.

26.	Considero que pessoas que fazem o mal e pessoas imorais devem ser condenadas severamente.	MUITO	MODERADAMENTE	POUCO
27.	Considero que as pessoas que cometem atos injustos são inferiores.	MUITO	MODERADAMENTE	POUCO

Realização

28.	Considero terrível ter um desempenho fraco.	MUITO	MODERADAMENTE	POUCO
29.	Considero terrível fracassar em coisas importantes.	MUITO	MODERADAMENTE	POUCO
30.	Considero terrível cometer um erro ao tomar decisões importantes.	MUITO	MODERADAMENTE	POUCO
31.	Considero assustador ter de correr riscos ou experimentar coisas novas.	MUITO	MODERADAMENTE	POUCO

Valor

32.	Considero que certos pensamentos ou atos são imperdoáveis.	MUITO	MODERADAMENTE	POUCO
33.	Considero que se uma pessoa fracassar repetidamente, ela é imprestável.	MUITO	MODERADAMENTE	POUCO
34.	Considero que é preferível cometer suicídio a ter uma vida de fracassos.	MUITO	MODERADAMENTE	POUCO
35.	Considero que as coisas são tão horríveis que é impossível não chorar a maior parte do tempo.	MUITO	MODERADAMENTE	POUCO
36.	Considero que é muito difícil lutar por mim mesmo e não desistir.	MUITO	MODERADAMENTE	POUCO
37.	Considero que quando se tem traços de personalidade negativos por muito tempo, é inútil mudar.	MUITO	MODERADAMENTE	POUCO
38.	Considero que quem não enxerga as coisas de maneira clara e não age bem é tremendamente burro.	MUITO	MODERADAMENTE	POUCO
39.	Considero horrível não ter um significado ou propósito na vida.	MUITO	MODERADAMENTE	POUCO

Controle

40.	Considero que não posso gostar de mim mesmo por causa de minha vida anterior.	MUITO	MODERADAMENTE	POUCO
41.	Considero que quem fracassou repetidamente no passado continuará fracassando no futuro.	MUITO	MODERADAMENTE	POUCO
42.	Considero que quando nossos pais nos treinam para agir e sentir de determinadas maneiras, pouco podemos fazer para agir ou nos sentirmos melhor.	MUITO	MODERADAMENTE	POUCO
43.	Considero que as emoções fortes como a ansiedade e a raiva são causadas por condições e eventos externos, e que temos pouco ou nenhum controle sobre elas.	MUITO	MODERADAMENTE	POUCO

Certeza

44.	Considero que seria terrível se não houvesse propósito ou um ser superior com o qual pudesse contar.	MUITO	MODERADAMENTE	POUCO
45.	Considero que se não fizer certas coisas repetidamente, algo de ruim acontecerá se eu parar.	MUITO	MODERADAMENTE	POUCO
46.	Considero que as coisas devem estar em ordem para me sentir confortável.	MUITO	MODERADAMENTE	POUCO

Catastrofização

47.	Considero assustador se o futuro não estiver garantido.	MUITO	MODERADAMENTE	POUCO
48.	Considero assustador que não haja garantias de que acidentes e doenças sérias não acontecerão.	MUITO	MODERADAMENTE	POUCO
49.	Considero assustador ir a lugares novos ou conhecer um novo grupo de pessoas.	MUITO	MODERADAMENTE	POUCO
50.	Considero assustador enfrentar a possibilidade de morrer.	MUITO	MODERADAMENTE	POUCO

FIGURA 9.2 (*Continuação*)

com uma crença diferente. Muito bem, agora você ainda tem a mesma crença. Você *tem* que ter um mínimo de 11,00 o tempo todo, você deve ter, é absolutamente *essencial*. Mas dessa vez, você olha em seu bolso e descobre que tem 12,00. Como você se sente?

Cliente: Aliviado, contente.

Ellis: Certo. Mas com a mesma crença de que você *tem* que ter um mínimo de 11,00 o tempo todo, pode ocorrer algo que faça você se sentir muito ansioso. O que poderia ser?

Cliente: Se eu perder 2,00?

Ellis: Certo. E se você perder 2,00, se você gastar 2,00, se você for assaltado? Isso mesmo. A moral desse modelo – que se aplica a todos os seres humanos, ricos ou pobres, negros ou brancos, homens ou mulheres, jovens ou velhos, no passado e no futuro, supondo-se que os seres humanos ainda sejam humanos – é que as pessoas se perturbam quando não conseguem o que acreditam que *devem* ter, mas também entram em pânico por causa da obrigação. Pois, mesmo se tiverem o que acham que devem ter, elas ainda podem perdê-lo.

Cliente: Então eu não tenho nenhuma chance de ser feliz quando não tiver o que achar que devo ter, e pouca chance de não me sentir ansioso quando tiver?

Ellis: Isso! Sua sensação de obrigação não o levará a lugar algum, exceto deixá-lo deprimido ou em pânico!

Um importante objetivo do estágio de avaliação da TCRE é ajudar os clientes a distinguir seus problemas originais (p. ex., depressão, ansiedade, retraimento, vícios) e seus metaproblemas – ou seja, problemas relacionados com seus problemas primários (p. ex., depressão por causa da depressão, ansiedade por sentir ansiedade, vergonha por se retrair, ou culpa por ter vícios). Os terapeutas da TCRE muitas vezes avaliam os metaproblemas antes dos problemas originais de seus clientes, pois estes costumam exigir atenção terapêutica prioritária. Por exemplo, os clientes muitas vezes consideram difícil se concentrar no problema original da ansiedade quando se culpam por estarem ansiosos. Os metaproblemas são avaliados da mesma maneira que os problemas originais.

Quando determinados problemas foram avaliados adequadamente conforme o modelo ABC, e os clientes enxergam claramente a relação entre suas crenças irracionais e suas conseqüências emocionais e comportamentais disfuncionais, os terapeutas podem passar para o estágio de confrontação. O propósito inicial da confrontação é ajudar os clientes a ganhar *insight* intelectual do fato de que não existem evidências a favor da existência de suas demandas absolutas, ou dos derivados irracionais dessas demandas (catastrofização, baixa tolerância à frustração e depreciação). Existem apenas evidências de que se tiverem preferências que não sejam absolutistas e se elas não forem satisfeitas, eles terão resultados desagradáveis ou "ruins", ao passo que se elas forem satisfeitas, eles terão resultados desejáveis ou "bons". O *insight* intelectual na TCRE é definido como o reconhecimento de que uma crença irracional muitas vezes leva a perturbações emocionais e comportamentos disfuncionais, e que uma crença racional quase sempre promove a saúde emocional. Entretanto, quando as pessoas enxergam e têm crenças racionais ocasional e superficialmente, elas têm *insights* intelectuais que podem não as ajudar a mudar (Ellis, 1963, 1985a, 1985b, 1994b). Assim, a TCRE não termina no *insight* intelectual, mas o utiliza como um trampolim para a fase de resolução. Nessa fase, os clientes são estimulados a usar uma grande variedade de técnicas cognitivas, emotivas e comportamentais, projetadas para ajudá-los a alcançar o *insight* emocional. O *"insight* emocional" na TCRE é definido como uma crença bastante forte e freqüente de que as idéias irracionais são disfuncionais e que as idéias racionais são proveitosas (Ellis, 1963). Quando uma pessoa alcançou o *insight* emocional, ela pensa, sente e age segundo a crença racional.

É principalmente nessa fase da TCRE que os terapeutas costumam encontrar obstáculos ao progresso do cliente. Acredita-se que três formas desses obstáculos ocorram na TCRE: (1) obstáculos envolvendo o relacionamento; (2) obstáculos envolvendo o cliente e (3) obstáculos envolvendo o terapeuta.

Os obstáculos ao progresso do cliente que envolvem o relacionamento assumem duas formas básicas. Primeiramente, o terapeuta e o cliente podem não ser adequados um ao outro e, dessa forma, não conseguir desenvolver um relacionamento de trabalho produtivo. A indicação rápida a um terapeuta mais adequado é importante nessas situações. Em segundo lugar, o terapeuta e o cliente podem se dar bem *demais*, resultando em (1) conluios para não ter que lidar com questões desconfortáveis; e (2) os terapeutas não encorajarem seus clientes a fazerem um esforço para mudar crenças irracionais em suas vidas. Nesse caso, a terapia pode se tornar nada mais que uma experiência prazerosa para ambos, com o resultado de que a melhora do cliente ameaçaria a existência desse relacionamento feliz. Assim, os terapeutas devem lembrar seus clientes e a si mesmos de que o principal propósito de seu relacionamento é ajudar os clientes a superar seus problemas psicológicos e a perseguir seus objetivos *fora* da situação de terapia. Conseqüentemente, os terapeutas devem tentar elevar seu próprio nível de tolerância à frustração e o de seus clientes, trabalhando para essa finalidade.

Os obstáculos ao progresso do cliente que envolvem o terapeuta também assumem duas formas básicas. Primeiramente, os terapeutas podem ter diversos déficits de habilidades e, portanto, conduzir a TCRE de maneira ineficiente. Se isso ocorrer, é necessário que haja uma supervisão minuciosa e mais treinamento. Em segundo lugar, os terapeutas podem trazer suas necessidades de aprovação, sucesso e conforto para a situação terapêutica, interferindo no progresso do cliente no processo. Nesse caso, os terapeutas devem usar a TCRE para si mesmos ou buscar uma terapia pessoal (Ellis, 1983b, 1985b).

Ellis (1983d) verificou que um nível extremo de perturbação dos clientes representa um grande obstáculo ao seu progresso. O autor reafirma uma constatação freqüente na literatura da psicoterapia, que os clientes que se beneficiam mais com a terapia são precisamente aqueles que menos necessitam dela (i.e., aqueles com menos perturbações no início). Ellis (1983e, 1983f, 1984d, 1985b) propôs uma variedade de estratégias terapêuticas para usar com clientes resistentes. Em primeiro lugar, os terapeutas devem manter uma atitude solidária para com os clientes resistentes. Em segundo, eles devem estimular esses clientes a mudar. Em terceiro, eles devem mostrar aos clientes as conseqüências negativas que sem dúvida ocorrerão por se recusarem a trabalhar em seus problemas. Em quarto lugar, para trabalhar com clientes resistentes, é necessário que o terapeuta exerça muita flexibilidade, inovação e experimentação (Dryden e Ellis, 1986).

O término da TCRE ocorre preferencialmente quando os clientes fizerem um progresso significativo e quando se tornaram proficientes nas técnicas de mudança pessoal da TCRE. Assim, os clientes em término devem ser capazes de (1) reconhecer que têm emoções negativas e prejudiciais, e que agem de maneira disfuncional quando sentem essas emoções; (2) detectar as crenças irracionais que fundamentam essas experiências; (3) discriminar suas crenças irracionais e suas alternativas racionais; (4) confrontar essas crenças irracionais e (5) combatê-las usando métodos cognitivos, emocionais e comportamentais para a mudança pessoal. Além disso, é importante que os terapeutas combinem com seus clientes que farão uma série de sessões de acompanhamento após o término, para monitorar seu progresso e lidar com obstáculos remanescentes à manutenção da melhora.

As principais técnicas terapêuticas

Discutiremos agora as principais técnicas terapêuticas empregadas na TCRE. Como nosso propósito é ressaltar as características que são peculiares à TCRE, enfatizamos os aspectos técnicos da TCRE especializada, cujo objetivo é efetuar uma mudança filosófica profunda. Ao conduzir TCRE em geral, o terapeuta emprega uma variedade de técnicas adicionais, que são tratadas adequadamente em outras partes deste livro. Embora apresentemos as técnicas mais comuns, é importante observar que os terapeutas da TCRE empregam livremente técnicas derivadas de outras escolas de terapia. Entretanto, queremos enfatizar que a TCRE "baseia-se em uma teoria clara da saúde e perturbação emocional: as muitas técnicas que ela emprega são usadas à luz dessa teoria" (Ellis, 1984c, p. 234). Como os terapeutas da TCRE aderem à ênfase teórica do hedonismo de longa duração, eles raramente empregam uma técnica que tenha efeitos benéficos de curta duração, mas efeitos deletérios de longa duração. Enquanto listamos técnicas nas categorias "cognitivas", "emotivas" e "comportamentais", deve-se observar que isso visa a enfatizar a principal modalidade usada em cada técnica. Todavia, de acordo com o ponto de vista da TCRE de que a cognição, a emoção e o comportamento são processos realmente interdependentes, observamos que provavelmente todas as técnicas seguintes tenham elementos cognitivos, emotivos e comportamentais.

Técnicas cognitivas

A técnica mais empregada na TCRE provavelmente seja a contestação de crenças irracionais. Phadke (1982) mostrou claramente que o processo de contestação compõe-se de três passos. Em primeiro lugar, os terapeutas ajudam os clientes a *detectar* suas crenças irracionais que fundamentam suas emoções e comportamentos autodestrutivos. Em segundo, eles *debatem* com seus clientes sobre a veracidade ou falsidade de suas crenças irracionais. Durante o processo, eles ajudam seus clientes a *discriminar* suas crenças irracionais e racionais. O debate geralmente é realizado de acordo com o método socrático de fazer perguntas como: "Qual é a evidência de que você deve fazer isso?" e "O que indica que, porque deseja algo, você deve tê-lo?" Porém, os terapeutas habilidosos usam uma variedade de estilos de debate diferentes com seus clientes (DiGiuseppe, 1991; Dryden, 1984a; Ellis, 1985b; Wessler e Wessler, 1980; Young, 1984a, 1984b, 1984c).

Existem diversas formas de tarefas cognitivas escritas para ajudar os clientes a contestar suas crenças irracionais entre as sessões (ver a Figura 9.3), podendo também ouvir gravações de sessões de terapia e confrontar suas crenças irracionais na gravação. Dessa forma, eles fazem um diálogo entre suas partes racionais e irracionais. Os clientes que consideram esse processo difícil demais são estimulados a desenvolver declarações pessoais racionais, que podem escrever em pequenos cartões e repetir para si mesmos em diversos momentos entre as sessões de terapia. Um exemplo dessas declarações pode ser: "Eu quero ter o amor do meu namorado, mas não preciso dele".

Três métodos cognitivos que os terapeutas costumam sugerir a seus clientes para ajudá-los a reforçar essa nova filosofia racional são (1) a biblioterapia, na qual os clientes recebem livros e materiais de auto-ajuda para ler (Ellis e Becker, 1982; Ellis e Harper, 1997; Young, 1974); (2) gravações de áudio com palestras de TCRE sobre temas variados (Ellis, 1971b, 1972a) e (3) o uso de TCRE com outras pessoas, em que os clientes usam a TCRE para ajudar amigos e parentes com problemas, de modo que adquirem prática no uso de argumentos racionais.

Diversos métodos semânticos também são empregados na TCRE, como o uso de técnicas de conceituação, cujo propósito é ajudar os clientes a usar a linguagem de maneira menos autodepreciativa. Por exemplo, em vez de dizer "Não consigo", os clientes devem dizer "Ainda não". Também se empregam técnicas com referentes (Danysh, 1974). Nesse caso, estimulam-se os clientes a listar os referentes negativos e positivos de determinado conceito, como o tabagismo. Esse método é empregado para contrapor as tendências dos clientes se concentrarem nos aspectos positivos de um hábito nocivo e omitirem seus aspectos negativos.

Os terapeutas da TCRE também empregam diversas técnicas de imagens mentais. A geração racional-emotiva de imagens mentais (Ellis, 1993c; Maultsby e Ellis, 1974) é bastante usada, na qual os clientes praticam como mudar suas emoções negativas prejudiciais para emoções saudáveis, enquanto mantém uma imagem vívida do evento negativo. A TCRE também emprega métodos de imagens mentais com projeção no tempo (Lazarus, 1984). Por exemplo, um cliente pode dizer que seria "ca-

Ficha de auto-ajuda da TCRE

EVENTOS ATIVADORES OU ADVERSIDADES

CONSEQÜÊNCIAS

Principais emoções negativas prejudiciais:

Principais comportamentos autodestrutivos:

- Sumarize brevemente a situação que lhe perturba. (O que uma câmera registraria?)
- Um *A* pode ser *interno* ou *externo*, *real* ou *imaginado*.
- Um *A* pode ser um evento no *passado*, *presente* ou *futuro*.

As emoções negativas prejudiciais incluem:
- Ansiedade
- Depressão
- Raiva
- Baixa tolerância à frustração
- Vergonha/embaraço
- Mágoa
- Ciúme
- Culpa

CRENÇAS IRRACIONAIS

CONTESTANDO CRENÇAS IRRACIONAIS

NOVAS FILOSOFIAS EFETIVAS

EMOÇÕES E COMPORTAMENTOS EFETIVOS

Novas emoções negativas saudáveis:

Novos comportamentos construtivos:

Para identificar crenças irracionais, procure:
- DEMANDAS DOGMÁTICAS E ABSOLUTISTAS ("eu deveria", eu "tenho de")
- CATASTROFIZAÇÃO (é terrível, horrível, uma catástrofe)
- BAIXA TOLERÂNCIA À FRUSTAÇÃO (não consigo agüentar)
- AVALIAÇÃO DE SI/OUTROS (eu/ ele/ela sou/é mau, imprestável)

Para contestar, pergunte-se:
- Aonde esta crença está me levando? Ela é *produtiva* ou *autodestrutiva*?
- Qual evidência sustenta a existência de minha crença irracional? Ela *condiz com a realidade social*?
- Minha crença é *lógica*? Ela se baseia em minhas preferências?
- Tudo é tão *catastrófico* assim (o pior possível)?
- Será que eu não *agüento* mesmo?

Para pensar de forma mais racional, busque:
- PREFERÊNCIAS NÃO-DOGMÁTICAS (desejos, vontades)
- AVALIAR O ASPECTO NEGATIVO (é ruim, desagradável)
- ALTA TOLERÂNCIA À FRUSTRAÇÃO (não gosto, mas posso agüentar)
- NÃO AVALIAR A SI E AOS OUTROS DE FORMA GLOBAL (eu e os outros somos seres humanos falíveis)

As emoções negativas saudáveis incluem:
- Decepção
- Preocupação
- Incômodo
- Tristeza
- Remorso
- Frustração

FIGURA 9.3 Ficha de auto-ajuda da TCRE. A partir de Dryden e Walker (1996). Copyright 1996 Institute for Rational-Emotive Therapy. Reimpresso sob permissão do Albert Ellis Institute for Rational Emotive Behavior Therapy.

tastrófico" se determinado evento ocorresse. Em vez de confrontar essa crença irracional diretamente nesse estágio, o terapeuta pode aceitá-la temporariamente, mas ajudar o cliente a imaginar como a vida seria em intervalos regulares depois do evento "catastrófico" ter acontecido. Dessa forma, ajuda-se o cliente indiretamente a mudar a crença irracional, pois ele passa a ver que a vida continua após o evento "catastrófico", que ele se recuperará, e que poderá continuar a perseguir seus objetivos originais ou desenvolver novos objetivos. Esse entendimento estimula o cliente a reavaliar sua crença irracional. Finalmente, diversos terapeutas empregaram a TCRE com sucesso em um paradigma de hipnose (p. ex., Boutin e Tosi, 1983; Golden, 1983).

Técnicas emotivas

A TCRE tem sido falsamente criticada por omitir os aspectos emotivos da psicoterapia. Todavia, isso não é verdade. Os terapeutas da TCRE muitas vezes empregam várias técnicas emotivas, projetadas para ajudar o cliente a desafiar suas crenças irracionais, mas tentam não parecer estar desafiando o cliente como pessoa. Em primeiro lugar, são empregados diversos métodos lúdicos para incentivar os clientes a pensar de modo racional e não se levarem tão a sério (Ellis, 1977a, 1977b). Em segundo lugar, os terapeutas da TCRE não hesitam em modelar uma filosofia racional por meio de revelações pessoais. Admitem honestamente que tiveram problemas semelhantes e mostram que superaram seus problemas com a TCRE. Dessa forma, um de nós (W. D.) costuma dizer aos clientes que "eu costumava ter vergonha de minha gagueira", e conta como passou a se aceitar com o seu problema, e como se forçava a tolerar o desconforto de falar em público sempre que tivesse oportunidade. Em terceiro lugar, os terapeutas da TCRE muitas vezes usam histórias, *slogans*, parábolas, gracejos, poemas e siglas como apoio às técnicas de contestação cognitiva (Wessler e Wessler, 1980). Em quarto lugar, ambos (Ellis, 1977a, 1977b, 1981b) já escrevemos canções divertidas e racionais, visando apresentar filosofias racionais em um formato lúdico e fácil de lembrar. A canção seguinte foi escrita por Dryden, conforme a melodia de *God Save the Queen*:

> God save my precious spleen
> Send me a life serene
> God save my spleen!

> Protect me from things odious
> Give me a life melodious
> And if things get too onerous
> I'll whine, bawl, and scream!

Ellis (1979d) defende o uso de força e energia na prática da psicoterapia, e enfatiza o emprego de intervenções que envolvam as emoções dos clientes. Os terapeutas da TCRE sugerem que os clientes podem avançar do *insight* intelectual para o emocional se contestarem vigorosamente suas crenças irracionais (Ellis, 1993g). Os clientes costumam empregar vigor na inversão de papéis, na qual adotam, de maneira forçosa e dramática, o papel de seu eu racional, cujo objetivo é confrontar as crenças autodestrutivas articuladas por seu eu irracional. A força e a energia também desempenham um papel significativo nos famosos exercícios da TCRE para combater a vergonha (Ellis, 1969, 1995; Ellis e Becker, 1982), nos quais os clientes tentam deliberadamente agir "de maneira vergonhosa" em público, para se aceitarem e tolerarem o desconforto que ocorre. Como os clientes não podem prejudicar a si mesmos ou a outras pessoas, pequenas infrações de regras sociais podem servir como exercícios adequados para combater a vergonha (p. ex., perguntar as horas em uma loja lotada, usar roupas estranhas para atrair a atenção, e ir a uma loja de ferramentas e perguntar se vendem tabaco). Os exercícios de correr riscos estão na mesma categoria. Nesse caso, os clientes se forçam deliberadamente a correr riscos calculados em áreas em que desejam fazer mudanças. Enquanto confrontava crenças irracionais relevantes, um de nós (A.E.) conseguiu superar a ansiedade que sentia ao falar com mulheres, forçando-se deliberadamente a abordar 100 mulheres no Jardim Botânico do Bronx. O outro (W. D.) forçou-se a falar na rádio local e nacional, como parte de uma campanha para superar sua ansiedade por falar em público. Ambos corremos esses riscos enquanto mostrávamos a nós mesmos que nada de "catastrófico" resultaria dessas experiências. A repetição veemente e forçosa de declarações pessoais racionais também costuma ser usada em conjunto com esses exercícios (Ellis, 1985b).

Técnicas comportamentais

A TCRE tem defendido o uso de técnicas comportamentais desde sua criação em 1955, quando compreendeu que a mudança cognitiva é facilitada pela mudança comportamental (Emmelkamp, Kuipers, e Eggeraat, 1978). Como os terapeutas da TCRE se preocupam em ajudar os clientes a aumentar seu nível de tolerância à frustração, eles os incentivam a fazer tarefas de casa baseadas nos paradigmas da dessensibilização e inundações ao vivo, ao contrário daqueles que se baseiam no paradigma de dessensibilização gradual (Ellis, 1979e; Ellis e Abrahms, 1978; Ellis e Becker, 1982; Ellis e Grieger, 1977). Entretanto, algumas considerações pragmáticas devem ser levadas em conta, e certos clientes se recusam a cumprir essas tarefas. Os terapeutas negociam um acordo, estimulando os clientes a fazer tarefas que sejam suficientemente difíceis, mas que não sejam avassaladoras, em função de seu estado atual (Dryden, 1985).

Outros métodos comportamentais são usados com freqüência ou ocasionalmente na TCRE:

1. Atividades que envolvem "permanecer no lugar" (Grieger e Boyd, 1980) apresentam oportunidades para os clientes tolerarem o desconforto crônico, enquanto permanecem em situações desconfortáveis por um período longo.
2. Exercícios antiprocrastinação estimulam os clientes a se forçarem para começar suas tarefas logo, enquanto toleram o desconforto de quebrar o hábito de "deixar para amanhã".
3. Recompensas e punições são empregadas para estimular os clientes a assumir atividades desconfortáveis na busca de seus objetivos de longa duração (Ellis, 1979c); conforme mencionado anteriormente, punições rígidas funcionam particularmente bem para clientes cronicamente resistentes (Ellis, 1985b).
4. A terapia de papéis fixos de Kelly (1955) é empregada às vezes na TCRE; os clientes devem agir como se já pensassem de forma racional, para proporcionar-lhes a experiência de que é possível mudar.

Vários outros métodos comportamentais são usados na TCRE especializada e geral (p. ex., formas variadas de métodos de treinamento de habilidades). Quando usados na TCRE especializada, eles visam estimular a mudança filosófica, ao passo que, na TCRE geral, eles são empregados para ensinar habilidades que estejam ausentes dos repertórios dos clientes. Quando o treinamento de habilidades é o objetivo da TCRE especializada, ele é empregado *juntamente* com a contestação de crenças irracionais e *depois* de uma certa medida de mudança filosófica haver ocorrido.

Técnicas que são evitadas na TCRE

Neste ponto, deve estar claro que a TCRE é uma forma multimodal de terapia que defende o uso de técnicas nas modalidades cognitiva, emotiva e comportamental. Todavia, como a escolha das técnicas terapêuticas é inspirada pela teoria da TCRE, as seguintes técnicas terapêuticas são evitadas ou usadas com parcimônia na prática da TCRE (Ellis, 1979c, 1983c, 1984c). Contudo, os terapeutas da TCRE não evitam utilizar esses métodos de forma absoluta, podendo usá-los em certas ocasiões e com determinados clientes, particularmente por razões pragmáticas (Ellis, 1985b).

1. Técnicas que façam as pessoas se tornarem mais dependentes (p. ex., afeto indevido por parte do terapeuta como reforço, a criação e a análise de uma neurose de transferência).
2. Técnicas que estimulem as pessoas a se tornarem mais crédulas e sugestionáveis (p. ex., pensamento positivo ingênuo).
3. Técnicas demoradas e ineficientes (p. ex., métodos psicanalíticos em geral e associação livre em particular, que estimulam os clientes a fazer longas descrições de experiências ativadoras em A).
4. Métodos que ajudem as pessoas a se sentir melhor a curto prazo, em vez de melhorarem no longo prazo (Ellis, 1972b – p. ex., certas técnicas experimentais como expressar os próprios sentimentos de maneira

dramática ou catártica, alguns métodos da Gestalt e técnicas do grito primal).
5. Técnicas que distraiam os clientes de suas filosofias irracionais (p. ex., métodos de relaxamento, ioga e outros métodos cognitivos de distração). Ainda assim, esses métodos podem ser empregados juntamente com a contestação cognitiva para produzir mudanças filosóficas.
6. Métodos que possam reforçar a filosofia de baixa tolerância à frustração involuntariamente (p. ex., dessensibilização sistemática).
7. Técnicas que envolvam filosofias anticientíficas (p. ex., cura pela fé e misticismo; Ellis, 1985b; Ellis e Yeager, 1989).
8. Técnicas que visem a mudar eventos ativadores (A) antes ou sem mostrar aos clientes como mudar suas crenças irracionais (B) (p. ex., certas técnicas estratégicas usadas nos sistemas familiares).
9. Técnicas que tenham validade duvidosa (p. ex., programação neurolingüística).

Exemplos de caso

Freda: um caso de ansiedade

Freda era uma mulher divorciada de 40 anos, com dois filhos crescidos, que viviam com ela. Ela consultou com um de nós (W. D. – "eu" neste e no próximo caso) porque sofria de ansiedade grave ao dirigir. Dezoito meses antes, ela esteve em um acidente de carro, no qual era passageira. Embora não tenha se ferido gravemente, passou a sentir ansiedade sempre que dirigisse desde então. A ansiedade de Freda ocorria em dois níveis. No primeiro, ela ficava ansiosa sempre que um caminhão se aproximasse por trás. No segundo, ficava muito ansiosa por causa de sua ansiedade e sentia um pânico intenso. Trabalhei com ela primeiramente nesse metaproblema. Sua crença irracional era de que "não devo ficar ansiosa, e é horrível quando fico". Confrontei essa crença e a ajudei a enxergar que a ansiedade é desconfortável, mas não é perigosa (Low, 1952). Seu problema original de ansiedade foi tratado a seguir. Usei a "cadeia de inferências" (Moore, 1983) para revelar que ela ficava terrificada com a idéia de (1) morrer "antes da sua hora"; e (2) o que aconteceria com seus dois filhos no evento de sua morte. Em primeiro lugar, ajudei-a a enxergar que não existia uma lei no Universo declarando que ela não devia morrer em um acidente de carro e que deveria viver mais do que viveria realmente. Em segundo, perguntei qual seria o pior destino que poderia imaginar para seus filhos. Ela estava particularmente ansiosa com seu filho mais velho, que parecia um pouco vulnerável. Ela também estava ansiosa por medo de que ele não conseguisse se virar sozinho e se tornasse um vagabundo, o que avaliava como "terrível". Contestei essa crença irracional também, e ajudei-a a enxergar que, se ele se tornasse um vagabundo, isso seria muito ruim ou trágico, mas não terrível, pois não havia nenhuma lei no Universo declarando que ele não devesse se tornar um vagabundo. Também falei que, mesmo que se tornasse um vagabundo, ele ainda poderia ser feliz. Do ponto de vista comportamental, comecei encorajando-a a dirigir, mesmo que ficasse ansiosa, e a tolerar essa experiência, considerando-a "ruim", mas não "catastrófica". Depois que isso produziu uma certa melhora, pedi que ela procurasse caminhões grandes e tolerasse o desconforto de se sentir "pressionada". Além disso, ajudei-a a enxergar que suas crenças irracionais em B faziam com que ela superestimasse a probabilidade de (1) morrer e (2) seu filho se tornar um vagabundo no evento de ela morrer, que teriam as consequências negativas de (3) suas crenças irracionais.

A revelação do tema de se sentir "pressionada" revelou outros problemas. Ao mesmo tempo, ela estava sendo perseguida por um homem pelo qual não tinha nenhum interesse. Ela se sentia pressionada porque ele não se desestimulava com seus pedidos educados de que a deixasse em paz. Perguntei o que a impedia de ser firme e reafirmar seu pedido recusando-se a falar com ele. Ela acreditava que essa fala o desestimularia, mas que se sentiria culpada se o agredisse com uma fala tão direta. Ajudei-a a enxergar que sua culpa partia da crença de que "eu seria uma má pessoa se lhe causasse dor". Contestei essa crença e mostrei a ela que, mesmo que causasse dor ao homem diretamente, ela poderia se aceitar como um ser humano falível por agir mal. Depois, ajudei-a a ver que ela seria responsável por rejeitá-lo, mas não por agredi-lo cruelmente, pois se ele se sentisse ferido ou depreciado por sua rejeição, ele mesmo estaria criando esses sentimentos, colocando-se irracionalmente para baixo. Na próxima sessão, ela contou que conseguiu se afirmar perante o homem e disse ter sentido menos ansiedade ao dirigir. Ela relatou espontaneamente que o fato de se sentir menos pressionada em seus relacionamentos pessoais a havia ajudado a se sentir menos pressionada ao dirigir.

Nas sessões subseqüentes, Freda discutiu outros problemas relacionados com a sua falta de assertividade, culpa e embaraço. Ajudei-a a enxergar que havia ligações entre esses problemas, e ela se tornou cada vez mais proficiente em detectar e confrontar suas crenças irracionais. Mais notável foi a maneira como ela combateu algumas de suas filosofias irracionais por meio de dramatização. Expliquei a ela o conceito dos exercícios para combater a vergonha e, na sessão seguinte, ela contou ter feito um. Por anos, ela vinha sentindo ansiedade com a noção de trazer homens para casa para conhecer seus filhos. Nessa ocasião, ela conheceu um homem muito mais moço em uma festa e o levou para casa. Agiu assim para contestar a crença vergonhosa de que "Meus filhos me olharão como uma velha que agarra garotos, e isso mostrará que eu não valho nada". Ela acreditava que isso seria bastante benéfico. Seus filhos fizeram diversos comentários negativos, que ela não gostou. Ela contou que disse a eles que viveria da sua maneira, e que gostaria de ter sua aprovação. Porém, se eles preferissem enxergá-la como uma "velha desesperada", seria uma pena, mas não seria o fim do mundo.

Ao final de 12 sessões semanais, Freda havia feito progressos significativos na contestação de sua forte necessidade de aprovação e confronto. Mais importante, ela havia aprendido a internalizar o método científico da confrontação e enxergava claramente os benefícios de trabalhar ativamente para combater suas filosofias irracionais.

Uma avaliação em seis meses revelou que ela havia mantido seu progresso. Conseguia dirigir confortavelmente, embora ainda não gostasse de ter caminhões grandes atrás de seu carro. Todavia, não se sentia mais ansiosa quando se deparava com a situação. Do ponto de vista interpessoal, ela se sentia muito mais livre para dizer o que pensava e para agir segundo os próprios interesses, mesmo que os outros a enxergassem de maneira negativa. E contou que seus filhos haviam mudado sua atitude para com ela, dizendo: "eles respeitam o meu 'novo eu' mais do que o antigo".

Bob: um caso de depressão

Bob, um homem de 50 anos, sentia-se gravemente deprimido após ter perdido o emprego e, como resultado, estava com problemas sexuais. Ele foi enviado a mim (W. D.) após seu clínico geral descobrir que ele estava pensando em cometer suicídio. Em nossa primeira sessão, descobri que ele estava sentindo-se desesperado com o futuro porque considerava que estava "acabado como homem". De maneira persistente, mostrei que ele poderia se aceitar como um homem que havia perdido temporariamente o emprego e a função erétil, em vez de se considerar um homem inferior por essas duas perdas. Seu humor estava apreciavelmente melhor ao final da sessão, mas falei que ele poderia me telefonar entre as sessões se tivesse idéias suicidas novamente.

Em nossa segunda sessão, descobri que Bob também tinha vergonha por estar deprimido e por procurar apoio psicoterapêutico. Mais uma vez, ajudei-o a confrontar essa crença irracional – nesse caso, "devo ser capaz de resolver meus problemas sozinho" – e também o encorajei a confrontar sua vergonha, contando seus problemas ao seu melhor amigo.

Bob disse que se sentia muito melhor em nossa terceira sessão. Ele não se sentiu envergonhado ao falar com seu amigo sobre seus problemas e havia recebido uma resposta solidária do amigo, que também contou que havia tido problemas semelhantes no ano anterior. Isso acabou tendo um efeito profundo em Bob, pois o ajudou a enxergar que ele poderia recuperar a felicidade mudando algumas de suas prioridades. Ele começou a enxergar que a amizade era tão importante quanto as realizações, e que seria possível para ele redefinir o que significava ser um homem.

Em nossa quarta sessão, contestei a crença sobre seu desempenho sexual, que lhe causava tanta ansiedade: "preciso ter ereção para ser um homem". Já nessa quarta sessão, ficou claro que Bob entendia claramente a diferença entre as crenças racionais e irracionais. Ele foi para casa e teve diversas experiências sexuais prazerosas com sua esposa quando resolveu agir segundo a crença de que "uma ereção e um orgasmo seriam bons, mas o sexo pode ser prazeroso sem eles". Além disso, Bob decidiu prestar trabalho voluntário em um hospital local e gostou, embora antes acreditasse que não teria satisfação fazendo isso.

Bob começou a demonstrar um interesse crescente na área da identidade de gênero e leu vários livros sobre as pressões envolvidas em ser homem na sociedade de hoje. Ele começou a assumir um papel mais ativo nas tarefas domésticas e, na sétima sessão, não as considerava mais como "trabalho de mulher". Contudo, na oitava sessão, ele teve uma recaída e disse que se sentia deprimido novamente. De maneira interessante, quando se explorou a questão, ele deixou transpirar que estava condenando-se por ser "um ex-chauvinista". Mais uma vez, mostrei que ele era um ser humano falível, e que poderia aceitar-se dessa forma, mesmo que tivesse aderido a uma filosofia chauvinista no passado e mesmo que ainda mantivesse algo dessa filosofia atualmente. Tivemos uma longa discussão sobre o conceito de auto-aceitação incondicional, e ele resolveu agir segundo essa filosofia.

Em nossas duas sessões finais, discutimos diversas questões relacionadas com a sua carreira. Como resultado dessa discussão, Bob decidiu entrar para a universidade e estudar serviço social. Em nossa última sessão, ele refletiu que havia mudado algumas atitudes fundamentais: "Olhando para trás, consigo ver que acreditava no conceito do homem bidimensional. Eu estava bem desde que tivesse um bom emprego e meu pênis funcionasse bem. Hoje posso ver que ser homem significa mais do que isso. Creio que você me ajudou a ampliar meus horizontes, e eu hoje me considero muito mais complexo do que antes. Tenho uma grande apreciação pela amizade, e o sexo com minha esposa é incrivelmente mais rico".

Uma avaliação em seis meses revelou que Bob estava gostando do curso universitário e estava livre da depressão. Em sua primeira sessão de terapia, seu escore no Inventário de Depressão de Beck havia ficado na faixa grave (42). Em sua décima e última sessão de terapia regular, seu escore havia caído para 3, e, no seguimento de seis meses, havia sido 1.

OUTRAS CONSIDERAÇÕES

Nesta seção, discutimos considerações adicionais sobre a TCRE, incluindo a tecnologia de avaliação e o tipo de pesquisa que tem sido feita com a avaliação da TCRE, o status empírico da abordagem da TCRE, especialmente em relação à investigação experimental da validade de seus principais métodos de tratamento, e rumos para o desenvolvimento futuro da TCRE.

Tecnologia de avaliação da TCRE

A avaliação do tipo e do grau de perturbação emocional dos clientes é considerada importante na TCRE, por diversas razões:

1. Para determinar a gravidade da perturbação dos clientes, de maneira que os terapeutas possam enxergar o quanto eles podem beneficiar-se com cada forma de terapia (incluindo a TCRE), e para que possam decidir quais técnicas da TCRE, entre as muitas possíveis, podem ser mais adequadas e quais devem evitar para cada cliente.
2. Para avaliar com um grau razoável de exatidão o quanto os clientes po-

dem ser difíceis, como eles provavelmente abordarão os principais procedimentos da TCRE e quanto tempo a psicoterapia deve levar.
3. Para descobrir que tipo de envolvimento do terapeuta (p. ex., mais ou menos ativo ou mais ou menos passivo e solidário) pode ajudar determinado cliente.
4. Para descobrir que tipos de deficiências em habilidades os clientes possuem e que formas de treinamento eles devem fazer para remediar algumas de suas deficiências. Com base nessa avaliação, determinados tipos de treinamento de habilidades (como assertividade, habilidades sociais, comunicação ou treinamento vocacional) podem ser recomendados para determinados clientes.

Os profissionais da TCRE estão livres para usar todos os tipos de procedimento de avaliação, mas geralmente favorecem os tipos de intervenção cognitivo-comportamentais descritas em Kendall e Hollon (1980). Eles tendem a ter uma visão mais negativa de procedimentos diagnósticos como o Rorschach e outras técnicas projetivas, principalmente por terem validade dúbia, incorporarem interpretações psicanalíticas e psicodinâmicas questionáveis e não serem especificamente associados a processos de tratamento efetivos do que de questionários de personalidade e testes comportamentais mais objetivos.

Ellis e muitos outros profissionais da TCRE adotam a visão de que, embora as entrevistas de avaliação e alguns testes diagnósticos padronizados possam ser úteis para explorar as perturbações dos clientes, talvez a melhor forma de avaliação consista em fazer diversas sessões de TCRE com o cliente. Algumas vantagens desse tipo de avaliação terapêutica envolvem o seguinte:

1. Os clientes trabalham em seus problemas quase imediatamente, têm benefícios terapêuticos enquanto são avaliados, e recebem apoio para aliviar a sua dor, dificuldades e custos enquanto fazem tratamento.
2. As melhores técnicas para ser usadas com diferentes clientes são determinadas principalmente por experimentação no decorrer do processo terapêutico. Experimentando verdadeiramente com determinados métodos científicos, o terapeuta pode ver como o cliente reage a eles e, conseqüentemente, como eles devem ser mantidos ou interrompidos.
3. Procedimentos de avaliação desconectados da psicoterapia que está em andamento (como uma grande bateria de testes antes de começar a terapia) podem ser iatrogênicos para muitos clientes. Especialmente se os procedimentos de avaliação forem demorados para preencher, os clientes podem imaginar "coisas terríveis" sobre si mesmos, fazendo que se distanciem, tornando, assim, menor a sua aderência na terapia.
4. Determinados procedimentos de avaliação convencional (p. ex., o Rorschach e o Teste de Apercepção Temática) podem prever, de forma errônea, problemas, sintomas e dinâmicas que muitos clientes não possuem, e podem afastar seus terapeutas de avaliações com base mais científica.
5. Os clientes às vezes consideram os diagnósticos obtidos com procedimentos de avaliação complicados como se fossem a verdade absoluta, sentindo que receberam uma "explicação" válida para o mal que os atormenta, e concluem erroneamente que essa "explicação" os ajudou. Os procedimentos de avaliação da TCRE – incluindo usar a própria terapia como parte integral do processo de avaliação – concentram-se principalmente naquilo que os clientes podem fazer para mudar, em vez de buscarem "explicações" diagnósticas engenhosas sobre o que os está prejudicando.

Como a TCRE é amplamente cognitiva, emotiva e comportamental, ela não avalia apenas as crenças irracionais dos clientes, mas seus sentimentos prejudiciais e comportamentos autodestrutivos. Conforme já observamos nas seções anteriores deste capítulo, o processo usual de avaliação da TCRE quase sempre envolve o seguinte:

1. Os clientes reconhecem e descrevem seus sentimentos prejudiciais, que são diferenciados claramente de seus sentimentos negativos saudáveis.
2. Os clientes são levados a reconhecer e delinear seus comportamentos autodestrutivos, em vez de enfatizarem comportamentos idiossincráticos e inofensivos exageradamente.
3. Os clientes indicam eventos ativadores específicos ou adversidades em suas vidas que tendem a ocorrer pouco antes de experimentarem sentimentos e comportamentos perturbados.
4. As crenças racionais dos clientes que acompanham os eventos ativadores e que levam a conseqüências positivas são avaliadas e discutidas.
5. As crenças irracionais dos clientes que acompanham os eventos ativadores e que levam a conseqüências negativas são avaliadas e discutidas.
6. As crenças irracionais dos clientes que envolvem imperativos absolutistas ("eu deveria") e demandas grandiosas sobre si mesmos, os outros e o Universo são determinadas especificamente.
7. As crenças irracionais secundárias dos clientes que tendem a ser derivadas seus imperativos ("eu deveria" e "eu tenho de") (p. ex., catastrofização; baixa tolerância à frustração; depreciação de si mesmo, dos outros e do mundo; e generalizações irreais) são reveladas.
8. As crenças irracionais dos clientes que levam a suas perturbações sobre suas perturbações (p. ex., ansiedade com a ansiedade, depressão por estar deprimido) são reveladas e discutidas especificamente.

À medida que se instituem esses procedimentos de avaliação e diagnóstico da TCRE – geralmente em íntima cooperação com os clientes – são feitos planos de tratamento específicos para trabalhar primeiramente nos sintomas emocionais e comportamentais autodestrutivos e mais importantes que eles apresentam, e, posteriormente, em sintomas possivelmente menos importantes. Todavia, os profissionais da TCRE sempre tentam manter uma postura excepcionalmente aberta, cética e experimental para com os clientes e seus problemas, de maneira que aquilo que, a princípio, parece ser suas idéias, sentimentos e atitudes mais debilitantes, pode ser visto posteriormente sob outra luz, mudando a ênfase para o trabalho com outras irracionalidades igualmente ou mais perniciosas que podem não estar evidentes durante as primeiras sessões dos clientes.

Pesquisas sobre os testes de crenças irracionais da TCRE

Quando Ellis propôs, em seus primeiros trabalhos sobre a TCRE (Ellis, 1957a, 1957b, 1958, 1962), que a perturbação emocional e comportamental parte basicamente de crenças irracionais, ele primeiramente apresentou entre 10 e 12 irracionalidades básicas. Suas crenças irracionais pareciam ter uma validade tão óbvia que já foram citadas em literalmente centenas de artigos e livros sobre a personalidade humana e a psicoterapia. Os pesquisadores em seguida começaram a fazer investigações sistemáticas das irracionalidades básicas propostas de Ellis, responsáveis pela formação de perturbações, que se tornaram a fonte de por volta de 50 testes padronizados. Diversos testes específicos da TCRE para crenças irracionais foram projetados e usados popularmente em muitos estudos de pesquisas, incluindo testes de DiGiuseppe, Tafrate e Eckhard (1994), Jones (1968), Kassinove, Crisci e Tiegerman (1977) e Shorkey e Sutton-Simon (1983).

Literalmente, foram realizadas centenas de estudos controlados usando esses e outros testes semelhantes de crenças disfuncionais e, em quase todos esses estudos, conseguiram fazer distinção, de maneira fidedigna, entre vários tipos de indivíduo perturbado e os pertencentes aos grupos-controle (Clark, 1997; Glass e Arnkoff, 1997).

Status empírico da TCRE

O primeiro estudo controlado da TCRE foi publicado em 1957. Nesse estudo, Ellis comparou os resultados que obteve usando psicanálise clássica, psicoterapia de orientação psicanalítica e TRE (Ellis, 1957b). Não foi um estudo imparcial e seus resultados positivos não devem ser levados muito a sério. Entretanto, a partir da década de 1960 e continuando até a de 1980, mais de mil estudos de resultados foram realizados sobre a TCRE e outras formas relacionadas de terapia cognitivo-comportamental. A grande maioria desses estudos controlados mostrou que, quando comparados com um grupo-controle, os clientes tratados com TCRE ou com uma forma de TCC que é parte essencial da TCRE tiveram melhoras significativamente maiores do que os que não foram tratados dessa forma. Hajzler e Bernard (1991), Hollon e Beck (1994) e Lyons e Woods (1991) revisaram estudos de resultados. Outros estudos de resultados testando o uso de TCRE e de formas de TCC derivadas da TCRE continuam a proliferar, e a maior parte deles indica que os métodos de tratamento que consistem de procedimentos da TCRE produzem melhoras significativamente maiores em clientes ou sujeitos do que as dos grupos-controle.

Além de estudos empíricos que tendem a corroborar as principais hipóteses terapêuticas da TCRE, foram publicadas literalmente centenas de outros experimentos controlados que tendem a indicar que muitas das principais hipóteses teóricas da TCRE – especialmente sua teoria do ABC da perturbação humana – hoje têm considerável amparo experimental. Além disso, centenas de outros estudos apresentam evidências de que muitas das técnicas terapêuticas favorecidas pela TCRE – como a terapia ativa e diretiva, a contestação direta de idéias irracionais, o uso de declarações racionais ou de enfrentamento e o emprego de métodos psicoeducacionais – têm efetividade clara. Ellis (1979g) citou centenas desses estudos em sua abrangente revisão da literatura voltada para a TCRE na época. Se sua revisão fosse atualizada, ela hoje incluiria centenas de outros estudos que apresentam confirmação empírica de muitas das teorias e aplicações terapêuticas mais importantes da TCRE.

Isso não significa dizer que a TCRE tem evidência inquestionável da validade de suas teorias ou da efetividade de sua prática. Como todos os outros grandes sistemas de psicoterapia, ela ainda está excepcionalmente carente nesse sentido. São necessárias muitas pesquisas para verificar suas principais hipóteses. Embora seus métodos de tratamento tenham sido testados muitas vezes contra os métodos de outros tipos de psicoterapia e contra grupos-controle não-tratados e geralmente tenham se mostrado adequados, eles ainda não foram comparados com os procedimentos de outras formas populares de terapia cognitivo-comportamental. Ainda restam estudos experimentais consideráveis para ser feitos nessa área.

A TCRE tem tido muitas aplicações em diversos aspectos da psicoterapia, incluindo terapia infantil e do adolescente (Bernard e Joyce, 1984), terapia de casal e familiar (Ellis, 1991, 1993d; Ellis e Dryden, 1997; Ellis, Sichel, Yeager, DiMattia e DiGiuseppe, 1989), terapia sexual e de relacionamento (Ellis, 1976c, 1979f; Ellis e Lange, 1994; Ellis e Tafrate, 1997; Wolfe, 1992), terapia breve (Dryden, 1996; Ellis, 1996a, 1996b), tratamento de transtornos da personalidade (Ellis, 1994a, 1994c), hipnose (Ellis, 1993e, 1996e), terapia construtivista (Ellis, 1997b), terapia de grupo (Ellis, 1997c), tratamento de transtornos alimentares (Ellis, Abrams, e Dengelegi, 1992), tratamento para dependentes (Ellis e DiGiuseppe, 1994; Ellis e Velten, 1992), aconselhamento para o estresse (Ellis, Gordon, Neenan, e Palmer, 1997), terapia geriátrica (Ellis e Velten, 1998), tratamento para transtorno obsessivo-compulsivo (Ellis, 1997d) e tanatologia (Ellis e Abrams, 1994).

Rumos para o desenvolvimento futuro da TCRE

Obviamente, o futuro da TCRE não pode ser previsto com total precisão, pois a psicoterapia em geral e a TCRE em particular podem sofrer diversas mudanças prováveis e improváveis no próximo século. Contudo, a julgar pelas últimas tendências, gostaríamos de fazer as seguintes previsões.

A TCRE pode ou não ser imensamente popular no futuro com o seu nome atual, mas vários de seus aspectos mais importantes e pioneiros devem vir a ser incorporados em quase todas as formas efetivas de terapia. Sua famosa teoria do ABC da personalidade e da perturbação emocional é mais ou menos reconhecida e empregada de diferentes maneiras pela maior parte dos terapeutas profissionais da atualidade. A maioria dos terapeutas hoje presta considerável atenção às crenças irreais e irracionais de seus clientes, e provavelmente continuará a fazê-lo nos anos que virão, embora de forma menos ativa e forçosa do que os profissionais da TCRE. A terapia cognitivo-comportamental, devido à atuação pioneira da TCRE, hoje é uma das formas mais populares de tratamento psicológico. Ela e a TCRE provavelmente continuarão a crescer e talvez se tornem o principal método de terapia a envolver os elementos mais efetivos de outros sistemas.

Embora a TCRE seja um sistema abrangente de terapia que geralmente usa um grande número de métodos cognitivos, emotivos e comportamentais, existem boas razões para crer que muito mais técnicas efetivas serão inventadas e pesquisadas, sendo adicionadas ao armamentário da TCRE.

A TCRE foi criada originalmente como uma terapia individual, sendo posteriormente adaptada para a terapia de grupo (Ellis, 1962, 1982b). Porém, conforme observado, com o passar dos anos, ela tem sido amplamente utilizada com grupos grandes, disciplinas, *workshops* e seminários, cursos intensivos e outras aplicações (Dryden, 1998; Ellis e Bernard, 1985). Ela também é popular na forma de panfletos, livros, fitas de áudio, videocassetes e material programático. Em suas apresentações nos meios de comunicação, ela já alcançou e afetou literalmente milhões de pessoas, incluindo muitas que não têm perturbações sérias, mas que utilizam seus princípios para melhorar e realizar suas vidas.

Como a TCRE, mais do que a maioria das outras terapias, é um processo psicoeducacional que envolve ensinar às pessoas a procurar e desfazer suas irracionalidades, como ela ensina a fazer tarefas de auto-ajuda como uma parte importante do processo terapêutico, e como pode ser colocada em termos simples, de auto-ajuda, e disponibilizada para um grande número de pessoas (Ellis e Harper, 1997; Ellis e Knaus, 1977; Young, 1974), consideramos provável que o futuro da TCRE resida mais em suas aplicações de massa e seus procedimentos educacionais do que em seu uso na psicoterapia individual e em grupo. Esperamos que suas aplicações para os meios de comunicação populares aumentem muito nos próximos anos, satisfazendo assim uma das mais caras esperanças de seu criador.

A TCRE tem tido muitas aplicações e tem sido empregada em diversos campos, como política, negócios, educação, criação de filhos, comunicação, esportes, religião e treinamento assertivo (Barrish e Barrish, 1989; Bernard e DiGiuseppe, 1994; Dryden, 1998; Ellis, 1972c, 1993b, 1993f; Johnson, 1993; Vernon, 1989). Podemos esperar muitas aplicações adicionais da TCRE nesses e em outros aspectos da vida humana.

NOTAS

1. Decidimos nos concentrar aqui na singularidade da TCRE especializada, em comparação com outras formas de TCC em geral. Outros teóricos discutiram as diferenças entre a TCRE e outras escolas específicas de TCC. Wessler e Wessler (1980) discutiram as diferenças entre a TCRE e a terapia racional comportamental de Maultsby, e Haga e Davison (1991) compararam e diferenciaram a TCRE da terapia cognitiva de Beck.
2. Nesta seção, enfocamos principalmente o processo da TCRE especializada. Quando se emprega a TCRE geral, o processo

de terapia é quase indistinguível do processo de outros sistemas de TCC tratados neste manual.

REFERÊNCIAS

Adler, A. (1927). *Understanding human nature.* New York: Garden City.

Adler, A. (1964). *Social interest. A challenge to mankind.* New York: Capricorn.

Bandura, A. (1969). *Principles of behavior modification.* New York: Holt, Rinehart & Winston.

Bandura, A. (1977). *Social learning theory.* Englewood Cliffs, NJ: Prentice-Hall.

Bard, J. (1980). *Rational-emotive therapy in practice.* Champaign, IL: Research Press.

Barrish, I. J., & Barrish, H. H. (1989). *Surviving and enjoying your adolescent.* Kansas City, MO: Wesport.

Beck, A. T. (1967). *Depression.* New York: Hoeber.

Beck, A. T. (1976). *Cognitive therapy and the emotional disorders.* New York: International Universities Press.

Beck, A. T., Rush, A. J., Shaw, B. F, & Emery, G. (1979). *Cognitive therapy of depression.* New York: Guilford Press.

Bernard, M. E., & DiGiuseppe, R. (Eds.). (1994). *Rational-emotive consultation in applied settings.* Hillsdale, NJ: Erlbaum.

Bernard, M. E., & Joyce, M. R. (1984). *Rational-emotive therapy with children and adolescents: Theory, treatment strategies, preventative methods.* New York: Wiley.

Beutler, L. E. (1983). *Eclectic psychotherapy: A systematic approach.* New York: Pergamon Press.

Boutin, G. E., & Tosi, D. J. (1983). Modification of irrational ideas and test anxiety through rational stage directed hypnotherapy (RSDH). *Journal of Clinical Pschology, 39,* 382-391.

Burns, D. D. (1980). *Feeling good: The new mood therapy.* New York: William Morrow.

Clark, D. A. (1997). Twenty years of cognitive assessment: Current status and future directions. *Journal of Consulting and Clinical Psychology, 65,* 996-1000.

Corsini, R. J. (Ed.). (1977). *Current personality theories.* Itasca, IL: Peacock.

Danysh, J. (1974). *Stop without quitting.* San Francisco: International Society for General Semantics.

DiGiuseppe, R. (1991). Comprehensive cognitive disputing in RET. In M. E. Bernard (Ed.), *Using rational-emotive therapy effectively* (pp. 173-195). New York: Plenum Press.

DiGiuseppe, R., Tafrate, R., & Eckhard, C. (1994). Critical issues in the treatment of anger. *Cognitive and Behavioral Practice, 1,* 111-132.

Dryden, W. (1984a). *Rational-emotive therapy: Fundamentals and innovations.* London: Croom Helm.

Dryden, W. (1984b). Rational-emotive therapy. In W Dryden (Ed.), *Individual therapy in Britain* (pp. 235-263). London: Harper & Row.

Dryden, W. (1985). Challenging but not overwhelming: A compromise in negotiating homework assignments. *British Journal of Cognitive Psychotherapy, 3(1),* 77-80.

Dryden, W. (1996). *Brief rational emotive behaviour therapy.* Chichester, England: Wiley.

Dryden, W. (1998). *Developing self-acceptance.* Chichester, England: Wiley.

Dryden, W. (1999). *Rational emotive behaviour therapy: A personal view.* Bicester, England: Winslow Press.

Dryden, W., & Ellis, A. (1986). Rational-emotive therapy. In W Dryden & W L. Golden (Eds.), *Cognitive-behavioural approaches to psychotherapy* (pp. 129168). London: Harper & Row.

Dryden, W., & Walker, J. (1996). *REBT Self-Help Form* (rev. by A. Ellis). New York: Albert Ellis Institute for REBT

Duckro, P., Beal, D., & George, C. (1979). Research on the effects of disconfirmed role expectations in psychotherapy: A critical review. *Psychological Bulletin, 86,* 260-275.

Dunlap, K. (1932). *Habits: Their making and unmaking.* New York: Liveright. Ellis, A. (1957a). *How to live with a "neurotic"* (rev. ed.). New York: Crown.

Ellis, A. (1957b). Outcome of employing three techniques of psychotherapy. *Journal of Clinical Psychology, 13,* 334-350.

Ellis, A. (1958). Rational psychotherapy. *Journal of General Psychology, 59,* 245-253.

Ellis, A. (1962). *Reason and emotion in psychotherapy.* New York: Stuart.

Ellis, A. (1963). Toward a more precise definition of "emotional" and "intellectual" insight. *Psychological Reports, 13,* 125-126.

Ellis, A. (1968). *Personality Data Form.* New York: Institute for Rational-Emotive Therapy.

Ellis, A. (1969). A weekend of rational encounter. *Rational Living, 4(2),* 1-8.

Ellis, A. (1971 a). *Growth through reason.* North Hollywood, CA: Wilshire Books.

Ellis, A. (Speaker). (1971b). *How to stubbornly refuse to be ashamed of anything* (Cassette recording). New York: Institute for Rational-Emotive Therapy.

Ellis, A. (Speaker). (1972a). *Solving emotional problems* (Cassette recording). New York: Institute for Rational-Emotive Therapy.

Ellis, A. (1972b). Helping people get better: Rather than merely feel better. *Rational Living, 7(2),* 2-9.

Ellis, A. (1972c). *Executive leadership: The rational-emotive approach.* New York: Institute for Rational-Emotive Therapy.

Ellis, A. (1973). *Humanistic psychotherapy: The rational-emotive approach.* New York: McGraw-Hill.

Ellis, A. (1976a). The biological basis of human irrationality. *Journal of Individual Psychology, 32,* 145-168.

Ellis, A. (1976b). RET abolishes most of the human ego. *Psychotherapy: Theory, Research and Practice, 13,* 343-348.

Ellis, A. (1976c). *Sex and the liberated man.* New York: Stuart.

Ellis, A. (1977a). Fun as psychotherapy. *Rational Living, 12*(1), 2-6.

Ellis, A. (Speaker). (1977b). *A garland of rational humorous songs* (Cassette recording). New York: Institute for Rational-Emotive Therapy.

Ellis, A. (1977c). *Anger-how to live with and without it.* Secaucus, NJ: Citadel Press.

Ellis, A. (1979a). The theory of rational-emotive therapy. In A. Ellis & J. M. Whiteley (Eds.), *Theoretical and empirical foundations of rational-emotive therapy* (pp. 33-60). Monterey, CA: Brooks/Cole.

Ellis, A. (1979b). Discomfort anxiety: A new cognitive behavioral construct. Part 1. *Rational Living, 14*(2), 3-8.

Ellis, A. (1979c). The practice of rational-emotive therapy. In A. Ellis & J. M. Whiteley (Eds.), *Theoretical and empirical foundations of rational-emotive therapy* (pp. 61-100). Monterey, CA: Brooks/Cole.

Ellis, A. (1979d). The issue of force and energy in behavioral change. *Journal of Contemporary Psychotherapy, 10*(2), 83-97.

Ellis, A. (1979e). A note on the treatment of agoraphobics with cognitive modification versus prolonged exposure in vivo. *Behaviour Research and Therapy, 17,* 162-164.

Ellis, A. (1979f). *The intelligent woman's guide to dating and mating* (rev. ed.). Secaucus, NJ: Stuart.

Ellis, A. (1979g). Rational-emotive therapy: Research data that support the clinical and personal hypotheses of RET and other modes of cognitive-behavior therapy. In A. Ellis & J. M. Whiteley (Eds.), *Theoretical and empirical foundations of rational-emotive therapy* (pp. 101-173). Monterey, CA: Brooks/Cole.

Ellis, A. (1980a). Discomfort anxiety: A new cognitive behavioral construct. Part 2. *Rational Living, 15*(1), 25-30.

Ellis, A. (19806). Rational-emotive therapy and cognitive behavior therapy: Similarities and differences. *Cognitive Therapy and Research, 4,* 325-340.

Ellis, A. (1981a). The place of Immanuel Kant in cognitive psychotherapy. *Rational Living, 16*(2), 13-16.

Ellis, A. (1981b). The use of rational humorous songs in psychotherapy. *Voices, 16*(4), 29-36.

Ellis, A. (1982a). Intimacy in rational-emotive therapy. In M. Fisher & G. Striker (Eds.), *Intimacy* (pp. 203-217). New York: Plenum Press.

Ellis, A. (1982b). Rational-emotive group therapy. In G. M. Gazda (Ed.), *Basic approaches to group psychotherapy and group counseling* (pp. 381-412). Springfield, IL: Thomas.

Ellis, A. (1983a). *The case against religiosity.* New York: Institute for Rational-Emotive Therapy.

Ellis, A. (1983b). How to deal with your most difficult client: You. *Journal of Rational-Emotive Therapy, 1(1),* 3-8.

Ellis, A. (1983c). The philosophic implications and dangers of some popular behavior therapy techniques. In M. Rosenbaum, C. M. Franks, & Y. Jaffe (Eds.), *Perspectives in behavior therapy in the eighties* (pp. 138-151). New York: Springer.

Ellis, A. (1983d). Failures in rational-emotive therapy. In E. B. Foa & P. M. G. Emmelkamp (Eds.), *Failures in behavior therapy* (pp. 159-171). New York: Wiley.

Ellis, A. (1983e). Rational-emotive therapy (RET) approaches to overcoming resistance: I. Common forms of resistance. *British Journal of Cognitive Psychotherapy, 1(1),* 28-38.

Ellis, A. (1983f). Rational-emotive therapy (RET) approaches to overcoming resistance: II. How RET disputes clients' irrational resistance-creating beliefs. *British Journal o f Cognitive Psychotherapy, 1(2),* 1-16.

Ellis, A. (1984a). The essence of RET 1984. *Journal of Rational-Emotive Therapy, 2(1),* 19-25.

Ellis, A. (1984b, agosto). *Rational-emotive therapy and transpersonal psychology.* Artigo apresentado na 92ª convenção anual da Associação Psicológica Americana, Toronto.

Ellis, A. (1984c). Rational-emotive therapy. In R. J. Corsini (Ed.), *Current psychotherapies* (3rd ed., pp. 196-238). Itasca, IL: Peacock.

Ellis, A. (1984d). Rational-emotive therapy (RET) approaches to overcoming resistance: III. Using emotive and behavioural techniques of overcoming resistance. *British Journal of Cognitive Psychotherapy, 2(1),* 11-26.

Ellis, A. (1985a). Expanding the ABCs of rational-emotive therapy. In M. J. Mahoney & A. Freeman (Eds.), *Cognition and psychotherapy* (pp. 313-323). New York: Plenum Press.

Ellis, A. (1985b). Rational-emotive therapy (RET) approaches to overcoming resistance: IV Handling special kinds of clients. *British Journal of Cognitive Psychotherapy, 3(1),* 26-42.

Ellis, A. (1991). Rational-emotive family therapy. In A. M. Horne & J. L. Passmore (Eds.), *Family counseling and therapy* (2nd ed., pp. 403-434). Itasca, IL: Peacock.

Ellis, A. (1993a). Changing rational-emotive therapy (RET) to rational emotive behavior therapy (REBT). *Behavior Therapist, 16,* 257-258.

Ellis, A. (1993b). General semantics and rational emotive behavior therapy. *Bulletin of General Semantics, 58,* 12-28.

Ellis, A. (1993c). Rational emotive imagery: RET version. In M. E. Bernard & J. L. Wolfe (Eds.), *The RET source book for practitioners* (pp. 11,8-11,10). New York: Institute for Rational-Emotive Therapy.

Ellis, A. (1993d). The rational-emotive therapy (RET) approach to marriage and family therapy. *Family*

Journal: Counseling and Therapy for Couples and Families, 1, 292-307.

Ellis, A. (1993e). Rational-emotive therapy and hypnosis. In J. W. Rhue, S. J. Lynn, & I. Kirsch (Eds.), *Handbook of clinical hypnosis* (pp. 173-186). Washington, DC: American Psychological Association.

Ellis, A. (Speaker). (1993f). *The sport of avoiding sports and exercise* (Cassette recording). Aurora, CO: Sound & Images.

Ellis, A. (1993g). Vigorous RET disputing. In M. E. Bernard & J. L. Wolfe (Eds.), *The RET resource book for practitioners* (pp. 11,7). New York: Institute for Rational-Emotive Therapy.

Ellis, A. (1994a). Rational emotive behavior therapy approaches to obsessivecompulsive disorder (OCD). *Journal of Rational-Emotive and CognitiveBehavior Therapy, 12*, 121-141.

Ellis, A. (1994b). *Reason and emotion in psychotherapy* (rev. ed.). Secaucus, NJ: Birch Lane.

Ellis, A. (1994c). The treatment of borderline personalities with rational emotive behavior therapy. *Journal of Rational-Emotive and Cognitive-Behavior Therapy, 12*, 101-119.

Ellis, A. (1995). Rational emotive behavior therapy. In R. Corsini & D. Wedding (Eds.), *Current psychotherapies* (5th ed., pp. 162-196). Itasca, IL: Peacock.

Ellis, A. (1996a). *Better, deeper, and more enduring brief therapy.* New York: Brunner/Mazel.

Ellis, A. (Speaker). (1996b). *Demonstration of brief rational emotive behavior therapy* (Videotape). Phoenix, AZ: Milton A. Erickson Foundation.

Ellis, A. (1996c). *REBT diminishes much of the human ego* (rev. ed.). New York: Institute for Rational-Emotive Therapy.

Ellis, A. (1996d). Responses to criticisms of rational emotive behavior therapy (REBT) by Ray DiGiuseppe, Frank Bond, Windy Dryden, Steve Weinrach, and Richard Wessler. *Journal of Rational-Emotive and Cognitive-Behavior Therapy, 14*, 97-121.

Ellis, A. (1996e). Using hypnosis in rational-emotive behavior therapy in the case of Ellen. In S. J. Lynn, I. Kirsch, & J. W. Rhue (Eds.), *Casebook of clinical hypnosis* (pp. 335-347). Washington, DC: American Psychological Association.

Ellis, A. (1997a). The evolution of Albert Ellis and rational emotive behavior therapy. In J. K. Zeig (Ed.), *The evolution of psychotherapy: The third conference* (pp. 69-82). New York: Brunner/Mazel.

Ellis, A. (1997b). Postmodern ethics for active-directive counseling and psychotherapy. *Journal of Mental Health Counseling, 18*, 211-225.

Ellis, A. (1997c). REBT and its application to group therapy. In J. Yankura & W. Dryden (Eds.), *Special applications of REBT: A therapist's casebook* (pp. 131-161). New York: Springer

Ellis, A. (1997d). REBT with obsessive-compulsive disorder. In J. Yankura & W. Dryden (Eds.), *Using REBT with common psychological problems: A therapist's casebook* (pp. 197-239). New York: Springer.

Ellis, A. (1998). *How to control your anxiety before it controls you.* Secaucus, NJ: Carol.

Ellis, A., & Abrahms, E. (1978). *Brief psychotherapy in medical and health practice.* New York: Springer.

Ellis, A., & Abrams, M. (1994). *How to cope with a fatal illness.* New York: Barricade Books.

Ellis, A., Abrams, M., & Dengelegi, L. (1992). *The art and science of rational eating.* New York: Barricade Books.

Ellis, A., & Becker, I. (1982). *A guide to personal happiness.* North Hollywood, CA: Wilshire Books.

Ellis, A., & Bernard, M. E. (Eds.). (1985). *Clinical applications of rational-emotive therapy.* New York: Plenum Press.

Ellis, A., & DiGiuseppe, R. (Speakers). (1994). *Dealing with addictions* (Videotape). New York: Institute for Rational-Emotive Therapy.

Ellis, A., & Dryden, W (1997). *The practice of rational emotive behavior therapy* (rev. ed.). New York: Springer.

Ellis, A., Gordon, J., Neenan, M., & Palmer, S. (1997). *Stress counseling: A rational emotive behaviour approach.* London: Cassell.

Ellis, A., & Grieger, R. (Eds.). (1977). *Handbook of rational-emotive therapy.* New York: Springer.

Ellis, A., & Harper, R. A. (1961a). *A guide to rational living.* Englewood Cliffs, NJ: Prentice-Hall.

Ellis, A., & Harper, R. A. (1961b). *A guide to successful marriage.* North Hollywood, CA: Wilshire Books.

Ellis, A., & Harper, R. A. (1975). *A new guide to rational living.* North Hollywood, CA: Wilshire Books.

Ellis, A., & Harper, R. A. (1997). *A guide to rational living* (3rd rev. ed.). North Hollywood, CA: Melvin Powers.

Ellis, A., & Knaus, W. (1977). *Overcoming procrastination.* New York: New American Library.

Ellis, A., & Lange, A. (1994). *How to keep people from pushing your buttons.* New York: Carol.

Ellis, A., Sichel, J. L., Yeager, R. J., DiMattia, D. J., & DiGiuseppe, R. A. (1989). *Rational-emotive couples therapy.* Needham, MA: Allyn & Bacon.

Ellis, A., & Tafrate, R. C. (1997). *How to control anger before it controls you.* Secaucus, NJ: Birch Lane.

Ellis, A., & Velten, E. (1992). *When AA doesn't work for you: Rational steps for quitting alcohol.* New York: Barricade Books.

Ellis, A., & Velten, E. (1998). *Optimal aging: How to get over growing older.* Chicago: Open Court.

Ellis, A., & Yeager, R. (1989). *Why some therapies don't work: The dangers of transpersonal psychology.* Buffalo, NY: Prometheus.

Emmelkamp, P. M. G., Kuipers, A. C. M., & Eggeraat, J. B. (1978). Cognitive modification versus prolonged exposure *in vivo:* A comparison with agoraphobics as subjects. *Behaviour Research and Therapy, 16,* 33-41.

Eschenroeder, C. (1979). Different therapeutic styles in rational-emotive therapy. *Rational Living, 14*(1), 3-7.

Freud, A. (1937). *The ego and the mechanisms of defense.* London: Hogarth Press. Glass, C. R., & Arnkoff, D. B. (1997). Questionnaire methods of cognitive self-statement assessment. *Journal of Consulting and Clinical Psychology, 65,* 911927.

Golden, W. L. (1983). Rational-emotive hypnotherapy: Principles and practice. *British Journal of Cognitive Therapy, 1(1),* 47-56.

Goldfried, M., & Davison, G. (1976). *Clinical behavior therapy.* New York: Holt, Rinehart & Winston.

Grieger, R., & Boyd, J. (1980). *Rational-emotive therapy: A skills-based approach.* New York: Van Nostrand Reinhold.

Grieger, R., & Grieger, I. (Eds.). (1982). *Cognition and emotional disturbance.* New York: Human Sciences Press.

Haaga, D. A. E, & Davison, G. C. (1991). Disappearing differences do not always reflect healthy integration: An analysis of cognitive therapy and rational-emotive therapy. *Journal of Psychotherapy Integration, 1(4),* 287-303.

Hajzler, D., & Barnard, M. E. (1991). A review of rational-emotive outcome studies. *School Psychology Quarterly, 6(1),* 27-49.

Hauck, P A. (1972). *Reason in pastoral counseling.* Philadelphia: Westminster. Heidegger, M. (1949). *Existence and being.* Chicago: Henry Regnery.

Herzberg, A. (1945). *Active psychotherapy.* New York: Grune & Stratton.

Hollon, S. D., & Beck, A. T. (1994). Cognitive and cognitive-behavioral therapies. In A. E. Bergin & S. L. Garfield (Eds.), *Handbook of psychotherapy and behavior change* (4th ed., pp. 428-466). New York: Wiley.

Horney, K. (1950). *Neurosis and human growth.* New York: Norton.

Janis, I. L. (1983). *Short-term counseling.* New Haven, CT: Yale University Press. Johnson, W. B. (1993). Christian rational-emotive therapy: A treatment protocol. *Journal of Psychology and Christianity, 12,* 254-261.

Jones, M. C. (1924). A laboratory study of fear: The case of Peter. *Journal of Genetic Psychology, 31,* 308-315.

Jones, R. A. (1977). *Self-fulfilling prophecies: Social, psychological and physiological effects of expectancies.* Hillsdale, NJ: Erlbaum.

Jones, R. G. (1968). *A factored measure of Ellis' irrational belief system, with personality and maladjustment correlates.* Dissertação de doutorado não-publicada, Texas Technological College.

Kassinove, H., Crisci, R., & Tiegerman, S. (1977). Developmental trends in rational thinking: Implications for rational-emotive school mental health programs. *Journal of Community Psychology, 5,* 266-274.

Kelly, G. (1955). *The psychology of personal constructs* (2 vols.). New York: Norton.

Kendall, P., & Hollon, S. (1980). *Assessment strategies for cognitive-behavioral interventions.* New York: Academic Press.

Korzybski, A. (1933). *Science and sanity.* San Francisco: International Society of General Semantics.

Lazarus, A. A. (1981). *The practice of multimodal therapy.* New York: McGrawHill.

Lazarus, A. A. (1984). *In the mind's eye.* New York: Guilford Press.

Lazarus, R. (1966). *Psychological stress and the coping process.* New York: McGraw-Hill.

Low, A. A. (1952). *Mental health through will-training.* West Hanover, MA: Christopher.

Lyons, L. C., & Woods, P. J. (1991). The efficacy of rational-emotive therapy: A quantitative review of the outcome research. *Clinical Psychology Review, 11,* 357-369.

Macaskill, N. D., & Macaskill, A. (1983). Preparing patients for psychotherapy. *British Journal of Clinical and Social Psychiatry, 2,* 80-84.

Mackay, D. (1984). Behavioural psychotherapy. In W Dryden (Ed.), *Individual therapy in Britain.* London: Harper & Row.

Mahoney, M. J. (1977). Personal science: A cognitive learning theory. In A. Ellis & R. Grieger (Eds.), *Handbook of rational-emotive therapy* (pp. 352-366). New York: Springer.

Maultsby, M. C., Jr. (1975). *Help yourself to happiness: Through rational selfcounseling.* New York: Institute for Rational-Emotive Therapy.

Maultsby, M. C., Jr. (1984). *Rational behavior therapy.* Englewood Cliffs, NJ: Prentice-Hall.

Maultsby, M. C., Jr., & Ellis, A. (1974). *Technique for using rational-emotive imagery.* New York: Institute for Rational-Emotive Therapy.

Meichenbaum, D. (1977). *Cognitive-behavior modification.* New York: Plenum Press.

Moore, R. H. (1983). Inference as "A" in RET. *British Journal of Cognitive Psychotherapy, 1(2),* 17-23.

Phadke, K. M. (1982). Some innovations in RET theory and practice. *Rational Living, 17*(2), 25-30.

Popper, K. R. (1959). *The logic of scientific discovery.* New York: Harper.

Popper, K. R. (1963). *Conjectures and refutations.* New York: Harper.

Powell, J. (1976). *Fully human, fully alive.* Niles, IL: Argus.

Reichenbach, H. (1953). *The rise of scientific philosophy.* Berkeley: University of California Press.

Rogers, C. R. (1957). The necessary and sufficient conditions of therapeutic personality change. *Journal of Consulting Psychology, 21,* 95-103.

Russell, B. (1930). *The conquest of happiness.* New York: New American Library.

Russell, B. (1965). *The basic writings of Bertrand Russell.* New York: Simon & Schuster.

Shorkey, C. T., & Sutton-Simon, K. (1983). Reliability and validity of the Rational Behavior Inventory with a clinical population. *Journal of Clinical Psychology, 39,* 34-38.

Shorkey, C. T., & Whiteman, V. L. (1974). *Rational Behavior Inventory: Test booklet.* Austin, TX: Authors.

Shorkey, C. T., & Whiteman, V. L. (1977). Development of the Rational Behavior Inventory: Initial validity and reliability. *Educational and Psychological Measurement, 37,* 527-534.

Tillich, P. (1953). *The courage to be.* New Haven, CT: Yale University Press.

Vernon, A. (1989). *Thinking, feeling, behaving: An emotional education curriculum for children.* Champaign, IL: Research Press.

Wachtel, P. L. (1977). *Psychoanalysis and behavior therapy: Toward an integration.* New York: Basic Books.

Walen, S. R., DiGiuseppe, R., & Wessler, R. L. (1980). *A practitioner's guide to rational-emotive therapy.* New York: Oxford University Press.

Watson, J. B., & Rayner, R. (1920). Conditioned emotional reactions. *Journal of Experimental Psychology, 3,* 1-14.

Weinrach, S. G. (1980). Unconventional therapist: Albert Ellis. *Personnel and Guidance Journal, 59*(2), 152-160.

Werner, E. E., & Smith, R. S. (1982). *Vulnerable but invincible: A study of resilient children.* New York: McGraw-Hill.

Wessler, R. A., & Wessler, R. L. (1980). *The principles and practice of rationalemotive therapy.* San Francisco: Jossey-Bass.

Wessler, R. L. (1984). Alternative conceptions of rational-emotive therapy: Toward a philosophically neutral psychotherapy. In M. A. Reda & M. J. Mahoney (Eds.), *Cognitive psychotherapies: Recent developments in theory, research, and practice* (pp. 65-79). Cambridge, MA: Ballinger.

Wolfe, J. L. (1992). *What to do when he has a headache.* New York: Hyperion.

Young, H. S. (1974). *A rational counseling primer.* New York: Institute for Rational-Emotive Therapy.

Young, H. S. (1984a). Practising RET with lower-class clients. *British Journal of Cognitive Psychotherapy, 2*(2), 33-59.

Young, H. S. (1984b). Practising RET with Bible-belt Christians. *British Journal of Cognitive Psychotherapy, 2*(2), 60-76.

Young, H. S. (1984c). Teaching rational self-value concepts to tough customers. *British Journal of Cognitive Psychotherapy, 2*(2), 77-97.

10

TERAPIA COGNITIVA

Robert J. DeRubeis
Tony Z. Tang
Aaron T. Beck

A TEORIA BÁSICA DA TERAPIA COGNITIVA

Histórico

A fundamentação teórica e os procedimentos da terapia cognitiva evoluíram ao longo das últimas quatro décadas, com seu ímpeto inicial partindo das primeiras entrevistas de Beck com pacientes deprimidos (Beck, 1963). Atuando inicialmente com base em uma perspectiva classicamente freudiana, ele verificou, após diversos estudos sistemáticos (Beck, 1961; Beck e Hurvich, 1959; Beck e Ward, 1961), que as formulações de Freud (1917/1957) da síndrome depressiva (melancolia) não estavam corretas em diversos aspectos. Beck postulou um modelo de raiva interiorizada e observou que, do ponto de vista clínico, uma formulação mais satisfatória deveria concentrar-se no *conteúdo* do pensamento negativo da pessoa deprimida. Suas primeiras descrições enfatizavam as tendências negativas e distorções que eram comuns em seus pacientes deprimidos. Essas descrições levaram a hipóteses sobre o conteúdo e os processos de cognições que são relativamente características da depressão. De maneira mais importante, ele argumentou que esses aspectos cognitivos são mais centrais à depressão e mais verificáveis do que os processos dinâmicos (motivacionais) postulados em trabalhos da época. De um modo geral, os primeiros estudos sustentavam essa visão, e foram revisados em outros trabalhos (ver Hollon e Beck, 1979).

Neste capítulo, apresentamos inicialmente a teoria da psicopatologia que fundamenta a terapia cognitiva. A seguir, descrevemos técnicas clínicas e procedimentos de tratamento baseados na teoria. Depois, consideramos as evidências da eficácia da abordagem de tratamento, bem como evidências relacionadas com os elementos críticos da terapia cognitiva. Finalmente, discutimos os rumos futuros da terapia cognitiva e da pesquisa a seu respeito.

Teoria básica

Beck propõe que as pessoas deprimidas apresentam distorções no processamento de informações, que resultam em uma visão negativa persistente de si mesmo, do futuro e do mundo. Presume-se que esses conteúdos e processos cognitivos estejam por trás dos sintomas comportamentais, afetivos e motivacionais da depressão.

O modelo cognitivo dos transtornos emocionais de Beck afirma que, para entender a natureza de um episódio ou perturbação emocional, é preciso concentrar-se no conteúdo cognitivo da reação do indivíduo ao evento ou linha de pensamento perturbadora. O valor heurístico e terapêutico do modelo cognitivo está em sua ênfase em eventos mentais (conscientes ou pré-conscientes) acessados de forma relativamente fácil, que os pacientes são treinados para relatar. Ele não depende de motivações "inconscientes", cuja natureza o terapeuta deve identificar em terapias psicanalíticas.

Durante o tratamento da depressão, examinam-se as crenças que o paciente relata, que dizem respeito à sua visão de si mesmo, do futuro e do mundo. Esses três domínios foram denominados "tríade cognitiva" (Beck, Rush, Shaw e Emery, 1979) e são usados para ajudar o terapeuta e o paciente a identificar áreas de interesse que estejam envolvidas na perturbação emocional. Pressupõe-se que tristeza, perda de motivação, desejos suicidas, e assim por diante, estejam relacionados com preocupações em um (ou mais) desses três domínios. Acredita-se que relações semelhantes entre sintomas e crenças também operem em outros transtornos. Em pacientes ansiosos, os aspectos cognitivos do estado de ansiedade são de grande interesse. Como no caso da depressão, temas comuns são observados nas cognições dos pacientes ansiosos, geralmente concentrados em desastres ou desconfortos futuros.

Mecanismos de tratamento

A terapia cognitiva concentra-se em diversos tipos de crença: as expectativas, avaliações (ou imputações) e atribuições de causalidade ou responsabilidade do paciente (Hollon e Kriss, 1984). Quando o paciente presta atenção no conteúdo de sua reação cognitiva, ele se sente estimulado a enxergá-la como uma hipótese (em vez de um fato) – ou seja, uma proposta possível, mas não necessariamente verdadeira. A formulação de uma crença como uma hipótese é chamada de "distanciamento", visando a enfatizar a maneira em que é possível se dissociar de uma crença para permitir uma análise mais objetiva (ver Hollon, 1999).

Por meio de cuidadoso escrutínio e análise da crença, o paciente pode chegar gradualmente a uma visão diferenciada. Em virtude da mudança da crença relevante, há uma mudança na reação emocional. Ou seja, com a atenuação da base cognitiva para uma reação emocionalmente perturbadora a um evento ou problema, a reação emocional diminui.

Com as tentativas repetidas de identificar e questionar o conteúdo das reações do paciente aos eventos, pode haver diversos tipos de resultado. Em primeiro lugar, a preocupação com eventos perturbadores do passado recente diminui, pois os aspectos que inicialmente eram perturbadores nas crenças sobre eles já não ocorrem. Essa redução na preocupação tem o efeito de limitar o afeto negativo que normalmente ocorreria durante ruminações ou recordações sobre esses eventos. O resultado é um nível "basal" menos negativo de emoção ou humor.

Em segundo lugar, a qualidade "estranha" ou inexplicável que as reações emocionais têm para muitos pacientes se torna, então, compreensível. Esse sentido de controle, esperança e conforto que segue à adoção do modelo cognitivo é considerado comum em muitas formas de psicoterapia (Frank, 1973). Por simplesmente adotar um conjunto de princípios organizadores ou uma visão coerente do mundo, o paciente já começa a enxergar uma "luz no fim do túnel". O modelo simples e de bom senso que o paciente aprende na terapia cognitiva é particularmente profícuo para produzir esse efeito.

Em terceiro lugar, como resultado da experiência com o uso dos métodos empregados na terapia cognitiva, o paciente começa a utilizá-los para enfrentar suas dificuldades cotidianas. Quando empregados de forma adequada, esses métodos devem ter o efeito de aplacar muitas das preocupações que levariam à perturbação emocional. Como a terapia cognitiva é uma terapia baseada em habilidades, espera-se que o paciente comece a usar a abordagem por conta própria, sendo cada vez mais capaz de resolver os problemas que surgirem. Nos casos de sucesso, acredita-se que o paciente continue a empregar o modelo cognitivo e seus métodos em circunstâncias difíceis muito tempo depois do término da terapia formal.

Como as pessoas muitas vezes são descuidadas quando fazem inferências sobre questões interpessoais e relevantes para si mesmas (ver Nisbett e Ross, 1980), as habilidades de raciocínio ensinadas na terapia cognitiva podem ser aplicadas mesmo depois da remissão do episódio depressivo. De fato, muitas dessas habilidades provavelmente são usadas com freqüência por pessoas que nunca têm episódios de depressão. Além disso, o risco de recaída é bastante elevado na maioria dos transtornos para os quais se usa a terapia cognitiva. Acredita-se que pacientes que têm facilidade para aplicar as habilidades de raciocínio aprendidas durante a terapia tenham um risco menor de recaídas subseqüentes. Conforme revisado a seguir, diversos estudos indicam que a terapia cognitiva tem um efeito profilático.

O trabalho com os esquemas

A terapia cognitiva também visa trabalhar em outro nível "mais profundo". Pela análise de diversas experiências emocionais negativas, o paciente e o terapeuta conseguem enxergar que o paciente tem determinados padrões de pensamento, ou "esquemas" (Beck, 1964, 1972; J.S. Beck, 1995; Hollon e Kriss, 1984; Persons, 1989). Os esquemas são as estruturas cognitivas subjacentes que organizam a experiência do paciente e que podem formar a base para situações individuais de tendências ou distorções. Acredita-se que esses esquemas representem o centro da perturbação cognitiva, sendo chamados "crenças centrais". Quando identificados, os esquemas geralmente podem ser colocados na forma de proposições do tipo "se-então", e se assemelham em amplitude às crenças irracionais de Ellis (p. ex., "Se não for competente em tudo, eu sou um fracasso"; ver, p. ex., Ellis e Harper, 1975). Embora não tão acessíveis quanto os momentos de pensamentos individuais (chamados "pensamentos automáticos"), esses esquemas ficam claros para o paciente e o terapeuta à medida que se identificam as similaridades ou temas que se repetem nos momentos individuais de perturbação emocional.

Quando se identificam esses temas, pode-se investigar a sua utilidade (o equilíbrio de prós e contras em tê-los) ou sua validade (sua conformidade com as evidências disponíveis). Se essas análises ajudam a mudar os esquemas do paciente, ele pode começar a reconhecer situações em que essas crenças fundamentais estejam implícitas em suas reações a eventos potencialmente perturbadores, e então pode considerar inferências alternativas. Além disso, o nível em que o paciente sustenta essas crenças fundamentais e seus corolários diminui ao longo do tempo, à medida que seu compromisso com elas enfraquece. Presume-se que novos esquemas substituam os antigos, e, portanto, por exemplo, o paciente pode substituir o esquema mencionado por algo como: "Se eu tiver me dedicado adequadamente a uma tarefa, posso me sentir satisfeito".

Erros cognitivos

No decorrer da terapia, o paciente obtém outra perspectiva sobre o seu raciocínio. Ele aprende que todos estamos sujeitos a diversos "tipos" de erros de pensamento, que ocorrem com mais freqüência durante episódios afetivos. Eles são os "erros cognitivos", sobre os quais Beck e outros autores escreveram (Beck et al., 1979; ver Tabela 10.1), e podem ser facilmente memorizados por um paciente motivado, que pode procurar exemplos no próprio pensamento. Os rótulos dados a esses erros têm uma função heurística, lembrando ao paciente as maneiras em que seu pensamento em dado momento pode estar errado. Quando se identifica um erro, o paciente pode simplesmente rejeitar a inferência que levou ao erro, ou usar técnicas analíticas mais gerais para questionar a validade da inferência.

A natureza da interação terapêutica

Grande parte daquilo que diferencia a terapia cognitiva de outras terapias cognitivo-comportamentais está no papel que o terapeuta assume e no papel que ele recomenda ao paciente. De forma clara, o relacionamento deve ser de cooperação, no qual o terapeuta e o paciente assumem o mesmo nível de responsabilidade por resolver os problemas do paciente. Pressupõe-se que o paciente seja um especia-

TABELA 10.1 Definições de 11 erros cognitivos comuns

Pensamento do tipo "tudo ou nada". Colocar as experiências em duas categorias opostas – por exemplo, perfeito ou imperfeito, imaculado ou obsceno, santo ou pecador.

Generalização. Fazer inferências generalizadas a partir de um único exemplo (p. ex., "Não consigo controlar meu temperamento").

Diminuir o lado positivo. Decidir que, se algo bom aconteceu, não pode ter sido muito importante.

Tirar conclusões precipitadas. Concentrar-se em um aspecto de uma situação para decidir como compreendê-la (p. ex., "A razão pela qual não me telefonam do emprego que estou tentando é que decidiram não me contratar").

Ler a mente. Acreditar que se sabe o que outra pessoa está pensando, com poucas evidências disso.

Prever o futuro. Acreditar que se sabe o que o futuro trará, ignorando outras possibilidades.

Magnificação/minimização. Avaliar a importância de um evento negativo, ou a falta de importância de um evento positivo, de maneira distorcida.

Raciocínio emocional. Acreditar que algo deve ser verdade, pois parece ser verdade.

Fazer declarações do tipo "eu deveria". Dizer a si mesmo que deve fazer (ou devia ter feito) algo, quando seria mais correto dizer que gostaria de fazer (ou gostaria de ter feito) algo desejável.

Rotulação. Usar um rótulo ("mãe má", "idiota") para descrever um comportamento, imputando todos os significados que o rótulo carrega.

Culpa inadequada. Usar percepção tardia para determinar o que "devia ter feito", mesmo que não houvesse como saber o que era melhor naquela hora; ignorar fatores mitigantes; ou ignorar os papéis de outras pessoas em um resultado negativo.

---

lista na própria experiência e nos significados que atribui aos eventos. Ou seja, o terapeuta cognitivo não parte do princípio de que sabe por que o paciente reagiu de certa maneia em determinada situação, ele busca a recordação do paciente sobre pensamentos e imagens. Além disso, o terapeuta cognitivo não se propõe a saber a razão pela qual determinado pensamento foi perturbador, mas pergunta ao paciente.

O uso da narrativa do paciente sobre o significado de seus pensamentos diferencia a terapia cognitiva da TCRE – terapia comportamental racional-emotiva de Ellis (Ellis, 1984; Dryden e Ellis, Capítulo 9 deste livro), por um lado, e da MCC – modificação de comportamento e de cognições de Meichenbaum (Meichenbaum, 1977), por outro. A TCRE emprega uma abordagem dedutiva, na qual o terapeuta infere a natureza dos erros cognitivos do paciente com mais facilidade, com base na experiência com outros pacientes e no conhecimento da teoria da TCRE. Nessa teoria, podem-se encontrar regras para determinar as crenças subjacentes ou básicas que as reações dos pacientes a eventos perturbadores implicam. Ellis recomenda que o terapeuta esteja "um passo à frente" do paciente, fornecendo-lhe significados para os pensamentos que este relata (ver, p. ex., Ellis, 1984, p. 221). Em um sistema derivado da teoria da aprendizagem, como a proposta de Meichenbaum, os pensamentos são tratados como comportamentos, de modo que podem ser substituídos por outros ou podem ser reforçados de maneira diferencial, havendo menos ênfase no *significado* dos pensamentos envolvidos. Embora o terapeuta cognitivo possa, em certas ocasiões, estimular o paciente a enxergar um pensamento automático como um hábito, e a terapia possa tentar eliminar o hábito ou substituí-lo por um novo hábito (menos perturbador), essas estratégias não são empregadas antes que o paciente tenha explorado minuciosamente os significados ou implicações do pensamento, e tenha decidido que o significado do pensamento habitual não é verdadeiro.

O pressuposto na terapia cognitiva é que o sistema de significados de cada paciente é idiossincrático. Por isso, o paciente deve assumir um papel bastante ativo em seu tratamento. Ele aprende a se preparar para questionar seus pensamentos durante ou logo após a ocorrência de eventos perturbadores. Em comparação, no TAI – treinamento de auto-instrução de Meichenbaum (Meichenbaum, 1977), o terapeuta ajuda o paciente a se preparar para fazer declarações de enfrentamento para si mesmo quando tiver dificuldades. Uma maneira simples de se referir a essa diferença entre a terapia cognitiva e o treinamento de auto-instrução é que, na terapia cognitiva, o terapeuta ensina o paciente a questionar suas inferências, ao passo que, no treinamento de auto-instrução, o terapeuta ensina o paciente a mudá-las.

O foco da terapia cognitiva no questionamento leva seus defensores a crer que ela é uma abordagem mais geral, que o paciente pode aplicar facilmente a novas situações ou a novas reações em situações conhecidas. Até onde essa distinção identifica uma grande diferença entre a teoria cognitiva e o treinamento de auto-instrução, ela também implica que, na terapia cognitiva, se coloca mais responsabilidade nos ombros do paciente.

Quando se deseja reunir novos dados, ou em experimentos que abordem uma crença idiossincrática do paciente, o terapeuta cognitivo se esmera para envolver o paciente no planejamento da coleta de dados ou no experimento. O objetivo do terapeuta é ajudar o paciente a projetar testes cujos resultados sejam convincentes para o *paciente*, e não para o terapeuta, para outro paciente, ou para um especialista em lógica. Dessa forma, o paciente se envolve ativamente em seu tratamento e, mais uma vez, é o especialista no próprio caso.

O terapeuta cognitivo, certamente, é um especialista no modelo cognitivo e, especialmente no começo da terapia, deve ensinar ao paciente os princípios que fundamentam a terapia. Da mesma forma, ele também é um especialista nos métodos analíticos usados para testar as crenças que o paciente relata.

Como em qualquer relacionamento intenso, podem surgir problemas entre o terapeuta e o paciente. Na terapia cognitiva, quaisquer preocupações que o paciente tenha com relação à terapia ou ao terapeuta são discutidas ativamente. O terapeuta evoca o *feedback* do paciente, e responde a ele de maneiras que sejam condizentes com o modelo. Dessa forma, o terapeuta ajuda o paciente a prestar atenção em seus pensamentos sobre a própria terapia e, juntos, os analisam.

APLICAÇÕES CLÍNICAS

Métodos comportamentais

A terapia cognitiva utiliza alguns procedimentos originados em outras escolas ativas e diretivas de terapia, e muitas vezes adapta métodos comportamentais aos objetivos da mudança cognitiva. Nesta seção, enfatizamos os métodos comportamentais mais importantes usados na terapia cognitiva. Embora, às vezes, esses métodos sejam utilizados para aumentar a atividade ou para proporcionar experiências de prazer ou aprendizagem, o terapeuta cognitivo sempre se concentra em mudanças em crenças que possam resultar do uso desses métodos. O terapeuta cognitivo explica o uso de tarefas comportamentais dessa forma, indicando que as tentativas do paciente de executar uma tarefa servirão para testar uma hipótese que o paciente mantém, ou para proporcionar um cenário que provoque a formação de novas hipóteses que possam ser testadas subseqüentemente. Jacobson e colaboradores (1996) relatam que um tratamento de 12 semanas apenas com métodos comportamentais alcançou objetivos comparáveis aos produzidos por 12 semanas de terapia cognitiva. Dessa forma, enquanto esses métodos têm sido tradicionalmente considerados complementares na terapia cognitiva, não se deve subestimar o seu impacto terapêutico potencial.

Automonitoramento

A maioria dos pacientes que começam uma terapia cognitiva deve manter, por no mínimo uma semana, um registro minucioso, anotado a cada hora, de suas atividades e humores associados, ou outros fenômenos pertinentes. Uma variação proveitosa é solicitar que o paciente registre o seu humor em uma escala de 0 a 100, na qual o 0 é o pior modo como já se sentiu, e 100 é o melhor. Conforme sugerido por Beck e colaboradores (1979), o paciente também pode registrar o grau de domínio ou prazer associado a cada atividade registrada.

Esse registro pode ter diversas funções, a mais óbvia sendo familiarizar o terapeuta com a maneira em que o paciente passa seu tempo. No processo, o paciente geralmente se surpreenderá com algum aspecto do registro, como quanto tempo passa assistindo à televisão. Além disso, ele pode servir como uma medida basal, para comparar registros posteriores.

Diversas hipóteses podem ser testadas por automonitoramento, como "Levantar da cama não me traz nada de bom", "Sempre fui infeliz, isso nunca passará" e "Meu horário é muito cheio para que eu consiga fazer tudo que devo fazer". Uma análise minuciosa do registro preenchido é uma base muito mais completa para julgar tais hipóteses do que a memória do paciente sobre os eventos recentes, pois sua memória geralmente será seletiva.

Outro uso comum do registro de automonitoramento é para se obter um registro de eventos particularmente positivos ou negativos que possa ser discutido na sessão seguinte. O terapeuta pede que o paciente lembre os pensamentos que lhe ocorreram no momento em questão.

Finalmente, se houver coerências no registro – como certos tipos de evento estarem associados a humores positivos ou negativos, ou aprendizagem e prazer –, essas atividades podem ser identificadas e procuradas ou evitadas no planejamento e estruturação das atividades.

Programando atividades

A programação de atividades na terapia cognitiva tem duas funções: (1) aumentar a probabilidade de que o paciente se envolva em atividades que tem evitado de maneira insensata; e (2) remover o obstáculo da tomada de decisão antes da atividade. Como a decisão é tomada no consultório do terapeuta, ou antecipadamente pelo paciente, ele apenas deve executar aquilo que se propôs (ou decidiu) fazer.

Quando o paciente não executa as atividades programadas, obtém-se a matéria-prima necessária para a terapia. A falta de adesão às tarefas de casa pode simplesmente ser o resultado de um excesso de ambição da parte do terapeuta ao dar tarefas e, nesse caso, o terapeuta deve assumir a responsabilidade. Por outro lado, a maior parte dessas "falhas" tem caráter semelhante ao que está perturbando o paciente, no sentido de que também são causadas por crenças negativas irreais. Sugere-se então uma análise minuciosa dos obstáculos cognitivos. Por exemplo, um terapeuta cognitivo trabalha os pensamentos pessimistas que impediram que o paciente executasse uma tarefa, mostrando que, supondo que o paciente acreditasse completamente na idéia (p. ex., "Não sou capaz de escrever essa carta") naquele momento, faz perfeito sentido que ele não tenha conseguido concluí-la. Dessa forma, pode-se trabalhar com a hipótese em si (i.e., "Não sou capaz de escrever essa carta").

As atividades programadas podem vir de três domínios: (1) aquelas que são associadas à aprendizagem, prazer ou humor positivo durante o automonitoramento; (2) aquelas que foram gratificantes no passado, mas que o paciente evita durante o transtorno (depressão, ansiedade, etc.) e (3) novas atividades que o paciente e o terapeuta concordaram em realizar, que podem ser gratificantes ou informativas. Ao programar atividades, o terapeuta cognitivo tenta ajudar o paciente a prever os obstáculos ambientais ou cognitivos que provavelmente interferirão nas atividades programadas. Esses obstáculos podem ser discutidos na sessão, alterando-se a programação para evitá-los, se desejado.

Um teste de uma hipótese discutida na sessão pode ser embutido na programação. Por exemplo, pode-se programar assistir à televisão em determinadas noites, ler em outras e visitar amigos em outras. O paciente pode monitorar o seu humor, ou o grau de domínio e prazer que experimenta em cada atividade, proporcionando um teste das crenças sobre a utilidade dessas atividades. Outro benefício dessa sugestão é que o paciente muitas vezes estará mais disposto a executar uma atividade se ela for proposta como um experimento, talvez por não precisar se comprometer com a atividade além do período do experimento.

Outras estratégias comportamentais

Como as tarefas que os pacientes evitam geralmente são aquelas que têm dificuldade para fazer, talvez seja necessário modificar a estrutura dessas tarefas. As grandes tarefas (p. ex., obter um emprego, dar uma palestra) são decompostas explicitamente em unidades menores (marcar anúncios nos classificados, definir os principais pontos desta apresentação, etc.) para tornar a tarefa mais concreta e menos difícil. Essa intervenção é chamada "dividir em partes".

Também se podem construir "tarefas graduais", de modo que tarefas mais fáceis ou aspectos mais simples de tarefas maiores sejam programados para ser executados em primeiro lugar. Esse processo também se chama "terapia de sucesso", pois se acredita que o sucesso nas primeiras tarefas mais fáceis proporcione o ímpeto necessário para avançar para tarefas mais difíceis. Embora a divisão em partes e as tarefas graduais possam parecer simplistas, é surpreendente para o paciente e o terapeuta o quanto essas alterações simples na estrutura da tarefa mudam a visão do paciente sobre ela e, conseqüentemente, a probabilidade de sua realização.

Essa visão geral dos aspectos comportamentais comuns da terapia cognitiva visa mostrar como as tarefas comportamentais podem ser incorporadas na terapia cognitiva, e como o foco nos aspectos cognitivos dessas tarefas pode produzir efeitos terapêuticos. Certas variações desses procedimentos simples, adaptadas aos objetivos de determinado caso, são desejáveis e podem proporcionar uma base sólida para a mudança cognitiva, que é o foco da terapia.

Métodos cognitivos

Enquanto o objetivo dos procedimentos comportamentais é promover alterações nas atitudes do paciente, muitos dos procedimentos da terapia cognitiva visam expressamente obter mudanças na cognição, pois a teoria cognitiva considera que a mudança no afeto e no comportamento ocorre principalmente como resultado de mudanças cognitivas. A seguir, apresentamos uma visão geral dos conceitos básicos empregados em procedimentos voltados explicitamente para produzir mudanças cognitivas.

Registro diário de pensamentos disfuncionais

Grande parte da terapia cognitiva gira em torno do uso de um dispositivo chamado Registro Diário de Pensamentos Disfuncionais – RPD (ver Beck et al., 1979), que apresentamos aqui para ilustrar vários dos princípios e opções envolvidos na abordagem da terapia cognitiva. As quatro colunas mais importantes do RPD (ver Figura 10.1) correspondem aos três pontos do modelo cognitivo da emoção (situação, crença, conseqüência emocional), além de respostas ou contra-respostas alternativas às crenças (i.e., crenças mais "racionais" ou funcionais). Em primeiro lugar, os pacientes geralmente aprendem a usar o RPD observando os momentos em que experimentam um estado afetivo desagradável ou confuso. Dessa forma, o terapeuta cognitivo deve primeiramente certificar-se de que o paciente entende o que ele quer dizer com "sentimentos", "emoções" ou "humores", que o paciente consegue distinguir os diferentes sentimentos e que consegue fazer um julgamento da intensidade desses estados. O terapeuta também solicita que o paciente tome nota da situação ou fluxo de pensamentos durante o qual os sentimentos ocorreram. Para muitos pacientes, a situação e o estado emocional são os dois aspectos de sua experiência que mais chamam atenção em momentos de perturbação emocional (p. ex., "Fiquei magoada porque ele não me respondeu"). Também é verdade que muitos pacientes acreditam que as situações causam respostas emocionais diretamente, considerando também que há "algo" de errado consigo que resulta em reações emocionais mal-adaptativas ou perturbadoras. Dessa forma, o trabalho do terapeuta cognitivo é ensinar o paciente a prestar atenção em seus pensamentos e imagens nesses momentos. Pelo menos inicialmente, os pensamentos devem ser relatados de maneira retrospectiva em resposta às perguntas que o terapeuta faz na sessão.

Quando o paciente consegue relatar as situações, pensamentos e reações emocionais (preferencialmente já no momento do evento e no papel), a intervenção pode começar. Embora as entradas de pensamentos na coluna de "Respostas alternativas" do RPD (ver Figura 10.1) às vezes sejam chamadas de "respostas racionais", não se deve supor que as crenças originais dos pacientes sempre sejam irracionais ou mesmo incorretas. Dizer que o trabalho da terapia cognitiva envolve encontrar "respostas racionais" para "pensamentos automáticos" é apenas uma aproximação grosseira da intenção real da terapia cognitiva. De maneira mais precisa, ela envolve examinar as inferências que o paciente faz quando está emocionalmente perturbado, e que podem ser consideradas a causa da perturbação. Assim, independentemente de as respostas aos pensamentos iniciais serem chamadas de "racionais", "adaptativas", "alternativas" ou qualquer outro termo, a intervenção concentra-se em ajudar o paciente a aprender a questionar e analisar as suas inferências.

Muitos aspectos secundários importantes do RPD merecem ser mencionados. Os pacientes podem registrar o seu grau de crença em cada "pensamento automático", antes e depois de analisá-lo. Essa reavaliação permite verificar o efeito do questionamento. Quando permanece um grau elevado de crença no pensamento automático, isso indica que, por mais elaborado ou minucioso que o questionamento possa ter parecido, ele não resolveu a preocupação inicial. Ou continua faltando algum significado essencial ou o paciente realmente fez uma caracterização precisa e minuciosa da situação. Nesse caso, o terapeuta pode ajudar o paciente a analisar o significado ou a importância de sua caracterização (veja a discussão da técnica da flecha descendente a seguir).

De maneira semelhante, pode-se registrar o grau da resposta afetiva antes e depois da análise dos pensamentos. Quando há pouca ou nenhuma mudança em afeto, isso indica ao terapeuta cognitivo que algo importante está faltando na análise, de modo que o paciente ainda possui certas crenças relevantes que não foram abordadas, sugerindo uma análise mais aprofundada.

Finalmente, existe espaço para se registrar o grau de crença na resposta alternativa. Se a resposta for banal (p. ex., "As coisas vão melhorar em seguida") ou não convencer o paciente, esse é o momento para abordar e trabalhar essas crenças.

O RPD também pode ser trabalhado durante a sessão. Especialmente no decorrer da terapia, o paciente pode usá-lo de maneira independente, com o terapeuta conferindo-o durante a sessão. Embora os pacientes aprendam a fazer o trabalho do RPD sem usar papel e caneta, é importante que eles guardem os registros que preencheram, pois muitas das preocupações e respostas trabalhadas durante a terapia são relevantes posteriormente e após o término da terapia. Quando a terapia cognitiva tem um efeito profilático, supõe-se que isso ocorra, em parte, porque o paciente reteve a capacidade de prestar atenção e questionar o seu pensamento, como fazia durante a terapia.

Três questões

Embora haja muitas maneiras de classificar as questões que se podem fazer sobre as inferências, a classificação tem uma função heurística para os pacientes, enquanto aprendem os métodos da terapia cognitiva. As três questões básicas que os pacientes aprendem são: (1) "Quais são as evidências a favor e contra a crença?"; (2) "Quais são as interpretações alternativas do evento ou da situação?" e (3) "Quais são as implicações reais se a crença estiver correta?". Cada uma dessas questões é colocada aqui de uma forma geral, e obviamente pode ser modificada para se adaptar à situação ou estilo do paciente.

A técnica da flecha descendente

O pensamento que o paciente relata inicialmente costuma vir em uma forma pouco

REGISTRO DIÁRIO DE PENSAMENTOS DISFUNCIONAIS

Instruções: Quando observar que seu humor está piorando, pergunte-se: "O que está se passando pela minha cabeça neste momento?" e, assim que possível, escreva o pensamento ou imagem mental na coluna de Pensamentos Automáticos. Depois, considere o quanto esses pensamentos são corretos ou realistas.

Data	Situação Onde você estava — e o que estava fazendo — quando começou a ficar perturbado?	Emoções Que emoções (tristeza, ansiedade, raiva, etc.) você sentiu naquela hora? Avalie a intensidade de cada uma (0-100%).	Pensamentos Automáticos Que pensamentos e/ou imagens passaram por sua cabeça? Avalie sua crença em cada um (0-100%).	Respostas Alternativas Use as questões abaixo para compor respostas aos pensamentos automáticos. Avalie sua crença em cada uma (0-100%). Além disso, consulte a lista de distorções possíveis.	Resultado Reavalie sua crença em seus pensamentos automáticos (0-100%) e a intensidade de suas emoções (0-100%).

1. Quais são as **evidências** de que o pensamento automático é verdadeiro? Quais são as evidências de que ele não é verdadeiro?
2. Existem **explicações alternativas** para esse evento, ou **maneiras alternativas** de enxergar a situação?
3. Quais são as **implicações** se o pensamento for verdadeiro? Qual é a coisa mais perturbadora nisso? Qual é a visão mais realista? O que posso fazer a respeito?

Distorções possíveis: pensamento do tipo "tudo ou nada"; generalização; diminuir o lado positivo; conclusões precipitadas; ler a mente; prever o futuro; magnificação/minimização; raciocínio emocional; fazer declarações do tipo "eu deveria"; rotulação; culpa inadequada.

FIGURA 10.1 O Registro Diário de Pensamentos Disfuncionais (RPD). Adaptado de Beck, Rush, Shaw e Emery (1979). Copyright 1979 The Guilford Press. Adaptado sob permissão.

produtiva, analisando-se a sua validade. Por exemplo, um paciente pode pensar, em resposta à percepção de uma crítica em uma festa, que: "Ela não me considera suficientemente bonito". Embora qualquer terapeuta possa imaginar diversas razões pelas quais esse pensamento possa parecer perturbador para o paciente, este supostamente extrai certas implicações ou significados dessa inferência, que lhe são particularmente importantes. Dessa forma, em vez de fazer perguntas sobre o quanto a inferência é razoável (p. ex., "Ela deu outras indicações de seu interesse ou desinteresse?", "Pode haver outras razões para ela ter agido assim?"), o terapeuta deve colocar a questão da seguinte maneira: "E o que significaria (para você e seu futuro) se fosse verdade que ela não o considera suficientemente bonito para ela?". Embora seja basicamente uma variação da terceira das três questões descritas, essa maneira de abordar uma crença relatada é chamada de técnica da "flecha descendente". A "flecha descendente" refere-se a uma série de questões que podem ser feitas para quase todas as inferências, na qual cada resposta propõe uma nova questão. Elas vêm na forma: "E se for verdade que... ?" ou "O que lhe incomoda nisso?". O objetivo de cada questão é investigar o significado pessoal da inferência para o paciente, até que surja uma inferência que traga benefícios com o trabalho da terapia cognitiva. Assim, no exemplo anterior, a técnica da "flecha descendente" pode produzir as seguintes idéias: "Basicamente, sou uma pessoa desinteressante", "Nunca atrairei esse tipo de pessoa", ou qualquer outro significado que a inferência original tenha para o paciente. É importante que o terapeuta compreenda que os significados são idiossincráticos e muitas vezes difíceis de prever, mesmo depois que o terapeuta passe a conhecer o paciente bem. Além disso, embora o terapeuta possa decidir usar as duas primeiras das três questões imediatamente, existem momentos em que é claramente mais produtivo seguir a flecha descendente.

Entretanto, essas estratégias não são mutuamente excludentes. Em muitos casos, pode-se tomar o rumo "descendente" para descobrir os significados da inferência, e usar as duas primeiras questões em mais de um nível durante a investigação. Assim, no exemplo anterior, o terapeuta poderia estimular o paciente a questionar a crença de que a outra pessoa da festa o considera desinteressante, e a idéia de que, se essa crença fosse verdadeira, isso significaria que ele é desinteressante ou está condenado à solidão.

Erros cognitivos

Uma abordagem alternativa e muitas vezes complementar para as três questões envolve o terapeuta ensinar o paciente a reconhecer quando seu pensamento cai em uma das categorias de erros cognitivos (ver Tabela 10.1). Esses rótulos são usados para lembrar ao paciente que ele, como um membro da raça humana, está propenso a formas variadas de exagero e outros pensamentos tendenciosos. Nessas situações, o paciente pode desconsiderar a inferência improvável ou ilógica, reformulá-la de uma maneira menos extrema, ou analisá-la utilizando as três questões. Por exemplo, um paciente que leciona pode concluir que deu uma aula fraca, pois 3 dos 40 alunos da sala pareciam desatentos de vez em quando durante a aula. O paciente pode observar que "levou para o lado pessoal", particularmente se houver outra razão para a desatenção, que não envolva a qualidade da aula (p. ex., a temperatura era de 35 graus na sala de aula, os estudantes estavam apáticos, etc.). De maneira alternativa, o paciente pode decidir que "generalizou" se, ao refletir, lembrar que a maior parte dos estudantes parecia bastante interessada durante a aula, e que diversos estudantes o procuraram após a aula com perguntas relevantes.

Identificando os esquemas

Após o terapeuta e o cliente trabalharem juntos por diversas sessões, eles podem observar uma certa coerência nos tipos de crença envolvidos na perturbação emocional do paciente. Essa coerência não é encontrada no nível "superficial", mas no nível do significado pessoal. Por exemplo, o terapeuta e o paciente podem observar que muitas das entradas do paciente no RPD envolvem crenças da seguinte forma: "Se não sou o melhor X, não vale a pena tentar, sou incapaz como X".

A escala de atitudes disfuncionais (Dysfunctional Attitude Scale – DAS) (Weissman e Beck, 1978) é um dispositivo de avaliação que pode ser usado para abordar esses pressupostos ou esquemas subjacentes, e para acompanhar mudanças durante e após o tratamento. A DAS consiste em uma série de declarações sobre posturas que o paciente deve considerar. O paciente avalia o grau em que concorda com cada declaração. A DAS foi submetida a uma análise fatorial e contém nove fatores interpretáveis (Beck, Brown, Steer e Weissman, 1991). Os nove fatores, juntamente com amostras de itens, são os seguintes: (1) vulnerabilidade ("Sempre que corro riscos, estou procurando problema"); (2) aprovação ("Meu valor como pessoa depende em grande parte do que os outros pensam de mim"); (3) perfeccionismo ("Minha vida será desperdiçada, mesmo que eu seja bem-sucedido"); (4) necessidade de agradar aos outros ("É melhor desistir dos próprios interesses para agradar às outras pessoas"); (5) imperativos ("Devo estar feliz o tempo todo"); (6) necessidade de impressionar os outros ("Devo impressionar as pessoas se quiser que elas gostem de mim"); (7) evitar fraquezas ("Se uma pessoa pede ajuda, é um sinal de fraqueza"); (8) controle das emoções ("As críticas não devem perturbar a pessoa que as recebe") e (9) desaprovação ("É horrível quando pessoas importantes para nós nos decepcionam"). (Veja que todos os fatores, exceto o oitavo, têm nomes que refletem vulnerabilidade cognitiva, assim como os itens escolhidos para exemplificá-los. O nome dado ao oitavo fator, bem como seu exemplo, reflete atitudes mais resilientes.) Os escores obtidos nesses fatores podem apontar para os grupos mais problemáticos de posturas ou esquemas, ou o paciente e o terapeuta podem procurar padrões mais idiossincráticos.

Questionamento socrático e descoberta orientada

Talvez a característica mais estilística da terapia cognitiva, bem como a mais difícil para terapeutas em formação aprenderem, é o uso criterioso e persistente do método "socrático" de questionamento. O termo "descoberta orientada" também se refere ao processo, pelo uso de questões orientadoras, de ajudar os pacientes a chegar a novas perspectivas que desafiem suas conclusões errôneas. A arte do questionamento socrático, como usada na terapia cognitiva, significa estabelecer um equilíbrio entre conduzir o paciente aonde o terapeuta gostaria que ele fosse e permitir que ele faça "associações livres". O erro mais comum do terapeuta cognitivo inexperiente é ter pressa, ou ter tanta certeza de que o paciente deve tirar uma dada conclusão, que faz verdadeiros discursos ao paciente ou faz perguntas orientadoras tão óbvias que só pode haver um conjunto de respostas. Aliás, o uso de questões pelo próprio Sócrates, conforme registrado nos *Diálogos socráticos* (Cooper, 1997; ver especialmente *Eutifro* e *Crito*), assemelhava-se à segunda forma, pois Sócrates sabia exatamente onde queria chegar com sua linha de perguntas. Portanto, as boas questões "socráticas" na terapia cognitiva são muito mais abertas e livres de teoria do que aquelas que o criador do método fazia (ver Overholser, 1993a, 1993b, para uma discussão do questionamento socrático na terapia). Um bom exercício para praticar questões socráticas é o terapeuta ouvir uma gravação de uma reunião, interromper a fita cada vez que tiver feito uma declaração ou uma pergunta fechada, e produzir uma pergunta socrática que teria dado a mesma idéia, mas de maneira potencialmente mais frutífera. Uma razão pela qual se acredita que esse questionamento seja especialmente produtivo na terapia é que o paciente se envolve ao máximo para pensar sobre o problema discutido, bem como sua solução. Além disso, um bom questionamento socrático prevenirá a ocorrência de um problema que é comum em terapias cognitivas deficitárias, que é o fato de que o terapeuta pode se convencer completamente de que os pensamentos do paciente estão errados, mas deixá-lo com dúvidas e preocupações idiossincráticas que não foram abordadas na discussão.

PROCEDIMENTOS DE TRATAMENTO

Depressão

O começo do tratamento

No começo do tratamento para a depressão, o terapeuta cognitivo tem diversos objetivos complementares, que podem ser categorizados como (1) avaliar; (2) familiarizar o paciente ao modelo cognitivo e (3) lidar com o pessimismo do paciente (com o tratamento em geral).

As iniciativas de avaliação podem envolver a administração e os escores do Inventário de Depressão de Beck – II (BDI-II) (Beck, Steer e Brown, 1996, que podem ser usados como uma medida do nível de depressão a cada sessão. Embora sua validade como medida da gravidade da depressão tenha sido demonstrada (ver Beck e Beamesderfer, 1974, para uma revisão), ele tem grande utilidade durante a terapia como medida da mudança do paciente.

No começo da terapia cognitiva, é importante que o paciente e o terapeuta tenham um entendimento comum do modelo que será usado durante o tratamento. Com essa finalidade, os pacientes devem ler o pequeno livro *Enfrentando a depressão* (Beck e Greenberg, 1974) ou uma descrição semelhante do modelo cognitivo da depressão e seu tratamento. O terapeuta e o paciente podem discutir a reação do paciente ao livro, podendo-se reformular uma experiência recente segundo o modelo cognitivo. Embora essa "familiarização" do paciente no modelo cognitivo de tratamento muitas vezes envolva uma explicação didática intensiva, ela tem um propósito maior do que simplesmente o de preparar o paciente para o tratamento. Ela tem o benefício adicional de proporcionar ao paciente uma narrativa de suas dificuldades, que deixa espaço para compreensão e melhora. Assim, a desesperança do paciente, um aspecto comum da depressão, é tratada de forma minuciosa e direta.

No começo do tratamento, algumas intervenções adicionais podem ser direcionadas para o pessimismo e a desesperança do paciente. Essas intervenções podem assumir a forma de se trabalhar com uma tarefa que o paciente não conseguiu resolver, ou que o paciente acredite não ter recursos para superar. O terapeuta evoca e registra as expectativas do paciente para o seu desempenho na tarefa, e o orienta por meio dos obstáculos previstos à sua conclusão. Quando o paciente consegue realizar mais do que esperava, usa-se aquele sucesso como a base sobre a qual serão construídas novas tentativas.

A fase intermediária

Embora o trabalho com habilidades de enfrentamento cognitivas comece já na primeira fase do tratamento, é na fase intermediária que o terapeuta e o paciente trabalham para solidificar essas habilidades. O paciente trabalha entre as sessões para identificar as situações e pensamentos que produzem afetos negativos. De maneira ideal, ele usa o RPD para manter registros escritos, e começa a questionar o seu raciocínio durante ou logo após a perturbação. O terapeuta ajuda o paciente a "afinar" suas respostas aos pensamentos iniciais, muitas vezes usando a técnica da "flecha descendente" descrita anteriormente. Ou seja, ele revisa o RPD junto com o paciente, e o ajuda a enxergar onde poderia tentar fazer análises alternativas de seus pensamentos automáticos.

É também durante a fase intermediária que se identificam padrões associados a esquemas ou pressupostos subjacentes. Os históricos evolutivos desses esquemas também são discutidos, de maneira a ajudar o paciente a tirar sentido dos padrões que foram identificados. Sem essa análise, o paciente está apto a enxergar sua maneira idiossincrática de interpretar os eventos que ocorrem no mundo como vindos "do nada". Não é de surpreender que o afeto negativo inexplicado possa fazer o paciente se sentir impotente e, ainda pior, acreditar que tem alguma forma de deficiência fundamental. Nesse sentido, a terapia cognitiva assemelha-se às abordagens "profundas" de psicoterapia, pois ajuda a entender a influência das primeiras experiências sobre posturas e preocupações subseqüentes. Esses aspectos da terapia cognitiva foram descritos de forma especialmente adequada por J. S. Beck (1995) e Persons (1989).

A fase final

Durante a fase final de terapia, revisam-se os ganhos obtidos, e a terapia concentra-se na prevenção de recaídas. O terapeuta e o paciente prevêem os problemas ou situações difíceis que podem surgir no futuro e sobrecarregariam as habilidades de enfrentamento do paciente. Esse é um aspecto importante da terapia, pois é fácil os pacientes ficarem confusos quanto à importância das habilidades que aprenderam. Muitos pacientes atribuem sua recuperação a mudanças em seu ambiente, mesmo que essas mudanças tenham ocorrido por meio de seus próprios esforços. Como o paciente já está se sentindo melhor nessa fase, é vital que suas habilidades sejam testadas e demonstradas, tornando-se provável que elas sejam necessárias em situações difíceis e inevitáveis.

É também durante essa fase que se abordam as crenças do paciente com relação à sua capacidade de deixar a terapia. O paciente pode acreditar que ficará bem enquanto a terapia continuar, mas que será impossível lidar com seus problemas por conta própria. Após um relacionamento de trabalho colaborativo haver se desenvolvido, o terapeuta deverá colocar mais responsabilidade pelo tratamento nos ombros do paciente, de modo a se tornar mais um consultor do que um terapeuta ativo. Essa mudança gradual pode servir como contexto para testar a capacidade de o paciente resolver seus problemas por conta própria.

Finalmente, o terapeuta e o paciente podem concordar em programar "sessões de reforço" para auxiliar o trabalho que foi feito. Jarrett e colaboradores (1998) descrevem evidências de que essas sessões, marcadas em intervalos mensais durante o período após a resposta à terapia cognitiva para a depressão, reduzem a taxa de recaídas e recorrências. Os clínicos e os pacientes afirmam que sessões de reforço menos freqüentes (p. ex., três vezes por ano) podem ser benéficas para manter o foco do paciente nos ganhos que foram feitos durante as sessões semanais (ou duas vezes por semana) mais intensivas durante o tratamento da depressão aguda.

Transtorno do pânico e agorafobia

Também foram desenvolvidas terapias cognitivas para muitos outros transtornos, como o transtorno de ansiedade generalizada, o transtorno obsessivo-compulsivo e a hipocondria. Todas essas outras abordagens seguem uma forma semelhante à descrita anteriormente para a depressão (ver Salkovskis, 1996). Entretanto, cada população exige ênfases diferentes em seus tratamentos, com base na fenomenologia que define o transtorno. A fenomenologia e o tratamento do transtorno do pânico, em particular, foram bem desenvolvidos (ver Beck, Emery e Greenberg, 1985; Clark, 1996). A seguir, descrevemos a fenomenologia e o tratamento do transtorno do pânico a partir da perspectiva da terapia cognitiva.

A sintomatologia no desenvolvimento de um ataque de pânico seque uma seqüência quase estereotipada. Em primeiro lugar, o paciente experimenta algum tipo de sensação que geralmente é desagradável e que ele não consegue considerar saudável. Se o paciente já teve um ou mais ataques de pânico anteriores, ele pode "reconhecer" esse sintoma como o prelúdio dessa reação e, de fato, pode prever que outro ataque de pânico se aproxima. De qualquer modo, a progressão continuará se o paciente atribuir um significado patológico à sensação ou sintoma específico e não conseguir considerá-lo inofensivo. O significado ou a interpretação que o paciente faz "fará sentido" para o terapeuta, pois está relacionado com a sensação. Assim, uma dor no peito pode ser interpretada como um ataque cardíaco; uma falta de ar pode ser vista como um sinal de que se irá parar de respirar; uma tontura pode ser vista como um sinal iminente de perda de consciência; falta de sensibilidade nas extremidades, como sinal de um derrame; confusão mental, como sinal de que se está enlouquecendo; e assim por diante.

Muitas vezes, o paciente não tem consciência de certos fatores precipitantes que podem ser explicados facilmente no início dessas experiências fisiológicas ou psicológicas. Por exemplo, um indivíduo pode sentir tontura ao se levantar subitamente de uma cadeira, ao passar muito tempo sem comer, ou ao olhar para baixo de um lugar alto, podendo ficar nervoso ao ouvir notícias desagradáveis (ou mesmo agradáveis). Cada uma dessas sensações pode ser interpretada como um sinal de desastre iminente.

Uma grande proporção dos pacientes sujeitos a ataques de pânico também parece ter hiperventilação. Uma pessoa perturbada ou que experimenta falta de ar, por exemplo, pode começar a respirar rapidamente e, como resultado de "inspirar" gás carbônico, pode ter sintomas de alcalose (falta de sensibilidade e formigamento nas extremidades e desconforto generalizado).

Um paciente que teve certa quantidade de "pressão cognitiva" pode ter um lapso de memória repentino ou dificuldade para raciocinar, que atribui a um transtorno mental sério. Um pai que tem uma explosão emocional durante uma briga com seus filhos pode interpretar seus sentimentos corporais como um sinal de que está descontrolado e que poderia agredi-los.

À medida que o ataque de pânico avança, a atenção do indivíduo se fixa nos sintomas. Ele agora está completamente ciente dos seus batimentos cardíacos fortes, sua tontura e falta de ar. O indivíduo começa a se concentrar em alguma conseqüência catastrófica de ter os sintomas, e pode temer que venha a morrer, se os sintomas persistirem. Alguns pacientes relatam ter imagens visuais vívidas de cair, ser rodeados por pessoas, e ser colocados em uma ambulância e levados ao hospital. Ocasionalmente, um paciente, particularmente alguém que tenha um nível elevado de depressão, pode ter uma imagem de si mesmo deitado morto em um caixão e sentir-se extremamente só, por estar isolado de outras pessoas.

Um dos aspectos mais marcantes do ataque de pânico é a perda da capacidade de o paciente considerar suas sensações de maneira objetiva durante o ataque, e de aplicar um rótulo apropriado a elas. Mesmo que o paciente possa ter concordado alguns minutos antes que os sintomas não representam nenhuma ameaça séria à sua vida ou estabilidade mental, ele pode perder a capacidade de aplicar essas informações quando o ataque começa. Não está claro se existe uma supressão verdadeira das funções avaliativas superiores, ou se a atenção do indivíduo está tão concentrada nos sintomas e seus significados (inadequados) que ele não tem a capacidade cognitiva necessária para avaliar essas interpretações. De qualquer maneira, a perda da capacidade de aplicar a razão e o conhecimento médico para interpretar os sintomas parece ser um componente necessário do transtorno. Um paciente pode ter todas as características de uma ansiedade intensa sem ter um ataque de pânico, se mantiver a capacidade de considerar seus sintomas de maneira objetiva.

O próximo estágio no desenvolvimento do transtorno do pânico tem a forma de um círculo vicioso. À medida que o indivíduo começa a interpretar seus sintomas (p. ex., freqüência cardíaca rápida, falta de ar) como patológicos, seu sentido de perigo aumenta. Esse medo crescente aumenta a intensidade dos sintomas. Com o foco cada vez maior nos sintomas e suas conseqüências imaginadas, o paciente se torna ainda mais capaz de aplicar a razão ao seu entendimento da sintomatologia. Assim, os sintomas continuam a aumentar. Um aspecto especial dessa progressão é o reconhecimento pelo paciente de que suas tentativas usuais de evitar o medo, como caminhar ao redor ou tentar desviar sua atenção, não parecem mitigar a perturbação. Os sintomas parecem incontroláveis, e o paciente começa a crer que eles continuarão a aumentar até que haja um desastre. Em comparação com os ataques de pânico associados a fobias de situações ambientais específicas (p. ex., acrofobia, claustrofobia), o "ataque" espontâneo representa uma "fobia" (medo) de um conjunto de condições internas.

Abordagem geral de tratamento

O tratamento cognitivo do transtorno de pânico passou por uma mudança importante desde a primeira edição deste capítulo, seguindo o reconhecimento crescente do papel insidioso desempenhado por "comportamentos de segurança" na manutenção dos transtornos da ansiedade (ver Salkovskis, 1996), incluindo o transtorno do pânico. Na primeira edição deste capítulo, com base na obra de Beck, Clark e colaboradores (Beck et al., 1985; Clark, Salkovskis e Chalkley, 1985), recomendamos que os pacientes deveriam aprender procedimentos de relaxamento, respiração controlada e distração como forma de reduzir ou prevenir ataques de pânico iminentes. Hoje está claro que esses procedimentos, apesar de proveitosos em determinados casos, podem bloquear os benefícios totais do tratamento em outros casos. Esse efeito paradoxal ocorre porque os pacientes com transtorno do pânico podem vir a crer que *devem* seguir essas práticas, para que as conseqüências que temem não aconteçam. Enquanto as recomendações originais desses métodos partiam da observação de que os pacientes poderiam utilizá-los para aprender que os ataques de pânico são controláveis e, assim, essencialmente inofensivos, muitos pacientes aprendem algo totalmente diferente: que os procedimentos para impedir o pânico são essenciais para o seu bem-estar. Por exemplo, uma paciente que aprendeu a controlar a respiração pode se convencer de que desmaiará se não tiver controle da respiração no começo do ataque de pânico. Essa crença é reforçada (negativamente) cada vez que faz respiração controlada, pois, de fato, ela não desmaia. Assim, em vez de estimularem essas iniciativas potencialmente positivas, os terapeutas cognitivos estão desestimulando-as ativamente. Mais do que isso, hoje se considera importante que o terapeuta e o paciente identifiquem e cessem quaisquer comportamentos de segurança que o paciente esteja usando durante seus ataques de pânico, podendo envolver telefonar para um amigo, ir ao pronto-socorro, apoiar-se contra uma parede (para não cair) ou monitorar a freqüência cardíaca. É impossível fazer uma lista abrangente de comportamentos de segurança, pois os pacientes são bastante criativos no uso de pensamentos ou comportamentos que acreditam aumentar sua rede de apoio. Por isso, os pacientes devem ser instruídos cuidadosamente no conceito de comportamentos de segurança. Alguns desses comportamentos se tornam tão automáticos que os pacientes não conseguem relatá-los de maneira retrospectiva, de modo que é preciso estar atento a eles.

A atual versão da terapia cognitiva para o transtorno de pânico, o Pacote de Terapia Ccognitiva Baseado em Oxford (Clark, 1996), pode ser sintetizada como quatro métodos cognitivos e dois métodos comportamentais. Os métodos cognitivos são os seguintes:

1. O terapeuta e o paciente mapeiam juntos a seqüência de um ataque de pânico recente, usando o modelo do "círculo vicioso".
2. Nessa seqüência, as crenças do paciente (p. ex., "O fato de que meu coração está batendo forte significa que estou tendo um ataque cardíaco") são identificadas e desafiadas. Uma maneira de testar as crenças do paciente é mostrar que se, durante o ataque, ele conseguir controlar a respiração ou usar um procedimento de distração, os sintomas diminuirão. A maioria dos pacientes verá que os ataques cardíacos e outros eventos ameaçadores (p. ex., derrame) não podem ser controlados por distração ou respiração controlada, de modo que isso serve para rejeitar a sua crença. Todavia, conforme observado anteriormente, esse procedimento somente é utilizado hoje em dia para testar crenças,

e não como um meio de prevenir ataques de pânico.
3. Crenças mais realistas são identificadas e consideradas (p. ex., "Estou ansioso e, portanto, meu coração está batendo mais forte do que normalmente").
4. As imagens que o paciente experimenta (p. ex., de ser colocado em uma ambulância e levado para o hospital) são alteradas, de modo que, na próxima vez que o paciente começar a ter essa imagem, ele pode corrigi-la para uma imagem adequada às circunstâncias, como a imagem de uma resolução gradual do ataque de ansiedade.

Os métodos comportamentais do pacote de terapia cognitiva são os seguintes:

1. São usados procedimentos para induzir as sensações temidas. Os pacientes aprendem a hiperventilar, concentrar sua atenção em seu corpo, ou ler pares de palavras ou frases em que um dos itens do par represente uma sensação temida (p. ex., coração batendo forte) e o outro represente uma catástrofe temida (p. ex., ataque cardíaco). O propósito desses procedimentos é levar os pacientes a enxergar que os sintomas podem ser produzidos facilmente com medidas que não causam a catástrofe esperada. Os pacientes aprendem, como conseqüência, que essas sensações não são indicadores confiáveis de um perigo iminente.
2. Os pacientes são estimulados a se exporem e permanecerem nas situações temidas que evitam ou das quais fogem. Para alguns pacientes, essa exposição se dá principalmente com situações que envolvam esforço físico, como exercícios ou atividade sexual. Para outros, ela pode envolver situações que causem ansiedade, como *shopping centers* lotados, ou simplesmente situações em que tiveram ataques de pânico no passado.

OUTRAS CONSIDERAÇÕES

Status empírico da abordagem

A eficácia da terapia cognitiva para a depressão

Tratamento agudo

Em 1977, Rush, Beck, Kovacs e Hollon publicaram seu estudo pioneiro que comparou a terapia cognitiva com medicação no tratamento da depressão. Usando um modelo com dois grupos, Rush e colaboradores verificaram que os pacientes que foram tratados com terapia cognitiva experimentaram uma remissão maior dos sintomas ao final do período de 12 semanas de tratamento ativo do que aqueles que foram tratados com imipramina (um antidepressivo tricíclico). Esse não apenas foi o único estudo que demonstrou a eficácia da terapia cognitiva, como também foi o primeiro estudo publicado de um teste randomizado que verificou a superioridade de uma abordagem psicoterapêutica sobre uma abordagem farmacológica no tratamento da depressão.

Com base em Rush e colaboradores (1977), Blackburn, Bishop, Glen, Whalley e Christie (1981) e Murphy, Simons, Wetzel e Lustman (1984) também compararam a terapia cognitiva com antidepressivos tricíclicos. Embora em nenhum desses estudos a terapia cognitiva tenha sido significativamente mais efetiva do que os antidepressivos, em ambos os estudos ela teve um desempenho tão bom quanto o das respectivas drogas antidepressivas. A década de 1980 concluiu com a metanálise de Dobson (1989, p. 414) da pesquisa de resultados da terapia cognitiva para a depressão, na qual o autor concluiu que os resultados de estudos da eficácia "documentam um grau maior de mudança para a terapia cognitiva, em comparação com um grupo-controle de lista de espera ou sem tratamento, farmacoterapia, terapia comportamental e outras psicoterapias". Sua conclusão corroborava aquilo que muitos especialistas do campo já acreditavam à época: que a terapia cognitiva para a depressão era o melhor exemplo de um tratamento psicológico para um transtorno mental sério a ser validado empiricamente.

Esse consenso emergente começou a se desfazer com a publicação de uma série de resultados do programa de pesquisas colaborativas do tratamento e depressão (Treatment of Depression Collaborative Research Program – TDCRP) (Elkin et al., 1989). Esse estudo recebeu muita atenção em parte porque envolvia um grupo-controle com placebo, que permitia comparações diretas entre as condições de tratamento e uma condição de controle autêntica. Assim como Blackburn e colaboradores (1981), Murphy e colaboradores (1984) e Elkin e colaboradores não encontraram diferenças significativas em resultados entre a terapia cognitiva e a medicação antidepressiva. Todavia, entre os pacientes com depressão mais grave, a terapia cognitiva não apresentou um resultado significativamente melhor do que o placebo, ao passo que a medicação apresentou. Além disso, em um estudo posterior, que usou procedimentos analíticos mais sensíveis, a terapia cognitiva foi significativamente inferior às medicações em uma das principais medidas de resultados da depressão (a Escala de Avaliação para a Depressão de Hamilton; Hamilton, 1960) para os pacientes com depressão mais grave (Elkin, Gibbons, Shea e Sotsky, 1995). (Os mesmos procedimentos analíticos não revelaram diferenças entre a terapia cognitiva e as medicações na outra medida de resultados importante, o BDI.) Esses resultados produziram uma grande controvérsia (ver a edição especial do *Journal of Consulting and Clinical Psychology* sobre os resultados do TDCRP, que traz artigos de Elkin, Gibbons, Shea e Shaw, 1996; Jacobson e Hollon, 1996a, 1996b e Klein, 1996), e também levaram muitos observadores a concluir que a medicação é claramente superior à terapia cognitiva para pacientes com depressão grave, incentivando o desenvolvimento de diretrizes de tratamento baseadas unicamente nos resultados do TDCRP com a Escala de Avaliação parar a Depressão de Hamilton (ver American Psychiatric Association, 1993).

Enquanto os profissionais do campo estavam digerindo a série de artigos do TDCRP, Hollon e colaboradores (1992) publicaram outro estudo comparando a terapia cognitiva com medicação, no qual a terapia cognitiva novamente mostrou-se tão efetiva quanto a medicação antidepressiva. Além disso, os autores verificaram que a terapia cognitiva apresentou um desempenho tão bom quanto os antidepressivos, mesmo com os pacientes mais graves de sua amostra.

Recentemente, DeRubeis, Gelfand, Tang e Simons (1999) analisaram novamente os dados dos pacientes mais graves dos estudos de Rush e colaboradores (1977) e Murphy e colaboradores (1984), e verificaram que o desempenho da terapia cognitiva foi pelo menos igual ao da medicação. Posteriormente, os autores reuniram os dados de pacientes individuais dos estudos de Rush e colaboradores, Murphy e colaboradores, Hollon e colaboradores (1992) e Elkin e colaboradores (1989) e fizeram uma "meganálise" (um tipo de metanálise que emprega dados brutos de estudos, em vez de médias). Usando dados desses quatro estudos, DeRubeis e colaboradores verificaram que a terapia cognitiva foi tão efetiva quanto a medicação no tratamento de pacientes com depressão grave.

Jarrett e colaboradores (1999) publicaram resultados do único teste randomizado e controlado com placebo além do TDCRP, que comparou a terapia cognitiva com medicações em adultos com transtorno depressivo maior. Sua amostra consistia de pacientes com depressão maior atípica. Jarrett e colaboradores verificaram que, ao contrário do TDCRP, a terapia cognitiva apresentou um desempenho superior ao da condição do placebo, e, como a maior parte das pesquisas que compararam os efeitos agudos da terapia cognitiva com a medicação antidepressiva, os dois tratamentos tiveram desempenho semelhante.

Diversas conclusões podem ser tiradas dos estudos realizados sobre os efeitos agudos do tratamento de terapia cognitiva para a depressão. Em primeiro lugar, como quase todos os estudos consideraram a terapia cognitiva tão efetiva quanto a medicação para o tratamento da depressão, é razoável dizer que, mesmo no curto prazo, a terapia cognitiva é uma boa alternativa à medicação antidepressiva. Em segundo lugar, para pacientes mais graves, somente um estudo (o TDCRP) considerou a medicação superior à terapia cognitiva, em uma medida de gravidade da depressão (a Escala de Avaliação para Depressão de Hamilton). Além disso, esse resultado contradiz os dados de três outros estudos importantes. Dessa forma, a terapia cognitiva parece ser tão efetiva quanto a medicação no tratamento da depressão grave. Em terceiro lugar, a capacidade da terapia cognitiva de apresentar melhores resultados do que uma condição apresentada pelo grupo-controle, rejeitada pelos resultados do TDCRP, foi sustentada pelo resultado de Jarrett e colaboradores (1999). Estudos futuros empregando um grupo-controle com placebo nos ajudarão a obter uma resposta mais definitiva para essa questão. Devido à equivalência demonstrada entre a terapia cognitiva e a medicação, juntamente com a superioridade demonstrada da medicação sobre os tratamentos com placebo, será uma surpresa se estudos bem-conduzidos não mostrarem que a terapia cognitiva é superior aos placebos.

Prevenção de recaídas

Além de testes dos efeitos agudos da terapia cognitiva para a depressão, a maioria dos estudos descritos inclui análises de seus efeitos para prevenir recaídas. Na maioria dos estudos, essa análise teve a forma de uma comparação da gravidade dos sintomas ou taxas de recaída evidenciadas durante o acompanhamento em pacientes que responderam à terapia cognitiva, em relação a pacientes que responderam a medicamentos antidepressivos. Em ambos os grupos, o tratamento terminou ao final do período agudo (de três a quatro meses) e os exames de acompanhamento foram de um a dois anos. Um estudo naturalístico de acompanhamento de um ano realizado por Rush e colaboradores (1977) revelou que o grupo de terapia cognitiva apresentou escores significativamente mais baixos em medidas da gravidade da depressão do que o grupo de medicação antidepressiva no ponto de 12 meses (mas não no de seis meses) (Kovacs, Rush, Beck e Hollon, 1981). Em um seguimento do estudo de Murphy e colaboradores (1984), Simons, Murphy, Levine e Wetzel (1986) relataram que pacientes que fizeram terapia cognitiva durante a fase aguda do tratamento foram menos prováveis do que os pacientes tratados com fármacos de ter recaídas no ano após o tratamento agudo. Um seguimento de dois anos do estudo de Hollon e colaboradores (1992) também relatou que os pacientes que haviam respondido a uma terapia cognitiva durante a fase aguda apresentaram uma taxa de recaída mais baixa do que os pacientes que haviam respondido à medicação antidepressiva, cuja medicação foi interrompida ao final da fase aguda (Evans et al., 1992). Mais uma vez, porém, os resultados do TDCRP não foram condizentes com os dos outros estudos importantes. Na fase de seguimento desse estudo, ainda que o grupo de terapia cognitiva tenha se saído melhor do que o grupo com medicação na maioria dos critérios, as diferenças não foram grandes e não foram estatisticamente significativas (Shea et al., 1992).

O potencial da terapia cognitiva como tratamento para a prevenção de recaídas também é corroborado por evidências de estudos dos efeitos de uma terapia cognitiva breve após uma farmacoterapia bem-sucedida. Diversos estudos verificaram que um curso relativamente breve de terapia cognitiva (por volta de 10 sessões) após um curso bem-sucedido de farmacoterapia é tão efetivo para prevenir recaídas quanto a continuação da medicação ativa, e significativamente mais efetivo do que o manejo clínico sem medicação ativa (Blackburn e Moore, 1997; Fava, Grandi, Zielezny, Canestrari e Morphy, 1994; Fava, Grandi, Zielezny, Rafanelli e Canestrari, 1996; Fava, Rafanelli, Grandi, Conti e Belluardo, 1998).

A eficácia da terapia cognitiva para outras formas de psicopatologia

Estimulados pelos sucessos demonstrados da terapia cognitiva no tratamento da depressão, os pesquisadores e clínicos adaptaram os princípios fundamentais da terapia cognitiva aos tratamentos de outras formas de psicopatologia. Já descrevemos o Pacote de Terapia

Cognitiva Baseada em Oxford, e Clark (1996) revisou as evidências de sua eficácia, mostrando que, em cinco estudos diferentes, entre 74% e 94% dos pacientes que fizeram terapia cognitiva foram considerados livres do pânico e mantiveram esse status ao longo de seus respectivos períodos de acompanhamento, que variaram de 6 a 15 meses. Além disso, os resultados desses estudos de resultados indicam que a terapia cognitiva não apenas teve melhores resultados que as condições do grupo-controle de lista de espera, como foi superior em eficácia a um relaxamento aplicado, farmacoterapia e terapia de exposição.

Em 1985, Beck et al. apresentaram um tratamento de terapia cognitiva para o transtorno de ansiedade generalizada. Chambless e Gillis (1993) revisaram nove testes clínicos que avaliaram a eficácia desse tratamento, e verificaram que as evidências empíricas sustentavam a eficácia principalmente da terapia cognitiva no tratamento do transtorno de ansiedade generalizada (ver também DeRubeis e Crits-Christoph, 1998). Essa conclusão foi corroborada por outros dois estudos (Barlow, Rapee e Brown, 1992; Durham et al., 1994) publicados desde a revisão de Chambless e Gillis.

Para o transtorno obsessivo-compulsivo, Van Oppen e colaboradores (1995) verificaram que a terapia cognitiva (baseada em Beck et al., 1985; e Salkovskis, 1985) foi equivalente à exposição e prevenção de recaídas, um tratamento com eficácia estabelecida para o TOC. Diversos estudos também verificaram que a terapia cognitiva foi efetiva para tratar indivíduos com bulimia nervosa (ver Compas, Haaga, Keefe e Leitenberg, 1998, para uma revisão). Vistos em conjunto, esses resultados demonstram que os princípios da terapia cognitiva e os tratamentos baseados neles podem ser aplicados com sucesso a uma variedade de transtornos.

Pesquisas sobre o processo da terapia cognitiva

Nas duas últimas décadas, foram construídos diversos dispositivos para mensurar os constructos cognitivos na depressão. A maior parte das medidas nasceu do interesse em questões teóricas sobre a depressão. Nesta seção, enfocamos as medidas do terapeuta e do paciente que foram usadas especificamente para abordar questões sobre a terapia cognitiva e seus efeitos. Para uma análise mais geral da avaliação cognitiva, o leitor pode buscar uma das recentes revisões realizadas nessa área (p. ex., Blankstein e Segal, Capítulo 2 deste livro).

As medidas e aplicações descritas a seguir baseiam-se no interesse em questões como: Qual é a importância do que o terapeuta faz na terapia cognitiva (i.e., o quanto ele é fiel aos procedimentos; qual o nível de qualidade do seu trabalho)? Os pacientes mudam de maneiras previstas pelo modelo terapêutico da terapia cognitiva? Essas mudanças são específicas da terapia cognitiva, ou mudanças semelhantes acontecem em outros tratamentos efetivos? Questões como essas orientam o tipo de análise minuciosa que deve ser realizada em qualquer forma de tratamento (ver Hollon e Kriss, 1984, para um modelo de mudança terapêutica que incorpora essas questões). Diversas mudanças foram desenvolvidas para ajudar a responder algumas dessas questões. Voltamos agora para essas medidas e os resultados preliminares obtidos com elas.

O comportamento do terapeuta

Duas medidas do comportamento do terapeuta, a escala de terapia cognitiva (Cognitive Therapy Scale – CTS) (Young e Beck, 1980) e a escala de classificação de psicoterapia de estudo colaborativo (Collaborative Study Psychotherapy Rating Scale – CSPRS) (Hollon, Evans, Auerbach, et al., 1985) foram empregadas na pesquisa sobre a terapia cognitiva da depressão. A CTS foi desenvolvida como uma medida da "competência" dos terapeutas na terapia cognitiva. Ela foi projetada para levar em conta não apenas o fato de se o terapeuta aderiu aos métodos da terapia cognitiva, mas se a implementação foi de boa qualidade. A CTS tem sido usada principalmente como uma medida para determinar se os terapeutas em testes de resultados são "competentes" para conduzir a terapia cognitiva. Os escores em cada um dos 11 itens da CTS variam de 0 a 6, de modo que os escores totais variam de 0 a 66. A CTS mostrou ter boa confiabilidade quando utilizada por avaliadores que fizeram formação no uso do instrumento juntos e que se reuniram periodicamente para prevenir disparidades de percepção entre os avaliadores. Por exemplo, Hollon, Emerson e Mandell (1982) obtiveram um respeitável coeficiente de confiabilidade entre avaliadores, de 0,86. Todavia, especialistas analisaram gravações do estudo de resultados de Jacobson e colaboradores (1996) e evidenciaram uma fidedignidade bastante decepcionante, na faixa de 0,10 – possivelmente porque esses especialistas não fizeram formação juntos no uso da CTS, e nem se reuniram durante o estudo de avaliação (Jacobson e Gortner, 2000). São necessárias mais pesquisas para se compreender a instigante falta de confiabilidade relatada no artigo de Jacobson e Gortner, e para explorar a validade preditiva da escala (i.e, se escores elevados indicam uma terapia mais produtiva).

A CSPRS não se concentra na qualidade da terapia cognitiva, mas no nível ou na quantidade do comportamento de interesse por parte do terapeuta. Existe uma distinção entre medidas de competência, como a CTS, e medidas de "adesão", que é o que a CSPRS se propõe a ser. Os avaliadores são instruídos para não julgar a qualidade das intervenções que avaliam, mas se concentrar na quantidade de tempo e esforços que o terapeuta dedica a determinado domínio, como ajudar o paciente a prestar atenção em pensamentos que teve enquanto estava em um estado emocional desagradável. O comportamento relevante para a terapia cognitiva é coberto por 28 dos 96 itens da CSPRS, e os outros 68 itens avaliam comportamentos relevantes para outras formas de terapia, como a terapia interpessoal e a farmacoterapia, assim como aspectos do comportamento do terapeuta que dizem respeito a diferentes escolas de terapia (p. ex., condições facilitadoras). DeRubeis e Feeley (1990) realizaram uma análise fatorial de 28 itens da terapia cognitiva e verificaram que eles se dividiam em dois fatores. Um fator, Terapia Cognitivo-Concreta, representa os métodos da terapia cognitiva, que são ativos e voltados para os sintomas. Um item prototípico desse fator pede que o avaliador indique o nível em que o terapeuta "pediu para o paciente registrar seus pensamentos". O outro fator, Terapia Cognitivo-Abstrata, representa discussões menos concentradas em processos de terapia e coisas do gênero (p. ex., "O terapeuta explicou a fundamentação da terapia cognitiva... ?" e "O terapeuta explorou os pressupostos subjacentes... ?").

Em dois estudos separados, DeRubeis e colaboradores examinaram o papel desses dois fatores na terapia cognitiva para a depressão (DeRubeis e Feeley, 1990; Feeley, DeRubeis e Gelfand, 1999). Em ambos os estudos, os autores verificaram que os escores mais altos na Terapia Cognitivo-Concreta observados na Sessão 2 estavam associados a mudanças maiores nos escores do BDI daquele ponto até o final da terapia (Feeley et al.) ou até a décima segunda semana de terapia (DeRubeis e Feeley). Os escores em Terapia Cognitivo-Abstrata na Sessão 2 não estavam associados a mudanças subseqüentes em escores no BDI. Todavia, esses resultados sugerem que é crítico que os terapeutas se concentrem em aspectos da terapia cognitiva para a depressão que sejam pragmáticos e voltados para os problemas, pelo menos no começo da terapia.

Cognições do paciente

As medidas de características cognitivas são utilizadas para abordar questões relacionadas com as mudanças que a terapia cognitiva produz no paciente que reduzem os sintomas depressivos e o risco de retorno dos sintomas. As respostas para tais questões têm importância teórica e pragmática. As teorias da mudança que se propõem a explicar os benefícios de curta e longa duração da terapia cognitiva podem ser analisadas testando-se se as mudanças cognitivas e comportamentais esperadas acontecem durante o tratamento, e se essas mudanças influenciam a redução de sintomas e a prevenção de recaídas (ou recorrências). Do ponto de vista pragmático, os resultados que dizem respeito aos mecanismos causais podem levar ao aperfeiçoamento da terapia, mostrando-nos quais formas de mudança cognitiva ou comportamental os terapeutas devem tentar maximizar para produzir mais benefícios.

Hollon, Evans e DeRubeis (1988) propuseram que três tipos de mudança podem ocorrer na terapia cognitiva e podem explicar a redução de sintomas durante o tratamento (ver também Barber e DeRubeis, 1989). Os dois primeiros tipos de mudança, "desativação" e "acomodação", referem-se a mudanças que ocorrem nos esquemas dos pacientes. Diz-se que as mudanças em um esquema depressivo ocorrem quando o paciente começa a usar um esquema não-depressivo para responder a eventos potencialmente perturbadores. No começo da terapia, quando está deprimido, se diz que os esquemas depressivos do paciente estão ativados. Assim, por exemplo, ele pode responder à rejeição de um texto seu com a seguinte inferência: "Nunca serei um escritor de sucesso". Uma indicação de que a desativação ou acomodação dos esquemas ocorreu seria que, ao receber notícias semelhantes após fazer terapia, o paciente conclua que: "Devo enviar meu texto a um jornal mais adequado". Conforme essa visão, a diferença entre a desativação e a acomodação é que, após a desativação, os esquemas depressivos são simplesmente suprimidos e, dessa forma, passíveis de ser ativados novamente, ao passo que, após a acomodação, a mudança ocorre no próprio esquema, sendo assim mais duradoura.

O terceiro tipo de mudança descrito por Hollon, Evans e DeRubeis (1985) é o desenvolvimento de "habilidades compensatórias". Até onde a aquisição e o uso de habilidades compensatórias são responsáveis pela mudança, pode-se esperar que, mesmo depois da terapia, os pacientes ainda possam responder a eventos potencialmente perturbadores, fazendo inferências depressivas logo de início, mas depois apliquem as habilidades que aprenderam durante a terapia cognitiva.

Cada um desses processos de mudança é um candidato para um mecanismo que explique as mudanças de curta e longa duração produzidas pela terapia cognitiva. As dificuldades estão em encontrar ou desenvolver medidas que avaliem processos esquemáticos, e não compensatórios, e em aplicar essas medidas nos estudos relevantes do processo terapêutico. Até hoje, não foi realizado nenhum estudo que testasse esses modelos de mudança sem ambigüidade, mas os pesquisadores em dois estudos diferentes relataram resultados intrigantes que diferenciaram, segundo medidas cognitivas, pacientes que se beneficiaram da terapia cognitiva e pacientes que melhoraram com farmacoterapia.

DeRubeis e colaboradores (1990), estudando pacientes do estudo de resultados de Hollon e colaboradores (1992) mencionado, verificaram que a melhora na escala de desesperança (Hopelessness Scale – HS) (Beck, Weissman, Lester e Trexler, 1974), na DAS (Weissman e Beck, 1978) e no questionário de estilo atributivo (Attributional Style Questionnaire – ASQ) (Seligman, Abramson, Semmel e von Baeyer, 1979) na primeira metade da terapia (seis semanas) previram mudanças subseqüentes em sintomas depressivos para pacientes que fizeram terapia cognitiva. Esse padrão não foi observado entre pacientes que fizeram apenas farmacoterapia com imipramina. Ou seja, embora os pacientes da condição de medicação tenham melhorado nessas mesmas medidas na seis primeiras semanas de tratamento, o grau de melhora nessas medidas não previu outros ganhos do tratamento. Dessa forma, obtiveram-se evidências de que a HS, a DAS e o ASQ desempenham um papel mediador na redução dos sintomas depressivos na terapia cognitiva, mas não têm tal papel na condição de farmacoterapia.

Ao final do tratamento, foi obtido um conjunto ainda mais instigante de resultados. Foram observadas mudanças maiores no ASQ e na DAS entre pacientes cujos sintomas melhoraram com terapia cognitiva do que entre pacientes que melhoraram com farmacoterapia (DeRubeis e Hollon, 1999; Hollon, DeRubeis e Evans, 1996). Além disso, os escores mais baixos no ASQ e na DAS observados após o tratamento foram associados a uma proteção maior contra recaídas no período de acompanhamento de dois anos. O padrão de seus dados se encaixava na maioria das condições propostas por Baron e Kenny (1986) para a detecção de uma relação de mediação, sugerindo que o estilo atributivo e as atitudes disfuncionais influenciam a redução do risco promovida pela terapia cognitiva. O tamanho relativamente pequeno das amostras limitou o poder dos testes da mediação, mas esses resultados preliminares sugerem que aquilo que o ASQ e a DAS mensuram melhora especificamente com a terapia cognitiva, e é crítico para prevenir episódios futuros de depressão.

Embora Hollon e colaboradores (1996) tenham encontrado diferenças ao final do tratamento entre pacientes que responderam à terapia cognitiva e aqueles que responderam à farmacoterapia em medidas de cognição, outros pesquisadores não encontraram tais diferenças. Miranda e Persons (1988) sugeriram que as medidas cognitivas padronizadas não são adequadas para descobrir o conteúdo esquemático em uma pessoa que esteja se recuperando de uma depressão, pois os esquemas depressivos podem estar latentes. Com o objetivo de revelar esquemas latentes, Miranda e Persons desenvolveram um procedimento para induzir humor negativo antes de administrar a DAS. Segal, Gemar e Williams (1999) aplicaram esse método a duas amostras de pacientes que foram tratados com sucesso para a depressão. Aqueles que haviam feito terapia cognitiva obtiveram escores mais baixos nessa condição do que aqueles que se trataram com farmacoterapia, sugerindo que os pacientes tratados com farmacoterapia possuíam mais esquemas negativos (depressivos) do que os pacientes tratados com terapia cognitiva. Além disso, como se observou com o ASQ e a DAS no estudo de Hollon e colaboradores (1996), Segal et al. verificaram que os escores na DAS com indução de humor no pós-tratamento previram recaídas (ou recorrências) durante o período de 30 meses em que acompanharam esses pacientes.

Os conteúdos do ASQ e da DAS parecem torná-los adequados como medidas de mudanças em esquemas, mas, no processo de preenchê-los, é possível que os pacientes tratados com terapia cognitiva censurem suas respostas "automáticas" (esquemáticas), recrutem habilidades compensatórias aprendidas na terapia cognitiva e apresentem respostas que reflitam essas habilidades, ao contrário dos esquemas que geram as respostas automáticas. Para testar as mudanças em esquemas sem haver ambigüidade, o que se necessita é um dispositivo de avaliação que examine os processos automáticos. Um desses instrumentos, uma versão do teste das associações implícitas (Implicit Associations Test – IAT) (Greenwald, McGhee e Schwartz, 1998) adaptada para avaliar as atitudes para com o *self*, consegue identificar os conteúdos de esquemas sobre o *self*, exigindo que os sujeitos forneçam respostas rápidas, que não deixam tempo para a aplicação de habilidades compensatórias.

Gemar, Segal e Sagrati (1999) aplicaram o IAT no contexto de um procedimento de indução de humor negativo, e verificaram que a indução de humor negativo produziu um efeito maior no IAT em pessoas que tinham um histórico de depressão do que entre o grupo-controle, que nunca havia tido depressão. Esse resultado sugere que a indução de humor revelou processos depressivos esquemáticos em indivíduos vulneráveis à depressão. Embora esta tenha sido apenas a primeira demonstração do potencial do IAT para identificar processos esquemáticos na depressão, ela sugere a possibilidade de distinguir mudanças explícitas (ou compensatórias) de mudanças implícitas (ou esquemáticas) na terapia cognitiva da depressão.

Enquanto a DAS, o ASQ e o IAT (com ou sem indução de humor) foram usados ou propostos como medidas de mudanças de esquemas, as medidas de mudanças em atividades compensatórias não são tão abundantes. O constructo do "enfrentamento" se aproxima bastante do de habilidades compensatórias, e existem diversas medidas validadas do enfrentamento. Todavia, a maioria das medidas e estudos de estratégias de enfrentamento parte de outros interesses além da terapia cognitiva. Lazarus e colaboradores desenvolveram uma série de medidas que avaliam o enfrentamento a partir de seu ponto de vista (Folkman e Lazarus, 1980; Lazarus e Folkman, 1984). Pearlin e Schooler (1979) também desenvolveram uma medida do enfrentamento. Embora essas medidas não tenham sido obtidas com pacientes deprimidos que fizeram um curso de terapia cognitiva, seria de esperar, pelo caráter da terapia cognitiva, que os pacientes mudassem sua maneira de enfrentar grandes eventos estressantes e pequenos incômodos ou dificuldades (DeLongis, Coyne, Dakof, Folkman e Lazarus, 1982).

Todavia, as medidas padronizadas do enfrentamento têm uma característica que as torna fracas candidatas a uma medida de mudança durante a terapia cognitiva: os pacientes devem avaliar o grau em que usaram várias estratégias de enfrentamento em resposta a eventos estressantes recentes. Os pacientes conseguem reconhecer facilmente as habilidades que "deveriam" ter implementado, especialmente se tiverem feito terapia cognitiva. Por isso, é necessário um método que faça o paciente *propor*, em vez de reconhecer as habilidades cognitivas de enfrentamento que utilizaria em dada situação. Uma medida desse tipo deveria usar um formato de resposta livre e um sistema que transformasse essas respostas livres em categorias de enfrentamento.

Para abordar essa necessidade, Barber e DeRubeis (1992) desenvolveram o modo de resposta (Ways of Responding – WOR). O WOR apresenta eventos estressantes e pensamentos negativos iniciais aos sujeitos, e solicita que eles escrevam como responderiam a essas situações e pensamentos. Assim, os sujeitos devem descrever habilidades compensatórias para produzir respostas boas. Além disso, a escala avalia muitas técnicas cognitivas que são especificamente incentivadas na terapia cognitiva, mas que não são avaliadas em inventários típicos de habilidades de enfrentamento, como a geração de explicações alternativas e a avaliação de crenças negativas com base em evidências. A escala mostrou ter boa coerência interna e elevada confiabilidade entre avaliadores.

Todas as medidas como a DAS, o ASQ, o IAT e o WOR mensuram a cognição em dado momento. Para ter acesso à mudança cognitiva, essas escalas podem ser administradas em dois momentos diferentes, calculando-se escores diferentes. Contudo, até recentemente, não havia nenhum medida para avaliar mudanças em crenças, à medida que ocorrem nas sessões de terapia cognitiva. Para avaliar as mudanças diretamente nas sessões, Tang e DeRubeis (1999a) desenvolveram a Escala de Mudança Cognitiva do Paciente (PCCS), que é usada por um avaliador que escuta uma sessão de terapia (ou lê transcritos dela). O avaliador indica quantas vezes o paciente reconheceu mudanças em suas crenças explicitamente durante a sessão. A PCCS foi projetada inicialmente para ser utilizada com gravações de áudio, e tinha níveis moderados de confiabilidade entre avaliadores. Posteriormente, Tang, DeRubeis e Beberman (1999) desenvolveram uma versão com uma excelente confiabilidade entre avaliadores, de 0,85. A validade da PCCS foi demonstrada por sua capacidade de distinguir "sessões críticas" de terapia cognitiva (a sessão antes de uma melhora grande e repentina em sintomas) e sessões de controle.

O curso temporal da mudança na terapia cognitiva

A maioria dos estudos de resultados relata o curso médio da terapia cognitiva como uma curva suave, com a gravidade da depressão em um declínio gradual e decrescente. Ilardi e Craighead (1994) observaram que 60% a 70% da melhora sintomática observada na terapia cognitiva ocorre nas primeiras quatro semanas. Eles também pressupõem que as técnicas de modificação cognitiva não são amplamente aplicadas nessas semanas, o que leva à conclusão de que a hipótese de Beck da mediação cognitiva na terapia cognitiva não explica a maior parte da melhora que ocorre nessa terapia.

Todavia, como Tang e DeRubeis (1999b) apontaram, estudos mostram que as técnicas de modificação cognitiva são bastante aplicadas desde a segunda sessão de terapia cognitiva. Além disso, na maioria dos estudos sobre a terapia cognitiva, houve duas sessões por semana nas quatro primeiras semanas e uma sessão semanal a partir daí. Dessa forma, entre 40 e 60% das sessões de terapia cognitiva nos estudos ocorrem nas primeiras quatro semanas, o que é tempo terapêutico suficiente para que as técnicas cognitivas tenham um efeito substancial sobre os sintomas. Além disso, Ilardi e Craighead (1994) inferiram mecanismos baseados no curso temporal médio do grupo, pressupondo implicitamente que os cursos temporais dos pacientes são semelhantes aos da média do grupo. Todavia, os cursos dos pacientes tendem a ser bastante diferentes dos da média, o que coloca em questão as inferências sobre os mecanismos terapêuticos que se baseiam no curso temporal médio de grupos.

Ainda em sua investigação dos cursos temporais de pacientes individuais, Tang e DeRubeis (1999a) observaram um padrão notável: ao contrário da maioria dos cursos temporais médios de grupos, que têm progressão gradual e suave, a gravidade da depressão de muitos pacientes diminuiu de forma repentina e substancial em um único intervalo entre duas sessões. Eles chamaram essas melhoras repentinas e substanciais em sintomas de "ganhos repentinos" e desenvolveram um conjunto de critérios quantitativos para identificá-las. Os ganhos repentinos ocorreram entre mais de 50% dos indivíduos que responderam à terapia cognitiva, e a magnitude desses ganhos súbitos explicou mais de 50% da melhora total dos sintomas desses pacientes. Os ganhos súbitos também parecem representar uma melhora de sintomas rápida e estável, pois a gravidade da depressão dos pacientes raramente retornou após o ganho repentino. Como resultado, os pacientes que tiveram estes ganhos repentinos tiveram resultados ótimos em seus tratamentos. Seus resultados também foram significativamente melhores do que o dos pacientes que não tiveram estes ganhos, durante duas das três avaliações feitas no decorrer do período de acompanhamento de 18 meses.

Além disso, Tang e DeRubeis (1999a) observaram que os pacientes tiveram mudanças cognitivas substanciais (conforme avaliadas pela PCCS) na sessão de terapia que precedeu os ganhos súbitos (a sessão pré-ganhos), mas poucas mudanças cognitivas em sessões selecionadas para o controle da gravidade depressiva. Essa constatação sugere que os ganhos repentinos são desencadeados por mudanças cognitivas que ocorrem nas sessões pré-ganhos, e proporcionam amparo direto para a noção de que as mudanças cognitivas são responsáveis por melhoras em sintomas na terapia cognitiva.

A aliança entre o paciente e o terapeuta

A "aliança terapêutica" refere-se ao relacionamento de trabalho entre o terapeuta e o cliente. Pesquisas realizadas na década de 1980 mostraram que a aliança terapêutica estava positivamente relacionada com mudanças em diversos tipos de psicoterapia (ver Morgan, Luborsky, Crits-Cristoph, Curtis e Solomon, 1982). Pesquisas recentes (Gaston, Marmar, Gallagher e Thompson, 1991) continuam a mostrar uma relação positiva entre a aliança terapêutica e os resultados.

Embora uma quantidade relativamente menor de estudos tenha explorado a contribuição da aliança para os resultados da terapia cognitiva, os resultados de três desses estudos sugerem que é mais provável que uma boa aliança terapêutica seja o produto, e não a causa de um bom resultado. Beckham (1989), DeRubeis e Feeley (1990) e Feeley e colaboradores (1999) verificaram que a aliança terapêutica avaliada nas primeiras sessões de terapia não indicava melhoras subseqüentes em sintomas, ao passo que, conforme descrito anteriormente, a adesão do terapeuta a técnicas concretas da terapia cognitiva conseguiu prever melhoras subseqüentes em sintomas nos estudos de DeRubeis e Feeley (1990) e Feeley e colaboradores (1999). Além disso, DeRubeis e Feeley (1990) e Feeley e colaboradores (1999) verificaram que, na segunda metade da terapia, o nível de aliança terapêutica foi previsto pela quantidade de melhora observada. Em outras palavras, esses dois estudos verificaram que uma boa aliança terapêutica inicial não indicava um bom resultado, mas que um bom resultado inicial previa uma boa aliança terapêutica posteriormente.

Essa questão é enfatizada por uma constatação obtida na análise de Tang e DeRubeis (1999a) sobre os ganhos súbitos. Eles verificaram que, na sessão de terapia antes dos ganhos súbitos, a aliança terapêutica não estava significativamente melhor do que o observado nas sessões de controle. Todavia, na sessão de terapia *após* os ganhos súbitos, a aliança terapêutica passou a um nível significativamente superior.

Vistos em conjunto, esses resultados levantaram questões sérias com relação à interpretação de resultados passados sobre a correlação positiva entre a aliança e o resultado da psicoterapia. A maioria desses estudos usou um escore médio para a aliança, obtido com várias ou todas as sessões do tratamento, e apresenta uma relação entre essa média e a mudança sintomática. Dessa forma, é possível que as correlações relatadas a partir desses estudos reflitam o impacto de resultados positivos sobre a aliança, em vez de algum efeito causal da aliança sobre a melhora sintomática.

RUMOS FUTUROS

Embora uma quantidade impressionante de resultados tenha sido publicada atestando os benefícios da terapia cognitiva, existe muito mais a ser aprendido sobre o alcance desses benefícios, o âmbito e os limites da aplicabilidade da terapia cognitiva, sua capacidade de ser aprendida por terapeutas e aplicada fielmente fora do contexto de testes clínicos cuidadosamente controlados e monitorados, e seus elementos e processos essenciais. No futuro, precisamos de pesquisas baseadas no conhecimento acumulado sobre a terapia cognitiva desde que os primeiros relatórios de pesquisas a seu respeito surgiram na década de 1970.

Os resultados do TDCRP, especialmente aqueles que questionam a força da terapia cognitiva para formas mais graves de depressão (Elkin et al., 1995), tiveram um impacto substancial sobre a maneira como os pesquisadores e aqueles que escrevem políticas consideram os benefícios da terapia cognitiva – em parte por causa da amostra relativamente grande do TDCRP, e por causa de aspectos do modelo que estavam ausentes em outros estudos que compararam a terapia cognitiva com a medicação. Entretanto, grandes estudos da eficácia concluídos recentemente (p. ex., Jarrett et al., 1999), bem como outros estudos que estão em andamento (p. ex., estudos de Thase e colegas na Universidade de Pittsburgh, e de DeRubeis, Hollon e seus colegas da Universidade da Pensilvânia e da Universidade Vanderbilt, respectivamente), empregaram os mesmos aspectos que deram crédito aos resultados do TDCRP, como a inclusão de um grupo-controle. Em um futuro próximo, não haverá mais razão para atribuir aos resultados do TDCRP o status proeminente que eles tinham na década de 1990. Os resultados de Jarrett e colaboradores – que a terapia cognitiva foi melhor do que uma pílula placebo pela mesma margem que a medicação antidepressiva para pacientes com depressão atípica – já tiveram um impacto. A agregação desses resultados com outros que estarão disponíveis na próxima década permitirá estimativas mais precisas do benefício médio da terapia cognitiva para a depressão, em comparação com medicamentos antidepressivos e placebos. Esses dados podem ser usados como um ponto de partida para calcular os benefícios que podem ser esperados se os sistemas de serviços de saúde mental contratarem terapeutas cognitivos com boa formação e permitirem que eles conduzam os tratamentos intensivos que foram utilizados nos estudos, mesmo que sejam relativamente rápidos.

Pode-se argumentar que os estudos cuidadosos da eficácia da terapia cognitiva, desde o primeiro (Rush et al., 1977) até o de Jarrett e colaboradores (1999) e aqueles que estão em andamento, nos falam dos benefícios da terapia cognitiva em ótimas condições, de maneira que superestimam os benefícios que os pacientes podem esperar em clínicas de saúde mental. Também observamos que se argumenta, por outro lado, que esses estudos de eficácia podem produzir *subestimativas* dos benefícios que geralmente seriam obtidos com o tratamento (ver Seligman, 1995). O fato de que não se sabe se os estudos de resultados superestimam ou subestimam os efeitos que a terapia cognitiva pode obter em consultórios particulares e centros de saúde mental indica que estudos da capacidade de generalização da terapia cognitiva são urgentemente necessários. É muito provável que isso aconteça nas próximas décadas, à medida que as agências financiadoras como o Instituto Nacional de Saúde Mental tornaram a "efetividade" da pesquisa uma prioridade clara. De maneira característica, na pesquisa sobre a eficácia da terapia cognitiva, os terapeutas (e pacientes) são selecionados cuidadosamente, alocando-se recursos amplos para o treinamento e monitoramento dos terapeutas, com o objetivo de testar os efeitos da terapia de qualidade, que segue a descrição da terapia cognitiva fornecida no manual (p. ex., Beck et al., 1979). Uma maneira de olhar os resultados dos estudos de eficácia conduzidos até hoje é que eles nos dizem o que pode ser obtido no futuro, se os programas típicos de formação de terapeutas produzirem terapeutas que proporcionem uma terapia de qualidade, que siga os princípios da terapia cognitiva. Todavia, é vital que se obtenham respostas pragmáticas para a questão: Em que nível a terapia cognitiva, da maneira como é feita atualmente pelos profissionais da saúde mental, reduz (e previne) problemas com a depressão?

Outras questões que são relevantes para a efetividade das intervenções também devem ser abordadas em relação à terapia cognitiva. Em particular, os benefícios de longa duração da terapia cognitiva devem ser documentados de forma mais cuidadosa. Por enquanto, as pesquisas se concentram principalmente na capacidade da terapia cognitiva de prevenir recaídas nos meses após o término do tratamento, e os estudos tendem a ter amostras pequenas demais para produzir estimativas precisas desse benefício de médio prazo. Estudos maiores com períodos mais longos de acompanhamento são necessários para fornecer estimativas dos efeitos de prevenção de recaídas (médio prazo) e prevenção de recorrências (longo prazo) da terapia cognitiva.

Os indivíduos responsáveis por escrever políticas, os planos de saúde, e as seguradoras estão cada vez mais interessados e sofisticados com relação a questões pragmáticas na prestação de serviços de saúde mental. A terapia cognitiva, por ser um tratamento relativamente curto e ter um registro impressionante de evidências de eficácia, é considerada adequada para o atual clima de preocupação com reduzir custos. Precisamos de iniciativas sofisticadas e amplas para estimar os custos e benefícios da terapia cognitiva, bem como de outros tratamentos que são usados de forma mais ampla, como as medicações antidepressivas. Embora a terapia cognitiva seja um pouco mais cara em curto prazo do que os medicamentos antidepressivos, uma análise de custo-benefício pode revelar que ela se paga pouco tempo depois do término do tratamento, considerando seu potencial de conferir resistência a recaídas e recorrências (ver Antonuccio, Thomas e Danton, 1997).

A maior parte da pesquisa sobre processos/mecanismos é conduzida por análise correlacional (ver, contudo, Jacobson et al., 1996, para uma exceção notável). Suspeita-se que uma variável (M) seja um mecanismo importante. Mede-se M no tempo T, e calcula-se a sua correlação com o resultado (R). Essa abordagem está sujeita aos dois problemas usuais da análise correlacional: a ambigüidade da direção causal; e a possibilidade de que uma terceira variável cause M e R.

Existe uma maneira direta para lidar com o primeiro problema, a ambigüidade da direção causal. Se M for medido antes de R, pode-se excluir a possibilidade de que R tenha causado M. Um exemplo dessa abordagem é o estudo de Feeley e colaboradores (1999), no qual quatro variáveis de processo foram avaliadas na segunda sessão de terapia e depois correlacionadas com melhoras subseqüentes em sintomas. A correlação significativa que esses pesquisadores obtiveram – que o maior uso das técnicas da Terapia Cognitivo-Concreta pelo terapeuta previu um resultado melhor – não pode resultar simplesmente do fato de que o resultado positivo leva ao maior uso das técnicas da Terapia Cognitivo-Concreta.

Deve-se observar que o resultado não ocorre apenas ao final do tratamento. O resultado começa a se acumular relativamente no início da terapia (Ilardi e Craighead, 1994; Tang e DeRubeis, 1999b). Dessa forma, para aplicar o método descrito anteriormente, não é suficiente apenas mensurar a variável M antes do final do tratamento. Pelo contrário, parece necessário medir as possíveis variáveis causais logo no início do tratamento. Todavia, essa solução não resolve o segundo problema da análise correlacional – a possibilidade de que terceiras variáveis afetem os processos terapêuticos e os resultados da terapia. De fato, esse problema não pode ser totalmente resolvido sem a divisão aleatória em condições experimentais e de controle, o que muitas vezes se torna difícil ou impossível em pesquisas sobre mecanismos terapêuticos. Todavia, existem maneiras alternativas de conduzir análises correlacionais que abordem o problema das terceiras variáveis de ângulos diferentes. Se uma variedade diversa de métodos aponta para a mesma relação causal, podemos confiar muito mais na relação, mesmo que nenhum método único seja suficiente.

Uma abordagem promissora é a análise temporal. A maioria das teorias sobre a maneira como um dado mecanismo produz resultados na terapia contém implicações sobre o modo como a relação causal ocorre ao longo do tempo. Se o curso temporal da mudança for condizente com o curso temporal proposto na teoria, isso ajudará a validar a teoria. Se o curso temporal for incongruente com o esperado, a teoria é questionada. Um exemplo recente disso é o debate entre Ilardi e Craighead (1994) e Tang e DeRubeis (1999b). Ilardi e Craighead foram os pioneiros no uso desse método na pesquisa dos mecanismos da terapia cognitiva e afirmam que o curso de tempo observado para a mudança não condiz com o curso da mudança sugerido pela hipótese de Beck da mediação cognitiva na terapia cognitiva. Tang e DeRubeis argumentam que quando se usam pressupostos corretos sobre a terapia cognitiva, os cursos temporais observados condizem com a hipótese original de Beck. (Esse debate foi brevemente resumido na seção "O curso temporal da mudança na terapia cognitiva".)

Outras abordagens potencialmente profícuas, como a análise de tarefas (Greenberg, 1986; Rice e Greenberg, 1984), também foram propostas e aplicadas em pesquisas sobre os mecanismos da terapia cognitiva. Se os pesquisadores continuarem a olhar além de análises de correlação e experimentos randomizados para explorar uma variedade maior de métodos, nosso entendimento dos mecanismos pelos quais a terapia cognitiva exerce seus benefícios de curta e longa duração será beneficiado.

Além das desvantagens de se inferir a causalidade, a análise de correlação típica tem pelo menos dois outros problemas. Em primeiro lugar, a variável M costuma ser analisada isoladamente de outras variáveis de processo importantes e, mesmo que seja analisada juntamente com outras variáveis de processo, geralmente se consideram apenas interações lineares. Isso deixa as interações mais complexas inexploradas. Por exemplo, Tang e DeRubeis (2000) recentemente identificaram uma interação complexa, a "determinação pelo elo mais fraco", entre as variáveis de processo na terapia. Em uma investigação preliminar da terapia cognitiva para a depressão, os autores verificaram que o progresso da terapia poderia ser melhor previsto pelo quanto o pior aspecto da terapia era bom, o que varia de caso para caso. Ou seja, em alguns, a aliança era fraca e, em outros, a adesão à terapia cognitiva era fraca. Em ambos, os resultados tendiam a ser relativamente fracos. Entretanto, em casos em que a aliança e a adesão do terapeuta eram aceitáveis, os resultados foram muito bons. Essa constatação enfatiza a idéia de que a contribuição de uma variável de processo para o resultado depende do contexto formado por outras variáveis de processo.

Outra complexidade potencial que deve estar refletida na pesquisa é que as mudanças terapêuticas importantes podem se concentrar em determinadas sessões críticas, em vez de ocorrerem igualmente ao longo do processo de tratamento. Como conseqüência, a abordagem comum de pesquisa de se analisar a correlação entre variáveis em uma amostra aleatória de sessões pode omitir alguns dos eventos mais importantes da terapia, pois revelará o que acontece em sessões típicas, mas não necessariamente o que ocorre nas poucas sessões que mais importam (Elliott, 1983, 1984; Lambert, DeJulio e Stein, 1978). Para superar esse problema, os pesquisadores devem investigar como podem identificar e analisar as sessões críticas. Usando os ganhos súbitos como um indicador para sessões críticas, Tang e DeRubeis (1999a) identificaram o que parece ter sido sessões críticas em aproximadamente 50% dos indivíduos que responderam à terapia cognitiva. Seus resultados sugerem que a sessão crítica é responsável por desencadear grandes melhoras em sintomas. Análises futuras de eventos críticos e sessões críticas podem proporcionar *insight* dos mecanismos da terapia cognitiva.

Para alguns, a pesquisa sobre os mecanismos terapêuticos pode parecer uma busca abstrata, sem relação com o bem-estar dos pacientes. Contudo, acreditamos que a pesquisa de mecanismos é pelo menos tão importante para o futuro da terapia cognitiva quanto a pesquisa da eficácia, se não for mais. Enquanto as demonstrações da eficácia da terapia cognitiva podem ajudar a conferir a ela a posição que merece nos sistemas de saúde, maior compreensão dos mecanismos da terapia cognitiva levará ao aumento sistemático da sua eficácia e eficiência no futuro. É importante observar que, mesmo em testes bem-sucedidos da terapia cognitiva, como o relatado por Jarrett e colaboradores (1999), apenas 58% dos pacientes responderam à terapia. Essa foi a mesma taxa de resposta obtida pela medicação antidepressiva, e foi significativamente maior do que a do placebo (28%). Todavia, com 42% dos pacientes não respondendo à terapia cognitiva, existe um espaço considerável para melhorar.

Entretanto, desde os primeiros testes da eficácia da terapia cognitiva, ela teve poucas melhoras baseadas ou testadas em pesquisas. Isso contraria as iniciativas de pesquisa da indústria farmacêutica, que gasta grandes quantidades de recursos para melhorar a eficácia e os perfis de efeitos colaterais dos medicamentos antidepressivos. Um dia, talvez surja uma nova geração de antidepressivos que seja significativamente mais efetiva do que a terapia cognitiva de hoje. Para atender melhor os nossos pacientes, e para garantir que o progresso da terapia cognitiva acompanhe o de outros tratamentos, os pesquisadores clínicos devem aperfeiçoar e refinar a terapia cognitiva e a formação dos terapeutas cognitivos, de maneira que mais pacientes possam beneficiar-se com ela. Para isso, devemos antes compreender melhor o modo como a terapia cognitiva atinge seus efeitos.

REFERÊNCIAS

American Psychiatric Association (1993). Practice guideline for major depressive disorder in adults. *American Journal of Psychiatry, 150*(Suppl. 4), 1-26.

Antonuccio, D. O., Thomas, M., & Danton, W. G. (1997). A cost-effectiveness analysis of cognitive behavior therapy and fluoxetine (Prozac) in the treatment of depression. *Behavior Therapy, 28*, 187-210.

Barber, J. P., & DeRubeis, R. J. (1989). On second thought: Where the action is in cognitive therapy for depression. *Cognitive Therapy and Research, 13*, 441-457.

Barber, J. P., & DeRubeis, R. J. (1992). The Ways of Responding: A scale to assess compensatory skills taught in cognitive therapy. *Behavior Assessment, 14*, 93-115.

Barlow, D. H., Rapee, R. M., & Brown, T. A. (1992). Behavioral treatment of generalized anxiety disorder. *Behavior Therapy, 23*, 551-570.

Baron, R. M., & Kenny, D. A. (1986). The moderator-mediator variable distinction in social psychological research: Conceptual, strategic, and statistical considerations. *Journal of Personality and Social Psychology, 51*, 1173-1182.

Beck, A. T. (1961). A systematic investigation of depression. *Comprehensive Psychiatry, 2*, 305-312.

Beck, A. T. (1963). Thinking and depression. *Archives of General Psychiatry, 9*, 324-333.

Beck, A. T. (1964). Thinking and depression: 2. Theory and therapy. *Archives of General Psychiatry, 10*, 561-571.

Beck, A. T. (1972). *Depression: Causes and treatment.* Philadelphia: University of Pennsylvania Press.

Beck, A. T., & Beamesderfer, A. (1974). Assessment of depression: The depression inventory. In P. Pinchot (Ed.), *Psychological measurements in psychopharmacology, modern problems in pharmacopsychiatry* (Vol. 7, pp. 151-169). Basel: Karger.

Beck, A. T., Brown, G., Steer, R. A., & Weissman, A. N. (1991). Factor analysis of the Dysfunctional Attitude Scale in a clinical population. *Psychological Assessment, 3*, 478-483.

Beck, A. T., Emery, G., & Greenberg, R. L. (1985). *Anxiety disorders and phobias.* New York: Basic Books.

Beck, A. T., & Greenberg, R. L. (1974). *Coping with depression.* New York: Institute for Rational Living.

Beck, A. T., & Hurvich, M. (1959). Psychological correlates of depression. *Psychosomatic Medicine, 21*, 50-55.

Beck, A. T., Rush, A. J., Shaw, B. F., & Emery, G. (1979). *Cognitive therapy of depression.* New York: Guilford Press.

Beck, A. T., Steer, R. A., & Brown, G. K. (1996). *BDI-II manual.* San Antonio, TX: The Psychological Corporation.

Beck, A. T., & Ward, C. H. (1961). Dreams of depressed patients: Characteristic themes in manifest content. *Archives of General Psychiatry, 5*, 462-467.

Beck, A. T., Weissman, A., Lester, D., & Trexler, L. (1974). The measurement of pessimism: The Hopelessness Scale. *Journal of Consulting and Clinical Psychology, 42*, 861-865.

Beck, J. S. (1995). *Cognitive therapy: Basics and beyond.* New York: Guilford Press.

Beckham, E. E. (1989). Improvement after evaluation in psychotherapy of depression: Evidence of a placebo effect? *Journal of Clinical Psychology, 45*, 945-950.

Blackburn, I. N., Bishop, S., Glen, A. I. M., Whalley, L. J., & Christie, J. E. (1981). The efficacy of cognitive therapy in depression: A treatment trial using cognitive therapy and pharmacotherapy, each alone and in combination. *British Journal of Psychiatry, 139*, 181-189.

Blackburn, I. M., & Moore, R. G. (1997). Controlled acute and follow-up trial of cognitive therapy in outpatients with recurrent depression. *British Journal of Psychiatry, 171*, 328-334.

Chambless, D. L., & Gillis, M. M. (1993). Cognitive therapy of anxiety disorders. *Journal of Consulting and Clinical Psychology, 61*, 248-260.

Clark, D. M. (1996). Panic disorder: From theory to therapy. In P. M. Salkovskis (Ed.), *Frontiers of cognitive therapy* (pp. 318-344). New York: Guilford Press.

Clark, D. M., Salkovskis, P M., & Chalkley, A. J. (1985). Respiratory control as a treatment for panic attacks. *Journal of Behavior Therapy and Experimental Psychiatry, 16*, 23-30.

Compas, B. E., Haaga, D. A. E, Keefe, E J., & Leitenberg, H. (1998). Sampling of empirically supported psychological treatments from health psychology: Smoking, chronic pain, cancer, and bulimia nervosa. *Journal of Consulting and Clinical Psychology, 66*, 89-112.

Cooper, J. M. (Ed.). (1997). *Plato: Complete works.* Indianapolis, IN: Hackett.

DeLongis, A., Coyne, J. C., Dakof, G., Folkman, S., & Lazarus, R. S. (1982). Relationship of daily hassles, uplifts, and major life events to health status. *Health Psychology, 1*, 119-136.

DeRubeis, R. J., & Crits-Christoph, P. (1998). Empirically supported individual and group psychological treatments for adult mental disorders. *Journal of Consulting and Clinical Psychology, 66*, 37-52.

DeRubeis, R. J., & Feeley, M. (1990). Determinants of change in cognitive therapy for depression. *Cognitive Therapy and Research, 14*, 469-482.

DeRubeis, R. J., Gelfand, L. A., Tang, T. Z., & Simons, A. (1999). Medications versus cognitive behavioral therapy for severely depressed outpatients: Mega-analysis of four randomized comparisons. *American Journal of Psychiatry, 156*, 1007-1013.

DeRubeis, R. J., & Hollon, S. D. (1999). *Mediation of the relapse prevention effect of cognitive therapy for depression.* Original não-publicado, University of Pennsylvania.

DeRubeis, R. J., Hollon, S. D., Evans, M. D., Garvey, M. J., Grove, W. M., & Tuason, V. B. (1990). How does cognitive therapy work? Cognitive change and symptom change in cognitive therapy and pharmacotherapy for depression. *Journal of Consulting and Clinical Psychology, 58*, 862-869.

Dobson, K. S. (1989). A meta-analysis of the efficacy of cognitive therapy for depression. *Journal of Consulting and Clinical Psychology, 57*, 414-419.

Durham, R. C., Murphy, T., Allan, T., Richard, K., Treliving, L. R., & Fenton, G. W. (1994). Cognitive therapy, analytic psychotherapy, and anxiety management training for generalized anxiety disorder. *British Journal of Psychiatry, 168*, 315-323.

Elkin, I., Shea, M. T., Watkins, J. T., Imber, S. D., Sotsky, S. M., Collins, J. F., Glass, D. R., Pilkonis, P. A., Leber, W. R., Docherty, J. P., Fiester, S. J., & Parloff, M. B. (1989). National Institute of Mental Health Treatment of Depression Collaborative Research Program: General effectiveness of treatments. *Archives of General Psychiatry, 46*, 971-982.

Elkin, I., Gibbons, R. D., Shea, M. T., & Sotsky, S. M. (1995). Initial severity and differential treatment outcome in the National Institute of Mental Health Treatment of Depression Collaborative Research Program. *Journal of Consulting and Clinical Psychology, 63*, 841-847.

Elkin, I., Gibbons, R. D., Shea, M. T., & Shaw, B. F. (1996). Science is not a trial (but it can sometimes be a tribulation). *Journal of Consulting and Clinical Psychology, 64*, 92-103.

Elliott, R. (1983). That in your hands... : A comprehensive process analysis of a significant event in psychotherapy. *Psychiatry, 46*, 113-129.

Elliott, R. (1984). A discovery-oriented approach to significant change events in psychotherapy: Interpersonal process recall and comprehensive process analysis. In L. N. Rice & L. S. Greenberg (Eds.), *Patterns of change* (pp. 249-286). New York: Guilford Press.

Ellis, A. (1984). Rational-emotive therapy. In R. J. Corsini (Ed.), *Current psychotherapies* (3rd ed., pp. 196-238). Itasca, IL: Peacock.

Ellis, A., & Harper, R. A. (1975). *A new guide to rational living.* North Hollywood, CA: Wilshire Books.

Evans, M. D., Hollon, S. D., DeRubeis, R. J., Piasecki, J., Grove, W. B., & Tuason, V. B. (1992). Differential relapse following therapy and pharmacotherapy for depression. *Archives of General Psychiatry, 49*, 802-808.

Fava, G. A., Grandi, S., Zielezny, M., Rafanelli, C., Canestrari, R., & Morphy, M. A. (1994). Cognitive behavioral treatment of residual symptoms in primary major depressive disorder. *American Journal of Psychiatry, 151*, 1295-1299.

Fava, G. A., Grandi, S., Zielezny, M. C., & Canestrari, R. (1996). Four-year outcome for cognitive behavioral treatment of residual symptoms in major depression. *American Journal of Psychiatry, 153*, 945-947.

Fava, G. A., Rafanelli, C., Grandi, S., Conti, S., & Belluardo, P. (1998). Prevention of recurrent depression with cognitive behavioral therapy. *Archives of General Psychiatry, 55*, 816-820.

Feeley, M., DeRubeis, R. J., & Gelfand, L. (1999). The temporal relation of adherence and alliance to symptom change in cognitive therapy for depression. *Journal of Consulting and Clinical Psychology, 67*, 578-582.

Folkman, S., & Lazarus, R. S. (1980). An analysis of coping in a middle-aged community sample. *Journal of Health and Social Behavior, 21*, 219-239.

Frank, J. D. (1973). *Persuasion and healing*. Baltimore: Johns Hopkins University Press.

Freud, S. (1957). Mourning and melancholia. In J. Strachey (Ed. and Trans.), *The standard edition of the complete psychological works of Sigmund Freud* (Vol. 14, pp. 237-260). London: Hogarth Press. (Trabalho original publicado em 1917).

Gaston, L., Marmar, C., Gallagher, D., & Thompson, L. (1991). Alliance prediction of outcome beyond in-treatment symptomatic change as psychotherapy processes. *Psychotherapy Research, 1*, 104-112.

Gemar, M., Segal, Z., & Sagrati, S. (novembro de 1999). Contributions of effortful and implicit measures of cognition to a risk marker for depressive relapse/recurrence. In D. Kraft (Chair), *Improving the long-term well-being of depressed patients by predicting and preventing relapse*. Simpósio conduzido na 33ª convenção anual da Association for Advancement of Behavior Therapy, Toronto.

Greenberg, L. S. (1986). Change process research. *Journal of Consulting and Clinical Psychology, 54*, 4-9.

Greenberg, L. S. (1984). *Research on the process of change*. New York: Guilford Press.

Greenwald, A. G., McGhee, D. E., & Schwartz, J. L. K. (1998). Measuring individual differences in implicit cognition: The implicit association test. *Journal of Personality and Social Psychology, 74*, 1464-1480.

Hamilton, M. (1960). A rating scale for depression. *Journal of Neurology, Neurosurgery and Psychiatry, 23*, 56-62.

Hollon, S. D. (1999). Rapid early response in cognitive behavior therapy: A commentary. *Clinical Psychology: Science and Practice, 6*, 305-309.

Hollon, S. D., & Beck, A. T. (1979). Cognitive therapy of depression. In P. E. Kendall & S. D. Hollon (Eds.), *Cognitive-behavioral interventions: Theory, research, procedures* (pp. 153-201). New York: Academic Press.

Hollon, S. D., DeRubeis, R. J., & Evans, M. D. (1996). Cognitive therapy in the treatment and prevention of depression. In P. M. Salkovskis (Ed.), *Frontiers of cognitive therapy* (pp. 293-317). New York. Guilford Press.

Hollon, S. D., DeRubeis, R. J., Evans, M. D., Wiemer, M. J., Garvey, M. J., Grove, W. M., & Tuason, V. B. (1992). Cognitive therapy and pharmacotherapy for depression: Singly and in combination. *Archives of General Psychiatry, 49*, 774-781.

Hollon, S. D., Emerson, M., & Mandell, M. (1982). *Psychometric properties of the Cognitive Therapy Scale*. Original não-publicado, University of Minnesota/St. Paul-Ramsey Medical Center.

Hollon, S. D., Evans, M. D., Auerbach, A., DeRubeis, R. J., Elkin, I., Lowery, A., Tuason, V. B., Kriss, M., & Piasecki, J. (1985). *Development of a system for rating therapies for depression: Differentiating cognitive therapy, interpersonal psychotherapy, and clinical management pharmacotherapy*. Original não-publicado, University of Minnesota/St. Paul-Ramsey Medical Center.

Hollon, S. D., Evans, M. D., & DeRubeis, R. J. (1985). Preventing relapse following treatment for depression: The cognitive-pharmacotherapy project. In N. Schneiderman & T. Fields (Eds.), *Stress and coping* (Vol. 2, pp. 227-243). Hillsdale, NJ: Erlbaum.

Hollon, S. D., & Kriss, M. R. (1984). Cognitive factors in clinical research and practice. *Clinical Psychology Review, 4*, 35-76.

Ilardi, S. S., & Craighead, W. E. (1994). The role of nonspecific factors in cognitivebehavior therapy for depression. *Clinical Psychology: Science and Practice, 1*, 138-156.

Jacobson, N. S., Dobson, K. S., Truax, P. A., Addis, M. E., Koerner, K., Gollan, J. K., Gortner, E., & Prince, S. E. (1996). A component analysis of cognitivebehavioral treatment for depression. *Journal of Consulting and Clinical Psychology, 64*, 295-304.

Jacobson, N. S., & Gortner, E. T. (2000). Can depression be de-medicalized in the 21st century: Scientific revolutions, counter-revolutions and the magnetic field of normal science. *Behaviour Research and Therapy, 8*, 103-117.

Jacobson, N. S., & Hollon, S. D. (1996a). Cognitive-behavior therapy versus pharmacotherapy: Now that the jury's returned its verdict, it's time to present the rest of the evidence. *Journal of Consulting and Clinical Psychology, 64*, 74-80.

Jacobson, N. S., & Hollon, S. D. (1996b). Prospects for future comparisons between drugs and psychotherapy: Lessons from the CBT vs. pharmacotherapy exchange. *Journal of Consulting and Clinical Psychology, 64*, 104-108.

Jarrett, R. B., Basco, M. R., Risser, R., Ramanan, J., Marwill, M., Kraft, D., & Rush, A. J. (1998). Is there a role for continuation phase cognitive therapy for depressed outpatients? *Journal o f Consulting and Clinical Psychology, 66*, 1036-1040.

Jarrett, R. B., Schaffer, M., McIntire, D., Witt-Browder, A., Kraft, D., & Risser, R. C. (1999). Treatment of atypical depression with cognitive therapy or phenelzine. *Archives of General Psychiatry, 56*, 431-1137.

Klein, D. E (1996). Preventing hung juries about therapy studies. *Journal of Consulting and Clinical Psychology, 64*, 81-87.

Kovacs, M., Rush, A. J., Beck, A. T., & Hollon, S. D. (1981). Depressed outpatients treated with cognitive therapy or pharmacotherapy: A one-year follow-up. *Archives of General Psychiatry, 38*, 33-39.

Lambert, M. J., DeJulio, S. J., & Stein, D. M. (1978). Therapist interpersonal skills: Process, outcome, methodological considerations, and recommendations for future research. *Psychological Bulletin, 85*, 467-489.

Lazarus, R. S., & Folkman, S. (1984). *Stress, appraisal, and coping*. New York: Springer.

Meichenbaum, D. (1977). *Cognitive-behavior modification*. New York: Plenum Press.

Miranda, J., & Persons, J. B. (1988). Dysfunctional attitudes are mood-state dependent. *Journal of Abnormal Psychology, 97*, 76-79.

Morgan, R., Luborsky, L., Crits-Christoph, P., Curtis, H., & Solomon, J. (1982). Predicting the outcomes of psychotherapy by the Penn Helping Alliance Rating Method. *Archives of General Psychiatry, 39*, 397-402.

Murphy, G. E., Simons, A. D., Wetzel, R. D., & Lustman, P. J. (1984). Cognitive therapy and pharmacotherapy: Singly and together in the treatment of depression. *Archives of General Psychiatry, 41*, 33-41.

Nisbett, R., & Ross, L. (1980). *Human inference: Strategies and shortcomings of social judgment.* Englewood Cliffs, NJ: Prentice-Hall.

Overholser, J. C. (1993a). Elements of the Socratic method: I. Systematic questioning. *Psychotherapy, 30*, 67-74.

Overholser, J. C. (1993b). Elements of the Socratic method: II. Inductive reasoning. *Psychotherapy, 30*, 75-85.

Pearlin, L. I., & Schooler, C. (1979). The structure of coping. *Journal of Health and Social Behavior, 19*, 337-356.

Persons, J. B. (1989). *Cognitive therapy in practice: A case formulation approach.* New York: Norton.

Rice, L. N., & Greenberg, L. G. (Eds.). (1984). *Patterns of change.* New York: Guilford Press.

Rush, A. J., Beck, A. T., Kovacs, J. M., & Hollon, S. D. (1977). Comparative efficacy of cognitive therapy and pharmacotherapy in the treatment of depressed outpatients. *Cognitive Therapy and Research, 1*, 17-37.

Salkovskis, P. M. (1985). Obsessional-compulsive problems: A cognitive behavioural analysis. *Behaviour Research and Therapy, 23*, 571-583.

Salkovskis, P. M. (1996). The cognitive approach to anxiety: Threat beliefs, safety-seeking behavior, and the special case of health anxiety and obsession. In P. M. Salkovskis (Ed.), *Frontiers of cognitive therapy* (pp. 48-74). New York: Guilford Press.

Segal, Z. V., Gemar, M., & Williams, S. (1999). Differential cognitive response to a mood challenge following successful cognitive therapy or pharmacotherapy for unipolar depression. *Journal of Abnormal Psychology, 108*, 3-10.

Seligman, M. E. P. (1995). The effectiveness of psychotherapy: The Consumer Reports study. *American Psychologist, 50*, 965-974.

Seligman, M. E. P., Abramson, L. Y., Semmel, A., & von Baeyer, C. (1979). Depressive attributional style. *Journal of Abnormal Psychology, 88*, 242-247.

Shea, M. T., Elkin, I., Imber, S. D., Sotsky, S. M., Watkins, J. T., Collins, J. F., Pilkonis, P. A., Beckham, E., Glass, D. R., Dolan, R. T., & Parloff, M. B. (1992). Course of depressive symptoms over follow-up: Findings from the National Institute of Mental Health Treatment of Depression Collaborative Research Program. *Archives of General Psychiatry, 49*, 782-787.

Simons, A. D., Murphy, G. E., Levine, J. L., & Wetzel, R. D. (1986). Cognitive therapy and pharmacotherapy for depression: Sustained improvement over one year. *Archives o f General Psychiatry, 43*, 43-48.

Tang, T. Z., & DeRubeis, R. J. (1999a). Sudden gains and critical sessions in cognitive behavioral therapy for depression. *Journal of Consulting and Clinical Psychology, 67*, 894-904.

Tang, T. Z., & DeRubeis, R. J. (1999b). Reconsidering rapid early response in cognitive behavioral therapy for depression. *Clinical Psychology: Science and Practice, 6*, 283-288.

Tang, T. Z., & DeRubeis, R. J. (2000). *Determination by the weakest link: Predicting critical sessions and sudden gains with therapy mechanism variables.* Manuscript in preparation.

Tang, T. Z., DeRubeis, R. J., & Beberman, R. (1999). *Cognitive changes in the critical sessions and sudden gains: A replication study with an improved measure of in-session cognitive changes.* Em preparação.

Van Oppen, P., de Haan, E., Van Balkom, A. J. L. M., Spinhoven, P., Hoogduin, K., & Van Dyck, R. (1995). Cognitive therapy and exposure in vivo in the treatment of obsessive compulsive disorder. *Behaviour Research and Therapy, 33*, 379-390.

Weissman, A. N., & Beck, A. T. (novembro de 1978). *Development and validation of the Dysfunctional Attitude Scale: A preliminary investigation.* Artigo apresentado na reunião da American Educational Research Association, Toronto.

Young, J., & Beck, A. T. (1980). *The development of the Cognitive Therapy Scale.* Original não-publicado, Center for Cognitive Therapy, Philadelphia.

VARIEDADES DE CONSTRUTIVISMO NA PSICOTERAPIA

Robert. A. Neimeyer
Jonathan D. Raskin

O Universo não é uma idéia minha;
A minha idéia do Universo é que é uma idéia minha.
A noite não anoitece pelos meus olhos;
A minha idéia da noite é que anoitece por meus olhos.
Fora de eu pensar e de haver quaisquer pensamentos
A noite anoitece concretamente,
E o fulgor das estrelas existe como se tivesse peso.
Fernando Pessoa (1998, p. 80)

Conforme demonstra a ampla abrangência deste livro, a terapia cognitiva e a terapia cognitivo-comportamental tiveram um crescimento impressionante nos últimos 20 anos. Desenvolvidas a partir de sua base inicial no tratamento da depressão (Beck, Rush, Shaw e Emery, 1979), as psicoterapias de orientação cognitiva hoje abordam uma ampla variedade de transtornos e problemas humanos, desde dificuldades com o controle de impulsos na infância a insatisfações com relacionamentos na vida adulta. Dobson e Pusch (1993) caracterizam corretamente que esse crescimento se dá principalmente no plano da *amplitude*, reduzindo os limites de aplicação da terapia cognitivo-comportamental, enquanto, ao mesmo tempo, promove modificações apenas modestas na filosofia básica e nos métodos da TCC. Assim, o paradigma cognitivo essencial – com seu foco no monitoramento e na correção de pensamentos irracionais, distorcidos ou mal-adaptativos que influenciam as respostas emocionais e comportamentais do indivíduo a situações ou pessoas problemáticas – mostrou-se notavelmente elástico, sendo ampliado para envolver quase todas as formas concebíveis de perturbações pessoais.

Juntamente com essa proliferação horizontal de modelos de terapia cognitivo-comportamental, há outra forma de crescimento, que ocorreu mais na dimensão da *profundidade* do que da amplitude (Dobson e Pusch, 1993). Vistas nessa perspectiva, as terapias de orientação cognitiva se "aprofundaram" com o passar do tempo, refinando suas abordagens a aspectos fundamentais do conhecimento pessoal que são mais difíceis de acessar, e buscando modelos mais adequados à complexidade dos sistemas de significados humanos e seu envolvimento social (R.A. Neimeyer, 1995b). É para essa segunda dimensão profunda do desenvolvimento que os teóricos e terapeutas construtivistas, narrativos e construcionistas sociais fizeram sua maior contribuição. Nossos objetivos neste capítulo são: revisar diversas expressões proeminentes dessa ampla tendência construtivista,[1] descrever seus pontos de afastamento da TCC tradicional e indicar pesquisas que sejam coerentes com a perspectiva construtivista. Igualmente importante, tentamos dar ao leitor um sabor das estratégias terapêuticas associadas a essas perspectivas, apresentando casos ilustrativos derivados de nossa prática como terapeutas construtivistas.

A MUDANÇA EPISTEMOLÓGICA

Ocasionalmente, os acontecimentos que ocorrem fora da disciplina da psicologia conspiram para desencadear mudanças abrangentes na natureza da teoria psicológica e mudanças igualmente básicas na prática da psicoterapia. Por exemplo, a mudança das filosofias da ciência continentais e hermenêuticas para formas mais lógico-empíricas (Radnitsky, 1973) na década de 1920 promoveu outra mudança, da teorização dedutiva e mais elaborada dos psicanalistas para uma forma mais dispersa e parcimoniosa de pesquisas associadas ao behaviorismo. Mais recentemente, o advento dos computadores na década de 1950 desencadeou mudanças radicais nos modelos da mente, proporcionando matéria-prima para conceitos "mentalísticos", e contribuindo direta e indiretamente para a "revolução cognitiva", cujos ecos continuam a reverberar nas pesquisas e terapias psicológicas (Mahoney, 1995). Longe de representar fontes ilegítimas de influência na teoria psicológica, mudanças culturais amplas como essas muitas vezes instilam vida nova e uma visão criativa na psicologia, levando sucessivas gerações de cientistas e profissionais a transcender as limitações conceituais de seus predecessores.

O construtivismo, da mesma forma, é em parte um subproduto dos avanços culturais do final do século XX. Embora suas raízes possam ser traçadas às filosofias de Vico, Kant, Vaihinger e Korzybski, com suas ênfases no caráter ativo e criador da cognição humana (Mahoney, 1991; Neimeyer, 2000a), o construtivismo não floresceu completamente até que o "pós-modernismo" começasse a cultivar uma paisagem intelectual adequada ao seu crescimento. Como um movimento amplo, que envolve avanços na arte e na arquitetura, bem como na teoria social, o pós-modernismo reage contra as limitações do modernismo, com sua crença em uma realidade ordenada e cognoscível, cujas formas e funções podem ser refletidas pela mente humana e seus produtos (Appignanesi e Garratt, 1995). No nível conceitual, os teóricos pós-modernos questionam especificamente as visões tradicionais que pressupõem que o conhecimento possui uma base firme na autoridade inquestionável ou na "percepção imaculada". Da mesma forma, eles consideram sutilmente opressivas as tentativas de formular uma "grande teoria unificada" ou uma "grande narrativa" que expresse toda a verdade da condição humana (Botella, 1995). Pelo contrário, alguns comentários reconhecem e até comemoram a "falta de fundamentação", a "fragmentação" e o caráter "construído" do conhecimento humano, que, na melhor das hipóteses, produz "verdades" locais (e até pessoais), posicionais e historicamente limitadas, cujo valor é determinado menos por sua validade do que por sua utilidade pragmática (Polkinghorne, 1992). Dito de forma sucinta, uma sensibilidade pós-moderna substitui a preocupação central da epistemologia, ou teoria do conhecimento, passando da questão de se "Essa crença é verdadeira, pode ser defendida racionalmente, ou empiricamente justificada?" para "Quais são as conseqüências de ter essa crença para o *self* e os outros, e que práticas ela fundamenta (e exclui) no contexto social?".

Transposto ao domínio da psicoterapia, o pós-modernismo tem dado ímpeto a abordagens construtivistas, narrativas e construcionistas sociais que se afastam da epistemologia realista que fundamenta as escolas tradicionais de aconselhamento e psicoterapia. Aos olhos de seus críticos, essas terapias pós-modernas parecem "anti-realistas", com a implicação subversiva de que a psicoterapia representa menos do que a atividade "replicável", "sistemática" e "regrada" que a psicologia científica aspira ser (Held, 1995). Todavia, os construtivistas raramente questionam a longa tradição da psicoterapia, de Freud aos terapeutas cognitivos contemporâneos, que interpretam a psicoterapia como um procedimento competente para melhorar o grau de "contato com a realidade" do cliente. De fato, os terapeutas construtivistas estão (R. A. Neimeyer, 1995, p. 341 e 342)

> apenas vagamente interessados na questão ontológica da existência de um mundo real

em qualquer sentido significativo além de nossa construção dele... [Mas estão] muito mais interessados em como seria a psicoterapia se nos eximíssemos de julgar a realidade pessoal do cliente por critérios externos de racionalidade ou objetividade.

Se abandonássemos o objetivo de eliminar as "distorções cognitivas" do cliente com uma interpretação competente, questionamento racional, teste empírico e instrução psicoeducacional, por quais critérios o terapeuta diagnosticaria as dificuldades, e como interviria nelas? Muitos terapeutas construtivistas começam a responder a essa questão (Neimeyer e Raskin, 2000a). Enquanto isso, os construtivistas enfrentam o desafio de aplicar perspectivas idiográficas e voltadas para o significado dentro do modelo profissional dominante, que defende categorias globais de transtornos, como aquelas encontradas na quarta edição do *Manual Diagnóstico e Estatístico de Transtornos Mentais*, (DSM-IV), da Associação Psiquiátrica Norte-americana. Consideramos os profissionais construtivistas como parte da oposição leal no que diz respeito ao uso das classificações diagnósticas do DSM-IV (Neimeyer e Raskin, 2000b). Por outro lado, os construtivistas, como outros clínicos, às vezes usam termos como "depressão maior" ou "transtorno de estresse pós-traumático", de maneira pragmática, ao se comunicarem com seus colegas, na relação com os planos de saúde, ou ao conduzirem pesquisas clínicas. Por outro lado, eles são sensíveis e críticos aos aspectos potencialmente estigmatizantes dos sistemas diagnósticos tradicionais. Nesse sentido, quando os clínicos construtivistas decidem empregar rótulos diagnósticos, eles o fazem a partir da perspectiva de que esses diagnósticos, como todos os sistemas projetados para conceituar os problemas das pessoas em suas vidas, são construções do transtorno, ao contrário de categorias naturais (Raskin e Lewandowski, 2000). Dessa forma, o principal problema com o DSM-IV é a sua aplicação excessiva em níveis que rejeitam ou subordinam outras maneiras alternativas de compreender os clientes, em vez de colocadas no mesmo nível, como modelos de funcionamento psicológico alternativos e viáveis (Raskin e Lewandowski, 2000).

A continuação do capítulo considera cinco ênfases temáticas distintas na psicoterapia construtivista, e os aspectos conceituais e práticos associados a cada uma delas. Acreditamos que elas não representem *divisões* da terapia construtivista, mas *dimensões* ao longo das quais variam as diferentes terapias e terapeutas.[2] Todavia, nas seções seguintes, orientamos nossa discussão em torno de uma expressão prototípica de cada tema em nome da clareza, concentrando-nos em aspectos fundamentais de sua: (1) teoria e epistemologia; (2) teoria clínica dos transtornos; (3) estratégias psicoterapêuticas e (4) pesquisas de apoio. Começamos com uma discussão de temas que talvez sejam mais familiares para leitores que conhecem a TCC, e passamos para aqueles que são mais novos, ou até radicalmente divergentes da perspectiva tradicional da terapia cognitiva. Assim, sintetizamos, ilustramos e avaliamos brevemente cada uma das seguintes ênfases: a psicoterapia como "ciência pessoal", a psicoterapia como "reconstrução evolutiva", a psicoterapia como "questionamento radical", a psicoterapia como "recriação narrativa" e a psicoterapia como "crítica discursiva". Concluímos o capítulo com algumas idéias sobre a relação entre a TCC e as terapias construtivistas, e os problemas e as perspectivas da integração da psicoterapia.

A PSICOTERAPIA COMO CIÊNCIA PESSOAL

Teoria

Uma implicação da virada pós-moderna na epistemologia é o fato de que a fundamentação dos sistemas de crenças passa do mundo dos fatos objetivos para o campo dos significados subjetivos. Em nenhum lugar essa mudança é tão evidente como na psicologia de constructos pessoais de George Kelly (1955/1991), cuja metáfora da ciência pessoal foi elaborada desde então por teóricos contemporâneos de constructos (Neimeyer e Neimeyer, 1990-2000) e terapeutas construtivistas afins (Mahoney, 1980). Nessa visão, as pessoas funcionam como cientistas iniciantes, criando ativamente teorias pessoais, que lhes permitem prever os eventos futuros e direcionar os seus relacionamentos com os outros. Kelly (1955/1991) postulou que as dimensões de significados que constituem esse sistema de constructos pessoais são de caráter bipolar. Em outras palavras, Kelly acredita que as pessoas organizam suas vidas sociais segundo opostos implícitos, como quando uma mulher que é cliente de uma terapia matrimonial se considera moral", "honesta" e "economicamente responsável", e coloca seu marido nos pólos opostos de cada uma dessas dimensões – como "degenerado", "mentiroso" e "indigno de confiança com o dinheiro". Cada pessoa desenvolve uma rede hierárquica de dimensões de constructos pessoais bipolares, organizada em torno de um conjunto de constructos básicos de papéis que definem os compromissos da identidade central do indivíduo, que geralmente são muito resistentes à mudança.

Um elemento fundamental da psicologia dos constructos pessoais envolve a tentativa de as pessoas validar os constructos que aplicam aos eventos. Como cientistas, as pessoas tendem a testar seus constructos e manter aqueles que se mostram corretos para prever os resultados de suas atividades, embora possam relutar para abandonar construções inadequadas, se não houver alternativas convincentes disponíveis. Para aumentar a complexidade envolvida em revisar o sistema de constructos, a realidade externa é inacessível de maneira direta, até onde é inevitavelmente filtrada pelas interpretações do indivíduo. Isso, aliado à viabilidade geral de muitas construções alternativas dos mesmos eventos (p. ex., diferentes construções para o mesmo problema familiar), freqüentemente torna o questionamento direto ou empírico das construções do cliente uma tarefa infrutífera.

Uma implicação da metáfora da ciência pessoal que muitas vezes é mal-compreendida é que ela não confere um status privilegiado a formas de conhecimento desenvolvidas de acordo com os parâmetros do método científico. Os sistemas de conhecimento que não são formulados por meios científicos formais (como o direito, a arte, a filosofia, a história, a religião e até a "sabedoria popular") permanecem sendo produtos da ciência pessoal, até onde envolvem o desenvolvimento ativo de sistemas de significado que as pessoas utilizam e refinam à medida que vivem suas vidas (Botella, 1995). Nesse sentido, a idéia da ciência pessoal é mais ampla do que normalmente se acredita na TCC, enfatizando o processo contínuo de construir sistemas de significados hierárquicos cada vez mais complexos, cujos aspectos centrais o sujeito defende com veemência da invalidação no decorrer da sua vida (Neimeyer, 1987).

Transtornos

As interpretações construtivistas da perturbação psicológica baseadas na metáfora da ciência pessoal diferem substancialmente das abordagens tradicionais à "psicopatologia". A psicologia dos constructos pessoais já fez diversas críticas aos sistemas diagnósticos baseados em categorias, desestimulando o uso de categorias nomotéticas e sugerindo um foco nos significados idiográficos que estruturaram a experiência e a ação do cliente (Faidley e Leitner, 1993; Honos-Webb e Leitner, 1997; Raskin e Epting, 1993, 1995; Raskin e Lewandowski, 2000). Embora os teóricos dos constructos pessoais tenham avaliado modelos de diversos transtornos de maneira empírica (Winter, 1992), eles acreditam que os problemas se originam fundamentalmente no uso continuado dos constructos pessoais, mesmo com invalidação repetida, julgados por sua incongruência com resultados mais concretos avaliados dentro do próprio sistema da pessoa (Kelly, 1955/1991).

Um aspecto característico da teoria da psicologia dos constructos pessoais é que ela se concentra menos em transtornos que envolvem o *conteúdo* dos constructos (p. ex., ter crenças negativas sobre si mesmo, o mundo e o futuro) do que em transtornos relacionados com os *processos* ou *estruturas* do sistema de constructos. Por exemplo, Kelly (1955/1991) definiu a "dilatação" como a ampliação do campo perceptivo do indivíduo, levando à aplicação de constructos a uma ampla variedade de cenários e experiências. Quando levada a um nível extremo, a dilatação impede que o indivíduo faça discriminações claras sobre a utilidade de aplicar seus constructos em um dado momento. Por exemplo (Fransella, 1993, p. 123),

> o "campo perceptivo" do cliente maníaco é tão ampliado que quase tudo tem relevância. Não há tempo para dormir.... Até que consiga limitar o seu campo perceptivo a algo que seja administrável, ele não terá tempo para reinterpretar.

Por outro lado, a "constrição" envolve limitar o próprio campo perceptivo para evitar incompatibilidades no sistema de constructos. Landfield e Leitner (1980, p. 12) proporcionaram um ótimo exemplo da constrição com um "cliente que se dedicava a se tornar a maior autoridade em búfalos no oeste do Nebraska. Toda a área de relacionamentos interpessoais era inalcançável". No campo clínico, a constrição costuma ser associada à depressão, na qual o envolvimento da pessoa com o mundo se reduz ao mínimo para evitar a ameaça de invalidação por eventos que poderiam erodir constructos precários de sua identidade fundamental.

"Afouxar" e "apertar" são outras formas de interpretar que, quando exageradas, podem levar a dificuldades. Os constructos de "afrouxamento" são aqueles que levam a previsões variadas, ao passo que os constructos de "apertar" produzem previsões estáveis (Kelly, 1955/1991). Todas as pessoas flutuam entre constructos mais afrouxados e mais apertados, pois os primeiros lhes permitem fazer construções novas, ainda que não completamente desenvolvidas, enquanto os outros são necessários para que elas apliquem seus constructos efetivamente em circunstâncias designadas. Infelizmente, a interpretação excessivamente afrouxado torna quase impossível o próprio propósito de interpretar – a previsão como base para fazer escolhas. Por outro lado, a interpretação excessivamente apertado impede que o indivíduo faça interpretações novas e possivelmente libertadoras dos eventos. A interpretação excessivamente afrouxada é análoga ao pensamento fragmentado associado à esquizofrenia, ao passo que a interpretação excessivamente apertada lembra o pensamento rígido e inflexível associado ao diagnóstico tradicional de transtorno de personalidade obsessivo-compulsiva (Johnson, Pfenninger e Klion, 2000).

Os "transtornos de transição" envolvem as dificuldades que surgem quando a pessoa percebe mudanças iminentes em seu sistema de constructos. Por exemplo, a "culpa" ocorre quando o indivíduo viola constructos fundamentais da identidade do self. Se você está sentindo culpa, "talvez faça coisas que não esperaria fazer, se fosse o tipo de pessoa que acredita ser" (Bannister, 1977, p. 32-33). A "ansiedade" ocorre quando a pessoa compreende que o seu sistema de constructos é inadequado para explicar uma situação crítica: "A pessoa não tem estrutura suficiente para entender os eventos ao seu redor. O sistema fracassa!" (Landfield e Leitner, 1980, p. 13). Dessa forma, um certo nível de ansiedade é inevitável sempre que se tenta explorar novas experiências que não possam ser acomodadas confortavelmente pelo sistema de constructos do indivíduo. A "ameaça" ocorre quando o indivíduo parece estar à beira de uma mudança abrangente em seu sistema de constructos (Kelly, 1955/1991), como quando uma mulher que sofre abuso fica paralisada ao deixar um relacionamento destrutivo pela ameaça de revisões radicais em sua visão de si mesma e da vida sem o seu parceiro. Finalmente, a "hostilidade" se caracteriza por tentativas de encontrar evidências de validação para corroborar construções que estejam fracassando claramente (Kelly, 1955/1991), como quando o parceiro abusivo no exemplo anterior impõe a sua construção sobre o papel de sua parceira resistente literalmente à força. Uma implicação intrigante dessa visão é que as emoções negativas não são "causadas" por maneiras "mal-adaptativas" de pensar, como em modelos convencionais da TCC, mas são expressões de transições iminentes nas construções de significados fundamentais que regulam nossas vidas com os outros (Bannister, 1977; McCoy, 1977). Assim, o objetivo da terapia não é "controlar" as emoções negativas, mas entender as mudanças às vezes sutis no modelo de vida básico do indivíduo, que essas emoções indicam (Mahoney, 1991).

Psicoterapia

Os teóricos que trabalham com o paradigma da psicologia dos constructos pessoais são tecnicamente ecléticos, e estimulam os clínicos a empregar todas as estratégias terapêuticas disponíveis, mas dentro de um arcabouço conceitual coerente. Todavia, uma técnica de terapia que é específica da teoria dos constructos pessoais é a "terapia dos papéis fixos" (Epting, 1984; Fransella, 1995; Kelly, 1955/1991). Nesse formato de terapia breve, os clientes devem primeiramente escrever descrições de si mesmos, como se fossem personagens de uma peça, do ponto de vista de alguém que os conhece intimamente e de maneira favorável. Um terapeuta retrabalha certos aspectos da descrição do cliente, introduzindo novas dimensões de constructos que estruturam diferentes formas de interações com outras pessoas. O cliente tem a oportunidade de praticar o novo papel com o terapeuta, e deve representar o papel na vida cotidiana, dando férias metaforicamente ao seu *self* usual e permitindo que a nova identidade entre em cena por um período determinado. A fundamentação para o trabalho com papéis fixos é que ele permite que os clientes experimentem novos comportamentos e construções pessoais, enquanto vestem a máscara protetora do faz-de-conta (G. J. Neimeyer, 1995), ao mesmo tempo que mitiga a culpa e os riscos que podem acompanhar o abandono de um papel importante.

Essa mesma postura respeitosa e convidativa caracteriza outras variações da terapia dos constructos pessoais, como o foco de Leitner (1995) nas maneiras em que os clientes lutam para estabelecer "relacionamentos de papéis" com outras pessoas. Devido ao seu potencial de afirmar e ampliar o sentido mais profundo que as pessoas têm de si mesmos, os relacionamentos de papéis podem ser as mais gratificantes das experiências humanas quando as construções básicas do indivíduo são validadas, ou podem ser as mais devastadoras quando as construções básicas são invalidadas. Por isso, o trabalho com relacionamentos de papéis pode ser assustador e difícil, especialmente para pessoas que se magoaram no passado quando se permitiram ser vulneráveis. A terapia gira em torno de ajudar os clientes a correr riscos, em vez de se esconder em relacionamentos de papéis, deixando que o terapeuta e, mais adiante, outras pessoas de suas vidas os conheçam profundamente. Um exemplo prático que combina características da terapia experimental de Leitner com o uso de um papel fixo pode ser visto no caso de Carla, uma estudante universitária que fez terapia com um de nós (J. D. R. – o "eu" no exemplo seguinte) por sentir ansiedade com o seu futuro.

Carla relatou se sentir insegura consigo mesma em uma variedade de contextos pessoais e profissionais, muitas vezes incapaz de reconhecer ou experimentar sentimentos que pudessem ajudá-la a afirmar seu ponto de vista sobre determinado assunto. Carla conectou grande parte dessa dificuldade ao seu relacionamento com seus pais, especialmente o pai. Inicialmente, ela descreveu seu pai como uma figura carinhosa, mas à medida que a terapia avançava, seguidamente nos encontrávamos falando sobre como ele impunha suas idéias sobre o que ela deveria fazer, acreditar e ser. Embora as intenções de seu pai fossem proteger e ajudar Carla no difícil processo de crescer, o resultado foi que ela teve uma imensa dificuldade para identificar seus desejos e interesses. Ela aprendeu com seu pai a se submeter à vontade dos outros e a não prestar atenção nos próprios sentimentos.

A terapia dos papéis fixos entrou na equação quando solicitei que Carla dramatizasse um papel bastante diferente do papel passivo que considerava ser o seu *self* verdadeiro. Inventamos "Ruth", uma personagem assertiva e gregária que não tinha medo de defender aquilo em que acreditasse. "Ruth" também era uma filha carinhosa e preocupada, mas nem sempre seguia os desejos da família e dos amigos. Apesar de permanecer sensível às pessoas ao seu redor, "Ruth" não hesitava em agir segundo suas necessidades e sentimentos enquanto lutava para desenvolver a pessoa que desejava tornar-se. Pedi que Carla dramatizasse o papel de "Ruth" entre as sessões. Inicialmente, isso foi muito difícil, fazendo-a retornar para nossas sessões desanimada e preocupada por me decepcionar. Nesse sentido, o trabalho com papéis fixos proporcionou uma importante matéria-prima para a terapia. Sua incapacidade inicial para seguir meu pedido de que dramatizasse o papel foi a base para explorar o relacionamento de papéis que estávamos desenvolvendo. Embora tenha sido difícil para ela comentar, Carla finalmente expressou a preocupação de que se não dramatizasse o papel, ela me decepcionaria e eu a rejeitaria – uma forma de abertura que já era compatível com o papel de "Ruth". Entretanto, Carla ficou visivelmente incomodada ao falar sobre essa preocupação, pois era algo que transparecia ainda mais na relação com o seu pai. O relacionamento de papéis que eu tinha com Carla se tornou o ponto central da terapia, e ela ficou bastante surpresa com a minha reação a não ter conseguido desempenhar o papel. Falei que ela sabia o que a incomodava e que respeitava sua decisão de não fazê-lo. Não foi de surpreender, então, que Carla tenha levado algum tempo para crer que eu não a rejeitaria por não dramatizar o papel. Contudo, à medida que continuamos a discutir o relacionamento de papéis que havíamos desenvolvido durante várias sessões, Carla começou a dramatizar alguns aspectos do novo papel. Ela disse que o que tornava tudo mais fácil era o fato de que estava fazendo porque *ela* queria fazer, e não porque estava tentando me agradar para que eu não a rejeitasse. Quando começou a desempenhar a técnica do papel fixo em áreas selecionadas de sua vida cotidiana, ela se viu incorporando muitas das características de "Ruth" no próprio sentido de *self*. Sua impressão de si mesma como uma pessoa passiva, insegura e incapaz de tomar decisões em sua vida desapareceu, e foi substituída por uma personagem mais assertiva, que começava a renegociar seu relacionamento com seu pai em uma série de interações difíceis, mas definitivamente transformadoras.

Como outras estratégias construtivistas de mudança, essa forma lúdica de dramatização de papéis fixos com um *self* alternativo, em vez de se concentrar na contestação de crenças irracionais ou erros no pensamento lógico, visa a criação de realidades pessoais e relacionamentos de papéis revisados.

Pesquisa

A teoria da psicologia dos constructos pessoais produziu uma literatura empírica substancial – somando literalmente milhares de estudos (Neimeyer e Martin, 1996) –, que explora não apenas tópicos de relevância direta para a psicoterapia, como uma ampla variedade de questões nas psicologias social, da personalidade, cognitiva e educacional (Neimeyer e Neimeyer, 1990-2000). A maioria desses estudos usa as adaptações da "técnica da grade de repertórios" para evocar os sistemas de constructos pessoais dos indivíduos nos próprios termos, e para examinar a maneira como esses sistemas são utilizados para organizar percepções de pessoas e eventos importantes (Fransella e Bannister, 1977; G.J. Neimeyer, 1993).* Dessa forma, as grades de repertórios se mostraram úteis para prever quais clientes são prováveis de responder a intervenções interpessoais ou comportamentais (Winter, 1990), e como as pessoas vêm a se reinterpretar no decorrer de uma psicoterapia bem-sucedida (Winter, 1992). Juntamente com medidas clínicas tradicionais, as grades também são empregadas para documentar o processo e os resultados de formas típicas de terapias dos constructos pessoais, como certos formatos de terapia de grupo que são inofensivos para sobreviventes de abuso sexual (Alexander, Neimeyer e Follette, 1991; Alexander, Neimeyer, Follette, Moore e Harter, 1989; Neimeyer, Harter e Alexander, 1991).

À luz da tendência comum de categorizar as abordagens construtivistas à ciência pessoal com terapias mais racionalistas como as de Beck (1993) ou Ellis (1993), é importante observar que a pesquisa empírica sobre o processo das duas abordagens sugere que elas são bastante diferentes. Por exemplo, aplicando diversas escalas de processo confiáveis a transcrições de terapias com dezenas de clientes, Winter e Watson (1999) verificaram que os terapeutas cognitivos tinham uma postura mais negativa para com seus clientes, mas também mais expressões diretas de aprovação, informação e orientação do que os clínicos da terapia dos constructos pessoais. De sua parte, os clientes da condição construtivista demonstraram

---

* N. de R.T. A este respeito, sugerimos a leitura de Neimeyer, R. A.; Mahoney, M. J. (1997). *Construtivismo em psicoterapia*. Porto Alegre: Artmed.

ter maior participação e envolvimento na terapia, e a terapia construtivista como um todo se caracterizou por uma freqüência maior de níveis mais complexos de diferenciação com foco externo e analítico, reavaliação e integração. Entretanto, não houve diferenças significativas no nível em que os clientes das duas condições consideravam que seus terapeutas ofereciam condições facilitadoras básicas de linha rogeriana. Essas pesquisas apontam para aspectos característicos das duas terapias que merecem ser estudados com relação a suas conexões com os resultados para os clientes.

A PSICOTERAPIA COMO RECONSTRUÇÃO DO DESENVOLVIMENTO

Teoria

Diversas teorias construtivistas concentram-se na dialética da construção do *self*, uma busca interminável que começa nos primeiros vínculos e continua por toda a vida. Comum a essas abordagens, há uma ênfase na centralidade de processos básicos de organização que regulam nosso sentido de realidade, identidade, poder e emoção (Mahoney, 1991). A terapia cognitiva pós-racionalista desenvolvida por Vittorio Guidano (Arciero e Guidano, 2000; Guidano, 1991) exemplifica essa orientação, baseando-se em pesquisas sobre a psicologia cognitiva e os padrões de formação de vínculos humanos para conceituar variações individuais na maneira como as pessoas constroem teorias pessoais do *self* e do mundo. A partir dessa perspectiva, a forma dos relacionamentos do indivíduo com seus primeiros cuidadores (p. ex., relacionamentos ansiosos, ambivalentes ou seguros) influencia os esquemas emocionais prototípicos que ele emprega em relacionamentos subseqüentes (p. ex., sensibilizando-se para prever o perigo, falhas no *self*, ou a ameaça de abandono). Além disso, como a continuidade dos processos de significados pessoais baseia-se na inter-relação entre o indivíduo e sua rede de relacionamentos íntimos contemporâneos, as emoções mais perturbadoras da vida são as que ocorrem no estabelecimento, na manutenção e no rompimento desses vínculos (Guidano, 1987).

No centro da teorização de Guidano, existem dois níveis de processos de conhecimento, que formam uma coalizão entre uma teoria do *self* explícita e uma variedade de limites tácitos do *self*. De maneira significativa, é o nível tácito de autoconsciência, representado por imagens, sentimentos e esquemas emocionais, em vez de rótulos verbais claros, que organiza o fluxo da experiência da pessoa e direciona a sua atenção para determinados temas no mundo. Por exemplo, uma mulher que cresceu com a ameaça de abandono dos pais pode vir a ter uma sensibilidade sutil a qualquer nuance de retraimento ou distanciamento em relacionamentos subseqüentes, mesmo que considere difícil "defender racionalmente" essa intuição no nível consciente. Por conseguinte, essa consciência tácita do potencial de abandono pode ativar toda uma gama de esquemas emocionais (como medo, raiva ou a rejeição autoprotetora do outro), que representam desafios para o seu sentido explícito de identidade e suas construções dos relacionamentos. Em comparação ao elevado nível de processamento tácito, a auto-imagem explícita da pessoa consiste em um conjunto mais limitado e consciente de modelos do *self* e do mundo (p. ex., autoconfiante ou resiliente), cuja capacidade de verbalização possibilita a auto-reflexão e a resolução de problemas que são peculiares aos seres humanos.[3] Dessa forma, em vez de representar um conjunto de traços ou uma realização estática, a identidade pessoal é um processo contínuo que busca continuidade histórica pela coordenação de sistemas tácitos e explícitos de autoconhecimento.

Transtornos

Os problemas surgem nesse modelo quando a pessoa confronta uma consciência tácita que não pode ser codificada adequadamente por uma auto-imagem explícita. Nesse caso, a pessoa pode avançar na direção de uma mudança "progressiva" em autoconhecimento, ampliando seu modelo de identidade pessoal para acomodar a consciência, ou de uma reorganização "regressiva" que preserve a definição pessoal "explicando" a excitação emocional tácita. Um exemplo da "organização de significado pessoal" associada à agorafobia ilustra esse processo.

Guidano propôs a hipótese de que as pessoas propensas a ter agorafobia experimentam limitações em sua exploração autônoma do mundo durante a infância, que são impostas indiretamente por pais superprotetores que pintam o mundo como algo perigoso e hostil, ou que ameaçam abandonar a criança se ela se aventurar por conta própria. Assim, ao contrário de crianças saudáveis, para as quais a exploração é estimulada pela "base segura" que o vínculo com os pais proporciona, uma criança propensa a ter fobias experimenta a intimidade e a separação como orientações antagônicas e mutuamente excludentes. Nessas circunstâncias, os impulsos normais de liberdade e independência implicam solidão e a perda da proteção de outro poderoso, que são sentidas de maneira incisiva, mas não são discutidas explicitamente. Como resultado, a criança avança para a idade adulta andando em uma corda bamba, entre a percepção de limitações impostas pelos outros por um lado, e o abandono e a solidão por outro. Esse equilíbrio sutil envolve excluir do reconhecimento explícito todas as experiências tácitas que ativam necessidades de independência, e desenvolver um conjunto crescente de queixas somáticas para "explicar" os sentimentos problemáticos, enquanto se garante a proximidade com uma figura protetora. Entretanto, a adaptação resultante é precária, pois a flutuação constante entre a necessidade de liberdade e a necessidade de proteção estabelece o medo como o sentimento que é reconhecido com mais facilidade no âmbito emocional da pessoa. Como conseqüência, o indivíduo com agorafobia passa a estruturar um modelo explícito do *self* como "no controle" não apenas de situações interpessoais (potencialmente perigosas), mas de emoções pessoais, que passam a ser consideradas fraquezas vergonhosas. Todavia, a exclusão de sentimentos de dependência na verdade dificulta a manutenção de relacionamentos íntimos, especialmente quando a necessidade tácita de independência ou proximidade desequilibra e ameaça o indivíduo com a perda do controle. Guidano e colaboradores criaram modelos semelhantes de várias outras organizações cognitivas protótipicas para condições como a depressão, o transtorno obsessivo-compulsivo e transtornos alimentares (Guidano, 1987, 1991; Guidano e Liotti, 1983).

Terapia

Essa conceituação do transtorno implica dois objetivos principais para a terapia. Em um sentido imediato, o terapeuta ajuda o cliente a prestar atenção e "decodificar" sentimentos problemáticos que sejam "descentralizados" do *self*, que então se tornam dados que podem ser usados para progressivamente ampliar e reestruturar as posturas explícitas do cliente para com o *self* e o mundo. No contexto de uma terapia de duração maior, o terapeuta também pode direcionar o cliente a uma "revisão do desenvolvimento" que busque as origens de suas teorias explícitas do *self*, e examine a maneira como elas impediram um jeito mais satisfatório de envolver o *self* e o mundo. Estudos de caso detalhados ilustrando essa reconstrução do desenvolvimento já foram publicados (Arciero e Guidano, 2000; Guidano, 1991). Neste texto, contudo, limitamo-nos a apresentar uma intervenção de "decodificação" no contexto de um tratamento breve, em oito sessões, para uma cliente que procurou um de nós (R. A. N. – o "eu" no exemplo a seguir) para tratar um transtorno de ansiedade.

Karen era uma profissional liberal de 43 anos, que tinha uma lucrativa carreira como consultora organizacional, e que havia começado a sentir uma ansiedade global que interferia em seu desempenho no trabalho. Uma rápida revisão de seu passado revelou uma história longa mas infreqüente de ataques de pânico desde que tinha 20 anos, mas que nunca haviam sido tratados. Embora o seu clínico geral tenha considerado o medo, as palpitações, o suor difuso e a tontura aparentemente inexplicáveis que acompanhavam esses episódios como "psicológicos", ela gradualmente aprendeu a minimizá-los, modificando suas atividades de maneira a não desencadear a excitação. Contudo, ultimamente, o pânico estava tornando-se mais freqüente e era acompanhado por uma ansiedade basal crescente, que aumentava sua preocupação de que havia algo de errado com ela. Pressionada por seu médico para consultar um psiquiatra, Karen me foi indicada posteriormente para fazer terapia cognitiva quando ele começou a se preocupar com o seu potencial de vício na medicação ansiolítica que havia prescrito.

Do ponto de vista interpessoal, Karen se mostrava uma pessoa motivada e lógica, que descrevia uma necessidade inexorável de estar "no controle" em reuniões de trabalho, apresentações e relacionamentos comerciais no ambiente empresarial. Embora aparentemente se relacionasse bem com as outras pessoas nesses cenários, ela também deixava perceber a esterilidade emocional da maior parte de sua vida adulta, que havia se caracterizado apenas por amizades superficiais e relacionamentos fugazes com homens. A exceção mais clara a esse padrão era o seu relacionamento atual, aparentemente paradoxal, com seu parceiro Don, uma pessoa "abaixo da média", que trabalhava em uma loja de peças automotivas e que passava seu tempo livre zanzando pela casa, mas que, ainda assim, se fez presente sempre que ela precisou nos últimos três anos. Porém, agora, esse relacionamento um tanto ambivalente, mas confiável, parecia ameaçado por forças que estavam fora do seu controle, pois a empresa de Karen estava mudando sua base de operações para uma cidade distante, exigindo que eles transplantassem o relacionamento, abandonassem-no, ou que ela mudasse sua linha de trabalho. Embora tenha se disposto a explorar essas questões, Karen tinha seus objetivos terapêuticos claros: eliminar os sintomas da ansiedade, a começar pelos ataques de pânico cada vez mais freqüentes. Aceitando essa incumbência, estabeleci os contextos mais prováveis de evocar o pânico – estar em um lugar fora do trabalho, sozinha e sem Don para protegê-la. Sugeri uma tarefa de casa comportamental e bastante direta: dar uma caminhada sozinha de casa até uma loja próxima, e monitorar o seu nível de ansiedade e os "pensamentos automáticos" que tivesse enquanto isso. Karen aceitou a tarefa prontamente.

Na sessão seguinte, fiquei surpreso com o relato de Karen de que, para executar a tarefa, ela havia caminhado por vários quilômetros, mas sem nenhum resquício de ansiedade. Quando questionei esse resultado inesperado mais profundamente, uma explicação tomou forma gradualmente: ela conseguia executar qualquer tarefa *como tarefa de casa*, mas exatamente o mesmo comportamento de exploração *por iniciativa própria* a deixava imediatamente paralisada de medo. O problema, portanto, estava no nível dos significados, e não do comportamento, necessitando de uma investigação mais profunda da importância dos sentimentos de perturbação que começavam a surgir durante seus ataques de ansiedade. À medida que nos concentramos mais intimamente neles, Karen lembrou espontaneamente de uma experiência de terror semelhante ocorrida quando tinha 20 anos, quando viajava muito como representante comercial para uma fábrica. Naquela época, como lembrou, ela vinha sentindo uma sensação pungente de solidão, e foi ao bar do hotel para procurar companhia humana. Karen ficou visivelmente ansiosa (exigindo uma intervenção estruturada de relaxamento) enquanto contava como foi seguida até o seu quarto por um dos homens com quem havia conversado, que arrombou o seu quarto e a estuprou violentamente.

Em retrospectiva, compreendemos que Karen havia assimilado essa experiência traumática desenvolvendo uma profunda regra tácita, que poderia ser verbalizada da seguinte maneira: "Estou segura desde que somente faça o que tiver de fazer para o meu *trabalho*, mas fico vulnerável no momento em que faço algo *para mim*". O desenvolvimento recente de um relacionamento pouco exigente e "administrável" com Don havia permitido que ela satisfizesse algumas de suas necessidades de intimidade dentro de uma organização cognitiva pessoal centrada no trabalho e no autocontrole. Agora, contudo, a ameaça a esse arranjo precário que a mudança iminente representava havia levado ao ressurgimento do velho conflito entre a "segurança" e a solidão voltadas para o trabalho e a "ameaça" de buscar uma vida interpessoal mais satisfatória, talvez sem a proteção de Don. Com esses sentimentos conflitantes explicitados, em vez de mantidos tácitos, Karen notou uma queda em sua ansiedade basal, e aceitou minha sugestão de que ela e Don deveriam conversar sobre a situação do seu relacionamento. O aconselhamento para casais reduziu ainda mais a propensão de Karen a ter ataques de pânico, à medida que ambos consideraram o significado de um comprometimento mais profundo com o outro, e decidiram fazer a mudança e procurar uma terapia relacional em seu novo lar.

Pesquisa

A abordagem do desenvolvimento de terapia de Guidano baseia-se em diversos programas de pesquisa básica, como a investigação de Abelson (1981) de roteiros cognitivos e o trabalho de Bowlby (1980) sobre o apego infantil. Além disso, sua ampla fundamentação em estudos de psicopatologias infantis e adultas, o comportamento de primatas e a emoção proporcionou a ela um amparo científico muito mais amplo do que é comum na maioria das psicoterapias. Por outro lado, intervenções específicas compatíveis com uma terapia do desenvolvimento e reconstrutiva (Guidano, 1995) estão apenas começando a ser avaliadas. Mesmo assim, os resultados de estudos preliminares sobre métodos para aumentar a consciência dos clientes sobre o seu autoprocessamento tácito e explícito são promissores (Mahoney, 1991). Além disso, o desenvolvimento de manuais de codificação de processos deve permitir que os futuros pesquisadores testem os mecanismos presumidos de mudança da psicoterapia "pós-racionalista" de Guidano, como o movimento para uma maior coerência pessoal que resulta da revisão do desenvolvimento (Levitt e Angus, 1999). Finalmente, pesquisas recentes sobre os possíveis usuários da psicoterapia sugerem uma preferência geral por intervenções construtivistas sobre intervenções cognitivas/racionais e comportamentais, sugerindo a aceitação desse tratamento para os clientes (Vincent e LeBow, 1995). Mais importante, controlando a identificação dos clientes com o seu problema, esse estudo verificou que indivíduos com um lócus de controle interno avaliaram a terapia construtivista de maneira mais favorável, ao passo que aqueles que tinham um lócus de controle externo favoreceram intervenções cognitivas e comportamentais mais tradicionais. Esses resultados sugerem a complementaridade das duas abordagens e a possível utilidade de tratamentos combinados, em vez de se promover uma única forma de terapia de maneira indiscriminada.

A PSICOTERAPIA COMO QUESTIONAMENTO RADICAL

Teoria

Uma implicação da epistemologia construtivista é que, como as pessoas *construíram* aquilo que acreditam ser a realidade, elas podem *desconstruir* essa mesma realidade de maneira rápida e eficiente quando se conscientizam vividamente de seu papel de a terem criado em primeiro lugar. As dificuldades surgem quando as construções superiores do *self* e do mundo que tornam necessária determinada construção, ação ou emoção sintomática são inconscientes, proporcionando uma coerência oculta para o sintoma na ecologia geral de significados da pessoa. Nesses casos, a terapia assume a forma apropriada de "questionamento radical", cujo objetivo é trazer à luz (por meio de uma experiência instigante) as construções tácitas que impõem o sintoma doloroso e preparar a base para a sua transformação.

A abordagem de terapia breve profunda criada por Bruce Ecker e Laurel Hulley (1996, 2000) exemplifica o ponto de vista do questionamento radical. Ela sustenta que a brevidade e a profundidade da terapia não são contraditórias, se o terapeuta acreditar que é possível haver mudanças significativas em cada sessão, desde o seu primeiro contato. Geralmente, os clientes trazem uma "posição anti-sintomas" consciente para a terapia – um desejo sério de se libertar da ansiedade, da tristeza, de conflitos, indecisões ou outros sintomas que causem perturbações não somente a eles, mas para outras pessoas importantes em suas vidas. A terapia breve profunda difere das terapias mais tradicionais em resistir à tentação de firmar um contrato imediato com o cliente para trabalhar visando a eliminar o seu problema. Ao contrário disso, usando um procedimento experimental, em vez de interpretativo ou didático, o terapeuta investiga a ordem oculta na aparente desordem do cliente, levando este a articular e "habitar" a "posição pró-sintomas" mais profunda e inconsciente que faz da manutenção do sintoma uma prioridade vital. Quando isso vem à luz, a resolução do problema pode ocorrer de forma rápida e espontânea, à medida que o cliente declara conscientemente que tem o sintoma problemático (p. ex., quando um homem reconhece a racionalidade mais profunda da procrastinação na busca de formação em uma carreira que não escolheu). De maneira alternativa, o sintoma pode se dissolver quando o cliente reconhece que o propósito anteriormente oculto do sintoma já não tem relevância contemporânea (p. ex., quando uma mulher adulta que sofreu abuso sexual quando criança subitamente entende que a sua autoconfiança na solidão tem uma função protetora desatualizada para o seu relacionamento atual).

Transtornos

O próprio conceito de "transtorno" é qualificado segundo um modelo de terapia breve profunda, no sentido de que uma construção, ação ou estado emocional, que é aparentemente disfuncional ou irracional na visão consciente do terapeuta, dos outros e mesmo do cliente, se revelam como bastante funcional[4] e "racional" em níveis superiores e não-conscientes. Dessa forma, a terapia breve profunda pode ser vista em um certo sentido como a antítese das terapias cognitivas racionalistas: em vez de instruir os clientes em métodos específicos para demonstrar os "erros cognitivos" ocultos em "pensamentos automáticos" aparentemente lógicos, a terapia breve profunda proporciona um meio não-didático de revelar a lógica oculta de posições aparentemente mal-adaptativas dos clientes. Posto de outra forma, a terapia breve profunda presume que o sintoma seja coerente com uma construção mais profunda da realidade que o cliente mantém, e somente pode ser abandonado se e quando a reconstrução desse significado e propósito superiores for possível.

Terapia

A terapia breve profunda exige uma sintonia empática dos terapeutas com a perturbação real do cliente (a posição anti-sintoma), mas também uma persistência investigativa para averiguar os propósitos profundamente arraigados desse mesmo problema. Na prática, essa postura promove uma busca bastante concentrada, mas uniforme da "verdade emocional" do sintoma – o significado tácito superior que torna crucial mantê-lo, apesar do sofrimento genuíno que causa. Os meios pelos quais essa "investigação radical" (do latim *radix*, que significa "raiz") ocorre são variados, mas ela geralmente envolve a reflexão da situação do cliente em uma linguagem profunda e metaforicamente vívida, que envolva o cliente em um nível mais que "cognitivo". A investigação é realizada por meio de diversas técnicas especializadas, como a construção de sentenças incompletas, cuidadosamente preparadas, que proporcionam um tipo de ímã para significados inconscientes, e o uso de várias formas de visualização e declarações diretas que cristalizam a posição pró-sintoma na consciência do cliente. O fato de ter em vista o "módulo de realidade" pró-sintoma, enquanto habita simultaneamente a posição oposta anti-sintoma, abre caminho para uma "mudança experimental" na direção da resolução do problema em questão.

Um exemplo desse processo vem de meu (R. A. N.) trabalho com Sara e Geoff, um casal na faixa dos 40 anos, que havia divorciado-se de seus cônjuges recentemente para se casar. No decorrer de seu relacionamento de três anos e seu casamento de três meses, eles passaram por muitas coisas juntos, incluindo uma mudança geográfica e uma mudança na carreira de Geoff. Embora essas transições tenham sido estressantes, outras foram mais emotivas, como a morte progressiva do pai de Sara aproximadamente nove meses antes, durante a qual Geoff havia prestado grande apoio. Contudo, justamente agora que eles estavam consolidando o significado de formarem um casal, outros problemas, aparentemente mais difíceis, surgiam em conexão com seus filhos. Em particular, a filha de 15 anos de Geoff, Kalen, estava visivelmente distante e irritada com a nova esposa de seu pai – apesar das tentativas de Sara para se tornar sua amiga, e apesar do relacionamento íntimo e "especial" entre Kalen e Geoff. Embora tensões semelhantes também tenham ocorrido entre Geoff e a filha de Sara, Samantha, ambos os parceiros diziam que ele havia lidado com o problema de maneira franca e com bom humor, certificando-se de abrir espaço para ela, mas exigindo um pouco de respeito. Como resultado, seu relacionamento com Samantha foi ficando gradualmente mais afetuoso, enquanto o relacionamento de Sara com Kalen havia esfriado visivelmente. Deprimida, Sara admitiu que sua ansiedade com as visitas semanais de Kalen havia aumentado a ponto de ela se "fechar" e se "retrair", encontrando desculpas para sair de casa o máximo possível nesses momentos. Talvez ainda mais importante, Geoff adicionou com um pouco de raiva, ele se sentia "congelado" no relacionamento com Sara, que se afastava dele e de Kalen, e "puxava brigas" agressivas e inusitadas com ele após as visitas. Falando claramente da posição anti-sintoma, ambos os parceiros procuravam desesperadamente uma saída desse ciclo, mas a resposta à essa dinâmica perniciosa lhes escapava no momento.

Minha investigação radical dos sistemas de significado que mantinham o problema envolveu primeiramente pedir que Sara relembrasse alguma circunstância recente em que tenha sentido esse problema de relacionamento. Ela logo lembrou da visita de Kalen na semana anterior, quando esta havia sentado à sua frente na mesa do jantar, seu corpo voltado exageradamente para seu pai (e afastando-se dela), em uma conversa animada que a excluía (intencionalmente). Magoada e ressentida, Sara "engoliu seus sentimentos" e deixou a mesa em silêncio, passando a descarregar sua raiva em Geoff indiretamente nos dois dias seguintes. Nesse ponto da história, pedi que Sara fechasse os olhos e "reentrasse" na cena, parando para reexperimentar parte da tristeza e raiva visceral que havia começado a sentir naquele momento. Usando o método da "privação de sintomas" (Ecker e Hulley, 1996), solicitei que ela continuasse a imaginar a cena, mas que permanecesse nela sem se "retrair", participando de uma conversa normal com Kalen e Geoff após o jantar. Em seguida, Sara abriu os olhos e disse subitamente: "Não posso. Sinto que estou tirando o pai dela". As lágrimas corriam dos seus olhos à medida que começou a ter acesso a uma culpa, que antes não reconhecia, por "roubar" o "maravilhoso pai" que Kalen amava e claramente ainda necessitava. Colocando a verdade emocional do afastamento sintomático de Sara em uma visão mais clara, anotei em um cartão, que depois li para Sara de maneira lenta e evocativa, enquanto Geoff escutava em total silêncio. Novas lágrimas caíam enquanto ela confirmava a exatidão fenomenológica da declaração. Entreguei o cartão a ela, e pedi que se visualizasse falando diretamente com Kalen enquanto lia as palavras escritas. Engasgando-se nas palavras "silêncio" e "culpa", Sara leu:

> Apesar de ficar muito triste, e me afastar de Geoff em silêncio, prefiro continuar a viver com medo esperando a sua chegada do que sofrer o golpe de culpa que eu sentiria se tirasse de você o tipo de pai que me foi tirado.

Apenas o som do choro de Sara rompeu o minuto de silêncio que se seguiu. Finalmente, com Geoff segurando sua mão para confortá-la, Sara disse: "É isso, não é? É por isso que eu não posso ser aberta e me envolver com ela, como em outros relacionamentos. Isso é tão *verdadeiro*, mas eu nunca tinha enxergado". Com a sessão chegando ao fim, pedi que ela ficasse com o cartão e o lesse pela manhã e à noite, para ajudar a manter essa nova posição pró-sintoma de maneira consciente na semana seguinte. A mudança experimental introduzida por essa nova consciência se tornou evidente na semana seguinte, quando ela e Geoff contaram que Sara havia convidado Kalen espontaneamente para ajudar a fazer o jantar para ele – um convite que Kalen aceitou com um pouco de cautela. Igualmente importante, Sara e Geoff tiveram uma discussão emotiva sobre a morte do pai dela, e decidiram convidar a mãe para visitá-los em sua nova casa nas próximas férias. A fria distância e a impotência que ambos apresentavam anteriormente estavam passando claramente, em um nível que fazia com que nenhum dos dois sentisse necessidade de mais sessões no futuro próximo.

Pesquisa

Em parte por ser tão recente, a terapia breve profunda ainda deve ser avaliada por estudos de resultados controlados, embora pesquisas substanciais sobre os processos de mudança psicoterapêutica possam sugerir que ela é uma promessa considerável. Por exemplo, Martin (1994) conduziu um amplo programa de pesquisa sobre os momentos críticos da psicoterapia e descobriu que os mais memoráveis e importantes são os que aumentam a consciência pessoal dos clientes e a profundidade de seu processamento. Além disso, essas interações significativas se caracterizavam pela elaboração dos significados dos clientes por meio de uma linguagem figurativamente rica, e especialmente a construção cooperativa de metáforas que captem diferentes aspectos das posições dos clientes em termos pungentes. Algumas revisões quantitativas de estudos de resultados da psicoterapia também demonstraram a eficácia de procedimentos emocionalmente evocativos, como os usados na terapia breve profunda e outras abordagens experimentais afins (Greenberg, Elliott e Lietaer, 1994). Por conta de sua brevidade, seu impacto aparente, e sua integração engenhosa de tradições dinâmicas e humanistas, uma terapia que apresenta procedimentos de questionamento radicais merece a atenção de um círculo mais amplo de profissionais e pesquisadores construtivistas.

A PSICOTERAPIA COMO CONSTRUÇÃO NARRATIVA

Teoria

À medida que a epistemologia construtivista se afasta das metáforas lógicas e computacionais da mente, ela cada vez mais compreende modelos alternativos que enfatizam o "saber narrativo" (Bruner, 1990). Em sua expressão clínica, esse impulso narrativo assume duas formas gerais: a primeira, alinhada com os modelos da ciência pessoal e reconstrução evolutiva citados anteriormente, e a segunda, com abordagens construcionistas sociais predicadas em concepções bastante diferentes de linguagem, realidade e individualidade (Neimeyer, 1998c). Nesta seção, enfatizamos as características básicas dessas linhas de teoria narrativa, com referência à perspectiva de sua integração na prática da psicoterapia como "reconstrução narrativa".

Do ponto de vista "cognitivo-construtivista", a narração representa a forma prototípica em que os seres humanos organizam a experiência, "enredando" os eventos importantes e colocando-os em uma seqüência temporal que se projeta rumo a um objetivo significativo (Neimeyer e Stewart, 1998). Além disso, as histórias que contamos também falam em níveis temáticos mais profundos, revelando a "paisagem de intencionalidade" e a "paisagem de ação" em que a história se desdobra (Bruner, 1990). Assim, independentemente de estarmos relatando os eventos de nosso dia a um amigo, lendo um romance ou um conto, assistindo a um filme ou um programa de televisão, ou discutindo o significado de uma vida de sofrimento com um psicoterapeuta, nossas vidas são carregadas de histórias. A partir dessa perspectiva, a narração tem uma função intrapessoal importante: estabelecer a continuidade de significados em nossa experiência vivida (R. A. Neimeyer, 1995a). Em particular, confrontados com uma confusão de experiências de vida que desafiam nosso sentido de coerência, somos motivados para construir uma narrativa coerente que faça nossa experiência ser reconhecida como nossa (Hermans e Hermans-Jansen, 1995).

A partir de uma perspectiva construcionista social (Burr, 1995; Gergen, 1991), contudo, as narrativas não são resultado de um processo interno de estruturar a experiência como a purificação de discursos culturais que configuram e limitam os "roteiros de identidade" que determinada pessoa pode seguir. Uma implicação dessa postura sociocêntrica é que os "contos culturais" em que estamos imersos, de certa forma, "colonizam" o *self* (Sass, 1992), proporcionando os próprios conceitos pelos quais nos definimos como homens ou mulheres, jovens ou velhos, ou membros de determinada raça, religião ou profissão. Essa leitura mais social também nos sensibiliza para aquilo que as pessoas estão fazendo ou tentando fazer como usuários do discurso (Edwards e Potter, 1992), em termos das posições implícitas que atribuem a si mesmos e aos outros. Por exemplo, embora não possa haver uma narrativa transcendentalmente "verdadeira" do conflito entre a raiva dos pais e um adolescente rebelde, isso não significa dizer que cada parte não tentará impor a aceitação de sua versão auto-serviente dos eventos sobre qualquer pessoa que se proponha a escutar. Assim, do ponto de vista construcionista social, a narração é vista não como um processo intrapsíquico para representar a realidade pessoal, mas como um processo político para construir uma realidade social (Neimeyer, 2000b).

Um caminho intermediário entre os extremos do construtivismo cognitivo e o construcionismo social é o foco na centralidade dos relacionamentos humanos, o contexto dialógico em que as narrativas são contadas verdadeiramente e as identidades são vividas em nossas vidas cotidianas (Gergen, 1994; Tappan, 1999). Como somos "distribuídos heterogeneamente" em muitos grupos sociais diferentes com suas próprias expectativas e regras (muitas vezes conflitantes), não operamos com um único *self*, mas com *selves* múltiplos, que competem pela dominância em determinados contextos sociais (Wortham, 1999). Particularmente quando nos encontramos em encruzilhadas com outros relacionamentos, podemos experimentar a "atração" de papéis e identidades opostas, como quando combatemos "posições" incompatíveis impostas por nossas famílias, carreiras ou amigos. Portanto, as narrativas pessoais específicas (como pais ou filhos dedicados, profissionais sérios, ou amigos leais) têm uma função dialógica importante, buscando validação para a plausibilidade de determinado roteiro de identidade com pessoas relevantes. Dessa forma, a narração afirma (temporariamente) a primazia de uma versão específica do *self* do narrador, construindo um modelo do tipo "e se", segundo o qual não apenas a vida do indivíduo, mas a sua identidade alcança coerência ficcional (Neimeyer, 2000b).[5]

Transtornos

A ênfase complementar de uma visão construtivista social e cognitivo-construtivista da narração abre espaço para visões também complementares do transtorno, situadas respectivamente no *self* e não na rede social. No primeiro caso, as narrativas pessoais se desintegram e são fragmentadas quando a pessoa não consegue discernir uma maneira significativa de unir o passado ao presente, ou quando experiências críticas da vida se encontram além da principal narrativa inteligível da vida da pessoa (Polkinghorne, 1991). Essa fragmentação surge freqüentemente, por exemplo, em casos de trauma, quando veteranos de guerra, vítimas de agressão sexual e sobreviventes de desastres naturais não encontram uma maneira adequada de integrar suas perdas em suas histórias de vida anteriores (Wigren, 1994). Como conseqüência, ficam com histórias pessoais incoerentes – nas quais suas perdas objetivas são acrescidas da perda do sentido de quem eram (Neimeyer e Stewart, 1998).

Em uma visão construcionista social, as pessoas experimentam problemas quando suas identidades são subjugadas pelas demandas de uma narrativa dominante, como quando um cliente passa a se enxergar de maneira excludente como "anoréxico", "alcoolista" ou "depressivo" (Monk, Winslade, Crocket e Epston, 1996). É claro que nem todos os discursos dominantes envolvem diagnósticos psiquiátricos. Como as terapeutas feministas são rápidas em mostrar, as identidades coletivas socialmente aceitas para gêneros e raças podem delimitar nitidamente a faixa permissível de narrativas pessoais daqueles que não se contrapõem a essas exigências (Brown, 2000). Nesse sentido, a identidade de uma pessoa pode se tornar coerente *demais* – tão subordinada ao roteiro social que não tolera desvios na forma de idiossincrasias pessoais.[6]

Terapia

De acordo com as linhas mais individualistas e sociais da teoria narrativa, a terapia narrativa abrange dois conjuntos amplos de procedimentos para desenvolver um sentido de *self* mais coerente por um lado, ou uma identidade preferida por outro. Contudo, em um nível geral, ambos podem ser vistos como formas de "reconstrução narrativa", na qual o indivíduo não apenas constrói uma história mais satisfatória de si mesmo como protagonista, mas um sentido de *self* mais competente como autor.

Os construtivistas que se preocupam com a perturbação traumática das identidades dos clientes por perdas profundas, agressões e vitimização costumam se basear em conceituações narrativas para ajudar os clientes a restabelecer o sentido de continuidade pessoal e encontrar um "lugar" para o trauma nas histórias de suas vidas. Por exemplo, Stewart (1995) projetou diversos procedimentos de terapia de grupo para ajudar veteranos de guerra traumatizados a encontrar maneiras de "conectar" os jovens ingênuos que vão para a guerra com os veteranos desiludidos que retornam. Da mesma forma, Neimeyer (1998b) criou diversos exercícios biográficos, metafóricos e narrativos para promover novas perspectivas sobre as perdas que resultam do luto, da perda do emprego, de mudanças geográficas e da dissolução de relacionamentos. Como essas experiências geralmente envolvem a validação do "mundo suposto" que fundamenta o sentido de estabilidade, valor e significado do indivíduo (Janoff-Bulman e Berg, 1998), esse trabalho é intenso, alternando-se entre reviver as emoções do evento traumático e escrever ou dialogar de forma reflexiva para promover sua integração gradual.

Os terapeutas narrativos que argumentam contra a dominação de identidades socialmente construídas tendem a colocar o processo de recriação segundo um arcabouço mais político do que pessoal. Por exemplo, White e Epston (1990) argumentam especificamente contra os "discursos individualizantes" da cultura ocidental (e da psicoterapia) que situam os problemas "dentro" das pessoas – uma prática que não apenas patologiza e envergonha os clientes, mas que também constrói uma identidade desordenada que muitas vezes se torna uma profecia auto-realizável. Como alternativa, eles caracteristicamente "externalizam" o problema, convidando as pessoas subjugadas por ele a reunir seus recursos pessoais e sociais para resistir à sua influência. Por exemplo, pode-se solicitar que um homem divorciado, com conflitos sobre seu novo relacionamento e com culpa pela dissolução de seu casamento, considere os "efeitos reais" da culpa em sua vida. Refletindo gradualmente sobre a maneira como a culpa faz com que se afaste de seus filhos, recusando-se a se comprometer com sua nova parceira, e tratando-se com autopunição, ele pode começar a pensar em maneiras de "segurar" o peso opressivo da culpa, e reivindicar a autoria de uma história de vida melhor. Conforme observam Freeman, Epston e Lobovits (1997, p. 8), "No espaço entre a pessoa e o problema, a responsabilidade, a escolha e a iniciativa pessoais tendem a se expandir". Os terapeutas narrativos têm sido especialmente criativos em consolidar esse sentido de iniciativa por meio de questões cuidadosamente preparadas e metaforicamente evocativas, que expõem a influência do problema sobre a pessoa, e consolidam a influência da pessoa sobre o problema (Eron e Lund, 1996). Esses ganhos são substanciados muitas vezes por meio de produções narrativas da parte do terapeuta e do cliente, como cartas que o terapeuta esboça para recapitular os ganhos do cliente de forma vívida e que apontam para futuros mais esperançosos.

Um exemplo disso surgiu na terapia com Gerri, uma mulher de 50 anos, diagnosticada com transtorno bipolar e tratada com lítio nos últimos 30 anos. Gerri havia suportado muitas tempestades ao longo desse período (p. ex., o parto de um filho natimorto, que ela desejava muito, um caso amoroso devastador associado ao seu primeiro episódio maníaco e o relacionamento agressivo e prolongado de seu marido com um irmão "incapaz", que estava quase destruindo os negócios da família). Porém, recentemente, seu psiquiatra a incentivou a procurar terapia comigo (R. A. N.), quando foi necessário trocar a sua medicação por causa de sinais crescentes de envenenamento com lítio. A depressão que se seguiu poderia ser atribuída a muitos fatores, incluindo uma reação farmacológica, luto por um aborto recente de uma de suas filhas, os próprios sentimentos de impotência com relação à sua saúde deteriorada e a marginalização da empresa de seu marido, onde trabalhava como secretária, com pouca remuneração. Além disso, esses problemas aumentaram substancialmente quando seu marido, que antes lhe era solidário, começou a beber para "aliviar o estresse", levando a explosões de raiva freqüentes e mais problemas nos relacionamentos familiares. "Saturada" pela desesperança e "consumida" por uma raiva reprimida, Gerri começava a comentar em voz alta, em meio ao choro, se havia razão para continuar vivendo, pois previa que o desespero só se aprofundaria com a aproximação das festas de fim de ano.

Quando Gerri contou sua história, comecei um "questionamento curioso" figurativo (Monk et al., 1996) sobre como a desesperança e a raiva haviam se instalado lentamente em sua vida. Nos 15 minutos de discussão metafórica, construímos uma imagem da desesperança como uma neblina rastejante que impossibilitava que ela enxergasse à frente, ou mesmo que enxergasse as pessoas ao seu redor que poderiam estar tentando ajudá-la com gestos de apoio. A raiva era ainda mais insidiosa, chegando escondida na neblina e limpando suas pegadas cuidadosamente, enquanto sabotava seu relacionamento com o seu marido, William, e o dele com ela. Antes uma ávida fã de lutas na televisão, ao final da sessão, Gerri havia se colocado em posição de ataque contra a influência perniciosa do "grupo de ataque" da desesperança e da raiva, e até riu delas.

Na sessão seguinte, duas semanas depois, Gerri parecia uma mulher transformada. Embora ainda cautelosa com relação à sua melhora e preocupada com sua medicação, ela contou que William a havia acompanhado ao consultório do psiquiatra e havia feito várias observações sobre os efeitos colaterais dos novos medicamentos que estava experimentando, levando a uma mudança produtiva em seu regime farmacológico. Ainda mais interessante, embora tivesse rejeitado meu convite anterior para acompanhar Gerri em nossa sessão, William reduziu a bebida a uma única cerveja por noite e ajudou Gerri espontaneamente a preparar um churrasco para sua filha e seu genro. De sua parte, Gerri assumiu e cumpriu com uma difícil tarefa burocrática que vinha evitando no trabalho, recebendo cumprimentos de seu marido e dos outros funcionários no processo. Minhas questões ajudaram a "historiar" esses acontecimentos ("O que mostrou que você tinha força para começar a lutar com a neblina que quase lhe sufocou?") e a recrutar uma platéia para uma narrativa mais favorável ("Quem em sua vida se beneficiaria em saber sobre a maneira como você e William estão lidando com o nó de raiva que quase sufocou toda a vida em seu casamento?"). Quando se aproximava o fim da sessão, pedi 10 minutos a Gerri para esboçar uma pequena carta para ela entregar ao marido:

> Caro William
> Conversar com Gerri hoje foi um verdadeiro prazer. Como você certamente pode ver, é como se a vivacidade estivesse retornando a ela, após um longo período de mortificação. É especialmente bom vê-la atravessar a neblina de desesperança que obscurecia sua visão, e testemunhar seu novo otimismo com o futuro.
> Enquanto tenho certeza de que acertar a medicação – algo em que você parece ter tido um papel crítico – foi parte do que possibilitou esse novo começo, também suspeito que os esforços de cada um de vocês para lidar com esses problemas como uma equipe tiveram um papel ainda maior nesses novos avanços positivos. Fico especialmente impressionado com a bondade que vocês têm demons-

trado um ao outro, e a paciência que vocês demonstraram com as inevitáveis imperfeições que todos temos como seres humanos.

Enquanto me preparo para o dia de Ação de Graças com minha família, agradeço também pelas mudanças auspiciosas na sua. Não é necessário dizer que agradeço seus esforços em casa e no trabalho para criar uma vida que realmente valha a pena para você e Gerri. Espero novidades, e espero ouvir suas idéias sobre esse que parece ser um novo capítulo na história do seu relacionamento.

Na semana seguinte, recebi uma ligação de William, que perguntou se poderia acompanhar sua esposa na próxima sessão. Sua história continuava a se desdobrar em direções positivas, e ele disse que estava interessado em falar sobre novas idéias de como se poderia manter o *momentum*.

Pesquisa

A perspectiva narrativa tem o apoio empírico da pesquisa básica da ciência cognitiva, que sugere que as pessoas tendem intrinsecamente a codificar as experiências em termos de "estruturas de eventos" e "esquemas de histórias" (Barsalou, 1988; Mandler, 1984). Todavia, essas "histórias" de experiências na memória declarativa consciente são comprometidas por experiências traumáticas que entram na memória icônica como imagens e sensações "não-metabolizadas", que resistem à incorporação em narrativas verbalizáveis (van der Hart e Brown, 1992; van der Kolk e van der Hart, 1991). O resultado é um conjunto de memórias dissociadas, mas com carga emocional, que são desintegradas na narrativa principal da vida da pessoa. As pesquisas sobre veteranos de guerra e pessoas expostas a assassinatos coletivos indicam que os sobreviventes que não conseguem integrar o evento em suas construções de suas vidas correm o maior risco de desenvolver transtorno de estresse pós-traumático (Sewell, 1996, 1997; Sewell et al., 1996).

A pesquisa narrativa também começou a abrir atalhos do laboratório para a clínica, inspirando taxonomias de estruturas (Neimeyer, 2000b) e processos narrativos (Angus, Levitt e Hardke, 1999) que representam promessas para o estudo do processamento dos clientes na terapia. Da mesma forma, procedimentos específicos da terapia narrativa, como a externalização de problemas, começam a ser avaliados em estudos de resultados em grande escala (Rohrbaugh, Shoham, Spungen e Steinglass, 1995), assim como os procedimentos expressivos que usam métodos narrativos. Um exemplo proeminente desta última tendência é a série de estudos controlados desenvolvida por Pennebaker e colaboradores (Pennebaker, 1997), que replicaram diversas vezes a eficácia de se contar experiências traumáticas em uma forma escrita, emocionalmente vívida e relativamente desestruturada, para melhorar os resultados para a saúde física e mental. A promessa dessas intervenções é ainda mais intrigante, pois elas se afastam fundamentalmente das intervenções mais diretivas, contestatórias e didáticas que tipificam a terapia cognitiva tradicional.

A PSICOTERAPIA COMO CRÍTICA DISCURSIVA

Teoria

Embora as orientações epistemológicas das perspectivas pós-modernas descritas afastem-se de maneira sutil ou substancial do realismo que fundamenta a maioria das formas de TCC, a filosofia associada às perspectivas radicais e críticas é a que rompe de maneira mais clara com os pressupostos vigentes. De fato, em suas expressões mais puras, essa variação pós-moderna não propõe simplesmente uma epistemologia alternativa não-realista, mas rejeita qualquer forma de epistemologia. Clamando pelo "fim do saber", Newman e Holzman (1997) argumentam que o foco apropriado da psicologia não é o conhecimento, a linguagem ou uma narrativa pessoal ou social, mas a "atividade" – um foco que exige uma nova metodologia. Segundo Holzman (2000), a "atividade" se distingue do "comportamento", na visão dos behavioristas, e da "ação de agente", conforme os humanistas. Ao contrário disso, a autora usa a palavra no sentido marxista para denotar a "atividade prática-crítica e revolucionária, [uma forma de] prática humana que é completamente auto-reflexiva, dialética, transformadora da totalidade [e] continuamente emergente". O método psicológico, segundo essa visão, é inseparável do objeto a ser estudado. Central a ambos, é a nossa capacidade humana de criar padrões de viver por meio de "comportamentos" que transformam nós mesmos e o nosso ambiente (Newman e Holzman, 1999). Como prática crítica, essa visão não diz respeito essencialmente a debates acadêmicos sobre qual teoria ou terapia está certa ou errada, mas se preocupa profundamente com as maneiras em que essas teorias ou terapias promovem ou ajudam a combater instituições sociais opressoras.

Transtorno

De certa forma, a psicologia radical-crítica vai um passo além até dos modelos construcionistas sociais e narrativos, argumentando que os discursos sociais dominantes não apenas *engendram* os transtornos nas pessoas subjugadas por eles, mas *são* os próprios transtornos que devem ser combatidos na prática politicamente informada. A psicologia organizada é responsável por grande parte desse discurso, obtendo uma imagem das pessoas como "sujeitos racionais e unitários" – uma imagem que é "permeada de pressupostos racistas e sexistas" (Burman, 2000). Conforme observa Burman (2000), a "psicologia nos enlouquece, no sentido de patologizar a irracionalidade e individualizar a resistência política na perturbação pessoal". A autora e outros pesquisadores são bastante críticos do "*complexo psi*... [aquela] densa rede de teorias e práticas dentro e fora da academia e da clínica, [que é] um aparato regulador perigoso e pernicioso [mesmo assim] fracassado" (Parker, 2000). A opressividade da psicologia vigente, nessa visão, se caracteriza por endossar sistemas diagnósticos que colocam os transtornos dentro das pessoas, ao contrário de sistemas sociais, em sua tendência de engrandecer o poder nas mãos da elite terapêutica, e em sua quantificação cientificística de traços humanos e supostos desvios. Como essas "técnicas de poder" (Foucault, 1970) estão profundamente arraigadas nos preconceitos culturais ocidentais, a crítica não é necessariamente direcionada apenas contra a psicologia tradicional, mas também contra o sistema capitalista mais amplo que ela sustenta.

Terapia

Não é de surpreender que essa crítica social molar anime formas igualmente radicais de "terapia". Embora a crítica do "complexo psi" já seja uma forma de intervenção cultural, outras variedades mais afirmativas de "terapia social" também tomaram forma. Como grupo, essas práticas são uma resposta à seguinte questão: "O que a psicologia deve ser para reiniciar o desenvolvimento das pessoas, considerando-se o quanto as condições da sociedade são opressivas e não estimulam o crescimento?" (Holzman, 2000). Uma resposta a essa questão seria que os psicólogos devem promover o desenvolvimento de comunidades inteiras, em vez de indivíduos isolados nelas. Por exemplo, o Teatro Castillo, em Nova York cria apresentações relevantes para as vidas de seus participantes marginalizados, encenando questões relacionadas com as culturas afro-americanas, latina, de gays e lésbicas e feminina (Holzman, 2000). Da mesma forma, a All Stars Talent Show Network promove uma campanha contra a violência para jovens urbanos, por meio da organização de shows que se tornam produções para toda a comunidade. De maneira significativa, os jovens não apenas cantam, dançam e encenam peças nesse programa, como também negociam espaço com escolas e igrejas, desenvolvem uma campanha publicitária e atuam como mentores para artistas e organizadores mais jovens. Assim, jovens que geralmente se identificam excessivamente com comportamentos destrutivos têm uma oportunidade para se enxergarem como criativos, habilidosos e alguém que tem algo para dar (Fulani, 2000). O desenvolvimento dos recursos de comunidades economicamente abaladas em cooperação com associações de bairro pode servir a objetivos de empoderamento semelhantes (Saleeby, 1998). Uma vantagem dessas iniciativas é que elas trazem para as construções da comunidade o mesmo nível de interesse, complexidade e elaboração que é reservado à construções do *self* e da família no discurso psicológico comum.

Apesar do foco de grande parte do trabalho crítico radical no desenvolvimento comunitário, não existe razão pela qual um espírito semelhante de sensibilidade (Shotter, 2000) e resistência não possa inspirar a prática de uma psicoterapia construtivista.

Um exemplo disso surgiu no decorrer de minha (R. A. N.) conversa terapêutica (Neimeyer, 1998a) com Alan, um jovem conselheiro que sentiu uma "fisgada" de mal-estar quando disse a um cliente recente ao final da consulta: "Foi bom conversar com você". Notando um leve tremor em seu maxilar quando ele repetiu a expressão, pedi que fechasse os olhos, prestasse atenção a qualquer "sensação" em seu corpo associada à essa experiência e a descrevesse com uma imagem adequada. Alan propôs uma representação de uma "bola apertada de ansiedade" em seu peito, que, quando sugeri que afrouxasse, o fez chorar e reconhecer a "culpa" que continha. Em um processamento mais profundo desse significado tácito, Alan o colocou dentro de uma narrativa mais ampla, cujo tema central era sua falta de "genuinidade" em seus relacionamentos, e a maneira como isso havia se acentuado dolorosamente em suas primeiras tentativas de conduzir psicoterapia. Quando "viramos" dessa narrativa pessoal para a dinâmica social que a sustentava, Alan associou o seu sentido de genuinidade insuficiente às injunções rigorosas que recebeu durante sua formação para manter uma distância profissional. A discussão estabeleceu que essa mensagem, por sua vez, replicava discursos disciplinares e culturais mais amplos da psicoterapia como um procedimento científico que é feito com o mínimo de envolvimento pessoal. Com nosso encontro emocionalmente íntimo como um claro exemplo do contrário, uni-me a Alan em criticar a narrativa dominante da psicoterapia como uma intervenção técnica impessoal, e em explorar a possibilidade de que sua experiência como conselheiro possa se tornar um cenário em que ele venha a aprofundar em vez de limitar seu envolvimento com as pessoas.

Assim, a consciência inicialmente vaga de Alan de uma discrepância ansiosa entre quem ele era e quem ele queria ser havia funcionado como um "resultado singular", representando o surgimento da primeira resistência contra um roteiro disciplinar opressivo de automonitoramento e repressão. O caso de Alan, portanto, serve para lembrar que uma postura crítica e emancipatória pode encontrar expressão na terapia individual, bem como na ação social em escala ampla.

Pesquisa

De maneira compatível com sua rejeição da epistemologia, os teóricos radicais críticos geralmente rejeitam a pesquisa empírica, argumentando que o desempenho de seu método não exige justificativa além de si mesmo. Conforme argumenta Holzman (2000), "não acreditamos que critérios objetivos sejam instrumentos válidos para nos avaliar. Não aceitamos os termos do debate. A distância objetiva é exatamente o que estamos criticando, de maneira prática-crítica, construindo ambientes que não dependem e não têm uso para ela". Todavia, podemos reconhecer que nem todos os teóricos radicais rejeitam os dados objetivos, como quando citam reduções em estatísticas de crime nos bairros que desenvolveram uma cultura ativa em torno da All Stars Talent Show Network ou de iniciativas semelhantes (Fulani, 2000). Porém, mesmo em uma perspectiva conservadora, está claro que a avaliação de iniciativas "revolucionárias" de desenvolvimento comunitário exigiria métodos e critérios muito diferentes dos que tipificam uma psicoterapia individualizada que envolve a correção de distorções cognitivas e o treinamento em habilidades cognitivas e comportamentais adequadas.

CONCLUSÕES

Como todas as disciplinas, o campo da psicoterapia está evoluindo em resposta a avanços conceituais internos na psicologia e na cultura mais ampla. Neste capítulo, revisamos um subproduto influente da mudança epistemológica pós-moderna – que proporciona uma fundamentação mais pessoal e social à construção de significados e atividades humanas. As abordagens construtivistas, narrativas e discursivas cultivadas por essas mudanças aprofundaram as raízes teóricas das terapias cognitivas, e começaram a frutificar como novas formas de prática psicoterapêutica.

De que maneira os teóricos e terapeutas mais tradicionais provavelmente receberão essas iniciativas construtivistas? Em um nível, diversos terapeutas cognitivos já mudaram visivelmente para uma direção construtivista, enfatizando a organização narrativa da experiência (Meichenbaum, 1995) ou o papel de esquemas do *self* problemáticos que surgem dos primeiros relacionamentos (Bricker, Young e Flanagan, 1993). Mesmo Ellis (1997, 1998), que costuma ser representado como o terapeuta cognitivo racionalista, tem dito nos últimos anos que a sua teoria é construtivista e até pós-moderna na orientação. Dessa forma, parece seguro dizer que os teóricos cognitivos continuarão a construir pontes com as abordagens construtivistas, pelo menos com aquelas que se caracterizam pelas ênfases relativamente mais familiares na ciência pessoal ou na reconstrução do desenvolvimento. Além disso, é provável que muitos profissionais da TCC experimentem estratégias de mudança menos familiares, mas intrigantes, associadas ao questionamento radical, recriação narrativa ou (talvez) até mesmo a crítica discursiva.[7] É claro que, como os terapeutas cognitivos reconheceriam, a familiaridade está no olho do observador, de modo que o grau em que determinado terapeuta pode assimilar determinado modelo construtivista fala pelo menos tanto dos esquemas do terapeuta quanto do modelo que ele está interpretando! A partir dessa perspectiva mais pessoal, esperamos que o envolvimento com idéias construtivistas selecionadas desafie o leitor a considerar novas possibilidades para a conceituação e o tratamento de perturbações psicológicas.

Todavia, a partir de uma perspectiva teórica, suspeitamos que a integração total de modelos construtivistas e cognitivos tradicionais que certos autores defendem (Ramsay, 1998) deve encontrar obstáculos conceituais. Considerando-se que os modelos de terapia são construídos em torno de um conjunto fundamental de compromissos teóricos e metateóricos, que por sua vez são coerentes com uma teoria formal, um conjunto de heurística clínica e, finalmente, com um repertório de técnicas características, a incompatibilidade epistemológica profunda pode impedir uma síntese significativa dos modelos resultantes (R. A. Neimeyer, 1993; Neimeyer e Feixas, 1990). Por exemplo, a tendência predominante de situar os "problemas" nos mundos cognitivos dos indivíduos seria vista com desconfiança pelos teóricos radicais críticos e por muitos terapeutas narrativos, e a maioria das abordagens construtivistas evitaria estilo de terapia racionalistas, contestatórios e didáticos. De sua parte, é provável que os teóricos da TCC se sentissem desconfortáveis com os métodos de desenvolvimento experimentais e emocionais que revisamos aqui. Outros, sem dúvida, resistiriam ao chamado entusiástico por uma "psicologia não-científica" proposta pelos terapeutas radicais. Assim, permanece em dúvida se um híbrido teórico genuíno entre as terapias construtivistas e cognitivas se mostraria viável, ou se os profissionais ecléticos devem simplesmente enxertar as técnicas de um sintoma nas raízes de outro. Em nossa visão, a síntese mais progressiva nas duas perspectivas exigiria uma liberalização da epistemologia realista tradicional associada a terapias cognitivas mais racionalistas. Essa mudança exigiria um uso mais amplo de intervenções que promovessem maior coerência, complexidade e validação consensual dos significados construídos do cliente, sem enfatizar que os clientes evitem uma lista de "erros cognitivos" ou ajustem suas crenças segundo uma suposta "realidade objetiva" (R. A. Neimeyer, 1995b). Embora existam sinais de que essa "mudança de paradigma" está em andamento, o trabalho com a filosofia da ciência sugere que as mudanças no "núcleo básico" de pressupostos que fundamentam um campo não ocorrem rapidamente ou facilmente (Kuhn, 1972; Lakatos, 1974).

Outra questão relacionada diz respeito à viabilidade de abordagens construtivistas no atual clima dos planos de saúde, com sua ênfase em intervenções rápidas e na "responsabilidade" do terapeuta. Em muitos aspectos, as terapias construtivistas e narrativas parecem bem posicionadas para competir e até prosperar nesse ambiente (Neimeyer e Raskin, 2000b). Por exemplo, a terapia dos papéis fixos de Kelly (1955, 1991), com sua ênfase em promover mudanças significativas dentro de um intervalo fixo de duas a quatro semanas, representa a forma original de terapia breve. A proliferação recente de terapias breves profundas e uma variedade de terapias amplamente construtivistas voltadas para a busca de soluções (Hoyt, 1998) manteve essa tendência, encontrando ampla aceitação entre os profissionais de todos os setores da saúde. Os executivos de planos de saúde e aqueles que criam tratamentos não são epistemólogos, e provavelmente aceitarão qualquer abordagem responsável que se mostre conveniente e eficaz para reduzir a perturbação e aumentar a satisfação dos clientes em cenários do "mundo real", avaliados por medidas de resultados diretas implementadas pelas fontes pagadoras. Existem evidências de que essa orientação para a contenção de custos irá "nivelar o campo" entre os profissionais de muitas orientações, desde que se adotem a "atitude e a expectativa – fundamentadas por várias teorias, metodologias e resultados – de que mudanças significativas e benéficas podem ser relativamente rápidas... e que os pacientes podem manter e ampliar os benefícios por conta própria" (Hoyt, 1995, p. 442-443).

O destino das terapias construtivistas no mundo da psicologia acadêmica é uma questão diferente, mas que também parece ter uma resposta otimista cautelosa. Por outro lado, as referências ao construtivismo, construcionismo social e abordagens narrativas tiveram uma explosão na última década, formando uma vasta bibliografia profissional, ainda que não seja totalmente integrada, na forma de artigos em jornais, compêndios eruditos e livros de referência para profissionais. Por outro lado, a ênfase teórica de parte desse trabalho pode ser desanimadora para estudantes e pesquisadores, que têm preferência por intervenções simples e parcimoniosas que possam ser aprendidas e operacionalizadas facilmente. A resistência geral dos construtivistas a esse nível de manualização dos métodos de terapia, combinada com seu maior interesse em estudar os processos básicos de mudança psicoterapêutica do que os resultados de teorias "famosas", pode limitar o crescimento da perspectiva em departamentos acadêmicos mais conservadores. Todavia, praticamente todas as mudanças significativas na teoria psicológica – da psicanálise a perspectivas comportamentais, humanistas, sistêmicas e cognitivas – foram preconizadas por um agitado período de elaboração e proteção conceitual, anterior ao aperfeiçoamento de intervenções concretas e pesquisas empíricas. Do ponto de vista da sociologia da ciência, existem amplas evidências de que o construtivismo, como "teoria de grupo", está atravessando exatamente essa mudança rumo a uma maior diferenciação e institucionalização, levando à diversificação dos programas de pesquisa e aplicação (Neimeyer, 1987; Neimeyer e Martin, 1996).

Será que isso implica que as abordagens construtivistas serão "popularizadas" a ponto de se tornarem a posição estabelecida na psicologia acadêmica? Embora não seja inconcebível – lembremos que há apenas uma geração, as perspectivas cognitivas eram consideradas bastante radicais – acreditamos ser improvável que isso ocorra, por diversas razões. Uma delas é o iconoclasmo persistente das abordagens pós-modernas em geral, que recebem grande parte de seu ímpeto da crítica das estruturas estabelecidas, independentemente de sua linha teórica. A sucessão de ênfases construtivistas revisadas neste capítulo mostra exatamente esse tipo de tendência cada vez mais radical, sugerindo que pelo menos algumas versões da teoria pós-moderna continuarão a se desenvolver à margem da psicoterapia institucionalizada, enquanto outras variações são mais prováveis de trabalhar dentro de instituições estabelecidas. Segundo nossa visão, ambas são tendências essencialmente construtivas (e inelutáveis) no desenvolvimento de qualquer especialidade social-científica, e ajudam a estimular debates sobre questões e métodos que essencialmente promovam teorias mais adequadas e produtivas da existência humana.

Independentemente de uma integração total das terapias cognitivas e construtivistas ser possível ou desejável, está claro que as terapias construtivistas já contribuem para a teoria, pesquisa e prática da psicoterapia. Esperamos que este capítulo contribua para essa tendência, e que as extensões resultantes aumentem a riqueza e o alcance das terapias cognitivas.

NOTAS

1. Por conveniência, usamos o termo "construtivista" para representar a ampla variedade de perspectivas que enfatizam aqueles processos pelos quais os seres humanos atribuem significado em contextos pessoais, interpessoais e sociais. Como em qualquer outra "família", as relações entre o crescente conjunto de abordagens que divide essa denominação são marcadas por discordâncias ocasionais, bem como entendimento, como observamos nas páginas a seguir.
2. De fato, o construtivismo não representa tanto uma linha divisória que segrega algumas terapias de outras quanto uma dimensão ao longo da qual se organizam todas as formas de terapia. Dessa forma, os temas construtivistas e narrativos começaram a permear não apenas a TCC, como afirmamos aqui, como as terapias psicodinâmicas, sistêmicas e humanistas (Neimeyer e Feixas, 1990). Essa perspectiva ajuda a explicar o entusiasmo reduzido que os pesquisadores construtivistas demonstram ter por comparações "competitivas" entre diferentes terapias, e seu maior interesse em estudos de processos construtivos de mudança em terapias de todas as crenças (Angus e Hardke, 1994; Toukmanian e Rennie, 1992). Contudo, diversos grupos de pesquisadores construtivistas estão realmente comprometidos com avaliar os resultados de suas abordagens, como demonstram trabalhos citados neste capítulo e descritos em mais detalhes em outras publicações (R. A. Neimeyer, 1995b).
3. Guidano (1991) descreveu esse processo de dois níveis em termos da dialética básica entre a "experiência" (associada ao nível tácito) e a "explicação" (ligada ao nível explícito de processamento). Antes de sua morte, em agosto de 1999, o autor também havia começado a reformular esse modelo em termos narrativos que o alinhavam com o trabalho narrativo de orientação cognitiva sumarizado a seguir (Arciero e Guidano, 2000).
4. Por causa da brevidade da cobertura exigida para o capítulo, nosso exemplo e discussão se concentram em um caso de sintomatologia mais simples, que cumpre sua função em níveis superiores do sistema de significados da pessoa. Todavia, os sintomas também podem ser subprodutos "sem função" de uma construção inconsciente necessária e ainda ser resolvidos por meio do mesmo processo de questionamento radical e mudança experimental. Para um exemplo mais detalhado nessas linhas, ver Ecker e Hulley (2000).
5. Do ponto de vista humanístico ou cognitivo, o leitor pode levantar a questão de se essas várias personagens ou auto-imagens variam em sua autenticidade ou validade. Contudo, na posição mais construtivista social sumarizada aqui, a questão não é se uma imagem é mais *válida* do que outra, mas se ela será *validada* por pessoas relevantes no mundo social. Assim, a característica que define as histórias que contamos ou encenamos é que elas buscam validação na resposta dos outros, imprimindo uma estrutura provisória à ficção inconstante que constitui o único sen-

tido de identidade que podemos obter. Para uma discussão mais detalhada sobre esses temas, ver Neimeyer (2000b).

6. Neimeyer e Levitt (2000) explicam o transtorno em termos da "dialética da coerência" na narrativa do indivíduo sobre as transições da vida, produzindo uma matriz de narrativas problemáticas que variam segundo o contexto (intrapessoal, interpessoal, cultural) e o tipo de problema (narrativas diruptivas ou narrativas dominantes). As narrativas disruptivas se dividem ainda em dois tipos (problemas de caos e conflito), assim como as narrativas dominantes (problemas de coerência e conformidade). Entretanto, uma explicação e ilustração dos 12 padrões resultantes de transtorno narrativo nos levaria além dos limites dessa cobertura sumária.

7. O uso da terapia cognitiva na desconstrução discursiva de narrativas culturais opressivas com relação à homossexualidade, por exemplo, caracteriza o trabalho cognitivo de Christine Padesky (1997) com clientes gays e lésbicas.

REFERÊNCIAS

Abelson, R. P. (1981). Psychological status of the script concept. *American Psychologist, 36,* 715-729.

Alexander, P. C., Neimeyer, R. A., & Follette, V. M. (1991). Group therapy for women sexually abused as children: A controlled study and investigation of individual differences. *Journal of Interpersonal Violence, 6,* 219-231.

Alexander, P. C., Neimeyer, R. A., Follette, V. M., Moore, M. K., & Harter, S. L. (1989). A comparison of group treatments of women sexually abused as children. *Journal of Consulting and Clinical Psychology, 57,* 479-483.

Angus, L., & Hardke, K. (1994). Narrative processes in psychotherapy. *Canadian Psychology, 35,* 190-203.

Angus, L., Levitt, H., & Hardke, L. (1999). Narrative processes and psychotherapeutic change: An integrative approach to psychotherapy research and practice. *Journal of Clinical Psychology, 55(10),* 1255-1270.

Appignanesi, R., & Garratt, C. (1995). *Postmodernism for beginners.* Cambridge, England: Icon/Penguin.

Arciero, G., & Guidano, V. F. (2000). Experience, explanation, and the quest for coherence. In R. A. Neimeyer & J. D. Raskin (Eds.), *Constructions of disorder: Meaning-making frameworks for psychotherapy* (pp. 91-117). Washington, DC: American Psychological Association.

Bannister, D. (1977). The logic of passion. In D. Bannister (Ed.), *New perspectives in personal construct theory* (pp. 21-38). London: Academic Press.

Barsalou, L. W. (1988). The content and organization of autobiographical memories. In U. Neisser & E. Winograd (Eds.), *Remembering reconsidered* (pp. 193-243). Cambridge, England: Cambridge University Press.

Beck, A. T. (1993). Cognitive therapy: Past, present, and future. *Journal of Consulting and Clinical Psychology, 61,* 194-198.

Beck, A. T., Rush, J., Shaw, B., & Emery, G. (1979). *Cognitive therapy of depression.* New York: Guilford Press.

Botella, L. (1995). Personal construct theory, constructivism, and postmodern thought. In R. A. Neimeyer & G. J. Neimeyer (Eds.), *Advances in personal construct psychology* (Vol. 3, pp. 3-35). Greenwich, CT. JAI Press.

Bowlby, J. (1980). *Attachment and loss: Vol. 3. Sadness and depression.* London: Hogarth.

Bricker, D., Young, J. E., & Flanagan, C. M. (1993). Schema focused cognitive therapy. In K. T. Kuehlwein & H. Rosen (Eds.), *Cognitive therapies in action* (pp. 88-125). San Francisco: Jossey-Bass.

Brown, L. (2000). Discomforts of the powerless. In R. A. Neimeyer & J. D. Raskin (Eds.), *Constructions of disorder: Meaning-making frameworks for psychotherapy* (pp. 287-308). Washington, DC: American Psychological Association.

Bruner, J. (1990). *Acts of meaning.* Cambridge, MA: Harvard University Press.

Burman, E. (2000). Method, measurement and madness. In L. Holzman & J. Morss (Eds.), *Postmodern psychologies and societal practice.* New York: Routledge.

Burr, V. (1995). *An introduction to social constructionism.* London: Routledge.

Dobson, K., & Pusch, D. (1993). Towards a definition of the conceptual and empirical boundaries of cognitive therapy. *Australian Psychologist, 28,* 137-144.

Ecker, B., & Hulley, L. (1996). *Depth-oriented brief therapy.* San Francisco: JosseyBass.

Ecker, B., & Hulley, L. (2000). The order in clinical "disorder": Symptom coherence in depth-oriented brief therapy. In R. A. Neimeyer & J. D. Raskin (Eds.), *Constructions of disorder: Meaning-making frameworks for psychotherapy* (pp. 63-90). Washington, DC: American Psychological Association.

Edwards, D., & Potter, J. (1992). *Discursive psychology.* Newbury Park, CA: Sage.

Efran, J. S., & Cook, P. F. (2000). Linguistic ambiguity as a diagnostic tool. In R. A. Neimeyer & J. D. Raskin (Eds.), *Constructions of disorder: Meaning-making frameworks for psychotherapy* (pp. 121-143). Washington, DC: American Psychological Association.

Efran, J. S., & Fauber, R. L. (1995). Radical constructivism: Questions and answers. In R. A. Neimeyer & M. J. Mahoney (Eds.), *Constructivism in psychotherapy* (pp. 275-302). Washington, DC: American Psychological Association.

Ellis, A. (1993). Reflections on rational-emotive therapy. *Journal of Consulting and Clinical Psychology, 61*, 199-201.

Ellis, A. (1997). Postmodern ethics for active-directive counseling and psychotherapy. *Journal of Mental Health Counseling, 19*, 211-225.

Ellis, A. (1998). How rational emotive behavior therapy belongs in the constructivist camp. In M. F. Hoyt (Ed.), *The handbook of constructive therapies: Innovative techniques from leading practitioners* (pp. 83-99). San Francisco: Jossey-Bass.

Epting, F. R. (1984). *Personal construct counseling and psychotherapy*. New York: Wiley.

Eron, J. B., & Lund, T. W. (1996). *Narrative solutions in brief therapy*. New York: Guilford Press.

Faidley, A. J., & Leitner, L. M. (1993). *Assessing experience in psychotherapy: Personal construct alternatives*. Westport, CT: Praeger.

Foucault, M. (1970). *The order of things: An archaeology of the human sciences*. New York: Pantheon.

Fransella, F. (1993). The construct of resistance in psychotherapy. In L. Leitner & G. Dunnett (Eds.), *Critical issues in personal construct psychology* (pp. 117-134). Malabar, CA: Krieger.

Fransella, F. (1995). *George Kelly*. London: Sage.

Fransella, F., & Bannister, D. (1977). *A manual for repertory grid technique*. New York: Academic Press.

Freeman, J., Epston, D., & Lobovits, D. (1997). *Playful approaches to serious problems*. New York: Norton.

Fulani, L. (2000). Race, identity and epistemology. In L. Holzman & J. Morss (Eds.), *Postmodern psychologies and societal practice*. New York: Routledge.

Gergen, K. J. (1991). *The saturated self*. New York: Basic Books.

Gergen, K. J. (1994). *Realities and relationships*. Cambridge, MA: Harvard University Press.

Greenberg, L., Elliott, R., & Lietaer, G. (1994). Research on experiential therapies. In A. E. Bergin & S. L. Garfield (Eds.), *Handbook of psychotherapy and behavior change* (4th ed., pp. 509-539). New York: Wiley.

Guidano, V. F. (1987). *Complexity of the self*. New York: Guilford Press.

Guidano, V. F. (1991). *The self in process*. New York: Guilford Press.

Guidano, V. F. (1995). Self-observation in constructivist psychotherapy. In R. A. Neimeyer & M. J. Mahoney (Eds.), *Constructivism in psychotherapy* (pp. 155-168). Washington, DC: American Psychological Association.

Guidano, V. F., & Liotti, G. (1983). *Cognitive processes and emotional disorders*. New York: Guilford Press.

Held, B. S. (1995). *Back to reality*. New York: Norton.

Hermans, H. J. M., & Hermans-Jansen, E. (1995). *Self-narratives: The construction of meaning in psychotherapy*. New York: Guilford Press.

Holzman, L. (2000). Performance, criticism and postmodern psychology. In L. Holzman & J. Morss (Eds.), *Postmodern psychologies and societal practice*. New York: Routledge.

Honos-Webb, L., & Leitner, L. M. (julho de 1997). The DSM and the destruction of self-meanings: A client speaks. In T. Anderson (Chair), *Disruptions in the therapeutic relationship: Influences of morality, ecology, diagnosis, and other cut ting edge issues*. Simpósio conduzido no 12th International Congress on Personal Construct Psychology, Seattle, WA.

Hoyt, M. F. (1995). Brief psychotherapies. In A. Gurman & S. Messer (Eds.), *Essential psychotherapies* (pp. 441-486). New York: Guilford Press.

Hoyt, M. F. (Ed.). (1998). *The handbook of constructive therapies: Innovative techniques from leading practitioners*. San Francisco: Jossey-Bass.

Janoff-Bulman, R., & Berg, M. (1998). Disillusionment and the creation of values. In J. H. Harvey (Ed.), *Perspectives on loss: A sourcebook* (pp. 35-47). Philadelphia: Brunner/Mazel.

Johnson, T. J., Pfenninger, D. T., & Klion, R. E. (2000). Constructing and deconstructing transitive diagnosis. In R. A. Neimeyer & J. D. Raskin (Eds.), *Constructions of disorder: Meaning-making frameworks for psychotherapy* (pp. 145-174). Washington, DC: American Psychological Association.

Kelly, G. A. (1991). *The psychology of personal constructs* (Vols. 1-2). New York: Routledge. (Trabalho original publicado em 1955)

Kuhn, T. (1972). *The structure of scientific revolutions*. Chicago: University of Chicago Press.

Lakatos, I. (1974). Falsification and the methodology of scientific research programs. In I. Lakatos & A. Musgrave (Eds.), *Criticism and the growth of knowledge* (pp. 91-196). Cambridge, England: Cambridge University Press.

Landfield, A. W., & Leitner, L. M. (1980). Personal construct psychology. In A. W. Landfield & L. M. Leitner (Eds.), *Personal construct psychology: Psychotherapy and personality* (pp. 3-17). New York: Wiley.

Leitner, L. M. (1995). Optimal therapeutic distance. In R. A. Neimeyer & M. J. Mahoney (Eds.), *Constructivism in psychotherapy* (pp. 357-370). Washington, DC: American Psychological Association.

Mahoney, M. J. (1980). Psychotherapy and the structure of personal revolutions. In M. J. Mahoney (Ed.), *Psychotherapy process* (pp. 157-180). New York: Plenum Press.

Mahoney, M. J. (1991). *Human change processes.* New York: Basic Books.

Mahoney, M. J. (1995). The continuing evolution of the cognitive sciences and psychotherapies. In R. A. Neimeyer & M. J. Mahoney (Eds.), *Constructivism in psychotherapy* (pp. 39-65). Washington, DC: American Psychological Association.

Mandler, J. (1984). *Scripts, stories, and scenes: Aspects of schema theory.* Hillsdale, NJ: Erlbaum.

Martin, J. (1994). *The construction and understanding of psychotherapeutic change.* New York: Teachers College Press.

McCoy, M. (1977). A reconstruction of emotion. In D. Bannister (Ed.), *New perspectives in personal construct theory* (pp. 93-124). London: Academic Press.

Meichenbaum, D. (1995). Cognitive behavioral therapy in historical perspective. In B. Bongar & L. Beuder (Eds.), *Comprehensive textbook of psychotherapy* (pp. 141-158). New York: Oxford University Press.

Monk, G., Winslade, J., Crocket, K., & Epston, D. (1996). *Narrative therapy in practice.* San Francisco: Jossey-Bass.

Neimeyer, G. J. (1993). *Constructivist assessment: A casebook.* Newbury Park, CA: Sage.

Neimeyer, G. J. (1995). The challenge of change. In R. A. Neimeyer & M. J. Mahoney (Eds.), *Constructivism in psychotherapy* (pp. 111-126). Washington, DC: American Psychological Association.

Neimeyer, R. A. (1987). An orientation to personal construct therapy. In R. A. Neimeyer & G. J. Neimeyer (Eds.), *Personal construct therapy casebook* (pp. 3-19). New York: Springer.

Neimeyer, R. A. (1993). Constructivism and the problem of psychotherapy integration. *Journal of Psychotherapy Integration, 3,* 133-157.

Neimeyer, R. A. (1995a). Client-generated narratives in psychotherapy. In R. A. Neimeyer & M. J. Mahoney (Eds.), *Constructivism in psychotherapy* (pp. 231-246). Washington, DC: American Psychological Association.

Neimeyer, R. A. (1995b). Constructivist psychotherapies: Features, foundations, and future directions. In R. A. Neimeyer & M. J. Mahoney (Eds.), *Constructivism in psychotherapy* (pp. 11-38). Washington: American Psychological Association.

Neimeyer R. A. (1995c). Limits and lessons of constructivism: Some critical reflections. *Journal of Constructivist Psychology, 8,* 339-361.

Neimeyer R. A. (1998a). Cognitive therapy and the narrative trend: A bridge too far? *Journal of Cognitive Psychotherapy, 12,* 57-66.

Neimeyer, R. A. (1998b). *Lessons of loss: A guide to coping.* New York: McGrawHill. (Distribuído por Psycho-Educational Resources, PO. Box 2196, Keystone Heights, FL 32656)

Neimeyer, R. A. (1998c). Social constructionism in the counselling context. *Counselling Psychology Quarterly, 11,* 135-149.

Neimeyer, R. A. (2000a). Constructivist psychotherapies. In *Encyclopedia of psychology.* Washington, DC: American Psychological Association.

Neimeyer, R. A. (2000b). Narrative disruptions in the construction of self. In R. A. Neimeyer & J. D. Raskin (Eds.), *Constructions of disorder: Meaning making frameworks for psychotherapy* (pp. 207-241). Washington, DC: American Psychological Association.

Neimeyer, R. A., & Feixas, G. (1990). Constructivist contributions to psychotherapy integration. *Journal of Integrative and Eclectic Psychotherapy, 9,* 4-20.

Neimeyer, R. A., Harter, S., & Alexander, P. C. (1991). Group perceptions as predictors of outcome in the treatment of incest survivors. *Psychotherapy Research, 1,* 149-158.

Neimeyer, R. A., & Levitt, H. (2000). What's narrative got to do with it?: Construction and coherence in accounts of loss. In J. H. Harvey & E. D. Miller (Eds.), *Loss and trauma.* Philadelphia: Brunner Mazel.

Neimeyer, R. A., & Martin, J. M. (1996). Looking back, looking forward: Personal construct therapy in sociohistorical perspective. In W. Dryden (Ed.), *Developments in psychotherapy* (pp. 140-166). London: Sage.

Neimeyer, R. A., & Neimeyer, G. J. (Eds.). (1990-2000). *Advances in personal construct psychology* (Vols. 1-5). Greenwich, CT: JAI Press/Elsevier.

Neimeyer, R. A., & Raskin, J. D. (Eds.). (2000a). *Constructions of disorder: Meaning-making frameworks for psychotherapy.* Washington, DC: American Psychological Association.

Neimeyer, R. A., & Raskin, J. D. (2000b). On practicing postmodern therapy in modern times. In R. A. Neimeyer & J. D. Raskin (Eds.), *Constructions of disorder: Meaning-making frameworks for psychotherapy* (pp. 1-14). Washington, DC: American Psychological Association.

Neimeyer, R. A., & Stewart, A. E. (1998). Trauma, healing, and the narrative employment of loss. In C. Franklin & P. S. Nurius (Eds.), *Constructivism in practice* (pp. 165-184). Milwaukee, WI: Families International.

Newman, F., & Holzman, L. (1997). *The end of knowing.* New York: Routledge.

Newman, F., & Holzman, L. (1999). Beyond narrative to performed conversation. *Journal of Constructivist Psychology, 12,* 23-40.

Padesky, D. (1997). *Psychotherapy with gay and lesbian clients: Coming out* (Videotape). Philadelphia: Taylor & Francis.

Parker, I. (2000). Four story theories about and against postmodernism in psychology. In L. Holzman & J. Morss (Eds.), *Postmodern psychologies and societal practice.* New York: Routledge.

Pennebaker, J. (1997). *Opening up.* New York: Guilford Press.

Pessoa, F. (1998). *Fernando Pessoa & Co.* New York: Grove Press.

Polkinghorne, D. E. (1991). Narrative and self-concept. *Journal of Narrative and Life History, 1,* 135-153.

Polkinghorne, D. E. (1992). Postmodern epistemology of practice. In S. Kvale (Ed.), *Psychology and postmodernism* (pp. 146-165). Newbury Park, CA: Sage.

Radnitsky, G. (1973). *Contemporary schools of metascience*. Chicago: Regnery.

Ramsay, J. R. (1998). Postmodern cognitive therapy: Cognitions, narratives, and personal meaning-making. *Journal of Cognitive Psychotherapy, 12*, 39-55.

Raskin, J. D., & Epting, F. R. (1993). Personal construct theory and the argument against mental illness. *International Journal of Personal Construct Psychology, 6*, 351-369.

Raskin, J. D., & Epting, F. R. (1995). Constructivism and psychotherapeutic method: Transitive diagnosis as humanistic assessment [Annual Edition]. *Methods: A Journal for Human Science*, 3-27.

Raskin, J. D., & Lewandowski, A. M. (2000). The construction of disorder as human enterprise. In R. A. Neimeyer & J. D. Raskin (Eds.), *Constructions of disorder: Meaning-making frameworks for psychotherapy* (pp. 15-40). Washington, DC: American Psychological Association.

Rohrbaugh, M., Shoham, V., Spungen, C., & Steinglass, P. (1995). Family systems therapy in practice: A systemic couples therapy for problem drinking. In B. Bongar & L. Beutler (Eds.), *Comprehensive textbook of psychotherapy* (pp. 228-253). New York: Oxford University Press.

Saleebey, D. (1998). Constructing the community: Emergent uses of social constructionism in economically distressed communities. In C. Franklin & P. S. Nurius (Eds.), *Constructivism in practice* (pp. 291-310). Milwaukee, WI: Families International.

Sass, L. A. (1992). The epic of disbelief: The postmodern turn in contemporary psychoanalysis. In S. Kvale (Ed.), *Psychology and postmodernism* (pp. 166-182). Newbury Park, CA: Sage.

Sewell, K. W. (1996). Constructional risk factors for a post-traumatic stress response following a mass murder. *Journal of Constructivist Psychology, 9*, 97-108.

Sewell, K. W. (1997). Posttraumatic stress: Towards a constructivist model of psychotherapy. In G. J. Neimeyer & R. A. Neimeyer (Eds.), *Advances in personal construct psychology* (Vol. 4, pp. 207-235). Greenwich, CT: JAI Press.

Sewell, K. W., Cromwell, R. L., Farrell-Higgins, J., Palmer, R., Ohlde, C., & Patterson, T. W. (1996). Hierarchical elaboration in the conceptual structure of Vietnam combat veterans. *Journal of Constructivist Psychology, 9*, 79-96.

Shotter J. (2000). From within our lives together. In L. Holzman & J. Morss (Eds.), *Postmodern psychologies and societal practice*. New York: Routledge.

Stewart, J. (1995). Reconstruction of the self: Life-span oriented group psychotherapy. *Journal of Constructivist Psychology, 8*, 129-148.

Tappan, M. B. (1999). Authoring a moral self: A dialogical perspective. *Journal of Constructivist Psychology, 12*, 117-132.

Toukmanian, S. G., & Rennie, D. L. (1992). *Psychotherapy process research: Paradigmatic and narrative approaches*. Newbury Park, CA: Sage.

van der Hart, O., & Brown, P. (1992). Abreaction reevaluated. *Dissociation, 5*, 127-138.

van der Kolk, B. A., & van der Hart, O. (1991). The intrusive past: The flexibility of memory and the engraving of trauma. *American Imago, 48*, 425-454.

Vincent, N., & LeBow, M. (1995). Treatment preference and acceptability: Epistemology and locus of control. *Journal of Constructivist Psychology, 8*, 8196.

White, M., & Epston, D. (1990). *Narrative means to therapeutic ends*. New York: Norton.

Wigren, J. (1994). Narrative completion in the treatment of trauma. *Psychotherapy, 31*, 415-423.

Winter, D. A. (1990). Therapeutic alternatives for psychological disorder. In G. J. Neimeyer & R. A. Neimeyer (Eds.), *Advances in personal construct psychology* (Vol. 1, pp 89-116). Greenwich, CT: JAI Press.

Winter, D. A. (1992). *Personal construct psychology in clinical practice*. London: Routledge.

Winter, D. A., & Watson, S. (1999). Personal construct theory and the cognitive therapies: Different in theory but can they be differentiated in practice? *Journal of Constructivist Psychology, 12*, 1-22.

Wortham, S. (1999). The heterogeneously distributed self. *Journal of Constructivist Psychology, 12*, 153-171.

ÍNDICE

A

Abordagem de operações convergentes à avaliação cognitiva, 48-49
Abordagem do desenvolvimento, 102, 310-311
Abordagem funcional-analítica à formulação de caso, 86-87
Abordagens "profundas", 280-281
"Aceitação" (Ellis), 236-237
Aceitação do cliente pelo terapeuta, 243-246
Adesão ao tratamento e automonitoramento, 160
Adler, Alfred, 230
Adolescentes. *Ver* TDAH; Transtorno de conduta; Jovens, TCC para
Agorafobia
   avaliação, 54-55
   construtivismo e, 309
   TC e, 281-284
Agressividade em crianças
   fatores sociais cognitivos, 196-197
   resolução de problemas e, 201
   TCC e, 210-212
"Alta tolerância à frustração" (Ellis), 236-237
All Stars Talent Show Network, 319-320
Amígdala, 102-103
Amostragem aleatória do pensamento, 47, 57, 64-65, 69-70
Amostragem de pensamentos. *Ver* Amostragem aleatória de pensamentos
Análise
   comportamental, 86-87
   correlacional, 294-295
   de curso temporal, 294-295
   de tarefas, 294-295
Analogia com treinamento esportivo no trabalho com jovens, 195-196, 205-206
Ansiedade com testes, 48
Ansiedade por desconforto, definição da, 313, 243-244

Ansiedade social
   avaliação da, 53-54, 57-58
   em jovens, 213-214
"Anticatastrofização" (Ellis), 236-237
Antidepressivos. *Ver* Farmacoterapia
Antropologia cultural e ciência cognitiva, 109-111
Ansiedade
   avaliação cognitiva da, 51-52, 58-59
   comparação com depressão, 56
   construtivismo e, 305, 309-311
   depressão com, 58-59
   em jovens, tratamento da, 211-214
   percepção de perigo ou risco na, 56-58, 151
   sensibilidade a, 52-53
   TCRE e, 256-258
   terapia cognitiva e, 27
   terapia de autocontrole e, 151, 153
   tipo social, 53-54, 57-58, 213-214
   Ver também Agorafobia; Transtorno de pânico
Aprendizagem por observação, 207-208
Assertividade, medidas de auto-avaliação para, 54
Ativação
   avaliação cognitiva e, 50-52, 66-67
   neurociência e, 104-106
Atividade de "permanecer no lugar", 254-255
Atribuições
   de pais, 203-204
   em jovens, 197
   expectativas de eficácia e, 145-146
   medição de, 60-61
   na depressão, 155
   na resolução de problemas, 171
   no autocontrole, 150-151
Auto-avaliação
   avaliação da, 61-62
   definição da, 204-205
   do desempenho, 149-150
   jovens e, 209-210

Autocontrole
 crianças e, 196, 203-205
 definição de, 143
Auto-imagem, explícita, 308-311
Automonitoramento
 como técnica de avaliação, 160-161
 de pensamentos, 47
 definição de, 204-205
 do comportamento, 149
 objetivos de tratamento e, 88
 TC e, 273-274
 terapia de resolução de problemas e, 186-187
Autonomia, 133-135
Auto-reforço
 autocontrole e, 149-150, 157
 definição de, 204-205
 jovens e, 209
 terapia de resolução de problemas, 187
Auto-regulação
 definição de, 143
 depressão e, 62-65
 jovens e, 203-205
Auto-revelação, 245, 254
Avaliação
 automonitoramento e, 160-161
 continuum de procedimentos, 45-47
 da eficácia, 162-164
 Escala de recursos aprendidos
  (Learned Resourcefulness Scale), 162
 Freqüência do questionário de auto-reforço
  (Frequency of Self-Reinforcement
  Questionnaire), 162
 modelo relacional/de resolução de problemas e,
  176-177
 Questionário de autocontrole (Self-Control
  Questionnaire), 198-162
 TC e, 280
 TCRE e, 246-250, 258-261
 treinamento de auto-instrução e, 163-164, 169-170
 Ver também Avaliação cognitiva
Avaliação cognitiva
 da ansiedade, 51-52, 58-59
 da depressão, 58-59, 68-69
 de estruturas, 45, 57-59, 64-65, 68-69
 de pacientes em remissão, 66-67
 de processos, 45-46, 55-57, 62-65, 139
 de produtos ou conteúdo, 45-46, 51-52, 55-56, 59-63
 medidas estruturadas para, 48-49
 métodos de auto-avaliação para, 47-49
 métodos de, 45-49
 modelo de processamento de informações e, 45-46
 pistas contextuais associadas a, 48-52
 rumos futuros para, 68-70
 validade da, 48-52
Avaliação diferenciada dos pensamentos atuais, 53-54
Avaliação do abuso de substâncias, 81

B

"Baixa tolerância "frustração" (Ellis), 235, 238, 256
Bandura, Albert
 modelo de auto-eficácia de, 19-20, 144-147, 151-155,
  162-163
 teoria da aprendizagem social e, 21, 99-100
 teoria da motivação de, 202-203
Beck, Aaron
 como pesquisador cognitivo-comportamental, 22-23,
  99-100
 filosofia e, 102
 pensamentos automáticos e, 111
 sobre a depressão, 61-65, 70, 269
 sobre a psicopatologia, 77
 teoria cognitiva da depressão de, 77-79, 82-87, 92
 terapia cognitiva e, 23-27
 Ver também Terapia cognitiva (TC, Beck)
Behaviorismo
 críticas à abordagem cognitiva, 97-98
 declínio do, 101-102
 psicologia clínica e, 99-100
Biblioterapia, 252, 280
"Bolhas de pensamentos" em gibis, 201-202
Brainstorming, 172, 183-184

C

"Catastrofização" (Ellis), 235
Ciência cognitiva
 conexionismo e, 108-110
 filosofia e, 102
 história da, 100-102
 integração entre cognição e afeto, 110-111
 inteligência artificial, 105-108
 lingüística e antropologia cultural, 109-111
 neurociência e, 102-106
 processos de mudança e, 111-112
 utilidade da, 111-112
 visão geral da, 101-102
Ciência pessoal
 pesquisa e, 306-308
 teoria da, 303-305
 terapia e, 305-307
 transtorno na, 304-305
Cognição
 ciência clínica e, 98
 erros na, 270-272, 278-279
 modelos conceituais da, 100-101
 nível evolutivo em jovens e, 198
 papel da, 97-98
 Ver também Ciência cognitiva
Cognição social, definição de, 196-249
Cognições absolutistas, 233-235, 237-240
Cognitive Therapy and Research (jornal), 22-23
Colaboração com o paciente, 90-92, 271-273, 292-293
Combinação e terapia prescritiva, 121-122

Co-morbidade
  agressividade e, 210
  depressão e ansiedade, 58-59
  eficácia do tratamento e, 127-128
Comparação social e expectativas de eficácia, 145-146
Complexo órbito-frontal, 103-104
Comportamento impulsivo e TCC, 217-218
Comportamentos de segurança no transtorno do pânico, 283
Comprometimento
  autocontrole e, 150-151
  resolução de problemas e, 171-172
Compulsão repetitiva, 109-110
Comunidade, desenvolvimento da, 319-320
Conclusão de sentença autofocada (Self-Focus Sentence Completion [SFSC]), 62-64
Confrontando crenças irracionais, 250-255
Consentimento informado, 93-94
Constrição, 304-305
Constructo apertado, 297-305
Constructo frouxo, 297-305
Construtivismo
  TCRE e, 233-234
  terapias e, 324n. 2
  visão geral do, 102, 301-303
Construtivista, definição de, 323-324n. 1
Contingências comportamentais, 208-210
Controle
  lócus e preferência para a terapia, 311
  percepção de, 153-154, 171
  pressuposto de que o paciente tem, 36-37
Coping with Depression (Beck e Greenberg), 280
Crenças fundamentais. *Ver* Esquema
Crenças irracionais
  case biológica de, 231-233
  confrontando, 250-255
  manutenção de problemas e, 238-239
  medidas de, 61-63
  perturbação emocional e, 236-237, 242
  pesquisas sobre, 260-261
  Ver também Terapia comportamental racional-emotiva (TCRE); Esquema
Crenças metacognitivas, 53
Crianças
  autocontrole e, 196, 203-205
  treinamento de auto-instrução e, 147-148
  Ver também TDAH; Agressividade em crianças; Transtorno de conduta; Jovens, TCC para
Crítica discursiva
  pesquisa e, 320
  teoria da, 318-319
  terapia e, 318-320
  transtorno na, 318-319
Cronicidade e eficácia do tratamento, 127-128
Culpa, inadequada, 271-272

D

Declarações do tipo "eu deveria", 271-272
"Depreciação" (Ellis), 235
Depressão
  ansiedade com, 58-59
  ativação cerebral e, 103-104
  avaliação cognitiva da, 58-59
  avaliação cognitiva de estruturas, 64-69
  avaliação cognitiva de processos, 62-65
  avaliação cognitiva de produtos, 59-63
  comparação com ansiedade, 56
  constrição e, 304-305
  curso temporal da TC para, 291-292
  depressão maníaca, 304-305, 316-318
  eficácia do tratamento para, 124-127
  em jovens, 201, 214-217
  esquemas do *self* negativos na, 64-68
  estilo de personalidade e, 69-70
  estresse e, 69-70
  pensamento irracional na, 61-62
  TC e, 280-287
  TCRE e, 257-258
  teoria cognitiva da, 77-79, 82-87, 269
  terapia cognitiva e, 26-27
  terapia de autocontrole e, 32-33, 160
  treinamento de resolução de problemas e, 187-191
"Determinação pelo elo mais fraco", 294-295
Desamparo
  avaliação do, 60-61
  TC e, 280
Descoberta orientada, 279
Desejo, filosofia do, 236-237
Desempenho
  auto-avaliação do, 149-150
  expectativas de eficácia e, 145-148
Dessensibilização sistemática, 28-29
Diagnóstico na formulação de caso, 82-84
Dilação, 304-305
Diminuindo os aspectos positivos, 271-272
Distanciamento, 270
Distorções cognitivas, 235-235
"Divisão em partes", 274-275
Dor e terapia de automanejo, 153-155, 160-161
D'Zurilla, Thomas

E

Ecletismo
  casual, 119-120, 135
  de fatores comuns, 119-120
  estratégico, 119-125, 135
  técnico, 119-122
Educação afetiva, 204-206
Eficácia da terapia cognitiva para a depressão, 284-287
  para outros transtornos, 286-287
  pesquisas sobre, 288-296

Eficácia da terapia cognitivo-comportamental
  adequando o tratamento ao paciente, 128-136
  pesquisas sobre, 22-24
  transtornos e, 124-128
Eficácia do tratamento em longo prazo, 127-128, 294
Ellis, Albert
  como pesquisador cognitivo-comportamental, 22-23, 99-100
  construtivismo e, 321
  filosofia e, 102
  mudança de crenças e, 17-18
  Ver também Terapia comportamental racional emotiva (TCRE)
Emoções negativas, saudáveis ou prejudiciais, 236-237, 243-244
Enfrentamento
  definição e tipos de, 175-176
  medidas de, 290-291
  modelagem do, 207
Entrevista clínica como instrumento de avaliação cognitiva retrospectiva, 48-49
Entrevista como instrumento de avaliação cognitiva retrospectiva, 48-49
Epistemologia
  descrição de, 102
  perspectiva radical-crítica e, 318 -319
  pós-modernismo e, 302-304
Epiteto, 229
Erro
  da magnificação/minimização, 271-272
  de ler a mente, 271-272
  de prever o futuro, 271-272
  de tirar conclusões precipitadas, 271-272
Erros no pensamento, 270-279
Escala de atitudes disfuncionais (Dysfunctional Attitude Scale [DAS])
  descrição da, 65-70
  terapia cognitiva e, 278-279, 289-292
  terapia de automanejo, 169-170
Escala de autoconsciência (Self-Consciousness Scale [SCS]), 63-64
Escala de autonomia-sociotropia (Sociotropy-Autonomy Scale [SAS]), 133-135
Escala de Avaliação para Depressão de Hamilton (Hamilton Rating Scale for Depression [HRSD]), 189
Escala de avaliação social e de angústia (Social Avoidance and Distress [SAD]) Scale, 52-53
Escala de classificação de psicoterapia de estudo colaborativo (Collaborative Study Psychotherapy Rating Scale [CSPRS]), 287-288
Escala de desesperança (Hopelessness Scale [HS]), 60-61, 169-170, 289-290
Escala de medo de avaliação negativa (Fear of Negative Evaluation Scale [FNE]), 52-53
Escala de mudança cognitiva do paciente (Patient Cognitive Change Scale [PCCS]), 291-292
Escala de Recursos Aprendidos (Learned Resourcefulness Scale), 162

Escala de terapia cognitiva (Cognitive Therapy Scale [CTS]), 287-288
Espectroscopia por ressonância magnética (ERM), 104-105
Esquema
  definição de, 26-27, 38
  Hipótese de trabalho e, 84-86, 91-92
  identificando, 278-279
  inteligência artificial e, 106-108
  orientação para problemas e percepção de problemas, 171-172
  processos defensivos e, 124
  TC e, 270-271, 280-281, 289
  Teste de associações implícitas (Implicit Associations Test) e, 283
  tipo interpessoal, 111-112
Esquizofrenia, 305
Estados afetivos
  expectativas de eficácia e, 145-146
  julgamento avaliativo e, 149-150
  nível evolutivo e, 198
Estilo de enfrentamento
  eficácia do tratamento e, 127-128
  externalização versus internalização, 132-133
Estratégia de role play de advocacia reversa, 179-180
Estresse
  em pais, 219-220
  modelo relacional/de resolução de problemas do, 175-177
Estresse emocional, 176-177
Evento estressante da vida, 176
Excitação fisiológica e expectativas de eficácia, 145-146
Exercício antiprocrastinação, 254-255
Exercício de correr riscos, 254-255
Exercícios para combater a vergonha, 254-257
Existencialismo, 229-230, 242
Externalização, 132-133

F

Farmacoterapia
  comparação com TC, 284-286, 289-296
  comparação com terapia cognitiva, 125-127, 158
  comparação com terapia de resolução de problemas, 190-191
  neurociência e, 104-106
  TC após, 286-287
  TDAH e, 218-219
Fenômeno da profecia auto-realizável, 238-240
Ficha de personalidade, 248-249
Filosofia
  ciência cognitiva e, 102
  TCRE e, 229-230
Filosofia pós-racionalista, 34-35
Formas de resposta (Ways of Responding [WOR]), 290-292
Formulação de caso
  diagnóstico, 82-84
  ficha para, 80-81

hipótese de trabalho, 83-87, 90-94
lista de problemas, 79-83, 88-93
níveis de, 77-79
no tratamento, 89-92
plano de tratamento, 87-90
pontos fortes e recursos, 87
psicoterapia baseada em evidências e, 92-95
visão geral dos componentes, 79
visão geral, 77-78
Formulação
  de caso no nível da situação, 78-79
  de caso no nível do problema, 77-79
Furman, W., 208-209

G

Ganhos súbitos, 292-295
Generalização, 271-272, 278-279
Goldfried, Marvin
  formação, 23-24
  reestruturação racional sistemática e, 28-30
  terapia de resolução de problemas e, 31, 169-171
Gravidade do transtorno e eficácia do tratamento, 127-128
Guidano, Vittorio
  modelo estrutural da distorção cognitiva de, 33-35
  terapia cognitiva pós-racionalista de, 308-311

H

Habilidades compensatórias, 289-292
Habilidades de enfrentamento, TC e, 280-281
Hedonismo, 231-232, 251-252
Hipótese de trabalho na formulação de caso
  plano de tratamento individual e, 92-94
  teoria cognitiva e, 83-87, 90-91
  teoria cognitivo-comportamental e, 86
Hipóteses
  formulando crença como, 270
  teste de, 274-275
  Ver também Hipótese de trabalho na formulação de caso
Humanismo ético, 229-230, 242
Humor como técnica, 242, 245-246, 254

I

Implementação de soluções
  comparada com resolução de problemas, 170-171
  exemplo clínico de, 185-187
  passos para, 172-173
Indicação para tratamento, 198-199, 210
Índice de sensibilidade da ansiedade (Anxiety Sensitivity Index [ASI]), 52-53
Inferência da atividade cognitiva, 19-20
Integração, significados da, 120
Integracionismo teórico, 119-121, 135
Inteligência artificial
  campo da, 101-102

modelos de transtornos e, 105-108
  terapia por computador, 107-108
Interação terapêutica na TC, 273, 287-288, 292-293
Internalização, 132-133
Intervenção
  de decodificação, 309-311
  escolar para a agressividade, 211
  para a depressão, 214-216
Intervenções diretivas, 132
Intervenções não-diretivas, 132
Intervenções paradoxais, 130-132
Inventário de avaliação do pânico (Panic Appraisal Inventory [PAI]), 54-55
Inventário de cognições de perfeccionismo (Perfectionism Cognitions Inventory [PCI]), 59-60
Inventário de depressão de Beck (Beck Depression Inventory [BDI]), 60-61, 66, 280
Inventário de intrusões obsessivas revisado (Revised Obsessional Intrusions Inventory [ROII]), 55-56
Inventário de Padua – Revisão da Universidade estadual de Washington (Padua Inventory-Washington State University Revision), 53
Inventário de pensamentos ansiosos (Anxious Thoughts Inventory), 53
Inventário de probabilidade subjetiva de conseqüências (Subjective Probability of Consequences Inventory [SPCI]), 54
IRM functional MRI (IRMf), 102-104
Irracional, definição de, 231-232

J

"Jogo do robô/boneco de pano", 206
Jovens, TCC para
  comparação com TCC para adultos, 198-199
  comportamento agressivo e, 210-212
  contingências comportamentais, 208-210
  depressão e, 214-217
  educação afetiva, 204-206
  envolvimento parental e, 219-220
  influências teóricas sobre, 196-197
  integração de resultados, 220-222
  intervenção programática vs. prescritiva, 220-221
  modelagem, 207-208
  orientação e treinamento de resolução de problemas, 199-201
  papel do terapeuta na, 195-196
  reestruturação cognitiva, 201-204
  role play, 207-209
  TDAH e, 217-219
  técnicas de autocontrole e auto-regulação, 203-205
  término do tratamento, 214
  transposição e, 220-221
  transtornos de ansiedade e, 211-214
  treinamento de relaxamento, 205-206
  visão geral, 195-196

K

Kanfer, Frederick, 32-33, 149-151, 156
Kant, Immanuel, 229, 302-303

L

Linehan, M., 78-82
Linguagem
 desenvolvimento e auto-regulação, 27, 146-147, 196
 lingüística e ciência cognitiva, 109-111
 semanticistas, 229-230
 técnicas semânticas, 252-253
Lingüística e ciência cognitiva, 110-111
Lista de problemas na formulação de caso
 benefícios da, 92-93
 desenvolvimento de, 79-83
 objetivos de tratamento e, 89-91
 obstáculos ao tratamento e, 88
Lista de verificação de cognições (Cognition Checklist [CCL]), 55-56
Lista de verificação de pensamentos obsessivo-compulsivos (Obsessive Compulsive Thoughts Checklist [OCTC]), 54-56
Listagem de pensamentos, 46-48, 57-59
Lócus de controle e preferência para terapia, 311
Luria, A.
 seqüência evolutiva de, 27-28
 teoria de, 27, 146-147, 196

M

Mahoney, Michael
 como pesquisador cognitivo-comportamental, 22-24, 99-100
 sobre a abordagem cognitiva, 97-98
 sobre fundamentos filosóficos, 102
Mania, 304-305
 manual de treinamento de, 178-179
Manual Diagnóstico e Estatístico de Transtornos Mentais, 303
"*Match game*", 209-210
Medicação. *Ver* Farmacoterapia
Medidas da cognição por questionário
 ansiedade e, 51-53
 avaliação e, 48-52
 como ativadores, 66-67
 resolução de problemas sociais e, 173-174
Medidas de processo na resolução de problemas sociais, 173-174
Medidas de resultados
 análise correlacional e, 294-295
 índices para, 20-21
 na resolução de problemas sociais, 173-174
 objetivos e, 88
 questionários como, 50-51
Meichenbaum, Donald
 como pesquisador cognitivo-comportamental, 22-24, 99-100
 construtivismo e, 321
 treinamento de auto-instrução e, 27-28, 146-149, 155-156, 163-170
 treinamento de inoculação do estresse e, 30-31, 152-155
Memória
 "modelo de níveis de processamento" da, 67
 em jovens, 198
 trauma e, 318
Mensuração
 da assertividade, 54
 da auto-eficácia, 162-164
 da cognição, 18-19, 48-49
 da resolução de problemas sociais, 173-174
  Ver também Medidas de resultados; Medidas da cognição por questionário
 de atribuições, 60-61
 de crenças irracionais, 61-63
 do enfrentamento, 290-291
Metaproblema, 247, 250
Método da privação de sintomas, 313
Método de aproximação e afastamento, 132
Método de associação livre, 46-47
Métodos de auto-avaliação
 agorafobia e, 54-55
 ansiedade e, 52-56
 assertividade e, 54
 avaliação cognitiva e, 47-51
 pensamentos obsessivos e intrusivos e, 54-56
 rumos futuros para, 69-70
Métodos de treinamento, 178-179
Métodos de validação de avaliação cognitiva, 48-52
Métodos lúdicos, 198
Michael, W., 21, 99-100, 196
Modelagem
 com jovens, 207-208
 TCRE e, 245-246, 254
Modelagem de domínio, 207
Modelo "ABC"
 aplicações, 262
 avaliação, 246-250
 descrição, 24-25, 231-232
 mudança filosófica e, 240-242
 pesquisa sobre, 261-262
Modelo da memória por "níveis de processamento", 67
Modelo de auto-eficácia (Bandura)
 ansiedade e, 151-152
 depressão e, 155
 dor e, 153-154
 medo e, 19-20
 mensuração no, 162-164
 visão geral, 144-147
Modelo de automanejo por circuito de retroalimentação, 149-151
Modelo de estímulo e resposta, 20-21
Modelo de processamento de informações, 22-23, 45, 101-102
Modelo de processamento paralelo e distribuído, 108
Modelo de resolução de problemas cognitivos e interpessoais
 definição e formulação do problema, 181-183

geração de soluções alternativas, 183
implementação de soluções, 185-187
orientação para problemas, 179-182
tomada de decisões, 184-185
visão geral, 32, 172-174
Modelo do autocontrole
de Kanfer, 149-151, 156, 203-205
de Rehm, 156-161
desenvolvimento do, 22-23
Modelo do desamparo aprendido
avaliação baseada em, 60-61
depressão e, 155
Modelo mediacional
descrição do, 35-36
pesquisa sobre, 22-23
TC e, 289-290
TCC e, 17-20
Modelo prescritivo da resolução de problemas sociais
habilidades para, 172-173
orientação para problemas, 171-172
visão geral, 170-171
Modelo psicodinâmico, 22-23, 117
Modelo recorrente, 94-95
Modelos catárticos de terapia, 21, 255-256
Modelos de redes neurais, 108-110
Modificação de comportamento e de cognições
comparação com TC, 272-273
descrição da, 17-18
Movimento integracionista, 119-120
Mudança filosófica, efetuando, 240
Mudança na terapia cognitiva, 288-292

N

Natureza
de tempo limitado da terapia cognitivo-comportamental, 35-37
educativa da terapia cognitivo-comportamental, 36-38
voltada para o problema da terapia cognitivo-comportamental, 35-37
Neurociência
ativação cerebral, 102-104
ativadores do humor farmacológicos e, 104-106
comparações entre terapias cognitiva e farmacológicas, 104-105
neuroquímica, 104-105
Nível de limitação, 133-134
Nível evolutivo
contingências comportamentais e, 208-209
integração de resultados e, 220-221
reestruturação cognitiva e, 198
TCC e, 198
Nível subjetivo de perturbação, 132-134
Novo treinamento de atribuição, 201-203

O

Objetivos
da TC, 280
do tratamento, 88-91
estabelecendo no treinamento de resolução de problemas, 182-183
"Obrigações" (Ellis), 235-237
Obstáculos
a atividades programadas, 274-275
ao progresso do cliente, 250-251
ao relacionamento, 250
ao tratamento, 88-92
do cliente, 251
Ordenamento multidimensional, 57-58

P

Pacote de terapia cognitiva, 283-287
Pais
contingências comportamentais e, 209
eficácia da TCC e, 216
modelagem e, 207-208
papel dos pais com os jovens, 198-199, 220
processamento cognitivo e, 203-204
resolução de problemas com jovens, 200
término do tratamento e, 214
Paradigmas de atenção na ansiedade, 59
Penalidades na TCRE, 244, 254-256
Pensamento do tipo "tudo ou nada", 271-272
Pensamentos articulados em situações simuladas, 46-52
Pensamentos
avaliação de, 54-56
automáticos, 111, 270-271
intrusivos e obsessivos
Percepção de controle, 153-154, 171
Perpetuação da perturbação psicológica, 237-240
Persistência, problemas de, 144-146
Personalidade
TCRE e, 234-236
transtorno emocional e, 69-70
Perspectiva social construcionista, 314-317, 324n. 5
Persuasão verbal e expectativas de eficácia, 145-146
Perturbações psicológicas
desenvolvimento e perpetuação da, 237-240
gravidade e eficácia do tratamento, 127-128
personalidade e, 69-70
Pesquisa
comparativa, necessidade de, 38-39
do processo, necessidade de, 38
iniciativas de validação no, 220-222
sobre a psicologia dos constructos pessoais, 306-308
sobre a psicoterapia, 117-119
sobre a TC, 286-288
sobre a terapia construtivista, 306-311, 314, 317-320
sobre crenças irracionais, 260-261
sobre mecanismos terapêuticos, 295
sobre o modelo "ABC", 261-262
sobre o modelo mediacional, 22-23
teoria e, 117-119
testes randomizados controlados, 92-95
transcultural, 111-112
Treatment of Depression Collaborative Research Program, 284-286, 292-293

Ver também Eficácia da terapia cognitivo-comportamental; Eficácia da terapia cognitiva
Pesquisa comparativa, necessidade de, 38
Pesquisa transcultural, 111-112
Pesquisas do processo, necessidade de, 38
Plano de tratamento
  formulação de caso e, 87, 88-90
  objetivos, 88-91
  obstáculos ao, 88-92
Platte, J.
  modelo de resolução de problemas interpessoais e cognitivos, 172-174, 199
  terapia de resolução de problemas e, 169, 179-180
Pontos fortes e recursos na formulação de caso, 87
Posição anti-sintoma, 312-313
Posição pró-sintomas, 312-313
Pós-modernismo
  epistemologia e, 302-304
  terapia construtivista e, 318-323
Potenciais relacionados com eventos, 103-104
"Precipitantes", 84-86
Preocupações, avaliação de, 57
Pressuposto do controle do paciente, 36-37
Prevenção de recaídas, 280-282, 286-287, 294
Problema
  definição de, 170-171, 175
  visão construtivista do, 321
Problem-Solving Approach to Adjustment, The (Spivack, Platte e Shure), 169, 172-174, 179-180
Procedimentos de pensar em voz alta, 46-49, 57-59
Processos de avaliação cognitiva, 18-20, 175
Processos defensivos, 124, 238-239
Programa de pesquisa colaborativa do tratamento de depressão (Treatment of Depression Collaborative Research Program [TDCRP]), 284-286, 292-293
Programa escolar de tratamento para fobias, 211-214
Programação de atividades, 133-133, 274-275
Programando atividades, 274-275
Psicologia
  dos constructos pessoais (PCP), 303-308
  experimental, 99-100
  radical crítica, 318-320
Psicologia clínica
  behaviorismo e, 99-100
  perspectiva cognitiva e, 99-101
Psicoterapia
  baseada em evidências, 92
  eclética, 118-123
  estrutural, 33-35
  prática baseada em evidências e, 117-119
  visões eclética e integracionista na, 118-123

Q

Questionamento radical
  pesquisa e, 314
  teoria do, 311-312
  terapia e, 312-314
  transtorno no, 312
Questionamento socrático, 279
Questionário de auto-afirmações ansiosas (Anxious Self-Statement Questionnaire), 55-56
Questionário de auto-afirmações de afeto negativo (Negative Affect Self-Statement Questionnaire), 55-56
Questionário de autocontrole (Self-Control Questionnaire [SCQ]), 161-162
Questionário de cognições agorafóbicas (Agoraphobic Cognitions Questionnaire [ACQ]), 54-55
Questionário de cognições catastróficas (Catastrophic Cognitions Questionnaire [CCQ]), 54-55
Questionário de estilo atributivo (Attributional Style Questionnaire [ASQ])
  ativação e, 66-67
  descrição, 60-61
  TC e, 289-292
Questionário de estilo atributivo extendido (EASQ [extended Attributional Style Questionnaire]), 60-61, 169-170
Questionário de freqüência de auto-reforçamento (Frequency of Self-Reinforcement Questionnaire), 162
Questionário de intrusões cognitivas (Cognitive Intrusions Questionnaire [CIQ]), 55-56
Questionário de metacognições (Meta-Cognitions Questionnaire [MCQ]), 53
Questionário de pensamentos automáticos positivos (Positive Automatic Thoughts Questionnaire [ATQ-P]), 59
Questionário de pensamentos automáticos (Automatic Thoughts Questionnaire [ATQ])
  autocontrole e, 169-170
  descrição de, 59, 66, 67
Questionário de preocupação Penn State (Penn State Worry Questionnaire [PSWQ]), 52-53
Questionário de sensações corporais (Body Sensations Questionnaire [BSQ]), 54-55
Questionário de viés cognitivo (Cognitive Bias Questionnaire [CBQ]), 61-62, 66, 67
Questionários de estilos de resposta (Response Styles Questionnaire [RSQ]), 63-65
Questões, 181-183
  psicométricas na avaliação cognitiva, 51-52
  três na TC, 276-278

R

Raciocínio emocional, 271-272
Racional, definição de, 231-232
Racionalismo, 102
Razão e emoção em psicoterapia (*Reason and Emotion in Psychotherapy* [Ellis]), 25-26
Reactância, potencial de, 129-130
Recaídas, prevenção de, 280-282, 286, 294
Reconstrução do desenvolvimento
  pesquisa e, 310-311
  teoria da, 307-308
  terapia e, 309-311
  transtorno na, 308-309

Reconstrução do pensamento por videoteipe, 49
Reconstrução narrativa
  pesquisa e, 317-318
  teoria da, 314-316
  terapia e, 316-318
  transtorno na, 315-316
Reestruturação cognitiva
  descrição da, 23-24
  para jovens, 201-204
  terapia de resolução de problemas e, 180
Reestruturação racional sistemática, 28-29
Reforço social, comparação com terapia de resolução de problemas, 187-189
Reformulação, 180
Registro
  de atividades, 273-274
  de comparação social de Rochester (Rochester Social Comparison Record [RSCR]), 64-65
  de pensamentos, 78-79, 90-91
  diário de pensamentos, 133-133
  diário de pensamentos disfuncionais, 275-278, 280-281
  do humor, 273
Registros
  do discurso espontâneo, 45-46, 64-65
  pessoais, 204-205
Rehm, Lynn, 32-34, 156-161
Reiss, S., 52-53
Relacionamento terapêutico na perspectiva construtivista, 312-314
Relacionamentos de papéis, 306
Relaxamento muscular profundo, 206
Remissão, avaliação cognitiva da, 66-67
Resistência
  potencial de, 129-132, 135
  TCRE e, 251
Resolução de problemas
  definição de, 212, 176
  implementação de soluções comparada com, 170-171
Resolução de problemas sociais
  definição de, 212
  modelo prescritivo da, 170-173 Ver também Terapia de resolução de problemas
Revolução cognitiva, história da, 97-98
Role play, 179-180, 207-209
Rotulação
  como erro de pensamento, 271-272
  de problemas e situações, 180
Ruminação, 109-110

S

Seção Origens da Hipótese de Trabalho, 84-86
Seligman, M. E. P., 155
Semanticistas, 229-230
Sessões de reforço, 280-282
Shure, M.
  modelo de resolução de problemas interpessoais e cognitivos, 172-174, 199
  terapia de resolução de problemas, 169, 179-180

Significado
  narração e, 314-315
  no ataque de pânico, 281-282
  psicologia de constructos pessoais e, 303-305
  técnicas para identificar, 276-278 Ver também Terapia construtivista; Esquema
"Situações ativadoras", 84-86
Sociotropia, 133-135
Solução, definição de, 170-171
Spivack, G.
  modelo da resolução de problemas interpessoais e cognitivos, 172-174, 199
  terapia de resolução de problemas, 169, 179-180

T

Tarefa de codificação auto-referente (Self-Referent Encoding Task [SRET]), 67-69
Tarefas de casa, resistência dos pacientes e, 131-132
"Tarefas graduais", 274-275
TCC. Ver Terapia cognitivo-comportamental (TCC)
TDAH (transtorno de déficit de atenção/hiperatividade)
  condições de recompensa e, 208-209
  pais de crianças com, 203-204
  TCC e, 217-219
  treinamento em auto-avaliação e, 210
Teatro Castillo (Nova York), 248
Técnica
  da flecha descendente, 132-133, 276, 278
  da grade de repertórios, 307-308
  "da tartaruga", 211
Técnicas
  de dessensibilização e TCRE, 244, 256
  de estimulação afetiva, 128
  de referência, 252-253
  de visualização, 252-254
  semânticas, 252-253
Teoria da aprendizagem social
  desenvolvimento da, 99-100
  modelos de automanejo e, 144-145
  na terapia comportamental atual, 122-123
Teoria da expectativa, 52-53
Teoria da utilidade esperada, 172
Teoria do apego, 124, 307-309
Teoria do *gate control* da dor, 154-155
Teoria, visão geral, 117-119
Terapeuta
  aceitação do cliente pelo, 243-244
  auto-revelação por, 245, 254
  colaboração com paciente, 90-92, 271-273, 292-293
  obstáculos do, 250-251
  TCC para jovens e, 195-196
  TCRE e, 243-246
Terapia breve profunda, 311-314, 321-322
Terapia cognitiva
  comparação com psicoterapia estrutural, 34-35
  comparação com TCC, 20-21
  visão geral da, 25-27
Terapia cognitiva (TC, Beck)
  adaptação de técnicas de, 129-136

automonitoramento na, 160-161, 274
com jovens, 202-203
comparação com TCRE, 271-273
comparação com treinamento de auto-instrução, 272-273
crenças e, 269-270
curso temporal da mudança na, 291-292
depressão e, 280-287
eficácia do, 125-126, 288-292
erros cognitivos, 270-272, 278-279
expectativas, 269-270
futuro da, 292-296
histórico da, 122-124, 269
interação terapêutica, 271-273, 287-288, 292-293
métodos cognitivos de, 275-279
métodos comportamentais de, 273-275
modificação de comportamento e de cognições comparação com, 272-273
pesquisa sobre, 286-288
prevenção de recaídas e, 280-282, 286-287
princípios ecléticos e, 121-123
programação de atividades na, 274-275
questionamento socrático, 279
registro diário de pensamentos disfuncionais, 275-281
relacionamento cooperativo na, 129-130
técnica da flecha descendente, 276, 278
teoria da, 269-270
terapia construtivista comparação com, 307-308
trabalho com esquemas, 270-271, 278-281
transtorno de pânico, agorafobia, e, 281-287
três questões da, 276-278
Terapia cognitivo-comportamental (TCC)
classes de 19-24
como integracionista, 123-124
crescimento na, 301-302
definição de, 17-18, 195-196
diversidade, 23-24, 37-39
eficácia da, 22-24, 124-128
história da, 17, 21-24, 99-101
proposições da, 17-20
semelhanças em tipos de, 35-38
Terapia comportamental
alcance da, 122-123
comparação com TC, 125-126
comparação com TCC, 20-23
TCRE e, 230
Terapia comportamental racional-emotiva (TCRE)
como abordagem construtivista, 233-234
comparação com TC, 271-273
comparação com TCC, 241-244
comparação com terapia construtivista, 307-308
crenças irracionais, pesquisas sobre, 260-261
desenvolvimento e perpetuação de perturbações e, 237-240
dimensões da personalidade e, 234-236
eficácia, 260-262
especializada ou geral, 244, 262-263n. 2
estágio de avaliação da, 246-250
evolução do nome, 230

exemplo de caso de ansiedade, 256-258
exemplo de caso de depressão, 257-258
fase de confrontação, 250-255
fase de resolução, 250-251 Ver também Modelo "ABC"
ficha de auto-ajuda, 252-253
futuro da, 262-263
imagem da pessoa e, 231-234
influências sobre, 102, 229-230, 242
natureza da perturbação e saúde e, 233-238
otimismo da, 232-233, 240
papel do terapeuta na, 243-246
procedimentos de indução, 245-247
processo terapêutico da, 245-251
técnicas cognitivas da, 252-254
técnicas comportamentais da, 254-256
técnicas emocionais da, 254-255
técnicas evitadas na, 255-256
tecnologia de avaliação da, 258-261
teoria da, 240-242, 251-252
término da, 251
visão geral da técnica, 251-252
visão geral, 23-26
Terapia construtivista
ciência pessoal e, 303-308
comparação da TC e TCRE com, 307-308
crítica discursiva e, 318-320
dimensões da, 303
futuro da, 320-323
integração com terapia cognitiva, 321-322
mudança epistemológica, 301-303
perspectiva cognitiva comparada com perspectiva social, 314-316
questionamento radical e, 311-314
reconstrução do desenvolvimento e, 307-311
reconstrução narrativa e, 314-318
viabilidade da, 321-323
visão geral da, 35-36
Terapia de autocontrole, 32-34
ansiedade e, 151-153
depressão e, 155-160
dor e, 153-155
manuais para, 158-159
modelo de Bandura de, 144-147, 151-155, 162-164
modelo de Kanfer de, 149-151, 156
modelo de Meichenbaum de, 146-149, 152-156
modelo de Rehm de, 156-159
técnicas de avaliação e, 160-170
visão geral, 143-145
Terapia de grupo
para jovens com depressão, 214-216
terapia construtivista e, 316
Terapia de papéis fixos 255-256, 306-307, 321-322
Terapia de resolução de problemas
aplicações clínicas abertas da, 177-178
aplicações clínicas de tempo limitado da, 178-179
definição conceitual para, 170-171
depressão e, 187-191
descrição da, 23-24, 31-32
inovações na, 190-192
medidas da, 173-174

modelo de estresse para, 175-177
modelo de resolução de problemas cognitivos e
   interpessoais, 172-174, 179-187
modelo prescritivo da, 170-173
para jovens, 199-201
visão geral, 169, 187-188
terapia de resolução de problemas e, 32, 169-171
"Terapia de sucesso", 274-275
Terapia interpessoal, comparação com terapia
   cognitiva, 125-126
Terapia multimodal, 121-122
Terapia voltada para o problema em comparação com
   terapia de resolução de problemas, 188-189
Terapia voltada para o relacionamento, 119-120
Terapias de habilidades de enfrentamento
   descrição, 23-24
   usos, 20-21
   Ver também Treinamento de inoculação do estresse
Terminologia, problemas com, 37-38
Teste de
   associações implícitas (Implicit Associations Test
      [IAT]), 283, 291-292
Teste de auto-afirmações assertivas (Assertive
   Self-Statement Test [ASST]), 54
Teste de auto-afirmações de interação social
   (Social Interaction Self-Statement Test
   [SISST]), 53-54
Teste de autoconceito de Beck (Beck Self-Concept
   Test [BST]), 61-62
Teste de nomeação de cores de Stroop (Stroop Color-
   Naming Task) e, 68-70
Teste de resposta cognitiva (Cognitive Response
   Test [CRT]), 61-64
Testes controlados randomizados, 92-95
Tomada de decisões, 172-173, 184-185
Tomografia por emissão de pósitrons (TEP), 102-104
Transtorno bipolar, terapia construtivista e, 304-305,
   316-318
Transtorno da personalidade *borderline*, 78-82
Transtorno de ansiedade generalizada
   avaliação do, 57
   TC e, 281-282, 286-287
Transtorno de conduta, 210-212
Transtorno de estresse pós-traumático
   construtivismo e, 315-318
   Meichenbaum and, 27-28
   modelo da rede neural, 109
Transtorno de pânico
   ataque de pânico, descrição de, 281-282
   automonitoramento de pensamentos no, 47
   avaliação do, 54-55
   comportamentos de segurança no, 283
   descrição do, 282-283
   TC e, 283-287

Ver também Agorafobia
Transtorno de humor
   estrutura cerebral e, 102-103
   gravidade e eficácia do tratamento, 127-128
   perpetuação de, 237-240
   personalidade e, 69-70
   Ver também Ansiedade; Depressão
Transtorno obsessivo-compulsivo (TOC)
   ativação cerebral e, 103-104
   constructo apertado e, 305
   em jovens, 213-214
   TC e, 286-287
Transtornos de transição, 305
Tratamento
   adesão ao, 160
   eficácia em longo prazo, 127-128, 294
   escolares, 211, 214-216
   ganhos súbitos no, 292-295
   histórico do desenvolvimento de estratégias de,
      99-101
   indicação para, 198-199, 210
   obstáculos ao, 88-92
   prática baseada em evidências, 117-119
   sessões críticas no, 295, 314
   término do, 214, 251, 280-281
Trauma. *Ver* Transtorno de estresse pós-traumático
Treinamento de auto-instrução
   avaliação e, 163-170
   comparação com TC, 272-273
   depressão e, 155-156
   fase de coleta de informações, 147
   fase de experimentação, 147-148
   fase de promoção de mudanças, 147-148
   para adultos, 147-149
   para crianças, 147-148
   visão geral, 27-28, 146-147
Treinamento de inoculação do estresse
   para ansiedade, 152-153
   para dor, 154-155
   visão geral, 30-31
Treinamento de manejo da ansiedade, 29-31
Treinamento em relaxamento
   transtorno de pânico e, 283
   visão geral, 205-206
"Tríade cognitiva", 269-270

V

Validade
   conteúdo *versus* constructo, 49-50
   da avaliação cognitiva, 48-52
Vínculo terapêutico na TCRE, 244-246
Visualização conduzida, 206
Vygotsky, L., 27-28, 196